JN056831

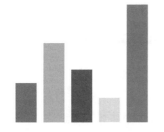

2024 KENSEI

第33版

データでみる

県勢

日本国勢図会地域統計版

公益財団法人
矢野恒太記念会 編集・発行

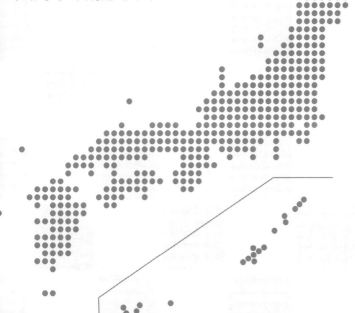

資料を提供していただいた諸団体 (50音順)

カーボンフロンティア機構、原子力安全推進協会、産業タイムズ社、生命保険協会、石油化学工業協会、石油連盟、セメント協会、全国過疎地域連盟、全国たばこ耕作組合中央会、損害保険料率算出機構、天然ガス鉱業会、東京商工リサーチ、日本LPガス協会、日本観光振興協会、日本鉱業協会、日本自動車工業会、日本新聞協会、日本製紙連合会、日本鉄鋼連盟、日本放送協会、日本ミネラルウォーター協会（株式会社、社団法人等の名称は省略しました）

データでみる県勢の版歴

1988年12月 1 日	初 版 発 行	2011年12月 1 日	第21版発行
1990年12月 1 日	第 2 版発行	2012年12月 1 日	第22版発行
1992年12月 1 日	第 3 版発行	2013年12月 1 日	第23版発行
1994年12月 1 日	第 4 版発行	2014年12月 1 日	第24版発行
1995年12月 1 日	第 5 版発行	2015年12月10日	第25版発行
1996年12月 1 日	第 6 版発行	2016年12月 1 日	第26版発行
1997年12月 1 日	第 7 版発行	2017年12月 1 日	第27版発行
1998年12月 1 日	第 8 版発行	2018年12月 1 日	第28版発行
1999年12月 1 日	第 9 版発行	2019年12月 1 日	第29版発行
2000年12月 1 日	第10版発行	2020年12月 1 日	第30版発行
2001年12月 1 日	第11版発行	2021年12月 1 日	第31版発行
2002年12月 1 日	第12版発行	2022年12月 1 日	第32版発行
2003年12月 1 日	第13版発行	2023年12月 1 日	第33版発行
2004年12月 1 日	第14版発行		
2005年12月 1 日	第15版発行		
2006年12月 1 日	第16版発行		
2007年12月 1 日	第17版発行		
2008年12月 1 日	第18版発行		
2009年12月 1 日	第19版発行		
2010年12月 1 日	第20版発行		

アンケートのお願い　本書へのご意見、ご感想は、とじ込みの郵便はがきのほか、下記のウェブサイトでも受け付けております。皆様のご意見をお待ちしています。
URL: https://yt-ms.jp/q/kensei2024/

まえがき

　本書は、地域の情勢を示すデータを収載した統計データブックです。矢野恒太*が1927年に刊行した「日本国勢図会」のうち、地域統計を拡充したもので、1988年（昭和63年）より刊行を続けています。

　本書の第1部では47都道府県の概要を示し、第2部で都道府県をさまざまな統計データで比較しました。第3部では市町村と特別区に関するランキングを示すほか、全市区町村の基礎的なデータを掲載しています。

　矢野恒太記念会は、2023年3月で創立70周年を迎えました。弊会では、統計普及・啓発事業として、統計データブックの刊行だけでなく、在外教育施設への統計データブックの贈呈や、統計関連団体への出捐を続けています。

　矢野恒太は、統計による客観的な数字こそが、社会を理解するうえで最も重要であると考え、その普及に努めました。本書が、皆様が地域社会について考察する一助となれば幸いです。

　刊行にあたり、ご協力いただいた方々に深く感謝の意を表します。

2023年10月　　　　　　　　　公益財団法人　　矢野恒太記念会

　　　　　　　　　　　　　　　　編　集　長　　岡　田　康　弘

*矢野恒太　慶応1.12.2〜昭和26.9.23（1866.1.18〜1951.9.23）
　　　　　　第一生命保険の創立者。保険のみならず、統計、
　　　　　　公衆衛生、社会教育など各方面に功績があった。

本書をご購読の方に、第3部「市町村統計」のデータを
エクセルファイル形式で提供しています。以下の URL
からダウンロードできます。
　　URL：https://yt-ms.jp/q/data_kensei2024/

目次

第1部　府県のすがた

第2部　府県別統計

第3部　市町村統計

凡例

▼年次は西暦を使いました。「年度」とあるもの以外は暦年（1月から12月まで）です。「年度」は特記しない限り会計年度を指し、その年の4月から翌年3月までです。

▼単位は原則として計量法に基づく法定計量単位を使用しています。重量単位 t は特記しない限り、メートル法によるトン（1000kg）です。

▼数値の単位未満は四捨五入している場合があり、合計の数値と内訳の計とが一致しない場合があります。また、慣習上四捨五入しない統計調査があります。金融統計では単位未満を切り捨てているため、合計の数値と内訳の計が大きく食い違うことがあります。

▼構成比（％）の内訳は、その他の項目がある場合を除き、合計が100％になるよう調整していません。

▼統計データは編集時点での最新データを使用していますが、その後訂正されることがあります。

▼統計図表の市町村名は、2023年3月31日時点でのものです。

統計表の記号等について

― は皆無、または定義上該当数値がないもの
0 または0.0 は表章単位に満たないもの
… は数値が得られないもの、不詳なもの

正誤表について 本書の訂正情報は、矢野恒太記念会のウェブサイトでお知らせしています。
URL： https://yt-ms.jp/

第 1 部
府県のすがた

統計資料と解説

（レーダーチャート）
全国平均を100とする指数で、各指標の
全国平均値は下図を参照されたい。

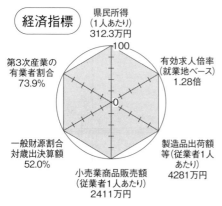

経済指標

県民所得
（1人あたり）
312.3万円

第3次産業の
有業者割合
73.9%

有効求人倍率
（就業地ベース）
1.28倍

一般財源割合
対歳出決算額
52.0%

製造品出荷額
等（従業者1人
あたり）
4281万円

小売業商品販売額
（従業者1人あたり）
2411万円

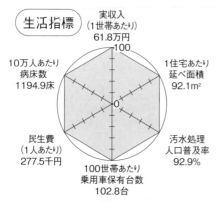

生活指標

実収入
（1世帯あたり）
61.8万円

10万人あたり
病床数
1194.9床

1住宅あたり
延べ面積
92.1m²

民生費
（1人あたり）
277.5千円

汚水処理
人口普及率
92.9%

100世帯あたり
乗用車保有台数
102.8台

県民所得　内閣府「県民経済計算」による2020年度の数値。1人あたり県民所得は、2020年10月1日現在国勢調査人口により算出されている。

有効求人倍率　厚生労働省「一般職業紹介状況（職業安定業務統計）」による2022年の平均値。公共職業安定所（ハローワーク）取扱分のみで、新規学卒者を除きパートタイムを含む。

製造品出荷額等　総務省・経済産業省「経済構造実態調査（製造業事業所調査）」（2022年）による2021年1年間の数値。前年版までと異なり、個人経営事業所を除く。製造品出荷額等は、製造品出荷額、加工賃収入額、くず廃物の出荷額等の合計で、消費税および酒税、たばこ税、揮発油税および地方揮発税を含む。

小売業商品販売額　総務省・経済産業省「経済センサス－活動調査（産業別集計）」（卸売業、小売業に関する集計）（2021年）による2020年1年間の数値。前年版までと異なり、法人のみのデータ。年間商品販売額があり、かつ産業細分類の格付に必要な数値が得られた事業所が対象。従業者数は2021年6月1日の値で、算出にあたり、年間商品販売額と同じく法人のみのデータを使用（第2部　表4-48（Ⅰ）のデータとは異なる）。

一般財源割合対歳出決算額　総務省「都道府県決算状況調」による2021年度の数値。一般財源とは、地方自治体がいかなる経費にでも自由に使える収入で、地方歳入のうち地方税、地方譲与税、地方特例交付金、地方交付税からなる。

第3次産業の有業者割合　総務省「就業構造基本調査」（2022年）による2022年10月1日現在の数値。有業者はふだん仕事をしている人で、休業者や無給の家族従業者を含む。第3次産業は農林水産業（第1次産業）、鉱業、採石業、砂利採取業、建設業、製造業（第2次産業）を除く全産業で、分類不能を除いて算出。

実収入　総務省「家計調査　家計収支編」（2022年）による都道府県庁所在市（東京都は区部）の2人以上勤労者世帯の月平均実収入。農林漁家を含み、単身世帯を除く。実収入は税込み収入で、世帯員全員の現金収入の合計。

1住宅あたり延べ面積　総務省「住宅・土地統計調査」（2018年確報集計）によ

る。専用住宅のみ。5年ごとの調査。

汚水処理人口普及率　国土交通省資料による2022年度末現在の汚水処理人口普及率。下水道に加えて、農業集落排水施設等や浄化槽、コミュニティプラントでの処理を含めたもの。

100世帯あたり乗用車保有台数　自動車検査登録情報協会「自動車保有車両数月報」による2022年度末現在の数値。住民基本台帳（2023年1月1日現在）の世帯数より算出。

民生費　総務省「地方財政統計年報」による2021年度の数値。県民1人あたりの算出には、住民基本台帳人口（2022年1月1日現在）を用いた。都道府県財政と市区町村財政の単純合計額。民生費の内訳は、社会福祉費、老人福祉費、児童福祉費、生活保護費、災害救助費。

10万人あたり病床数　厚生労働省「医療施設（動態）調査・病院報告の概況」（2022年）による2022年10月1日現在の数値。病院の病床数。

（人口ピラミッド）
総務省「住民基本台帳に基づく人口、人口動態及び世帯数」による2023年1月1日現在の人口。外国人を含む。人口ピラミッドは、年齢別男女別人口を5歳ごとに積み上げたもので、本書では構成比で作成。年齢不詳者および年齢別人口が非公表の外国人については、人口総計から除いて人口ピラミッドを作成した。

（統計データ）
市町村数　総務省資料による2023年3月31日現在の状況。

面積　国土地理院「全国都道府県市区町村別面積調」による。2022年10月1日現在の数値。北海道は北方領土、島根県は竹島の面積を含まない。

人口　総務省「人口推計」による2022年10月1日現在の数値。

人口密度　上記「面積」と「人口」より編者算出。

人口増減率　資料は上記「人口」に同じ。2021～22年の増減率。

人口構成の割合　総務省「人口推計」による2022年10月1日現在の数値。0～14歳を年少人口、15～64歳を生産年齢人口、65歳以上を老年人口と呼ぶ。

世帯数　資料は「人口ピラミッド」に同じ。世帯とは、居住と生計を共にする社会生活上の単位をいう。居住が一緒でも生計が別の場合は別世帯。

1世帯平均人員　資料は「人口ピラミッド」に同じ。人口と世帯数により編者算出。

有業者数　前ページ「第3次産業の有業者割合」を参照。

産業別有業者割合　第1次産業は農林水産業、第2次産業は鉱業、採石業、砂利採取業、製造業および建設業、第3次産業はその他の産業で、分類不能を除いて算出。

県内総生産、県民所得　内閣府「県民経済計算」（2020年度）による。会計年度。

農業産出額　農林水産省「生産農業所得統計」（2021年）による。都道府県別農業産出額は、都道府県間で取引された中間生産物（種苗や子豚など）を含む。

製造品出荷額等　資料は8ページ左段「製造品出荷額等」の項を参照。

小売業商品販売額　資料は8ページ右段「小売業商品販売額」の項を参照。

財政規模　総務省「都道府県決算状況調」による。会計年度。

一般財源割合対歳出決算額　資料は8ページ右段「一般財源割合対歳出決算額」の項を参照。会計年度。

家計－1世帯あたり月平均　総務省「家

計調査　家計収支編」（2022年）による。都道府県庁所在市（東京都は区部）における勤労者世帯（単身世帯を除く）の調査。2022年1〜12月の平均。2人以上の勤労者世帯。実収入は世帯員全員の収入の合計。平均消費性向は、可処分所得（実収入から税金、社会保険料などの非消費支出を差し引いたもの）に対する消費支出の割合。

家計−1世帯あたり貯蓄現在高　総務省「全国家計構造調査」（2019年）による。2019年10月末現在。2人以上の勤労者世帯。本調査は5年に一度。

乳児死亡率　厚生労働省「人口動態統計」（2022年）による。出生1000人に対する生後1年未満の死亡乳児数。

平均寿命　厚生労働省「都道府県別生命表」（2020年）による。都道府県別生命表は、国勢調査と人口動態統計を基礎にして5年ごとに作成される。

10万人あたり医師数　厚生労働省「医師・歯科医師・薬剤師統計」（2020年）による。2年毎の調査。医療施設の従事者のみ。人口10万人あたりは2020年10月1日現在の国勢調査人口により算出。

（主な生産物）
割合は全国に対するもの。使用統計は農林水産関連が農林水産省「作物統計」、「漁業・養殖業生産統計」などによる収穫量や生産量、漁獲量など。葉たばこは全国たばこ耕作組合中央会資料による。酒類は国税庁「国税庁統計年報」による製成数量、温泉湧出量は環境省資料、原油や天然ガスは天然ガス鉱業会資料、発電電力量は資源エネルギー庁「電力調査統計」による。製造業関連は「経済構造実態調査（製造業事業所調査）」（2022年）による出荷額。昨年版までは「工業統計調査」による従業者4人以上の事業所の

統計であったが、個人経営事業所を除く調査に変更されたため、数値の変動が大きい品目がある。一部（#で示したもの）は当該産業に格付けされた事業所の出荷額等（加工賃収入等を含む）で、当該品目以外の出荷額等を含む一方、当該産業に格付けされない事業所を含まない。なお、集計対象事業所が2以下の場合などで、個々の事業所の秘密を守るためにデータが秘匿されているものがあり、全国順位が確定できない場合がある。

（行政データ）
都道府県知事名は2023年9月25日現在（全国知事会資料による）。都道府県議会議員、市区町村長、市区町村議会議員は2022年12月31日現在（総務省「地方公共団体の議会の議員及び長の所属党派別人員調」による）。都道府県職員数、市区町村職員数計は2022年4月1日現在（総務省「2022年地方公共団体定員管理調査結果」による）。職員には教育、警察、消防、病院、水道、交通、下水道などを含む。また、一部事業組合等を含む。なお、2017年4月より、政令指定都市の教職員は、道府県職員から市町村職員として計上されることになり、職員数に大きな変動が見られる。

（市町村図）
市町村要覧編集委員会「全国市町村要覧」（2022年版）の2022年10月1日現在の地図、および国土地理院ウェブサイトを参考に作成。グレーの部分は市部。◎印は都道府県庁所在地。実線・点線は市町村区分で、実線は町村における郡部の区分も兼ねる（北海道の実線は総合振興局および振興局の区分）。島しょ部に関しては、縮尺が異なる場合がある。

北 海 道

経済指標 （全国平均=100）

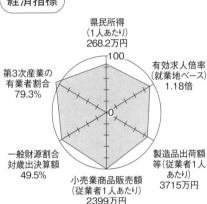

- 県民所得（1人あたり）268.2万円
- 有効求人倍率（就業地ベース）1.18倍
- 第3次産業の有業者割合 79.3%
- 製造品出荷額等（従業者1人あたり）3715万円
- 一般財源割合 対歳出決算額 49.5%
- 小売業商品販売額（従業者1人あたり）2399万円

生活指標 （全国平均=100）

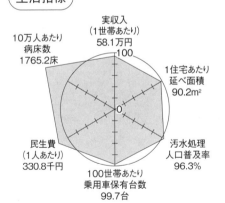

- 実収入（1世帯あたり）58.1万円
- 1住宅あたり延べ面積 90.2m²
- 10万人あたり病床数 1765.2床
- 汚水処理人口普及率 96.3%
- 民生費（1人あたり）330.8千円
- 100世帯あたり乗用車保有台数 99.7台

主な生産物

てんさい	（2022年）	100%	（1位）
ほたてがい	（2021年）	100%	（1位）
さけ類	（2021年）	98%	（1位）
こんぶ類	（2021年）	97%	（1位）
小豆	（2022年）	93%	（1位）
すけとうだら	（2021年）	93%	（1位）
ばれいしょ	（2022年）	80%	（1位）
小麦	（2022年）	62%	（1位）
生乳	（2022年）	57%	（1位）

人口ピラミッド（北海道）

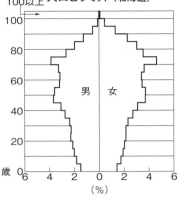

男　女

（%）

統計データ

35市129町15村
（国後・択捉・色丹の6村を除く）

面積・人口・世帯（⇨第2部　第1章）
面積（2022年）　7万8421km²
人口（2022年）　514万354人
人口密度（2022年）　65.5人/km²
人口増減率（2021～22年）　-0.82%
人口構成の割合　0～14歳　10.3%
（2022年）　15～64歳　56.9%
　65歳以上　32.8%
世帯数（2023年）　280.4万世帯
1世帯平均人員（2023年）　1.83人

労働（⇨第2部　第2章）
有業者数（2022年）　263.0万人
産業別有業者割合　第1次産業　4.2%
（2022年）　第2次産業　16.5%
　第3次産業　79.3%

経済・財政（⇨第2部　第4・5章）
県内総生産（2020年度）　19兆7256億円
県民所得（2020年度）　14兆115億円
農業産出額（2021年）　1兆3108億円
製造品出荷額等（2021年）　6兆1293億円
小売業商品販売額（2020年）6兆1321億円
財政規模（普通会計）（2021年度）
　歳入（決算額）　3兆1129億円
　歳出（決算額）　3兆675億円
一般財源割合（2021年度）
　対歳出決算額　49.5%

家計（⇨第2部　第7章）
1世帯あたり月平均（2022年）
　実収入　58万1372円
　消費支出　30万722円
　平均消費性向　63.3%
1世帯あたり貯蓄現在高（2019年）
　711.0万円

保健・衛生（⇨第2部　第1・7章）
乳児死亡率（2022年）出生千あたり　2.2人
平均寿命（2020年）男80.92年／女87.08年
10万人あたり医師数（2020年）　251.3人

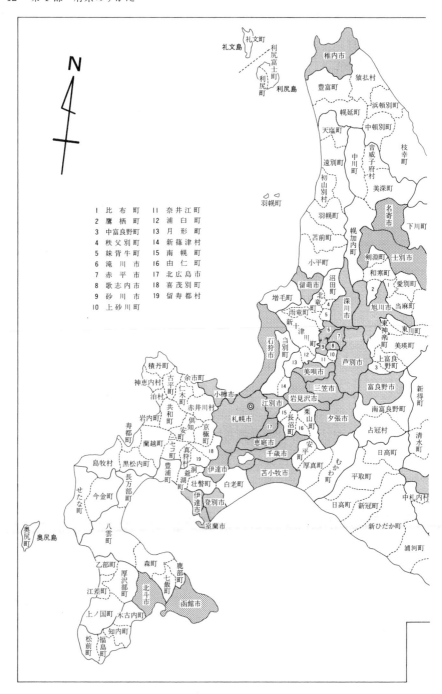

N

1　比布町
2　鷹栖町
3　中富良野町
4　秩父別町
5　妹背牛町
6　滝川市
7　赤平市
8　歌志内市
9　砂川市
10　上砂川町
11　奈井江町
12　浦臼町
13　月形町
14　新篠津村
15　南幌町
16　由仁町
17　北広島市
18　喜茂別町
19　留寿都村

礼文島　礼文町
利尻富士町
利尻島　利尻町

稚内市
猿払村
豊富町
幌延町　浜頓別町
天塩町　中頓別町　枝幸町
遠別町　音威子府村
中川町　美深町
初山別村
羽幌町　名寄市　下川町
羽幌町　幌加内町　剣淵町　士別市
苫前町　和寒町　愛別町
小平町　旭川市　当麻町
留萌市　北竜町　深川市　東神楽町　東川町
増毛町　沼田町　美瑛町
雨竜町　新十津川町　上富良野町
石狩市　当別町　芦別市　富良野市　新得町
積丹町　美唄市　三笠市　南富良野町
神恵内村　古平町　余市町　小樽市　岩見沢市　占冠村
泊村　仁木町　赤井川村　江別市　栗山町　夕張市　清水町
岩内町　共和町　倶知安町　京極町　札幌市　長沼町　安平町　日高町
寿都町　蘭越町　ニセコ町　真狩村　洞爺湖町　恵庭市　厚真町　むかわ　平取町
島牧村　黒松内町　豊浦町　千歳市　むかわ　中札内村
せたな町　長万部町　壮瞥町　伊達市　苫小牧市　日高町　新冠町
今金町　白老町
八雲町　伊達市　登別市　新ひだか町
奥尻島　室蘭市　浦河町
乙部町　森町　鹿部町
厚沢部町　七飯町
江差町　北斗市
上ノ国町　木古内町　函館市
知内町
松前町　福島町

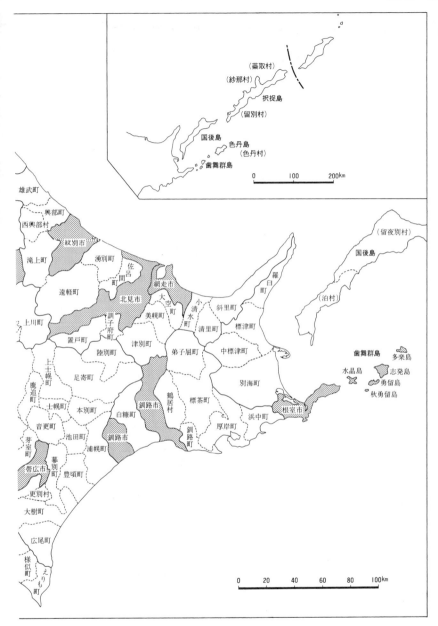

（行政データ）　　　知事：鈴木 直道（すずき なおみち）
道議会議員：100（男 84 女 12 欠員 4）／市町村長：179（男 178 女 1 欠員 0）
市町村議会議員計：2 280（男 1 922 女 309 欠員 49）
道職員数：62 635（一般行政 12 771）／市町村等職員数計：77 874（一般行政 33 658）

青森県

　（全国平均=100）

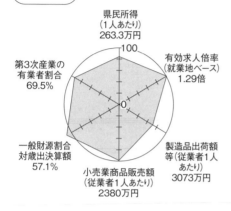

県民所得
（1人あたり）
263.3万円

有効求人倍率
（就業地ベース）
1.29倍

第3次産業の
有業者割合
69.5%

製造品出荷額
等（従業者1人
あたり）
3073万円

一般財源割合
対歳出決算額
57.1%

小売業商品販売額
（従業者1人あたり）
2380万円

生活指標　（全国平均=100）

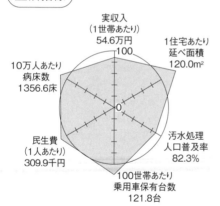

実収入
（1世帯あたり）
54.6万円

1住宅あたり
延べ面積
120.0m²

10万人あたり
病床数
1356.6床

汚水処理
人口普及率
82.3%

民生費
（1人あたり）
309.9千円

100世帯あたり
乗用車保有台数
121.8台

主な生産物

あんず	（2020年）	76%（1位）
にんにく	（2022年）	66%（1位）
りんご	（2022年）	60%（1位）
さば缶詰	（2021年）	*48%（1位）
ごぼう	（2022年）	37%（1位）
しじみ	（2021年）	25%（2位）
風力発電1)	（2021年度）	17%（1位）
いか類	（2021年）	18%（1位）

＊出荷額。1）電気事業用。

人口ピラミッド（青森）

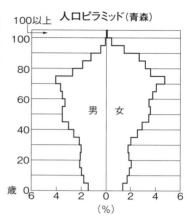

100以上
男　女
歳

統計データ　10市22町 8 村

面積・人口・世帯　（⇨第 2 部　第 1 章）
面積（2022年）　9646km²
人口（2022年）　120万4392人
人口密度（2022年）　124.9人/km²
人口増減率（2021～22年）　-1.39%
人口構成の割合　　0～14歳　10.2%
（2022年）　15～64歳　55.0%
　　　　　65歳以上　34.8%
世帯数（2023年）　59.5万世帯
1 世帯平均人員（2023年）　2.06人

労働　（⇨第 2 部　第 2 章）
有業者数（2022年）　61.1万人
産業別有業者割合　　第 1 次産業　9.8%
（2022年）　第 2 次産業　20.7%
　　　　第 3 次産業　69.5%

経済・財政　（⇨第 2 部　第 4・5 章）
県内総生産（2020年度）　4 兆4566億円
県民所得（2020年度）　3 兆2594億円
農業産出額（2021年）　3277億円
製造品出荷額等（2021年）　1 兆6947億円
小売業商品販売額（2020年）1 兆3337億円
財政規模（普通会計）（2021年度）
歳入（決算額）　8149億円
歳出（決算額）　7798億円
一般財源割合（2021年度）
対歳出決算額　57.1%

家計　（⇨第 2 部　第 7 章）
1 世帯あたり月平均（2022年）
実収入　54万6029円
消費支出　27万1927円
平均消費性向　60.1%
1 世帯あたり貯蓄現在高（2019年）
629.1万円

保健・衛生　（⇨第 2 部　第 1・7 章）
乳児死亡率（2022年）出生千あたり　1.5人
平均寿命（2020年）　男79.27年／女86.33年
10万人あたり医師数（2020年）　212.5人

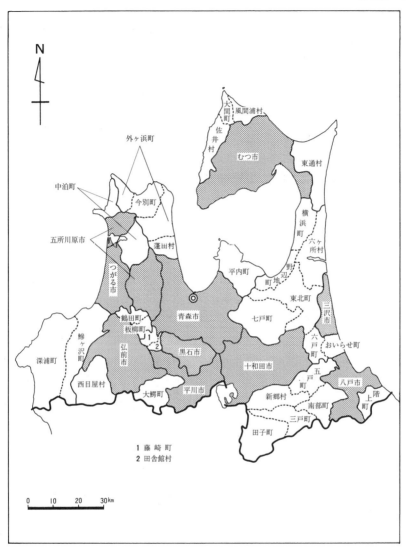

1 藤崎町
2 田舎館村

（行政データ）　　　知事：宮下 宗一郎（みやした そういちろう）
県議会議員：48（男 43 女 3 欠員 2）／市町村長：40（男 39 女 1 欠員 0）
市町村議会議員計：581（男 509 女 55 欠員 17）
県職員数：18 608（一般行政 3 781）／市町村等職員数計：18 400（一般行政 7 810）

岩手県

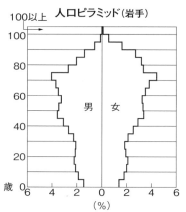

人口ピラミッド（岩手）

男　女

歳　　　　(%)

経済指標　（全国平均=100）

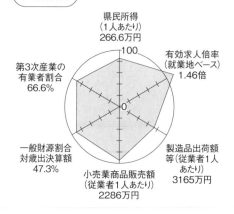

県民所得
（1人あたり）
266.6万円

有効求人倍率
（就業地ベース）
1.46倍

第3次産業の
有業者割合
66.6%

製造品出荷額
等（従業者1人
あたり）
3165万円

一般財源割合
対歳出決算額
47.3%

小売業商品販売額
（従業者1人あたり）
2286万円

生活指標　（全国平均=100）

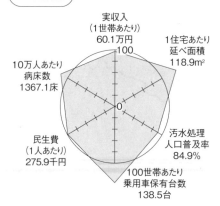

実収入
（1世帯あたり）
60.1万円

1住宅あたり
延べ面積
118.9m²

10万人あたり
病床数
1367.1床

汚水処理
人口普及率
84.9%

民生費
（1人あたり）
275.9千円

100世帯あたり
乗用車保有台数
138.5台

主な生産物

生うるし	（2022年）	81%	（1位）
おきあみ類	（2021年）	67%	（1位）
りんどう(切り花)1)	（2022年）	58%	（1位）
あかまつ・くろまつ(素材)			
	（2022年）	41%	（1位）
ブロイラー2)	（2023年）	15%	（3位）
あわび類	（2021年）	14%	（1位）
さんま	（2021年）	13%	（2位）

1) 出荷量。2) 飼養羽数。2 月 1 日現在。

統計データ　14市15町 4 村

面積・人口・世帯（⇨第 2 部　第 1 章）
面積（2022年）　　　　　　　1 万5275km²
人口（2022年）　　　　　　　118万595人
人口密度（2022年）　　　　　77.3人/km²
人口増減率（2021〜22年）　　　　-1.32%
人口構成の割合　　0 〜14歳　　10.6%
　（2022年）　　15・64歳　　54.9%
　　　　　　　　65歳以上　　34.6%
世帯数（2023年）　　　　　　53.4万世帯
1 世帯平均人員（2023年）　　　　2.23人

労働（⇨第 2 部　第 2 章）
有業者数（2022年）　　　　　62.3万人
産業別有業者割合　第 1 次産業　8.6%
　（2022年）　　　第 2 次産業　24.8%
　　　　　　　　　第 3 次産業　66.6%

経済・財政（⇨第 2 部　第 4・5 章）
県内総生産（2020年度）　4 兆7474億円
県民所得（2020年度）　　3 兆2272億円
農業産出額（2021年）　　　　2651億円
製造品出荷額等（2021年）2 兆7133億円
小売業商品販売額（2020年）1 兆2761億円
財政規模（普通会計）（2021年度）
　歳入（決算額）　　　　　　9759億円
　歳出（決算額）　　　　　　9166億円
一般財源割合（2021年度）
　対歳出決算額　　　　　　　　47.3%

家計（⇨第 2 部　第 7 章）
1 世帯あたり月平均（2022年）
　実収入　　　　　　　　　60万801円
　消費支出　　　　　　　　30万7326円
　平均消費性向　　　　　　　　62.3%
1 世帯あたり貯蓄現在高（2019年）
　　　　　　　　　　　　　859.9万円

保健・衛生（⇨第 2 部　第 1・7 章）
乳児死亡率(2022年)出生千あたり　2.6人
平均寿命(2020年)　男80.64年／女87.05年
10万人あたり医師数（2020年）　207.3人

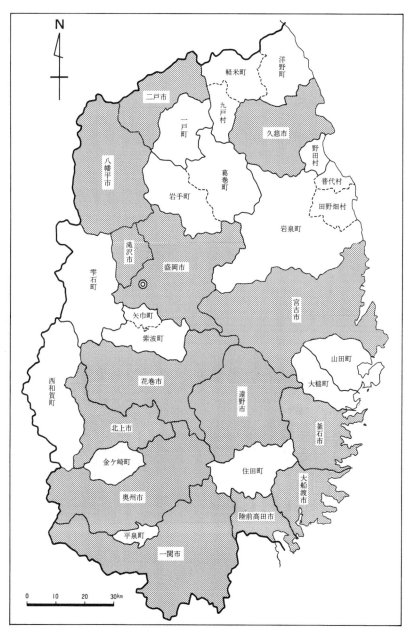

（行政データ）　知事：達増 拓也（たっそ たくや）
県議会議員：48（男 39 女 6 欠員 3）／市町村長：33（男 33 女 0 欠員 0）
市町村議会議員計：570（男 483 女 79 欠員 8）
県職員数：24 235（一般行政 4 354）／市町村等職員数計：14 081（一般行政 8 442）

宮城県

経済指標　（全国平均＝100）

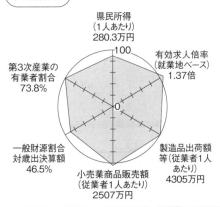

県民所得
（1人あたり）
280.3万円

有効求人倍率
（就業地ベース）
1.37倍

第3次産業の
有業者割合
73.8%

製造品出荷額
等（従業者1人
あたり）
4305万円

一般財源割合
対歳出決算額
46.5%

小売業商品販売額
（従業者1人あたり）
2507万円

生活指標　（全国平均＝100）

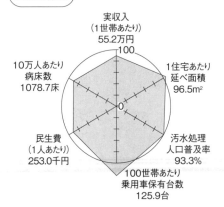

実収入
（1世帯あたり）
55.2万円

1住宅あたり
延べ面積
96.5m²

10万人あたり
病床数
1078.7床

汚水処理
人口普及率
93.3%

民生費
（1人あたり）
253.0千円

100世帯あたり
乗用車保有台数
125.9台

主な生産物

養殖ぎんざけ　（2021年）　86%　（1位）
デジタルカメラモジュール
　　　　　　　（2021年）＊77%　（1位）
養殖わかめ類　（2021年）　43%　（1位）
半導体製造装置製造業
　　　　　　　（2021年）#13%　（2位）
まぐろ類　　　（2021年）　12%　（2位）

＊出荷額。#当該事業が主業の事業所
による、主業以外を含む出荷額等。

人口ピラミッド（宮城）

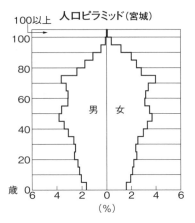

男　女

歳　（%）

統計データ　14市20町1村

面積・人口・世帯　（⇨第2部　第1章）
面積　（2022年）　　　　　　　7282km²
人口　（2022年）　　　　227万9977人
人口密度　（2022年）　　　313.1人/km²
人口増減率　（2021〜22年）　　−0.44%
人口構成の割合　　　0〜14歳　11.3%
　（2022年）　　　　15〜64歳　59.8%
　　　　　　　　　　65歳以上　28.9%
世帯数　（2023年）　　　　103.6万世帯
1世帯平均人員　（2023年）　　2.18人

労働　（⇨第2部　第2章）
有業者数　（2022年）　　　　120.2万人
産業別有業者割合　第1次産業　4.0%
　（2022年）　　　第2次産業　22.3%
　　　　　　　　　第3次産業　73.8%

経済・財政　（⇨第2部　第4・5章）
県内総生産　（2020年度）　9兆4852億円
県民所得　（2020年度）　　6兆4521億円
農業産出額　（2021年）　　　1755億円
製造品出荷額等　（2021年）　5兆34億円
小売業商品販売額（2020年）2兆7013億円
財政規模　（普通会計）（2021年度）
　歳入　（決算額）　　　1兆2566億円
　歳出　（決算額）　　　1兆1946億円
一般財源割合　（2021年度）
　対歳出決算額　　　　　　　　46.5%

家計　（⇨第2部　第7章）
1世帯あたり月平均　（2022年）
　実収入　　　　　　　　　55万2466円
　消費支出　　　　　　　　29万3496円
　平均消費性向　　　　　　　　64.4%
1世帯あたり貯蓄現在高　（2019年）
　　　　　　　　　　　　　1001.0万円

保健・衛生　（⇨第2部　第1・7章）
乳児死亡率（2022年）出生千あたり　1.5人
平均寿命（2020年）　男81.70年／女87.51年
10万人あたり医師数　（2020年）　246.3人

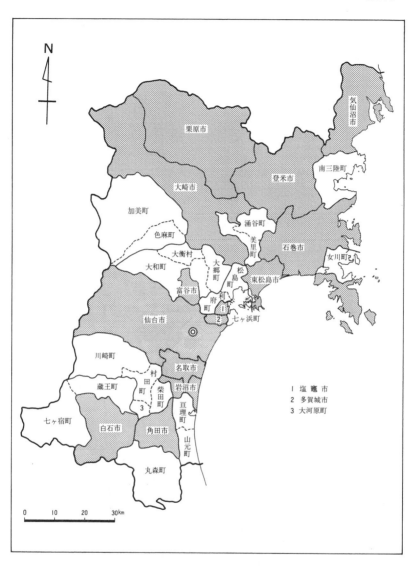

（行政データ）　　知事：村井 嘉浩（むらい よしひろ）
県議会議員：59（男 51 女 7 欠員 1）／市町村長：35（男 34 女 1 欠員 0）
市町村議会議員計：629（男 533 女 88 欠員 8）
県職員数：22 879（一般行政 4 961）／市町村等職員数計：33 441（一般行政 13 616）

秋田県

経済指標
（全国平均＝100）

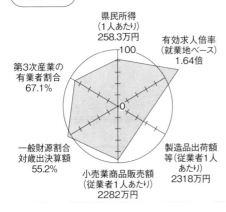

県民所得
（1人あたり）
258.3万円

有効求人倍率
（就業地ベース）
1.64倍

第3次産業の
有業者割合
67.1%

製造品出荷額
等（従業者1人
あたり）
2318万円

一般財源割合
対歳出決算額
55.2%

小売業商品販売額
（従業者1人あたり）
2282万円

生活指標
（全国平均＝100）

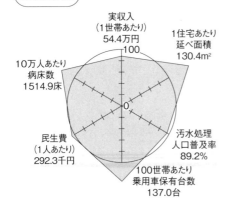

実収入
（1世帯あたり）
54.4万円

1住宅あたり
延べ面積
130.4m²

10万人あたり
病床数
1514.9床

汚水処理
人口普及率
89.2%

民生費
（1人あたり）
292.3千円

100世帯あたり
乗用車保有台数
137.0台

主な生産物

プリズム	（2021年）	＊38%	（…）
ニット製上衣1)	（2021年）	＊38%	（1位）
曲輪、曲物	（2021年）	＊37%	（…）
ラズベリー	（2020年）	36%	（1位）
地熱発電2)	（2021年度）	20%	（2位）
原油	（2021年度）	19%	（2位）
杉（素材）	（2022年）	8%	（2位）
米（水稲）	（2022年）	6%	（3位）

＊出荷額。1) コート類含む。2) 電気事業用。

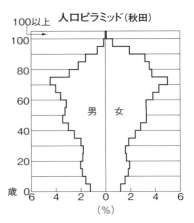

人口ピラミッド（秋田）

100以上

男　女

歳　6　4　2　0　2　4　6
（%）

統計データ　13市 9 町 3 村

面積・人口・世帯（⇨第 2 部　第 1 章）
面積（2022年）　　　　　　　1 万1638km²
人口（2022年）　　　　　　　92万9901人
人口密度（2022年）　　　　　79.9人/km²
人口増減率（2021～22年）　　　　－1.59%
人口構成の割合　　　0 ～14歳　　9.3%
（2022年）　　15～64歳　　52.1%
　　　　　65歳以上　　38.6%
世帯数（2023年）　　　　　　42.6万世帯
1 世帯平均人員（2023年）　　　　　2.21人

労働（⇨第 2 部　第 2 章）
有業者数（2022年）　　　　　　47.4万人
産業別有業者割合　第 1 次産業　　7.2%
（2022年）　　第 2 次産業　25.7%
　　　　　第 3 次産業　67.1%

経済・財政（⇨第 2 部　第 4 ・ 5 章）
県内総生産（2020年度）　　3 兆5305億円
県民所得（2020年度）　　　2 兆4782億円
農業産出額（2021年）　　　　　1658億円
製造品出荷額等（2021年）　1 兆4057億円
小売業商品販売額（2020年）　1 兆155億円
財政規模（普通会計）（2021年度）
　歳入（決算額）　　　　　　　6818億円
　歳出（決算額）　　　　　　　6561億円
一般財源割合（2021年度）
　対歳出決算額　　　　　　　　　55.2%

家計（⇨第 2 部　第 7 章）
1 世帯あたり月平均（2022年）
　実収入　　　　　　　　　　54万3860円
　消費支出　　　　　　　　　31万1046円
　平均消費性向　　　　　　　　　69.0%
1 世帯あたり貯蓄現在高（2019年）
　　　　　　　　　　　　　　742.4万円

保健・衛生（⇨第 2 部　第 1 ・ 7 章）
乳児死亡率（2022年）出生千あたり　1.3人
平均寿命（2020年）　男80.48年／女87.10年
10万人あたり医師数（2020年）　242.6人

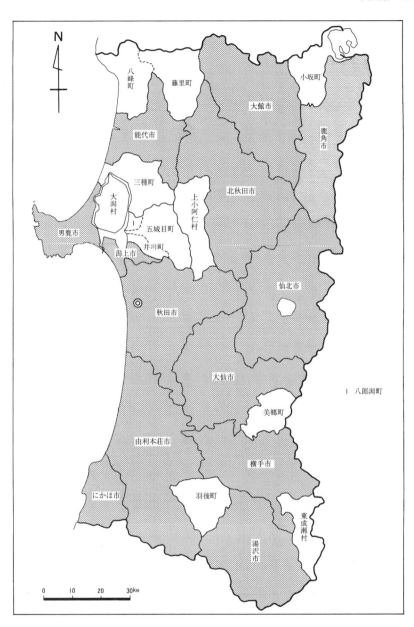

府県のすがた　秋田県

（行政データ）　知事：佐竹 敬久（さたけ のりひさ）
県議会議員：43（男 38 女 5 欠員 0）／市町村長：25（男 24 女 0 欠員 1）
市町村議会議員計：423（男 376 女 43 欠員 4）
県職員数：14 629（一般行政 3 373）／市町村等職員数計：13 020（一般行政 6 864）

山形県

経済指標
（全国平均＝100）

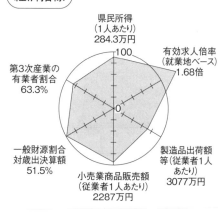

県民所得
（1人あたり）
284.3万円

有効求人倍率
（就業地ベース）
1.68倍

第3次産業の
有業者割合
63.3%

一般財源割合
対歳出決算額
51.5%

製造品出荷額
等（従業者1人
あたり）
3077万円

小売業商品販売額
（従業者1人あたり）
2287万円

生活指標
（全国平均＝100）

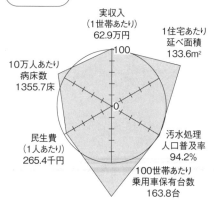

実収入
（1世帯あたり）
62.9万円

1住宅あたり
延べ面積
133.6m²

10万人あたり
病床数
1355.7床

民生費
（1人あたり）
265.4千円

汚水処理
人口普及率
94.2%

100世帯あたり
乗用車保有台数
163.8台

主な生産物

おうとう	（2022年）	77%	（1位）
あけび	（2020年）	73%	（1位）
西洋なし	（2022年）	68%	（1位）
わらび	（2022年）	46%	（1位）
パソコン製造業	（2021年）	#28%	（…）
マッシュルーム	（2020年）	19%	（3位）
看板、標識機等	（2021年）	*16%	（1位）

＊出荷額。#当該事業が主業の事業所
による、主業以外を含む出荷額等。

人口ピラミッド（山形）

100以上
（歳）
（%）
男　女

統計データ　13市19町 3 村

面積・人口・世帯（⇨第 2 部　第 1 章）
面積（2022年）　　　　　　9323km²
人口（2022年）　　　　　104万1025人
人口密度（2022年）　　　111.7人/km²
人口増減率（2021～22年）　　　-1.31%
人口構成の割合　　　0 ～14歳　10.9%
（2022年）　　　15～64歳　54.3%
　　　　　　　　65歳以上　34.8%
世帯数（2023年）　　　　42.1万世帯
1 世帯平均人員（2023年）　　　2.47人

労働（⇨第 2 部　第 2 章）
有業者数（2022年）　　　　55.2万人
産業別有業者割合　　第 1 次産業　7.5%
（2022年）　　　第 2 次産業　29.2%
　　　　　　　第 3 次産業　63.3%

経済・財政（⇨第 2 部　第 4 ・ 5 章）
県内総生産（2020年度）　4 兆2842億円
県民所得（2020年度）　3 兆363億円
農業産出額（2021年）　　　　2337億円
製造品出荷額等（2021年）　3 兆239億円
小売業商品販売額（2020年）1 兆1006億円
財政規模（普通会計）（2021年度）
　歳入（決算額）　　　　　7247億円
　歳出（決算額）　　　　　7103億円
一般財源割合（2021年度）
　対歳出決算額　　　　　　　51.5%

家計（⇨第 2 部　第 7 章）
1 世帯あたり月平均（2022年）
　実収入　　　　　　　62万8688円
　消費支出　　　　　　29万4104円
　平均消費性向　　　　　　56.8%
1 世帯あたり貯蓄現在高（2019年）
　　　　　　　　　　　881.6万円

保健・衛生（⇨第 2 部　第 1 ・ 7 章）
乳児死亡率（2022年）出生千あたり　2.8人
平均寿命（2020年）男81.39年／女87.38年
10万人あたり医師数（2020年）　229.2人

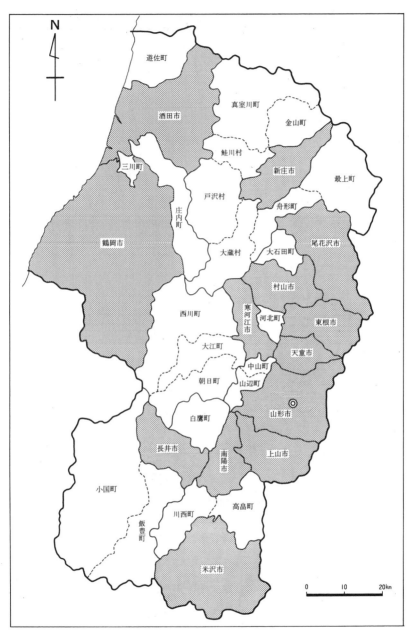

N

遊佐町
真室川町
金山町
酒田市
鮭川村
最上町
三川町
新庄市
戸沢村
舟形町
庄内町
鶴岡市
大蔵村
尾花沢市
大石田町
村山市
西川町
寒河江市
東根市
河北町
大江町
天童市
中山町
朝日町
山辺町
白鷹町
山形市
長井市
南陽市
上山市
小国町
川西町
高畠町
飯豊町
米沢市

0　　　10　　　20km

（行政データ）　　知事：吉村 美栄子（よしむら みえこ）
県議会議員：43（男 37 女 2 欠員 4）／市町村長：35（男 35 女 0 欠員 0）
市町村議会議員計：509（男 436 女 56 欠員 17）
県職員数：18 052（一般行政 4 038）／市町村等職員数計：14 602（一般行政 6 986）

福島県

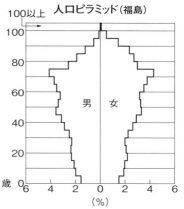

経済指標

（全国平均＝100）

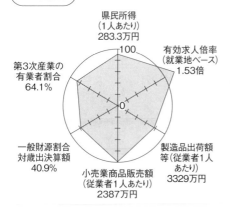

県民所得
（1人あたり）
283.3万円

有効求人倍率
（就業地ベース）
1.53倍

第3次産業の
有業者割合
64.1%

製造品出荷額
等（従業者1人
あたり）
3329万円

一般財源割合
対歳出決算額
40.9%

小売業商品販売額
（従業者1人あたり）
2387万円

生活指標

（全国平均＝100）

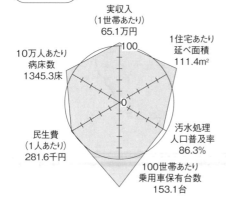

実収入
（1世帯あたり）
65.1万円

1住宅あたり
延べ面積
111.4m²

10万人あたり
病床数
1345.3床

汚水処理
人口普及率
86.3%

民生費
（1人あたり）
281.6千円

100世帯あたり
乗用車保有台数
153.1台

主な生産物

桐	（2022年）	70%	（1位）
バリウム塩類	（2021年）	*55%	（1位）
ガラス長繊維（製品）	（2021年）	*34%	（1位）
金属製パッキン類	（2021年）	*31%	（1位）
もも	（2022年）	24%	（2位）
航空機用エンジンの部品類	（2021年）	*20%	（2位）
医療用機械、装置	（2021年）	*12%	（1位）

＊出荷額。

統計データ

13市31町15村

面積・人口・世帯（⇨第2部　第1章）
面積（2022年）　　　　　　1万3784km²
人口（2022年）　　　　　　179万181人
人口密度（2022年）　　　　129.9人/km²
人口増減率（2021〜22年）　　　　-1.20%
人口構成の割合　　　0〜14歳　11.0%
（2022年）　　　15〜64歳　56.3%
　　　　　　　　65歳以上　32.7%
世帯数（2023年）　　　　　79.7万世帯
1世帯平均人員（2023年）　　　　2.28人

労働（⇨第2部　第2章）
有業者数（2022年）　　　　　94.3万人
産業別有業者割合　第1次産業　6.2%
（2022年）　　　第2次産業　29.7%
　　　　　　　　第3次産業　64.1%

経済・財政（⇨第2部　第4・5章）
県内総生産（2020年度）　7兆8286億円
県民所得（2020年度）　　5兆1929億円
農業産出額（2021年）　　　　1913億円
製造品出荷額等（2021年）5兆1627億円
小売業商品販売額（2020年）2兆348億円
財政規模（普通会計）（2021年度）
　歳入（決算額）　　　　1兆4580億円
　歳出（決算額）　　　　1兆3975億円
一般財源割合（2021年度）
　対歳出決算額　　　　　　　　40.9%

家計（⇨第2部　第7章）
1世帯あたり月平均（2022年）
　実収入　　　　　　　　65万1337円
　消費支出　　　　　　　32万6648円
　平均消費性向　　　　　　　　61.0%
1世帯あたり貯蓄現在高（2019年）
　　　　　　　　　　　　　806.0万円

保健・衛生（⇨第2部　第1・7章）
乳児死亡率（2022年）出生千あたり　2.5人
平均寿命（2020年）　男80.60年／女86.81年
10万人あたり医師数（2020年）　205.7人

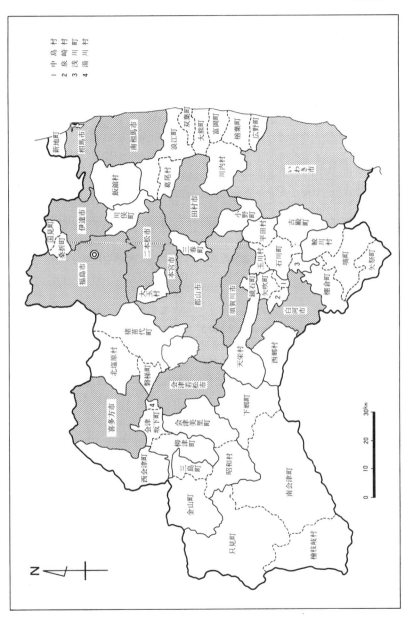

1　中島村
2　泉崎村
3　浅川町
4　湯川村

（行政データ）　　知事：内堀 雅雄（うちぼり まさお）
県議会議員：58（男 53 女 5 欠員 0）／市町村長：59（男 59 女 0 欠員 0）
市町村議会議員計：860（男 768 女 80 欠員 12）
県職員数：27 116（一般行政 5 646）／市町村等職員数計：21 748（一般行政 12 599）

コロナ前の水準を回復する地域消費

2022年の日本のGDPは、名目、実質ともにコロナ前の水準を回復できなかった。しかし、景気は緩やかに持ち直しており、2023年に入って以降、GDPの過半を占める消費支出をめぐる環境は引き続き改善している。

国内で最初に新型コロナウイルスの感染者が確認されたのは2020年1月で、政府は同年4月、および翌2021年の1月、4月、7月と合わせて4回の緊急事態宣言を発令した。消費支出の総合的な動向を示す地域別消費総合指数（下表参照）は、各地域とも最初の緊急事態宣言発令直後の2020年5月や、その翌年に3度の宣言が連続して発令された後の2021年8月には、指数が低下している。さらに2022年2月には、ロシアのウクライナ侵攻が勃発して指数が低下したが、世界経済の動揺が、地域の消費に波及したことがうかがえる。

2023年には、各地域の消費総合指数は新型コロナまん延前の水準を回復した。

同年6月の全国の指数は2019年12月と同じ99.1である。日本銀行の2023年7月の地域経済報告では、宿泊・飲食などサービス業を中心に需要が回復したことから、個人消費の判断を引き上げている。9月の内閣府の地域経済動向でも、全地域の消費は「持ち直している」か「緩やかに持ち直している」と判断している。

新型コロナが感染症法上で5類に移行して来店客数が増加した百貨店では、株高の影響で富裕層の消費も旺盛で、2023年1～6月の全国1店舗あたりの売上高は、2019年の同期を上回った。訪日客の「インバウンド消費」は、統計上は輸出に分類されて消費に含まれないが、地域経済を下支えしている。

一方で、物価上昇により実質賃金の減少が続いていることは消費の抑制要因である。円安が進み、製造業の給与水準は韓国と並んだ。しかし、経済安全保障の観点から、世界的なサプライチェーン（供給網）の見直しが始まっている。半導体を始めとする生産拠点の国内回帰が、今後の地域経済の押し上げ要因になると期待される。

地域別消費総合指数（季節調整値）（2012年 = 100）

	2019年 12月	2020年 5月	2020年 10月	2021年 8月	2021年 11月	2022年 2月	2023年 6月
北海道	96.6	87.8	96.3	92.0	95.6	93.7	95.1
東北	96.8	88.0	96.5	93.4	97.3	94.5	95.4
北関東	98.9	88.7	98.1	93.8	98.8	97.4	101.9
南関東	100.2	86.8	98.8	94.1	99.4	96.1	100.3
甲信越	98.6	88.3	97.9	93.6	97.2	95.3	99.0
東海	99.9	88.7	98.4	94.6	99.7	96.9	100.5
北陸	97.8	87.3	96.3	93.4	98.1	95.2	97.3
近畿	99.2	86.6	97.3	93.3	98.3	95.2	99.3
中国	98.9	87.3	96.9	93.6	97.7	95.8	98.3
四国	97.7	87.9	96.4	93.6	97.8	95.4	97.0
九州	96.6	85.7	96.0	91.3	95.9	92.7	95.6
沖縄	119.4	107.5	118.6	117.8	123.2	123.1	127.6
全国	99.1	87.4	97.9	93.7	98.5	95.7	99.1

内閣府「地域別支出総合指数」（2023年9月更新）より作成。指数変動のピーク・ボトム時。

地籍調査の実施状況

地籍調査は、土地の境界確認や面積を測量する調査で、国有林や公有水面などを除いた全国土を対象としている。土地に関する基礎情報を明確にすることによって、土地売買や遺産相続時に起こり得るトラブルを未然に防ぎ、インフラ整備などの公共事業やまちづくりの迅速化、さらに、災害発生時において復旧作業の円滑化が可能となる。なお、地籍調査では、土地所有者に経費負担が生じず、国、都道府県、市町村等がそれぞれ経費を分担している。

地籍調査は、1951年の開始以降、市町村等が実施主体となって70年以上にわたり進められてきた。しかし、2022年度末現在、全国の進捗率は52％に留まっており、特に、利権関係が難しい都市部の人口集中地区、過疎化や高齢化が進む山村部で遅れている。市町村レベルでは、1741市町村（東京都23区を含む）のうち、調査完了は592で全体の34％、実施中は815で46％、一方、休止・未着手は334で20％近くを占めている。

都道府県別でみると、地域間の進捗の差が大きい。特に東北と九州では概して調査が進んでおり、青森県、佐賀県、沖縄県の３県では進捗率が90％以上となっている。一方、関東、中部、北陸、近畿の各地方では調査が大幅に遅れている府県が多く、京都府では進捗率が８％、三重県と大阪府は10％、愛知県、滋賀県、奈良県では13％となっている。

近年、豪雨災害が頻発し、近い将来には大地震の発生が予測されるなか、地籍調査の早期実施の必要性が高まっている。2020年には官民境界を先行して行うことが決定し、登記手続も簡素化された。

府県のすがた　解説欄

地籍調査の進捗率（2022年度末現在）

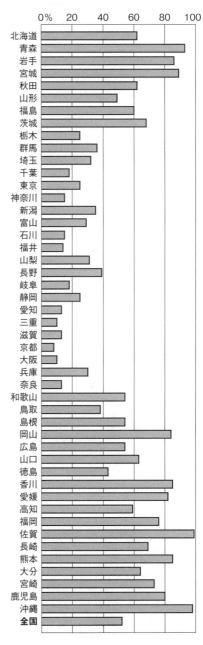

国土交通省「地籍調査の実施状況」より作成。2023年６月調べ。

茨城県

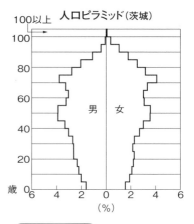

人口ピラミッド（茨城）

経済指標

（全国平均=100）

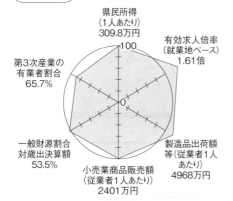

県民所得
（1人あたり）
309.8万円

有効求人倍率
（就業地ベース）
1.61倍

第3次産業の
有業者割合
65.7%

製造品出荷額
等（従業者1人
あたり）
4968万円

一般財源割合
対歳出決算額
53.5%

小売業商品販売額
（従業者1人あたり）
2401万円

生活指標

（全国平均=100）

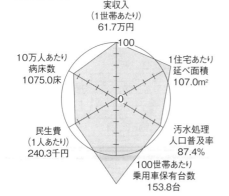

実収入
（1世帯あたり）
61.7万円

1住宅あたり
延べ面積
107.0m²

10万人あたり
病床数
1075.0床

汚水処理
人口普及率
87.4%

民生費
（1人あたり）
240.3千円

100世帯あたり
乗用車保有台数
153.8台

主な生産物

れんこん	（2022年）	50%	（1位）
塩化ビニール樹脂	（2021年）	*43%	（1位）
はくさい	（2022年）	28%	（1位）
いわし類	（2021年）	24%	（1位）
メロン	（2022年）	24%	（1位）
ショベル系掘さく機	（2021年）	*23%	（…）
ピーマン	（2022年）	22%	（1位）
マシニングセンター	（2021年）	*20%	（1位）

＊出荷額。

統計データ

32市10町2村

面積・人口・世帯（⇨第2部　第1章）
面積（2022年）　　　　　　　　6098km²
人口（2022年）　　　　　　283万9555人
人口密度（2022年）　　　　465.7人/km²
人口増減率（2021〜22年）　　　　−0.43%
人口構成の割合　　　0〜14歳　　11.3%
（2022年）　　　15〜64歳　　58.3%
　　　　　　　　65歳以上　　30.4%
世帯数（2023年）　　　　　　129.9万世帯
1世帯平均人員（2023年）　　　　2.22人

労働（⇨第2部　第2章）
有業者数（2022年）　　　　　　152.1万人
産業別有業者割合　第1次産業　　5.6%
（2022年）　　　第2次産業　28.7%
　　　　　　　　第3次産業　65.7%

経済・財政（⇨第2部　第4・5章）
県内総生産（2020年度）　　13兆7713億円
県民所得（2020年度）　　　8兆8823億円
農業産出額（2021年）　　　　　4263億円
製造品出荷額等（2021年）　13兆6869億円
小売業商品販売額（2020年）2兆8945億円
財政規模（普通会計）（2021年）
　歳入（決算額）　　　　　1兆3852億円
　歳出（決算額）　　　　　1兆3505億円
一般財源割合（2021年度）
　対歳出決算額　　　　　　　　　53.5%

家計（⇨第2部　第7章）
1世帯あたり月平均（2022年）
　実収入　　　　　　　　　　61万6855円
　消費支出　　　　　　　　　34万4330円
　平均消費性向　　　　　　　　　68.4%
1世帯あたり貯蓄現在高（2019年）
　　　　　　　　　　　　　　1183.2万円

保健・衛生（⇨第2部　第1・7章）
乳児死亡率（2022年）出生千あたり 2.7人
平均寿命（2020年）男80.89年／女86.94年
10万人あたり医師数（2020年）　193.8人

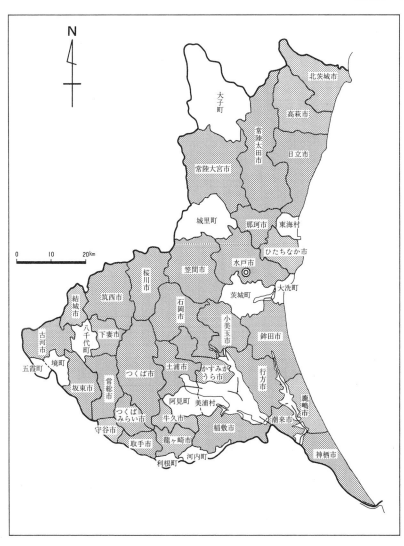

（行政データ）　　知事：大井川 和彦（おおいがわ かずひこ）
県議会議員：62（男 56 女 6 欠員 0）／市町村長：44（男 43 女 1 欠員 0）
市町村議会議員計：825（男 672 女 114 欠員 39）
県職員数：36 025（一般行政 4 829）／市町村等職員数計：26 004（一般行政 15 982）

栃木県

経済指標
（全国平均＝100）

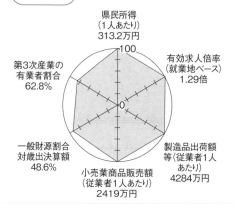

- 県民所得（1人あたり）313.2万円
- 有効求人倍率（就業地ベース）1.29倍
- 製造品出荷額等（従業者1人あたり）4284万円
- 小売業商品販売額（従業者1人あたり）2419万円
- 一般財源割合対歳出決算額 48.6%
- 第3次産業の有業者割合 62.8%

生活指標
（全国平均＝100）

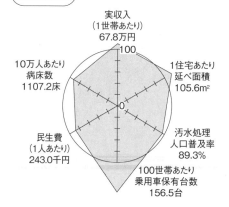

- 実収入（1世帯あたり）67.8万円
- 1住宅あたり延べ面積 105.6m²
- 汚水処理人口普及率 89.3%
- 100世帯あたり乗用車保有台数 156.5台
- 民生費（1人あたり）243.0千円
- 10万人あたり病床数 1107.2床

主な生産物

かんぴょう	（2020年）	100%	（1位）
医療用X線装置	（2021年）	*67%	（1位）
うど	（2020年）	39%	（1位）
果実酒	（2021年度）	36%	（1位）
カメラ用交換レンズ	（2021年）	*34%	（…）
アルミ圧延品	（2021年）	*28%	（2位）
いちご	（2022年）	15%	（1位）
ふとん	（2021年）	*14%	（1位）

＊出荷額。

人口ピラミッド（栃木）

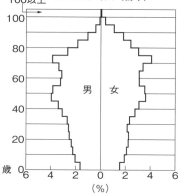

男　女

歳　（%）

統計データ
14市11町0村

面積・人口・世帯（⇨第2部　第1章）
- 面積（2022年）　6408km²
- 人口（2022年）　190万8821人
- 人口密度（2022年）　297.9人/km²
- 人口増減率（2021〜22年）　-0.65%
- 人口構成の割合　0〜14歳　11.4%
- （2022年）　15〜64歳　58.7%
- 　65歳以上　29.9%
- 世帯数（2023年）　86.0万世帯
- 1世帯平均人員（2023年）　2.24人

労働（⇨第2部　第2章）
- 有業者数（2022年）　103.0万人
- 産業別有業者割合　第1次産業　5.1%
- （2022年）　第2次産業　32.0%
- 　第3次産業　62.8%

経済・財政（⇨第2部　第4・5章）
- 県内総生産（2020年度）　8兆9465億円
- 県民所得（2020年度）　6兆5545億円
- 農業産出額（2021年）　2693億円
- 製造品出荷額等（2021年）　8兆5761億円
- 小売業商品販売額（2020年）　2兆1285億円
- 財政規模（普通会計）（2021年度）
- 　歳入（決算額）　1兆555億円
- 　歳出（決算額）　1兆292億円
- 一般財源割合（2021年度）
- 　対歳出決算額　48.6%

家計（⇨第2部　第7章）
- 1世帯あたり月平均（2022年）
- 　実収入　67万8473円
- 　消費支出　33万209円
- 　平均消費性向　61.1%
- 1世帯あたり貯蓄現在高（2019年）　1001.1万円

保健・衛生（⇨第2部　第1・7章）
- 乳児死亡率（2022年）出生千あたり　1.3人
- 平均寿命（2020年）男81.00年／女86.89年
- 10万人あたり医師数（2020年）　236.9人

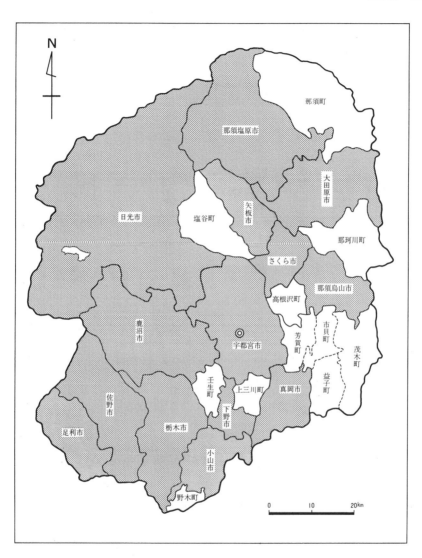

（行政データ）　　知事：福田 富一（ふくだ とみかず）

県議会議員：50（男 38 女 6 欠員 6）／市町村長：25（男 22 女 3 欠員 0）

市町村議会議員計：486（男 408 女 69 欠員 9）

県職員数：23 381（一般行政 4 591）／市町村等職員数計：16 109（一般行政 10 238）

群馬県

人口ピラミッド（群馬）

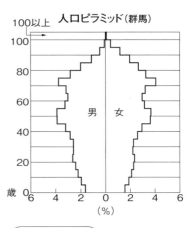

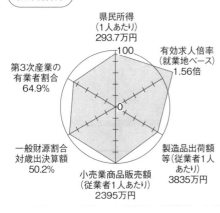

経済指標　（全国平均＝100）

- 県民所得（1人あたり）293.7万円
- 有効求人倍率（就業地ベース）1.56倍
- 第3次産業の有業者割合 64.9%
- 一般財源割合対歳出決算額 50.2%
- 小売業商品販売額（従業者1人あたり）2395万円
- 製造品出荷額等（従業者1人あたり）3835万円

生活指標　（全国平均＝100）

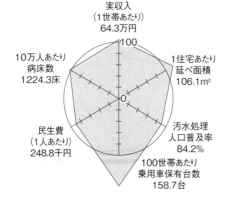

- 実収入（1世帯あたり）64.3万円
- 10万人あたり病床数 1224.3床
- 1住宅あたり延べ面積 106.1m²
- 民生費（1人あたり）248.8千円
- 汚水処理人口普及率 84.2%
- 100世帯あたり乗用車保有台数 158.7台

主な生産物

こんにゃくいも	（2022年）	95%	（1位）
乳酸菌飲料	（2022年）	43%	（1位）
ボールペン	（2021年）	*22%	（…）
キャベツ	（2022年）	20%	（1位）
即席めん類	（2021年）	*14%	（…）
豆腐類	（2021年）	*11%	（1位）
ほうれんそう	（2021年）	11%	（1位）
シャシー部品1)	（2021年）	* 8%	（3位）

＊出荷額。1) 車体部品を含む。

統計データ　12市15町8村

面積・人口・世帯（⇨第2部　第1章）
- 面積（2022年）　6362km²
- 人口（2022年）　191万3254人
- 人口密度（2022年）　300.7人/km²
- 人口増減率（2021〜22年）　-0.69%
- 人口構成の割合　　0〜14歳　11.3%
- （2022年）　15〜64歳　57.9%
- 　65歳以上　30.8%
- 世帯数（2023年）　87.3万世帯
- 1世帯平均人員（2023年）　2.21人

労働（⇨第2部　第2章）
- 有業者数（2022年）　103.8万人
- 産業別有業者割合　第1次産業　4.5%
- （2022年）　第2次産業　30.5%
- 　第3次産業　64.9%

経済・財政（⇨第2部　第4・5章）
- 県内総生産（2020年度）　8兆6535億円
- 県民所得（2020年度）　5兆6954億円
- 農業産出額（2021年）　2404億円
- 製造品出荷額等（2021年）　8兆3831億円
- 小売業商品販売額（2020年）　2兆755億円
- 財政規模（普通会計）（2021年度）
- 　歳入（決算額）　1兆246億円
- 　歳出（決算額）　9917億円
- 一般財源割合（2021年度）
- 　対歳出決算額　50.2%

家計（⇨第2部　第7章）
- 1世帯あたり月平均（2022年）
- 　実収入　64万2949円
- 　消費支出　35万5387円
- 　平均消費性向　69.4%
- 1世帯あたり貯蓄現在高（2019年）　994.5万円

保健・衛生（⇨第2部　第1・7章）
- 乳児死亡率（2022年）出生千あたり　1.6人
- 平均寿命（2020年）　男81.13年／女87.18年
- 10万人あたり医師数（2020年）　233.8人

府県のすがた　群馬県

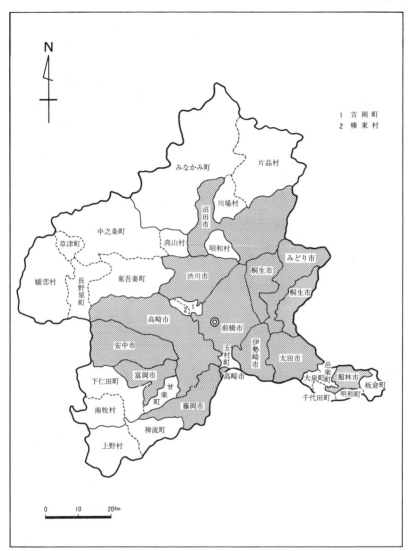

```
    N

          1  吉 岡 町
          2  榛 東 村

         みなかみ町        片品村

              沼   川場村
              田
              市   昭和村
  中之条町
        高山村
 草津町              桐生市   みどり市
嬬恋村      東吾妻町  渋川市          桐生市
    長野
    原町
        高崎市        前橋市
                        伊    太田市
  安中市            玉  勢
                村  崎            邑
   下仁田町  富岡市  町  市       大泉町  楽  館林市  板倉町
                        高崎市      町      町
                甘                 明和町
                楽       藤岡市    千代田町
 南牧村          町
        神流町

   上野村

0    10    20km
```

（行政データ）　　　知事：山本 一太（やまもと いちた）
県議会議員：50（男 40 女 5 欠員 5）／市町村長：35（男 35 女 0 欠員 0）
市町村議会議員計：561（男 478 女 69 欠員 14）
県職員数：25 588（一般行政 3 967）／市町村等職員数計：20 674（一般行政 10 336）

埼玉県

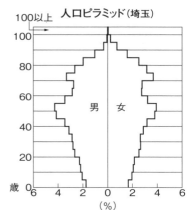

人口ピラミッド(埼玉)

経済指標　（全国平均=100）

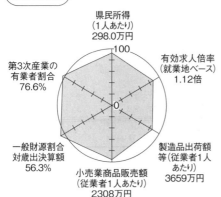

県民所得
（1人あたり）
298.0万円

有効求人倍率
（就業地ベース）
1.12倍

第3次産業の
有業者割合
76.6%

製造品出荷額
等（従業者1人
あたり）
3659万円

一般財源割合
対歳出決算額
56.3%

小売業商品販売額
（従業者1人あたり）
2308万円

生活指標　（全国平均=100）

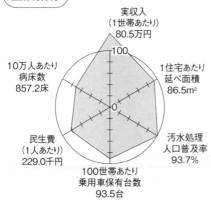

実収入
（1世帯あたり）
80.5万円

1住宅あたり
延べ面積
86.5m²

10万人あたり
病床数
857.2床

汚水処理
人口普及率
93.7%

民生費
（1人あたり）
229.0千円

100世帯あたり
乗用車保有台数
93.5台

主な生産物

金・同合金展伸材（2021年）＊60%（1位）
一般インキ　　（2021年）＊34%（1位）
アイスクリーム　（2021年）＊24%（1位）
ゆり（切り花）1)　（2022年）　21%（1位）
化粧水　　　　（2021年）＊17%（1位）
中華めん　　　（2021年）＊17%（1位）
弁当、おにぎり類（2021年）＊11%（1位）
医薬品製剤　　（2021年）＊10%（2位）
＊出荷額。1）出荷量。

統計データ　40市22町1村

面積・人口・世帯（⇨第2部　第1章）
面積（2022年）　　　　　　3798km²
人口（2022年）　　　　733万7089人
人口密度（2022年）　1932.0人/km²
人口増減率（2021〜22年）　−0.05%
人口構成の割合　　0〜14歳　11.5%
（2022年）　　15〜64歳　61.1%
　　　　　　　65歳以上　27.4%
世帯数（2023年）　　　347.0万世帯
1世帯平均人員（2023年）　2.13人

労働（⇨第2部　第2章）
有業者数（2022年）　　　397.3万人
産業別有業者割合　第1次産業　1.3%
（2022年）　　第2次産業　22.1%
　　　　　　　第3次産業　76.6%

経済・財政（⇨第2部　第4・5章）
県内総生産（2020年度）　22兆9226億円
県民所得（2020年度）　21兆2284億円
農業産出額（2021年）　　　1528億円
製造品出荷額等（2021年）14兆2540億円
小売業商品販売額（2020年）6兆7800億円
財政規模（普通会計）（2021年度）
歳入（決算額）　　2兆5477億円
歳出（決算額）　　2兆4993億円
一般財源割合（2021年度）
対歳出決算額　　　　　56.3%

家計（⇨第2部　第7章）
1世帯あたり月平均（2022年）
実収入　　　　　　80万4799円
消費支出　　　　　34万2788円
平均消費性向　　　　53.4%
1世帯あたり貯蓄現在高（2019年）
　　　　　　　　　1190.9万円

保健・衛生（⇨第2部　第1・7章）
乳児死亡率(2022年)出生千あたり　1.5人
平均寿命(2020年)　男81.44年／女87.31年
10万人あたり医師数（2020年）　177.8人

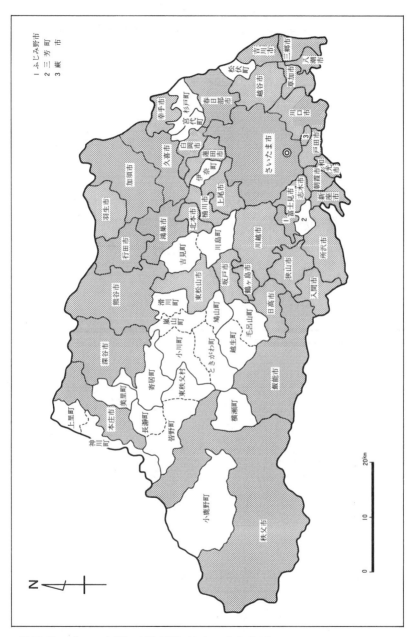

1 ふじみ野市
2 三芳町
3 蕨　市

（行政データ）　　知事：大野 元裕（おおの もとひろ）
県議会議員：93（男 75 女 11 欠員 7）／市町村長：63（男 59 女 4 欠員 0）
市町村議会議員計：1 265（男 950 女 288 欠員 27）
県職員数：61 892（一般行政 7 195）／市町村等職員数計：63 469（一般行政 34 007）

千葉県

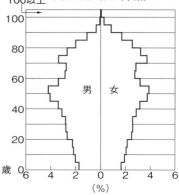

（%）

経済指標　（全国平均＝100）

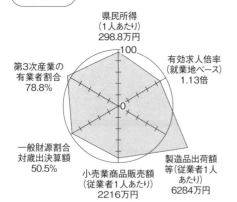

県民所得
（1人あたり）
298.8万円

有効求人倍率
（就業地ベース）
1.13倍

第3次産業の
有業者割合
78.8%

製造品出荷額
等（従業者1人
あたり）
6284万円

一般財源割合
対歳出決算額
50.5%

小売業商品販売額
（従業者1人あたり）
2216万円

生活指標　（全国平均＝100）

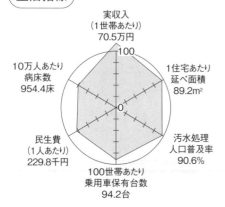

実収入
（1世帯あたり）
70.5万円

1住宅あたり
延べ面積
89.2m²

10万人あたり
病床数
954.4床

汚水処理
人口普及率
90.6%

民生費
（1人あたり）
229.8千円

100世帯あたり
乗用車保有台数
94.2台

主な生産物

らっかせい	（2022年）	85%	（1位）
ポリエチレン	（2021年）	*32%	（ … ）
しょうゆ	（2021年）	*29%	（1位）
いせえび	（2021年）	21%	（1位）
火力発電1)	（2021年度）	12%	（1位）
だいこん	（2022年）	12%	（1位）
日本なし	（2022年）	10%	（1位）
鉄鋼業2)	（2021年）	*10%	（3位）

＊出荷額。1) 電気事業用。2) 品目群の計。

統計データ　37市16町1村

面積・人口・世帯（⇨第2部　第1章）
面積（2022年）　　　　　　　5157km²
人口（2022年）　　　　　626万5975人
人口密度（2022年）　　　1215.1人/km²
人口増減率（2021〜22年）　　　-0.15%
人口構成の割合　　0〜14歳　　11.4%
（2022年）　　　15〜64歳　　60.6%
　　　　　　　　65歳以上　　28.0%
世帯数（2023年）　　　　302.3万世帯
1世帯平均人員（2023年）　　　2.09人

労働（⇨第2部　第2章）
有業者数（2022年）　　　　336.8万人
産業別有業者割合　第1次産業　　2.1%
（2022年）　　　第2次産業　　19.1%
　　　　　　　　第3次産業　　78.8%

経済・財政（⇨第2部　第4・5章）
県内総生産（2020年度）　20兆7756億円
県民所得（2020年度）　　18兆7749億円
農業産出額（2021年）　　　　3471億円
製造品出荷額等（2021年）　13兆968億円
小売業商品販売額（2020年）5兆9206億円
財政規模（普通会計）（2021年度）
　歳入（決算額）　　　　2兆5687億円
　歳出（決算額）　　　　2兆5178億円
一般財源割合（2021年度）
　対歳出決算額　　　　　　　　50.5%

家計（⇨第2部　第7章）
1世帯あたり月平均（2022年）
　実収入　　　　　　　　　70万4576円
　消費支出　　　　　　　　35万8233円
　平均消費性向　　　　　　　　63.5%
1世帯あたり貯蓄現在高（2019年）
　　　　　　　　　　　　　1155.6万円

保健・衛生（⇨第2部　第1・7章）
乳児死亡率（2022年）出生千あたり　1.9人
平均寿命（2020年）　男81.45年／女87.50年
10万人あたり医師数（2020年）　205.8人

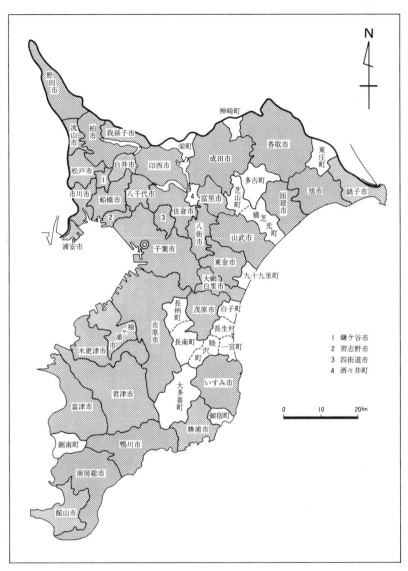

（行政データ）　　知事：熊谷 俊人（くまがい としひと）
県議会議員：94（男 73 女 11 欠員 10）／市町村長：54（男 49 女 5 欠員 0）
市町村議会議員計：1 154（男 911 女 220 欠員 23）
県職員数：58 576（一般行政 7 670）／市町村等職員数計：59 021（一般行政 31 085）

東京都

経済指標　(全国平均=100)

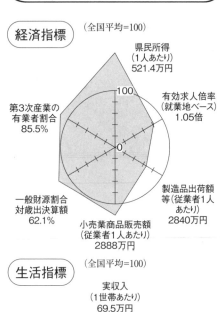

県民所得
(1人あたり)
521.4万円

有効求人倍率
(就業地ベース)
1.05倍

第3次産業の
有業者割合
85.5%

製造品出荷額
等(従業者1人
あたり)
2840万円

一般財源割合
対歳出決算額
62.1%

小売業商品販売額
(従業者1人あたり)
2888万円

生活指標　(全国平均=100)

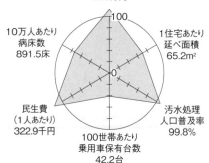

実収入
(1世帯あたり)
69.5万円

1住宅あたり
延べ面積
65.2m²

10万人あたり
病床数
891.5床

汚水処理
人口普及率
99.8%

民生費
(1人あたり)
322.9千円

100世帯あたり
乗用車保有台数
42.2台

主な生産物

電子顕微鏡	(2021年) *67%	(1位)
テレビ等放送装置	(2021年) *62%	(1位)
航空機用エンジンの部品類	(2021年) *51%	(1位)
ニット製シャツ1)	(2021年) *41%	(1位)
つり道具	(2021年) *30%	(1位)
金再生地金・合金	(2021年) *19%	(…)
印刷物(紙のもの)	(2021年) *16%	(1位)

＊出荷額。1) アウターシャツ類。

人口ピラミッド(東京)

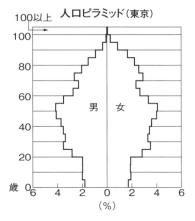

男　女

歳　(%)

統計データ　23特別区26市5町8村

面積・人口・世帯　(⇨第2部　第1章)
面積 (2022年)　2194km²
人口 (2022年)　1403万8167人
人口密度 (2022年)　6398.3人/km²
人口増減率 (2021～22年)　0.20%
人口構成の割合　0～14歳　10.9%
 (2022年)　15～64歳　66.3%
　65歳以上　22.8%
世帯数 (2023年)　745.1万世帯
1世帯平均人員 (2023年)　1.86人

労働　(⇨第2部　第2章)
有業者数 (2022年)　829.7万人
産業別有業者割合　第1次産業　0.3%
 (2022年)　第2次産業　14.3%
　第3次産業　85.5%

経済・財政　(⇨第2部　第4・5章)
県内総生産 (2020年度)　109兆6016億円
県民所得 (2020年度)　73兆2495億円
農業産出額 (2021年)　196億円
製造品出荷額等 (2021年)　7兆6227億円
小売業商品販売額 (2020年)　19兆2491億円
財政規模 (普通会計) (2021年度)
　歳入 (決算額)　10兆1390億円
　歳出 (決算額)　9兆5895億円
一般財源割合 (2021年度)
　対歳出決算額　62.1%

家計　(⇨第2部　第7章)
1世帯あたり月平均 (2022年)
　実収入　69万5496円
　消費支出　35万1136円
　平均消費性向　62.7%
1世帯あたり貯蓄現在高 (2019年)
　1436.7万円

保健・衛生　(⇨第2部　第1・7章)
乳児死亡率 (2022年) 出生千あたり 1.6人
平均寿命 (2020年) 男81.77年／女87.86年
10万人あたり医師数 (2020年)　320.9人

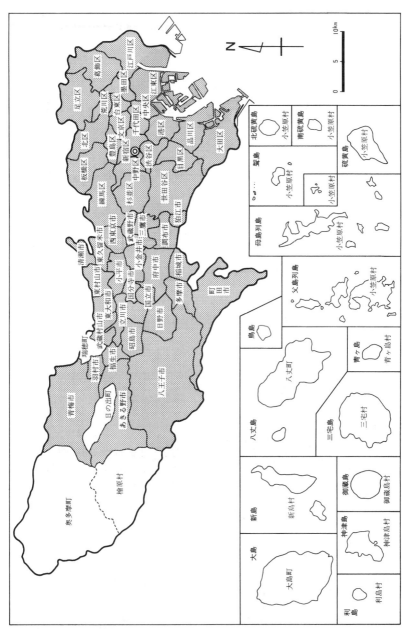

(行政データ)　　知事：小池 百合子（こいけ ゆりこ）

都議会議員：127（男 85 女 38 欠員 4）／市区町村長：62（男 56 女 6 欠員 0）

市区町村議会議員計：1 677（男 1 132 女 493 欠員 52）

都職員数：175 473（一般行政 19 876）／市区町村等職員数計：93 569（一般行政 75 508）

神奈川県

経済指標

（全国平均=100）

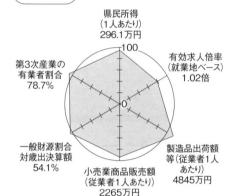

- 県民所得（1人あたり）296.1万円
- 有効求人倍率（就業地ベース）1.02倍
- 製造品出荷額等（従業者1人あたり）4845万円
- 小売業商品販売額（従業者1人あたり）2265万円
- 一般財源割合対歳出決算額 54.1%
- 第3次産業の有業者割合 78.7%

生活指標

（全国平均=100）

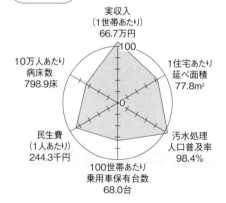

- 実収入（1世帯あたり）66.7万円
- 1住宅あたり延べ面積 77.8m²
- 汚水処理人口普及率 98.4%
- 100世帯あたり乗用車保有台数 68.0台
- 民生費（1人あたり）244.3千円
- 10万人あたり病床数 798.9床

主な生産物

光ファイバー1)	（2021年）	*54%	（1位）
口紅、ほお紅等	（2021年）	*53%	（1位）
フラットパネルディスプレイ製造装置	（2021年）	*45%	（1位）
トラック2)	（2021年）	*34%	（…）
家庭用合成洗剤	（2021年）	*30%	（1位）
ガソリン	（2021年）	*23%	（…）
銅伸銅品	（2021年）	*17%	（…）

＊出荷額。1）ケーブル。2）けん引車を含む。

人口ピラミッド（神奈川）

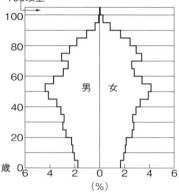

男　女

歳　（%）　100以上

統計データ

19市13町1村

面積・人口・世帯（⇨第 2 部　第 1 章）
- 面積（2022年）　2416km²
- 人口（2022年）　923万2489人
- 人口密度（2022年）　3820.9人/km²
- 人口増減率（2021～22年）　-0.04%
- 人口構成の割合　0～14歳　11.4%
- （2022年）　15～64歳　62.8%
- 　65歳以上　25.8%
- 世帯数（2023年）　451.3万世帯
- 1世帯平均人員（2023年）　2.04人

労働（⇨第 2 部　第 2 章）
- 有業者数（2022年）　511.5万人
- 産業別有業者割合　第 1 次産業　0.7%
- （2022年）　第 2 次産業　20.6%
- 　第 3 次産業　78.7%

経済・財政（⇨第 2 部　第 4 ・ 5 章）
- 県内総生産（2020年度）　33兆9055億円
- 県民所得（2020年度）　27兆3544億円
- 農業産出額（2021年）　660億円
- 製造品出荷額等（2021年）　17兆3752億円
- 小売業商品販売額（2020年）　8兆5525億円
- 財政規模（普通会計）（2021年度）
- 　歳入（決算額）　3兆104億円
- 　歳出（決算額）　2兆9755億円
- 一般財源割合（2021年度）
- 　対歳出決算額　54.1%

家計（⇨第 2 部　第 7 章）
- 1世帯あたり月平均（2022年）
- 　実収入　66万6560円
- 　消費支出　33万698円
- 　平均消費性向　62.2%
- 1世帯あたり貯蓄現在高（2019年）
- 　1326.0万円

保健・衛生（⇨第 2 部　第 1 ・ 7 章）
- 乳児死亡率（2022年）出生千あたり 1.9人
- 平均寿命（2020年）男82.04年／女87.89年
- 10万人あたり医師数（2020年）　223.0人

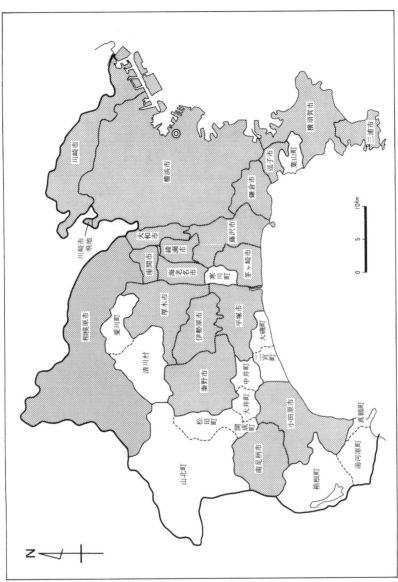

（行政データ）　　知事：黒岩 祐治（くろいわ ゆうじ）
県議会議員：105（男 82 女 19 欠員 4）／市町村長：33（男 31 女 2 欠員 0）
市町村議会議員計：771（男 575 女 177 欠員 19）
県職員数：54 101（一般行政 7 707）／市町村等職員数計：101 738（一般行政 40 895）

新潟県

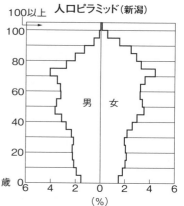

経済指標

（全国平均＝100）

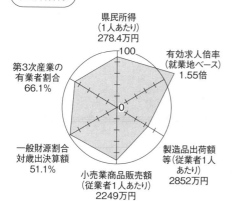

県民所得
（1人あたり）
278.4万円

有効求人倍率
（就業地ベース）
1.55倍

第3次産業の
有業者割合
66.1%

製造品出荷額
等（従業者1人
あたり）
2852万円

一般財源割合
対歳出決算額
51.1%

小売業商品販売額
（従業者1人あたり）
2249万円

生活指標

（全国平均＝100）

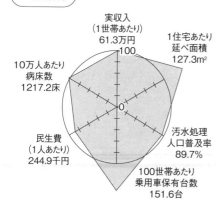

実収入
（1世帯あたり）
61.3万円

1住宅あたり
延べ面積
127.3m²

10万人あたり
病床数
1217.2床

汚水処理
人口普及率
89.7%

民生費
（1人あたり）
244.9千円

100世帯あたり
乗用車保有台数
151.6台

主な生産物

金属洋食器	（2021年）	*90%	（1位）
石油ストーブ	（2021年）	*72%	（1位）
切餅、包装餅1)	（2021年）	*64%	（1位）
まいたけ	（2022年）	64%	（1位）
米菓	（2021年）	*54%	（1位）
養殖錦鯉(販売量)	（2021年）	52%	（1位）
ピストンリング	（2021年）	*36%	（…）
米(水稲)	（2022年）	9%	（1位）

＊出荷額。1) 和生菓子を除く。

統計データ

20市 6町 4村

面積・人口・世帯（⇨第 2 部　第 1 章）
面積（2022年）　　　　　1万2584km²
人口（2022年）　　　　　215万2693人
人口密度（2022年）　　　171.1人/km²
人口増減率（2021～22年）　　 -1.12%
人口構成の割合　　0～14歳　 10.9%
（2022年）　　15～64歳　 55.5%
　　　　　　　65歳以上　 33.5%
世帯数（2023年）　　　　91.4万世帯
1世帯平均人員（2023年）　　　 2.37人

労働（⇨第 2 部　第 2 章）
有業者数（2022年）　　　　112.6万人
産業別有業者割合　第 1 次産業　 4.4%
（2022年）　　　第 2 次産業　 29.5%
　　　　　　　　第 3 次産業　 66.1%

経済・財政（⇨第 2 部　第 4・5 章）
県内総生産（2020年度）　 8兆8575億円
県民所得（2020年度）　　 6兆1283億円
農業産出額（2021年）　　　　2269億円
製造品出荷額等（2021年）　5兆1194億円
小売業商品販売額(2020年) 2兆3097億円
財政規模（普通会計）（2021年度）
　歳入（決算額）　　　　1兆2503億円
　歳出（決算額）　　　　1兆2274億円
一般財源割合（2021年度）
　対歳出決算額　　　　　　　 51.1%

家計（⇨第 2 部　第 7 章）
1世帯あたり月平均（2022年）
　実収入　　　　　　　　61万3427円
　消費支出　　　　　　　33万2103円
　平均消費性向　　　　　　　 66.6%
1世帯あたり貯蓄現在高（2019年）
　　　　　　　　　　　　963.2万円

保健・衛生（⇨第 2 部　第 1・7 章）
乳児死亡率(2022年)出生千あたり　 2.0人
平均寿命（2020年）男81.29年／女87.57年
10万人あたり医師数（2020年）　 204.3人

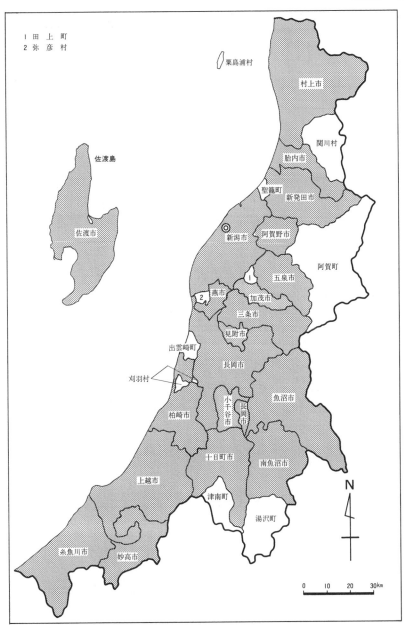

1 田 上 町
2 弥 彦 村

栗島浦村

村上市

佐渡島

関川村

胎内市

聖籠町
新発田市

佐渡市

新潟市

阿賀野市

阿賀町

燕市

五泉市

加茂市

三条市

見附市

出雲崎町

長岡市

刈羽村

魚沼市

柏崎市

小千谷市

長岡市

十日町市

南魚沼市

上越市

津南町

湯沢町

N

糸魚川市

妙高市

0　10　20　30km

（行政データ）　　知事：花角 英世（はなずみ ひでよ）
県議会議員：53（男 45 女 6 欠員 2）／市町村長：30（男 28 女 2 欠員 0）
市町村議会議員計：571（男 479 女 80 欠員 12）
県職員数：28 063（一般行政 5 467）／市町村等職員数計：28 187（一般行政 14 126）

富山県

経済指標 （全国平均＝100）

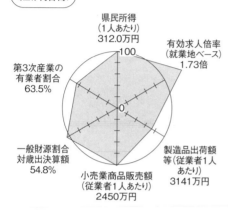

県民所得
（1人あたり）
312.0万円

有効求人倍率
（就業地ベース）
1.73倍

第3次産業の
有業者割合
63.5%

製造品出荷額
等（従業者1人
あたり）
3141万円

一般財源割合
対歳出決算額
54.8%

小売業商品販売額
（従業者1人あたり）
2450万円

生活指標 （全国平均＝100）

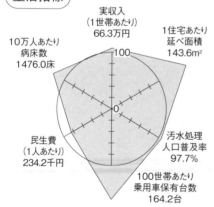

実収入
（1世帯あたり）
66.3万円

1住宅あたり
延べ面積
143.6m²

10万人あたり
病床数
1476.0床

汚水処理
人口普及率
97.7%

民生費
（1人あたり）
234.2千円

100世帯あたり
乗用車保有台数
164.2台

主な生産物

アルミサッシ	（2021年）	*31%	（1位）
たて編ニット生地	（2021年）	*29%	（2位）
アルミ押出し品	（2021年）	*24%	（1位）
銅・同合金鋳物	（2021年）	*24%	（1位）
六条大麦	（2022年）	21%	（2位）
論理素子(集積回路)	（2021年）	*17%	（…）
医薬品原末、原液	（2021年）	*16%	（1位）
水力発電1)	（2021年度）	11%	（1位）

＊出荷額。1) 電気事業用。

人口ピラミッド（富山）

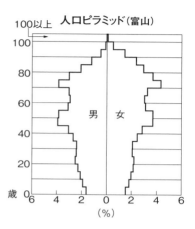

男　女

歳　6　4　2　0　2　4　6
（%）

統計データ　10市4町1村

面積・人口・世帯 （⇨第2部　第1章）
面積（2022年）　4248km²
人口（2022年）　101万6534人
人口密度（2022年）　239.3人/km²
人口増減率（2021〜22年）　-0.87%
人口構成の割合　0〜14歳　10.9%
（2022年）　15〜64歳　56.1%
　65歳以上　33.0%
世帯数（2023年）　43.1万世帯
1世帯平均人員（2023年）　2.39人

労働 （⇨第2部　第2章）
有業者数（2022年）　54.8万人
産業別有業者割合　第1次産業　2.6%
（2022年）　第2次産業　33.9%
　第3次産業　63.5%

経済・財政 （⇨第2部　第4・5章）
県内総生産（2020年度）　4兆7299億円
県民所得（2020年度）　3兆2286億円
農業産出額（2021年）　545億円
製造品出荷額等（2021年）　3兆9045億円
小売業商品販売額（2020年）1兆1090億円
財政規模（普通会計）（2021年度）
　歳入（決算額）　6452億円
　歳出（決算額）　6191億円
一般財源割合（2021年度）
　対歳出決算額　54.8%

家計 （⇨第2部　第7章）
1世帯あたり月平均（2022年）
　実収入　66万2732円
　消費支出　33万808円
　平均消費性向　60.3%
1世帯あたり貯蓄現在高（2019年）
　1294.3万円

保健・衛生 （⇨第2部　第1・7章）
乳児死亡率（2022年）出生千あたり 1.5人
平均寿命（2020年）男81.74年／女87.97年
10万人あたり医師数（2020年）　261.5人

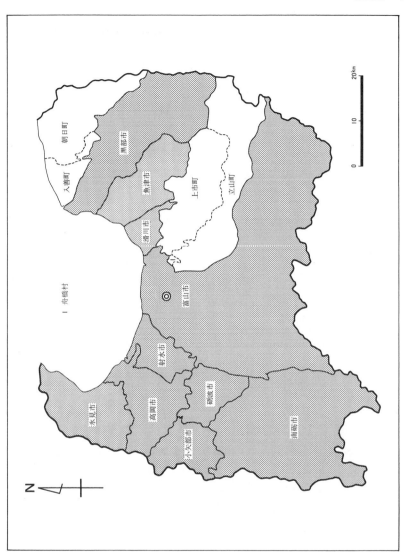

府県のすがた　富山県

（行政データ）　　知事：新田 八朗（にった はちろう）
県議会議員：40（男 34 女 4 欠員 2）／市町村長：15（男 15 女 0 欠員 0）
市町村議会議員計：263（男 231 女 28 欠員 4）
県職員数：15 553（一般行政 3 225）／市町村等職員数計：12 736（一般行政 6 087）

石川県

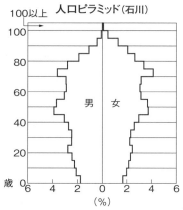

人口ピラミッド（石川）

男　女

歳 0

（%）

経済指標
（全国平均＝100）

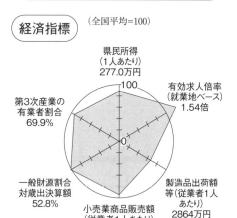

- 県民所得（1人あたり）277.0万円
- 有効求人倍率（就業地ベース）1.54倍
- 第3次産業の有業者割合 69.9%
- 一般財源割合 対歳出決算額 52.8%
- 製造品出荷額等（従業者1人あたり）2864万円
- 小売業商品販売額（従業者1人あたり）2279万円

生活指標
（全国平均＝100）

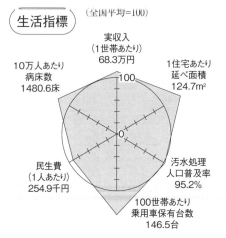

- 実収入（1世帯あたり）68.3万円
- 10万人あたり病床数 1480.6床
- 1住宅あたり延べ面積 124.7m²
- 民生費（1人あたり）254.9千円
- 汚水処理人口普及率 95.2%
- 100世帯あたり乗用車保有台数 146.5台

主な生産物

品目	年	割合	順位
金属はく	（2021年）	*51%	（1 位）
細幅織物	（2021年）	*23%	（2 位）
機械プレス	（2021年）	*19%	（…）
個装・内装機械1)	（2021年）	*17%	（1 位）
建設機械・鉱山機械製造業	（2021年）	#10%	（3 位）
天然ふぐ類	（2021年）	9 %	（2 位）

＊出荷額。#当該事業が主業の事業所による、主業以外を含む出荷額等。1）充填機、箱詰機等。

統計データ　11市 8 町 0 村

面積・人口・世帯（⇨第 2 部　第 1 章）
- 面積（2022年）　4186km²
- 人口（2022年）　111万7637人
- 人口密度（2022年）　267.0人/km²
- 人口増減率（2021〜22年）　-0.67%
- 人口構成の割合　0 〜14歳　11.8%
- （2022年）　15 〜 64歳　57.9%
- 65歳以上　30.3%
- 世帯数（2023年）　49.7万世帯
- 1 世帯平均人員（2023年）　2.25人

労働（⇨第 2 部　第 2 章）
- 有業者数（2022年）　60.3万人
- 産業別有業者割合　第 1 次産業　2.1%
- （2022年）　第 2 次産業　28.0%
- 第 3 次産業　69.9%

経済・財政（⇨第 2 部　第 4 ・ 5 章）
- 県内総生産（2020年度）　4 兆5277億円
- 県民所得（2020年度）　3 兆1375億円
- 農業産出額（2021年）　480億円
- 製造品出荷額等（2021年）　2 兆8018億円
- 小売業商品販売額（2020年）1 兆1574億円
- 財政規模（普通会計）（2021年度）
- 歳入（決算額）　6736億円
- 歳出（決算額）　6563億円
- 一般財源割合（2021年度）
- 対歳出決算額　52.8%

家計（⇨第 2 部　第 7 章）
- 1 世帯あたり月平均（2022年）
- 実収入　68万2776円
- 消費支出　31万8950円
- 平均消費性向　57.0%
- 1 世帯あたり貯蓄現在高（2019年）
- 1093.7万円

保健・衛生（⇨第 2 部　第 1 ・ 7 章）
- 乳児死亡率（2022年）出生千あたり　1.8人
- 平均寿命（2020年）　男82.00年／女88.11年
- 10万人あたり医師数（2020年）　291.6人

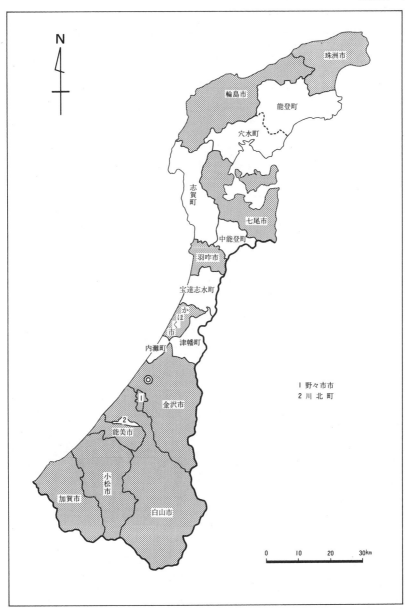

（行政データ）　　知事：馳 浩（はせ ひろし）

県議会議員：43（男 40 女 3 欠員 0）／市町村長：19（男 19 女 0 欠員 0）

市町村議会議員計：305（男 270 女 30 欠員 5）

県職員数：16 245（一般行政 3 294）／市町村等職員数計：13 401（一般行政 6 135）

福井県

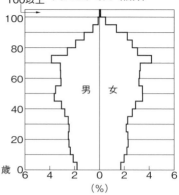

100以上
100
80
60
40
20
歳
男　女
6　4　2　0　2　4　6
（%）

経済指標

（全国平均＝100）

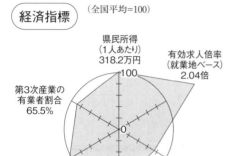

県民所得
（1人あたり）
318.2万円

有効求人倍率
（就業地ベース）
2.04倍

第3次産業の
有業者割合
65.5%

製造品出荷額
等（従業者1人
あたり）
3209万円

一般財源割合
対歳出決算額
54.2%

小売業商品販売額
（従業者1人あたり）
2397万円

生活指標

（全国平均＝100）

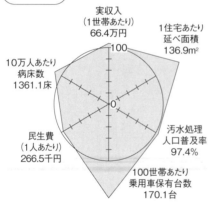

実収入
（1世帯あたり）
66.4万円

1住宅あたり
延べ面積
136.9m²

10万人あたり
病床数
1361.1床

汚水処理
人口普及率
97.4%

民生費
（1人あたり）
266.5千円

100世帯あたり
乗用車保有台数
170.1台

主な生産物

眼鏡枠	（2021年）	*94%	（1位）
原子力発電1)	（2021年度）	50%	（1位）
漆器製食卓用品2)	（2021年）	*49%	（1位）
ポリエステル長繊維織物	（2021年）	*38%	（1位）
細幅織物	（2021年）	*32%	（1位）
六条大麦	（2022年）	28%	（1位）
さわら類	（2021年）	12%	（1位）

＊出荷額。1）電気事業用。2）台所用を含む。

統計データ

9市8町0村

面積・人口・世帯（⇨第2部　第1章）
面積（2022年）　　　　　　　　4191km²
人口（2022年）　　　　　　75万2855人
人口密度（2022年）　　　　179.7人/km²
人口増減率（2021〜22年）　　　−1.00%
人口構成の割合　　　0〜14歳　12.2%
（2022年）　　　15〜64歳　56.6%
　　　　　　　　65歳以上　31.2%
世帯数（2023年）　　　　　　30.2万世帯
1世帯平均人員（2023年）　　　　2.52人

労働（⇨第2部　第2章）
有業者数（2022年）　　　　　　42.0万人
産業別有業者割合　第1次産業　2.9%
（2022年）　　　第2次産業　31.6%
　　　　　　　　第3次産業　65.5%

経済・財政（⇨第2部　第4・5章）
県内総生産（2020年度）　3兆5711億円
県民所得（2020年度）　　2兆4405億円
農業産出額（2021年）　　　　　394億円
製造品出荷額等（2021年）2兆3953億円
小売業商品販売額（2020年）　8175億円
財政規模（普通会計）（2021年度）
歳入（決算額）　　　　　　5727億円
歳出（決算額）　　　　　　5578億円
一般財源割合（2021年度）
対歳出決算額　　　　　　　　54.2%

家計（⇨第2部　第7章）
1世帯あたり月平均（2022年）
実収入　　　　　　　　　66万3848円
消費支出　　　　　　　　31万5597円
平均消費性向　　　　　　　　56.9%
1世帯あたり貯蓄現在高（2019年）
　　　　　　　　　　　　1213.4万円

保健・衛生（⇨第2部　第1・7章）
乳児死亡率（2022年）出生千あたり　1.9人
平均寿命（2020年）　男81.98年／女87.84年
10万人あたり医師数（2020年）　257.9人

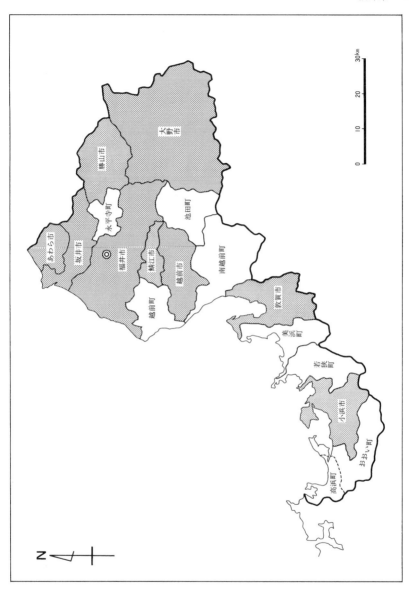

（行政データ）　　知事：杉本 達治（すぎもと たつじ）
県議会議員：37（男 32 女 2 欠員 3）／市町村長：17（男 16 女 1 欠員 0）
市町村議会議員計：294（男 256 女 33 欠員 5）
県職員数：14 055（一般行政 2 948）／市町村等職員数計：9 373（一般行政 5 194）

山梨県

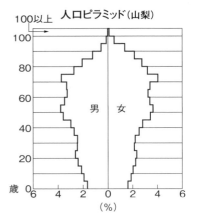

経済指標

（全国平均=100）

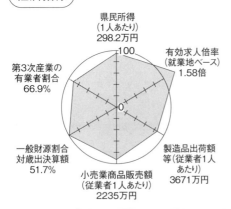

県民所得
（1人あたり）
298.2万円

有効求人倍率
（就業地ベース）
1.58倍

第3次産業の
有業者割合
66.9%

一般財源割合
対歳出決算額
51.7%

製造品出荷額
等（従業者1人
あたり）
3671万円

小売業商品販売額
（従業者1人あたり）
2235万円

生活指標

（全国平均=100）

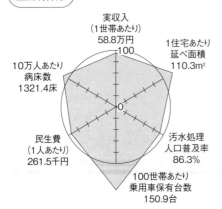

実収入
（1世帯あたり）
58.8万円

1住宅あたり
延べ面積
110.3m²

10万人あたり
病床数
1321.4床

汚水処理
人口普及率
86.3%

民生費
（1人あたり）
261.5千円

100世帯あたり
乗用車保有台数
150.9台

主な生産物

数値制御ロボット	（2021年）	*70%	（1位）
ウイスキー	（2021年度）	38%	（1位）
ミネラルウォーター	（2022年）	35%	（1位）
もも	（2022年）	31%	（1位）
貴金属製装身具1)	（2021年）	*28%	（1位）
ぶどう	（2022年）	25%	（1位）
果実酒	（2021年度）	12%	（3位）
洋生菓子	（2021年）	*9%	（2位）

*出荷額。1) 宝石などを含む。

統計データ

13市8町6村

面積・人口・世帯（⇨第2部　第1章）
面積（2022年）　4465km²
人口（2022年）　80万1874人
人口密度（2022年）　179.6人/km²
人口増減率（2021〜22年）　-0.43%
人口構成の割合　　0〜14歳　11.1%
（2022年）　15〜64歳　57.4%
　65歳以上　31.5%
世帯数（2023年）　37.2万世帯
1世帯平均人員（2023年）　2.18人

労働（⇨第2部　第2章）
有業者数（2022年）　44.1万人
産業別有業者割合　第1次産業　5.9%
（2022年）　第2次産業　27.2%
　第3次産業　66.9%

経済・財政（⇨第2部　第4・5章）
県内総生産（2020年度）　3兆5527億円
県民所得（2020年度）　2兆4154億円
農業産出額（2021年）　1113億円
製造品出荷額等（2021年）　2兆7111億円
小売業商品販売額（2020年）　8144億円
財政規模（普通会計）（2021年度）
　歳入（決算額）　6000億円
　歳出（決算額）　5718億円
一般財源割合（2021年度）
　対歳出決算額　51.7%

家計（⇨第2部　第7章）
1世帯あたり月平均（2022年）
　実収入　58万8301円
　消費支出　32万2243円
　平均消費性向　66.7%
1世帯あたり貯蓄現在高（2019年）　880.7万円

保健・衛生（⇨第2部　第1・7章）
乳児死亡率（2022年）出生千あたり　2.3人
平均寿命（2020年）　男81.71年／女87.94年
10万人あたり医師数（2020年）　250.1人

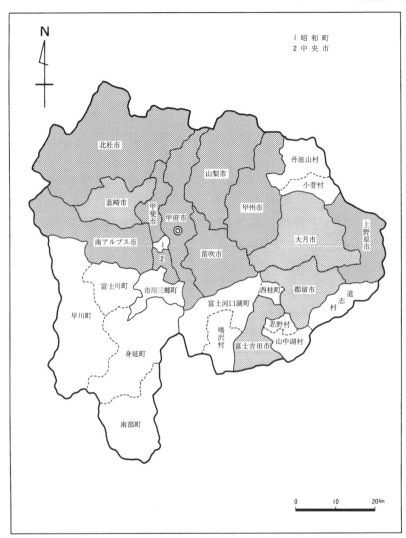

N

1 昭 和 町
2 中 央 市

北杜市

山梨市

丹波山村

小菅村

韮崎市

甲斐市

甲府市

甲州市

上野原市

南アルプス市

笛吹市

大月市

富士川町

市川三郷町

西桂町

都留市

道志村

早川町

富士河口湖町

忍野村

身延町

鳴沢村

山中湖村

富士吉田市

南部町

0　　　　10　　　　20km

（行政データ）　　知事：長崎　幸太郎（ながさき　こうたろう）
県議会議員：37（男 34 女 1 欠員 2）／市町村長：27（男 27 女 0 欠員 0）
市町村議会議員計：406（男 360 女 40 欠員 6）
県職員数：12 813（一般行政 3 013）／市町村等職員数計：10 274（一般行政 5 469）

長野県

経済指標 （全国平均＝100）

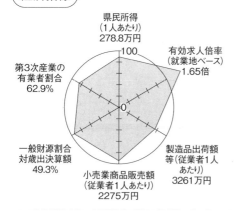

県民所得
（1人あたり）
278.8万円

有効求人倍率
（就業地ベース）
1.65倍

第3次産業の
有業者割合
62.9%

一般財源割合
対歳出決算額
49.3%

製造品出荷額
等（従業者1人
あたり）
3261万円

小売業商品販売額
（従業者1人あたり）
2275万円

生活指標 （全国平均＝100）

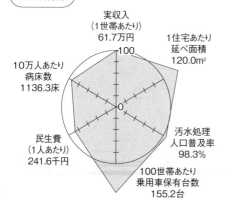

実収入
（1世帯あたり）
61.7万円

1住宅あたり
延べ面積
120.0m²

10万人あたり
病床数
1136.3床

汚水処理
人口普及率
98.3%

民生費
（1人あたり）
241.6千円

100世帯あたり
乗用車保有台数
155.2台

主な生産物

顕微鏡、拡大鏡	（2021年）	*86%	（1位）
くるみ	（2020年）	62%	（1位）
みそ	（2021年）	*51%	（1位）
ウォッチ1)	（2021年）	*35%	（…）
わさび	（2022年）	33%	（1位）
レタス	（2022年）	33%	（1位）
りんご	（2022年）	18%	（2位）
パソコン	（2021年）	*14%	（…）

＊出荷額。1）ムーブメントを含む。

人口ピラミッド（長野）

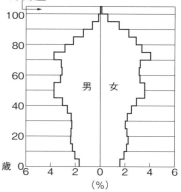

100以上
男　女
歳
（%）

統計データ　19市23町35村

面積・人口・世帯 （⇨第2部　第1章）
面積（2022年）　　　　　　　1万3562km²
人口（2022年）　　　　　　201万9993人
人口密度（2022年）　　　　　148.9人/km²
人口増減率（2021〜22年）　　　　-0.65%
人口構成の割合　　　　　0〜14歳　11.6%
（2022年）　　　　15〜64歳　55.9%
　　　　　　　　　　65歳以上　32.5%
世帯数（2023年）　　　　　　89.1万世帯
1世帯平均人員（2023年）　　　　2.29人

労働 （⇨第2部　第2章）
有業者数（2022年）　　　　　　110.5万人
産業別有業者割合　第1次産業　　7.7%
（2022年）　　　　第2次産業　29.4%
　　　　　　　　　第3次産業　62.9%

経済・財政 （⇨第2部　第4・5章）
県内総生産（2020年度）　　8兆2141億円
県民所得（2020年度）　　　5兆7104億円
農業産出額（2021年）　　　　　2624億円
製造品出荷額等（2021年）　6兆6464億円
小売業商品販売額（2020年）2兆1380億円
財政規模（普通会計）（2021年度）
　歳入（決算額）　　　　　1兆1965億円
　歳出（決算額）　　　　　1兆1730億円
一般財源割合（2021年度）
　対歳出決算額　　　　　　　　49.3%

家計 （⇨第2部　第7章）
1世帯あたり月平均（2022年）
　実収入　　　　　　　　　　61万6818円
　消費支出　　　　　　　　　32万8353円
　平均消費性向　　　　　　　　66.0%
1世帯あたり貯蓄現在高（2019年）
　　　　　　　　　　　　　　1102.5万円

保健・衛生 （⇨第2部　第1・7章）
乳児死亡率（2022年）出生千あたり　1.6人
平均寿命（2020年）　男82.68年／女88.23年
10万人あたり医師数（2020年）　243.8人

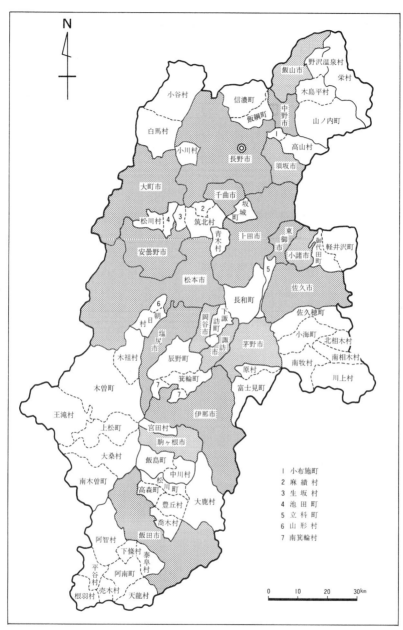

N

凡例

1	小布施町
2	麻績村
3	生坂村
4	池田町
5	立科町
6	山形村
7	南箕輪村

0　10　20　30km

（行政データ）　　知事：阿部 守一（あべ しゅいち）
県議会議員：57（男 48 女 8 欠員 1）／市町村長：77（男 76 女 1 欠員 0）
市町村議会議員計：1 042（男 839 女 181 欠員 22）
県職員数：27 284（一般行政 5 134）／市町村等職員数計：27 125（一般行政 15 143）

岐阜県

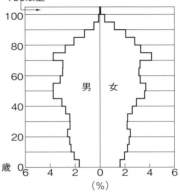

人口ピラミッド（岐阜）

100以上

男　女

歳

（%）

経済指標

（全国平均＝100）

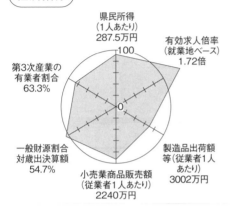

県民所得
（1人あたり）
287.5万円

有効求人倍率
（就業地ベース）
1.72倍

第3次産業の
有業者割合
63.3%

製造品出荷額
等（従業者1人
あたり）
3002万円

一般財源割合
対歳出決算額
54.7%

小売業商品販売額
（従業者1人あたり）
2240万円

生活指標

（全国平均＝100）

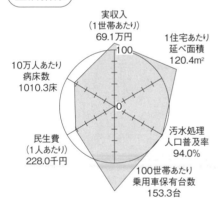

実収入
（1世帯あたり）
69.1万円

1住宅あたり
延べ面積
120.4m²

10万人あたり
病床数
1010.3床

汚水処理
人口普及率
94.0%

民生費
（1人あたり）
228.0千円

100世帯あたり
乗用車保有台数
153.3台

主な生産物

品目	年	割合	順位
陶磁器製洋飲食器	（2021年）	＊71%	（1位）
陶磁器製タイル	（2021年）	＊64%	（1位）
ちょうちん	（2021年）	＊56%	（1位）
ほう丁	（2021年）	＊56%	（1位）
陶磁器製和飲食器	（2021年）	＊46%	（1位）
油圧シリンダー	（2021年）	＊36%	（1位）
換気扇	（2021年）	＊24%	（…）
水力発電1)	（2021年度）	10%	（2位）

＊出荷額。　1）電気事業用。

統計データ

21市19町2村

面積・人口・世帯（⇨第2部　第1章）
面積（2022年）　　　　　　　1万621km²
人口（2022年）　　　　　　　194万5763人
人口密度（2022年）　　　　　183.2人/km²
人口増減率（2021～22年）　　　　-0.77%
人口構成の割合　　0～14歳　　11.9%
（2022年）　　　15～64歳　　57.1%
　　　　　　　　65歳以上　　31.0%
世帯数（2023年）　　　　　　84.7万世帯
1世帯平均人員（2023年）　　　　2.34人

労働（⇨第2部　第2章）
有業者数（2022年）　　　　　105.8万人
産業別有業者割合　第1次産業　　3.0%
（2022年）　　　第2次産業　　33.7%
　　　　　　　　第3次産業　　63.3%

経済・財政（⇨第2部　第4・5章）
県内総生産（2020年度）　7兆6630億円
県民所得（2020年度）　　5兆6886億円
農業産出額（2021年）　　　　1104億円
製造品出荷額等（2021年）6兆1159億円
小売業商品販売額（2020年）1兆9840億円
財政規模（普通会計）（2021年度）
　歳入（決算額）　　　　1兆89億円
　歳出（決算額）　　　　　9908億円
一般財源割合（2021年度）
　対歳出決算額　　　　　　　54.7%

家計（⇨第2部　第7章）
1世帯あたり月平均（2022年）
　実収入　　　　　　　　69万538円
　消費支出　　　　　　　35万2348円
　平均消費性向　　　　　　　62.6%
1世帯あたり貯蓄現在高（2019年）
　　　　　　　　　　　　1002.7万円

保健・衛生（⇨第2部　第1・7章）
乳児死亡率（2022年）出生千あたり　2.5人
平均寿命（2020年）男81.90年／女87.51年
10万人あたり医師数（2020年）　224.5人

1	富 加 町	6	大 垣 市
2	坂 祝 町	7	安 八 町
3	大 野 町	8	輪之内町
4	神 戸 町	9	笠 松 町
5	北 方 町	10	岐 南 町

0　　10　　20　　30km

（行政データ）　　知事：古田 肇（ふるた はじめ）
県議会議員：46（男 42 女 4 欠員 0）／市町村長：42（男 42 女 0 欠員 0）
市町村議会議員計：610（男 515 女 83 欠員 12）
県職員数：25 990（一般行政 4 402）／市町村等職員数計：22 428（一般行政 11 769）

静 岡 県

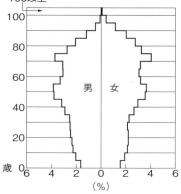

人口ピラミッド（静岡）

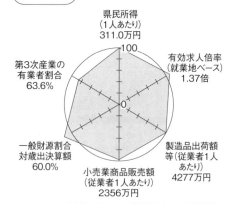

経済指標　（全国平均＝100）

県民所得
（1人あたり）
311.0万円

有効求人倍率
（就業地ベース）
1.37倍

第3次産業の
有業者割合
63.6%

製造品出荷額
等（従業者1人
あたり）
4277万円

一般財源割合
対歳出決算額
60.0%

小売業商品販売額
（従業者1人あたり）
2356万円

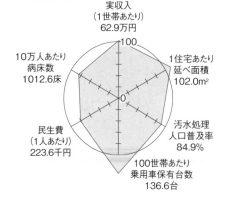

生活指標　（全国平均＝100）

実収入
（1世帯あたり）
62.9万円

1住宅あたり
延べ面積
102.0m²

10万人あたり
病床数
1012.6床

汚水処理
人口普及率
84.9%

民生費
（1人あたり）
223.6千円

100世帯あたり
乗用車保有台数
136.6台

主な生産物

ピアノ	（2021年）＊100%	（ 1 位）
まぐろ缶詰	（2021年）＊96%	（ 1 位）
白熱電灯器具	（2021年）＊83%	（ 1 位）
エアコン1)	（2021年）＊43%	（ 1 位）
茶（荒茶生産量）	（2022年）37%	（ 1 位）
かつお類	（2021年）# 34%	（ 1 位）
自動車製造業	（2021年）# 8 %	（ … ）

＊出荷額。#当該事業が主業の事業所による、主業以外を含む出荷額等。1) パッケージ型除く。

統計データ　23市12町 0 村

面積・人口・世帯　（⇨第 2 部　第 1 章）
面積（2022年）　　　　　　　　7777km²
人口（2022年）　　　　　　358万2297人
人口密度（2022年）　　　　460.6人/km²
人口増減率（2021〜22年）　　　　−0.70%
人口構成の割合　　　 0〜14歳　11.7%
（2022年）　　　　　15〜64歳　57.6%
　　　　　　　　　　 65歳以上　30.7%
世帯数（2023年）　　　　　163.3万世帯
1 世帯平均人員（2023年）　　　　2.23人

労働　（⇨第 2 部　第 2 章）
有業者数（2022年）　　　　　195.5万人
産業別有業者割合　第 1 次産業　3.0%
（2022年）　　　　第 2 次産業　33.4%
　　　　　　　　　第 3 次産業　63.6%

経済・財政　（⇨第 2 部　第 4・5 章）
県内総生産（2020年度）　17兆1052億円
県民所得（2020年度）　　11兆2985億円
農業産出額（2021年）　　　　2084億円
製造品出荷額等（2021年）17兆2905億円
小売業商品販売額（2020年）3 兆8000億円
財政規模（普通会計）（2021年度）
　歳入（決算額）　　　　1 兆4214億円
　歳出（決算額）　　　　1 兆3983億円
一般財源割合（2021年度）
　対歳出決算額　　　　　　　　60.0%

家計　（⇨第 2 部　第 7 章）
1 世帯あたり月平均（2022年）
　実収入　　　　　　　　62万8816円
　消費支出　　　　　　　34万1597円
　平均消費性向　　　　　　　　66.8%
1 世帯あたり貯蓄現在高（2019年）
　　　　　　　　　　　　1255.9万円

保健・衛生　（⇨第 2 部　第 1・7 章）
乳児死亡率（2022年）出生千あたり　2.1人
平均寿命（2020年）　男81.59年／女87.48年
10万人あたり医師数（2020年）　219.4人

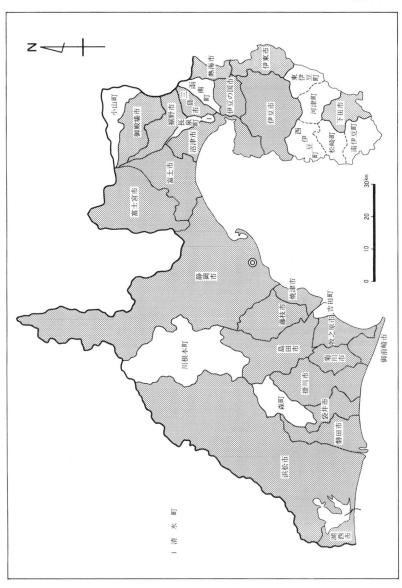

（行政データ）　　知事：川勝 平太（かわかつ へいた）
県議会議員：68（男 58 女 9 欠員 1）／市町村長：35（男 34 女 1 欠員 0）
市町村議会議員計：662（男 548 女 107 欠員 7）
県職員数：33 779（一般行政 5 721）／市町村等職員数計：44 084（一般行政 18 066）

愛知県

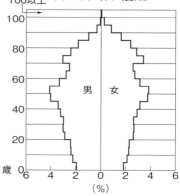

人口ピラミッド（愛知）

100以上

男　女

歳

（%）

経済指標

（全国平均=100）

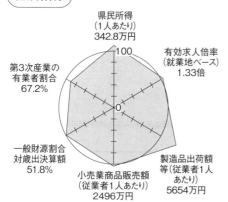

県民所得
（1人あたり）
342.8万円

有効求人倍率
（就業地ベース）
1.33倍

第3次産業の
有業者割合
67.2%

一般財源割合
対歳出決算額
51.8%

製造品出荷額
等（従業者1人
あたり）
5654万円

小売業商品販売額
（従業者1人あたり）
2496万円

生活指標

（全国平均=100）

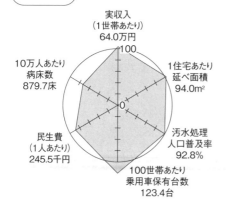

実収入
（1世帯あたり）
64.0万円

10万人あたり
病床数
879.7床

1住宅あたり
延べ面積
94.0m²

民生費
（1人あたり）
245.5千円

汚水処理
人口普及率
92.8%

100世帯あたり
乗用車保有台数
123.4台

主な生産物

パチンコ、スロット	（2021年）	*48%	（1位）
あさり類	（2021年）	48%	（1位）
普通乗用車1)	（2021年）	*47%	（1位）
アルミ圧延品	（2021年）	*32%	（1位）
乗用車用タイヤ	（2021年）	*28%	（…）
金属用金型	（2021年）	*21%	（1位）
鉄鋼業2)	（2021年）	*14%	（1位）
キャベツ	（2022年）	18%	（2位）

＊出荷額。1) 2000cc超。2) 品目群の計。

統計データ　38市14町2村

面積・人口・世帯（⇨第2部　第1章）
面積（2022年）　5173km²
人口（2022年）　749万5171人
人口密度（2022年）　1448.8人/km²
人口増減率（2021〜22年）　-0.29%
人口構成の割合　　0〜14歳　12.6%
（2022年）　15〜64歳　61.7%
　　65歳以上　25.6%
世帯数（2023年）　342.1万世帯
1世帯平均人員（2023年）　2.20人

労働（⇨第2部　第2章）
有業者数（2022年）　410.6万人
産業別有業者割合　第1次産業　1.7%
（2022年）　第2次産業　31.2%
　　第3次産業　67.2%

経済・財政（⇨第2部　第4・5章）
県内総生産（2020年度）　39兆6593億円
県民所得（2020年度）　25兆8575億円
農業産出額（2021年）　2922億円
製造品出荷額等（2021年）　47兆8946億円
小売業商品販売額（2020年）　8兆421億円
財政規模（普通会計）（2021年度）
　歳入（決算額）　3兆1711億円
　歳出（決算額）　3兆878億円
一般財源割合（2021年度）
　対歳出決算額　51.8%

家計（⇨第2部　第7章）
1世帯あたり月平均（2022年）
　実収入　63万9823円
　消費支出　35万2413円
　平均消費性向　69.8%
1世帯あたり貯蓄現在高（2019年）
　　1393.3万円

保健・衛生（⇨第2部　第1・7章）
乳児死亡率（2022年）出生千あたり　1.9人
平均寿命（2020年）男81.77年／女87.52年
10万人あたり医師数（2020年）　224.4人

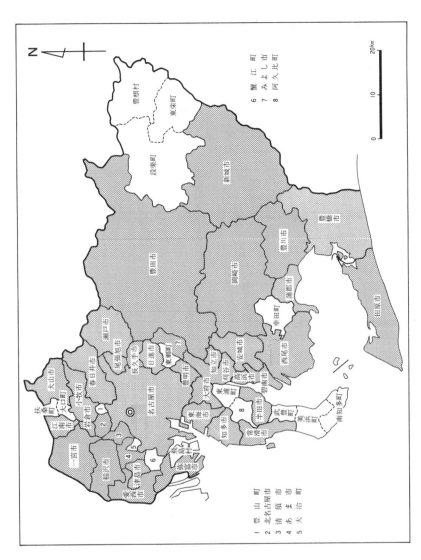

（行政データ）　　知事：大村 秀章（おおむら ひであき）

県議会議員：102（男 92 女 6 欠員 4）／市町村長：54（男 54 女 0 欠員 0）

市町村議会議員計：1 142（男 918 女 199 欠員 25）

県職員数：64 904（一般行政 9 002）／市町村等職員数計：89 191（一般行政 41 374）

フリーランスの動向

　近年、フリーランスへの注目が高まっている。政府は、多様な働き方の拡大や、ギグ・エコノミー（ネットを介した短期や単発の仕事を請け負う働き方）に伴う高齢者雇用の拡大、健康寿命の延伸や社会保障の支え手の増加にも期待してフリーランスの環境整備を進めており、仕事の受託取引適正化などを求める新法を2024年秋頃までに施行する予定である。

　フリーランスは定義が難しいが、2022年就業構造基本調査では「実店舗がなく雇人もいない自営業主や一人社長であって、自身の経験や知識、スキルを活用して収入を得る者」と定義し、調査を行った。2022年10月1日現在で本業がフリーランスの人は209万人で、有業者の3.1％を占めた。割合は基本的には都市部で高く、東京、神奈川、京都の順であった。産業別では学術研究、専門・技術サービス業が13.5％で最も高く、建設業10.7％、不動産業、物品賃貸業10.7％の順である。

　本業がフリーランスのうち80.9％が40歳以上で、特に65歳以上が28.1％を占める。ただし、主な仕事による所得が年間300万円を超える人は32.4％で、特に女性は15.2％と少ない。府県別では産業構成の違いはあるが、神奈川42.0％、埼玉40.5％、東京39.6％と首都圏のほか、富山35.0％、広島34.9％が上位なのに対して、関西や九州、東北、北海道ではすべての道府県が全国平均を下回った。

　公平な税負担を目指して、2023年10月よりインボイス制度が導入された。フリーランスや個人事業主の多くは免税事業者で、取引先が仕入税額控除に必要となるインボイスを発行しない。このため、契約の打ち切りなどが懸念されている。

フリーランスで働く人（単位　千人）

	本業がフリーランス 1)	有業者に占める割合（％）	副業がフリーランス	計
北海道	65.5	2.5	13.1	78.6
青森	12.9	2.1	1.9	14.8
岩手	12.4	2.0	2.5	14.9
宮城	35.0	2.9	8.4	43.4
秋田	13.3	2.8	1.9	15.2
山形	11.9	2.2	2.4	14.3
福島	21.1	2.2	3.4	24.5
茨城	38.1	2.5	7.0	45.1
栃木	24.8	2.4	4.2	28.9
群馬	27.9	2.7	4.8	32.7
埼玉	137.2	3.5	30.4	167.6
千葉	103.1	3.1	20.6	123.7
東京	350.6	① 4.2	122.9	473.5
神奈川	184.5	② 3.6	43.3	227.8
新潟	29.1	2.6	5.8	34.8
富山	12.0	2.2	2.8	14.7
石川	16.5	2.7	4.3	20.8
福井	11.5	2.8	1.7	13.2
山梨	13.2	3.0	2.2	15.4
長野	31.4	2.8	7.6	39.0
岐阜	34.3	3.2	5.0	39.3
静岡	60.6	3.1	11.9	72.5
愛知	123.4	3.0	27.3	150.7
三重	23.6	2.6	5.8	29.4
滋賀	19.9	2.6	4.1	24.0
京都	48.5	③ 3.6	12.1	60.6
大阪	162.9	3.5	34.5	197.5
兵庫	86.5	3.1	16.0	102.5
奈良	19.2	3.0	4.3	23.5
和歌山	12.2	2.7	2.3	14.5
鳥取	5.8	2.1	1.6	7.4
島根	8.3	2.4	1.6	9.9
岡山	27.5	2.8	5.7	33.2
広島	39.2	2.7	8.2	47.4
山口	14.6	2.2	2.4	16.9
徳島	8.1	2.3	1.4	9.5
香川	11.8	2.5	2.6	14.4
愛媛	17.1	2.6	3.3	20.5
高知	9.5	2.7	1.9	11.3
福岡	85.2	3.2	13.9	99.1
佐賀	10.9	2.6	1.7	12.5
長崎	14.9	2.3	3.1	18.0
熊本	25.0	2.8	4.3	29.3
大分	13.4	2.4	3.0	16.4
宮崎	13.7	2.6	2.7	16.3
鹿児島	22.3	2.8	4.2	26.5
沖縄	23.3	3.1	4.4	27.7
全国	2 093.7	3.1	480.3	2 574.0

総務省「就業構造基本調査」（2022年）より作成。2022年10月1日現在。1) フリーランスが本業で、ほかに副業をもつ64.3千人を含む。

府県のすがた

解説欄

地域における外国人への日本語教育

　出入国在留管理庁によると、2022年末の在留外国人数は307万5213人であった。コロナ禍で外国人数が減少した2020、21年を大きく上回り、過去最多となった。日本の生産年齢人口が減少する中、政府は在留資格「特定技能2号」の対象分野拡大を決めるなど、今後さらに多くの外国人を受け入れる方針を示している。

　外国人受け入れにあたって、政府は2019年施行の「日本語教育の推進に関する法律」などを通じ、日本語教育に関する施策を進めている。しかし、日本語教育の状況は地域によって差が大きいことが問題視されている。文化庁「日本語教育実態調査」によると、2022年11月1日現在、教育施設で日本語を学ぶ外国人の数は21万9808人である。このうち6万9409人は、大学や日本語学校以外の日本語教室で学んでいる。日本語教室は、留学生向けの大学や日本語学校とは違い、地域で暮らす外国人が生活に必要な日本語を身につけられるよう、自治体や教育委員会等によって運営されている。日本語教室がない自治体は「日本語教室空白地域」と呼ばれる。空白地域数は全国の自治体数のうち44%を占め、都道府県によって大きく差がある。兵庫県では空白地域がないのに対し、沖縄県では自治体の90%以上、北海道では80%以上が空白地域である。全国の空白地域には約15万人の外国人が住んでおり、日本語学習の機会が得られていない可能性がある。

　政府は、空白地域への日本語教育アドバイザーの派遣や、オンライン学習教材の開発などを通じて問題に取り組んでいる。外国人との共生に向け、さらなる日本語教育水準の向上が求められている。

日本語教室空白地域（2022年11月1日現在）

	空白地域数1)（自治体）	自治体数に対する割合（％）	空白地域に住む外国人数（人）
北海道	151	80.3	13 597
青森	31	77.5	2 113
岩手	18	54.5	1 741
宮城	22	56.4	4 136
秋田	6	24.0	371
山形	14	40.0	1 324
福島	39	66.1	1 854
茨城	7	15.9	3 148
栃木	9	36.0	2 079
群馬	21	60.0	7 446
埼玉	12	16.7	3 551
千葉	14	23.7	8 838
東京	14	22.6	4 509
神奈川	8	13.8	1 743
新潟	10	27.0	1 535
富山	7	46.7	2 411
石川	4	21.1	482
福井	4	23.5	248
山梨	13	48.1	2 518
長野	42	54.5	5 080
岐阜	12	28.6	3 813
静岡	9	20.9	3 244
愛知	9	13.0	3 254
三重	15	51.7	3 554
滋賀	5	26.3	1 305
京都	10	27.8	4 628
大阪	5	6.9	532
兵庫	—	—	—
奈良	30	76.9	6 312
和歌山	21	70.0	1 479
鳥取	15	78.9	1 128
島根	10	52.6	747
岡山	12	40.0	1 949
広島	8	26.7	1 731
山口	7	36.8	1 110
徳島	11	45.8	977
香川	5	29.4	1 686
愛媛	8	40.0	2 475
高知	26	76.5	1 239
福岡	33	45.8	9 521
佐賀	5	25.0	257
長崎	16	76.2	4 098
熊本	22	44.9	1 683
大分	10	55.6	2 016
宮崎	15	57.7	684
鹿児島	31	72.1	5 329
沖縄	38	92.7	15 587
全国	834	44.0	149 062

文化庁資料より作成。1) 日本語教室（大学等や法務省告示機関を除く）がない自治体数。自治体数には政令市の行政区を含む。

三重県

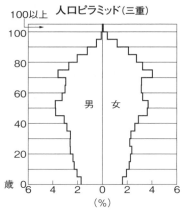

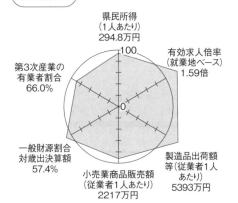

経済指標 （全国平均=100）

県民所得
（1人あたり）
294.8万円

有効求人倍率
（就業地ベース）
1.59倍

第3次産業の
有業者割合
66.0%

製造品出荷額
等（従業者1人
あたり）
5393万円

一般財源割合
対歳出決算額
57.4%

小売業商品販売額
（従業者1人
あたり）
2217万円

生活指標 （全国平均=100）

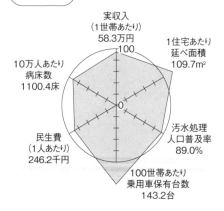

実収入
（1世帯あたり）
58.3万円

1住宅あたり
延べ面積
109.7m²

10万人あたり
病床数
1100.4床

汚水処理
人口普及率
89.0%

民生費
（1人あたり）
246.2千円

100世帯あたり
乗用車保有台数
143.2台

主な生産物

陶磁器製台所用品1)	（2021年）	*76%	（1位）	
さつき2)	（2021年）	54%	（1位）	
錠、かぎ	（2021年）	*50%	（1位）	
銅被覆線	（2021年）	*24%	（1位）	
ゴムホース	（2021年）	*23%	（…）	
ラジアル玉軸受	（2021年）	*21%	（…）	
ポリスチレン	（2021年）	*20%	（…）	
いせえび	（2021年）	17%	（2位）	

＊出荷額。1) 調理用品を含む。2) 出荷量。

統計データ　14市15町0村

面積・人口・世帯（⇨第2部　第1章）
面積（2022年）　　　　　　　　5774km²
人口（2022年）　　　　　　174万2174人
人口密度（2022年）　　　　301.7人/km²
人口増減率（2021〜22年）　　　　-0.77%
人口構成の割合　　　　0〜14歳　11.7%
（2022年）　　　　15〜64歳　57.9%
　　　　　　　　　　65歳以上　30.5%
世帯数（2023年）　　　　　　81.3万世帯
1世帯平均人員（2023年）　　　　2.18人

労働（⇨第2部　第2章）
有業者数（2022年）　　　　　　92.4万人
産業別有業者割合　第1次産業　　3.4%
（2022年）　　　第2次産業　30.7%
　　　　　　　　第3次産業　66.0%

経済・財政（⇨第2部　第4・5章）
県内総生産（2020年度）　　8兆2731億円
県民所得（2020年度）　　　5兆2195億円
農業産出額（2021年）　　　　1067億円
製造品出荷額等（2021年）　11兆344億円
小売業商品販売額（2020年）1兆7447億円
財政規模（普通会計）（2021年度）
　歳入（決算額）　　　　　　8938億円
　歳出（決算額）　　　　　　8539億円
一般財源割合（2021年度）
　対歳出決算額　　　　　　　　57.4%

家計（⇨第2部　第7章）
1世帯あたり月平均（2022年）
　実収入　　　　　　　　　58万3109円
　消費支出　　　　　　　　30万8219円
　平均消費性向　　　　　　　　65.2%
1世帯あたり貯蓄現在高（2019年）
　　　　　　　　　　　　　1141.4万円

保健・衛生（⇨第2部　第1・7章）
乳児死亡率（2022年）出生千あたり　0.9人
平均寿命（2020年）　男81.68年／女87.59年
10万人あたり医師数（2020年）　231.6人

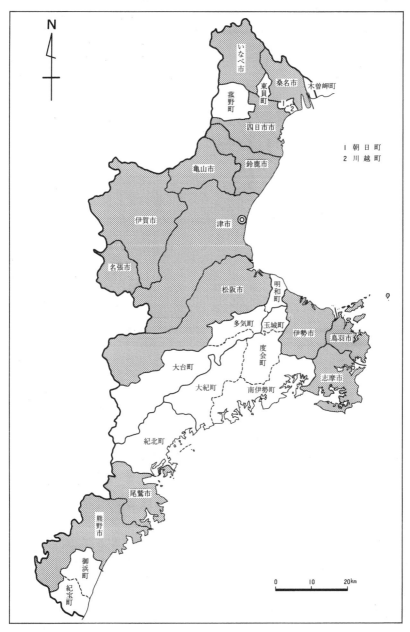

I 朝 日 町
2 川 越 町

（行政データ）　　知事：一見 勝之（いちみ かつゆき）
県議会議員：51（男 44 女 5 欠員 2）／市町村長：29（男 28 女 1 欠員 0）
市町村議会議員計：491（男 394 女 89 欠員 8）
県職員数：23 544（一般行政 4 327）／市町村等職員数計：20 372（一般行政 10 845）

滋 賀 県

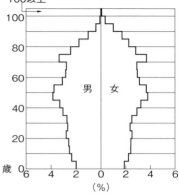

人口ピラミッド（滋賀）

100以上

（%）

男　女

経済指標

（全国平均＝100）

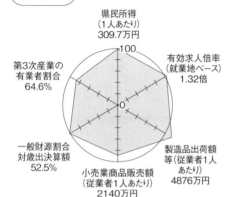

県民所得
（1人あたり）
309.7万円

有効求人倍率
（就業地ベース）
1.32倍

第3次産業の
有業者割合
64.6%

製造品出荷額
等（従業者1人
あたり）
4876万円

一般財源割合
対歳出決算額
52.5%

小売業商品販売額
（従業者1人あたり）
2140万円

生活指標

（全国平均＝100）

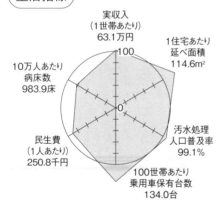

実収入
（1世帯あたり）
63.1万円

1住宅あたり
延べ面積
114.6m²

10万人あたり
病床数
983.9床

汚水処理
人口普及率
99.1%

民生費
（1人あたり）
250.8千円

100世帯あたり
乗用車保有台数
134.0台

主な生産物

理容用電気器具	（2021年）	*63%	（1位）
はかり	（2021年）	*47%	（1位）
エアコン[1)	（2021年）	*37%	（2位）
コンベヤ	（2021年）	*33%	（1位）
はん用ディーゼル機関	（2021年）	*20%	（…）
天然あゆ	（2021年）	17%	（1位）
医薬品製剤	（2021年）	*11%	（1位）

＊出荷額。1) パッケージ型を除く。

統計データ　13市6町0村

面積・人口・世帯（⇨第2部　第1章）
面積（2022年）　　　　　　　　4017km²
人口（2022年）　　　　　　140万8931人
人口密度（2022年）　　　　350.7人/km²
人口増減率（2021〜22年）　　　−0.11%
人口構成の割合　　　0〜14歳　13.2%
（2022年）　　　15・64歳　60.0%
　　　　　　　　65歳以上　26.8%
世帯数（2023年）　　　　　　61.0万世帯
1世帯平均人員（2023年）　　　　2.32人

労働（⇨第2部　第2章）
有業者数（2022年）　　　　　　76.7万人
産業別有業者割合　第1次産業　　2.1%
（2022年）　　　第2次産業　33.3%
　　　　　　　　第3次産業　64.6%

経済・財政（⇨第2部　第4・5章）
県内総生産（2020年度）　6兆7397億円
県民所得（2020年度）　　4兆3786億円
農業産出額（2021年）　　　　　585億円
製造品出荷額等（2021年）8兆1874億円
小売業商品販売額（2020年）1兆3558億円
財政規模（普通会計）（2021年度）
　歳入（決算額）　　　　　　7386億円
　歳出（決算額）　　　　　　7311億円
一般財源割合（2021年度）
　対歳出決算額　　　　　　　　52.5%

家計（⇨第2部　第7章）
1世帯あたり月平均（2022年）
　実収入　　　　　　　　　63万658円
　消費支出　　　　　　　33万7800円
　平均消費性向　　　　　　　　66.4%
1世帯あたり貯蓄現在高（2019年）
　　　　　　　　　　　　　1366.2万円

保健・衛生（⇨第2部　第1・7章）
乳児死亡率(2022年)出生千あたり　1.8人
平均寿命（2020年）　男82.73年／女88.26年
10万人あたり医師数（2020年）　236.3人

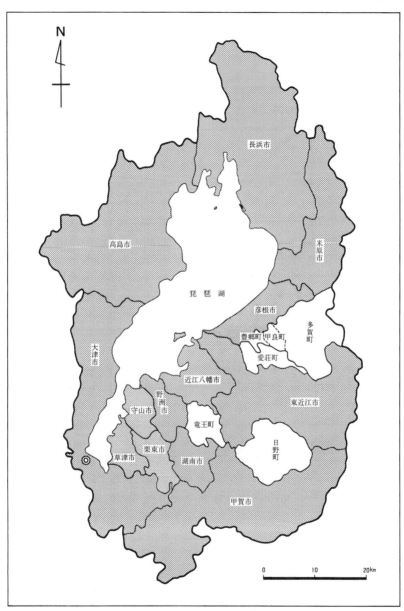

（行政データ）　　知事：三日月 大造（みかづき たいぞう）
県議会議員：44（男 36 女 7 欠員 1）／市町村長：19（男 19 女 0 欠員 0）
市町村議会議員計：365（男 295 女 59 欠員 11）
県職員数：19 992（一般行政 3 346）／市町村等職員数計：15 437（一般行政 7 982）

京都府

経済指標

（全国平均=100）

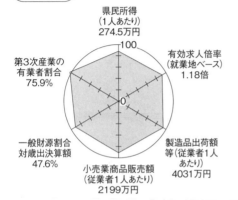

- 県民所得（1人あたり）274.5万円
- 有効求人倍率（就業地ベース）1.18倍
- 製造品出荷額等（従業者1人あたり）4031万円
- 小売業商品販売額（従業者1人あたり）2199万円
- 一般財源割合対歳出決算額 47.6%
- 第3次産業の有業者割合 75.9%

生活指標

（全国平均=100）

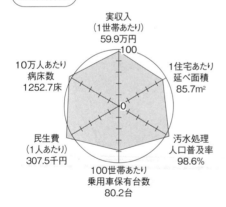

- 実収入（1世帯あたり）59.9万円
- 1住宅あたり延べ面積 85.7m²
- 汚水処理人口普及率 98.6%
- 100世帯あたり乗用車保有台数 80.2台
- 民生費（1人あたり）307.5千円
- 10万人あたり病床数 1252.7床

主な生産物

情報記録物製造業1)（2021年）	#90%	（1位）
分析装置	（2021年）	*50%	（1位）
既製和服・帯	（2021年）	*48%	（1位）
清酒	（2021年度）	16%	（2位）
リチウムイオン蓄電池	（2021年）	*12%	（…）

＊出荷額。#当該事業が主業の事業所による、主業以外を含む出荷額等。1）ゲーム用カセットなど。新聞、書籍等の印刷物を除く。

人口ピラミッド（京都）

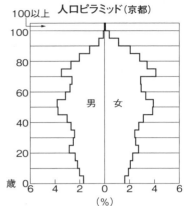

男　女

（%）

統計データ

15市10町 1 村

面積・人口・世帯（⇨第 2 部　第 1 章）
面積（2022年）	4612km²
人口（2022年）	254万9749人
人口密度（2022年）	552.8人/km²
人口増減率（2021〜22年）	-0.45%
人口構成の割合　0〜14歳	11.1%
（2022年）　15〜64歳	59.3%
65歳以上	29.6%
世帯数（2023年）	124.6万世帯
1 世帯平均人員（2023年）	2.01人

労働（⇨第 2 部　第 2 章）
有業者数（2022年）	136.1万人
産業別有業者割合　第 1 次産業	1.6%
（2022年）　第 2 次産業	22.5%
第 3 次産業	75.9%

経済・財政（⇨第 2 部　第 4・5 章）
県内総生産（2020年度）	10兆1680億円
県民所得（2020年度）	7 兆772億円
農業産出額（2021年）	663億円
製造品出荷額等（2021年）	5 兆9066億円
小売業商品販売額（2020年）	2 兆5632億円
財政規模（普通会計）（2021年度）	
歳入（決算額）	1 兆3130億円
歳出（決算額）	1 兆2987億円
一般財源割合（2021年度）	
対歳出決算額	47.6%

家計（⇨第 2 部　第 7 章）
1 世帯あたり月平均（2022年）	
実収入	59万8505円
消費支出	31万3243円
平均消費性向	63.1%
1 世帯あたり貯蓄現在高（2019年）	1250.1万円

保健・衛生（⇨第 2 部　第 1・7 章）
乳児死亡率（2022年）出生千あたり	2.1人
平均寿命（2020年）　男82.24年／女88.25年	
10万人あたり医師数（2020年）	332.6人

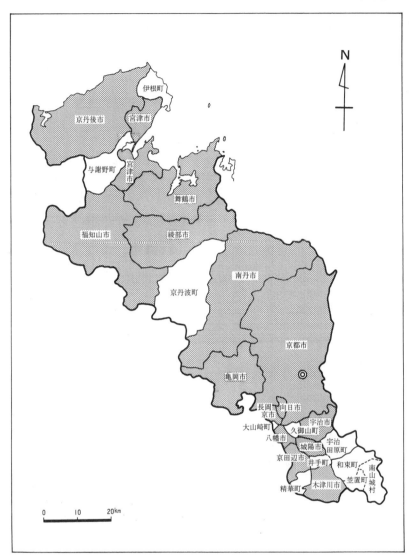

N

（行政データ）　　知事：西脇 隆俊（にしわき たかとし）
府議会議員：60（男 47 女 13 欠員 0）／市町村長：26（男 24 女 2 欠員 0）
市町村議会議員計：495（男 385 女 102 欠員 8）
府職員数：22 733（一般行政 4 182）／市町村等職員数計：33 882（一般行政 14 381）

大 阪 府

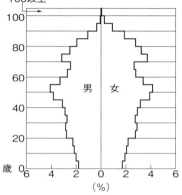

経済指標

（全国平均=100）

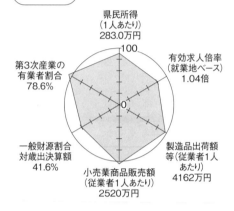

- 県民所得（1人あたり）283.0万円
- 有効求人倍率（就業地ベース）1.04倍
- 第3次産業の有業者割合 78.6%
- 製造品出荷額等（従業者1人あたり）4162万円
- 一般財源割合 対歳出決算額 41.6%
- 小売業商品販売額（従業者1人あたり）2520万円

生活指標

（全国平均=100）

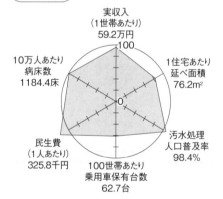

- 実収入（1世帯あたり）59.2万円
- 1住宅あたり延べ面積 76.2m²
- 10万人あたり病床数 1184.4床
- 汚水処理人口普及率 98.4%
- 民生費（1人あたり）325.8千円
- 100世帯あたり乗用車保有台数 62.7台

主な生産物

自転車1)	（2021年）*94%	（1 位）
電気がま	（2021年）*53%	（1 位）
石けん	（2021年）*29%	（1 位）
液晶パネル	（2021年）*28%	（ … ）
ショベル系掘さく機	（2021年）*24%	（ … ）
チョコレート類	（2021年）*19%	（1 位）
ボルト、ナット類	（2021年）*18%	（2 位）
しゅんぎく	（2022年） 13%	（1 位）

＊出荷額。1) 子供車、特殊車を除く。

統計データ

33市 9 町 1 村

面積・人口・世帯（⇨第 2 部　第 1 章）
- 面積（2022年）　　　　　　　　1905km²
- 人口（2022年）　　　　　　878万2484人
- 人口密度（2022年）　　　4609.4人/km²
- 人口増減率（2021～22年）　　　　-0.27%
- 人口構成の割合　　0～14歳　　11.4%
- （2022年）　　　15～64歳　　60.9%
- 　　　　　　　　65歳以上　　27.7%
- 世帯数（2023年）　　　　　446.2万世帯
- 1 世帯平均人員（2023年）　　　　1.97人

労働（⇨第 2 部　第 2 章）
- 有業者数（2022年）　　　　　465.1万人
- 産業別有業者割合　第 1 次産業　　0.3%
- （2022年）　　　　第 2 次産業　21.1%
- 　　　　　　　　　第 3 次産業　78.6%

経済・財政（⇨第 2 部　第 4・5 章）
- 県内総生産（2020年度）　39兆7203億円
- 県民所得（2020年度）　　25兆76億円
- 農業産出額（2021年）　　　　　296億円
- 製造品出荷額等（2021年）18兆6058億円
- 小売業商品販売額（2020年）9 兆449億円
- 財政規模（普通会計）（2021年度）
- 　歳入（決算額）　　　　4 兆6869億円
- 　歳出（決算額）　　　　4 兆6348億円
- 一般財源割合（2021年度）
- 　対歳出決算額　　　　　　　　41.6%

家計（⇨第 2 部　第 7 章）
- 1 世帯あたり月平均（2022年）
- 　実収入　　　　　　　　　59万2301円
- 　消費支出　　　　　　　　28万698円
- 　平均消費性向　　　　　　　　57.7%
- 1 世帯あたり貯蓄現在高（2019年）
- 　　　　　　　　　　　　　1106.1万円

保健・衛生（⇨第 2 部　第 1・7 章）
- 乳児死亡率（2022年）出生千あたり　1.7人
- 平均寿命（2020年）男80.81年／女87.37年
- 10万人あたり医師数（2020年）285.7人

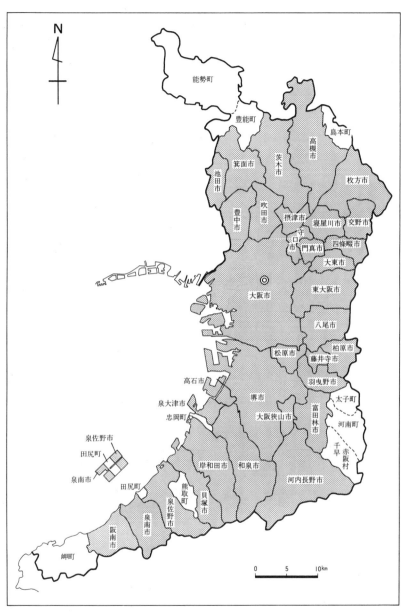

（行政データ）　　知事：吉村 洋文（よしむら ひろふみ）
府議会議員：88（男 78 女 6 欠員 4）／市町村長：43（男 42 女 1 欠員 0）
市町村議会議員計：910（男 685 女 208 欠員 17）
府職員数：74 226（一般行政 7 801）／市町村等職員数計：89 309（一般行政 42 811）

兵庫県

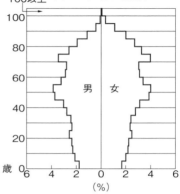

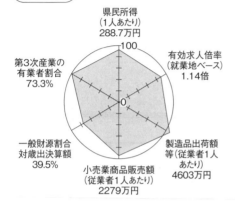

経済指標　（全国平均＝100）

- 県民所得（1人あたり）288.7万円
- 有効求人倍率（就業地ベース）1.14倍
- 製造品出荷額等（従業者1人あたり）4603万円
- 小売業商品販売額（従業者1人あたり）2279万円
- 一般財源割合対歳出決算額 39.5%
- 第3次産業の有業者割合 73.3%

生活指標　（全国平均＝100）

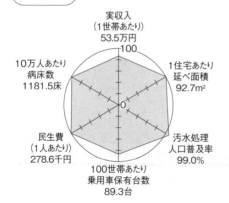

- 実収入（1世帯あたり）53.5万円
- 1住宅あたり延べ面積 92.7m²
- 汚水処理人口普及率 99.0%
- 100世帯あたり乗用車保有台数 89.3台
- 民生費（1人あたり）278.6千円
- 10万人あたり病床数 1181.5床

主な生産物

生産物	年	割合	順位
原子炉、同部品類	（2021年）	*70%	（1位）
こんぶつくだ煮	（2022年）	37%	（1位）
清酒	（2021年度）	29%	（1位）
ずわいがに	（2021年）	23%	（2位）
チーズ	（2021年）	*21%	（1位）
コーヒー	（2021年）	*21%	（1位）
鉄鋼業1)	（2021年）	*11%	（2位）
肉製品	（2021年）	*10%	（1位）

＊出荷額。1) 品目群の計。

統計データ　29市12町 0 村

面積・人口・世帯（⇨第 2 部　第 1 章）
- 面積（2022年）　8401km²
- 人口（2022年）　540万2493人
- 人口密度（2022年）　643.1人／km²
- 人口増減率（2021～22年）　−0.55%
- 人口構成の割合　0～14歳　11.9%
- （2022年）　15～64歳　58.3%
- 65歳以上　29.8%
- 世帯数（2023年）　260.1万世帯
- 1 世帯平均人員（2023年）　2.10人

労働（⇨第 2 部　第 2 章）
- 有業者数（2022年）　275.2万人
- 産業別有業者割合　第 1 次産業　1.5%
- （2022年）　第 2 次産業　25.2%
- 第 3 次産業　73.3%

経済・財政（⇨第 2 部　第 4・5 章）
- 県内総生産（2020年度）　21兆7359億円
- 県民所得（2020年度）　15兆7751億円
- 農業産出額（2021年）　1501億円
- 製造品出荷額等（2021年）　16兆5023億円
- 小売業商品販売額（2020年）5 兆1972億円
- 財政規模（普通会計）（2021年度）
- 歳入（決算額）　3 兆2142億円
- 歳出（決算額）　3 兆1785億円
- 一般財源割合（2021年度）
- 対歳出決算額　39.5%

家計（⇨第 2 部　第 7 章）
- 1 世帯あたり月平均（2022年）
- 実収入　53万4628円
- 消費支出　30万6990円
- 平均消費性向　70.9%
- 1 世帯あたり貯蓄現在高（2019年）
- 1154.0万円

保健・衛生（⇨第 2 部　第 1・7 章）
- 乳児死亡率（2022年）出生千あたり　1.2人
- 平均寿命（2020年）男81.72年／女87.90年
- 10万人あたり医師数（2020年）　266.1人

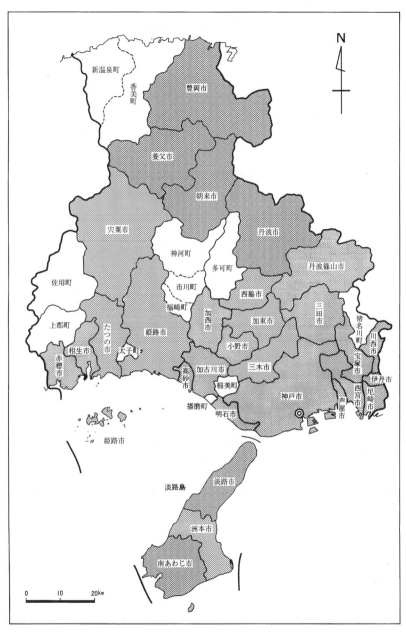

（行政データ）　　知事：齋藤 元彦（さいとう もとひこ）
県議会議員：86（男 67 女 12 欠員 7）／市町村長：41（男 39 女 2 欠員 0）
市町村議会議員計：864（男 686 女 159 欠員 19）
県職員数：57 671（一般行政 5 938）／市町村等職員数計：61 062（一般行政 27 522）

奈良県

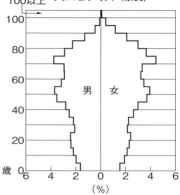

人口ピラミッド（奈良）

経済指標

（全国平均＝100）

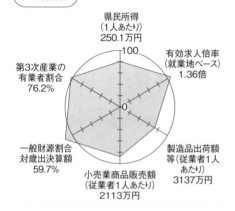

県民所得
（1人あたり）
250.1万円

有効求人倍率
（就業地ベース）
1.36倍

第3次産業の
有業者割合
76.2%

製造品出荷額
等（従業者1人
あたり）
3137万円

一般財源割合
対歳出決算額
59.7%

小売業商品販売額
（従業者1人あたり）
2113万円

生活指標

（全国平均＝100）

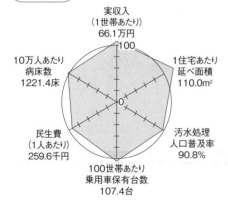

実収入
（1世帯あたり）
66.1万円

10万人あたり
病床数
1221.4床

1住宅あたり
延べ面積
110.0m²

民生費
（1人あたり）
259.6千円

汚水処理
人口普及率
90.8%

100世帯あたり
乗用車保有台数
107.4台

主な生産物

ソックス	（2021年）	*55%	（1位）
タイツ	（2021年）	*36%	（…）
集成材	（2021年）	*15%	（2位）
パンティストッキング			
	（2021年）	*15%	（…）
柿	（2022年）	14%	（2位）
パレット	（2021年）	*11%	（1位）
毛筆、絵画用品	（2021年）	* 9%	（3位）

＊出荷額。

統計データ

12市15町12村

面積・人口・世帯（⇨第 2 部　第 1 章）
面積（2022年）　　　　　　　　3691km²
人口（2022年）　　　　　　130万5812人
人口密度（2022年）　　　　353.8人/km²
人口増減率（2021〜22年）　　　 −0.72%
人口構成の割合　　0〜14歳　　 11.4%
（2022年）　　　15〜64歳　　 56.3%
　　　　　　　 65歳以上　　 32.4%
世帯数（2023年）　　　　　　60.7万世帯
1世帯平均人員（2023年）　　　　2.18人

労働（⇨第 2 部　第 2 章）
有業者数（2022年）　　　　　　63.7万人
産業別有業者割合　第 1 次産業　　2.0%
（2022年）　　　第 2 次産業　 21.8%
　　　　　　　　第 3 次産業　 76.2%

経済・財政（⇨第 2 部　第 4 ・ 5 章）
県内総生産（2020年度）　 3 兆6859億円
県民所得（2020年度）　　 3 兆3127億円
農業産出額（2021年）　　　　　 391億円
製造品出荷額等（2021年）　1 兆8709億円
小売業商品販売額（2020年）　1 兆640億円
財政規模（普通会計）（2021年度）
　歳入（決算額）　　　　　　　6281億円
　歳出（決算額）　　　　　　　6219億円
一般財源割合（2021年度）
　対歳出決算額　　　　　　　　　59.7%

家計（⇨第 2 部　第 7 章）
1 世帯あたり月平均（2022年）
　実収入　　　　　　　　　　66万753円
　消費支出　　　　　　　　　32万3792円
　平均消費性向　　　　　　　　　60.7%
1 世帯あたり貯蓄現在高（2019年）
　　　　　　　　　　　　　1161.2万円

保健・衛生（⇨第 2 部　第 1 ・ 7 章）
乳児死亡率（2022年）出生千あたり　2.2人
平均寿命（2020年）　男82.40年／女87.95年
10万人あたり医師数（2020年）　 277.1人

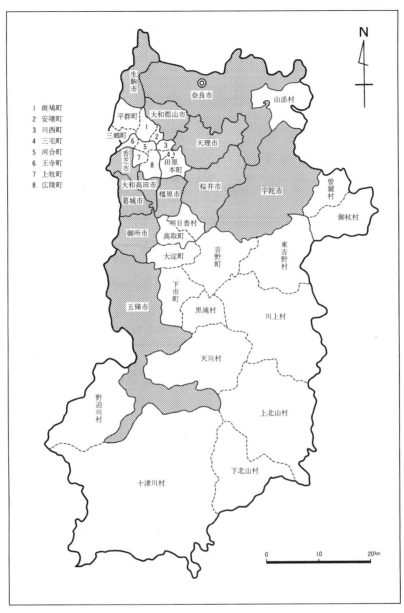

凡例
1　斑鳩町
2　安堵町
3　川西町
4　三宅町
5　河合町
6　王寺町
7　上牧町
8　広陵町

（行政データ）　　知事：山下 真（やました まこと）
県議会議員：43（男 38 女 3 欠員 2）／市町村長：39（男 39 女 0 欠員 0）
市町村議会議員計：489（男 401 女 72 欠員 16）
県職員数：16 467（一般行政 3 208）／市町村等職員数計：14 777（一般行政 8 388）

和 歌 山 県

経済指標 （全国平均=100）

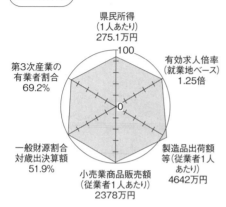

県民所得
（1人あたり）
275.1万円

有効求人倍率
（就業地ベース）
1.25倍

第3次産業の
有業者割合
69.2%

製造品出荷額
等（従業者1人
あたり）
4642万円

一般財源割合
対歳出決算額
51.9%

小売業商品販売額
（従業者1人あたり）
2378万円

生活指標 （全国平均=100）

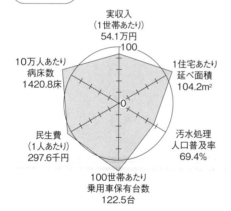

実収入
（1世帯あたり）
54.1万円

1住宅あたり
延べ面積
104.2m²

10万人あたり
病床数
1420.8床

汚水処理
人口普及率
69.4%

民生費
（1人あたり）
297.6千円

100世帯あたり
乗用車保有台数
122.5台

主な生産物

はっさく	（2020年）	71%	（1位）
うめ	（2022年）	67%	（1位）
スターチス1)	（2022年）	54%	（1位）
グリーンピース	（2022年）	42%	（1位）
丸編ニット生地	（2021年）	*41%	（1位）
みかん	（2022年）	22%	（1位）
柿	（2022年）	19%	（1位）
野菜・果実漬物	（2021年）	*15%	（1位）

＊出荷額。1) 切り花出荷量。

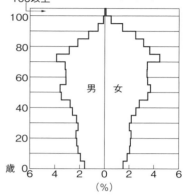

人口ピラミッド（和歌山）

100以上

男　女

歳　（%）

統計データ　9 市20町 1 村

面積・人口・世帯 （⇨第 2 部　第 1 章）
面積（2022年）　4725km²
人口（2022年）　90万3265人
人口密度（2022年）　191.2人/km²
人口増減率（2021〜22年）　-1.13%
人口構成の割合　0 〜14歳　11.2%
（2022年）　15 - 61歳　51.8%
　65歳以上　34.0%
世帯数（2023年）　44.3万世帯
1 世帯平均人員（2023年）　2.08人

労働 （⇨第 2 部　第 2 章）
有業者数（2022年）　46.0万人
産業別有業者割合　第 1 次産業　8.3%
（2022年）　第 2 次産業　22.5%
　第 3 次産業　69.2%

経済・財政 （⇨第 2 部　第 4・5 章）
県内総生産（2020年度）　3 兆6251億円
県民所得（2020年度）　2 兆5384億円
農業産出額（2021年）　1135億円
製造品出荷額等（2021年）　2 兆4021億円
小売業商品販売額（2020年）　8556億円
財政規模（普通会計）（2021年度）
　歳入（決算額）　6734億円
　歳出（決算額）　6436億円
一般財源割合（2021年度）
　対歳出決算額　51.9%

家計 （⇨第 2 部　第 7 章）
1 世帯あたり月平均（2022年）
　実収入　54万772円
　消費支出　31万983円
　平均消費性向　70.2%
1 世帯あたり貯蓄現在高（2019年）
　961.4万円

保健・衛生 （⇨第 2 部　第 1・7 章）
乳児死亡率（2022年）出生千あたり　1.7人
平均寿命（2020年）　男81.03年／女87.36年
10万人あたり医師数（2020年）　307.8人

府県のすがた　和歌山県

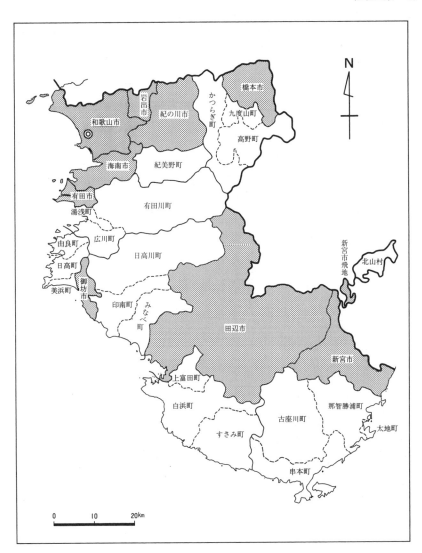

N

和歌山市
岩出市
紀の川市
かつらぎ町
橋本市
九度山町
高野町
海南市
紀美野町
有田市
有田川町
湯浅町
広川町
由良町
日高町
美浜町
日高川町
御坊市
印南町
みなべ町
新宮市飛地
北山村
田辺市
新宮市
上富田町
白浜町
すさみ町
古座川町
那智勝浦町
太地町
串本町

0　　　10　　　20km

（行政データ）　　　知事：岸本 周平（きしもと しゅうへい）
県議会議員：42（男 38 女 3 欠員 1）／市町村長：30（男 29 女 1 欠員 0）
市町村議会議員計：406（男 345 女 49 欠員 12）
県職員数：14 939（一般行政 3 514）／市町村等職員数計：13 375（一般行政 6 380）

鳥取県

経済指標 （全国平均=100）

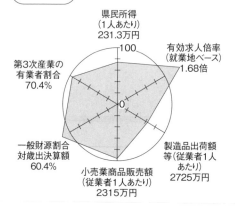

- 県民所得（1人あたり）231.3万円
- 有効求人倍率（就業地ベース）1.68倍
- 製造品出荷額等（従業者1人あたり）2725万円
- 小売業商品販売額（従業者1人あたり）2315万円
- 一般財源割合対歳出決算額 60.4%
- 第3次産業の有業者割合 70.4%

生活指標 （全国平均=100）

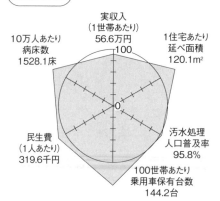

- 実収入（1世帯あたり）56.6万円
- 1住宅あたり延べ面積 120.1m²
- 汚水処理人口普及率 95.8%
- 100世帯あたり乗用車保有台数 144.2台
- 民生費（1人あたり）319.6千円
- 10万人あたり病床数 1528.1床

主な生産物

らっきょう	（2020年） 39%	（1位）
はたはた	（2021年） 35%	（2位）
ずわいがに	（2021年） 25%	（1位）
べにずわいがに	（2021年） 19%	（1位）
芝（出荷量）1)	（2021年） 13%	（2位）
こしあぶら	（2022年） 13%	（2位）
ミネラルウォーター	（2022年） 9%	（3位）
かれい類	（2021年） 6%	（2位）

1) 主産県調査による割合。

人口ピラミッド（鳥取）

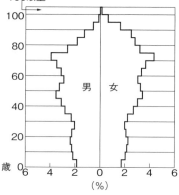

男　女

歳　0　（%）

統計データ　4市14町1村

面積・人口・世帯（⇨第2部　第1章）
- 面積（2022年）　3507km²
- 人口（2022年）　54万3620人
- 人口密度（2022年）　155.0人/km²
- 人口増減率（2021〜22年）　-0.91%
- 人口構成の割合　0〜14歳　12.2%
- （2022年）　15・64歳　51.8%
- 65歳以上　33.1%
- 世帯数（2023年）　24.1万世帯
- 1世帯平均人員（2023年）　2.27人

労働（⇨第2部　第2章）
- 有業者数（2022年）　28.4万人
- 産業別有業者割合　第1次産業　7.2%
- （2022年）　第2次産業　22.3%
- 第3次産業　70.4%

経済・財政（⇨第2部　第4・5章）
- 県内総生産（2020年度）　1兆8199億円
- 県民所得（2020年度）　1兆2803億円
- 農業産出額（2021年）　727億円
- 製造品出荷額等（2021年）　8441億円
- 小売業商品販売額（2020年）　5805億円
- 財政規模（普通会計）（2021年度）
- 歳入（決算額）　4041億円
- 歳出（決算額）　3909億円
- 一般財源割合（2021年度）
- 対歳出決算額　60.4%

家計（⇨第2部　第7章）
- 1世帯あたり月平均（2022年）
- 実収入　56万5945円
- 消費支出　30万2848円
- 平均消費性向　64.7%
- 1世帯あたり貯蓄現在高（2019年）　1017.6万円

保健・衛生（⇨第2部　第1・7章）
- 乳児死亡率（2022年）出生千あたり　1.3人
- 平均寿命（2020年）　男81.34年／女87.91年
- 10万人あたり医師数（2020年）　314.8人

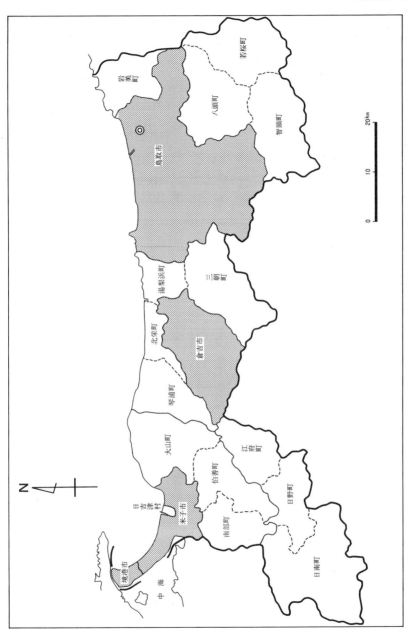

（行政データ）　　知事：平井 伸治（ひらい しんじ）
県議会議員：35（男 29 女 5 欠員 1）／市町村長：19（男 18 女 1 欠員 0）
市町村議会議員計：277（男 234 女 39 欠員 4）
県職員数：11 774（一般行政 2 908）／市町村等職員数計：6 987（一般行政 4 085）

島根県

経済指標

（全国平均=100）

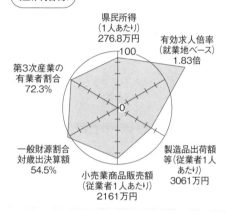

県民所得
（1人あたり）
276.8万円

有効求人倍率
（就業地ベース）
1.83倍

第3次産業の
有業者割合
72.3%

製造品出荷額
等（従業者1人
あたり）
3061万円

一般財源割合
対歳出決算額
54.5%

小売業商品販売額
（従業者1人あたり）
2161万円

生活指標

（全国平均=100）

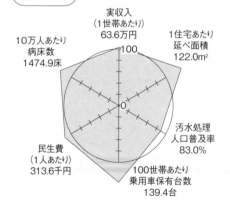

実収入
（1世帯あたり）
63.6万円

1住宅あたり
延べ面積
122.0m²

10万人あたり
病床数
1474.9床

汚水処理
人口普及率
83.0%

民生費
（1人あたり）
313.6千円

100世帯あたり
乗用車保有台数
139.4台

主な生産物

しじみ	（2021年）	46%	（1位）
固定コンデンサ	（2021年）	*29%	（1位）
あなご類	（2021年）	18%	（2位）
普通合板	（2021年）	*15%	（1位）
べにずわいがに	（2021年）	15%	（2位）
天然うなぎ	（2021年）	14%	（2位）
あじ類	（2021年）	10%	（2位）
いさき	（2021年）	9%	（2位）

＊出荷額。

人口ピラミッド（島根）

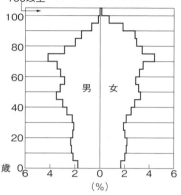

男　女

歳
（%）

統計データ

8市10町1村

面積・人口・世帯（⇨第2部　第1章）
面積（2022年）　　　　　　　　6708km²
人口（2022年）　　　　　　65万7909人
人口密度（2022年）　　　　98.1人/km²
人口増減率（2021〜22年）　　　-1.05%
人口構成の割合　　　0〜14歳　12.0%
（2022年）　　　15〜64歳　53.3%
　　　　　　　　　65歳以上　34.7%
世帯数（2023年）　　　　　　29.4万世帯
1世帯平均人員（2023年）　　　　2.24人

労働（⇨第2部　第2章）
有業者数（2022年）　　　　　　34.2万人
産業別有業者割合　第1次産業　　4.9%
（2022年）　　　第2次産業　22.8%
　　　　　　　　第3次産業　72.3%

経済・財政（⇨第2部　第4・5章）
県内総生産（2020年度）　2兆5757億円
県民所得（2020年度）　　1兆8577億円
農業産出額（2021年）　　　　　611億円
製造品出荷額等（2021年）1兆2866億円
小売業商品販売額（2020年）　6353億円
財政規模（普通会計）（2021年度）
　歳入（決算額）　　　　　　5886億円
　歳出（決算額）　　　　　　5556億円
一般財源割合（2021年度）
　対歳出決算額　　　　　　　　54.5%

家計（⇨第2部　第7章）
1世帯あたり月平均（2022年）
　実収入　　　　　　　　　63万5926円
　消費支出　　　　　　　　31万3030円
　平均消費性向　　　　　　　　59.7%
1世帯あたり貯蓄現在高（2019年）
　　　　　　　　　　　　　1120.1万円

保健・衛生（⇨第2部　第1・7章）
乳児死亡率（2022年）出生千あたり　1.0人
平均寿命（2020年）　男81.63年／女88.21年
10万人あたり医師数（2020年）　297.1人

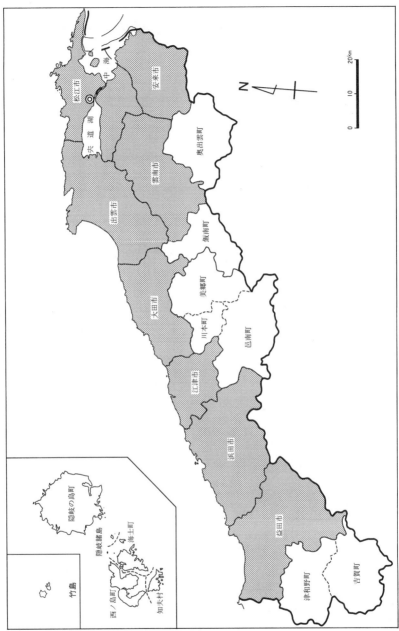

（行政データ）　　　知事：丸山 達也（まるやま たつや）
県議会議員：37（男 31 女 3 欠員 3）／市町村長：19（男 19 女 0 欠員 0）
市町村議会議員計：305（男 267 女 36 欠員 2）
県職員数：14 544（一般行政 3 350）／市町村等職員数計：9 920（一般行政 4 965）

岡山県

人口ピラミッド（岡山）

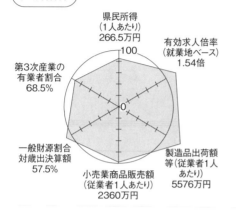

（全国平均=100）

経済指標

県民所得（1人あたり）266.5万円

有効求人倍率（就業地ベース）1.54倍

第3次産業の有業者割合 68.5%

一般財源割合対歳出決算額 57.5%

製造品出荷額等（従業者1人あたり）5576万円

小売業商品販売額（従業者1人あたり）2360万円

生活指標

（全国平均=100）

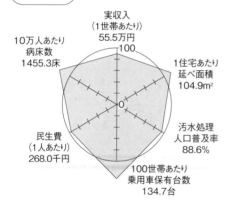

実収入（1世帯あたり）55.5万円

10万人あたり病床数 1455.3床

1住宅あたり延べ面積 104.9m²

民生費（1人あたり）268.0千円

汚水処理人口普及率 88.6%

100世帯あたり乗用車保有台数 134.7台

主な生産物

織物製学校服	（2021年）	*70%	（1位）
畳表	（2021年）	*53%	（1位）
ロックウール1)	（2021年）	*53%	（1位）
田植機	（2021年）	*35%	（…）
活性炭	（2021年）	*30%	（1位）
銅・同合金鋳物	（2021年）	*20%	（2位）
ポリエチレン	（2021年）	*14%	（…）
ぶどう	（2022年）	9%	（…）

＊出荷額。1) ロックウール製品を含む。

統計データ　15市10町2村

面積・人口・世帯（⇨第2部　第1章）
面積（2022年）　7115km²
人口（2022年）　186万2317人
人口密度（2022年）　261.8人/km²
人口増減率（2021～22年）　-0.74%
人口構成の割合　0～14歳　12.1%
（2022年）　15～64歳　57.1%
65歳以上　30.8%
世帯数（2023年）　86.6万世帯
1世帯平均人員（2023年）　2.15人

労働（⇨第2部　第2章）
有業者数（2022年）　96.7万人
産業別有業者割合　第1次産業　4.0%
（2022年）　第2次産業　27.6%
第3次産業　68.5%

経済・財政（⇨第2部　第4・5章）
県内総生産（2020年度）　7兆6064億円
県民所得（2020年度）　5兆332億円
農業産出額（2021年）　1457億円
製造品出荷額等（2021年）　8兆3654億円
小売業商品販売額（2020年）　1兆9650億円
財政規模（普通会計）（2021年度）
歳入（決算額）　8764億円
歳出（決算額）　8579億円
一般財源割合（2021年度）
対歳出決算額　57.5%

家計（⇨第2部　第7章）
1世帯あたり月平均（2022年）
実収入　55万5070円
消費支出　32万1431円
平均消費性向　70.7%
1世帯あたり貯蓄現在高（2019年）
1090.8万円

保健・衛生（⇨第2部　第1・7章）
乳児死亡率（2022年）出生千あたり　1.3人
平均寿命（2020年）　男81.90年／女88.29年
10万人あたり医師数（2020年）　320.1人

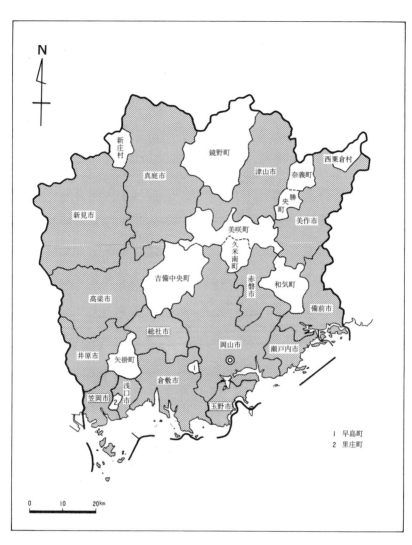

（行政データ）　　知事：伊原木 隆太（いばらぎ りゅうた）

県議会議員：55（男 46 女 8 欠員 1）／市町村長：27（男 26 女 1 欠員 0）

市町村議会議員計：471（男 400 女 60 欠員 11）

県職員数：21 075（一般行政 3 874）／市町村等職員数計：22 549（一般行政 10 630）

広島県

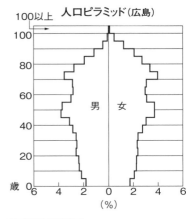

人口ピラミッド（広島）

男　女

(%)

経済指標
（全国平均＝100）

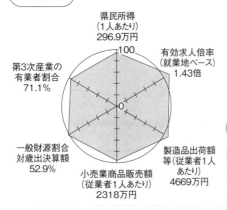

県民所得
（1人あたり）
296.9万円

有効求人倍率
（就業地ベース）
1.43倍

第3次産業の
有業者割合
71.1%

製造品出荷額
等（従業者1人
あたり）
4669万円

一般財源割合
対歳出決算額
52.9%

小売業商品販売額
（従業者1人あたり）
2318万円

生活指標
（全国平均＝100）

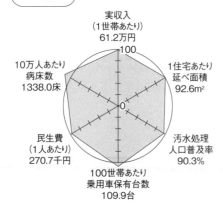

実収入
（1世帯あたり）
61.2万円

1住宅あたり
延べ面積
92.6m²

10万人あたり
病床数
1338.0床

汚水処理
人口普及率
90.3%

民生費
（1人あたり）
270.7千円

100世帯あたり
乗用車保有台数
109.9台

主な生産物

やすり	（2021年）＊69％	（1位）
養殖かき類	（2021年）58％	（1位）
レモン	（2020年）56％	（1位）
くわい	（2020年）55％	（1位）
ソース類	（2021年）＊28％	（…）
アルミ・同合金ダイカスト		
	（2021年）＊22％	（1位）
貨物船1)	（2021年）＊20％	（…）

＊出荷額。1) 20総トン以上の鋼製動力船。

統計データ　14市 9 町 0 村

面積・人口・世帯（⇨第 2 部　第 1 章）
面積（2022年）　　　　　　　　8479km²
人口（2022年）　　　　　　　275万9500人
人口密度（2022年）　　　　325.5人/km²
人口増減率（2021〜22年）　　　　−0.72%
人口構成の割合　　　0〜14歳　12.3%
　（2022年）　　　15〜64歳　57.7%
　　　　　　　　　65歳以上　29.9%
世帯数（2023年）　　　　　　　133.5万世帯
1世帯平均人員（2023年）　　　　　2.08人

労働（⇨第 2 部　第 2 章）
有業者数（2022年）　　　　　　145.3万人
産業別有業者割合　第 1 次産業　　2.6%
　（2022年）　　　第 2 次産業　26.2%
　　　　　　　　　第 3 次産業　71.1%

経済・財政（⇨第 2 部　第 4・5 章）
県内総生産（2020年度）　11兆5554億円
県民所得（2020年度）　　 8兆3122億円
農業産出額（2021年）　　　　　1213億円
製造品出荷額等（2021年）　9兆9439億円
小売業商品販売額（2020年）　3兆465億円
財政規模（普通会計）（2021年度）
　歳入（決算額）　　　　 1兆2899億円
　歳出（決算額）　　　　 1兆2545億円
一般財源割合（2021年度）
　対歳出決算額　　　　　　　　　52.9%

家計（⇨第 2 部　第 7 章）
1 世帯あたり月平均（2022年）
　実収入　　　　　　　　　61万2143円
　消費支出　　　　　　　　31万1230円
　平均消費性向　　　　　　　　　62.6%
1 世帯あたり貯蓄現在高（2019年）
　　　　　　　　　　　　　1056.4万円

保健・衛生（⇨第 2 部　第 1・7 章）
乳児死亡率（2022年）出生千あたり　0.9人
平均寿命（2020年）男81.95年／女88.16年
10万人あたり医師数（2020年）　267.1人

府県のすがた　広島県

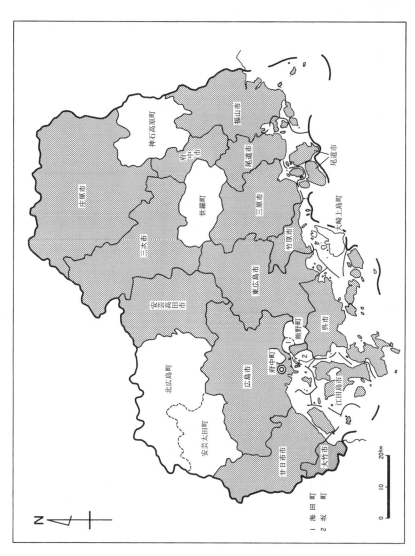

（行政データ）　　知事：湯﨑 英彦（ゆざき ひでひこ）

県議会議員：64（男 54 女 4 欠員 6）／市町村長：23（男 23 女 0 欠員 0）

市町村議会議員計：478（男 403 女 61 欠員 14）

県職員数：26 829（一般行政 4 579）／市町村等職員数計：33 104（一般行政 15 204）

山口県

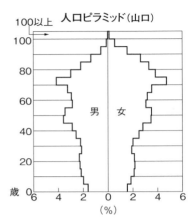

人口ピラミッド(山口)

経済指標

（全国平均＝100）

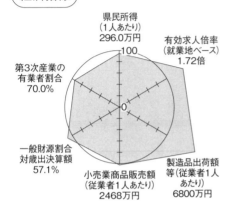

県民所得
（1人あたり）
296.0万円

有効求人倍率
（就業地ベース）
1.72倍

第3次産業の
有業者割合
70.0%

一般財源割合
対歳出決算額
57.1%

小売業商品販売額
（従業者1人あたり）
2468万円

製造品出荷額
等（従業者1人
あたり）
6800万円

生活指標

（全国平均＝100）

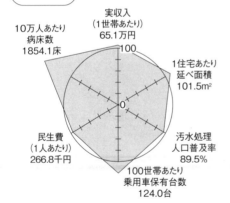

実収入
（1世帯あたり）
65.1万円

10万人あたり
病床数
1854.1床

1住宅あたり
延べ面積
101.5m²

民生費
（1人あたり）
266.8千円

汚水処理
人口普及率
89.5%

100世帯あたり
乗用車保有台数
124.0台

主な生産物

トルエン	（2021年）	*40%	（　…　）
あまだい類	（2021年）	24%	（1位）
殺菌剤	（2021年）	*18%	（　…　）
冷凍水産物調理食品	（2022年）	15%	（　…　）
塩化ビニール樹脂	（2021年）	*14%	（　…　）
重油	（2021年）	*11%	（　…　）
さざえ	（2021年）	10%	（2位）
きくらげ類1)	（2022年）	9%	（1位）

＊出荷額。　1) 乾物は生換算。

統計データ

13市 6 町 0 村

面積・人口・世帯（⇨第 2 部　第 1 章）
面積（2022年）　6113km²
人口（2022年）　131万3403人
人口密度（2022年）　214.9人/km²
人口増減率（2021～22年）　-1.06%
人口構成の割合　　0～14歳　11.2%
（2022年）　　15～64歳　53.6%
　　65歳以上　35.2%
世帯数（2023年）　65.9万世帯
1世帯平均人員（2023年）　2.01人

労働（⇨第 2 部　第 2 章）
有業者数（2022年）　66.1万人
産業別有業者割合　第 1 次産業　3.5%
（2022年）　第 2 次産業　26.5%
　第 3 次産業　70.0%

経済・財政（⇨第 2 部　第 4 ・ 5 章）
県内総生産（2020年度）　6 兆1481億円
県民所得（2020年度）　3 兆9731億円
農業産出額（2021年）　643億円
製造品出荷額等（2021年）　6 兆6501億円
小売業商品販売額（2020年）1 兆6272億円
財政規模（普通会計）（2021年度）
歳入（決算額）　7739億円
歳出（決算額）　7355億円
一般財源割合（2021年度）
対歳出決算額　57.1%

家計（⇨第 2 部　第 7 章）
1 世帯あたり月平均（2022年）
実収入　65万1322円
消費支出　34万6099円
平均消費性向　66.4%
1 世帯あたり貯蓄現在高（2019年）
　935.2万円

保健・衛生（⇨第 2 部　第 1 ・ 7 章）
乳児死亡率（2022年）出生千あたり　1.0人
平均寿命（2020年）　男81.12年／女87.43年
10万人あたり医師数（2020年）　260.1人

府県のすがた　山口県

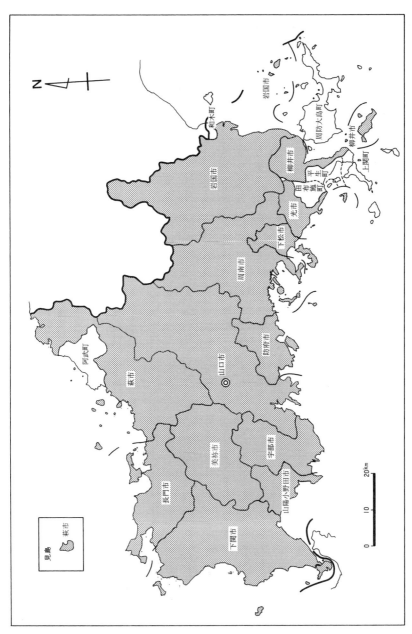

（行政データ）　　知事：村岡 嗣政（むらおか つぐまさ）

県議会議員：47（男 40 女 7 欠員 0）／市町村長：19（男 18 女 1 欠員 0）

市町村議会議員計：375（男 323 女 48 欠員 4）

県職員数：19 327（一般行政 3 569）／市町村等職員数計：15 276（一般行政 8 760）

野生鳥獣の駆除とジビエ利用

　農林水産省によると、2021年度の野生鳥獣による農作物被害額は約155億円で、その半分以上はシカとイノシシによるものであった。就農意欲の低下など、農山漁村に与える影響は被害以上に深刻であり、鳥獣被害対策は大きな課題である。被害を防止するために野生鳥獣の捕獲が行われているが、手間や費用、その後の処理が負担となっている。そこで、これをジビエ（フランス語で野生鳥獣食肉）として利用することで収益化し、費用の負担を軽減する取り組みが注目されている。

　全国のジビエの利用量は2021年度で2127 t と 5 年前の1.7倍である。食用が1438 t を占めるほか、近年はペットフードへの利用が拡大し、656 t と 5 年前から 4 倍に増加した。また、シカ皮革製品やイノシシ油のせっけんなど、可食部以外の利用も進められている。兵庫県や鳥取県では、食肉処理施設での野生鳥獣販売額が農作物被害額を上回っている。

　野生鳥獣は牛や豚等の畜産物と比べて個体差が大きいほか、供給を捕獲に頼るために安定供給が難しい。さらに、ジビエは捕獲してから加工までに時間がかかると品質が劣化するうえに、衛生面での懸念がある。このようなことから、2021年度に捕獲されたシカとイノシシのうち、ジビエとして食肉加工された割合は、自家消費を除くと約 1 割に留まる。

　ジビエの利用を増やすためには、より美味しくて安全なものを消費者に提供する必要がある。このため、移動式解体処理車により素早く加工することや、安全な食品流通のためのガイドライン策定、狩猟者への衛生管理講習などの取り組みが行われている。

野生鳥獣被害とジビエ販売額（2021年度）

	野生鳥獣による農作物被害額（百万円）	食肉処理施設の野生鳥獣販売額1)（百万円）	野生鳥獣肉の処理加工施設数2)
北海道	5 237	1 222	94
青森	45	x	2
岩手	408	x	2
宮城	173	9	4
秋田	34	6	4
山形	407	―	―
福島	140	―	―
茨城	397	0	1
栃木	179	6	1
群馬	345	―	2
埼玉	87	4	2
千葉	290	94	13
東京	73	1	2
神奈川	143	8	5
新潟	248	36	13
富山	57	13	7
石川	41	12	8
福井	65	14	14
山梨	137	21	10
長野	477	362	29
岐阜	212	59	33
静岡	241	84	22
愛知	466	31	9
三重	154	63	21
滋賀	57	43	16
京都	263	150	25
大阪	139	14	8
兵庫	500	642	51
奈良	98	25	14
和歌山	262	61	20
鳥取	66	72	14
島根	79	35	24
岡山	151	68	31
広島	461	123	22
山口	328	48	14
徳島	91	19	10
香川	112	19	16
愛媛	380	34	11
高知	96	22	15
福岡	620	57	14
佐賀	208	38	12
長崎	211	129	17
熊本	538	56	22
大分	122	75	30
宮崎	291	55	36
鹿児島	333	64	13
沖縄	52	1	3
全国	15 516	3 913	734

農林水産省資料より作成。*x* は秘匿。1) 食肉以外の販売金額を含む。2) 食肉処理業の許可を受けた施設。稼働休止中の施設を除く。

消防団の危機

消防団は、江戸時代に八代将軍徳川吉宗が設置した町火消が前身であるといわれる。様々な変遷を経て、地域の防災活動を担ってきた消防団は、現在では市町村の消防機関と位置付けられる。消防団員は非常勤特別職の地方公務員であるが、常勤の消防職員とは異なり、他に本業を持ちながら自宅や職場から災害現場へ駆けつけ、消火・救助活動を行うといった、ボランティアとしての性格も持つ。

1995年の阪神・淡路大震災では、消防団の地域密着性や動員力を生かし、倒壊家屋から多くの被災者を救出した。こうした活躍により、消防団の重要性が再認識されたが、消防団員は減り続けている。1990年度には100万人を割り込み、2022年度は78万人あまりとなった。

過疎地域では、人口構造が変化して若年層が減少している。都市部でも、地域社会への帰属意識が希薄化して、消防団員のなり手が減少しており、消防団の高齢化が進んでいる。また、かつては自営業者が中心であったが、被雇用者の割合が増加しており、1968年の26.5％から、2021年には74.1％に達している。

このような団員数の減少と構成の変化が、消防団の運営に影響を及ぼしている。一部の消防団では、団員の負担軽減のために消防技術を競う大会への参加を取りやめており、技術向上への取り組みの遅れが懸念される。必要な団員数を確保するために、近接する団を統合して拠点を集約するところもあるが、広域化に伴う地域の意見集約などが難しいケースがみられる。いかに活力ある消防団を形成していくかが、各地域・市町村に切実な課題としてのしかかっている。

消防団員数（各年4月1日現在）（単位　人）

	1990	2022	対1990増減率（％）
北海道	29 237	23 551	-19.4
青森	21 975	17 308	-21.2
岩手	26 373	19 674	-25.4
宮城	24 217	17 763	-26.7
秋田	22 056	15 131	-31.4
山形	30 367	22 284	-26.6
福島	39 877	④ 30 101	-24.5
茨城	27 982	20 993	-25.0
栃木	16 107	13 787	-14.4
群馬	13 650	11 001	-19.4
埼玉	15 823	13 542	-14.4
千葉	32 025	23 606	-26.3
東京	24 854	21 721	-12.6
神奈川	19 096	17 881	-6.4
新潟	48 390	② 32 780	-32.3
富山	9 696	8 743	-9.8
石川	5 304	5 180	-2.3
福井	5 437	5 858	7.7
山梨	18 653	14 059	-24.6
長野	44 574	③ 30 887	-30.7
岐阜	23 728	20 715	-12.7
静岡	25 650	17 358	-32.3
愛知	28 326	21 790	-23.1
三重	14 603	12 622	-13.6
滋賀	9 347	8 545	-8.6
京都	20 701	16 416	-20.7
大阪	9 946	10 097	1.5
兵庫	52 322	① 39 651	-24.2
奈良	10 178	7 727	-24.1
和歌山	12 481	11 338	-9.2
鳥取	5 856	4 671	-20.2
島根	14 960	11 121	-25.7
岡山	32 946	25 778	-21.8
広島	25 454	20 068	-21.2
山口	14 976	12 182	-18.7
徳島	11 734	10 309	-12.1
香川	7 715	7 380	-4.3
愛媛	22 272	19 197	-13.8
高知	8 533	7 575	-11.2
福岡	27 199	23 811	-12.5
佐賀	22 881	17 583	-23.2
長崎	23 633	18 123	-23.3
熊本	41 706	⑤ 29 840	-28.5
大分	18 316	13 755	-24.9
宮崎	16 959	13 674	-19.4
鹿児島	17 021	14 716	-13.5
沖縄	1 607	1 686	4.9
全国	**996 743**	**783 578**	**-21.4**

総務省消防庁「消防白書」より作成。○内の数字は全国順位。

徳島県

経済指標

（全国平均=100）

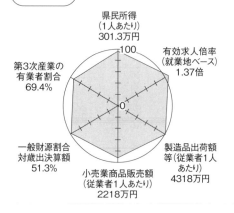

県民所得
（1人あたり）
301.3万円

有効求人倍率
（就業地ベース）
1.37倍

第3次産業の
有業者割合
69.4%

製造品出荷額
等（従業者1人
あたり）
4318万円

一般財源割合
対歳出決算額
51.3%

小売業商品販売額
（従業者1人あたり）
2218万円

生活指標

（全国平均=100）

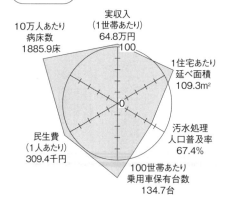

実収入
（1世帯あたり）
64.8万円

10万人あたり
病床数
1885.9床

1住宅あたり
延べ面積
109.3m²

民生費
（1人あたり）
309.4千円

汚水処理
人口普及率
67.4%

100世帯あたり
乗用車保有台数
134.7台

主な生産物

すだち	（2020年）	98%	（1位）
やまもも	（2020年）	93%	（1位）
発光ダイオード	（2021年）	*81%	（1位）
しろうり	（2020年）	58%	（1位）
足袋類	（2021年）	*28%	（…）
大人用紙おむつ	（2021年）	*22%	（1位）
果実缶詰	（2021年）	*14%	（…）
しいたけ1)	（2022年）	9%	（1位）

＊出荷額。1) 乾шитаけは生換算。

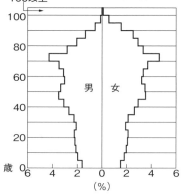

人口ピラミッド（徳島）

100以上

男　女

歳
6 4 2 0 0 2 4 6
（%）

統計データ

8市15町1村

面積・人口・世帯（⇨第2部　第1章）
面積（2022年）　　　　　　　　4147km²
人口（2022年）　　　　　　　70万3852人
人口密度（2022年）　　　　169.7人/km²
人口増減率（2021〜22年）　　　　-1.14%
人口構成の割合　　　0〜14歳　　10.7%
（2022年）　　　15〜64歳　　54.3%
　　　　　　　　65歳以上　　35.0%
世帯数（2023年）　　　　　　33.8万世帯
1世帯平均人員（2023年）　　　　　2.12人

労働（⇨第2部　第2章）
有業者数（2022年）　　　　　　35.4万人
産業別有業者割合　第1次産業　　7.0%
（2022年）　　第2次産業　　23.6%
　　　　　　　第3次産業　　69.4%

経済・財政（⇨第2部　第4・5章）
県内総生産（2020年度）　3兆1852億円
県民所得（2020年度）　　2兆1680億円
農業産出額（2021年）　　　　　930億円
製造品出荷額等（2021年）　2兆578億円
小売業商品販売額（2020年）　6804億円
財政規模（普通会計）（2021年度）
　歳入（決算額）　　　　　　5866億円
　歳出（決算額）　　　　　　5545億円
一般財源割合（2021年度）
　対歳出決算額　　　　　　　　51.3%

家計（⇨第2部　第7章）
1世帯あたり月平均（2022年）
　実収入　　　　　　　　64万8138円
　消費支出　　　　　　　30万8936円
　平均消費性向　　　　　　　　58.9%
1世帯あたり貯蓄現在高（2019年）
　　　　　　　　　　　　1272.9万円

保健・衛生（⇨第2部　第1・7章）
乳児死亡率（2022年）出生千あたり　1.2人
平均寿命（2020年）　男81.27年／女87.42年
10万人あたり医師数（2020年）　338.4人

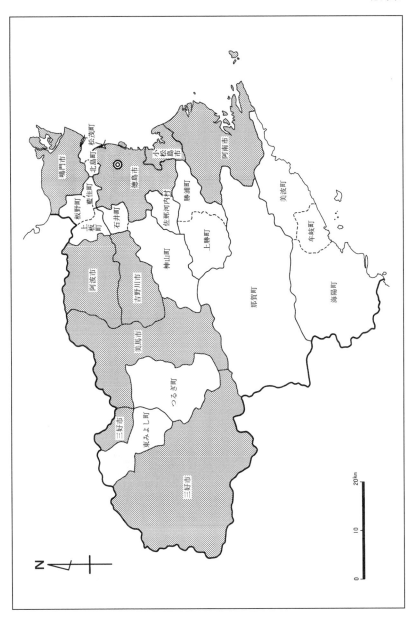

（行政データ）　　知事：後藤田 正純（ごとうだ まさずみ）
県議会議員：38（男 32 女 4 欠員 2）／市町村長：24（男 22 女 2 欠員 0）
市町村議会議員計：362（男 314 女 43 欠員 5）
県職員数：13 471（一般行政 3 136）／市町村等職員数計：9 375（一般行政 5 348）

香川県

人口ピラミッド（香川）

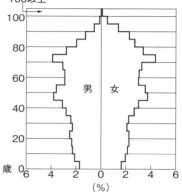

経済指標　（全国平均=100）

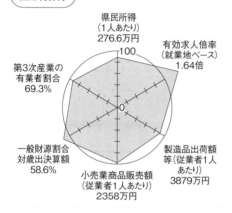

県民所得
（1人あたり）
276.6万円

有効求人倍率
（就業地ベース）
1.64倍

第3次産業の
有業者割合
69.3%

製造品出荷額
等（従業者1人
あたり）
3879万円

一般財源割合
対歳出決算額
58.6%

小売業商品販売額
（従業者1人あたり）
2358万円

生活指標　（全国平均=100）

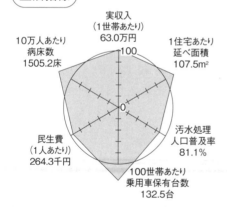

実収入
（1世帯あたり）
63.0万円

1住宅あたり
延べ面積
107.5m²

10万人あたり
病床数
1505.2床

汚水処理
人口普及率
81.1%

民生費
（1人あたり）
264.3千円

100世帯あたり
乗用車保有台数
132.5台

主な生産物

オリーブ	（2020年）	90%	（1位）
スポーツ用革手袋	（2021年）	*89%	（1位）
衣服用ニット手袋	（2021年）	*85%	（1位）
建設用クレーン	（2021年）	*35%	（1位）
かりん	（2020年）	28%	（1位）
鉄製金網	（2021年）	*17%	（1位）
通信ケーブル	（2021年）	*14%	（　…　）
冷凍調理食品	（2021年）	* 9%	（1位）

＊出荷額。

統計データ　8市9町0村

面積・人口・世帯（⇨第2部　第1章）
面積（2022年）　　　　　　　　1877km²
人口（2022年）　　　　　　93万4060人
人口密度（2022年）　　　　497.7人/km²
人口増減率（2021〜22年）　　　−0.87%
人口構成の割合　　　0〜14歳　11.8%
（2022年）　　　　15〜64歳　55.8%
　　　　　　　　　65歳以上　32.4%
世帯数（2023年）　　　　　44.8万世帯
1世帯平均人員（2023年）　　　　2.14人

労働（⇨第2部　第2章）
有業者数（2022年）　　　　　47.8万人
産業別有業者割合　第1次産業　 4.8%
（2022年）　　　　第2次産業　25.9%
　　　　　　　　　第3次産業　69.3%

経済・財政（⇨第2部　第4・5章）
県内総生産（2020年度）　3兆7344億円
県民所得（2020年度）　　2兆6288億円
農業産出額（2021年）　　　　　792億円
製造品出荷額等（2021年）2兆8014億円
小売業商品販売額（2020年）1兆1187億円
財政規模（普通会計）（2021年度）
　歳入（決算額）　　　　　　5197億円
　歳出（決算額）　　　　　　5055億円
一般財源割合（2021年度）
　対歳出決算額　　　　　　　　58.6%

家計（⇨第2部　第7章）
1世帯あたり月平均（2022年）
　実収入　　　　　　　　62万9648円
　消費支出　　　　　　　31万5951円
　平均消費性向　　　　　　　　62.0%
1世帯あたり貯蓄現在高（2019年）
　　　　　　　　　　　　　1219.4万円

保健・衛生（⇨第2部　第1・7章）
乳児死亡率（2022年）出生千あたり　1.2人
平均寿命（2020年）　男81.56年／女87.64年
10万人あたり医師数（2020年）　290.0人

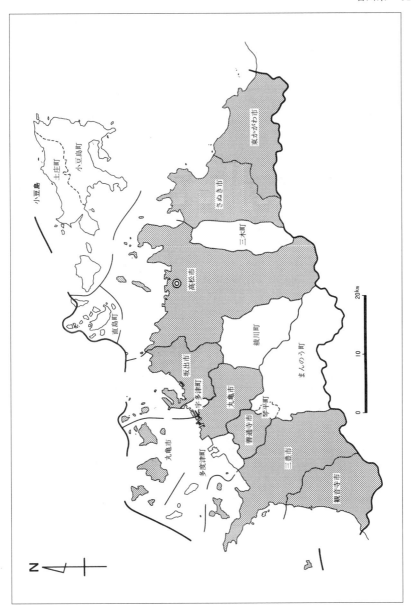

（行政データ）　　知事：池田 豊人（いけだ とよひと）
県議会議員：41（男 39 女 2 欠員 0）／市町村長：17（男 17 女 0 欠員 0）
市町村議会議員計：297（男 257 女 37 欠員 3）
県職員数：14 575（一般行政 2 820）／市町村等職員数計：11 591（一般行政 5 669）

愛媛県

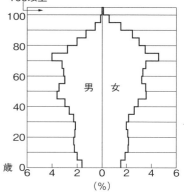

経済指標

（全国平均=100）

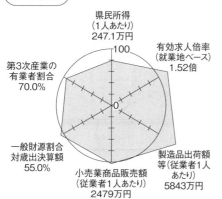

県民所得
（1人あたり）
247.1万円

有効求人倍率
（就業地ベース）
1.52倍

第3次産業の
有業者割合
70.0%

製造品出荷額
等（従業者1人
あたり）
5843万円

小売業商品販売額
（従業者1人あたり）
2479万円

一般財源割合
対歳出決算額
55.0%

生活指標

（全国平均=100）

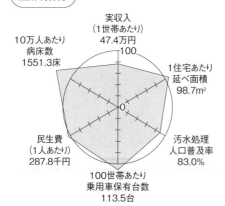

実収入
（1世帯あたり）
47.4万円

10万人あたり
病床数
1551.3床

1住宅あたり
延べ面積
98.7m²

民生費
（1人あたり）
287.8千円

汚水処理
人口普及率
83.0%

100世帯あたり
乗用車保有台数
113.5台

主な生産物

タオル	（2021年）	*57%	（1位）
養殖まだい	（2021年）	54%	（1位）
養殖真珠	（2021年）	34%	（2位）
自動車用電球	（2021年）	*31%	（1位）
貨物船1)	（2021年）	*20%	（…）
みかん	（2022年）	16%	（2位）
紙・パルプ工業2)	（2021年）	*8%	（2位）

＊出荷額。1) 20総トン以上の
鋼製動力船。2) 品目群の計。

統計データ

11市 9 町 0 村

面積・人口・世帯（⇨第 2 部　第 1 章）
面積（2022年） 5676km²
人口（2022年） 130万6486人
人口密度（2022年） 230.2人/km²
人口増減率（2021～22年） -1.09%
人口構成の割合　 0 ～14歳 11.3%
（2022年）　 15 ～64歳 54.8%
65歳以上 33.9%
世帯数（2023年） 65.7万世帯
1 世帯平均人員（2023年） 2.02人

労働（⇨第 2 部　第 2 章）
有業者数（2022年） 66.0万人
産業別有業者割合　第 1 次産業 6.0%
（2022年）　第 2 次産業 24.0%
第 3 次産業 70.0%

経済・財政（⇨第 2 部　第 4 ・ 5 章）
県内総生産（2020年度） 4 兆8275億円
県民所得（2020年度） 3 兆2979億円
農業産出額（2021年） 1244億円
製造品出荷額等（2021年） 4 兆7582億円
小売業商品販売額（2020年） 1 兆4166億円
財政規模（普通会計）（2021年度）
歳入（決算額） 7617億円
歳出（決算額） 7426億円
一般財源割合（2021年度）
対歳出決算額 55.0%

家計（⇨第 2 部　第 7 章）
1 世帯あたり月平均（2022年）
実収入 47万3934円
消費支出 26万8247円
平均消費性向 68.8%
1 世帯あたり貯蓄現在高（2019年）
928.4万円

保健・衛生（⇨第 2 部　第 1 ・ 7 章）
乳児死亡率（2022年）出生千あたり 1.7人
平均寿命（2020年）男81.13年／女87.34年
10万人あたり医師数（2020年） 276.7人

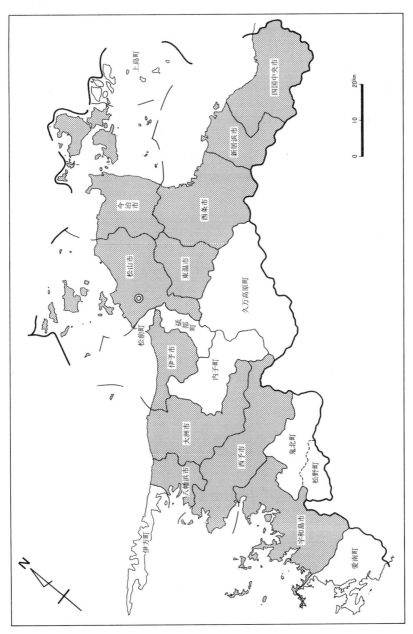

（行政データ）　　知事：中村 時広（なかむら ときひろ）
県議会議員：47（男 41 女 4 欠員 2）／市町村長：20（男 20 女 0 欠員 0）
市町村議会議員計：380（男 319 女 53 欠員 8）
県職員数：20 153（一般行政 3 859）／市町村等職員数計：14 843（一般行政 8 365）

高知県

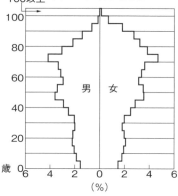

経済指標　（全国平均=100）

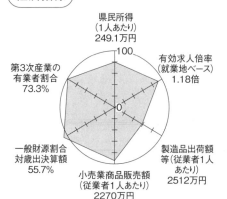

- 県民所得（1人あたり）249.1万円
- 有効求人倍率（就業地ベース）1.18倍
- 製造品出荷額等（従業者1人あたり）2512万円
- 小売業商品販売額（従業者1人あたり）2270万円
- 一般財源割合対歳出決算額 55.7%
- 第3次産業の有業者割合 73.3%

生活指標　（全国平均=100）

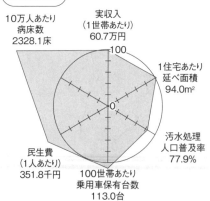

- 実収入（1世帯あたり）60.7万円
- 1住宅あたり延べ面積 94.0m²
- 汚水処理人口普及率 77.9%
- 100世帯あたり乗用車保有台数 113.0台
- 民生費（1人あたり）351.8千円
- 10万人あたり病床数 2328.1床

主な生産物

ぶんたん(文旦)	（2020年）	96%	（1位）
花みょうが	（2020年）	93%	（1位）
ゆず	（2020年）	53%	（1位）
しょうが	（2022年）	44%	（1位）
ししとう	（2022年）	36%	（1位）
そうだがつお類	（2021年）	29%	（1位）
にら	（2022年）	26%	（1位）
なす	（2022年）	14%	（1位）
ひのき(素材)	（2022年）	8%	（1位）

統計データ　11市17町6村

面積・人口・世帯（⇨第2部　第1章）
- 面積（2022年）　7103km²
- 人口（2022年）　67万5705人
- 人口密度（2022年）　95.1人/km²
- 人口増減率（2021～22年）　-1.22%
- 人口構成の割合　0～14歳　10.6%
- （2022年）　15・64歳　53.3%
- 65歳以上　36.1%
- 世帯数（2023年）　35.0万世帯
- 1世帯平均人員（2023年）　1.96人

労働（⇨第2部　第2章）
- 有業者数（2022年）　34.5万人
- 産業別有業者割合　第1次産業　9.0%
- （2022年）　第2次産業　17.6%
- 第3次産業　73.3%

経済・財政（⇨第2部　第4・5章）
- 県内総生産（2020年度）　2兆3543億円
- 県民所得（2020年度）　1兆7229億円
- 農業産出額（2021年）　1069億円
- 製造品出荷額等（2021年）　6015億円
- 小売業商品販売額（2020年）　6950億円
- 財政規模（普通会計）（2021年度）
- 歳入（決算額）　5436億円
- 歳出（決算額）　5301億円
- 一般財源割合（2021年度）
- 対歳出決算額　55.7%

家計（⇨第2部　第7章）
- 1世帯あたり月平均（2022年）
- 実収入　60万7094円
- 消費支出　32万1687円
- 平均消費性向　64.7%
- 1世帯あたり貯蓄現在高（2019年）
- 802.3万円

保健・衛生（⇨第2部　第1・7章）
- 乳児死亡率（2022年）出生千あたり　2.4人
- 平均寿命（2020年）男80.79年／女87.84年
- 10万人あたり医師数（2020年）　322.0人

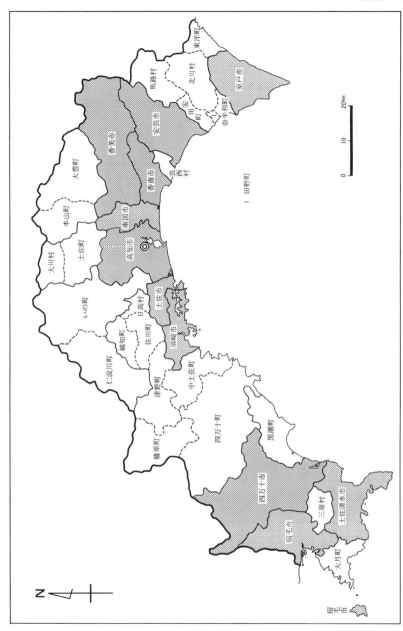

（行政データ）　　知事：濵田 省司（はまだ せいじ）
県議会議員：37（男 31 女 5 欠員 1）／市町村長：34（男 33 女 1 欠員 0）
市町村議会議員計：432（男 366 女 59 欠員 7）
県職員数：13 863（一般行政 3 458）／市町村等職員数計：11 529（一般行政 6 133）

福岡県

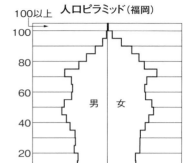

人口ピラミッド（福岡）

経済指標　（全国平均=100）

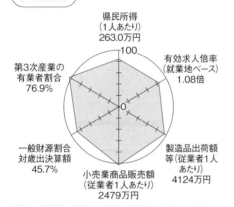

県民所得（1人あたり）263.0万円

有効求人倍率（就業地ベース）1.08倍

第3次産業の有業者割合 76.9%

製造品出荷額等（従業者1人あたり）4124万円

一般財源割合対歳出決算額 45.7%

小売業商品販売額（従業者1人あたり）2479万円

生活指標　（全国平均=100）

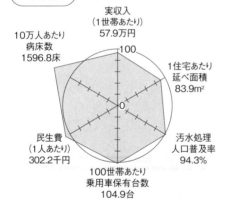

実収入（1世帯あたり）57.9万円

10万人あたり病床数 1596.8床

1住宅あたり延べ面積 83.9m²

民生費（1人あたり）302.2千円

汚水処理人口普及率 94.3%

100世帯あたり乗用車保有台数 104.9台

主な生産物

コークス	（2021年）	*29%	（ … ）
たけのこ	（2022年）	27%	（ 1 位）
木製棚・戸棚	（2021年）	*24%	（ 1 位）
焼・味付のり	（2022年）	18%	（ … ）
普通乗用車1)	（2021年）	*17%	（ … ）
ポルトランドセメント			
	（2021年）	*14%	（ … ）
いちご	（2022年）	10%	（ 2 位）

＊出荷額。1) 2000cc超。

統計データ　29市29町 2 村

面積・人口・世帯（⇨第 2 部　第 1 章）
面積（2022年） 4988km²
人口（2022年） 511万6046人
人口密度（2022年） 1025.7人/km²
人口増減率（2021〜22年） -0.15%
人口構成の割合　0〜14歳 12.8%
（2022年）　15〜64歳 58.9%
65歳以上 28.3%
世帯数（2023年） 251.9万世帯
1 世帯平均人員（2023年） 2.03人

労働（⇨第 2 部　第 2 章）
有業者数（2022年） 265.3万人
産業別有業者割合　第 1 次産業 2.1%
（2022年）　第 2 次産業 21.0%
第 3 次産業 76.9%

経済・財政（⇨第 2 部　第 4 ・ 5 章）
県内総生産（2020年度） 18兆8869億円
県民所得（2020年度） 13兆5049億円
農業産出額（2021年） 1968億円
製造品出荷額等（2021年） 9 兆4450億円
小売業商品販売額（2020年） 5 兆4936億円
財政規模（普通会計）（2021年度）
歳入（決算額） 2 兆5282億円
歳出（決算額） 2 兆4613億円
一般財源割合（2021年度）
対歳出決算額 45.7%

家計（⇨第 2 部　第 7 章）
1 世帯あたり月平均（2022年）
実収入 57万9466円
消費支出 30万1350円
平均消費性向 63.1%
1 世帯あたり貯蓄現在高（2019年）
776.9万円

保健・衛生（⇨第 2 部　第 1 ・ 7 章）
乳児死亡率（2022年）出生千あたり 1.8人
平均寿命（2020年）男81.38年／女87.70年
10万人あたり医師数（2020年） 309.9人

府県のすがた

福岡県

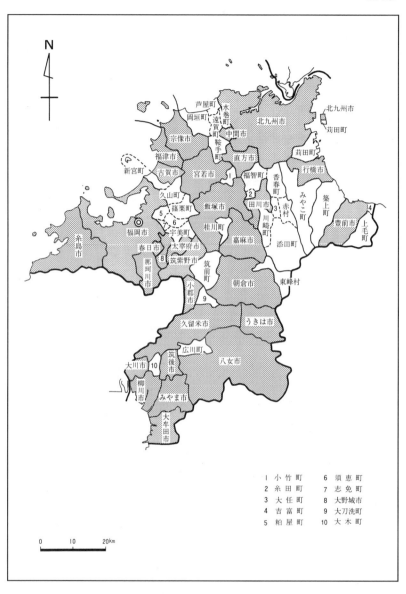

1	小竹町	6	須恵町
2	糸田町	7	志免町
3	大任町	8	大野城市
4	吉富町	9	大刀洗町
5	粕屋町	10	大木町

（行政データ）　　知事：服部 誠太郎（はっとり せいたろう）
県議会議員：87（男 75 女 7 欠員 5）／市町村長：60（男 58 女 2 欠員 0）
市町村議会議員計：1 035（男 867 女 152 欠員 16）
県職員数：44 131（一般行政 7 632）／市町村等職員数計：51 489（一般行政 23 494）

佐賀県

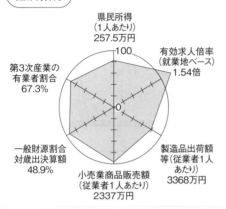

経済指標 （全国平均＝100）

- 県民所得（1人あたり）257.5万円
- 有効求人倍率（就業地ベース）1.54倍
- 製造品出荷額等（従業者1人あたり）3368万円
- 小売業商品販売額（従業者1人あたり）2337万円
- 一般財源割合対歳出決算額 48.9%
- 第3次産業の有業者割合 67.3%

生活指標 （全国平均＝100）

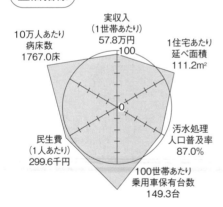

- 実収入（1世帯あたり）57.8万円
- 1住宅あたり延べ面積 111.2m²
- 汚水処理人口普及率 87.0%
- 100世帯あたり乗用車保有台数 149.3台
- 民生費（1人あたり）299.6千円
- 10万人あたり病床数 1767.0床

主な生産物

陶磁器製置物	（2021年）	＊37％	（1位）
二条大麦	（2022年）	31％	（1位）
シリコンウエハ	（2021年）	＊30％	（…）
養殖のり類	（2021年）	24％	（1位）
えび類	（2021年）	18％	（1位）
陶磁器製和飲食器	（2021年）	＊14％	（3位）
アスパラガス	（2022年）	9％	（3位）
たまねぎ	（2022年）	7％	（3位）

＊出荷額。

統計データ 10市10町0村

面積・人口・世帯（⇨第2部　第1章）
面積（2022年）　2441km²
人口（2022年）　80万787人
人口密度（2022年）　328.1人/km²
人口増減率（2021〜22年）　-0.64％
人口構成の割合　0〜14歳　13.2％
（2022年）　15・64歳　55.1％
　65歳以上　31.4％
世帯数（2023年）　34.3万世帯
1世帯平均人員（2023年）　2.35人

労働（⇨第2部　第2章）
有業者数（2022年）　41.9万人
産業別有業者割合　第1次産業　6.9％
（2022年）　第2次産業　25.8％
　第3次産業　67.3％

経済・財政（⇨第2部　第4・5章）
県内総生産（2020年度）　3兆459億円
県民所得（2020年度）　2兆898億円
農業産出額（2021年）　1206億円
製造品出荷額等（2021年）　2兆1051億円
小売業商品販売額（2020年）　8123億円
財政規模（普通会計）（2021年度）
歳入（決算額）　6091億円
歳出（決算額）　5999億円
一般財源割合（2021年度）
対歳出決算額　48.9％

家計（⇨第2部　第7章）
1世帯あたり月平均（2022年）
実収入　57万7838円
消費支出　30万4526円
平均消費性向　64.1％
1世帯あたり貯蓄現在高（2019年）　739.2万円

保健・衛生（⇨第2部　第1・7章）
乳児死亡率（2022年）出生千あたり　1.1人
平均寿命（2020年）　男81.41年／女87.78年
10万人あたり医師数（2020年）　290.3人

（行政データ）　　　知事：山口 祥義（やまぐち よしのり）
県議会議員：38（男 35 女 2 欠員 1）／市町村長：20（男 20 女 0 欠員 0）
市町村議会議員計：334（男 288 女 42 欠員 4）
県職員数：13 405（一般行政 3 117）／市町村等職員数計：8 966（一般行政 5 404）

長崎県

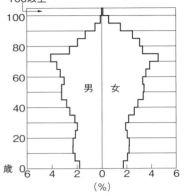

経済指標　（全国平均=100）

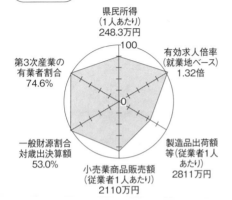

県民所得
（1人あたり）
248.3万円

有効求人倍率
（就業地ベース）
1.32倍

第3次産業の
有業者割合
74.6%

製造品出荷額
等（従業者1人
あたり）
2811万円

一般財源割合
対歳出決算額
53.0%

小売業商品販売額
（従業者1人あたり）
2110万円

生活指標　（全国平均=100）

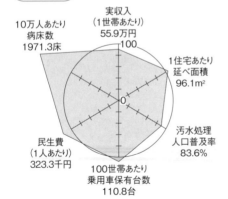

実収入
（1世帯あたり）
55.9万円

10万人あたり
病床数
1971.3床

1住宅あたり
延べ面積
96.1m²

民生費
（1人あたり）
323.3千円

汚水処理
人口普及率
83.6%

100世帯あたり
乗用車保有台数
110.8台

主な生産物

あじ類	（2021年）	46%	（1位）
養殖真珠	（2021年）	41%	（1位）
養殖ふぐ類	（2021年）	37%	（1位）
びわ	（2022年）	34%	（1位）
陶磁器製和飲食器	（2021年）	*17%	（2位）
たい類	（2021年）	17%	（1位）
さば類	（2021年）	16%	（2位）
貨物船1)	（2021年）	*16%	（…）

＊出荷額。1）20総トン以上の鋼製動力船。

統計データ　13市 8 町 0 村

面積・人口・世帯（⇨第 2 部　第 1 章）
面積（2022年）　4131km²
人口（2022年）　128万3128人
人口密度（2022年）　310.6人/km²
人口増減率（2021～22年）　-1.06%
人口構成の割合　0 ～14歳　12.3%
（2022年）　15 ～64歳　53.8%
　65歳以上　33.9%
世帯数（2023年）　63.3万世帯
1 世帯平均人員（2023年）　2.06人

労働（⇨第 2 部　第 2 章）
有業者数（2022年）　63.9万人
産業別有業者割合　第 1 次産業　6.1%
（2022年）　第 2 次産業　19.3%
　第 3 次産業　74.6%

経済・財政（⇨第 2 部　第 4・5 章）
県内総生産（2020年度）　4 兆5387億円
県民所得（2020年度）　3 兆2589億円
農業産出額（2021年）　1551億円
製造品出荷額等（2021年）　1 兆5177億円
小売業商品販売額（2020年）1 兆1687億円
財政規模（普通会計）（2021年）
　歳入（決算額）　8350億円
　歳出（決算額）　8098億円
一般財源割合（2021年度）
　対歳出決算額　53.0%

家計（⇨第 2 部　第 7 章）
1 世帯あたり月平均（2022年）
　実収入　55万9133円
　消費支出　31万1716円
　平均消費性向　68.0%
1 世帯あたり貯蓄現在高（2019年）
　790.6万円

保健・衛生（⇨第 2 部　第 1・7 章）
乳児死亡率（2022年）出生千あたり　1.2人
平均寿命（2020年）男81.01年／女87.41年
10万人あたり医師数（2020年）　319.1人

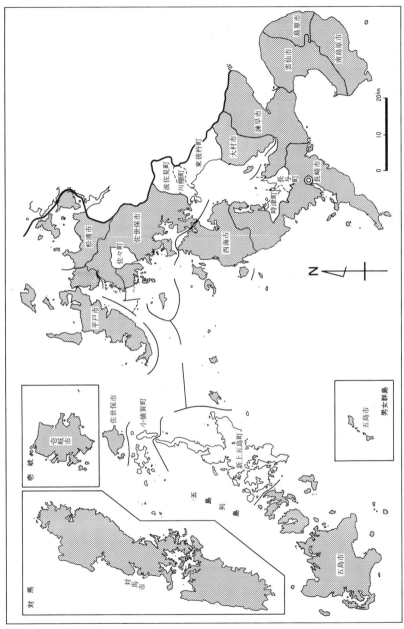

（行政データ）　　知事：大石 賢吾（おおいし けんご）
県議会議員：46（男 40 女 6 欠員 0）／市町村長：21（男 21 女 0 欠員 0）
市町村議会議員計：391（男 348 女 33 欠員 10）
県職員数：20 507（一般行政 4 026）／市町村等職員数計：14 385（一般行政 8 332）

熊本県

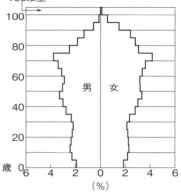

人口ピラミッド(熊本)

100以上

男　女

歳　6　4　2　0　2　4　6
(%)

経済指標

（全国平均=100）

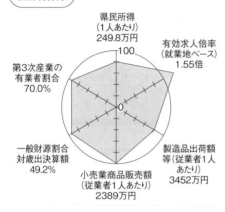

県民所得
（1人あたり）
249.8万円

有効求人倍率
（就業地ベース）
1.55倍

第3次産業の
有業者割合
70.0%

製造品出荷額
等（従業者1人
あたり）
3452万円

一般財源割合
対歳出決算額
49.2%

小売業商品販売額
（従業者1人あたり）
2389万円

生活指標

（全国平均=100）

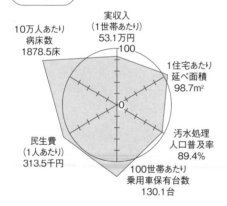

実収入
（1世帯あたり）
53.1万円

10万人あたり
病床数
1878.5床

1住宅あたり
延べ面積
98.7m²

民生費
（1人あたり）
313.5千円

汚水処理
人口普及率
89.4%

100世帯あたり
乗用車保有台数
130.1台

主な生産物

い1）	(2022年)	100%	(1位)
葉たばこ（販売量）	(2022年)	21%	(1位)
トマト	(2022年)	18%	(1位)
すいか	(2022年)	15%	(1位)
論理素子（集積回路）	(2021年)	*15%	(…)
半導体製造装置製造業	(2021年)	#13%	(1位)

*出荷額。#当該事業が主業の事業所による、主
業以外を含む出荷額等。1）調査が本県のみ。

統計データ　14市23町8村

面積・人口・世帯（⇨第2部　第1章）
面積（2022年）　　　　　　　　7409km²
人口（2022年）　　　　　　　171万8327人
人口密度（2022年）　　　　　231.9人/km²
人口増減率（2021〜22年）　　　　-0.57%
人口構成の割合　　　0〜14歳　13.0%
（2022年）　　　15〜64歳　54.9%
　　　　　　　　65歳以上　32.1%
世帯数（2023年）　　　　　　　80.4万世帯
1世帯平均人員（2023年）　　　　　2.16人

労働（⇨第2部　第2章）
有業者数（2022年）　　　　　　　88.0万人
産業別有業者割合　第1次産業　　8.5%
（2022年）　　第2次産業　21.4%
　　　　　　第3次産業　70.0%

経済・財政（⇨第2部　第4・5章）
県内総生産（2020年度）　6兆1051億円
県民所得（2020年度）　　4兆3416億円
農業産出額（2021年）　　　　3477億円
製造品出荷額等（2021年）3兆2234億円
小売業商品販売額(2020年)1兆8222億円
財政規模（普通会計）（2021年度）
　歳入（決算額）　　　　1兆469億円
　歳出（決算額）　　　　1兆28億円
一般財源割合（2021年度）
　対歳出決算額　　　　　　　49.2%

家計（⇨第2部　第7章）
1世帯あたり月平均（2022年）
　実収入　　　　　　　　53万1390円
　消費支出　　　　　　　29万7362円
　平均消費性向　　　　　　　67.3%
1世帯あたり貯蓄現在高（2019年）
　　　　　　　　　　　　731.5万円

保健・衛生（⇨第2部　第1・7章）
乳児死亡率（2022年）出生千あたり　2.6人
平均寿命（2020年）　男81.91年／女88.22年
10万人あたり医師数（2020年）　297.0人

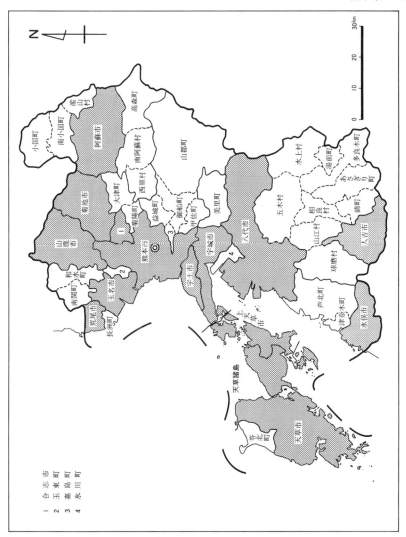

（行政データ）　　　知事：蒲島 郁夫（かばしま いくお）

県議会議員：49（男 47 女 1 欠員 1）／市町村長：45（男 45 女 0 欠員 0）

市町村議会議員計：678（男 601 女 70 欠員 7）

県職員数：19 949（一般行政 4 271）／市町村等職員数計：24 299（一般行政 11 405）

大分県

経済指標

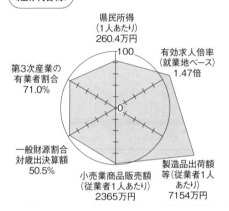

県民所得
（1人あたり）
260.4万円

有効求人倍率
（就業地ベース）
1.47倍

第3次産業の
有業者割合
71.0%

一般財源割合
対歳出決算額
50.5%

製造品出荷額
等（従業者1人
あたり）
7154万円

小売業商品販売額
（従業者1人あたり）
2365万円

生活指標

（全国平均＝100）

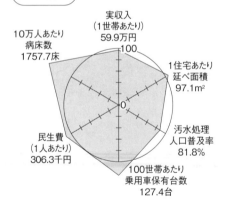

実収入
（1世帯あたり）
59.9万円

10万人あたり
病床数
1757.7床

1住宅あたり
延べ面積
97.1m²

民生費
（1人あたり）
306.3千円

汚水処理
人口普及率
81.8%

100世帯あたり
乗用車保有台数
127.4台

主な生産物

かぼす	（2020年）	99%	（1位）
デジタルカメラ	（2021年）	*56%	（1位）
ぎんなん	（2020年）	43%	（1位）
地熱発電[1]	（2021年度）	42%	（1位）
養殖ひらめ	（2021年）	31%	（1位）
単式蒸留焼酎	（2021年度）	21%	（3位）
温泉（湧出量）	（2021年度）	12%	（1位）
しいたけ[2]	（2022年）	9%	（2位）

＊出荷額。1）電気事業用。2）乾物は生換算。

人口ピラミッド（大分）

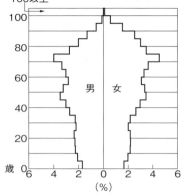

男　女

歳
（%）

統計データ　14市3町1村

面積・人口・世帯（⇨第2部　第1章）
面積（2022年）　　　　　　　6341km²
人口（2022年）　　　　　110万6831人
人口密度（2022年）　　　174.6人／km²
人口増減率（2021〜22年）　　　−0.68%
人口構成の割合　　0〜14歳　11.8%
（2022年）　　15〜64歳　54.2%
65歳以上　33.9%
世帯数（2023年）　　　　54.7万世帯
1世帯平均人員（2023年）　　　2.06人

労働（⇨第2部　第2章）
有業者数（2022年）　　　　　55.8万人
産業別有業者割合　第1次産業　5.5%
（2022年）　　第2次産業　23.5%
第3次産業　71.0%

経済・財政（⇨第2部　第4・5章）
県内総生産（2020年度）　4兆4580億円
県民所得（2020年度）　　2兆9264億円
農業産出額（2021年）　　　　1228億円
製造品出荷額等（2021年）　4兆7134億円
小売業商品販売額（2020年）1兆1578億円
財政規模（普通会計）（2021年度）
歳入（決算額）　　　　　7632億円
歳出（決算額）　　　　　7314億円
一般財源割合（2021年度）
対歳出決算額　　　　　　　　50.5%

家計（⇨第2部　第7章）
1世帯あたり月平均（2022年）
実収入　　　　　　　　59万9018円
消費支出　　　　　　　32万7046円
平均消費性向　　　　　　　66.9%
1世帯あたり貯蓄現在高（2019年）
756.3万円

保健・衛生（⇨第2部　第1・7章）
乳児死亡率（2022年）出生千あたり　1.5人
平均寿命（2020年）　男81.88年／女87.99年
10万人あたり医師数（2020年）　287.1人

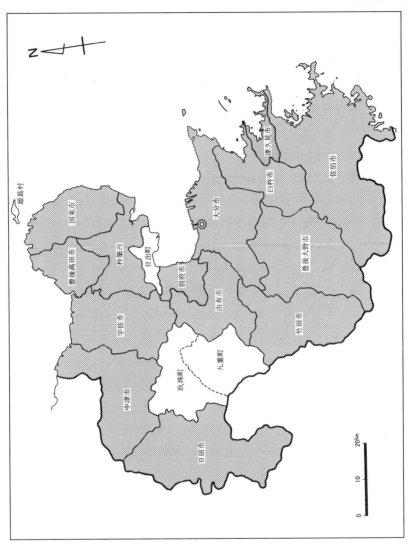

（行政データ）　　知事：佐藤 樹一郎（さとう きいちろう）
県議会議員：43（男 41 女 2 欠員 0）／市町村長：18（男 18 女 0 欠員 0）
市町村議会議員計：349（男 306 女 35 欠員 8）
県職員数：17 726（一般行政 3 845）／市町村等職員数計：12 268（一般行政 7 141）

宮崎県

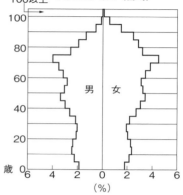

人口ピラミッド（宮崎）

経済指標　（全国平均=100）

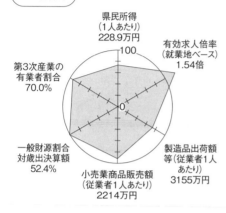

- 県民所得（1人あたり）228.9万円
- 有効求人倍率（就業地ベース）1.54倍
- 製造品出荷額等（従業者1人あたり）3155万円
- 小売業商品販売額（従業者1人あたり）2214万円
- 一般財源割合対歳出決算額 52.4%
- 第3次産業の有業者割合 70.0%

生活指標　（全国平均=100）

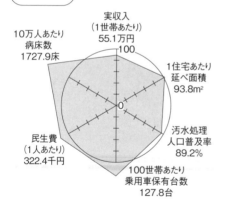

- 実収入（1世帯あたり）55.1万円
- 1住宅あたり延べ面積 93.8m²
- 汚水処理人口普及率 89.2%
- 100世帯あたり乗用車保有台数 127.8台
- 民生費（1人あたり）322.4千円
- 10万人あたり病床数 1727.9床

主な生産物

マンゴー	（2020年）	37%	（2位）
単式蒸留焼酎	（2021年度）	32%	（1位）
ブロイラー1)	（2023年）	20%	（2位）
ピーマン	（2022年）	19%	（2位）
杉（素材）	（2022年）	14%	（1位）
きゅうり	（2022年）	12%	（1位）
肉用牛1)	（2023年）	10%	（3位）
豚1)	（2023年）	9%	（2位）

1) 飼養頭数（羽数）。2月1日現在。

統計データ　9市14町3村

面積・人口・世帯（⇨第2部　第1章）
- 面積（2022年）　7734km²
- 人口（2022年）　105万2338人
- 人口密度（2022年）　136.1人／km²
- 人口増減率（2021～22年）　-0.84%
- 人口構成の割合　　0～14歳　12.9%
- （2022年）　15～64歳　53.7%
- 　　65歳以上　33.4%
- 世帯数（2023年）　53.2万世帯
- 1世帯平均人員（2023年）　2.01人

労働（⇨第2部　第2章）
- 有業者数（2022年）　53.7万人
- 産業別有業者割合　第1次産業　9.2%
- （2022年）　第2次産業　20.8%
- 　　第3次産業　70.0%

経済・財政（⇨第2部　第4・5章）
- 県内総生産（2020年度）　3兆6025億円
- 県民所得（2020年度）　2兆4483億円
- 農業産出額（2021年）　3478億円
- 製造品出荷額等（2021年）　1兆7236億円
- 小売業商品販売額（2020年）　1兆519億円
- 財政規模（普通会計）（2021年度）
- 　歳入（決算額）　7144億円
- 　歳出（決算額）　6973億円
- 一般財源割合（2021年度）
- 　対歳出決算額　52.4%

家計（⇨第2部　第7章）
- 1世帯あたり月平均（2022年）
- 　実収入　55万697円
- 　消費支出　29万2913円
- 　平均消費性向　64.5%
- 1世帯あたり貯蓄現在高（2019年）
- 　656.6万円

保健・衛生（⇨第2部　第1・7章）
- 乳児死亡率（2022年）出生千あたり　1.8人
- 平均寿命（2020年）男81.15年／女87.60年
- 10万人あたり医師数（2020年）　255.5人

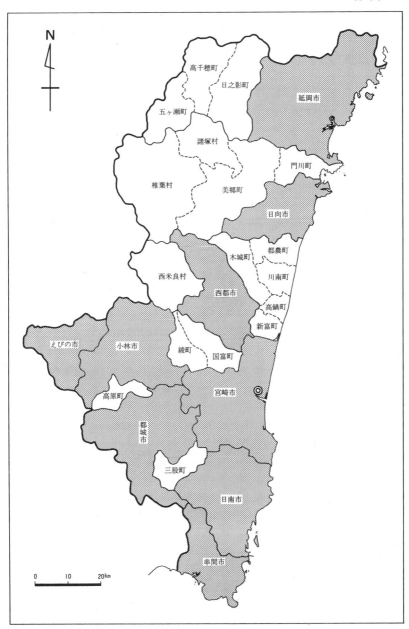

（行政データ）　　知事：河野 俊嗣（こうの しゅんじ）
県議会議員：39（男 34 女 3 欠員 2）／市町村長：26（男 26 女 0 欠員 0）
市町村議会議員計：383（男 325 女 49 欠員 9）
県職員数：18 513（一般行政 3 757）／市町村等職員数計：10 752（一般行政 6 742）

鹿児島県

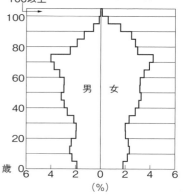

（全国平均＝100）

経済指標

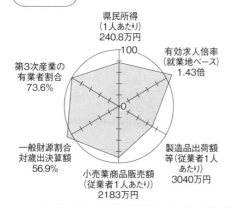

県民所得
（1人あたり）
240.8万円

有効求人倍率
（就業地ベース）
1.43倍

第3次産業の
有業者割合
73.6%

製造品出荷額
等（従業者1人
あたり）
3040万円

一般財源割合
対歳出決算額
56.9%

小売業商品販売額
（従業者1人あたり）
2183万円

100

0

生活指標

（全国平均＝100）

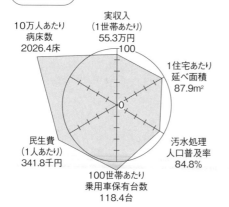

実収入
（1世帯あたり）
55.3万円

10万人あたり
病床数
2026.4床

1住宅あたり
延べ面積
87.9m²

民生費
（1人あたり）
341.8千円

汚水処理
人口普及率
84.8%

100世帯あたり
乗用車保有台数
118.4台

100

0

主な生産物

かつお節	（2022年）	72%	（1位）
養殖うなぎ	（2021年）	42%	（1位）
さとうきび	（2022年）	42%	（2位）
かんしょ	（2022年）	30%	（1位）
単式蒸留焼酎	（2021年度）	26%	（2位）
ブロイラー[1]	（2023年）	22%	（1位）
肉用牛[1]	（2023年）	13%	（2位）
豚[1]	（2023年）	13%	（1位）

1）飼養頭数（羽数）。2月1日現在。

統計データ　　19市20町4村

面積・人口・世帯（⇨第2部　第1章）
面積（2022年）　　　　　　　9186km²
人口（2022年）　　　　　156万2662人
人口密度（2022年）　　　　170.1人/km²
人口増減率（2021〜22年）　　　−0.87%
人口構成の割合　　0〜14歳　12.9%
（2022年）　　　15〜64歳　53.6%
　　　　　　　　65歳以上　33.5%
世帯数（2023年）　　　　　81.3万世帯
1世帯平均人員（2023年）　　　1.96人

労働（⇨第2部　第2章）
有業者数（2022年）　　　　　79.5万人
産業別有業者割合　第1次産業　7.4%
（2022年）　　　第2次産業　19.0%
　　　　　　　　第3次産業　73.6%

経済・財政（⇨第2部　第4・5章）
県内総生産（2020年度）　5兆6103億円
県民所得（2020年度）　　3兆8247億円
農業産出額（2021年）　　　　4997億円
製造品出荷額等（2021年）2兆2062億円
小売業商品販売額（2020年）1兆4926億円
財政規模（普通会計）（2021年度）
　歳入（決算額）　　　　　　9904億円
　歳出（決算額）　　　　　　9386億円
一般財源割合（2021年度）
　対歳出決算額　　　　　　　　56.9%

家計（⇨第2部　第7章）
1世帯あたり月平均（2022年）
　実収入　　　　　　　　　55万2926円
　消費支出　　　　　　　　29万8260円
　平均消費性向　　　　　　　　65.5%
1世帯あたり貯蓄現在高（2019年）
　　　　　　　　　　　　　645.2万円

保健・衛生（⇨第2部　第1・7章）
乳児死亡率（2022年）出生千あたり　2.5人
平均寿命（2020年）男80.95年／女87.53年
10万人あたり医師数（2020年）　283.6人

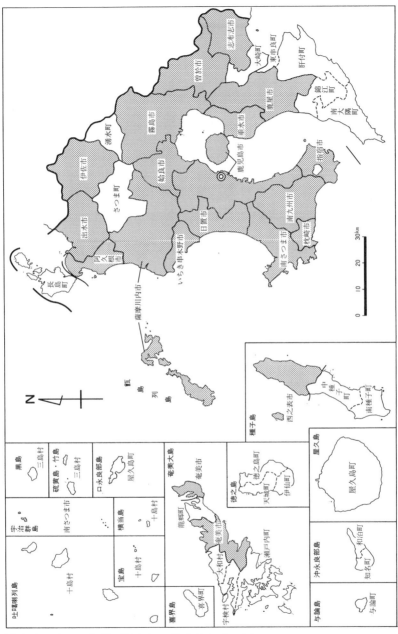

（行政データ）　　知事：塩田 康一（しおた こういち）
県議会議員：51（男 44 女 5 欠員 2）／市町村長：43（男 43 女 0 欠員 0）
市町村議会議員計：674（男 588 女 75 欠員 11）
県職員数：26 513（一般行政 5 020）／市町村等職員数計：19 106（一般行政 11 180）

沖縄県

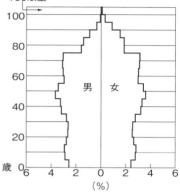

人口ピラミッド（沖縄）

経済指標 （全国平均=100）

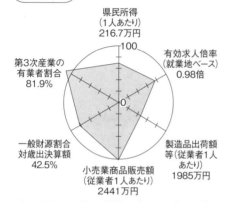

- 県民所得（1人あたり）216.7万円
- 有効求人倍率（就業地ベース）0.98倍
- 製造品出荷額等（従業者1人あたり）1985万円
- 小売業商品販売額（従業者1人あたり）2441万円
- 一般財源割合対歳出決算額 42.5%
- 第3次産業の有業者割合 81.9%

生活指標 （全国平均=100）

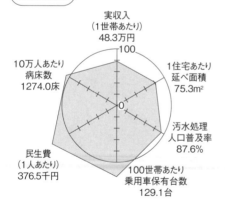

- 実収入（1世帯あたり）48.3万円
- 1住宅あたり延べ面積 75.3m²
- 汚水処理人口普及率 87.6%
- 100世帯あたり乗用車保有台数 129.1台
- 民生費（1人あたり）376.5千円
- 10万人あたり病床数 1274.0床

主な生産物

シークヮーサー	（2020年）100%	（1 位）
養殖もずく類	（2021年）100%	（1 位）
パインアップル	（2020年）100%	（1 位）
さとうきび	（2022年）58%	（1 位）
マンゴー	（2020年）49%	（1 位）
にがうり	（2020年）40%	（1 位）
養殖くるまえび	（2021年）33%	（1 位）
とうがん	（2020年）33%	（1 位）
菊（切り花出荷量）	（2022年）18%	（2 位）

統計データ　11市11町19村

面積・人口・世帯（⇨第 2 部　第 1 章）
面積（2022年）　2282km²
人口（2022年）　146万8318人
人口密度（2022年）　643.4人/km²
人口増減率（2021〜22年）　-0.01%
人口構成の割合　0〜14歳　16.3%
（2022年）　15・64歳　60.2%
　65歳以上　23.5%
世帯数（2023年）　69.4万世帯
1 世帯平均人員（2023年）　2.14人

労働（⇨第 2 部　第 2 章）
有業者数（2022年）　74.4万人
産業別有業者割合　第 1 次産業　3.4%
（2022年）　第 2 次産業　14.7%
　第 3 次産業　81.9%

経済・財政（⇨第 2 部　第 4・5 章）
県内総生産（2020年度）　4 兆2609億円
県民所得（2020年度）　3 兆1799億円
農業産出額（2021年）　922億円
製造品出荷額等（2021年）　4599億円
小売業商品販売額（2020年）1 兆3013億円
財政規模（普通会計）（2021年度）
　歳入（決算額）　1 兆490億円
　歳出（決算額）　1 兆352億円
一般財源割合（2021年度）
　対歳出決算額　42.5%

家計（⇨第 2 部　第 7 章）
1 世帯あたり月平均（2022年）
　実収入　48万2880円
　消費支出　28万9775円
　平均消費性向　70.3%
1 世帯あたり貯蓄現在高（2019年）
　407.0万円

保健・衛生（⇨第 2 部　第 1・7 章）
乳児死亡率（2022年）出生千あたり　1.7人
平均寿命（2020年）男80.73年／女87.88年
10万人あたり医師数（2020年）　257.2人

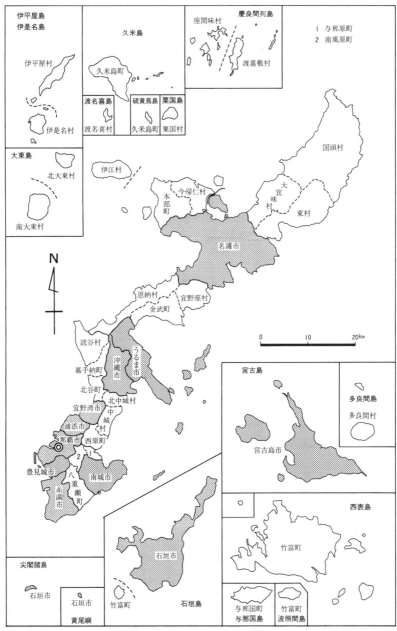

（行政データ）　　　知事：玉城 デニー（たまき でにー）

県議会議員：48（男 41 女 7 欠員 0）／市町村長：41（男 41 女 0 欠員 0）

市町村議会議員計：641（男 553 女 85 欠員 3）

県職員数：27 106（一般行政 4 037）／市町村等職員数計：13 553（一般行政 8 416）

多死社会で不足する火葬場

厚生労働省によると、国民の死亡数は1980年代より増加傾向にあり、2003年には100万人を超えた。以降、死亡数は増え続けており、2022年の死亡数は過去最多の156万9050人であった。日本は、団塊の世代など人口のボリュームゾーンの高齢者が死を迎える「多死社会」が到来しつつある。

日本の火葬率は99%以上で、死亡数の増加に伴い火葬数が増えている。特に人口が集中する都市部では火葬数が多く、遺体の保管期間が長期化している。地域によっては火葬場が老朽化しているほか、近年は新型コロナウイルスの感染対策処置に時間がかかる場合もあり、円滑に進まない要因になっている。

火葬までの待機期間が長期化すると、遺族の心理的な負担が増える。また、遺体の保管期間が延びると負担費用も膨らむ。比較的高額な民営の火葬場や、移送費がかかる他の自治体の火葬場で火葬を行う場合には、費用がさらに増加する。

各地で火葬場の新設や増設の必要性が高まっているが、候補地の周辺住民の反対によって計画が進まない自治体が多い。火葬場が、休業日としていた友引に営業することで稼働日を拡大する等、運営面で工夫する一方、行政は設備面の強化を進めている。横浜市は、周辺住民への影響が比較的少ない工業専用地域に2026年度の供用開始を目指した大規模な斎場の新設を進めている。千葉県では、船橋、習志野、鎌ケ谷、八千代市の4市複合事務組合により、2019年に斎場を新設し、業務を広域化することで対応している。浜松市では、既存の斎場を再整備して、火葬炉の増設や建替えを予定している。

火葬件数と火葬場数（会計年度）

	火葬数（件）		火葬場数1)2021年度末（施設）
	2000	2021	
北海道	31 382	71 808	162
青森	14 304	19 519	36
岩手	13 045	18 532	30
宮城	13 715	26 805	26
秋田	10 112	16 924	25
山形	12 396	16 507	21
福島	13 346	25 606	25
茨城	23 379	35 250	31
栃木	12 928	23 219	13
群馬	19 536	25 115	18
埼玉	41 490	76 829	22
千葉	33 149	71 091	29
東京	86 206	131 884	26
神奈川	23 060	95 716	20
新潟	18 444	31 867	37
富山	7 384	14 364	16
石川	6 483	13 683	14
福井	7 167	10 061	14
山梨	7 364	10 715	13
長野	16 951	27 592	23
岐阜	13 915	28 682	66
静岡	21 932	45 812	35
愛知	28 443	76 427	34
三重	15 685	22 859	26
滋賀	9 227	15 125	13
京都	8 903	31 714	13
大阪	35 548	112 897	46
兵庫	27 618	64 381	48
奈良	10 295	16 673	31
和歌山	6 398	14 102	25
鳥取	5 816	7 357	4
島根	7 790	9 799	26
岡山	13 315	24 030	29
広島	13 383	33 132	48
山口	15 718	19 631	41
徳島	8 121	6 418	17
香川	6 757	12 603	24
愛媛	10 369	19 233	34
高知	5 439	10 649	14
福岡	22 824	58 809	36
佐賀	8 879	10 538	15
長崎	9 880	18 754	35
熊本	11 958	22 397	27
大分	8 616	14 971	21
宮崎	8 131	13 978	11
鹿児島	13 465	23 011	34
沖縄	8 453	15 442	19
全国	999 255	1 512 511	1 373

厚生労働省「衛生行政報告例」（2021年度版）より作成。1) 過去1年以内に稼働実績のある地方公共団体の火葬場。

第 2 部
府県別統計

【都道府県の変遷】

年月	区分			備考
1871(明4)年 6月	3府	45県	261藩	廃藩置県直前。
7月	3府	302県		廃藩置県。
12月	3府	72県		府県の全国的廃置。
1872(明5)年12月	3府	69県	1藩	琉球藩を置く。
1873(明6)年12月				
〜1874(明7)12月	3府	60県	1藩	
1875(明8)年12月	3府	59県	1藩	
1876(明9)年12月				
〜1878(明11)年12月	3府	35県	1藩	3府は東京、京都、大阪。35県は青森、岩手、宮城、秋田、山形、福島、茨城、栃木、群馬、埼玉、千葉、神奈川、新潟、石川、山梨、長野、岐阜、静岡、愛知、三重、滋賀、堺、兵庫、和歌山、島根、岡山、広島、山口、愛媛、高知、福岡、長崎、熊本、大分、鹿児島。1藩は琉球。
1879(明12)年12月	3府	36県		琉球藩を廃し、沖縄県を置く(1879年4月)。
1880(明13)年12月	3府	37県		徳島県を置く(1880年3月)。
1881(明14)年12月	3府	38県		堺県を廃す(1881年2月)。福井県を置く(1881年2月)。鳥取県を置く(1881年9月)。
1882(明15)年12月	3府	41県		開拓使を廃し、函館、札幌、根室県を置く(1882年2月)。
1883(明16)年12月				
〜1885(明18)年12月	3府	44県		富山、佐賀、宮崎県を置く(1883年5月)。
1886(明19)年12月	3府	41県		函館、札幌、根室県を廃し、北海道庁を置く(1886年1月)。
1887(明20)年12月	3府	42県		奈良県を置く(1887年11月)。
1888(明21)年12月	3府	43県		香川県を置く(1888年12月)。
1943(昭18)年12月	1都　2府	43県		東京府の都制施行(1943年7月)。
1946(昭21)年12月以降	1都　1道　2府	42県		府県制改正(道府県制)に伴い、北海道を置き、沖縄県を除く。
1972(昭47)年5月	1都　1道　2府	43県		沖縄県復帰。

市町村要覧編集委員会「全国市町村要覧」より作成。明は明治、昭は昭和。

第 1 章
国土・人口

表 1 - 1　面積 (単位　km²)

	総面積[1)] (2022年)	可住地 面積[2)] (2021年)	総面積に[3)] 占める割合 (%)	民有地 面積[4)] (2022年)	田	畑	宅地
北海道	① 78 421 (83 424)	22 699	28.9	27 241	2 328	8 554	1 075
青森	⑧ 9 646	3 253	33.7	3 941	825	686	303
岩手	② 15 275	3 751	24.6	7 767	956	632	326
宮城	⑯ 7 282	3 186	43.7	3 726	1 107	303	412
秋田	⑥ 11 638	3 233	27.8	4 323	1 296	225	257
山形	⑨ 9 323	2 873	30.8	3 519	992	330	259
福島	③ 13 784	4 231	30.7	5 958	1 056	712	441
茨城	㉔ 6 098	3 889	63.8	4 161	914	953	712
栃木	⑳ 6 408	3 005	46.9	3 146	953	341	454
群馬	㉑ 6 362	2 269	35.7	2 431	250	561	436
埼玉	㊴ 3 798	2 603	68.5	2 264	386	465	711
千葉	㉘ 5 157	3 534	68.5	3 525	822	587	767
東京	㊺ 2 194	1 423	64.8	1 023	3	86	581
神奈川	㊸ 2 416	1 474	61.0	1 241	44	180	605
新潟	⑤ 12 584	4 550	36.2	4 930	1 554	326	473
富山	㉝ 4 248	1 842	43.4	1 360	584	57	245
石川	㉟ 4 186	1 395	33.3	1 600	390	142	197
福井	㉞ 4 191	1 077	25.7	1 518	378	49	164
山梨	㉜ 4 465	953	21.3	1 315	102	257	178
長野	④ 13 562	3 249	24.0	4 651	624	647	490
岐阜	⑦ 10 621	2 211	20.8	4 480	434	175	376
静岡	⑬ 7 777	2 775	35.7	4 077	269	584	573
愛知	㉗ 5 173	2 996	57.9	2 632	449	371	877
三重	㉕ 5 774	2 064	35.7	2 723	482	197	355
滋賀	㊳ 4 017	1 300	32.3	1 560	490	54	236
京都	㉛ 4 612	1 177	25.5	1 534	257	89	227
大阪	㊻ 1 905	1 334	70.0	885	102	38	526
兵庫	⑫ 8 401	2 769	33.0	3 950	688	119	586
奈良	㊵ 3 691	854	23.1	1 374	175	78	157
和歌山	㉚ 4 725	1 123	23.8	2 385	132	260	159
鳥取	㊶ 3 507	904	25.8	1 371	245	144	110
島根	⑲ 6 708	1 271	18.9	3 347	353	148	140
岡山	⑰ 7 115	2 228	31.3	4 111	591	240	367
広島	⑪ 8 479	2 298	27.1	4 186	474	218	372
山口	㉓ 6 113	1 715	28.1	3 459	445	158	279
徳島	㊱ 4 147	1 016	24.5	1 779	204	161	136
香川	㊼ 1 877	1 005	53.5	1 175	263	126	187
愛媛	㉖ 5 676	1 666	29.3	3 249	271	442	235
高知	⑱ 7 103	1 161	16.3	3 276	244	142	106
福岡	㉙ 4 988	2 764	55.4	2 764	679	267	650
佐賀	㊷ 2 441	1 335	54.7	1 577	436	198	167
長崎	㊲ 4 131	1 668	40.4	2 052	257	398	208
熊本	⑮ 7 409	2 747	37.1	3 946	686	561	342
大分	㉒ 6 341	1 795	28.3	2 939	428	253	222
宮崎	⑭ 7 734	1 876	24.3	2 529	368	371	255
鹿児島	⑩ 9 186	3 287	35.8	4 920	421	1 023	379
沖縄	㊹ 2 282	1 126	49.3	1 029	12	437	148
全国	372 970 (377 973)	122 956	33.0	162 954	25 417	23 343	17 461

資料および注記は354ページ参照。○内の数字は全国順位。

表1-2　主な気象データの平年値（1991年～2020年の平均値）

	年平均気温（℃）	日最高気温30℃以上（真夏日）年間日数（日）	日最低気温0℃未満（冬日）年間日数（日）	年平均相対湿度（％）	年間降水量（mm）	年間降雪量（cm）	年間1)降雪日数（日）	年間日照時間（時間）
北海道	9.2	8.6	121.8	69	1 146.1	479	124.4	1 718.0
青森	10.7	14.7	102.5	75	1 350.7	567	119.5	1 589.2
岩手	10.6	22.4	121.6	74	1 279.9	209	111.0	1 686.3
宮城	12.8	23.0	65.1	71	1 276.7	59	65.6	1 836.9
秋田	12.1	22.2	81.0	73	1 741.6	273	108.9	1 527.4
山形	12.1	41.3	95.6	74	1 206.7	285	105.7	1 617.9
福島	13.4	47.1	67.3	69	1 207.0	122	87.0	1 753.8
茨城	14.1	38.0	69.0	74	1 367.7	12	21.9	2 000.8
栃木	14.3	49.6	72.9	70	1 524.7	18	23.6	1 961.1
群馬	15.0	58.2	46.2	62	1 247.4	19	26.1	2 153.7
埼玉	15.4	62.6	44.6	65	1 305.8	16	17.7	2 106.6
千葉	16.2	49.1	5.7	68	1 454.7	7	17.7	1 945.5
東京	15.8	52.1	15.2	65	1 598.2	8	8.5	1 926.7
神奈川	16.2	48.8	3.8	67	1 730.8	9	17.7	2 018.3
新潟	13.9	36.3	38.9	72	1 845.9	139	69.9	1 639.6
富山	14.5	47.1	37.7	76	2 374.2	253	71.8	1 647.2
石川	15.0	46.0	22.8	70	2 401.5	157	73.9	1 714.1
福井	14.8	55.1	34.2	75	2 299.6	186	69.2	1 653.7
山梨	15.1	71.9	64.1	64	1 160.7	23	19.4	2 225.8
長野	12.3	47.6	102.6	72	965.1	163	85.6	1 969.9
岐阜	16.2	72.0	29.1	66	1 860.7	34	33.4	2 108.6
静岡	16.9	53.7	15.2	68	2 327.3	0	4.1	2 151.5
愛知	16.2	69.7	23.8	66	1 578.9	12	14.7	2 141.0
三重	16.3	52.9	8.6	67	1 612.9	6	26.5	2 108.6
滋賀	15.0	52.4	24.3	74	1 610.0	81	49.3	1 863.3
京都	16.2	75.8	18.0	65	1 522.9	15	44.5	1 794.1
大阪	17.1	74.9	3.9	63	1 338.3	1	13.9	2 048.6
兵庫	17.0	57.9	4.4	65	1 277.8	1	26.9	2 083.7
奈良	15.2	67.4	47.7	72	1 365.1	5	33.9	1 821.1
和歌山	16.9	65.8	5.4	66	1 414.4	1	25.4	2 100.1
鳥取	15.2	59.1	25.4	74	1 931.3	140	54.7	1 669.9
島根	15.2	48.6	22.1	75	1 791.9	68	50.5	1 705.2
岡山	15.8	70.6	42.1	69	1 143.1	1	24.4	2 033.7
広島	16.5	64.3	12.8	67	1 572.2	8	21.8	2 033.1
山口	15.6	67.1	42.0	74	1 927.7	26	41.3	1 862.0
徳島	16.8	60.0	5.3	67	1 619.9	2	18.8	2 106.8
香川	16.7	68.6	13.2	67	1 150.1	1	12.8	2 046.5
愛媛	16.8	65.1	8.9	67	1 404.6	1	18.3	2 014.5
高知	17.3	66.0	16.4	69	2 666.4	1	10.3	2 159.7
福岡	17.3	60.4	2.5	68	1 686.9	2	15.6	1 889.4
佐賀	16.9	72.2	19.6	70	1 951.3	4	22.2	1 970.5
長崎	17.4	56.5	3.6	71	1 894.7	4	18.7	1 863.1
熊本	17.2	80.7	25.2	70	2 007.0	1	17.7	1 996.1
大分	16.8	58.4	12.2	69	1 727.0	1	17.3	1 992.4
宮崎	17.7	62.3	11.9	74	2 625.5	0	3.6	2 121.7
鹿児島	18.8	78.0	1.7	70	2 434.7	2	4.9	1 942.1
沖縄	23.3	102.5	0.0	73	2 161.0	0	0.0	1 727.1

気象庁資料より作成。各都道府県庁所在地のデータ。ただし、埼玉県は熊谷市、滋賀県は彦根市におけるデータを使用。1) 雪、しゅう雪、ふぶき、みぞれ、霧雪および細氷のうち1つ以上の現象があった日数。雪の痕跡を観測した場合も日数に含める。

表1-3　明治13年の人口 （1880年 1 月 1 日現在）

	人口(千人)	男	女		人口(千人)	男	女
開拓使	163	83	80	三重	842	422	420
青森	475	245	230	滋賀	738	365	373
岩手	592	304	287	京都	822	412	410
宮城	619	319	300	大阪	583	289	293
秋田	619	325	294	堺	957	482	476
山形	683	346	337	兵庫	1 392	709	683
福島	809	413	396	和歌山	598	306	292
茨城	894	453	441	島根	1 037	532	505
栃木	581	292	290	岡山	1 001	523	477
群馬	582	292	290	広島	1 213	622	591
埼玉	934	465	469	山口	878	449	429
千葉	1 103	559	544	愛媛	1 439	738	701
東京	957	480	477	高知	1 179	610	569
(小笠原島)	0.16	0.09	0.07	福岡	1 097	557	540
神奈川	757	384	373	長崎	1 190	603	587
新潟	1 546	774	773	熊本	987	494	493
石川	1 834	923	911	大分	732	371	361
山梨	395	197	198	鹿児島	1 270	643	628
長野	1 000	505	495	沖縄	311	154	156
岐阜	840	427	412	全国	35 925	18 211	17 715
静岡	970	492	478				
愛知	1 304	648	656				

統計院「第 1 回　日本帝国統計年鑑」（1882年）より作成。府県名および範囲は当時の区分による。

表1-3の解説　日本では1871（明治 4 ）年の廃藩置県によって新しい行政区分が始まった
が、現在の47都道府県に至るまでには何度も統廃合が行われた。表1-3の1880（明治13）
年 1 月の時点では 3 府36県 1 開拓使で、現在とは直接比較できない点が多い。例えば、
1880年当時の東京府は、現在の区部に該当する範囲に伊豆諸島と小笠原諸島を加えた地域
のみであった（伊豆諸島は1878年に静岡県から編入、小笠原諸島は1880年に編入）。1893
年に神奈川県から三多摩地域を編入し、現在の東京都の境域となった。1943年に東京府と
東京市が廃止されて東京都が設置され、区部が現在の23区に整理されたのは戦後の1947年
のことである。大阪府は、1880年当時の境域は摂津国の東側（現在の大阪府北西部）のみで
あった。現在の大阪府南東部にあたる河内国と和泉国は、大和国（現在の奈良県）と合
わせて堺県となっていた。翌1881年に堺県を統合し、1887年に奈良県を分離して現在の大
阪府の境域となった。このほか、現在と異なる点は、石川県が富山県と福井県北部（越前
国）を含む（1881年に福井県を分離、1883年に富山県を分離）、島根県が鳥取県を含む（1881
年に分離）、高知県が徳島県を含む（1880年に分離）、愛媛県が香川県を含む（1888年に分
離）、長崎県が佐賀県を含む（1883年に分離）、鹿児島県が宮崎県を含む（1883年に分離）
などである。現在の47都道府県の区域がほぼ確定したのは1893年であるが、都道府県職員
の身分を官吏から地方公務員にするなど、本格的な地方自治制度が始まったのは1947年の
地方自治法制定以降である。
　表1-3によると、1880年 1 月時点で人口が最も多いのは石川県、次いで新潟県となって
いる。石川県が前述したように広大な地域であったことや、明治期の日本の産業構造が農
業を主体としていたため、米どころに人が多く集まっていたことなどが要因と考えられる。
近代化が進むにつれ、現在の大都市周辺に人口が集中していった。

表1-4　人口の推移 （各年10月１日現在）（単位　千人）

	1980	1990	2000	2010	2020	2021		2022	日本人人口
北海道	5 576	5 644	5 683	5 506	5 225	5 183	⑧	5 140	5 098
青森	1 524	1 483	1 476	1 373	1 238	1 221	㉛	1 204	1 198
岩手	1 422	1 417	1 416	1 330	1 211	1 196	㉜	1 181	1 173
宮城	2 082	2 249	2 365	2 348	2 302	2 290	⑭	2 280	2 256
秋田	1 257	1 227	1 189	1 086	960	945	㊴	930	926
山形	1 252	1 258	1 244	1 169	1 068	1 055	㊱	1 041	1 033
福島	2 035	2 104	2 127	2 029	1 833	1 812	㉑	1 790	1 776
茨城	2 558	2 845	2 986	2 970	2 867	2 852	⑪	2 840	2 767
栃木	1 792	1 935	2 005	2 008	1 933	1 921	⑲	1 909	1 865
群馬	1 849	1 966	2 025	2 008	1 939	1 927	⑱	1 913	1 850
埼玉	5 420	6 405	6 938	7 195	7 345	7 340	⑤	7 337	7 136
千葉	4 735	5 555	5 926	6 216	6 284	6 275	⑥	6 266	6 100
東京	11 618	11 856	12 064	13 159	14 048	14 010	①	14 038	13 443
神奈川	6 924	7 980	8 490	9 048	9 237	9 236	②	9 232	8 991
新潟	2 451	2 475	2 476	2 374	2 201	2 177	⑮	2 153	2 136
富山	1 103	1 120	1 121	1 093	1 035	1 025	㊲	1 017	998
石川	1 119	1 165	1 181	1 170	1 133	1 125	㉝	1 118	1 102
福井	794	824	829	806	767	760	㊸	753	738
山梨	804	853	888	863	810	805	㊶	802	784
長野	2 084	2 157	2 215	2 152	2 048	2 033	⑯	2 020	1 984
岐阜	1 960	2 067	2 108	2 081	1 979	1 961	⑰	1 946	1 888
静岡	3 447	3 671	3 767	3 765	3 633	3 608	⑩	3 582	3 484
愛知	6 222	6 691	7 043	7 411	7 542	7 517	④	7 495	7 228
三重	1 687	1 793	1 857	1 855	1 770	1 756	㉒	1 742	1 689
滋賀	1 080	1 222	1 343	1 411	1 414	1 411	㉖	1 409	1 373
京都	2 527	2 602	2 644	2 636	2 578	2 561	⑬	2 550	2 485
大阪	8 473	8 735	8 805	8 865	8 838	8 806	③	8 782	8 524
兵庫	5 145	5 405	5 551	5 588	5 465	5 432	⑦	5 402	5 287
奈良	1 209	1 375	1 443	1 401	1 324	1 315	㉙	1 306	1 291
和歌山	1 087	1 074	1 070	1 002	923	914	㊵	903	896
鳥取	604	616	613	589	553	549	㊼	544	539
島根	785	781	762	717	671	665	㊻	658	648
岡山	1 871	1 926	1 951	1 945	1 888	1 876	⑳	1 862	1 832
広島	2 739	2 850	2 879	2 861	2 800	2 780	⑫	2 760	2 708
山口	1 587	1 573	1 528	1 451	1 342	1 328	㉗	1 313	1 297
徳島	825	832	824	785	720	712	㊹	704	698
香川	1 000	1 023	1 023	996	950	942	㊳	934	920
愛媛	1 507	1 515	1 493	1 431	1 335	1 321	㉘	1 306	1 294
高知	831	825	814	764	692	684	㊺	676	671
福岡	4 553	4 811	5 016	5 072	5 135	5 124	⑨	5 116	5 030
佐賀	866	878	877	850	811	806	㊷	801	793
長崎	1 591	1 563	1 517	1 427	1 312	1 297	㉚	1 283	1 272
熊本	1 790	1 840	1 859	1 817	1 738	1 728	㉓	1 718	1 699
大分	1 229	1 237	1 221	1 197	1 124	1 114	㉞	1 107	1 092
宮崎	1 152	1 169	1 170	1 135	1 070	1 061	㉟	1 052	1 044
鹿児島	1 785	1 798	1 786	1 706	1 588	1 576	㉔	1 563	1 550
沖縄	1 107	1 222	1 318	1 393	1 467	1 468	㉕	1 468	1 446
全国	117 060	123 611	126 926	128 057	126 146	125 502		124 947	122 031

2020年までは総務省「国勢調査」、2021年および2022年は同「人口推計」より作成。2021年および2022年は推計人口。○内の数字は全国順位。

図 1 - 1　自然増減率と社会増減率（推計値）（2021年10月〜2022年9月）

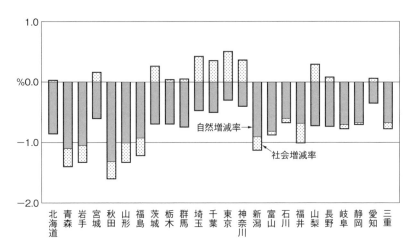

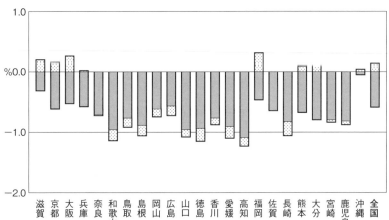

表1-5より作成。

☕ 46道府県で人口減、沖縄県は初

　総務省「人口推計」によると、2022年10月1日現在の推計人口は、東京都を除く46道府県で前年より減少した。出生数と死亡数の差を表す自然増減は、全都道府県でマイナスとなった。沖縄県は1972年の本土復帰以降、初め

て人口が減少した。転入者数と転出者数の差を表す社会増減は、東京都、埼玉県、神奈川県など21都道府県でプラスとなった。東京都は2021年にコロナ禍の影響で26年ぶりに人口が減少したが、22年は増加に転じた。東京都の社会増減率は前年の－0.05％から0.50％に増加し、全国で最も高い。

表1-5　年平均人口増減率（各年10月1日現在）（%）

	1980～90	1990～2000	2000～10	2010～20	2020～21	2021～22	自然増減率	社会増減率
北海道	0.12	0.07	-0.32	-0.52	-0.80	-0.82	-0.85	0.03
青森	-0.27	-0.05	-0.72	-1.03	-1.35	-1.39	-1.09	-0.30
岩手	-0.04	-0.01	-0.62	-0.94	-1.16	-1.32	-1.04	-0.28
宮城	0.77	0.51	-0.07	-0.20	-0.51	-0.44	-0.60	0.16
秋田	-0.24	-0.32	-0.90	-1.23	-1.52	-1.59	-1.31	-0.28
山形	0.05	-0.11	-0.62	-0.90	-1.23	-1.31	-1.00	-0.32
福島	0.33	0.11	-0.47	-1.01	-1.16	-1.20	-0.92	-0.29
茨城	1.07	0.48	-0.05	-0.35	-0.53	-0.43	-0.69	0.26
栃木	0.77	0.35	0.01	-0.38	-0.61	-0.65	-0.69	0.04
群馬	0.62	0.29	-0.08	-0.35	-0.65	-0.69	-0.74	0.05
埼玉	1.68	0.80	0.36	0.21	-0.06	-0.05	-0.47	0.42
千葉	1.61	0.65	0.48	0.11	-0.15	-0.15	-0.50	0.35
東京	0.20	0.17	0.87	0.66	-0.27	0.20	-0.30	0.50
神奈川	1.43	0.62	0.64	0.21	-0.01	-0.04	-0.40	0.36
新潟	0.09	0.00	-0.42	-0.75	-1.10	-1.12	-0.90	-0.22
富山	0.15	0.01	-0.25	-0.55	-0.91	-0.87	-0.81	-0.06
石川	0.40	0.14	-0.10	-0.32	-0.65	-0.67	-0.60	-0.07
福井	0.36	0.06	-0.28	-0.50	-0.84	-1.00	-0.68	-0.32
山梨	0.59	0.41	-0.29	-0.63	-0.57	-0.43	-0.72	0.29
長野	0.34	0.27	-0.29	-0.50	-0.72	-0.65	-0.73	0.08
岐阜	0.53	0.20	-0.13	-0.50	-0.90	-0.77	-0.70	-0.07
静岡	0.63	0.26	-0.01	-0.36	-0.70	-0.70	-0.67	-0.03
愛知	0.73	0.52	0.51	0.18	-0.34	-0.29	-0.35	0.06
三重	0.61	0.36	-0.01	-0.47	-0.82	-0.77	-0.67	-0.10
滋賀	1.25	0.94	0.49	0.02	-0.22	-0.11	-0.31	0.20
京都	0.29	0.16	-0.03	-0.22	-0.65	-0.45	-0.61	0.16
大阪	0.30	0.08	0.07	-0.03	-0.36	-0.27	-0.52	0.26
兵庫	0.49	0.27	0.07	-0.22	-0.60	-0.55	-0.57	0.02
奈良	1.30	0.48	-0.30	-0.56	-0.69	-0.72	-0.70	-0.02
和歌山	-0.12	-0.04	-0.65	-0.82	-0.97	-1.13	-0.95	-0.18
鳥取	0.19	-0.04	-0.41	-0.62	-0.86	-0.91	-0.76	-0.15
島根	-0.05	-0.25	-0.59	-0.66	-0.93	-1.05	-0.88	-0.17
岡山	0.29	0.13	-0.03	-0.30	-0.64	-0.74	-0.61	-0.13
広島	0.40	0.10	-0.06	-0.22	-0.72	-0.72	-0.56	-0.16
山口	-0.09	-0.29	-0.51	-0.78	-1.08	-1.06	-0.95	-0.12
徳島	0.08	-0.09	-0.48	-0.87	-1.05	-1.14	-0.93	-0.21
香川	0.23	-0.01	-0.27	-0.47	-0.84	-0.87	-0.76	-0.11
愛媛	0.06	-0.15	-0.42	-0.70	-1.04	-1.09	-0.90	-0.19
高知	-0.08	-0.14	-0.63	-1.00	-1.08	-1.22	-1.08	-0.14
福岡	0.55	0.42	0.11	0.12	-0.22	-0.15	-0.46	0.31
佐賀	0.14	-0.01	-0.31	-0.46	-0.67	-0.64	-0.64	0.00
長崎	-0.17	-0.30	-0.61	-0.83	-1.18	-1.06	-0.82	-0.23
熊本	0.28	0.10	-0.23	-0.44	-0.58	-0.57	-0.67	0.09
大分	0.07	-0.13	-0.20	-0.62	-0.84	-0.68	-0.79	0.11
宮崎	0.15	0.01	-0.30	-0.59	-0.78	-0.84	-0.79	-0.04
鹿児島	0.07	-0.06	-0.46	-0.71	-0.75	-0.87	-0.81	0.04
沖縄	1.00	0.76	0.55	0.52	0.07	-0.01	-0.05	0.04
全国	0.55	0.26	0.09	-0.15	-0.51	-0.44	-0.58	0.14

2020年までは総務省「国勢調査」、2020～21年および2021～22年は同「人口推計」より作成。2020年までは各年の人口より編者算出。算出に用いられた2021年および2022年の人口は推計人口。自然増減率は出生児数－死亡者数、社会増減率は転入者数－転出者数（出入国者を含む）を期首人口で割ったもの。

表 1-6 人口密度の推移 (各年10月1日現在) (1 km²につき 人)

	1970	1980	1990	2000	2010	2020	2021	2022
北海道	66.0	71.0	72.0	72.5	70.2	66.6	66.1	65.5
青森	148.5	158.5	154.4	153.6	142.4	128.3	126.6	124.9
岩手	89.8	93.1	92.8	92.7	87.1	79.2	78.3	77.3
宮城	249.6	285.6	308.7	324.7	322.3	316.1	314.5	313.1
秋田	106.9	108.2	105.7	102.4	93.3	82.4	81.2	79.9
山形	131.4	134.2	135.0	133.4	125.4	114.6	113.1	111.7
福島	141.2	147.7	152.7	154.3	147.2	133.0	131.5	129.9
茨城	352.1	419.9	467.0	489.8	487.2	470.2	467.7	465.7
栃木	246.3	279.4	302.0	312.8	313.3	301.7	299.8	297.9
群馬	261.0	290.9	309.0	318.2	315.6	304.8	302.8	300.7
埼玉	1 017.7	1 426.7	1 686.8	1 827.1	1 894.2	1 934.0	1 932.8	1 932.0
千葉	662.9	920.8	1 077.5	1 149.4	1 205.5	1 218.5	1 216.8	1 215.1
東京	5 328.1	5 387.9	5 430.2	5 516.5	6 015.7	6 402.6	6 385.5	6 398.3
神奈川	2 294.7	2 888.6	3 308.5	3 514.9	3 745.4	3 823.2	3 822.8	3 820.9
新潟	187.7	194.9	196.7	196.8	188.7	174.9	173.0	171.1
富山	242.2	259.5	263.8	263.9	257.4	243.6	241.4	239.3
石川	238.9	266.7	278.3	282.2	279.5	270.5	268.8	267.0
福井	177.7	189.6	196.7	197.9	192.4	183.0	181.5	179.7
山梨	170.7	180.2	191.0	198.9	193.3	181.4	180.4	179.6
長野	144.1	153.4	158.8	163.1	158.7	151.0	149.9	148.9
岐阜	166.0	185.0	195.0	198.9	195.9	186.3	184.6	183.2
静岡	397.7	443.5	471.9	484.3	483.9	467.2	463.9	460.6
愛知	1 059.4	1 212.7	1 299.9	1 366.1	1 434.8	1 458.0	1 453.0	1 448.8
三重	267.3	292.0	310.4	321.5	321.0	306.6	304.0	301.7
滋賀	221.6	268.9	304.3	334.3	351.2	351.9	351.1	350.7
京都	487.8	547.9	564.3	573.3	571.4	559.0	555.4	552.8
大阪	4 110.2	4 545.4	4 636.5	4 651.7	4 669.7	4 638.4	4 621.8	4 609.4
兵庫	559.0	614.5	644.9	661.4	665.6	650.5	646.6	643.1
奈良	251.9	327.6	372.7	390.9	379.5	358.8	356.4	353.8
和歌山	221.0	230.1	227.5	226.4	212.0	195.3	193.4	191.2
鳥取	162.9	173.0	176.0	174.9	167.8	157.8	156.4	155.0
島根	116.8	118.4	117.9	113.5	107.0	100.1	99.1	98.1
岡山	241.2	264.0	270.8	274.3	273.5	265.4	263.7	261.8
広島	288.4	323.7	336.3	339.6	337.4	330.2	327.8	325.5
山口	248.4	260.1	257.4	250.1	237.4	219.6	217.2	214.9
徳島	190.9	199.1	200.7	198.8	189.4	173.5	171.7	169.7
香川	485.5	531.7	545.9	545.3	530.7	506.3	502.0	497.7
愛媛	250.6	265.8	267.0	263.0	252.1	235.2	232.7	230.2
高知	110.7	117.0	116.1	114.6	107.6	97.3	96.3	95.1
福岡	818.2	919.1	968.9	1 009.0	1 019.0	1 029.8	1 027.4	1 025.7
佐賀	347.8	355.8	360.0	359.4	348.3	332.5	330.2	328.1
長崎	383.4	387.2	382.3	370.6	347.5	317.7	313.9	310.6
熊本	230.3	241.7	248.7	251.1	245.4	234.6	233.3	231.9
大分	182.7	194.1	195.2	192.7	188.7	177.2	175.8	174.6
宮崎	135.9	148.9	151.2	151.3	146.7	138.3	137.2	136.1
鹿児島	189.1	194.8	195.8	194.4	185.7	172.9	171.6	170.1
沖縄	422.1	491.8	539.9	580.4	611.9	642.9	643.5	643.4
全国	281.1	314.1	331.6	340.4	343.4	338.2	336.5	335.0

総務省「国勢調査」、同「人口推計」、国土地理院「全国都道府県市区町村別面積調」より作成。面積と総人口を用いて編者算出。算出に用いた面積は2010年までが国勢調査、2020年からは全国都道府県市区町村別面積調による。人口は2020年までが国勢調査、2021年からは人口推計による。北海道は北方領土、島根県は竹島、全国は北方領土および竹島の面積を除いて算出。

表1-7 男女別人口と人口性比 （各年10月1日現在）（単位 千人）

	2000 男	2000 女	2020 男	2020 女	2021 男	2021 女	2022 男	2022 女	人口性比*
北海道	2 719	2 964	2 465	2 760	2 446	2 737	2 427	2 714	89.4
青森	703	773	583	655	575	646	568	636	89.2
岩手	681	735	583	628	577	620	570	611	93.3
宮城	1 159	1 207	1 123	1 179	1 117	1 174	1 112	1 168	95.2
秋田	565	625	452	507	446	499	439	491	89.5
山形	601	643	516	552	511	544	505	536	94.1
福島	1 038	1 089	904	929	894	918	884	906	97.6
茨城	1 488	1 497	1 431	1 436	1 423	1 428	1 418	1 422	99.7
栃木	996	1 009	965	968	958	963	952	956	99.6
群馬	999	1 026	959	980	953	974	947	966	98.0
埼玉	3 500	3 438	3 652	3 693	3 646	3 694	3 643	3 694	98.6
千葉	2 977	2 949	3 118	3 166	3 111	3 164	3 104	3 162	98.2
東京	6 029	6 036	6 898	7 149	6 875	7 135	6 889	7 149	96.4
神奈川	4 309	4 181	4 588	4 649	4 584	4 652	4 579	4 653	98.4
新潟	1 202	1 274	1 069	1 133	1 057	1 120	1 046	1 107	94.5
富山	540	581	503	532	498	527	495	522	94.8
石川	572	609	550	583	546	579	543	575	94.4
福井	402	427	374	393	371	389	368	385	95.6
山梨	437	451	397	413	395	410	394	408	96.6
長野	1 081	1 134	1 000	1 048	994	1 040	988	1 032	95.7
岐阜	1 022	1 086	960	1 018	952	1 009	945	1 001	94.4
静岡	1 857	1 910	1 791	1 842	1 778	1 829	1 766	1 816	97.3
愛知	3 526	3 518	3 762	3 781	3 746	3 771	3 734	3 761	99.3
三重	901	956	864	906	857	898	851	891	95.6
滋賀	663	679	697	716	696	715	695	714	97.4
京都	1 278	1 366	1 231	1 347	1 223	1 339	1 217	1 333	91.3
大阪	4 304	4 501	4 236	4 602	4 216	4 590	4 202	4 580	91.7
兵庫	2 675	2 876	2 600	2 865	2 582	2 850	2 567	2 835	90.5
奈良	691	752	624	701	619	696	614	691	88.9
和歌山	507	563	435	488	431	483	426	477	89.2
鳥取	293	320	264	289	262	286	260	284	91.7
島根	364	398	324	347	322	343	318	340	93.8
岡山	936	1 015	908	980	902	974	896	966	92.7
広島	1 392	1 486	1 357	1 443	1 347	1 432	1 338	1 422	94.1
山口	723	805	637	705	630	697	624	689	90.6
徳島	392	432	343	376	340	372	336	368	91.5
香川	492	531	459	491	455	487	451	483	93.5
愛媛	704	789	633	702	627	694	620	686	90.4
高知	384	430	327	365	323	361	320	356	89.7
福岡	2 389	2 627	2 431	2 704	2 425	2 698	2 423	2 693	90.0
佐賀	414	462	384	427	382	424	380	421	90.3
長崎	712	804	617	695	610	687	604	679	88.9
熊本	878	981	822	916	818	910	814	904	90.1
大分	576	645	533	590	529	585	526	581	90.6
宮崎	552	618	505	565	501	560	497	555	89.5
鹿児島	838	948	748	840	743	833	738	825	89.5
沖縄	648	670	723	745	723	745	723	746	96.9
全国	62 111	64 815	61 350	64 797	61 019	64 483	60 758	64 189	94.7

2000年および2020年は総務省「国勢調査」、2021年および2022年は同「人口推計」より作成。2021年および2022年は推計人口。*女性100人に対する男性の数。

図**1-2** 人口ピラミッド（2022年10月1日現在）

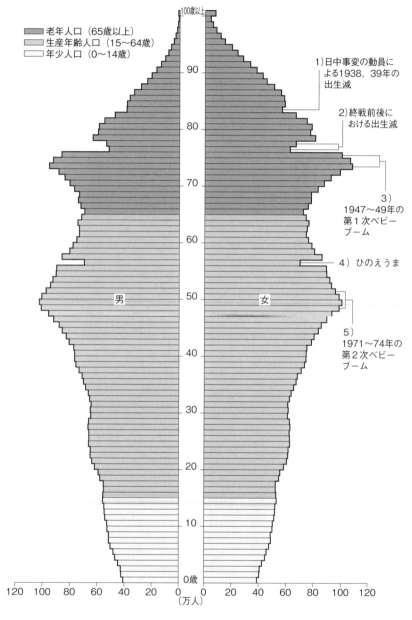

凡例：
- 老年人口（65歳以上）
- 生産年齢人口（15～64歳）
- 年少人口（0～14歳）

1)日中事変の動員による1938、39年の出生減

2)終戦前後における出生減

3) 1947～49年の第1次ベビーブーム

4) ひのえうま

5) 1971～74年の第2次ベビーブーム

男 女

（万人）

120 100 80 60 40 20 0　0 20 40 60 80 100 120

総務省「人口推計」より作成。男女・年齢別推計人口。元号別にみると、明治・大正生まれの人口は50.2万人（総人口の0.4％）、昭和生まれの人口は8700.2万人（同69.6％）、平成生まれの人口は3461.6万人（同27.7％）、令和生まれの人口は282.6万人（同2.3％）。また、戦後生まれの人口は1億874.5万人（総人口の87.0％）。1) 83歳。2) 76、77歳。3) 73～75歳。4) 56歳。5) 48～51歳。

表1-8　年齢階級別人口割合（各年10月1日現在）（%）

	2000			2020			2022		
	0～14歳	15～64歳	65歳以上	0～14歳	15～64歳	65歳以上	0～14歳	15～64歳	65歳以上
北海道	14.0	67.8	18.2	10.7	57.2	32.1	10.3	56.9	32.8
青森	15.1	65.4	19.5	10.5	55.7	33.7	10.2	55.0	34.8
岩手	15.0	63.5	21.5	11.0	55.4	33.6	10.6	54.9	34.6
宮城	15.0	67.7	17.3	11.7	60.2	28.1	11.3	59.8	28.9
秋田	13.7	62.8	23.5	9.7	52.8	37.5	9.3	52.1	38.6
山形	15.0	62.1	23.0	11.3	54.9	33.8	10.9	54.3	34.8
福島	16.0	63.7	20.3	11.3	57.1	31.7	11.0	56.3	32.7
茨城	15.4	68.0	16.6	11.7	58.7	29.7	11.3	58.3	30.4
栃木	15.3	67.5	17.2	11.8	59.1	29.1	11.4	58.7	29.9
群馬	15.2	66.6	18.2	11.7	58.2	30.2	11.3	57.9	30.8
埼玉	14.8	72.4	12.8	11.9	61.1	27.0	11.5	61.1	27.4
千葉	14.2	71.6	14.1	11.7	60.7	27.6	11.4	60.6	28.0
東京	11.8	72.3	15.9	11.2	66.1	22.7	10.9	66.3	22.8
神奈川	14.0	72.2	13.8	11.8	62.7	25.6	11.4	62.8	25.8
新潟	14.8	63.9	21.3	11.3	56.0	32.8	10.9	55.5	33.5
富山	14.0	65.2	20.8	11.2	56.2	32.6	10.9	56.1	33.0
石川	14.9	66.4	18.7	12.1	58.1	29.8	11.8	57.9	30.3
福井	15.7	63.8	20.5	12.5	56.9	30.6	12.2	56.6	31.2
山梨	15.5	65.0	19.5	11.4	57.7	30.8	11.1	57.4	31.5
長野	15.1	63.4	21.5	12.0	56.1	32.0	11.6	55.9	32.5
岐阜	15.3	66.5	18.2	12.3	57.3	30.4	11.9	57.1	31.0
静岡	15.1	67.2	17.7	12.1	57.8	30.1	11.7	57.6	30.7
愛知	15.4	70.1	14.5	13.0	61.7	25.3	12.6	61.7	25.6
三重	15.2	65.9	18.9	12.1	58.0	29.9	11.7	57.9	30.5
滋賀	16.4	67.5	16.1	13.6	60.1	26.3	13.2	60.0	26.8
京都	13.7	68.8	17.5	11.4	59.2	29.3	11.1	59.3	29.6
大阪	14.2	70.8	15.0	11.7	60.7	27.6	11.4	60.9	27.7
兵庫	15.0	68.1	16.9	12.2	58.5	29.3	11.9	58.3	29.8
奈良	14.8	68.5	16.6	11.7	56.6	31.7	11.4	56.3	32.4
和歌山	14.9	63.9	21.2	11.4	55.2	33.4	11.2	54.8	34.0
鳥取	15.3	62.7	22.0	12.4	55.3	32.3	12.2	54.8	33.1
島根	14.7	60.5	24.8	12.2	53.6	34.2	12.0	53.3	34.7
岡山	14.9	64.9	20.2	12.4	57.3	30.3	12.1	57.1	30.8
広島	14.9	66.6	18.5	12.6	58.0	29.4	12.3	57.7	29.9
山口	14.0	63.8	22.2	11.5	53.9	34.6	11.2	53.6	35.2
徳島	14.2	63.8	21.9	10.9	54.9	34.2	10.7	54.3	35.0
香川	14.5	64.5	21.0	12.1	56.2	31.8	11.8	55.8	32.4
愛媛	14.7	63.9	21.4	11.6	55.2	33.2	11.3	54.8	33.9
高知	13.8	62.7	23.6	10.9	53.6	35.5	10.6	53.3	36.1
福岡	14.8	67.8	17.4	13.0	59.1	27.9	12.8	58.9	28.3
佐賀	16.4	63.1	20.4	13.5	55.9	30.6	13.2	55.4	31.4
長崎	16.0	63.1	20.8	12.5	54.5	33.0	12.3	53.8	33.9
熊本	15.5	63.2	21.3	13.2	55.4	31.4	13.0	54.9	32.1
大分	14.7	63.5	21.8	12.1	54.6	33.3	11.8	54.2	33.9
宮崎	16.0	63.3	20.7	13.1	54.3	32.6	12.9	53.7	33.4
鹿児島	15.7	61.7	22.6	13.1	54.4	32.5	12.9	53.6	33.5
沖縄	20.2	65.9	13.9	16.6	60.8	22.6	16.3	60.2	23.5
全国	14.6	68.1	17.4	11.9	59.5	28.6	11.6	59.4	29.0

2000年および2020年は総務省「国勢調査」、2022年は同「人口推計」より作成。2000年は年齢不詳を除いた割合。2020年は不詳補完値。2022年は推計値。

府県別統計　人口

表1-9　年齢 5 歳階級別人口（推計人口）（2022年10月 1 日現在）（単位　千人）

	0〜4歳	5〜9歳	10〜14歳	15〜19歳	20〜24歳	25〜29歳	30〜34歳	35〜39歳	40〜44歳
北海道	150	181	199	213	227	226	240	278	315
青森	34	42	47	50	45	45	50	62	72
岩手	34	43	48	50	45	46	51	61	71
宮城	73	89	96	102	123	115	118	136	152
秋田	23	29	34	36	29	31	36	45	54
山形	31	39	43	46	40	40	46	55	63
福島	55	69	73	79	70	75	85	99	109
茨城	90	109	121	129	134	133	140	161	180
栃木	61	74	82	87	85	88	96	112	124
群馬	61	73	82	89	90	89	92	103	118
埼玉	249	290	308	323	387	397	396	432	481
千葉	212	244	262	274	326	333	333	370	408
東京	480	533	522	535	852	1 014	936	972	1 018
神奈川	312	359	382	400	511	532	504	552	613
新潟	65	80	89	94	88	87	97	115	132
富山	32	38	42	45	43	45	45	52	60
石川	38	45	49	53	59	53	53	59	67
福井	27	31	34	36	31	34	36	41	45
山梨	26	30	33	38	39	36	37	41	46
長野	67	79	88	93	79	85	91	104	121
岐阜	64	78	88	93	92	85	89	102	117
静岡	116	142	159	163	152	162	172	200	222
愛知	282	322	344	350	411	425	420	456	490
三重	58	69	77	81	79	81	84	94	105
滋賀	54	64	68	70	76	71	73	83	92
京都	82	96	104	116	158	138	123	136	153
大阪	304	336	361	383	495	499	474	502	543
兵庫	186	219	238	247	262	248	258	295	329
奈良	42	51	56	61	63	53	57	66	75
和歌山	29	34	38	40	34	35	39	46	51
鳥取	20	23	24	25	22	22	25	30	33
島根	23	27	29	30	25	26	29	34	38
岡山	67	76	82	86	97	91	91	102	110
広島	98	116	126	127	133	132	136	154	170
山口	42	50	56	58	55	52	55	66	75
徳島	22	26	28	29	30	28	30	36	42
香川	32	38	41	43	39	39	43	51	57
愛媛	41	50	56	57	51	52	58	68	77
高知	21	24	27	29	27	25	27	34	39
福岡	196	224	234	232	279	267	265	305	334
佐賀	31	36	39	39	35	34	36	45	49
長崎	46	54	58	58	49	49	55	66	74
熊本	66	76	81	79	74	73	80	95	104
大分	38	45	49	50	47	45	49	59	66
宮崎	39	46	50	48	40	41	46	56	64
鹿児島	58	69	74	70	61	61	69	84	93
沖縄	74	82	84	78	72	76	82	94	96
全国	4 247	4 948	5 308	5 512	6 263	6 412	6 446	7 212	7 946

総務省「人口推計」より作成。85歳以上における女性割合は編者算出。

45~49歳	50~54歳	55~59歳	60~64歳	65~69歳	70~74歳	75~79歳	80~84歳	85歳以上	女性割合(%)
380	372	338	335	358	441	314	259	314	*68.2*
84	86	82	88	94	108	75	63	79	*71.5*
82	80	77	83	90	102	70	63	84	*69.6*
171	161	142	143	152	175	115	96	120	*68.4*
63	61	60	70	78	89	61	54	76	*70.7*
70	67	65	73	80	91	61	54	77	*69.3*
125	121	117	128	138	154	98	84	112	*69.5*
214	211	180	174	192	229	169	132	141	*66.8*
146	141	121	120	132	155	108	82	94	*67.9*
145	145	122	115	125	153	117	91	103	*67.4*
583	592	483	410	413	528	426	334	306	*65.1*
490	502	407	352	358	457	369	288	281	*65.3*
1 135	1 140	950	751	651	789	637	526	598	*68.1*
741	777	647	522	476	605	489	398	415	*66.1*
156	150	138	140	155	186	128	109	144	*69.4*
78	76	63	61	65	85	68	52	65	*70.3*
86	82	69	67	68	89	68	51	62	*70.0*
54	53	48	48	49	62	42	35	47	*68.8*
57	59	55	52	55	64	47	39	48	*67.4*
150	148	130	127	131	162	124	103	137	*66.6*
144	144	125	120	123	159	117	96	108	*67.1*
268	270	233	223	229	285	214	175	197	*67.2*
589	591	483	413	390	498	395	319	317	*66.4*
131	131	114	108	109	137	104	84	97	*67.1*
108	104	87	81	81	101	74	57	66	*66.9*
191	192	161	144	142	197	154	124	139	*67.7*
679	712	580	482	458	623	508	426	417	*67.7*
411	420	356	325	324	415	321	259	289	*68.0*
95	98	86	80	84	110	85	70	74	*66.3*
64	66	60	60	62	78	59	49	60	*69.4*
38	35	32	35	40	46	31	26	38	*70.8*
45	42	38	42	46	58	40	33	52	*69.8*
137	131	109	109	114	145	113	89	113	*68.6*
209	204	168	161	166	211	167	129	154	*68.6*
93	91	78	81	90	118	89	73	91	*69.9*
49	48	44	46	52	65	44	36	49	*69.5*
71	66	56	57	61	79	58	45	59	*68.0*
95	91	81	85	91	115	82	67	88	*69.3*
49	46	41	44	48	61	46	37	52	*70.4*
376	355	301	298	315	385	268	220	261	*70.8*
54	51	48	53	57	65	43	37	49	*70.4*
85	85	81	89	98	113	74	65	85	*69.8*
114	107	104	112	123	139	95	82	114	*69.0*
77	72	65	71	79	96	68	57	75	*69.2*
72	66	63	70	79	91	60	52	71	*69.0*
100	96	96	109	123	132	84	76	108	*69.4*
108	100	88	90	93	91	49	49	62	*67.2*
9 462	9 435	8 075	7 445	7 535	9 337	7 030	5 743	6 592	*68.0*

府県別統計 人口

表1-10 国籍別在留外国人人口 (2022年末現在)(単位 人)

	総数	中国1)	ベトナム	韓国	フィリピン	ブラジル	ネパール	インドネシア
北海道	45 491	9 050	10 592	4 149	2 496	189	1 537	2 899
青森	6 702	949	2 102	688	864	46	131	355
岩手	8 374	1 528	2 146	699	1 355	100	222	525
宮城	24 568	5 442	4 472	2 976	1 481	226	2 510	1 331
秋田	4 589	923	809	475	862	12	113	193
山形	8 162	1 836	2 161	1 406	881	100	161	280
福島	15 858	3 077	3 806	1 316	2 752	208	956	688
茨城	81 478	11 971	15 250	4 105	10 730	6 126	1 829	5 968
栃木	45 918	6 160	9 094	2 162	5 100	4 034	2 215	1 748
群馬	66 963	6 357	12 230	2 063	8 419	13 242	3 924	3 123
埼玉	212 624	75 277	34 702	15 585	22 560	7 283	9 013	5 455
千葉	182 189	54 190	27 393	15 383	20 795	3 568	10 095	4 534
東京	596 148	235 165	37 958	87 761	34 425	4 094	28 559	7 396
神奈川	245 790	72 158	30 049	27 232	24 778	9 080	9 653	5 673
新潟	19 107	4 299	3 862	1 604	2 915	331	627	979
富山	20 175	4 170	5 022	816	2 620	2 582	269	1 077
石川	17 161	3 702	4 806	1 221	1 305	1 476	490	1 016
福井	16 720	2 066	3 145	1 892	1 884	4 694	311	645
山梨	19 982	4 071	3 603	1 692	2 202	3 014	554	490
長野	39 248	8 185	6 248	3 096	5 029	5 113	729	1 792
岐阜	62 710	8 950	11 837	3 306	14 553	12 078	1 867	1 992
静岡	106 345	9 978	15 609	4 293	18 397	31 777	3 964	4 270
愛知	286 604	43 918	49 719	27 083	41 918	60 397	12 844	8 534
三重	58 974	6 181	11 084	3 913	7 844	13 669	2 226	2 609
滋賀	37 350	4 666	8 404	3 856	2 920	9 741	565	1 482
京都	68 443	16 787	7 964	21 486	2 770	554	2 553	1 607
大阪	272 449	69 101	47 577	89 305	10 173	2 731	10 069	6 361
兵庫	123 125	22 411	26 023	35 928	5 657	2 493	5 124	2 929
奈良	15 590	2 955	3 262	3 135	949	351	625	526
和歌山	8 006	1 256	1 587	1 813	826	121	250	362
鳥取	5 020	734	1 276	806	637	27	205	270
島根	9 889	1 017	1 459	554	941	4 296	179	286
岡山	32 042	6 664	10 411	4 378	2 150	1 026	1 011	1 949
広島	56 068	11 814	13 464	6 749	8 417	2 291	1 726	3 042
山口	17 394	2 278	4 134	4 519	1 714	191	823	950
徳島	7 009	1 530	2 044	300	839	40	143	662
香川	15 078	2 900	3 798	788	2 251	179	432	1 749
愛媛	13 742	2 547	3 706	1 039	2 718	222	312	951
高知	5 341	959	1 315	448	788	22	110	563
福岡	89 518	19 443	19 840	14 179	6 143	367	11 811	2 612
佐賀	7 919	945	2 340	567	790	29	1 042	746
長崎	11 214	1 947	2 506	1 023	1 166	65	1 097	709
熊本	20 660	3 201	6 251	949	3 044	74	1 069	1 577
大分	15 541	2 314	3 270	1 759	1 697	82	702	1 374
宮崎	8 309	1 023	2 580	527	892	59	389	1 052
鹿児島	13 975	1 672	5 185	500	2 229	142	542	1 513
沖縄	21 792	2 673	2 234	1 351	2 343	767	3 335	1 542
全国2)	3 075 213	761 563	489 312	411 312	298 740	209 430	139 393	98 865

出入国在留管理庁「在留外国人統計」より作成。在留外国人人口上位7か国について掲載。1)台湾(総数5万7294人)は含まない。2)在留する都道府県未定・不詳(総数7859人)を含む。

表 1-11　人口動態（2022年）（日本における日本人）

	実数（千人）				率（人口千人あたり　人）			
	出生数	死亡数	うち乳児死亡数	自然増減数	出生率	死亡率	乳児死亡率（出生千人あたり）	自然増減率
北海道	26.4	74.4	0.06	-48.0	5.2	14.6	2.2	-9.4
青森	6.0	20.1	0.01	-14.1	5.0	16.8	1.5	-11.8
岩手	5.8	19.3	0.02	-13.6	4.9	16.5	2.6	-11.6
宮城	12.9	28.0	0.02	-15.2	5.7	12.4	1.5	-6.7
秋田	4.0	17.3	0.01	-13.3	4.3	18.6	1.3	-14.3
山形	5.7	16.9	0.02	-11.2	5.5	16.3	2.8	-10.9
福島	9.7	27.4	0.02	-17.7	5.5	15.4	2.5	-10.0
茨城	15.9	37.3	0.04	-21.4	5.7	13.5	2.7	-7.7
栃木	10.5	25.0	0.01	-14.5	5.6	13.4	1.3	-7.8
群馬	10.7	26.6	0.02	-15.9	5.8	14.4	1.6	-8.6
埼玉	43.5	82.2	0.07	-38.8	6.1	11.5	1.5	-5.4
千葉	37.0	72.3	0.07	-35.3	6.1	11.8	1.9	-5.8
東京	91.1	139.3	0.15	-48.2	6.8	10.4	1.6	-3.6
神奈川	56.5	98.8	0.11	-42.3	6.3	11.0	1.9	-4.7
新潟	11.7	32.3	0.02	-20.6	5.5	15.1	2.0	-9.6
富山	6.0	15.1	0.01	-9.0	6.0	15.1	1.5	-9.0
石川	7.1	14.3	0.01	-7.2	6.4	13.0	1.8	-6.6
福井	4.9	10.5	0.01	-5.7	6.6	14.3	1.9	-7.7
山梨	4.8	11.1	0.01	-6.3	6.1	14.1	2.3	-8.1
長野	12.1	28.5	0.02	-16.4	6.1	14.4	1.6	-8.2
岐阜	11.1	26.2	0.03	-15.1	5.9	13.9	2.5	-8.0
静岡	20.6	47.3	0.04	-26.8	5.9	13.6	2.1	-7.7
愛知	51.2	81.2	0.10	-30.0	7.1	11.2	1.9	-4.2
三重	10.5	23.3	0.01	-12.9	6.2	13.8	0.9	-7.6
滋賀	9.8	15.0	0.02	-5.3	7.1	11.0	1.8	-3.8
京都	15.1	31.5	0.03	-16.4	6.1	12.7	2.1	-6.6
大阪	57.3	106.3	0.10	-49.0	6.7	12.5	1.7	-5.7
兵庫	33.6	66.5	0.04	-33.0	6.3	12.6	1.2	-6.2
奈良	7.3	17.2	0.02	-9.9	5.7	13.3	2.2	-7.6
和歌山	5.2	14.3	0.01	-9.1	5.8	16.0	1.7	-10.1
鳥取	3.8	8.0	0.01	-4.3	7.0	14.9	1.3	-7.9
島根	4.2	10.4	0.00	-6.3	6.4	16.1	1.0	-9.7
岡山	12.4	24.9	0.02	-12.5	6.8	13.6	1.3	-6.8
広島	17.9	34.9	0.02	-17.0	6.6	12.9	0.9	-6.3
山口	7.8	20.7	0.01	-12.9	6.0	15.9	1.0	-10.0
徳島	4.1	11.0	0.01	-6.8	5.9	15.7	1.2	-9.8
香川	5.8	13.6	0.01	-7.8	6.3	14.7	1.2	-8.4
愛媛	7.6	20.0	0.01	-12.4	5.9	15.5	1.7	-9.6
高知	3.7	11.5	0.01	-7.8	5.5	17.1	2.4	-11.6
福岡	36.0	61.3	0.07	-25.3	7.2	12.2	1.8	-5.0
佐賀	5.6	11.2	0.01	-5.7	7.0	14.1	1.1	-7.1
長崎	8.4	19.3	0.01	-10.9	6.6	15.2	1.2	-8.6
熊本	11.9	24.4	0.03	-12.6	7.0	14.4	2.6	-7.4
大分	6.8	16.3	0.01	-9.5	6.2	14.9	1.5	-8.7
宮崎	7.1	16.1	0.01	-9.0	6.8	15.4	1.8	-8.6
鹿児島	10.5	23.9	0.03	-13.4	6.8	15.4	2.5	-8.6
沖縄	13.6	15.1	0.02	-1.5	9.4	10.4	1.7	-1.0
全国1)	770.8	1 569.1	1.36	-798.3	6.3	12.9	1.8	-6.5

厚生労働省「人口動態統計」より作成。自然増減数は出生数－死亡数。354ページの注記参照。

表 1 - 12　婚姻・出産年齢および合計特殊出生率の推移（日本における日本人）

	妻の平均初婚年齢1) （歳）			第 1 子出産時の 母の平均年齢2) （歳）			合計特殊出生率2)3)		
	2000	2020	2022	2000	2020	2022	2000	2020	2022
北海道	26.8	29.4	29.6	27.7	30.3	30.5	1.23	1.21	1.12
青森	26.4	29.1	29.2	27.3	30.0	30.1	1.47	1.33	1.24
岩手	26.5	29.1	29.2	27.3	30.0	30.1	1.56	1.32	1.21
宮城	26.4	29.6	29.5	27.4	30.4	30.9	1.39	1.20	1.09
秋田	26.5	29.0	29.3	27.5	30.4	30.4	1.45	1.24	1.18
山形	26.6	29.2	29.1	27.4	30.3	30.6	1.62	1.37	1.32
福島	26.1	28.8	29.1	27.1	29.7	30.0	1.65	1.39	1.27
茨城	26.6	29.2	29.6	27.5	30.2	30.5	1.47	1.34	1.27
栃木	26.6	29.2	29.6	27.6	30.3	30.6	1.48	1.32	1.24
群馬	26.6	29.2	29.3	27.7	30.2	30.3	1.51	1.39	1.32
埼玉	27.1	29.6	29.9	28.3	30.8	31.1	1.30	1.27	1.17
千葉	27.2	29.6	29.9	28.4	30.8	31.1	1.30	1.27	1.18
東京	28.0	30.4	30.7	29.3	32.2	32.5	1.07	1.12	1.04
神奈川	27.6	29.9	30.2	28.9	31.3	31.7	1.28	1.26	1.17
新潟	26.7	29.2	29.5	27.7	30.3	30.6	1.51	1.33	1.27
富山	26.6	29.1	29.2	27.7	30.5	30.6	1.45	1.44	1.46
石川	26.7	29.0	29.0	27.7	30.3	30.4	1.45	1.47	1.38
福井	26.7	29.0	29.0	27.8	30.3	30.4	1.60	1.56	1.50
山梨	27.2	29.5	29.4	28.1	30.5	30.7	1.51	1.48	1.40
長野	27.2	29.2	29.5	28.2	30.6	30.7	1.59	1.46	1.43
岐阜	26.6	28.9	29.0	27.7	30.1	30.2	1.47	1.42	1.36
静岡	26.8	29.1	29.2	27.9	30.3	30.6	1.47	1.39	1.33
愛知	26.8	29.0	29.1	28.0	30.5	30.6	1.44	1.44	1.35
三重	26.5	29.0	29.1	27.6	30.2	30.4	1.48	1.42	1.40
滋賀	26.7	29.1	29.0	27.8	30.5	30.6	1.53	1.50	1.43
京都	27.2	29.7	30.0	28.4	31.1	31.1	1.28	1.26	1.18
大阪	27.1	29.5	29.7	28.2	30.6	30.8	1.31	1.31	1.22
兵庫	27.0	29.5	29.7	28.1	30.7	30.9	1.38	1.39	1.31
奈良	27.1	29.4	29.7	28.3	30.6	30.9	1.30	1.28	1.25
和歌山	26.5	28.8	29.1	27.5	29.8	29.9	1.45	1.43	1.39
鳥取	26.4	28.7	29.3	27.4	30.0	30.1	1.62	1.52	1.60
島根	26.6	28.9	29.1	27.5	29.9	30.1	1.65	1.60	1.57
岡山	26.3	28.7	28.9	27.4	29.9	29.9	1.51	1.48	1.39
広島	26.7	29.0	29.2	27.7	30.1	30.1	1.41	1.48	1.40
山口	26.5	28.7	28.7	27.3	29.7	29.6	1.47	1.48	1.47
徳島	26.3	29.1	29.1	27.4	30.0	30.0	1.45	1.48	1.42
香川	26.2	28.9	28.9	27.3	29.8	30.2	1.53	1.47	1.45
愛媛	26.6	28.8	29.1	27.4	29.8	30.1	1.45	1.40	1.39
高知	26.7	29.6	29.9	27.6	30.3	30.3	1.45	1.43	1.36
福岡	27.0	29.4	29.6	27.9	30.4	30.4	1.36	1.41	1.33
佐賀	26.5	29.1	29.0	27.2	29.7	29.8	1.67	1.59	1.53
長崎	26.9	29.2	29.1	27.8	29.8	30.0	1.57	1.61	1.57
熊本	26.7	29.1	29.4	27.4	29.9	30.1	1.56	1.60	1.52
大分	26.7	29.2	29.2	27.6	29.9	30.0	1.51	1.55	1.49
宮崎	26.4	29.1	29.2	27.3	29.6	29.8	1.62	1.65	1.63
鹿児島	26.7	29.3	29.4	27.5	30.2	30.2	1.58	1.61	1.54
沖縄	26.5	29.0	29.6	26.9	29.8	30.2	1.82	1.83	1.70
全国	27.0	29.4	29.7	28.0	30.7	30.9	1.36	1.33	1.26

厚生労働省「人口動態統計」より作成。夫妻いずれかが外国籍の婚姻や、父母いずれかが外国籍の出生によるデータを含む。354ページの注記参照。

表 1 - 13　**婚姻と離婚の状況**（日本における日本人）

	婚姻数 （千組）		離婚数 （千組）		婚姻率 （人口千人 あたり　組）		離婚率 （人口千人 あたり　組）	
	2021	2022	2021	2022	2021	2022	2021	2022
北海道	19.3	18.7	8.7	8.4	3.8	3.7	1.68	1.65
青森	3.7	3.7	1.8	1.7	3.1	3.1	1.47	1.39
岩手	3.7	3.5	1.5	1.5	3.1	3.0	1.23	1.27
宮城	8.6	8.4	3.2	3.0	3.8	3.7	1.42	1.35
秋田	2.6	2.4	1.0	1.1	2.8	2.6	1.11	1.15
山形	3.4	3.2	1.2	1.2	3.2	3.1	1.18	1.16
福島	6.3	6.1	2.7	2.6	3.5	3.4	1.50	1.44
茨城	10.0	10.2	4.1	3.9	3.6	3.7	1.46	1.41
栃木	7.1	7.2	2.8	2.7	3.8	3.8	1.49	1.43
群馬	6.8	6.7	2.8	2.8	3.6	3.6	1.52	1.49
埼玉	28.3	28.8	10.6	10.3	4.0	4.0	1.49	1.44
千葉	24.2	24.8	9.0	8.6	4.0	4.1	1.47	1.41
東京	69.8	75.2	19.6	19.3	5.2	5.6	1.46	1.43
神奈川	38.7	40.2	13.2	12.8	4.3	4.5	1.46	1.42
新潟	7.1	6.8	2.6	2.4	3.3	3.2	1.21	1.13
富山	3.5	3.5	1.2	1.1	3.5	3.5	1.15	1.08
石川	4.2	4.2	1.4	1.3	3.8	3.8	1.24	1.14
福井	2.8	2.8	1.0	0.9	3.8	3.8	1.36	1.15
山梨	3.0	2.9	1.2	1.1	3.8	3.7	1.46	1.44
長野	7.3	7.3	2.7	2.6	3.7	3.7	1.33	1.29
岐阜	6.6	6.5	2.6	2.6	3.5	3.5	1.35	1.36
静岡	13.3	13.1	5.2	5.0	3.8	3.8	1.47	1.42
愛知	33.5	33.4	11.1	11.1	4.6	4.6	1.53	1.53
三重	6.5	6.4	2.5	2.5	3.8	3.8	1.47	1.47
滋賀	5.7	5.6	1.9	1.8	4.2	4.1	1.37	1.34
京都	9.4	9.6	3.7	3.5	3.8	3.9	1.46	1.41
大阪	39.0	40.4	14.6	14.5	4.6	4.7	1.70	1.70
兵庫	20.9	20.8	8.2	7.9	3.9	3.9	1.54	1.49
奈良	4.4	4.2	1.8	1.8	3.4	3.3	1.41	1.38
和歌山	3.3	3.2	1.4	1.4	3.6	3.6	1.59	1.55
鳥取	2.0	2.0	0.8	0.8	3.6	3.7	1.45	1.42
島根	2.3	2.2	0.9	0.8	3.6	3.3	1.32	1.25
岡山	7.4	7.4	2.8	2.8	4.0	4.0	1.51	1.52
広島	11.1	10.9	4.0	4.0	4.1	4.0	1.47	1.46
山口	4.8	4.6	1.9	1.8	3.6	3.5	1.43	1.35
徳島	2.5	2.4	1.1	1.0	3.5	3.4	1.53	1.44
香川	3.7	3.4	1.4	1.5	3.9	3.7	1.55	1.60
愛媛	4.6	4.5	1.9	1.9	3.5	3.5	1.44	1.49
高知	2.3	2.2	1.0	1.1	3.4	3.3	1.53	1.59
福岡	22.0	21.8	8.6	8.4	4.4	4.3	1.70	1.68
佐賀	3.0	3.0	1.2	1.0	3.7	3.7	1.48	1.31
長崎	4.7	4.4	1.8	1.8	3.7	3.5	1.42	1.38
熊本	6.6	6.3	2.7	2.5	3.8	3.7	1.56	1.46
大分	4.1	4.0	1.7	1.6	3.7	3.7	1.58	1.50
宮崎	3.9	3.8	1.8	1.8	3.7	3.6	1.69	1.68
鹿児島	5.8	5.6	2.5	2.5	3.7	3.6	1.57	1.58
沖縄	7.0	6.5	3.2	3.1	4.8	4.5	2.20	2.13
全国	501.1	504.9	184.4	179.1	4.1	4.1	1.50	1.47

厚生労働省「人口動態統計」より作成。夫妻いずれかが外国籍の場合を含む。都道府県は、婚姻は夫の住所、離婚は別居する前の住所による。

表 1 - 14 世帯数の推移 (単位 千世帯)

	国勢調査による世帯数 (各年10月 1 日現在)				住民基本台帳による世帯数 (各年 1 月 1 日現在)			
	世帯数		一般世帯 1 世帯 あたり人員 (人)		世帯数		1 世帯あたり人員1) (人)	
	2010	2020	2010	2020	2022	2023	2022	2023
北海道	2 424	2 477	2.21	2.04	2 797	2 804	1.85	1.83
青森	513	512	2.61	2.34	594	595	2.09	2.06
岩手	484	492	2.69	2.39	532	534	2.27	2.23
宮城	902	983	2.56	2.30	1 024	1 036	2.22	2.18
秋田	390	385	2.71	2.41	426	426	2.25	2.21
山形	389	398	2.94	2.61	420	421	2.52	2.47
福島	721	743	2.76	2.42	794	797	2.32	2.28
茨城	1 088	1 184	2.68	2.37	1 282	1 299	2.25	2.22
栃木	746	797	2.65	2.38	854	860	2.28	2.24
群馬	756	805	2.61	2.35	866	873	2.24	2.21
埼玉	2 842	3 163	2.50	2.28	3 432	3 470	2.15	2.13
千葉	2 516	2 774	2.44	2.23	2 987	3 023	2.11	2.09
東京	6 394	7 227	2.03	1.92	7 354	7 451	1.88	1.86
神奈川	3 845	4 224	2.33	2.15	4 468	4 513	2.06	2.04
新潟	839	865	2.77	2.48	911	914	2.40	2.37
富山	383	404	2.79	2.50	428	431	2.42	2.39
石川	441	470	2.58	2.34	494	497	2.28	2.25
福井	276	292	2.86	2.57	300	302	2.56	2.52
山梨	328	339	2.58	2.34	368	372	2.22	2.18
長野	794	832	2.66	2.11	884	891	2.33	2.29
岐阜	737	781	2.78	2.49	839	847	2.38	2.34
静岡	1 399	1 483	2.65	2.40	1 619	1 633	2.26	2.23
愛知	2 934	3 238	2.49	2.29	3 386	3 421	2.22	2.20
三重	705	743	2.59	2.33	807	813	2.21	2.18
滋賀	518	571	2.69	2.44	602	610	2.35	2.32
京都	1 122	1 191	2.31	2.12	1 233	1 246	2.04	2.01
大阪	3 832	4 136	2.28	2.10	4 434	4 462	1.98	1.97
兵庫	2 255	2 402	2.44	2.23	2 583	2 601	2.12	2.10
奈良	524	545	2.63	2.38	604	607	2.21	2.18
和歌山	394	394	2.50	2.28	443	443	2.11	2.08
鳥取	212	220	2.71	2.44	240	241	2.30	2.27
島根	262	270	2.66	2.40	293	294	2.27	2.24
岡山	755	801	2.52	2.30	861	866	2.18	2.15
広島	1 185	1 244	2.36	2.20	1 328	1 335	2.10	2.08
山口	597	599	2.36	2.17	659	659	2.03	2.01
徳島	302	308	2.52	2.26	337	338	2.15	2.12
香川	390	407	2.49	2.27	446	448	2.17	2.14
愛媛	591	601	2.37	2.16	656	657	2.05	2.02
高知	322	315	2.30	2.11	351	350	1.98	1.96
福岡	2 110	2 323	2.35	2.15	2 489	2 519	2.05	2.03
佐賀	295	313	2.80	2.51	341	343	2.38	2.35
長崎	559	558	2.47	2.27	632	633	2.09	2.06
熊本	688	719	2.57	2.34	796	804	2.19	2.16
大分	482	489	2.41	2.22	542	547	2.09	2.06
宮崎	461	470	2.40	2.20	530	532	2.03	2.01
鹿児島	729	728	2.27	2.11	811	813	1.98	1.96
沖縄	520	615	2.63	2.33	684	694	2.17	2.14
全国	51 951	55 830	2.42	2.21	59 761	60 266	2.11	2.08

資料および注記は354ページ参照。

表1-15　家族類型別一般世帯数 (2020年10月1日現在)（単位　千世帯）

	総数[1]	単独世帯	核家族世帯	その他の世帯[2]	（再掲）3世代世帯	（再掲）65歳以上の単独世帯	単独世帯割合[3]（％）
北海道	2 469	1 000	1 324	143	60	362	40.5
青森	510	169	269	69	43	72	33.3
岩手	491	163	252	75	47	62	33.3
宮城	981	362	507	110	68	97	37.0
秋田	384	117	203	63	39	55	30.6
山形	397	113	202	81	55	43	28.5
福島	740	245	384	109	69	87	33.2
茨城	1 182	386	664	130	80	126	32.7
栃木	795	262	440	92	57	85	33.0
群馬	803	260	463	76	44	94	32.6
埼玉	3 158	1 072	1 850	206	106	333	34.3
千葉	2 768	1 003	1 573	187	96	300	36.3
東京	7 217	3 626	3 300	289	97	811	50.3
神奈川	4 210	1 651	2 350	207	93	460	39.2
新潟	863	266	460	136	91	99	30.9
富山	403	120	220	61	41	46	29.9
石川	469	163	255	50	31	52	34.7
福井	291	86	156	48	33	31	29.7
山梨	338	110	192	34	20	42	32.8
長野	830	258	466	102	63	96	31.2
岐阜	779	229	446	100	64	85	29.5
静岡	1 481	472	829	178	110	166	31.9
愛知	3 233	1 175	1 794	251	146	324	36.5
三重	741	245	424	69	40	88	33.2
滋賀	571	182	331	56	36	54	32.0
京都	1 189	490	622	73	36	154	41.3
大阪	4 127	1 727	2 193	196	87	567	42.0
兵庫	2 399	863	1 372	151	79	314	36.2
奈良	544	159	340	43	25	71	29.3
和歌山	393	128	233	32	17	64	32.6
鳥取	219	71	116	32	21	27	32.3
島根	268	89	140	39	25	35	33.2
岡山	800	285	436	73	42	94	35.9
広島	1 241	463	696	80	41	157	37.4
山口	597	218	337	42	21	94	36.6
徳島	307	110	165	30	18	42	35.9
香川	406	140	231	34	19	53	34.6
愛媛	600	225	332	42	21	90	37.5
高知	314	123	168	23	11	56	39.2
福岡	2 318	943	1 214	152	77	284	40.8
佐賀	311	94	172	44	28	37	30.4
長崎	556	191	314	50	28	84	34.5
熊本	717	243	396	76	44	92	34.0
大分	488	175	270	40	21	70	36.1
宮崎	469	168	267	33	16	71	35.9
鹿児島	726	283	406	33	14	119	39.1
沖縄	613	230	338	44	20	69	37.5
全国	55 705	21 151	30 111	4 283	2 338	6 717	38.1

総務省「国勢調査」より作成。1) 世帯の家族類型「不詳」を含む。2) 親族のみの非核家族世帯および非親族を含む世帯。世帯の家族類型「不詳」は含まない。3) 不詳を除いて算出。

図 1 - 3　人口の過密と過疎（各県の総面積に占める割合）（2020年）

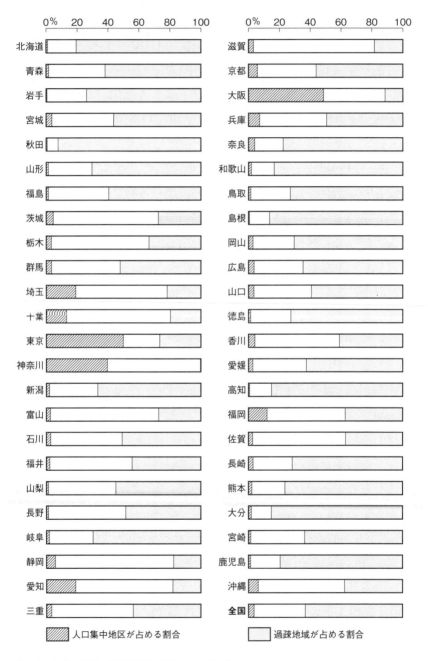

表1-16、17より作成。過疎地域は2022年 4 月 1 日現在。

表1-16　人口集中地区 （2020年10月1日現在）

	人口 （千人）	各県の 総人口に 占める 割合 （％）	5年間の 人口 増減率1) （2015～20） （％）	面積 （km²）	各県の 総面積に 占める 割合2) （％）	人口密度 1km²あ たり人	各県全体の 人口密度 との比較 （全体の人口 密度＝1.0）
北海道	3 973	76.0	-1.8	802	1.0	4 954	79.1
青森	587	47.4	-3.8	164	1.7	3 587	27.9
岩手	400	33.1	-1.9	89	0.6	4 508	56.9
宮城	1 509	65.6	0.9	267	3.7	5 653	17.9
秋田	341	35.5	-4.7	84	0.7	4 055	49.2
山形	492	46.1	0.3	130	1.4	3 800	33.2
福島	773	42.2	-5.2	189	1.4	4 087	30.7
茨城	1 169	40.8	5.1	277	4.5	4 217	9.0
栃木	929	48.1	4.2	209	3.3	4 452	14.8
群馬	810	41.7	2.8	215	3.4	3 773	12.4
埼玉	5 999	81.7	2.9	717	18.9	8 366	4.3
千葉	4 824	76.8	4.4	674	13.1	7 157	5.9
東京	13 844	98.6	4.1	1 092	49.8	12 680	2.0
神奈川	8 744	94.7	1.5	955	39.5	9 158	2.4
新潟	1 119	50.8	-0.2	251	2.0	4 465	25.5
富山	414	40.0	2.8	112	2.6	3 712	15.2
石川	610	53.9	2.8	119	2.8	5 151	19.0
福井	355	46.3	2.7	91	2.2	3 894	21.3
山梨	255	31.5	-2.3	60	1.3	4 257	23.5
長野	720	35.2	0.2	174	1.3	4 139	27.4
岐阜	806	40.8	3.9	191	1.8	4 225	22.7
静岡	2 237	61.6	1.0	445	5.7	5 026	10.8
愛知	5 942	78.8	2.4	965	18.7	6 157	4.2
三重	774	43.7	-1.9	190	3.3	4 075	13.3
滋賀	754	53.3	7.4	130	3.2	5 821	16.5
京都	2 176	84.4	-0.2	268	5.8	8 133	14.5
大阪	8 479	95.9	0.3	927	48.7	9 146	2.0
兵庫	4 306	78.8	0.2	601	7.2	7 165	11.0
奈良	888	67.0	0.5	147	4.0	6 036	16.8
和歌山	348	37.7	-2.9	88	1.9	3 977	20.4
鳥取	211	38.1	-0.6	54	1.5	3 912	24.8
島根	172	25.6	2.1	41	0.6	4 175	41.7
岡山	918	48.6	2.3	207	2.9	4 427	16.7
広島	1 831	65.4	-0.1	302	3.6	6 069	18.4
山口	684	50.9	-1.1	215	3.5	3 179	14.5
徳島	242	33.6	-2.1	58	1.4	4 207	24.2
香川	315	33.1	-0.9	78	4.1	4 047	8.0
愛媛	721	54.0	-1.7	157	2.8	4 578	19.5
高知	307	44.3	-3.3	53	0.7	5 794	59.5
福岡	3 787	73.7	2.5	599	12.0	6 323	6.1
佐賀	283	34.9	8.1	67	2.7	4 247	12.8
長崎	631	48.1	-4.6	126	3.0	5 014	15.8
熊本	866	49.8	1.4	166	2.2	5 217	22.2
大分	548	48.7	-0.6	121	1.9	4 546	25.6
宮崎	510	47.6	0.1	120	1.5	4 254	30.8
鹿児島	661	41.6	-0.3	125	1.4	5 287	30.6
沖縄	1 023	69.7	5.3	144	6.3	7 116	11.1
全国	88 286	70.0	1.6	13 250	3.5	6 663	20.0

総務省「国勢調査」より作成。354ページの注記参照。

表 1 - 17　過疎地域 (2022年 4 月 1 日現在)

	過疎市町村数[1]	過疎区域の人口（千人）	各県の総人口に占める割合（％）	過疎区域の面積（km²）	各県の総面積に占める割合[2]（％）	過疎区域の人口密度（1 km²あたり　人）	各県全体の人口密度との比較（全体の人口密度=1.0）
北海道	152	1 262	24.1	67 248	80.6	19	0.30
青森	30	287	23.2	5 963	61.8	48	0.37
岩手	25	480	39.6	11 311	74.0	42	0.54
宮城	16	311	13.5	4 111	56.4	76	0.24
秋田	23	657	68.4	10 739	92.3	61	0.74
山形	22	311	29.1	6 561	70.4	47	0.41
福島	34	310	16.9	8 220	59.6	38	0.28
茨城	11	197	6.9	1 668	27.4	118	0.25
栃木	6	99	5.1	2 142	33.4	46	0.15
群馬	13	194	10.0	3 322	52.2	59	0.19
埼玉	7	51	0.7	827	21.8	61	0.03
千葉	13	188	3.0	1 015	19.7	186	0.15
東京	7	26	0.2	583	26.6	44	0.01
神奈川	1	7	0.1	7	0.3	953	0.25
新潟	19	438	19.9	8 378	66.6	52	0.30
富山	4	109	10.5	1 156	27.2	94	0.39
石川	10	186	16.4	2 132	50.9	87	0.32
福井	8	91	11.9	1 860	44.4	49	0.27
山梨	14	109	13.4	2 458	55.0	44	0.24
長野	40	204	10.0	6 593	48.6	31	0.21
岐阜	17	194	9.8	7 407	69.7	26	0.14
静岡	7	82	2.3	1 367	17.6	60	0.13
愛知	4	21	0.3	934	18.1	22	0.02
三重	10	147	8.3	2 522	43.7	58	0.19
滋賀	4	35	2.5	734	18.3	48	0.14
京都	12	196	7.6	2 589	56.1	76	0.14
大阪	4	47	0.5	220	11.5	214	0.05
兵庫	16	331	6.1	4 140	49.3	80	0.12
奈良	19	125	9.4	2 865	77.6	44	0.12
和歌山	23	282	30.6	3 940	83.4	72	0.37
鳥取	15	125	22.5	2 560	73.0	49	0.31
島根	19	315	46.9	5 797	86.4	54	0.54
岡山	19	306	16.2	5 015	70.5	61	0.23
広島	14	332	11.8	5 486	64.7	60	0.18
山口	10	216	16.1	3 621	59.2	60	0.27
徳島	13	116	16.2	3 013	72.7	39	0.22
香川	10	128	13.5	770	41.0	167	0.33
愛媛	14	307	23.0	3 548	62.5	86	0.37
高知	29	219	31.6	6 046	85.1	36	0.37
福岡	23	419	8.2	1 862	37.3	225	0.22
佐賀	11	121	14.9	904	37.0	133	0.40
長崎	15	371	28.3	2 961	71.7	125	0.39
熊本	32	421	24.2	5 671	76.5	74	0.32
大分	15	409	36.4	5 404	85.2	76	0.43
宮崎	16	184	17.2	4 916	63.6	37	0.27
鹿児島	42	585	36.8	7 316	79.6	80	0.46
沖縄	17	100	6.8	861	37.7	116	0.18
全国	885	11 647	9.2	238 762	63.2	49	0.15

一般社団法人全国過疎地域連盟の資料より作成。354ページの注記参照。

表 1 - 18　**人口移動**（2022年）

	自府県内移動者数（千人）	他府県からの転入者数（千人）	他府県への転出者数（千人）	転入超過数（千人）	移動率（%）		
					自府県内移動者	他府県からの転入者	他府県への転出者
北海道	179.8	54.4	57.9	-3.5	3.50	1.06	1.13
青森	15.1	17.2	21.8	-4.6	1.25	1.43	1.81
岩手	16.7	16.9	21.3	-4.4	1.42	1.43	1.80
宮城	52.2	47.4	46.7	0.6	2.29	2.08	2.05
秋田	9.1	11.0	13.7	-2.8	0.98	1.18	1.47
山形	13.7	13.0	16.5	-3.5	1.31	1.25	1.59
福島	24.4	24.6	31.4	-6.7	1.36	1.38	1.75
茨城	45.9	59.8	59.3	0.5	1.62	2.10	2.09
栃木	23.9	38.4	38.7	-0.3	1.25	2.01	2.03
群馬	27.7	36.5	36.8	-0.4	1.45	1.91	1.93
埼玉	146.4	191.9	166.6	25.4	2.00	2.62	2.27
千葉	125.6	163.8	155.2	8.6	2.00	2.61	2.48
東京	460.4	439.8	401.8	38.0	3.28	3.13	2.86
神奈川	218.4	237.8	210.3	27.6	2.37	2.58	2.28
新潟	33.5	22.8	28.6	-5.8	1.56	1.06	1.33
富山	11.2	14.1	15.4	-1.3	1.10	1.39	1.51
石川	15.5	19.1	21.5	-2.4	1.38	1.71	1.92
福井	9.1	10.0	13.6	-3.7	1.21	1.33	1.81
山梨	14.0	16.2	15.5	0.7	1.74	2.01	1.93
長野	34.1	32.9	32.3	0.6	1.69	1.63	1.60
岐阜	29.2	33.1	36.9	-3.8	1.50	1.70	1.90
静岡	70.3	59.1	63.7	-4.7	1.96	1.65	1.78
愛知	212.5	123.8	131.7	-7.9	2.84	1.65	1.76
三重	25.2	31.8	36.3	-4.5	1.45	1.83	2.08
滋賀	20.5	31.6	30.1	1.6	1.46	2.24	2.13
京都	48.8	59.2	61.3	-2.0	1.92	2.32	2.40
大阪	240.0	173.7	167.2	6.5	2.73	1.98	1.90
兵庫	100.0	94.6	100.2	-5.6	1.85	1.75	1.85
奈良	15.9	24.5	25.7	-1.2	1.22	1.87	1.97
和歌山	10.2	12.3	14.3	-2.0	1.13	1.36	1.58
鳥取	5.5	8.7	10.0	-1.3	1.02	1.59	1.83
島根	7.3	10.5	12.3	-1.8	1.12	1.60	1.88
岡山	33.1	29.3	34.8	-5.5	1.78	1.57	1.87
広島	58.4	45.7	54.9	-9.2	2.12	1.66	1.99
山口	17.7	23.2	26.0	-2.8	1.35	1.77	1.98
徳島	10.3	9.9	12.2	-2.3	1.47	1.41	1.73
香川	11.4	16.9	19.5	-2.6	1.22	1.81	2.09
愛媛	17.7	18.5	22.5	-3.9	1.36	1.42	1.72
高知	10.4	9.5	10.9	-1.4	1.55	1.40	1.61
福岡	156.6	106.1	101.3	4.9	3.06	2.07	1.98
佐賀	10.2	16.6	17.5	-0.9	1.27	2.07	2.19
長崎	19.6	22.4	27.6	-5.2	1.53	1.75	2.15
熊本	43.4	31.3	31.7	-0.4	2.53	1.82	1.84
大分	14.8	20.3	21.9	-1.6	1.33	1.83	1.97
宮崎	15.0	18.8	20.0	-1.2	1.43	1.78	1.90
鹿児島	31.5	27.0	29.2	-2.3	2.02	1.72	1.87
沖縄	44.9	27.6	29.0	-1.4	3.06	1.88	1.97
全国	2 757.5	2 553.4	2 553.4	―	2.21	2.04	2.04

総務省「住民基本台帳人口移動報告」より作成。国内の移動のみ。外国人を含む。転入超過数は転入者数－転出者数。移動率は、移動数を2022年10月1日現在の総人口で割ったもの。

府県別統計　人口

図1-4　3大都市圏の転入超過数の推移

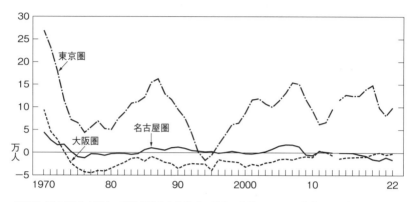

総務省「住民基本台帳人口移動報告」より作成。国内の移動のみ。2013年までは日本人のみ、2014年以降は日本人と外国人を合わせた移動者数。東京圏は埼玉県、千葉県、東京都、神奈川県。大阪圏は京都府、大阪府、兵庫県、奈良県。名古屋圏は岐阜県、愛知県、三重県。

図1-5　3大都市圏中心部への流入人口と割合 （2020年10月 1 日現在）

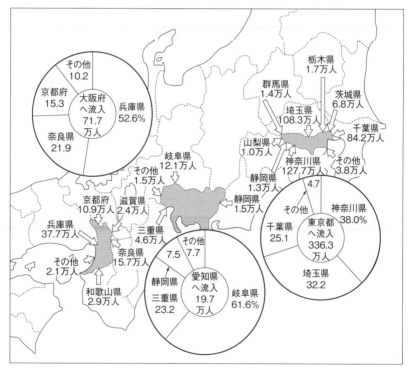

総務省「国勢調査」より作成。不詳補完値。流入人口は常住地から通勤（15歳以上）・通学（15歳未満を含む）のために流入してくる人口。

表 1 - 19 昼間人口 （各年10月 1 日現在）

	2010			2015			2020		
	昼間人口1)（千人）	常住（夜間）人口（千人）	昼夜間人口比率	昼間人口（千人）	常住（夜間）人口（千人）	昼夜間人口比率	昼間人口（千人）	常住（夜間）人口（千人）	昼夜間人口比率
北海道	5 504	5 506	100.0	5 379	5 382	99.9	5 223	5 225	100.0
青森	1 374	1 373	100.0	1 306	1 308	99.8	1 237	1 238	99.9
岩手	1 326	1 330	99.7	1 277	1 280	99.8	1 208	1 211	99.8
宮城	2 352	2 348	100.2	2 340	2 334	100.3	2 304	2 302	100.1
秋田	1 085	1 086	99.9	1 021	1 023	99.8	958	960	99.8
山形	1 167	1 169	99.8	1 120	1 124	99.7	1 065	1 068	99.7
福島	2 021	2 029	99.6	1 918	1 914	100.2	1 835	1 833	100.1
茨城	2 887	2 970	97.2	2 842	2 917	97.4	2 799	2 867	97.6
栃木	1 990	2 008	99.1	1 955	1 974	99.0	1 914	1 933	99.0
群馬	2 005	2 008	99.9	1 971	1 973	99.9	1 939	1 939	100.0
埼玉	6 373	7 195	88.6	6 352	7 267	87.4	6 435	7 345	87.6
千葉	5 560	6 216	89.5	5 486	6 223	88.2	5 550	6 284	88.3
東京	15 576	13 159	118.4	16 243	13 515	120.2	16 752	14 048	119.2
神奈川	8 254	9 048	91.2	8 197	9 126	89.8	8 306	9 237	89.9
新潟	2 375	2 374	100.0	2 303	2 304	99.9	2 201	2 201	100.0
富山	1 091	1 093	99.8	1 064	1 066	99.8	1 033	1 035	99.8
石川	1 172	1 170	100.2	1 156	1 154	100.2	1 134	1 133	100.2
福井	807	806	100.1	787	787	100.0	768	767	100.2
山梨	855	863	99.0	829	835	99.3	805	810	99.3
長野	2 149	2 152	99.9	2 094	2 099	99.8	2 042	2 048	99.7
岐阜	1 998	2 081	96.0	1 950	2 032	96.0	1 906	1 979	96.3
静岡	3 760	3 765	99.9	3 694	3 700	99.8	3 627	3 633	99.8
愛知	7 521	7 411	101.5	7 591	7 483	101.4	7 638	7 542	101.3
三重	1 820	1 855	98.1	1 784	1 816	98.2	1 742	1 770	98.4
滋賀	1 363	1 411	96.6	1 364	1 413	96.5	1 366	1 414	96.6
京都	2 668	2 636	101.2	2 659	2 610	101.9	2 629	2 578	102.0
大阪	9 281	8 865	104.7	9 245	8 839	104.6	9 228	8 838	104.4
兵庫	5 348	5 588	95.7	5 272	5 535	95.3	5 210	5 465	95.3
奈良	1 260	1 401	89.9	1 224	1 364	89.7	1 195	1 324	90.2
和歌山	983	1 002	98.1	946	964	98.2	908	923	98.4
鳥取	589	589	100.0	573	573	99.8	552	553	99.8
島根	718	717	100.0	695	694	100.1	672	671	100.1
岡山	1 943	1 945	99.9	1 923	1 922	100.1	1 890	1 888	100.1
広島	2 869	2 861	100.3	2 850	2 844	100.2	2 804	2 800	100.1
山口	1 444	1 451	99.5	1 399	1 405	99.6	1 337	1 342	99.6
徳島	783	785	99.7	753	756	99.6	717	720	99.6
香川	998	996	100.2	979	976	100.3	951	950	100.1
愛媛	1 433	1 431	100.1	1 385	1 385	100.0	1 336	1 335	100.1
高知	763	764	99.9	727	728	99.9	691	692	99.9
福岡	5 078	5 072	100.1	5 103	5 102	100.0	5 136	5 135	100.0
佐賀	852	850	100.2	837	833	100.5	817	811	100.7
長崎	1 423	1 427	99.8	1 374	1 377	99.8	1 309	1 312	99.7
熊本	1 810	1 817	99.6	1 778	1 786	99.5	1 732	1 738	99.7
大分	1 197	1 197	100.0	1 165	1 166	99.9	1 123	1 124	99.9
宮崎	1 136	1 135	100.0	1 103	1 104	99.9	1 069	1 070	99.9
鹿児島	1 704	1 706	99.9	1 647	1 648	99.9	1 587	1 588	99.9
沖縄	1 392	1 393	100.0	1 433	1 434	99.9	1 467	1 467	100.0
全国	128 057	128 057	100.0	127 095	127 095	100.0	126 146	126 146	100.0

総務省「国勢調査」より作成。2015年および2020年は不詳補完値。354ページの注記参照。

表 1 - 20　将来推計人口 （各年10月 1 日時点）

	2030			2035			2040		
	人口 （千人）	年齢階級別割合 （%）		人口 （千人）	年齢階級別割合 （%）		人口 （千人）	年齢階級別割合 （%）	
		0 〜14 歳	65歳 以上		0 〜14 歳	65歳 以上		0 〜14 歳	65歳 以上
北海道	4 792	9.7	36.1	4 546	9.3	38.0	4 280	9.1	40.9
青森	1 076	9.3	39.1	994	8.8	41.4	909	8.5	44.4
岩手	1 096	10.2	37.3	1 029	9.8	38.8	958	9.5	41.2
宮城	2 144	10.7	33.1	2 046	10.2	35.0	1 933	9.9	37.9
秋田	814	8.5	43.0	744	8.0	44.9	673	7.7	47.5
山形	957	10.6	37.6	897	10.2	38.9	834	9.9	41.0
福島	1 635	10.1	37.5	1 534	9.7	39.4	1 426	9.4	42.2
茨城	2 638	10.6	33.5	2 512	10.2	35.3	2 376	10.1	38.2
栃木	1 806	11.1	31.7	1 730	10.8	33.2	1 647	10.7	35.7
群馬	1 796	10.7	33.1	1 720	10.3	34.9	1 638	10.2	37.7
埼玉	7 076	11.0	29.4	6 909	10.8	31.3	6 721	10.8	34.2
千葉	5 986	10.7	30.4	5 823	10.4	32.2	5 646	10.4	35.0
東京	13 883	10.6	24.7	13 852	10.4	26.5	13 759	10.4	29.0
神奈川	8 933	10.9	28.3	8 751	10.7	30.7	8 541	10.7	33.6
新潟	2 031	10.6	35.6	1 926	10.3	37.0	1 815	10.1	39.2
富山	955	10.3	34.7	910	9.9	36.0	863	9.9	38.8
石川	1 071	11.3	32.0	1 033	11.0	33.3	990	11.0	35.9
福井	710	11.6	33.8	680	11.3	35.0	647	11.3	37.2
山梨	724	10.3	36.0	684	10.0	38.6	642	9.9	41.4
長野	1 878	10.8	35.4	1 793	10.5	37.3	1 705	10.4	40.0
岐阜	1 821	11.4	33.0	1 735	11.1	34.6	1 646	11.0	37.3
静岡	3 380	11.2	33.3	3 242	10.9	35.0	3 094	10.9	37.5
愛知	7 359	12.1	27.3	7 228	11.8	29.0	7 071	11.8	31.6
三重	1 645	11.3	32.6	1 576	11.0	34.2	1 504	10.9	36.9
滋賀	1 372	12.9	28.7	1 341	12.6	30.2	1 304	12.6	32.7
京都	2 431	10.5	31.5	2 339	10.2	33.2	2 238	10.2	36.1
大阪	8 262	10.7	29.6	7 963	10.5	31.6	7 649	10.5	34.7
兵庫	5 139	11.0	32.3	4 949	10.6	34.3	4 743	10.5	37.3
奈良	1 202	10.7	34.9	1 136	10.4	36.9	1 066	10.5	39.7
和歌山	829	10.8	35.4	782	10.6	36.7	734	10.6	38.9
鳥取	516	11.9	34.9	495	11.6	35.6	472	11.5	37.4
島根	615	11.5	36.6	588	11.3	37.0	558	11.3	38.5
岡山	1 797	11.8	31.9	1 742	11.6	32.7	1 681	11.6	34.9
広島	2 689	12.1	30.9	2 609	11.9	31.9	2 521	12.0	34.1
山口	1 230	10.8	35.9	1 166	10.6	36.6	1 100	10.6	38.6
徳島	651	10.2	36.7	614	9.9	37.8	574	9.8	40.1
香川	889	11.2	33.8	853	10.9	34.7	815	10.9	37.0
愛媛	1 212	10.7	36.3	1 148	10.3	37.5	1 081	10.1	40.0
高知	614	10.1	37.9	576	9.8	38.8	536	9.7	41.2
福岡	4 955	12.3	30.5	4 842	12.0	31.6	4 705	11.9	33.7
佐賀	757	12.9	33.4	728	12.6	34.3	697	12.5	35.8
長崎	1 192	11.6	36.6	1 124	11.3	37.8	1 054	11.1	39.6
熊本	1 636	12.8	34.3	1 577	12.6	35.0	1 512	12.6	36.2
大分	1 044	11.5	35.6	997	11.2	36.4	947	11.1	38.1
宮崎	977	12.5	36.3	928	12.1	37.1	877	12.0	38.7
鹿児島	1 437	12.5	36.7	1 362	12.1	37.8	1 284	11.8	39.4
沖縄	1 470	16.0	26.1	1 466	15.6	27.8	1 452	15.4	30.0
全国	119 125	11.1	31.2	115 216	10.8	32.8	110 919	10.8	35.3

国立社会保障・人口問題研究所「日本の地域別将来推計人口」（2018年推計）より作成。

表1-21　人口規模別の市町村数（2023年1月1日現在）

	市					町村		
	30万人以上	10万人以上30万人未満	5万人以上10万人未満	3万人以上5万人未満	3万人未満	3万人以上	1万人以上3万人未満	1万人未満
北海道	2	7	6	6	14	1	22	121
青森	—	3	3	4	—	—	13	17
岩手	—	3	3	4	4	1	8	10
宮城	1	2	7	3	1	3	12	6
秋田	1	—	4	3	5	—	3	9
山形	—	2	3	3	5	—	8	14
福島	2	2	5	3	1	—	15	31
茨城	—	8	12	10	2	3	7	2
栃木	1	5	5	2	1	2	9	—
群馬	2	3	4	3	—	2	10	11
埼玉	5	16	18	1	—	7	12	4
千葉	5	12	10	9	1	—	9	8
東京	2	15	9	—	—	1	1	11
	*13	*9	*1	—	—	—	—	—
神奈川	5	9	3	2	—	4	6	4
新潟	1	2	7	8	2	—	2	8
富山	1	1	1	6	1	—	4	1
石川	1	2	2	3	3	1	5	2
福井	—	1	4	1	3	—	3	5
山梨	—	1	3	4	5	—	5	9
長野	1	2	7	6	3	—	15	43
岐阜	1	4	7	6	3	—	12	9
静岡	2	8	5	6	—	3	4	5
愛知	6	9	19	4	—	7	5	4
三重	1	5	2	3	3	1	9	5
滋賀	1	4	6	2	—	—	3	3
京都	1	1	10	2	1	1	4	6
大阪	7	14	12	—	—	2	5	3
兵庫	5	5	6	10	3	3	9	—
奈良	1	2	5	1	3	2	7	18
和歌山	1	—	4	1	3	—	8	13
鳥取	—	2	—	2	—	—	8	7
島根	—	2	1	4	1	—	2	9
岡山	2	—	3	7	3	—	8	4
広島	2	4	1	3	4	2	4	3
山口	—	6	2	4	1	—	3	3
徳島	—	1	2	3	2	1	6	9
香川	1	1	3	2	1	—	7	2
愛媛	1	3	2	5	—	1	3	5
高知	1	—	—	3	7	—	4	19
福岡	3	6	10	7	3	8	14	9
佐賀	—	2	2	3	3	—	5	5
長崎	1	2	1	4	5	1	5	2
熊本	1	1	5	4	3	3	10	18
大分	1	1	4	3	5	—	2	2
宮崎	1	2	1	2	3	—	2	9
鹿児島	1	2	2	6	7	—	5	19
沖縄	1	4	4	2	—	4	8	18
全国	72	187	236	180	117	64	337	525

府県別統計　市町村

総務省「住民基本台帳に基づく人口、人口動態及び世帯数」より作成。北海道および全国の村には北方領土の6村を含まない。人口には外国人を含む。*印は東京23区の内訳で、外数。

表 1 - 22　市町村数の変遷

	1953年 9 月30日現在 （町村合併促進法施行前）			1999年 3 月31日現在 （地方分権一括法施行前）			2023年 3 月31日現在		
	市	町	村*	市	町	村*	市	町	村*
北海道	16	103	159	34	154	24	35	129	15
青森	3	33	127	8	34	25	10	22	8
岩手	5	33	183	13	30	16	14	15	4
宮城	5	49	133	10	59	2	14	20	1
秋田	4	50	170	9	50	10	13	9	3
山形	5	30	187	13	27	4	13	19	3
福島	5	65	309	10	52	28	13	31	15
茨城	4	54	308	20	48	17	32	10	2
栃木	5	37	128	12	35	2	14	11	─
群馬	5	40	151	11	33	26	12	15	8
埼玉	8	49	266	43	38	11	40	22	1
千葉	10	76	198	31	44	5	37	16	1
東京	5	19	60	27	5	8	26	5	8
神奈川	8	35	73	19	17	1	19	13	1
新潟	7	51	326	20	57	35	20	6	4
富山	5	28	125	9	18	8	10	4	1
石川	3	36	141	8	27	6	11	8	─
福井	4	18	128	7	22	6	9	8	─
山梨	2	19	171	7	37	20	13	8	6
長野	6	34	338	17	36	67	19	23	35
岐阜	6	55	225	14	55	30	21	19	2
静岡	12	50	219	21	49	4	23	12	─
愛知	13	83	121	31	47	10	38	14	2
三重	7	37	230	13	47	9	14	15	─
滋賀	3	24	133	7	42	1	13	6	─
京都	5	25	119	12	31	1	15	10	1
大阪	17	43	89	33	10	1	33	9	1
兵庫	14	58	250	21	70	─	29	12	─
奈良	2	32	104	10	20	17	12	15	12
和歌山	4	33	163	7	36	7	9	20	1
鳥取	2	28	105	4	31	4	4	14	1
島根	4	34	164	8	41	10	8	10	1
岡山	9	67	201	10	56	12	15	10	2
広島	6	65	258	13	67	6	14	9	─
山口	10	31	129	14	37	5	13	6	─
徳島	3	43	82	4	38	8	8	15	1
香川	3	21	134	5	38	─	8	9	─
愛媛	6	41	187	12	44	14	11	9	─
高知	1	40	129	9	25	19	11	17	6
福岡	12	68	182	24	65	8	29	29	2
佐賀	2	27	93	7	37	5	10	10	─
長崎	5	48	107	8	70	1	13	8	─
熊本	5	41	274	11	62	21	14	23	8
大分	7	40	148	11	36	11	14	3	1
宮崎	6	26	47	9	28	7	9	14	3
鹿児島	6	51	66	14	73	9	19	20	4
沖縄	─	─	─	10	16	27	11	11	19
全国	285	1 970	7 640	670	1 994	568	792	743	183

総務省資料より作成。東京23区は含まない。*北海道および全国の村には北方領土の 6 村を含まない。

第 2 章
労働

表2-1 有業者（2022年10月1日現在）（単位 千人）

	15歳以上人口	有業者	仕事が主な者	仕事は従な者	無業者	求職者	有業率（％）
北海道	4 593.6	2 629.6	2 187.0	439.5	1 964.0	128.1	57.2
青森	1 077.6	611.4	542.2	67.8	466.2	30.0	56.7
岩手	1 054.9	623.1	548.5	73.5	431.9	25.5	59.1
宮城	2 018.3	1 201.8	1 029.5	170.4	816.4	63.3	59.5
秋田	842.9	474.4	417.7	55.8	368.5	19.3	56.3
山形	926.0	552.1	487.6	63.9	373.8	20.8	59.6
福島	1 591.4	942.7	824.7	116.8	648.6	45.6	59.2
茨城	2 511.8	1 520.8	1 284.8	234.2	991.0	61.7	60.5
栃木	1 688.4	1 030.3	877.1	150.6	658.1	47.7	61.0
群馬	1 694.4	1 038.0	871.6	164.6	656.4	44.7	61.3
埼玉	6 480.7	3 972.7	3 256.6	712.7	2 508.0	204.5	61.3
千葉	5 539.3	3 368.1	2 778.6	586.3	2 171.1	147.3	60.8
東京	12 458.9	8 297.1	7 046.5	1 236.8	4 161.9	391.9	66.6
神奈川	8 165.1	5 115.1	4 164.4	946.3	3 050.0	255.2	62.6
新潟	1 916.3	1 126.2	979.4	145.2	790.1	48.3	58.8
富山	904.4	548.3	473.9	73.5	356.1	17.9	60.6
石川	983.6	603.0	513.7	88.2	380.5	22.6	61.3
福井	660.5	419.8	365.5	52.9	240.8	12.9	63.5
山梨	711.1	440.7	370.1	70.2	270.5	18.6	62.0
長野	1 783.8	1 105.4	937.1	166.5	678.4	42.3	62.0
岐阜	1 710.5	1 058.1	860.0	197.0	652.4	41.7	61.9
静岡	3 158.0	1 954.8	1 629.5	322.1	1 203.2	83.2	61.9
愛知	6 534.6	4 106.0	3 354.5	746.3	2 428.6	176.7	62.8
三重	1 534.7	923.6	760.4	162.3	611.1	40.4	60.2
滋賀	1 220.6	766.6	623.0	142.1	454.0	33.7	62.8
京都	2 259.8	1 360.9	1 085.5	270.8	898.9	68.7	60.2
大阪	7 766.1	4 650.9	3 724.8	912.0	3 115.2	278.5	59.9
兵庫	4 751.3	2 751.7	2 211.4	531.6	1 999.5	146.3	57.9
奈良	1 157.0	636.9	504.0	131.6	520.1	36.9	55.1
和歌山	801.4	460.3	376.9	82.1	341.1	20.3	57.4
鳥取	476.3	284.3	249.1	34.1	192.0	11.3	59.7
島根	577.5	341.7	297.9	43.6	235.9	11.4	59.2
岡山	1 634.6	967.3	807.6	157.2	667.3	44.8	59.2
広島	2 409.7	1 453.2	1 194.8	255.9	956.5	64.2	60.3
山口	1 162.7	660.8	544.2	115.8	502.0	25.9	56.8
徳島	627.6	354.3	302.3	51.5	273.3	16.3	56.5
香川	821.6	477.8	407.4	69.5	343.8	20.6	58.2
愛媛	1 157.8	660.0	553.5	105.6	497.7	29.0	57.0
高知	603.6	345.3	297.4	47.6	258.3	15.8	57.2
福岡	4 450.0	2 652.9	2 190.2	461.0	1 797.1	140.3	59.6
佐賀	693.9	419.1	356.5	61.4	274.7	17.4	60.4
長崎	1 118.2	639.2	542.8	94.1	479.1	28.3	57.2
熊本	1 491.7	879.8	752.4	126.2	612.0	43.1	59.0
大分	972.8	557.7	471.5	85.8	415.1	27.3	57.3
宮崎	915.5	537.0	463.4	72.9	378.6	26.5	58.7
鹿児島	1 359.4	795.3	669.9	124.4	564.2	36.5	58.5
沖縄	1 225.2	744.3	642.9	99.0	480.8	49.6	60.8
全国	110 195.2	67 060.4	55 830.1	11 119.1	43 134.8	3 182.9	60.9
15～64歳	73 934.4	57 893.3	49 315.7	8 511.9	16 041.1	2 733.1	78.3
65歳以上	36 260.9	9 167.1	6 514.4	2 607.1	27 093.7	449.8	25.3

総務省「就業構造基本調査」（2022年）より作成。年齢別は5歳階級別のデータを集計。「有業者」の定義や「就業者」との違いなどについては、354ページの資料・注記を参照。

表 2 - 2　男女別有業者 (2022年10月 1 日現在) (単位　千人)

	有業者		仕事が主な者		無業者		有業率 (%)	
	男	女	男	女	男	女	男	女
北海道	1 424.5	1 205.0	1 365.8	821.2	716.7	1 247.4	66.5	49.1
青森	327.4	284.0	318.2	224.0	174.3	291.9	65.3	49.3
岩手	340.0	283.0	328.4	220.1	164.9	267.0	67.3	51.5
宮城	665.4	536.4	633.5	396.0	311.2	505.3	68.1	51.5
秋田	259.8	214.7	250.1	167.6	134.5	234.0	65.9	47.8
山形	298.7	253.5	287.3	200.3	146.1	227.7	67.2	52.7
福島	533.7	409.0	513.7	311.0	248.0	400.7	68.3	50.5
茨城	857.9	663.0	819.4	465.3	390.4	600.6	68.7	52.5
栃木	580.9	449.4	560.0	317.2	256.7	401.4	69.4	52.8
群馬	573.7	464.4	548.5	323.1	260.0	396.4	68.8	53.9
埼玉	2 233.0	1 739.7	2 117.5	1 139.2	968.3	1 539.7	69.8	53.0
千葉	1 887.1	1 481.0	1 791.7	986.9	841.4	1 329.8	69.2	52.7
東京	4 533.0	3 764.0	4 277.0	2 769.5	1 542.2	2 619.7	74.6	59.0
神奈川	2 869.7	2 245.3	2 713.4	1 451.0	1 157.9	1 892.1	71.3	54.3
新潟	610.8	515.4	587.2	392.2	313.2	476.8	66.1	51.9
富山	300.7	247.6	287.1	186.8	136.1	220.0	68.8	53.0
石川	322.8	280.2	307.4	206.3	150.6	229.9	68.2	54.9
福井	227.7	192.1	218.3	147.3	92.7	148.1	71.1	56.5
山梨	243.4	197.2	232.9	137.2	103.9	166.6	70.1	54.2
長野	601.4	504.0	575.8	361.3	264.7	413.8	69.4	54.9
岐阜	575.9	482.2	549.1	310.9	248.0	404.4	69.9	54.4
静岡	1 077.8	877.0	1 032.5	597.1	468.0	735.2	69.7	54.4
愛知	2 310.7	1 795.3	2 199.6	1 154.9	927.6	1 501.0	71.4	54.5
三重	509.0	414.6	485.4	274.9	235.0	376.1	68.4	52.4
滋賀	424.1	342.5	398.3	224.7	173.5	280.5	71.0	55.0
京都	717.7	643.2	663.9	421.5	348.8	550.1	67.3	53.9
大阪	2 499.1	2 151.8	2 340.2	1 384.6	1 180.2	1 935.1	67.9	52.7
兵庫	1 485.5	1 266.2	1 398.2	813.2	745.6	1 253.9	66.6	50.2
奈良	344.3	292.7	320.3	183.7	193.9	326.2	64.0	47.3
和歌山	248.8	211.5	239.2	137.6	125.0	216.1	66.6	49.5
鳥取	150.0	134.3	143.1	106.0	75.2	116.8	66.6	53.5
島根	185.1	156.5	176.4	121.5	91.5	144.4	66.9	52.0
岡山	524.9	442.4	495.0	312.7	253.5	413.8	67.4	51.7
広島	794.2	659.0	753.2	441.6	361.3	595.3	68.7	52.5
山口	360.4	300.4	343.6	200.5	186.1	315.8	65.9	48.7
徳島	187.8	166.5	179.0	123.2	109.1	164.2	63.3	50.3
香川	259.8	218.0	249.3	158.1	132.9	210.9	66.2	50.8
愛媛	354.4	305.6	340.5	213.0	189.0	308.8	65.2	49.7
高知	179.8	165.5	171.1	126.3	102.6	155.7	63.7	51.5
福岡	1 405.6	1 247.3	1 331.9	858.3	673.8	1 123.3	67.6	52.6
佐賀	221.2	198.0	211.5	145.0	103.8	170.9	68.0	53.7
長崎	336.2	303.0	323.7	219.1	180.5	298.6	65.1	50.4
熊本	460.5	419.3	438.0	314.4	237.4	374.6	66.0	52.8
大分	300.3	257.4	286.6	184.9	156.7	258.4	65.7	49.9
宮崎	283.1	253.9	273.3	190.2	143.8	234.8	66.3	52.0
鹿児島	416.5	378.8	398.4	271.4	216.6	347.5	65.8	52.2
沖縄	401.8	342.6	385.2	257.6	195.5	285.3	67.3	54.6
全国	36 706.2	30 354.2	34 859.6	20 970.6	16 428.5	26 706.2	69.1	53.2
15～64歳	31 281.3	26 611.8	30 075.9	19 239.6	6 119.4	9 921.8	83.6	72.8
65歳以上	5 424.9	3 742.3	4 783.5	1 730.9	10 309.1	16 784.6	34.5	18.2

表2-1の内訳。

表2-3　産業別有業者数（2022年10月1日現在）（単位　千人）

	農業、林業	漁業	建設業	製造業	電気・ガス・熱供給・水道業	情報通信業	運輸業、郵便業	卸売業、小売業
北海道	86.3	22.2	205.4	217.4	14.3	72.6	142.3	393.0
青森	54.4	4.3	60.1	63.5	4.5	7.5	27.8	89.1
岩手	47.8	4.3	56.0	93.7	4.1	6.8	32.2	84.3
宮城	38.9	7.4	108.5	151.4	10.1	30.1	67.7	197.7
秋田	32.9	0.3	45.9	72.9	2.7	4.7	18.0	70.8
山形	39.9	0.5	44.6	112.7	1.9	5.2	19.9	74.6
福島	55.8	1.4	88.5	183.7	9.7	11.9	39.3	133.4
茨城	81.6	1.0	106.9	315.9	8.6	33.9	86.3	204.3
栃木	51.2	—	65.0	252.7	4.4	13.0	50.7	135.7
群馬	46.0	—	71.8	236.5	7.1	15.0	47.0	143.6
埼玉	49.0	0.2	284.8	567.4	17.5	228.5	279.7	578.6
千葉	66.5	3.4	231.2	388.1	14.9	205.8	247.2	494.9
東京	20.5	0.7	401.4	747.9	34.6	1 049.1	350.7	1 152.7
神奈川	31.7	3.3	316.2	709.5	19.5	436.6	301.3	700.5
新潟	46.2	1.9	108.6	215.0	8.0	18.1	51.1	168.4
富山	13.2	0.7	46.2	135.4	4.4	10.4	22.7	74.1
石川	10.4	1.7	48.3	116.0	3.3	14.8	24.5	90.2
福井	10.9	0.8	42.7	87.1	5.2	6.6	15.1	57.3
山梨	25.2	0.3	33.4	83.7	3.3	6.9	15.6	58.3
長野	82.8	0.2	79.9	238.8	7.0	15.8	42.5	145.3
岐阜	30.1	0.5	80.4	258.4	1.5	14.6	44.1	143.8
静岡	54.0	3.0	144.1	495.0	7.4	30.4	105.8	271.6
愛知	63.5	2.7	270.6	970.3	24.3	103.7	227.8	610.6
三重	25.1	5.0	54.6	217.3	6.5	12.4	56.2	119.0
滋賀	15.6	0.2	42.4	203.4	2.9	12.3	31.9	103.9
京都	21.0	0.5	74.3	221.2	5.5	34.5	56.6	196.6
大阪	12.9	—	272.5	670.4	18.5	186.9	269.7	780.5
兵庫	35.3	5.2	166.5	501.5	13.9	76.7	139.2	407.8
奈良	12.3	—	36.5	97.9	5.1	16.1	29.5	96.0
和歌山	35.9	1.4	34.1	66.5	2.9	4.7	20.4	66.1
鳥取	18.6	1.3	22.0	39.3	2.0	3.6	11.7	38.1
島根	14.0	2.3	28.6	47.4	2.9	4.5	11.9	47.1
岡山	36.5	0.8	71.9	186.0	7.8	15.9	51.4	136.0
広島	34.7	2.6	101.9	269.2	8.9	31.0	77.2	222.5
山口	19.1	3.6	53.6	116.6	5.3	9.7	34.1	98.9
徳島	22.7	1.6	26.1	55.4	2.6	4.3	12.3	49.4
香川	20.6	1.7	35.8	84.6	3.1	8.1	23.2	69.4
愛媛	31.2	7.1	50.2	102.4	3.0	10.8	31.3	93.1
高知	27.5	2.9	30.7	28.0	2.8	4.3	10.5	49.0
福岡	52.5	1.3	195.1	344.9	14.3	83.6	157.2	402.6
佐賀	25.9	2.2	37.1	68.0	3.2	6.0	18.3	53.1
長崎	27.9	10.1	50.4	68.5	4.4	7.9	26.0	90.8
熊本	68.6	4.8	72.6	111.1	4.1	11.5	29.2	124.9
大分	28.1	2.0	45.8	80.9	2.9	8.9	21.9	75.9
宮崎	45.3	2.9	46.8	62.1	2.8	7.5	22.8	71.2
鹿児島	52.2	5.2	62.7	84.7	4.6	8.1	35.6	116.9
沖縄	21.5	3.1	68.2	37.1	5.6	20.8	32.7	91.8
全国	1 743.6	128.6	4 629.0	10 477.4	356.8	2 932.0	3 470.0	9 673.5

資料は表2-1に同じ。表2-1有業者数の内訳で、日本標準産業分類大分類による分類。掲載した産業のほか、鉱業、採石業、砂利採取業（23.6千人）や、分類不能（1948.5千人）がある。1）他のサービス業↗

金融業、保険業	不動産業、物品賃貸業	学術研究、専門・技術サービス業	宿泊業、飲食サービス業	生活関連サービス業、娯楽業	教育、学習支援業	医療、福祉	サービス業1)	公務2)
51.8	57.7	90.2	181.1	95.0	133.8	411.4	252.0	146.7
14.3	6.9	13.6	31.6	20.5	30.5	93.8	45.2	31.7
11.5	7.6	14.3	29.8	19.5	31.1	90.5	45.1	26.9
23.3	25.9	41.8	62.0	42.5	72.5	147.3	97.5	44.6
8.6	5.0	9.7	21.5	16.2	20.5	72.1	36.0	25.7
12.2	5.5	13.1	26.0	16.3	23.7	83.6	37.0	23.4
15.3	11.1	25.2	47.4	31.1	40.6	120.7	67.3	35.7
28.3	19.3	67.8	66.1	49.6	68.6	184.3	99.5	54.4
18.8	15.2	35.7	56.5	36.7	46.1	117.0	64.1	31.7
21.3	12.0	26.1	55.1	36.7	45.1	152.7	57.8	37.1
97.2	99.8	165.3	209.5	128.6	195.7	478.0	332.1	142.7
107.8	86.5	144.5	183.5	130.7	155.0	382.7	281.6	130.8
339.7	326.3	611.8	433.3	266.4	426.1	884.3	735.1	273.5
135.5	157.1	263.4	265.4	172.7	276.7	641.4	387.5	150.6
19.6	13.7	31.1	59.2	38.3	53.3	146.6	76.4	43.4
13.3	6.7	15.8	23.8	17.2	26.4	70.6	37.6	17.0
12.0	8.7	18.8	32.5	19.6	37.3	82.7	43.0	23.7
8.5	3.8	13.7	19.7	12.2	23.1	54.9	31.5	17.0
8.8	6.4	15.0	29.5	14.9	20.8	57.7	28.5	22.8
20.7	16.6	27.5	56.8	37.1	47.9	158.8	62.9	41.8
19.7	12.6	30.2	55.4	34.8	51.8	138.7	67.4	36.7
33.6	30.6	64.0	103.5	68.7	91.7	230.2	118.8	61.4
87.6	69.5	151.8	219.2	131.9	192.6	472.5	272.4	111.8
19.0	14.8	26.4	46.5	30.5	45.6	116.6	62.2	31.1
11.8	13.3	24.3	39.6	20.7	45.9	97.4	48.9	24.5
29.5	27.2	57.7	95.7	37.7	96.4	211.8	101.0	48.1
96.2	144.7	178.5	297.3	160.6	231.0	655.0	346.6	139.1
57.0	69.7	112.6	157.6	88.1	155.2	399.5	190.8	79.0
15.7	14.9	24.6	35.4	24.5	39.9	95.4	48.3	24.3
8.3	5.8	10.1	23.6	15.5	24.3	74.2	32.8	20.8
5.6	3.4	7.7	13.7	9.4	16.4	46.7	20.3	14.8
6.6	4.8	11.1	15.8	10.7	19.1	62.8	28.4	15.9
18.6	14.9	25.4	42.0	27.2	55.7	148.3	65.8	33.6
29.2	32.1	52.0	72.4	42.7	74.9	215.1	100.1	49.2
11.6	9.4	18.0	32.2	20.3	33.2	107.5	43.4	28.6
7.3	5.4	10.1	14.3	10.5	19.9	61.0	24.3	18.9
11.8	8.1	15.1	22.1	12.8	26.3	67.3	34.6	20.6
16.4	7.6	18.8	28.8	22.6	38.3	105.0	43.3	28.0
7.3	5.5	10.9	18.5	11.3	19.2	61.3	26.1	19.7
56.8	65.6	94.7	154.3	76.3	130.5	407.4	224.4	107.6
7.2	4.7	9.4	19.3	14.5	22.6	66.5	28.3	21.1
14.8	8.3	16.8	34.6	22.6	35.9	116.6	50.7	32.9
15.7	15.5	24.1	44.9	29.9	42.6	156.2	57.9	44.8
13.8	8.8	14.8	31.5	16.8	26.9	94.2	39.8	29.6
11.0	6.7	14.3	29.4	16.9	29.4	88.1	38.2	28.8
14.1	12.3	23.3	44.5	29.7	40.3	148.4	54.5	41.3
16.0	15.8	27.6	59.5	27.1	44.7	125.7	68.3	51.1
1 611.0	1 523.8	2 718.9	3 642.1	2 216.0	3 425.2	9 000.9	5 055.0	2 484.4

＼に分類されないもの。なお、本項目には大分類「複合サービス事業」（郵便局や協同組合、461.6千人）を含めた。2) 他に分類されるものを除く。その他の注記は355ページ参照。

図 2 - 1　産業別の有業者割合 （2022年10月1日現在）

表2-3より作成。分類不能を除く割合で、合計が100％になるよう調整していない。第 1 次産業は農林水産業。第 2 次産業は鉱業、採石業、砂利採取業、建設業、製造業。第 3 次産業はその他の産業。

表 2 - 4 **従業上の地位別有業者数** (2022年10月1日現在) (単位 千人)

	自営業主	家族従業者	雇用者1)	会社などの役員	正規の職員・従業員	非正規職員・従業員2)		
						パート・アルバイト	派遣社員3)	契約社員
北海道	185.7	36.5	2 402.9	143.6	1 358.1	628.7	37.4	138.3
青森	61.4	22.4	525.6	27.5	320.5	119.2	6.1	30.5
岩手	58.4	14.3	548.3	29.0	335.1	120.6	9.3	30.3
宮城	87.6	16.6	1 094.5	58.9	671.9	239.9	28.8	61.7
秋田	48.3	10.0	415.4	21.9	257.1	88.4	6.4	23.2
山形	54.4	16.6	479.8	27.6	304.7	92.1	10.2	25.5
福島	83.3	26.3	829.8	54.0	514.3	167.7	17.6	43.4
茨城	121.7	38.9	1 356.3	70.1	803.2	329.3	36.1	64.3
栃木	79.3	27.6	919.8	52.8	549.2	219.9	23.7	43.8
群馬	85.8	20.1	930.0	57.1	539.3	228.8	27.7	42.6
埼玉	252.4	48.4	3 663.8	201.6	2 132.4	952.7	101.7	177.4
千葉	203.1	44.4	3 113.0	156.4	1 866.2	749.2	84.5	163.3
東京	568.5	57.6	7 652.0	554.3	4 781.2	1 484.6	248.4	382.0
神奈川	296.5	47.8	4 762.0	260.1	2 855.9	1 136.6	137.3	246.7
新潟	94.8	23.6	1 005.2	57.2	618.9	234.0	16.6	47.0
富山	40.4	9.9	497.4	28.0	317.6	102.2	12.4	20.1
石川	45.8	8.6	547.9	34.0	337.8	122.5	13.1	22.0
福井	34.4	8.3	376.3	25.3	233.4	82.7	6.5	15.9
山梨	48.8	9.4	382.0	22.9	220.8	98.2	9.0	18.5
長野	112.6	34.0	956.0	60.7	564.8	234.8	17.8	41.5
岐阜	85.5	18.5	951.8	59.2	547.1	256.6	24.3	32.6
静岡	160.0	22.5	1 768.8	98.9	1 038.5	450.7	48.7	78.8
愛知	269.0	41.7	3 785.6	211.7	2 260.1	953.9	104.4	154.5
三重	69.4	14.0	838.0	44.4	485.8	218.5	20.4	34.6
滋賀	53.1	11.7	700.1	34.2	398.2	186.3	23.8	31.5
京都	119.3	26.3	1 212.4	70.2	677.3	346.3	29.7	49.3
大阪	362.8	54.6	4 220.2	250.3	2 390.0	1 127.4	124.1	196.3
兵庫	203.6	38.4	2 502.2	129.8	1 441.9	665.3	59.5	120.4
奈良	49.8	12.4	573.5	34.1	320.2	166.7	10.4	22.8
和歌山	53.5	17.9	387.0	20.3	227.1	105.4	4.5	16.2
鳥取	25.3	7.6	250.4	14.5	153.2	55.1	3.4	12.2
島根	30.6	6.5	303.9	18.2	182.1	67.3	4.7	14.3
岡山	78.3	16.7	868.9	52.7	526.9	206.4	15.9	37.9
広島	103.8	25.5	1 320.9	81.3	786.9	324.0	30.1	55.3
山口	50.8	7.2	601.2	34.2	363.7	149.4	9.7	20.6
徳島	35.2	12.7	305.3	21.2	190.1	65.2	4.2	13.6
香川	37.8	9.4	429.5	26.9	265.4	95.5	8.0	18.3
愛媛	61.7	17.9	577.9	37.1	350.3	139.8	8.0	24.1
高知	40.4	12.4	291.1	17.9	175.8	66.2	3.0	15.3
福岡	207.2	25.9	2 414.9	126.9	1 382.3	621.0	64.7	129.0
佐賀	40.7	10.7	365.5	18.3	219.9	90.2	5.6	15.7
長崎	59.8	11.1	565.2	27.4	333.2	141.3	7.1	27.6
熊本	87.1	23.0	765.7	48.0	455.5	181.9	14.8	35.4
大分	49.7	10.0	496.9	29.5	302.9	116.7	7.9	21.4
宮崎	53.4	10.3	472.4	26.2	281.4	111.5	7.8	22.9
鹿児島	84.6	18.6	690.0	41.9	397.5	180.8	10.8	32.3
沖縄	72.9	12.9	655.0	29.0	378.4	156.9	10.9	55.0
全国	5 108.1	1 017.6	60 772.1	3 547.2	36 114.6	14 678.6	1 516.9	2 926.0

資料は表2-1に同じ。表2-1の有業者数の内訳。1) 役員を含む。2) 非正規職員・従業員 (21110.3千人) には、このほか嘱託 (1099.1千人) などがある。3) 労働者派遣事業所の派遣社員。

表 2 - 5 雇用形態別雇用者数 (2022年10月 1 日現在) (単位 千人)

	会社などの役員		正規の職員・従業員		パート・アルバイト		派遣社員1)・契約社員	
	男	女	男	女	男	女	男	女
北海道	108.0	35.7	888.9	469.1	145.0	483.8	88.7	87.0
青森	19.6	7.8	202.3	118.3	23.4	95.8	17.0	19.4
岩手	20.7	8.2	211.5	123.6	27.6	93.0	19.5	20.1
宮城	44.8	14.1	433.3	238.7	58.8	181.1	41.9	48.6
秋田	16.4	5.5	159.1	98.1	20.4	68.2	14.6	15.0
山形	19.9	7.8	182.2	122.5	22.5	69.8	17.2	18.5
福島	40.1	13.9	336.5	177.8	37.5	130.2	32.6	28.4
茨城	52.7	17.3	540.8	262.4	70.7	258.6	55.6	44.8
栃木	37.1	15.7	373.9	175.4	44.4	175.4	33.6	33.8
群馬	42.1	15.0	356.4	182.9	49.9	178.9	38.3	32.0
埼玉	159.8	41.8	1 448.5	684.0	229.9	722.7	138.6	140.4
千葉	119.8	36.6	1 244.1	622.0	174.2	575.0	121.3	126.4
東京	407.7	146.7	2 933.4	1 847.8	416.0	1 068.7	253.4	377.0
神奈川	200.3	59.8	1 913.0	942.8	268.5	868.1	187.0	197.0
新潟	44.0	13.1	397.3	221.6	49.4	184.6	28.1	35.4
富山	21.4	6.6	197.5	120.2	22.1	80.2	17.3	15.2
石川	26.3	7.7	205.8	132.0	29.0	93.4	16.6	18.6
福井	18.6	6.7	144.3	89.1	18.9	63.8	11.3	11.1
山梨	17.3	5.6	146.0	74.8	21.1	77.1	15.0	12.6
長野	43.8	16.9	368.1	196.7	48.9	185.9	30.0	29.3
岐阜	45.6	13.5	361.9	185.2	53.0	203.6	28.7	28.4
静岡	74.2	24.7	682.3	356.1	98.6	352.0	68.5	59.0
愛知	154.6	57.1	1 552.8	707.3	213.9	740.0	131.2	127.5
三重	31.9	12.5	329.6	156.2	46.1	172.4	28.1	26.9
滋賀	25.8	8.3	269.7	128.6	40.9	145.5	29.8	25.5
京都	52.7	17.6	426.0	251.3	86.6	259.6	36.0	43.1
大阪	180.4	70.0	1 541.3	848.7	266.0	861.4	153.8	166.6
兵庫	96.8	33.0	946.1	495.7	149.3	515.9	81.0	98.9
奈良	25.8	8.3	209.5	110.8	40.7	126.1	16.4	16.8
和歌山	13.6	6.7	149.9	77.2	23.8	81.6	10.4	10.3
鳥取	10.5	4.0	92.9	60.2	13.3	41.8	7.3	8.4
島根	13.6	4.7	113.8	68.2	15.4	52.0	9.6	9.4
岡山	38.2	14.5	338.6	188.3	47.4	158.9	22.5	31.3
広島	59.6	21.7	518.3	268.6	68.9	255.0	42.8	42.5
山口	24.4	9.8	237.8	125.9	32.1	117.4	15.5	14.8
徳島	14.6	6.7	114.9	75.2	14.1	51.2	8.3	9.6
香川	18.7	8.2	171.0	94.4	20.0	75.5	12.1	14.2
愛媛	27.7	9.3	221.2	129.1	27.9	111.9	14.0	18.1
高知	12.7	5.3	104.0	71.8	15.6	50.6	8.2	10.1
福岡	95.3	31.6	867.9	514.5	146.6	474.4	89.7	104.1
佐賀	13.3	5.0	136.1	83.8	18.6	71.5	9.8	11.5
長崎	20.6	6.8	206.8	126.5	28.7	112.6	18.1	16.6
熊本	34.9	13.1	272.4	183.2	40.3	141.6	24.6	25.8
大分	21.6	7.9	189.9	113.0	23.5	93.3	15.7	13.6
宮崎	18.3	7.9	174.5	107.0	21.6	89.9	15.3	15.4
鹿児島	29.5	12.4	247.5	150.0	37.3	143.7	20.2	22.8
沖縄	21.7	7.3	238.3	140.1	42.5	114.4	28.7	37.2
全国	2 637.1	910.1	23 397.8	12 716.8	3 411.0	11 267.6	2 124.2	2 318.6

資料は表2-4に同じ。表2-4雇用者の内訳。1) 派遣社員は労働者派遣事業所からのもの。

表 2-6 　雇用の動向（常用労働者）（2022年）（単位　千人）

	常用労働者 (2022年1月1日)	入職と離職[1]				労働力の移動（入職者）		
		入職者	離職者	入職率 (%)	離職率 (%)	県内移動	他県からの流入	他県への流出
北海道	1 642.5	278.9	271.8	17.0	16.5	265.2	13.6	18.7
青森	465.6	51.8	66.2	11.1	14.2	46.8	4.9	22.0
岩手	464.4	102.3	89.3	22.0	19.2	91.5	10.8	13.3
宮城	702.6	133.1	96.3	18.9	13.7	100.2	32.9	17.1
秋田	430.8	56.9	47.9	13.2	11.1	51.0	5.9	4.2
山形	346.7	52.3	54.6	15.1	15.8	46.9	5.5	12.3
福島	553.0	95.7	92.3	17.3	16.7	77.3	18.5	8.6
茨城	1 202.1	219.9	193.2	18.3	16.1	193.4	26.4	31.8
栃木	658.6	164.3	137.3	25.0	20.9	137.3	27.1	25.9
群馬	694.5	119.4	102.1	17.2	14.7	90.1	29.2	23.0
埼玉	2 485.0	242.8	303.5	9.8	12.2	174.5	68.3	99.6
千葉	2 016.9	345.5	343.7	17.1	17.0	258.0	87.5	73.4
東京	10 268.7	1 493.5	1 323.9	14.5	12.9	1 074.1	419.4	202.2
神奈川	3 314.3	428.8	386.7	12.9	11.7	336.6	92.1	146.7
新潟	687.8	122.1	118.0	17.7	17.2	115.4	6.7	9.9
富山	434.9	59.0	54.6	13.6	12.6	51.1	7.9	12.5
石川	338.2	56.0	58.1	16.5	17.2	48.8	7.2	8.9
福井	295.2	39.4	31.7	13.4	10.8	33.1	6.4	3.6
山梨	263.5	34.9	37.5	13.2	14.2	28.4	6.5	17.4
長野	756.8	124.9	112.7	16.5	14.9	98.8	26.1	10.6
岐阜	793.7	162.3	156.1	20.5	19.7	135.1	27.2	19.0
静岡	1 732.6	260.5	302.7	15.0	17.5	205.6	55.0	19.5
愛知	3 608.1	461.0	531.7	12.8	14.7	384.2	76.7	94.2
三重	843.2	123.1	116.7	14.6	13.8	105.8	17.3	20.3
滋賀	572.0	79.4	72.4	13.9	12.7	66.4	13.0	21.1
京都	1 037.6	119.9	223.0	11.6	21.5	87.8	32.1	35.3
大阪	3 465.7	523.9	537.6	15.1	15.5	438.5	85.4	96.5
兵庫	1 856.5	361.4	375.2	19.5	20.2	300.7	60.8	57.0
奈良	307.9	30.2	39.1	9.8	12.7	20.6	9.6	19.8
和歌山	342.4	38.6	50.6	11.3	14.8	28.2	10.4	8.5
鳥取	169.2	35.7	39.5	21.1	23.3	29.2	6.5	4.4
島根	268.4	32.9	40.7	12.2	15.1	25.0	7.8	4.9
岡山	702.9	86.5	87.0	12.3	12.4	65.8	20.7	12.3
広島	992.0	122.6	111.4	12.4	11.2	107.1	15.5	33.7
山口	513.0	114.0	67.2	22.2	13.1	101.3	12.7	14.6
徳島	166.2	24.5	28.8	14.8	17.3	20.1	4.4	12.7
香川	305.4	51.5	51.1	16.9	16.7	42.9	8.6	14.1
愛媛	488.2	62.5	71.8	12.8	14.7	55.8	6.8	3.3
高知	216.1	46.0	30.9	21.3	14.3	43.7	2.2	9.4
福岡	1 958.8	365.4	297.8	18.7	15.2	313.9	51.4	49.0
佐賀	205.9	52.7	48.5	25.6	23.5	45.2	7.5	7.7
長崎	414.6	39.6	55.6	9.5	13.4	34.4	5.1	8.8
熊本	648.9	97.7	113.5	15.1	17.5	85.7	12.1	16.6
大分	437.8	60.0	78.3	13.7	17.9	49.2	10.7	18.6
宮崎	326.6	56.0	61.7	17.1	18.9	50.1	5.9	7.7
鹿児島	514.5	74.8	77.3	14.5	15.0	65.3	9.5	12.1
沖縄	288.6	93.9	69.3	32.5	24.0	89.6	4.4	7.4
全国	51 198.9	7 798.0	7 656.7	15.2	15.0	6 315.6	1 482.4	1 482.4

厚生労働省「雇用動向調査」（2022年）より作成。常用労働者 5 人以上の事業所に関する調査。1) 事業所の新設や閉鎖等に伴う労働者の増減を含まず。355ページの資料・注記参照。

府県別統計

労働

表 2-7　外国人労働者（各年10月末現在）（単位　人）

	2020	2021	2022	うち派遣・請負事業所	主な在留資格別（2022）			
					専門的1)・技術的分野	技能実習	資格外2)活動（留学等）	身分3)に基づく在留資格
北海道	25 363	25 028	27 813	1 026	8 180	12 530	2 657	3 222
青森	4 065	3 861	4 340	43	998	2 356	217	596
岩手	5 407	5 225	5 747	355	1 128	2 744	544	1 109
宮城	13 797	13 415	14 778	1 652	3 039	3 871	4 969	2 421
秋田	2 402	2 233	2 498	27	561	1 132	195	584
山形	4 744	4 427	4 600	456	821	1 963	209	1 467
福島	9 958	9 527	9 928	1 452	2 089	3 456	1 115	2 832
茨城	39 479	43 340	48 392	9 125	10 308	14 886	4 019	16 487
栃木	27 606	29 236	29 826	9 500	5 869	7 134	2 195	12 983
群馬	44 456	46 449	45 112	15 401	7 334	9 570	4 679	20 629
埼玉	81 721	86 780	92 936	19 219	19 200	15 372	19 709	34 488
千葉	67 177	68 155	69 106	8 738	16 561	13 418	12 628	23 351
東京	496 954	485 382	500 089	80 820	183 694	21 912	132 822	141 989
神奈川	94 489	100 592	105 973	18 647	29 698	13 191	14 251	44 832
新潟	10 427	10 262	10 705	1 186	2 252	3 647	1 455	2 958
富山	12 027	11 467	12 221	2 166	2 141	5 157	447	3 972
石川	10 696	10 606	11 450	2 300	2 369	4 253	1 675	2 582
福井	10 339	10 524	10 565	3 126	1 561	3 850	540	4 373
山梨	8 360	9 208	10 433	2 745	2 216	2 121	884	4 931
長野	19 858	20 714	22 387	4 100	4 189	5 821	882	10 208
岐阜	34 936	34 998	36 192	9 889	5 455	11 656	1 738	16 155
静岡	65 734	66 806	67 841	27 893	11 207	12 302	4 957	38 217
愛知	175 114	177 769	188 691	54 221	38 030	33 471	21 275	90 651
三重	30 054	30 391	31 278	10 326	5 103	8 672	1 740	14 722
滋賀	20 011	20 881	23 096	10 457	4 823	4 333	1 061	12 314
京都	21 560	21 356	23 218	2 313	7 635	4 749	4 514	5 396
大阪	117 596	111 862	124 570	19 172	39 649	20 641	30 875	27 735
兵庫	44 441	45 558	51 092	8 619	12 809	11 148	12 659	12 311
奈良	6 011	6 403	7 072	618	1 850	2 448	983	1 388
和歌山	3 115	3 390	3 816	242	991	1 487	265	883
鳥取	3 250	2 968	3 072	88	528	1 474	318	650
島根	4 405	4 592	4 613	1 312	562	1 549	400	2 002
岡山	20 143	20 584	21 543	2 143	4 729	8 009	4 370	3 144
広島	37 707	36 547	38 698	4 428	7 079	14 236	6 506	9 089
山口	9 072	8 932	9 165	673	1 776	3 260	1 468	2 020
徳島	4 985	4 777	5 063	270	781	2 635	469	846
香川	10 422	9 955	10 274	692	2 386	4 887	661	1 817
愛媛	10 430	9 569	10 201	1 355	2 258	5 585	489	1 307
高知	3 473	3 391	3 783	71	764	2 112	262	542
福岡	54 957	53 948	57 393	8 793	12 004	13 057	20 743	8 976
佐賀	5 823	5 391	6 054	411	1 199	2 124	1 767	694
長崎	6 178	5 782	6 951	508	1 844	2 592	1 371	771
熊本	12 928	13 013	14 522	1 080	3 335	7 846	916	1 837
大分	7 591	7 313	8 383	403	1 535	3 670	1 707	1 098
宮崎	5 519	5 236	5 616	93	1 036	3 298	449	593
鹿児島	8 761	8 880	9 900	627	2 584	5 220	486	1 401
沖縄	10 787	10 498	11 729	1 602	3 789	2 319	2 369	2 634
全国	1 724 328	1 727 221	1 822 725	350 383	479 949	343 254	330 910	595 207

厚生労働省「外国人雇用状況の届出状況」より作成。1) 特定技能（7万9054人、うち飲食料品製造2万6108人、介護1万2372人、農業8758人）を含む。2) うち留学が25万8636人。3) 永住者、日本人や永住者との配偶者等、定住者。注記は355ページ参照。

表 2 - 8　産業別外国人労働者数 （2022年10月末現在） （単位　人）

	建設業	製造業	情報通信業	卸売業、小売業	宿泊業、飲食サービス業	教育、学習支援業	医療、福祉	サービス業1)
北海道	2 883	7 374	415	2 415	2 162	1 866	1 597	1 296
青森	295	1 666	6	451	347	172	335	99
岩手	467	2 771	13	450	205	412	242	400
宮城	1 062	4 555	158	2 257	1 336	1 138	602	1 778
秋田	126	991	4	336	154	279	216	127
山形	437	2 200	11	259	246	292	242	479
福島	940	3 705	41	1 465	778	293	394	1 347
茨城	2 282	18 005	381	3 500	1 538	2 743	1 713	5 619
栃木	1 400	11 938	97	2 019	1 560	860	911	7 499
群馬	1 533	16 195	142	2 705	2 111	522	1 551	15 561
埼玉	10 416	30 476	1 112	11 289	6 149	2 104	4 252	16 610
千葉	7 269	16 581	661	10 857	5 346	1 487	4 759	9 924
東京	18 492	29 514	61 455	85 441	105 066	24 520	10 543	77 162
神奈川	11 087	25 930	4 119	15 776	13 166	3 078	5 916	13 684
新潟	920	4 496	61	1 476	702	645	545	1 232
富山	1 248	5 525	29	1 299	605	160	552	2 117
石川	705	4 961	44	977	897	1 080	529	1 408
福井	743	3 788	24	928	576	135	478	3 102
山梨	708	3 715	20	983	888	362	526	2 624
長野	972	10 295	124	1 314	1 423	643	847	3 699
岐阜	2 207	17 976	61	2 442	1 492	440	1 689	6 435
静岡	3 656	27 289	289	5 434	4 359	1 513	1 770	17 804
愛知	10 981	76 449	1 606	18 436	15 907	6 060	5 862	35 366
三重	1 876	13 679	37	2 056	1 468	416	1 423	7 522
滋賀	699	10 646	42	1 267	656	310	561	7 177
京都	1 518	6 868	363	2 917	2 659	3 424	1 173	2 053
大阪	8 627	30 413	2 323	18 935	14 554	6 227	7 284	21 960
兵庫	3 295	17 913	504	6 473	4 655	2 254	3 014	8 263
奈良	595	2 663	19	788	413	284	1 000	757
和歌山	223	1 505	17	443	279	78	465	403
鳥取	198	1 487	27	269	242	147	156	147
島根	331	1 461	9	395	301	172	195	1 386
岡山	1 703	8 892	83	3 225	1 414	1 415	1 098	2 051
広島	2 886	16 846	232	4 960	2 210	2 057	1 541	3 439
山口	1 132	3 012	20	2 081	665	354	599	677
徳島	431	1 722	7	554	335	242	604	208
香川	1 019	4 568	14	1 275	355	196	794	706
愛媛	893	5 581	40	1 015	333	212	1 036	225
高知	296	711	4	615	203	237	295	70
福岡	4 383	12 341	843	10 923	5 768	4 682	2 792	8 779
佐賀	536	2 875	19	442	336	181	519	498
長崎	472	1 779	39	1 169	559	434	514	338
熊本	1 300	4 050	48	1 715	678	417	766	1 118
大分	822	2 392	37	785	1 105	708	522	633
宮崎	516	2 273	39	504	275	213	349	90
鹿児島	932	4 027	24	914	421	244	767	473
沖縄	1 277	1 029	291	1 699	2 084	1 146	801	1 355
全国	116 789	485 128	75 954	237 928	208 981	76 854	74 339	295 700

表2-7の2022年の産業別内訳。1) 日本標準産業分類のサービス業 （他に分類されないもの） で、電気・ガス・熱供給・水道業 （619人）、運輸業、郵便業 （6万4617人）、金融業、保険業 （1万1535人）、不動産業、物品賃貸業 （1万6547人）、学術研究、専門・技術サービス業 （6万4261人）、生活関連サービス業、娯楽業 （2万3339人）、複合サービス事業 （5511人、協同組合など） は含まない。

表 2 - 9　有効求人倍率（公共職業安定所取扱数）（単位　倍）

	受理地ベース				就業地ベース1)			
	2019	2020	2021	2022	2019	2020	2021	2022
北海道	1.24	1.03	1.00	1.13	1.29	1.08	1.03	1.18
青森	1.24	0.99	1.05	1.17	1.36	1.08	1.15	1.29
岩手	1.39	1.09	1.19	1.34	1.51	1.17	1.29	1.46
宮城	1.63	1.26	1.30	1.37	1.63	1.25	1.29	1.37
秋田	1.48	1.29	1.44	1.51	1.60	1.36	1.53	1.64
山形	1.54	1.15	1.27	1.56	1.65	1.23	1.38	1.68
福島	1.51	1.25	1.28	1.42	1.67	1.39	1.39	1.53
茨城	1.62	1.33	1.35	1.47	1.80	1.43	1.43	1.61
栃木	1.40	1.06	1.06	1.17	1.56	1.16	1.13	1.29
群馬	1.70	1.26	1.26	1.47	1.79	1.37	1.36	1.56
埼玉	1.31	1.00	0.93	1.03	1.47	1.10	1.02	1.12
千葉	1.31	0.98	0.85	0.96	1.53	1.15	0.98	1.13
東京	2.10	1.45	1.19	1.49	1.52	1.07	0.90	1.05
神奈川	1.19	0.87	0.79	0.87	1.40	1.03	0.91	1.02
新潟	1.64	1.28	1.34	1.57	1.65	1.23	1.32	1.55
富山	1.91	1.31	1.37	1.56	2.14	1.46	1.50	1.73
石川	1.95	1.31	1.34	1.59	1.90	1.26	1.30	1.54
福井	2.05	1.64	1.74	1.89	2.18	1.71	1.84	2.04
山梨	1.42	1.05	1.19	1.40	1.60	1.18	1.33	1.58
長野	1.60	1.16	1.33	1.54	1.67	1.22	1.40	1.65
岐阜	2.01	1.39	1.43	1.64	2.14	1.47	1.47	1.72
静岡	1.57	1.04	1.10	1.28	1.69	1.12	1.16	1.37
愛知	1.93	1.21	1.17	1.37	1.88	1.20	1.14	1.33
三重	1.66	1.16	1.20	1.39	1.91	1.32	1.34	1.59
滋賀	1.35	0.95	0.94	1.09	1.64	1.14	1.13	1.32
京都	1.60	1.17	1.06	1.19	1.63	1.18	1.04	1.18
大阪	1.78	1.29	1.13	1.23	1.53	1.09	0.94	1.04
兵庫	1.43	1.04	0.93	1.01	1.54	1.11	1.02	1.14
奈良	1.49	1.21	1.17	1.23	1.70	1.36	1.28	1.36
和歌山	1.41	1.05	1.09	1.15	1.53	1.14	1.14	1.25
鳥取	1.71	1.32	1.35	1.51	1.82	1.42	1.45	1.68
島根	1.70	1.46	1.49	1.70	1.85	1.55	1.59	1.83
岡山	2.02	1.59	1.39	1.52	2.02	1.58	1.41	1.54
広島	2.05	1.42	1.32	1.54	1.82	1.31	1.24	1.43
山口	1.62	1.27	1.33	1.52	1.87	1.45	1.50	1.72
徳島	1.50	1.16	1.19	1.27	1.59	1.24	1.28	1.37
香川	1.80	1.42	1.36	1.51	1.93	1.51	1.47	1.64
愛媛	1.64	1.33	1.28	1.42	1.75	1.41	1.36	1.52
高知	1.29	1.03	1.08	1.19	1.29	1.08	1.11	1.18
福岡	1.57	1.15	1.06	1.17	1.43	1.05	0.98	1.08
佐賀	1.29	1.09	1.20	1.34	1.57	1.26	1.36	1.54
長崎	1.22	0.98	1.06	1.18	1.35	1.09	1.17	1.32
熊本	1.63	1.23	1.30	1.41	1.76	1.33	1.42	1.55
大分	1.53	1.19	1.16	1.35	1.68	1.28	1.25	1.47
宮崎	1.45	1.18	1.32	1.43	1.61	1.29	1.41	1.54
鹿児島	1.35	1.14	1.25	1.35	1.43	1.24	1.31	1.43
沖縄	1.19	0.81	0.73	0.89	1.34	0.90	0.80	0.98
全国	1.60	1.18	1.13	1.28	1.60	1.18	1.13	1.28

厚生労働省「一般職業紹介状況（職業安定業務統計）」より作成。各月結果の年平均。公共職業安定所（ハローワーク）における求人、求職の状況で、新規学卒者を除きパートタイムを含む。有効求人倍率は、有効求人数を有効求職者数で除したもの。1）実際に就業する都道府県を求人地として集計。

表 2 - 10　完全失業率（モデル推計値）（年平均）（%）

	2000	2005	2010	2015	2019	2020	2021	2022
北海道	5.5	5.3	5.1	3.5	2.6	2.9	3.0	3.2
青森	5.3	6.0	6.5	4.2	2.5	3.0	2.9	2.9
岩手	3.6	4.7	5.1	2.9	2.1	2.4	2.4	2.5
宮城	5.0	5.0	5.7	3.7	2.6	3.0	3.0	2.8
秋田	4.2	4.8	5.4	3.5	2.6	2.8	2.6	2.3
山形	3.2	3.8	4.5	2.7	1.7	2.2	2.0	1.9
福島	4.1	4.8	5.2	3.1	2.1	2.4	2.3	2.2
茨城	3.9	3.9	4.8	3.2	2.4	2.5	2.7	2.5
栃木	3.9	3.8	4.7	3.1	2.2	2.3	2.6	2.3
群馬	3.8	3.5	4.7	2.8	2.1	2.1	2.3	1.9
埼玉	5.0	4.5	5.2	3.2	2.2	2.9	3.0	2.7
千葉	4.3	3.9	4.7	3.1	2.1	2.7	2.8	2.5
東京	5.0	4.7	5.5	3.6	2.4	3.1	3.0	2.6
神奈川	4.6	3.9	4.9	3.3	2.1	2.8	3.0	2.8
新潟	3.8	3.7	4.4	2.9	2.1	2.3	2.3	2.2
富山	3.3	3.1	3.8	2.5	1.7	1.9	1.9	1.8
石川	3.7	3.1	4.3	2.3	1.6	1.8	2.1	2.1
福井	2.8	2.7	3.3	1.8	1.4	1.6	1.6	1.7
山梨	3.4	3.4	4.4	2.8	2.0	1.8	2.2	1.8
長野	2.7	3.2	4.0	2.7	1.9	2.1	2.4	2.0
岐阜	2.9	2.8	3.7	2.3	1.3	1.6	1.8	1.6
静岡	3.6	3.1	3.9	2.7	2.0	2.4	2.4	2.2
愛知	4.2	3.4	4.3	2.5	1.8	2.5	2.5	2.0
三重	3.6	3.0	4.0	2.2	1.4	1.9	2.1	1.8
滋賀	4.2	4.0	4.3	2.2	1.8	2.3	2.5	2.3
京都	5.2	4.5	5.7	3.3	2.3	2.6	2.7	2.4
大阪	6.7	6.0	6.9	4.2	2.9	3.4	3.5	3.1
兵庫	5.9	5.0	5.3	3.7	2.3	2.7	2.8	2.6
奈良	4.7	4.2	4.8	3.2	1.9	2.5	2.5	2.2
和歌山	3.9	3.9	4.3	2.4	1.6	2.3	2.5	2.3
鳥取	3.2	4.0	4.2	2.7	2.3	2.3	2.0	2.0
島根	3.4	2.3	3.2	2.6	1.6	1.4	1.7	1.3
岡山	4.1	3.8	4.3	3.1	2.4	2.4	2.4	2.2
広島	4.1	3.7	4.1	3.0	2.4	2.4	2.4	2.2
山口	3.8	3.5	3.9	2.8	1.8	1.9	2.0	1.8
徳島	4.4	3.8	4.7	3.0	1.9	2.2	2.5	2.2
香川	3.8	3.7	3.9	2.8	2.0	2.2	2.4	2.2
愛媛	4.2	4.1	4.6	2.8	1.7	2.0	2.2	1.9
高知	4.7	4.9	5.0	3.0	1.9	2.5	2.2	1.9
福岡	6.2	5.9	6.0	4.1	2.9	3.1	3.0	2.9
佐賀	4.3	3.8	4.5	3.0	1.9	2.0	1.6	1.6
長崎	4.8	4.7	5.0	3.2	2.0	2.3	2.2	1.9
熊本	4.6	4.6	5.0	3.5	2.6	2.8	2.8	2.6
大分	4.2	4.1	4.6	2.9	2.0	2.0	2.2	1.8
宮崎	3.7	4.1	4.9	3.2	1.4	1.9	2.1	2.3
鹿児島	3.6	4.7	5.1	3.5	2.4	2.7	2.6	2.3
沖縄	7.9	7.9	7.5	5.1	2.7	3.3	3.7	3.2
全国	4.7	4.4	5.1	3.4	2.4	2.8	2.8	2.6

総務省「労働力調査」より作成。注記は355ページ参照。

表 2 - 11　実労働時間と現金給与 (Ⅰ) (事業所規模30人以上) (2022年平均)

	調査産業計				製造業			
	常用労働者(千人)	1人あたり月間			常用労働者(千人)	1人あたり月間		
		総実労働時間(時間)	現金給与総額(千円)	きまって支給する給与(千円)		総実労働時間(時間)	現金給与総額(千円)	きまって支給する給与(千円)
北海道	983.0	141.2	320.8	263.9	108.4	157.8	323.2	263.3
青森	204.9	147.3	285.1	238.5	37.8	166.2	301.4	245.4
岩手	213.9	147.7	313.8	258.3	55.1	161.8	317.9	255.6
宮城	414.0	146.1	318.1	263.1	69.3	158.5	341.7	274.8
秋田	174.8	146.2	293.0	240.9	42.6	162.3	316.7	248.2
山形	215.1	154.8	323.7	264.4	76.4	162.3	339.9	272.9
福島	356.2	149.7	336.3	273.8	117.4	160.7	386.7	299.8
茨城	627.7	144.0	358.6	288.2	208.5	159.6	413.0	322.1
栃木	451.1	148.7	361.0	293.3	159.9	166.7	450.5	351.0
群馬	446.0	148.4	345.2	282.1	160.9	158.3	380.0	302.7
埼玉	1 281.3	135.1	309.9	257.9	277.4	157.2	391.9	314.3
千葉	1 014.3	133.7	324.3	268.9	149.4	158.8	411.1	323.0
東京	5 599.3	145.0	481.3	374.1	340.6	155.7	554.1	415.2
神奈川	1 885.8	137.1	367.2	294.8	315.0	157.7	469.7	363.4
新潟	448.5	145.0	310.4	256.5	125.0	160.2	348.1	278.4
富山	252.8	145.8	341.2	278.3	99.8	157.9	379.3	304.4
石川	235.5	145.0	332.0	268.4	61.2	162.3	373.4	294.9
福井	164.9	148.5	350.1	283.2	52.1	159.1	376.4	300.8
山梨	154.8	143.4	341.3	273.2	45.7	159.0	418.6	307.9
長野	415.8	147.3	340.6	274.6	141.1	158.3	393.2	303.7
岐阜	377.1	145.4	334.3	271.1	133.0	162.9	371.7	295.8
静岡	852.7	145.1	352.2	283.7	298.9	158.8	426.3	328.3
愛知	2 001.7	144.2	395.8	309.0	645.6	160.9	485.7	364.6
三重	413.2	143.1	348.7	284.3	152.9	160.6	434.9	340.9
滋賀	306.3	137.2	356.1	281.4	122.8	155.1	456.2	341.6
京都	556.5	133.4	346.5	276.9	108.8	155.8	445.9	343.0
大阪	2 285.7	139.0	383.9	304.4	329.6	157.1	431.3	337.6
兵庫	1 091.3	138.5	344.5	276.9	269.8	158.1	414.8	320.3
奈良	219.8	134.8	312.9	256.7	36.6	156.1	374.5	300.8
和歌山	156.5	144.0	325.1	263.7	35.5	158.9	408.4	313.4
鳥取	98.7	145.3	298.3	247.1	21.6	159.5	308.8	252.6
島根	124.2	146.2	322.9	263.2	30.4	156.0	358.6	286.2
岡山	395.7	144.0	335.4	270.5	108.5	159.1	386.5	304.6
広島	678.0	144.1	358.9	287.0	171.7	160.5	429.8	331.0
山口	254.4	144.2	344.3	275.1	73.5	160.4	428.6	326.9
徳島	130.1	146.4	353.4	283.9	32.3	159.2	434.9	315.7
香川	190.2	142.5	335.3	272.7	44.3	158.7	359.8	286.1
愛媛	245.2	144.2	303.4	252.3	54.8	156.8	375.1	300.3
高知	114.5	138.9	302.3	253.1	11.8	157.1	313.8	256.5
福岡	1 023.6	142.1	340.9	275.0	149.9	153.3	377.6	290.5
佐賀	152.5	141.2	300.2	247.3	42.6	157.9	343.2	268.7
長崎	212.2	145.7	293.1	243.3	40.2	168.5	368.1	294.5
熊本	304.2	144.9	316.3	261.6	67.9	162.5	359.6	285.0
大分	207.2	146.4	317.4	262.3	41.1	158.7	373.5	293.3
宮崎	186.5	146.4	294.2	244.8	37.7	160.0	315.8	256.8
鹿児島	296.8	143.6	290.2	244.3	49.4	161.5	320.6	261.2
沖縄	271.7	142.4	269.2	231.3	14.6	163.1	245.7	215.5
全国	29 316.6	143.2	379.7	303.5	5 779.0	159.3	423.2	328.4

厚生労働省「毎月勤労統計調査　地方調査」(2022年平均分) より作成。注記は355ページ参照。

実労働時間と現金給与（Ⅱ）（事業所規模 5 人以上）（2022年平均）

| | 調査産業計 | | | | 製造業 | | | |
| | 常用労働者（千人） | 1人あたり月間 | | | 常用労働者（千人） | 1人あたり月間 | | |
		総実労働時間（時間）	現金給与総額（千円）	きまって支給する給与（千円）		総実労働時間（時間）	現金給与総額（千円）	きまって支給する給与（千円）
北海道	1 812.5	137.6	293.1	245.6	154.2	155.1	308.8	254.2
青森	404.0	145.2	265.3	226.2	47.6	162.2	283.0	234.7
岩手	411.5	145.7	289.0	239.5	72.1	159.3	294.5	241.1
宮城	770.3	141.8	297.6	249.1	89.9	156.5	325.5	265.4
秋田	321.1	144.7	271.1	226.8	57.5	160.4	287.3	232.2
山形	387.6	150.0	291.6	243.4	96.9	161.9	320.5	261.9
福島	665.1	145.7	304.2	250.8	145.2	159.8	364.7	286.3
茨城	1 020.8	140.3	317.6	262.5	248.0	158.1	389.5	307.6
栃木	738.0	142.7	320.7	267.0	194.2	162.4	417.8	330.2
群馬	732.0	142.3	308.3	257.5	200.8	156.7	358.9	291.2
埼玉	2 215.2	130.1	289.1	245.2	377.5	153.2	372.2	302.3
千葉	1 767.2	127.7	291.8	246.7	194.7	156.2	386.5	308.4
東京	7 967.0	138.4	424.4	336.8	469.1	151.6	497.8	384.7
神奈川	3 062.0	129.3	326.6	268.4	395.0	157.2	449.0	352.9
新潟	825.0	140.0	285.1	239.3	168.0	159.0	326.3	266.2
富山	429.5	139.4	301.0	250.5	122.0	155.2	356.5	290.5
石川	432.2	138.8	296.8	246.8	84.2	160.0	348.0	280.3
福井	304.6	141.2	306.1	252.3	69.5	156.4	339.4	276.0
山梨	292.1	139.0	297.3	246.1	60.6	156.1	377.5	288.2
長野	755.5	140.1	299.6	248.0	185.1	156.5	370.1	291.7
岐阜	684.4	137.5	293.5	244.8	183.4	156.2	335.4	273.9
静岡	1 424.2	138.6	310.6	256.6	381.8	155.5	393.6	309.7
愛知	3 177.9	137.3	348.1	279.7	785.4	158.2	454.4	347.3
三重	673.6	137.5	312.3	259.1	181.1	158.6	409.3	324.6
滋賀	503.9	131.9	312.5	250.6	145.1	153.4	428.6	326.1
京都	950.7	127.5	297.3	245.1	149.9	154.5	407.9	324.4
大阪	3 793.5	132.9	337.4	275.0	508.2	154.3	393.7	318.2
兵庫	1 821.7	131.1	302.4	249.6	333.7	155.6	395.5	310.8
奈良	387.9	126.7	271.1	226.8	53.3	150.3	335.8	276.1
和歌山	286.6	138.1	292.9	243.1	49.4	154.1	360.8	286.8
鳥取	190.1	142.2	271.5	228.5	29.1	153.3	278.9	231.9
島根	239.7	142.0	280.3	234.1	40.0	155.9	324.9	265.7
岡山	677.8	139.1	298.8	246.0	138.6	157.7	365.5	290.7
広島	1 117.8	139.6	324.9	265.1	218.8	159.1	405.6	316.5
山口	467.0	139.7	303.6	249.8	87.6	159.9	403.1	310.9
徳島	238.3	139.4	296.3	245.3	40.0	160.2	405.9	301.2
香川	349.1	139.3	302.1	249.3	60.8	156.1	339.5	274.4
愛媛	459.9	140.1	284.2	238.2	80.5	150.8	332.8	275.0
高知	226.1	137.4	267.1	226.3	20.8	153.7	277.7	234.6
福岡	1 873.8	136.4	307.9	253.0	195.9	152.9	355.0	279.8
佐賀	285.1	136.6	267.4	226.0	51.7	156.0	323.9	257.3
長崎	405.0	140.6	264.9	223.7	53.6	165.7	334.0	274.3
熊本	555.4	139.5	281.7	235.4	80.0	159.3	336.8	270.4
大分	373.8	139.9	280.9	236.1	53.1	157.1	348.6	277.8
宮崎	352.1	143.3	267.6	226.4	48.7	158.1	298.5	248.6
鹿児島	573.0	136.6	259.8	221.3	64.4	158.6	303.3	252.2
沖縄	488.0	140.5	252.5	218.3	26.6	162.4	237.4	214.2
全国	51 342.2	136.1	325.8	267.5	7 695.4	156.6	391.2	310.4

資料・注記は前表に同じ。

図 2-2　賃金の格差 （事業所規模 5 人以上で現金給与総額） （東京＝100） （2022年平均）

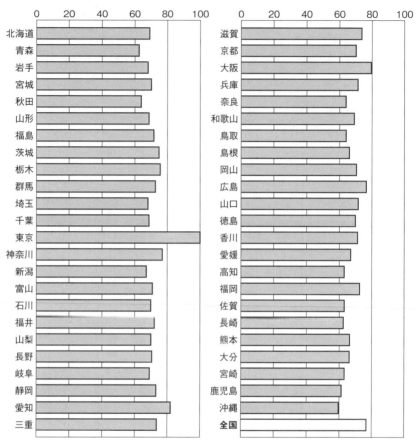

表2-11 （Ⅱ） より作成。

☕ 最低賃金全国平均1000円超え

　最低賃金は、企業など使用者が労働者に支払う最低限の賃金（時給）である。地域別と産業別に決められたもののうち、より高い方が適用され、賃金がこれを下回れば違法となる。地域別最低賃金は、国の審議会が示した目安を元に、各都道府県の審議会で労働者や使用者などが議論して決定される。

　2023年度は、物価高騰のなかで政府の方針もあって、全国加重平均が1004円と、初の1000円超えとなった。前年度からの上げ幅は43円で過去最大である。人手不足が賃上げ圧力となり、特に地方で国の目安より上乗せするケースが多く、上げ幅の最大は島根と佐賀の47円である。ただし、改定額は東京の1113円が最も高く、最も低い岩手の893円と比べ220円の差がある。なお、岸田首相は2030年代半ばに最低賃金1500円を目指すと明らかにしている。

表 2 - 12 　地域別最低賃金の推移 （単位　時間あたり円）

	2000	2005	2010	2015	2020	2021	2022	2023
北海道	633	641	691	764	861	889	920	960
青森	600	608	645	695	793	822	853	898
岩手	600	608	644	695	793	821	854	893
宮城	613	623	674	726	825	853	883	923
秋田	600	608	645	695	792	822	853	897
山形	600	610	645	696	793	822	854	900
福島	606	614	657	705	800	828	858	900
茨城	642	651	690	747	851	879	911	953
栃木	643	652	697	751	854	882	913	954
群馬	639	649	688	737	837	865	895	935
埼玉	673	682	750	820	928	956	987	1 028
千葉	672	682	744	817	925	953	984	1 026
東京	703	714	821	907	1 013	1 041	1 072	1 113
神奈川	701	712	818	905	1 012	1 040	1 071	1 112
新潟	637	645	681	731	831	859	890	931
富山	640	648	691	746	849	877	908	948
石川	641	649	686	735	833	861	891	933
福井	637	645	683	732	830	858	888	931
山梨	643	651	689	737	838	866	898	938
長野	641	650	693	746	849	877	908	948
岐阜	663	671	706	754	852	880	910	950
静岡	667	677	725	783	885	913	944	984
愛知	677	688	745	820	927	955	986	1 027
三重	663	671	714	771	874	902	933	973
滋賀	647	657	706	764	868	896	927	967
京都	673	682	749	807	909	937	968	1 008
大阪	699	708	779	858	964	992	1 023	1 064
兵庫	671	679	734	794	900	928	960	1 001
奈良	643	652	691	740	838	866	896	936
和歌山	641	649	684	731	831	859	889	929
鳥取	605	612	642	693	792	821	854	900
島根	603	612	642	696	792	824	857	904
岡山	636	644	683	735	834	862	892	932
広島	638	649	704	769	871	899	930	970
山口	632	642	681	731	829	857	888	928
徳島	607	615	645	695	796	824	855	896
香川	613	625	664	719	820	848	878	918
愛媛	607	614	644	696	793	821	853	897
高知	606	613	642	693	792	820	853	897
福岡	639	648	692	743	842	870	900	941
佐賀	600	608	642	694	792	821	853	900
長崎	600	608	642	694	793	821	853	898
熊本	600	609	643	694	793	821	853	898
大分	600	610	643	694	792	822	854	899
宮崎	600	608	642	693	793	821	853	897
鹿児島	600	608	642	694	793	821	853	897
沖縄	600	608	642	693	792	820	853	896
全国	659	668	730	798	902	930	961	1 004

府県別統計　労働

厚生労働省資料より作成。毎年10月初旬に発効。全国は加重平均。最低賃金制度は、国が賃金の最低額を定め、使用者はそれ以上の賃金を労働者に支払わなければならないとする制度。最低賃金にはこのほか、特定（産業別）最低賃金（地域別より高い金額水準で定められる）がある。地域別最低賃金は、2002年に日額表示から時間額表示に完全移行した。本表2000年の数値は、厚生労働省が「第2回目安制度のあり方に関する全員協議会」で示した時間額ベースで、それ以降とは必ずしも接続しない。

第 3 章
資源・エネルギー

図 **3-1**　主要鉱山・炭鉱・非鉄製錬所（2022年 4 月 1 日現在）

日本鉱業協会資料およびカーボンフロンティア機構「石炭データブック」（2023年版）より作成。

図 **3-2**　原油・天然ガスの産出量（2021年度）

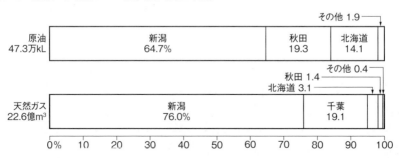

天然ガス鉱業会資料より作成。

図 3-3　全国の製油所 （2023年 3 月末現在）（石油連盟資料より作成）

表 3-1　原油処理能力とガソリンスタンド数 （会計年度末現在）

	原油処理能力（バレル／日）	ガソリンスタンド数				原油処理能力（バレル／日）	ガソリンスタンド数	
	2022	1994	2022			2022	1994	2022
北海道	150 000	3 045	① 1 707		滋賀	—	639	293
青森	—	968	522		京都	—	903	401
岩手	—	993	484		大阪	241 000	2 333	887
宮城	145 000	1 243	603		兵庫	—	1 857	950
秋田	—	784	438		奈良	—	554	248
山形	—	913	419		和歌山	120 400	729	355
福島	—	1 414	776		鳥取	—	407	200
茨城[1]	203 100	2 096	④ 959		島根	—	622	298
栃木	—	1 370	615		岡山	350 200	1 225	553
群馬	—	1 421	575		広島	—	1 452	672
埼玉	—	2 144	⑤ 954		山口	240 000	887	383
千葉	639 000	2 469	③ 999		徳島	—	696	318
東京	—	2 894	912		香川	—	669	335
神奈川	467 000	2 031	787		愛媛	138 000	996	501
新潟	—	1 548	816		高知	—	676	329
富山	—	613	352		福岡	—	2 047	892
石川	—	710	324		佐賀	—	625	275
福井	—	524	258		長崎	—	830	438
山梨	—	709	342		熊本	—	1 468	667
長野	—	1 492	772		大分	136 000	863	419
岐阜	—	1 309	658		宮崎	—	906	452
静岡	—	2 129	882		鹿児島	—	1 484	770
愛知	160 000	3 146	② 1 312		沖縄	—	452	322
三重	341 000	1 136	539		全国	3 330 700	60 421	27 963

資料・注記は355ページ参照のこと。○内の数字は全国順位。

表 3 - 2　燃料油の販売量 （2022年）（単位　千kL）

	ガソリン	ナフサ	ジェット燃料油	灯油	軽油	重油	計
北海道	⑥ 2 073	0	③ 454	① 2 451	② 2 202	① 2 664	③ 9 844
青森	532	—	57	③ 655	487	333	2 064
岩手	536	0	9	328	442	232	1 546
宮城	1 149	0	76	⑤ 504	920	526	3 175
秋田	423	0	15	⑧ 434	318	161	1 351
山形	400	0	8	299	284	128	1 119
福島	829	21	4	⑩ 340	692	366	2 253
茨城	1 347	⑧ 1 639	28	296	1 036	③ 916	⑩ 5 262
栃木	913	0	1	227	665	159	1 965
群馬	836	2	1	241	498	157	1 736
埼玉	④ 2 238	2	31	312	⑤ 1 510	100	4 194
千葉	⑧ 2 006	① 10 677	⑩ 122	320	⑧ 1 218	545	① 14 888
東京	① 4 259	⑨ 1 466	① 1 195	687	① 2 608	② 2 033	② 12 248
神奈川	⑤ 2 077	④ 3 513	28	④ 563	⑥ 1 480	275	④ 7 937
新潟	1 061	0	20	⑥ 500	697	270	2 548
富山	405	1	4	191	310	267	1 178
石川	507	0	88	175	320	161	1 252
福井	329	—	0	123	246	129	828
山梨	359	—	—	107	204	75	745
長野	901	—	4	⑦ 486	531	156	2 077
岐阜	781	0	15	135	424	96	1 452
静岡	⑩ 1 514	1	23	258	⑨ 1 129	475	3 400
愛知	② 2 761	41	⑦ 163	⑨ 424	④ 1 775	⑥ 739	⑧ 5 904
三重	1 216	⑤ 2 353	⑧ 147	268	951	499	⑨ 5 433
滋賀	534	0	0	101	352	50	1 037
京都	645	0	1	83	346	139	1 214
大阪	③ 2 349	1 203	⑥ 179	285	③ 1 869	⑩ 562	⑦ 6 447
兵庫	⑨ 1 576	22	⑤ 237	241	⑩ 1 120	271	3 467
奈良	426	0	0	56	178	28	688
和歌山	283	⑩ 1 211	3	54	182	146	1 878
鳥取	270	—	32	70	167	145	684
島根	248	—	10	63	167	128	617
岡山	883	③ 3 871	12	296	648	⑤ 798	⑥ 6 507
広島	1 025	0	35	178	754	⑧ 588	2 580
山口	629	② 4 615	33	152	530	④ 895	⑤ 6 853
徳島	287	0	14	58	159	239	758
香川	506	0	20	109	392	216	1 243
愛媛	445	⑥ 2 050	30	96	328	408	3 357
高知	265	—	21	47	144	120	596
福岡	⑦ 2 013	0	④ 303	336	⑦ 1 315	⑦ 602	4 569
佐賀	325	—	10	40	244	122	742
長崎	457	—	48	82	287	351	1 225
熊本	541	—	45	94	439	233	1 353
大分	466	⑦ 1 670	24	94	302	312	2 868
宮崎	406	—	92	67	283	181	1 029
鹿児島	670	—	⑨ 125	90	430	480	1 795
沖縄	696	—	② 571	50	279	⑨ 577	2 174
全国	45 398	34 362	4 341	13 069	31 857	19 056	148 082

石油連盟ウェブサイトより作成。石油製品製造・輸入業者の販売業者および消費者向け販売量。納地主義による集計。○内の数字は全国順位。

表3-3　都市ガスの地域別需給 (2022年)（単位　TJ、*は千件）

	北海道	東北	関東	中部・北陸	近畿	中国・四国	九州・沖縄	全国
生産量	41 680	47 007	841 142	204 237	391 573	51 545	57 001	1 634 185
販売量	39 177	53 693	913 937	218 061	383 383	64 125	60 429	1 732 806
家庭用	13 640	9 058	216 481	39 116	99 817	11 017	15 583	404 712
商業用	10 111	3 945	87 137	13 750	34 708	4 619	7 350	161 620
工業用	8 385	35 705	546 339	149 998	219 214	42 292	29 412	1 031 345
その他	7 040	4 985	63 980	15 197	29 645	6 197	8 085	135 129
需要家数1)	881	825	16 173	3 013	7 857	1 132	1 709	31 591
調定数2)*	747	709	14 526	2 617	6 788	998	1 514	27 899
家庭用*	704	664	13 916	2 522	6 497	946	1 441	26 690
商業用*	34	34	479	66	233	39	56	942
工業用*	1	1	19	4	12	1	1	39
その他*	8	10	111	25	45	12	17	227

経済産業省「ガス事業生産動態統計調査」より作成。ガス事業者に対する調査で、事業者がガスを生産する以外に、他の事業者から購入する分がある。TJはテラジュール（仕事量の単位）で、熱量換算すると2.39億キロカロリー。1) メーター取付数のことで単位は千個。2) 取り付けられているガスメーターのうち、ガス料金の請求書が発行されているメーターのこと。

表3-4　LPガス都道府県別販売量 (2022年度)（単位　千t）

	家庭業務用	産業用1)	都市ガス用	合計		家庭業務用	産業用1)	都市ガス用	合計
北海道	328	61	33	422	滋賀	76	36	0	112
青森	89	12	5	107	京都	64	30	0	94
岩手	99	16	2	118	大阪	172	399	178	749
宮城	168	230	9	407	兵庫	197	244	37	478
秋田	65	8	2	75	奈良	38	6	0	44
山形	73	15	1	90	和歌山	48	5	0	54
福島	135	50	4	189	鳥取	24	4	2	29
茨城	165	191	54	411	島根	83	39	0	122
栃木	79	39	0	119	岡山	142	209	9	361
群馬	146	33	0	179	広島	173	40	9	222
埼玉	389	65	1	455	山口	86	106	24	217
千葉	254	618	320	1 192	徳島	37	5	0	42
東京	721	330	849	1 899	香川	107	55	2	164
神奈川	512	197	269	978	愛媛	109	146	3	259
新潟	82	25	81	188	高知	42	5	5	53
富山	84	120	0	204	福岡	297	123	39	460
石川	117	82	3	202	佐賀	66	22	0	89
福井	47	27	0	74	長崎	111	22	2	134
山梨	39	6	0	45	熊本	83	32	5	119
長野	97	12	2	111	大分	87	335	0	422
岐阜	110	35	0	145	宮崎	41	10	0	51
静岡	311	92	74	477	鹿児島	135	22	18	175
愛知	565	375	138	1 078	沖縄	146	11	6	163
三重	128	66	28	222	全国	7 168	4 611	2 218	13 997

日本LPガス協会資料より作成。LPガス元売会社の販売実績であり、卸売会社や小売会社が消費者などに販売した数量とは異なる。LPガスの流通構造に起因するダブルカウント分（一度販売したものを買い戻して再び販売した分）が一部含まれている。1) 工業用（大口含む）、化学原料用、自動車用の合計。

表 3-5　発電方式別発電電力量（電気事業者のみ）（2021年度）（単位　百万kWh）

	水力	火力	原子力	風力	太陽光	地熱	合計(その他とも)
北海道	4 969	25 273	—	1 130	1 187	87	⑨ 32 646
青森	406	2 981	—	1 255	525	—	5 166
岩手	1 064	1 408	—	397	410	209	3 487
宮城	264	11 620	—	43	1 127	—	13 054
秋田	1 059	13 875	—	930	155	399	16 418
山形	1 441	5 151	—	132	99	—	6 823
福島	6 458	47 432	—	313	1 549	74	④ 55 827
茨城	77	40 576	—	148	1 372	—	⑥ 42 174
栃木	1 874	6 795	—	—	761	—	9 430
群馬	4 753	163	—	—	486	—	5 402
埼玉	222	298	—	—	87	—	607
千葉	0	83 932	—	89	814	—	① 84 835
東京	158	6 407	—	1	22	—	6 588
神奈川	521	81 821	—	1	63	—	② 82 406
新潟	7 357	29 791	—	16	156	—	⑧ 37 320
富山	9 300	6 366	—	3	36	—	15 705
石川	1 662	8 537	—	154	179	—	10 532
福井	1 713	9 248	33 553	42	36	—	⑤ 44 593
山梨	2 952	—	—	—	109	—	3 062
長野	7 373	116	—	—	213	—	7 702
岐阜	8 870	41	—	2	143	—	9 057
静岡	5 047	1 602	—	319	496	—	7 470
愛知	962	65 502	—	96	478	—	③ 67 037
三重	695	16 502	—	409	880	—	18 486
滋賀	104	16	—	—	47	—	167
京都	646	11 807	—	—	77	—	12 530
大阪	1	18 733	—	—	169	—	18 904
兵庫	1 042	36 601	—	71	695	—	⑦ 38 447
奈良	1 048	—	—	—	106	—	1 153
和歌山	547	2 454	—	286	264	—	3 551
鳥取	955	676	—	67	180	—	1 877
島根	564	6 448	—	242	94	—	7 348
岡山	693	6 172	—	1	1 346	—	8 212
広島	1 480	10 636	—	—	288	—	12 403
山口	338	22 386	—	145	523	—	⑩ 23 391
徳島	830	17 809	—	41	77	—	18 757
香川	—	3 817	—	—	136	—	3 953
愛媛	605	10 059	2 362	218	186	—	13 430
高知	2 022	1 854	—	163	118	—	4 198
福岡	51	10 800	—	21	592	—	11 591
佐賀	548	138	18 156	51	99	—	18 992
長崎	7	22 086	—	101	232	—	22 426
熊本	805	8 160	—	34	398	—	9 397
大分	683	15 796	—	8	717	823	18 027
宮崎	3 123	1 006	—	129	467	—	4 725
鹿児島	530	1 085	13 696	361	827	376	16 875
沖縄	—	7 529	—	30	16	—	7 576
全国	85 817	681 505	67 767	7 448	19 040	1 967	863 757

資源エネルギー庁「電力調査統計」より作成。バイオマスおよび廃棄物による発電は火力発電に含む。
○内の数字は全国順位。

府県別統計

電力

図3-4 主な水力・火力発電所 （2022年3月末現在）（単位 万kW）

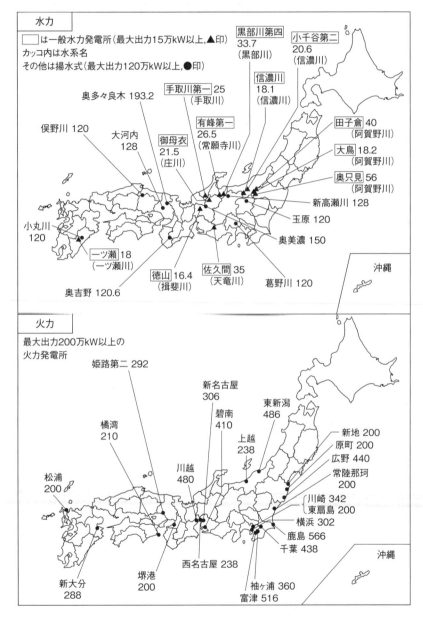

資源エネルギー庁「電気事業便覧」、同ウェブサイトおよび各電力会社資料より作成。揚水式は、上部と下部の2か所に貯水池を作り、夜間の余剰電力で水を汲み上げておき、電力消費の多い昼間に水を落として発電する方式である。蓄電池と同様の働きがあり、短期間に限り大きな電力量を供給できるが、水が無くなると発電を終了する。

図3-5　原子力発電所の現況 （2023年9月15日現在）

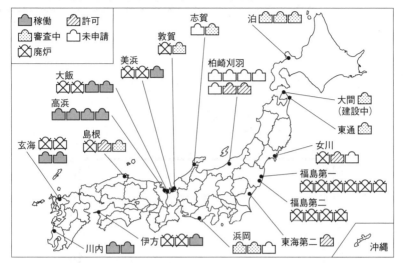

原子力安全推進協会ウェブサイトをもとに編者作成。原子力規制委員会が策定した新規制基準の適合状況。本図の廃炉は2011年の福島第一原子力発電所事故以降のもののみである。再稼働の許可を受けた原子炉は17基で、うち12基が稼働中。

表3-6　太陽光・風力発電の導入容量 （2022年12月末現在）（単位　千kW）

	太陽光		風力		太陽光		風力
	住宅1)	非住宅2)			住宅1)	非住宅2)	
北海道	229	2 010	583	滋賀	248	713	—
青森	73	795	675	京都	212	416	0
岩手	159	1 001	154	大阪	542	596	—
宮城	308	1 825	28	兵庫	557	2 333	55
秋田	44	276	650	奈良	175	457	—
山形	82	231	123	和歌山	141	709	169
福島	296	2 577	176	鳥取	67	339	57
茨城	473	3 820	108	島根	81	320	178
栃木	368	2 251	—	岡山	346	2 012	—
群馬	367	2 312	0	広島	395	1 417	—
埼玉	744	1 199	—	山口	225	1 180	119
千葉	597	2 690	65	徳島	110	710	54
東京	502	156	4	香川	164	732	0
神奈川	569	332	5	愛媛	222	738	129
新潟	97	365	28	高知	101	411	87
富山	80	270	3	福岡	651	1 826	36
石川	76	582	132	佐賀	185	537	72
福井	64	207	35	長崎	211	800	119
山梨	164	592	0	熊本	374	1 478	43
長野	439	1 305	—	大分	209	1 247	11
岐阜	339	1 280	9	宮崎	251	1 300	81
静岡	668	1 792	185	鹿児島	290	2 083	273
愛知	1 107	1 914	55	沖縄	126	303	16
三重	307	2 383	202	全国	14 034	54 821	4 720

資料・注記は355ページ参照。

第 4 章
産業

表 4 - 1　農業経営体数（農林業センサス）（各年 2 月 1 日現在）（単位　経営体）

	2015 計	2020				増減率 (2020/2015) (%)	
		計	個人 経営体	団体 経営体	法人 経営体	個人 経営体	法人 経営体
北海道	⑨ 40 714	⑧ 34 913	⑩ 30 566	① 4 347	4 047	-16.8	13.2
青森	35 914	29 022	28 232	790	646	-19.4	23.3
岩手	⑥ 46 993	⑦ 35 380	⑦ 34 133	⑦ 1 247	840	-25.1	2.8
宮城	38 872	30 005	28 714	⑥ 1 291	688	-23.6	29.3
秋田	38 957	28 947	27 902	⑩ 1 045	710	-26.4	18.1
山形	33 820	28 241	27 233	1 008	626	-17.0	18.6
福島	④ 53 157	④ 42 598	③ 41 671	927	756	-20.3	14.9
茨城	① 57 989	① 44 852	① 44 009	843	770	-23.1	16.7
栃木	⑩ 40 473	⑩ 32 726	⑨ 31 976	750	557	-19.7	24.3
群馬	26 235	20 298	19 518	780	739	-23.5	13.7
埼玉	37 484	28 376	27 796	580	538	-24.7	5.9
千葉	⑦ 44 985	⑥ 35 420	⑥ 34 459	961	895	-21.9	20.5
東京	6 023	5 117	5 041	76	71	-15.2	0.0
神奈川	13 809	11 402	11 091	311	294	-18.0	9.7
新潟	② 56 114	② 43 502	② 41 955	② 1 547	1 218	-23.1	2.9
富山	17 759	12 356	11 331	1 025	760	-32.5	28.6
石川	13 636	9 890	9 293	597	468	-28.9	19.1
福井	16 018	10 546	9 871	675	414	-35.5	16.0
山梨	17 970	14 970	14 686	284	268	-17.0	-4.3
長野	③ 53 808	③ 42 777	④ 41 419	④ 1 358	1 132	-21.1	-2.1
岐阜	29 643	21 015	20 179	836	675	-30.0	16.2
静岡	33 143	25 938	25 247	691	634	-22.4	12.8
愛知	36 074	26 893	26 228	665	618	-25.9	1.1
三重	26 423	18 804	18 132	672	533	-29.7	5.3
滋賀	20 188	14 680	13 836	844	606	-28.4	39.3
京都	18 016	14 181	13 659	522	333	-22.1	11.0
大阪	9 293	7 673	7 558	115	97	-17.6	-5.8
兵庫	⑤ 47 895	⑤ 38 302	⑤ 37 120	⑧ 1 182	649	-20.9	53.4
奈良	13 291	10 858	10 682	176	147	-18.6	6.5
和歌山	21 496	18 141	17 976	165	154	-15.7	6.9
鳥取	18 381	14 481	13 989	492	311	-21.9	4.0
島根	19 920	15 285	14 594	691	505	-24.3	18.3
岡山	36 801	28 699	28 047	652	538	-22.6	28.1
広島	29 929	22 290	21 491	799	697	-26.2	4.8
山口	21 417	15 839	15 346	493	440	-26.6	7.8
徳島	18 513	14 568	14 263	305	293	-21.7	1.0
香川	20 814	16 459	16 023	436	392	-21.7	43.1
愛媛	26 988	21 734	21 221	513	462	-19.8	2.7
高知	15 841	12 657	12 345	312	264	-20.6	6.5
福岡	36 032	28 375	27 239	⑨ 1 136	871	-21.8	28.8
佐賀	17 020	14 330	13 417	913	349	-16.1	36.9
長崎	21 908	17 936	17 500	436	387	-18.6	24.0
熊本	⑧ 41 482	⑨ 33 952	⑧ 32 616	⑤ 1 336	1 077	-18.9	26.1
大分	25 416	19 133	18 273	860	718	-25.5	-2.0
宮崎	26 361	21 117	20 314	803	758	-20.5	4.4
鹿児島	39 222	29 717	28 276	③ 1 441	1 338	-25.2	4.0
沖縄	15 029	11 310	10 875	435	424	-25.4	-1.2
全国	1 377 266	1 075 705	1 037 342	38 363	30 707	-22.6	13.3

府県別統計

農業

農林水産省「農林業センサス」（2020年）より作成。確報。農林業センサスは、5 年ごとに実施される全数調査。○内の数字は全国順位。注記は355ページ参照。

表 4-2　個人経営体数と世帯員数（農林業センサス）（2020年 2 月 1 日現在）

	個人経営体（経営体）				世帯員（人）		
	計	主業	準主業	副業的	農業従事者	基幹的農業従事者	65歳以上（%）
北海道	⑩ 30 566	① 21 910	848	7 808	⑧ 80 552	① 70 643	40.5
青森	28 232	② 11 604	3 313	13 315	72 618	⑦ 48 083	61.0
岩手	⑦ 34 133	6 734	③ 5 956	⑦ 21 443	⑤ 88 578	⑨ 44 458	73.7
宮城	28 714	5 204	⑥ 5 100	18 410	75 069	32 818	72.2
秋田	27 902	5 980	⑧ 4 845	17 077	69 738	33 720	71.6
山形	27 233	⑧ 7 698	4 065	15 470	70 575	39 034	68.3
福島	③ 41 671	⑩ 7 331	② 7 376	④ 26 964	② 106 728	⑤ 51 599	74.8
茨城	⑪ 44 009	④ 9 654	⑨ 4 809	① 29 546	③ 104 547	② 57 496	69.8
栃木	⑨ 31 976	⑨ 7 417	⑦ 5 072	⑨ 19 487	⑨ 80 171	⑩ 42 914	69.5
群馬	19 518	5 172	1 679	12 667	43 669	27 832	68.5
埼玉	27 796	4 607	4 493	⑩ 18 696	65 073	37 683	72.6
千葉	⑥ 34 459	⑤ 9 114	⑩ 4 665	⑧ 20 680	⑦ 83 894	⑥ 50 328	67.0
東京	5 041	554	2 176	2 311	12 416	7 974	57.3
神奈川	11 091	1 938	2 801	6 352	27 140	16 455	64.9
新潟	② 41 955	7 130	① 8 802	⑤ 26 023	① 107 016	⑧ 46 085	75.4
富山	11 331	905	1 729	8 697	29 251	11 258	③ 84.2
石川	9 293	1 043	1 338	6 912	22 402	9 756	⑩ 80.0
福井	9 871	741	1 335	7 795	24 673	8 767	⑤ 82.6
山梨	14 686	3 482	1 865	9 339	33 076	20 500	74.0
長野	④ 41 419	⑦ 8 546	④ 5 664	③ 27 209	④ 102 706	③ 55 516	73.5
岐阜	20 179	1 999	2 326	15 854	49 003	21 064	⑨ 80.2
静岡	25 247	6 209	3 568	15 470	63 228	38 720	70.6
愛知	26 228	6 882	3 493	15 853	66 459	40 159	65.8
三重	18 132	1 805	2 626	13 701	43 366	18 819	⑧ 81.1
滋賀	13 836	1 326	2 116	10 394	34 103	9 961	78.0
京都	13 659	1 577	2 073	10 009	30 936	15 130	77.1
大阪	7 558	900	1 370	5 288	18 149	8 326	73.6
兵庫	⑤ 37 120	3 739	⑤ 5 241	② 28 140	⑥ 87 029	34 591	79.6
奈良	10 682	1 315	1 406	7 961	25 073	10 628	76.5
和歌山	17 976	5 732	2 104	10 140	41 768	27 202	63.9
鳥取	13 989	1 905	2 119	9 965	33 880	17 342	79.9
島根	14 594	1 320	2 174	11 100	33 863	14 438	② 84.5
岡山	28 047	2 823	3 407	⑥ 21 817	66 262	29 253	⑥ 82.1
広島	21 491	1 989	2 580	16 922	47 726	24 534	④ 83.5
山口	15 346	1 515	1 820	12 011	32 715	16 613	① 84.9
徳島	14 263	2 905	1 659	9 699	33 097	19 186	71.8
香川	16 023	1 752	1 826	12 445	37 113	18 190	⑦ 81.7
愛媛	21 221	4 528	2 417	14 276	46 304	28 654	74.0
高知	12 345	4 112	1 032	7 201	26 993	19 349	63.6
福岡	27 239	6 955	3 404	16 880	64 179	38 077	66.2
佐賀	13 417	4 060	1 814	7 543	34 610	19 015	63.7
長崎	17 500	5 524	2 384	9 592	41 698	25 107	61.7
熊本	⑧ 32 616	③ 10 812	3 731	18 073	⑩ 79 336	④ 51 827	61.3
大分	18 273	2 965	1 961	13 347	39 162	21 496	77.3
宮崎	20 314	7 040	1 670	11 604	44 375	31 570	61.9
鹿児島	28 276	⑥ 8 781	2 939	16 556	55 146	37 580	64.1
沖縄	10 875	3 621	1 347	5 907	18 207	13 288	60.5
全国	1 037 342	230 855	142 538	663 949	2 493 672	1 363 038	69.6

農林水産省「農林業センサス」（2020年）より作成。○内の数字は全国順位。注記は355ページ参照。

図4-1　農業従事者（個人経営体）の農業従事日数階層別割合（2020年2月1日現在）

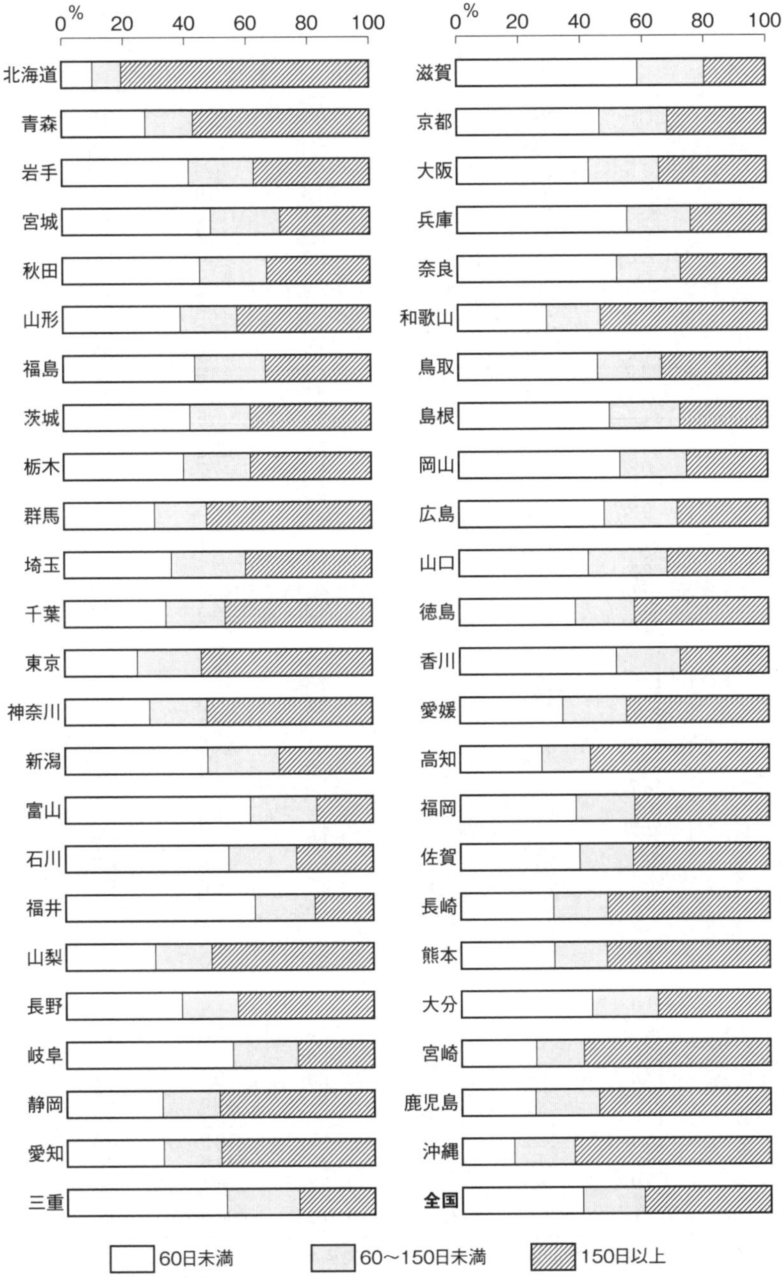
0 %
20
40
60
80
100
北海道
青森
岩手
宮城
秋田
山形
福島
茨城
栃木
群馬
埼玉
千葉
東京
神奈川
新潟
富山
石川
福井
山梨
長野
岐阜
静岡
愛知
三重
滋賀
京都
大阪
兵庫
奈良
和歌山
鳥取
島根
岡山
広島
山口
徳島
香川
愛媛
高知
福岡
佐賀
長崎
熊本
大分
宮崎
鹿児島
沖縄
全国
60日未満
60〜150日未満
150日以上

資料・注記は表4-2に同じ。

表 4 - 3　農業経営体数（農業構造動態調査）（2022年 2 月 1 日現在）（単位　千経営体）

	農業経営体	個人経営体	主業経営体	準主業経営体	副業的経営体	団体経営体	法人経営体
北海道	⑥ 33.0	28.3	① 21.3	0.7	6.4	4.7	4.4
青森	26.8	25.9	③ 10.3	3.3	12.3	0.9	0.6
岩手	⑨ 31.5	30.2	5.5	5.7	19.0	1.3	0.9
宮城	26.0	24.7	4.5	4.3	15.9	1.3	0.7
秋田	25.3	24.1	4.7	4.1	15.3	1.2	0.8
山形	25.4	24.3	⑧ 6.7	3.9	13.8	1.1	0.7
福島	② 39.6	38.7	⑨ 6.4	5.9	26.4	0.9	0.7
茨城	① 40.0	39.1	④ 9.0	3.9	26.2	0.9	0.8
栃木	⑩ 30.0	29.2	6.3	5.4	17.5	0.8	0.6
群馬	19.5	18.6	4.5	1.5	12.6	0.9	0.8
埼玉	26.2	25.5	3.7	4.3	17.4	0.7	0.6
千葉	⑦ 32.5	31.5	⑤ 8.3	4.4	18.8	1.0	1.0
東京	4.9	4.8	0.4	2.1	2.3	0.1	0.1
神奈川	11.2	10.9	1.8	2.5	6.5	0.3	0.3
新潟	③ 38.9	37.3	5.7	7.8	23.8	1.6	1.3
富山	10.8	9.7	0.8	1.3	7.7	1.1	0.8
石川	8.9	8.3	0.9	1.3	6.1	0.6	0.5
福井	9.2	8.5	0.7	0.9	6.9	0.7	0.4
山梨	14.3	14.0	3.5	1.4	9.1	0.3	0.3
長野	④ 38.4	37.0	⑦ 7.5	4.8	24.7	1.4	1.1
岐阜	19.7	18.8	1.7	2.4	14.8	0.9	0.7
静岡	23.3	22.7	5.4	2.8	14.5	0.6	0.6
愛知	24.0	23.3	⑨ 6.4	2.6	14.3	0.7	0.6
三重	16.9	16.2	1.8	2.1	12.3	0.6	0.6
滋賀	12.0	11.1	1.2	1.8	8.1	0.9	0.6
京都	13.0	12.4	1.2	2.2	9.0	0.6	0.4
大阪	6.9	6.8	0.6	1.3	4.9	0.1	0.1
兵庫	⑤ 35.0	33.8	3.1	5.1	25.5	1.2	0.7
奈良	10.0	9.8	1.1	1.2	7.4	0.2	0.1
和歌山	16.7	16.5	5.4	1.6	9.5	0.2	0.2
鳥取	11.6	11.1	1.5	1.7	8.0	0.5	0.3
島根	13.1	12.4	1.0	1.7	9.7	0.7	0.5
岡山	27.0	26.3	2.3	3.4	20.6	0.7	0.5
広島	20.3	19.5	1.8	2.7	15.0	0.8	0.7
山口	14.1	13.6	1.0	1.5	11.0	0.5	0.4
徳島	13.4	13.1	2.7	1.4	9.0	0.3	0.3
香川	15.8	15.3	1.6	1.7	12.0	0.5	0.4
愛媛	19.1	18.5	4.0	2.0	12.5	0.6	0.5
高知	11.9	11.6	3.8	0.9	7.0	0.3	0.3
福岡	26.1	24.9	⑨ 6.4	2.9	15.6	1.2	0.9
佐賀	13.2	12.3	3.5	1.6	7.2	0.9	0.4
長崎	17.2	16.7	5.3	1.8	9.7	0.5	0.4
熊本	⑧ 31.8	30.3	② 10.6	3.1	16.6	1.5	1.2
大分	17.6	16.7	2.6	1.7	12.3	0.9	0.7
宮崎	18.0	17.1	5.6	1.3	10.3	0.9	0.8
鹿児島	26.3	24.8	⑥ 7.7	2.6	14.6	1.5	1.4
沖縄	9.0	8.6	3.0	1.2	4.4	0.4	0.4
全国	975.1	935.0	204.7	126.0	604.3	40.1	32.2

農林水産省「農業構造動態調査」（2022年）より作成。農業構造動態調査は、5 年ごとに実施している農林業センサスの間の動向を把握するための調査で、農林業センサスは全数調査であるのに対して、標本調査により把握した推定値。〇内の数字は全国順位。

表 4 - 4　**耕地面積**（2022年 7 月15日現在）（単位　ha）

	計	田	畑	普通畑	樹園地	牧草地	耕地率[1]（%）
北海道	① 1 141 000	221 600	919 900	418 100	3 050	498 700	14.5
青森	④ 149 300	78 900	70 400	35 400	22 100	12 900	⑨ 15.5
岩手	⑤ 148 700	93 500	55 100	24 700	3 320	27 100	9.7
宮城	⑧ 125 300	103 100	22 200	15 400	1 090	5 680	⑥ 17.2
秋田	⑥ 146 300	128 300	17 900	11 900	2 150	3 910	12.6
山形	115 000	91 100	23 900	11 800	9 920	2 180	12.3
福島	⑦ 136 100	96 200	39 900	28 700	6 420	4 760	9.9
茨城	③ 160 700	94 700	65 900	59 700	5 870	372	① 26.4
栃木	⑩ 121 400	94 300	27 100	22 500	2 090	2 490	⑤ 18.9
群馬	64 900	24 200	40 700	36 800	2 790	1 120	10.2
埼玉	73 300	40 800	32 400	29 900	2 480	68	④ 19.3
千葉	⑨ 121 500	72 100	49 400	46 200	2 790	401	② 23.6
東京	6 290	218	6 080	4 620	1 400	58	2.9
神奈川	18 000	3 490	14 500	11 200	3 310	—	7.4
新潟	② 167 700	149 000	18 800	16 000	2 110	693	13.3
富山	57 900	55 200	2 680	1 760	702	222	13.6
石川	40 400	33 600	6 800	5 080	1 210	503	9.7
福井	39 700	36 100	3 670	2 610	792	267	9.5
山梨	23 200	7 650	15 500	4 720	9 930	857	5.2
長野	104 800	51 500	53 300	35 900	14 300	3 130	7.7
岐阜	54 800	42 000	12 800	8 720	2 940	1 150	5.2
静岡	60 400	21 400	39 000	14 600	23 200	1 140	7.8
愛知	72 900	41 200	31 700	26 200	5 080	348	14.1
三重	57 000	43 600	13 400	8 040	5 320	26	9.9
滋賀	50 500	46 900	3 640	2 840	755	48	12.6
京都	29 500	23 000	6 560	3 610	2 880	68	6.4
大阪	12 200	8 480	3 730	1 800	1 930	—	6.4
兵庫	72 400	66 300	6 100	4 260	1 550	287	8.6
奈良	19 600	13 800	5 790	2 410	3 340	37	5.3
和歌山	31 300	9 160	22 200	2 230	19 900	31	6.6
鳥取	33 700	23 000	10 800	8 700	1 280	799	9.6
島根	36 000	29 100	6 920	5 080	1 310	526	5.4
岡山	62 300	49 000	13 300	9 130	3 560	613	8.8
広島	51 800	39 200	12 700	7 040	5 020	622	6.1
山口	43 800	36 700	7 120	4 480	2 310	334	7.2
徳島	27 800	19 100	8 730	5 210	3 410	103	6.7
香川	29 000	24 200	4 770	2 140	2 610	19	⑨ 15.5
愛媛	45 300	21 300	24 000	5 180	18 600	196	8.0
高知	25 800	19 400	6 410	2 940	3 290	174	3.6
福岡	78 900	63 800	15 100	7 330	7 620	176	⑧ 15.8
佐賀	50 200	41 700	8 470	4 110	4 320	51	③ 20.6
長崎	45 700	20 900	24 800	19 500	5 080	299	11.1
熊本	105 900	64 900	41 000	21 900	13 000	6 100	14.3
大分	54 200	38 600	15 600	8 540	4 350	2 710	8.5
宮崎	64 400	34 300	30 000	25 100	3 770	1 100	8.3
鹿児島	111 800	34 700	77 100	61 700	12 400	2 960	12.2
沖縄	36 300	787	35 500	27 600	1 880	5 960	⑦ 15.9
全国	4 325 000	2 352 000	1 973 000	1 123 000	258 600	591 300	11.6

農林水産省「耕地及び作付面積統計」（2022年）より作成。掲載統計数値は、原数が 7 桁以上の場合は 3 桁で四捨五入を行い、6 と 5 桁で 2 桁で、4 桁は 1 桁で行う。3 桁以下は四捨五入をしない。○内の数字は全国順位。1) 国土面積のうち、田畑計の耕地面積が占める割合。

表4-5　耕地の拡張・かい廃面積 （2022年）（単位　ha）

	田畑計			田		畑	
	拡張 （増加 要因）	かい廃 （減少 要因）	荒廃農地	拡張 （増加 要因）	かい廃 （減少 要因）	拡張 （増加 要因）	かい廃 （減少 要因）
北海道	138	1 280	⑨ 450	1	351	137	924
青森	228	493	360	90	388	362	329
岩手	62	737	189	31	387	250	569
宮城	496	726	393	336	700	441	307
秋田	71	185	77	65	161	24	42
山形	147	988	134	62	592	154	465
福島	629	1 900	⑦ 549	187	1 130	442	761
茨城	202	1 830	② 932	51	637	151	1 190
栃木	337	620	170	26	539	501	271
群馬	185	1 180	319	57	532	208	727
埼玉	79	302	153	31	131	63	186
千葉	35	1 320	⑤ 654	15	630	20	693
東京	169	280	78	0	5	172	278
神奈川	7	172	40	0	40	7	132
新潟	32	540	35	5	478	117	152
富山	6	99	25	6	96	20	23
石川	7	210	120	5	173	33	68
福井	2	139	48	2	119	26	46
山梨	20	170	61	5	60	15	110
長野	316	715	388	126	413	300	412
岐阜	10?	460	138	76	337	35	132
静岡	73	1 200	② 932	31	131	42	1 070
愛知	9	380	62	5	263	4	117
三重	113	672	164	45	406	68	266
滋賀	81	517	303	54	304	31	217
京都	13	189	84	11	122	2	67
大阪	42	231	72	30	184	12	47
兵庫	74	439	191	62	412	42	57
奈良	84	266	98	64	198	23	71
和歌山	303	520	389	108	205	197	317
鳥取	119	508	270	59	359	60	149
島根	82	287	211	55	211	40	89
岡山	288	663	395	187	486	136	212
広島	71	1 010	⑩ 436	62	552	35	488
山口	80	787	⑧ 545	65	491	25	306
徳島	56	369	209	39	174	17	195
香川	80	407	167	55	290	32	124
愛媛	40	983	④ 837	20	433	21	551
高知	21	377	282	17	338	39	74
福岡	68	440	171	23	210	48	233
佐賀	10	315	190	4	140	6	175
長崎	103	214	111	37	94	69	123
熊本	396	2 020	416	285	1 540	207	571
大分	420	676	⑥ 570	214	397	220	293
宮崎	303	698	388	118	389	376	500
鹿児島	301	1 350	① 945	17	487	284	863
沖縄	85	326	243	0	13	85	313
全国	6 590	30 200	14 000	2 840	16 700	5 600	15 300

農林水産省「耕地及び作付面積統計」（2022年）より作成。拡張・かい廃面積は、前年7月15日から当該年7月14日までの間に生じたもの。○内の数字は全国順位。注記は356ページ参照。

図4-2　農業産出額に占める耕種と畜産の割合 (2021年)

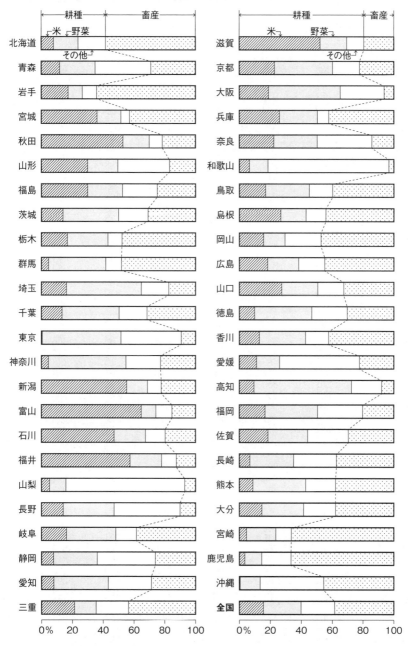

表4-6より作成。全国は農業総産出額の割合。便宜上、耕種に加工農作物を含む。

表 4-6　農業産出額と生産農業所得 (2021年) (単位　億円)

	農業産出額[1] (A)	耕種[2]	米	野菜	果実	畜産[3]	肉用牛
北海道	① 13 108	5 456	② 1 041	① 2 094	77	7 652	② 1 131
青森	⑦ 3 277	2 330	389	⑧ 753	① 1 094	947	161
岩手	⑩ 2 651	951	⑨ 460	245	132	1 701	⑤ 280
宮城	⑱ 1 755	1 000	⑤ 634	271	22	753	⑦ 264
秋田	⑲ 1 658	1 302	③ 876	285	75	356	52
山形	⑬ 2 337	1 943	④ 701	455	⑤ 694	392	133
福島	⑰ 1 913	1 427	⑦ 574	431	⑧ 297	475	133
茨城	③ 4 263	2 822	⑥ 596	② 1 530	120	1 311	174
栃木	⑨ 2 693	1 399	⑩ 453	⑩ 707	88	1 287	⑧ 243
群馬	⑫ 2 404	1 245	110	⑥ 891	79	1 158	167
埼玉	㉑ 1 528	1 263	248	⑨ 743	53	264	45
千葉	⑥ 3 471	2 375	⑧ 466	③ 1 280	101	1 094	107
東京	㊼ 196	178	1	100	28	18	2
神奈川	㊳ 660	508	30	332	73	150	15
新潟	⑭ 2 269	1 764	① 1 252	309	90	504	37
富山	㊷ 545	457	353	52	19	83	12
石川	㊸ 480	384	226	98	33	94	14
福井	㊹ 394	344	226	81	12	49	8
山梨	㉙ 1 113	1 030	58	119	④ 789	78	14
長野	⑪ 2 624	2 333	371	⑦ 866	② 870	262	61
岐阜	㉚ 1 104	679	179	353	61	424	111
静岡	⑮ 2 084	1 418	162	591	⑩ 282	544	77
愛知	⑧ 2 922	2 076	233	⑤ 1 031	192	840	116
三重	㉜ 1 067	597	228	150	69	466	88
滋賀	㊶ 585	471	305	102	7	114	71
京都	㊲ 663	488	151	248	19	148	17
大阪	㊻ 296	277	56	137	64	19	2
兵庫	㉒ 1 501	866	391	366	34	635	173
奈良	㊺ 391	330	87	109	80	56	12
和歌山	㉘ 1 135	1 094	74	136	③ 790	37	9
鳥取	㊱ 727	438	123	205	65	289	60
島根	㊵ 611	339	164	99	43	270	98
岡山	㉓ 1 457	768	228	203	⑨ 284	689	103
広島	㉖ 1 213	669	222	242	161	545	77
山口	㊴ 643	432	176	149	52	209	50
徳島	㉝ 930	649	91	343	81	281	71
香川	㉟ 792	455	102	236	67	336	56
愛媛	㉔ 1 244	966	138	187	⑥ 553	278	27
高知	㉛ 1 069	984	101	676	110	84	16
福岡	⑯ 1 968	1 560	327	668	257	397	75
佐賀	㉗ 1 206	845	223	309	204	356	⑩ 181
長崎	⑳ 1 551	969	105	439	151	579	⑥ 265
熊本	⑤ 3 477	2 135	302	④ 1 186	⑦ 362	1 318	④ 454
大分	㉕ 1 228	754	178	332	140	465	139
宮崎	④ 3 478	1 139	159	661	130	2 308	③ 815
鹿児島	② 4 997	1 580	176	545	105	3 329	① 1 240
沖縄	㉞ 922	501	5	119	53	420	⑨ 209
全国[6]	88 384	53 787	13 699	21 467	9 159	34 048	8 232

農林水産省「生産農業所得統計」(2021年) より作成。xは秘匿。○内の数字は全国順位。注記は356ページ参照のこと。1) 加工農産物を含む。2) 麦類、雑穀、豆類、いも類、花き、工芸農作物、その他↗

府県別統計

農業

乳用牛	豚	鶏	鶏卵	ブロイラー	生産農業所得4)(B)	(B)/(A)5)(%)	
① 4 976	③ 512	383	⑧ 229	⑤ 153	4 919	37.5	北海道
88	221	464	⑨ 223	④ 227	1 294	39.5	青森
④ 258	⑦ 318	836	178	③ 621	969	36.6	岩手
⑩ 134	129	225	157	58	679	38.7	宮城
28	166	105	92	x	549	33.1	秋田
82	137	37	17	x	840	35.9	山形
88	82	170	138	18	741	38.7	福島
⑦ 217	⑥ 373	545	① 502	33	1 566	36.7	茨城
② 465	⑧ 307	269	⑤ 255	x	1 128	41.9	栃木
⑥ 257	④ 468	255	201	43	932	38.8	群馬
69	52	93	93	x	593	38.8	埼玉
⑤ 257	⑤ 393	326	⑥ 247	46	1 257	36.2	千葉
11	2	3	2	—	80	40.8	東京
38	49	47	47	—	253	38.3	神奈川
55	134	278	197	x	848	37.4	新潟
16	18	37	37	—	234	42.9	富山
24	14	42	42	—	209	43.5	石川
8	1	31	30	x	174	44.2	福井
25	11	27	19	8	407	36.6	山梨
116	44	36	19	16	1 009	38.5	長野
43	62	205	155	24	429	38.9	岐阜
108	56	271	⑦ 233	30	733	35.2	静岡
⑧ 206	⑩ 228	261	⑩ 220	31	1 201	41.1	愛知
76	80	221	200	15	380	35.6	三重
26	4	13	11	x	222	37.9	滋賀
41	5	83	63	14	221	33.3	京都
13	2	2	2	—	101	34.1	大阪
116	16	329	219	78	479	31.9	兵庫
34	3	7	6	x	133	34.0	奈良
7	1	16	9	6	454	40.0	和歌山
79	45	104	14	⑦ 90	269	37.0	鳥取
101	26	42	30	12	245	40.1	島根
⑨ 148	28	408	③ 309	⑨ 83	496	34.0	岡山
65	91	309	④ 280	19	396	32.6	広島
20	28	108	61	38	266	41.4	山口
35	42	130	30	⑩ 79	329	35.4	徳島
52	22	205	126	56	282	35.6	香川
39	133	77	55	22	460	37.0	愛媛
25	21	21	9	11	385	36.0	高知
97	47	170	113	30	904	45.9	福岡
19	51	101	13	⑧ 87	609	50.5	佐賀
56	125	131	52	78	605	39.0	長崎
③ 341	⑨ 255	236	100	⑥ 107	1 485	42.7	熊本
90	112	122	47	57	521	42.4	大分
98	② 518	875	106	① 739	1 317	37.9	宮崎
103	① 900	1 084	② 316	② 736	1 712	34.3	鹿児島
36	114	58	44	14	339	36.8	沖縄
9 222	6 360	9 364	5 470	3 740	33 479	37.9	全国6)

↘作物を含む。3) 養蚕、その他畜産物を含む。4) 付加価値額。5) 農業産出額に占める生産農業所得の割合。6) 都道府県間の中間生産物を重複しない全国値（農業総産出額）。

表 4 - 7　農業生産関連事業の年間販売金額（確報）（2021年度）

	事業体数[1]	年間販売金額（百万円）	農産加工	農産物直売所	観光農園	農家民宿	農家レストラン
北海道	② 2 720	① 149 300	① 115 298	⑩ 30 128	⑤ 1 722	⑤ 211	① 1 942
青森	1 210	28 385	13 624	14 215	215	25	305
岩手	1 490	33 050	11 792	19 862	703	⑦ 191	502
宮城	1 230	25 523	8 263	16 208	124	9	919
秋田	1 300	17 600	7 514	9 406	236	48	396
山形	1 620	33 016	9 033	22 382	728	17	857
福島	⑥ 2 160	47 891	17 988	28 454	419	③ 267	762
茨城	⑤ 2 210	57 187	13 844	⑥ 41 636	1 179	x	x
栃木	1 390	58 443	26 337	29 781	⑨ 1 251	25	1 050
群馬	⑧ 1 870	59 064	25 395	⑨ 31 188	⑦ 1 570	⑥ 192	719
埼玉	1 690	57 538	10 767	④ 44 741	⑧ 1 453	11	565
千葉	③ 2 600	⑦ 74 429	24 706	② 46 615	③ 2 002	51	1 054
東京	960	59 359	⑤ 43 723	14 330	401	68	838
神奈川	1 520	34 586	5 826	27 497	888	x	x
新潟	⑨ 1 800	34 352	11 138	21 610	620	② 336	648
富山	660	9 422	2 080	6 430	97	28	787
石川	600	21 500	7 066	13 628	184	56	566
福井	660	14 413	3 952	9 929	136	79	317
山梨	⑦ 1 880	55 780	⑧ 35 591	17 052	① 2 584	79	475
長野	① 4 040	⑥ 76 415	⑩ 31 967	⑦ 40 226	④ 1 896	① 870	1 456
岐阜	1 200	45 813	19 943	24 855	640	⑨ 138	238
静岡	④ 2 410	② 104 747	② 60 279	⑤ 42 154	⑥ 1 577	45	693
愛知	1 400	⑩ 61 234	9 370	① 48 598	② 2 052	9	1 206
三重	1 070	48 559	26 343	19 693	1 024	⑧ 140	1 359
滋賀	750	15 685	3 970	10 857	237	⑩ 122	498
京都	950	19 700	7 075	11 875	341	57	352
大阪	520	21 659	1 383	19 410	523	x	x
兵庫	⑩ 1 740	35 163	6 993	26 058	⑩ 1 208	④ 225	679
奈良	440	16 129	3 220	12 213	303	x	x
和歌山	1 500	36 957	19 481	16 868	261	40	308
鳥取	650	35 116	21 107	13 599	245	3	162
島根	950	14 055	4 705	8 799	235	18	298
岡山	1 130	24 409	4 150	19 130	689	19	421
広島	1 160	28 263	12 325	14 868	740	38	292
山口	1 100	48 865	⑨ 31 990	15 679	796	4	395
徳島	530	20 204	7 718	12 166	68	10	242
香川	370	31 470	21 318	9 888	72	1	192
愛媛	870	⑤ 77 444	④ 49 853	26 903	308	7	373
高知	660	36 213	13 475	22 284	275	23	157
福岡	1 510	④ 77 710	30 670	③ 45 477	744	9	810
佐賀	500	28 838	13 906	13 887	179	28	838
長崎	630	24 220	7 992	15 626	83	92	427
熊本	1 530	③ 78 788	⑦ 40 770	⑧ 36 514	389	39	1 077
大分	910	31 360	11 254	19 153	201	100	652
宮崎	1 020	⑧ 71 106	③ 51 736	17 836	297	31	1 206
鹿児島	1 220	⑨ 66 110	⑥ 41 091	23 285	397	24	1 315
沖縄	350	19 544	5 248	13 397	341	104	454
全国	60 650	2 066 615	953 268	1 046 385	32 634	3 992	30 336

農林水産省「6次産業化総合調査」（2021年度）より作成。農業生産関連事業を営む農業経営体および農業協同組合等。xは秘匿。〇内の数字は全国順位。注記は356ページ参照。1）1 の位を四捨五入。

表 4 - 8　米の収穫量の推移

	収穫量（水稲と陸稲の合計）(千 t)						10アールあたり水稲収量(kg)
	1990	2000	2010	2020[1]	2021[1]	2022[1]	2022
北海道	790	729	602	594	574	553	591
青森	409	339	286	284	257	235	594
岩手	403	349	313	279	269	248	537
宮城	556	459	400	377	353	327	537
秋田	600	550	489	527	501	457	554
山形	493	450	407	402	394	365	594
福島	488	448	446	367	336	317	549
茨城	449	441	406	360	345	319	532
栃木	396	381	343	319	301	270	532
群馬	108	92	73	77	73	72	502
埼玉	202	185	152	158	152	142	498
千葉	346	349	333	298	278	260	544
東京	1.7	1.1	0.7	0.5	0.5	0.5	421
神奈川	19	16	15	14	14	14	501
新潟	735	659	618	667	620	631	544
富山	262	230	214	206	200	197	556
石川	172	142	138	131	125	123	532
福井	170	152	139	130	126	121	515
山梨	37	30	28	26	26	26	532
長野	279	232	212	193	190	187	608
岐阜	155	135	118	106	103	101	487
静岡	103	101	90	74	77	76	509
愛知	185	163	154	134	131	131	505
三重	189	178	155	130	130	131	511
滋賀	203	196	171	158	156	152	523
京都	97	89	80	72	72	72	514
大阪	36	33	28	22	23	23	503
兵庫	230	214	189	174	176	177	513
奈良	59	53	47	41	43	44	522
和歌山	45	41	37	29	30	31	519
鳥取	87	80	72	66	64	62	514
島根	139	114	94	87	88	85	519
岡山	186	195	172	151	151	147	524
広島	174	151	135	113	116	115	530
山口	162	133	116	73	93	93	526
徳島	71	71	64	52	48	48	480
香川	85	82	77	58	57	56	511
愛媛	88	87	78	64	67	69	524
高知	73	65	59	49	50	50	460
福岡	258	219	192	145	164	164	491
佐賀	182	166	137	104	119	117	514
長崎	86	73	63	47	51	49	470
熊本	261	228	202	157	156	157	501
大分	151	142	121	81	96	93	493
宮崎	122	113	100	76	78	75	488
鹿児島	155	133	119	88	89	86	478
沖縄	2.5	3.6	2.7	2.1	2.2	1.9	301
全国	10 499	9 490	8 483	7 763	7 563	7 269	536

農林水産省「作物統計」より作成。1）水稲のみの数値。

府県別統計　農作物

表 4-9　米、麦の収穫量（2022年産）（単位　t）

	米		麦				
	水稲	陸稲1)	小麦	二条大麦	六条大麦	はだか麦	計
北海道	② 553 200	…	① 614 200	6 440	50	179	620 900
青森	235 200	…	1 910	—	x	—	x
岩手	⑩ 247 600	…	9 000	x	200	—	9 200
宮城	⑤ 326 500	…	3 900	x	4 780	—	8 740
秋田	③ 456 500	…	962	—	—	—	962
山形	④ 365 300	…	220	—	x	—	x
福島	⑦ 317 300	…	838	21	26	—	885
茨城	⑥ 319 200	776	12 400	1 710	3 200	639	17 900
栃木	⑧ 270 300	204	8 690	32 000	4 230	118	45 000
群馬	72 300	…	22 700	5 810	1 680	3	30 200
埼玉	142 400	…	19 100	2 800	509	247	22 700
千葉	⑨ 259 500	…	1 710	x	98	3	x
東京	484	…	21	3	—	x	x
神奈川	14 400	…	91	—	—	x	x
新潟	① 631 000	…	349	—	366	—	715
富山	197 400	…	126	x	13 400	x	13 500
石川	122 900	…	210	x	6 130	—	6 340
福井	121 000	…	294	—	18 100	x	18 400
山梨	25 500	…	263	—	98	—	361
長野	187 300	…	8 170	35	2 910	—	11 100
岐阜	100 800	…	12 500	—	608	—	13 100
静岡	76 400	…	1 850	36	x	x	x
愛知	130 800	…	④ 30 000	x	416	20	30 400
三重	130 800	…	⑤ 25 000	—	330	96	25 400
滋賀	151 700	…	24 100	324	5 750	388	30 600
京都	72 000	…	390	286	—	—	676
大阪	22 800	…	1	—	x	x	x
兵庫	177 000	…	5 270	3	1 630	394	7 300
奈良	43 900	…	365	—	—	x	x
和歌山	31 000	…	7	x	1	1	x
鳥取	62 200	…	262	267	x	7	x
島根	85 100	…	266	1 640	13	63	1 980
岡山	147 200	…	4 160	7 940	4	861	13 000
広島	114 500	…	503	x	222	157	x
山口	92 600	…	6 470	678	—	627	7 780
徳島	47 600	…	234	105	x	32	x
香川	55 700	…	8 970	x	—	2 310	11 300
愛媛	68 600	…	1 850	—	—	4 340	6 190
高知	49 700	…	6	21	—	6	33
福岡	164 000	…	② 75 400	23 800	—	1 670	100 900
佐賀	117 200	…	③ 56 600	46 200	—	1 170	104 000
長崎	48 900	…	2 180	3 900	—	497	6 580
熊本	156 800	…	20 600	9 410	18	279	30 300
大分	93 200	…	10 900	6 730	22	2 850	20 500
宮崎	75 200	…	313	214	x	25	x
鹿児島	86 000	…	116	704	30	13	863
沖縄	1 920	…	7	7	—	—	14
全国	7 269 000	1 010	993 500	151 200	65 100	17 000	1 227 000

農林水産省「作物統計」より作成。xは秘匿。○内の数字は全国順位。1) 陸稲は主産県調査、全国は推計値。

表 4-10　水稲の市町村別収穫量（2022年産）

市町村	都道府県	t	市町村	都道府県	t	市町村	都道府県	t
新潟市	新潟	140 100	上越市	新潟	61 100	大崎市	宮城	48 200
大仙市	秋田	65 900	登米市	宮城	55 400	新発田市	新潟	43 900
長岡市	新潟	65 700	大潟村	秋田	54 000	酒田市	山形	42 700
横手市	秋田	63 900	奥州市	岩手	51 900	つがる市	青森	42 000
鶴岡市	山形	63 900	栗原市	宮城	49 200	富山市	富山	41 200

農林水産省「作物統計」より作成。上位15市町村。水稲の全国計は前表参照。

表 4-11　大豆、そば、かんしょの収穫量（2022年産）（単位　t）

	大豆	そば	かんしょ1)		大豆	そば	かんしょ1)
北海道	① 108 900	① 18 300	…	滋賀	④ 10 600	309	…
青森	4 420	473	…	京都	292	45	…
岩手	5 860	831	…	大阪	12	x	…
宮城	② 15 800	189	…	兵庫	2 020	78	…
秋田	③ 11 500	1 290	…	奈良	118	13	…
山形	6 870	⑤ 2 340	…	和歌山	23	1	…
福島	1 830	2 130	…	鳥取	821	121	…
茨城	5 340	③ 3 000	② 194 300	島根	1 020	199	…
栃木	4 690	④ 2 760	…	岡山	1 260	82	…
群馬	416	466	…	広島	388	122	…
埼玉	545	234	…	山口	917	15	…
千葉	1 080	135	88 800	徳島	12	18	27 000
東京	6	2	…	香川	65	14	…
神奈川	56	13	…	愛媛	612	14	…
新潟	7 100	500	…	高知	33	1	…
富山	5 590	197	…	福岡	⑤ 9 790	40	…
石川	1 650	67	…	佐賀	8 930	31	…
福井	2 320	932	…	長崎	226	112	…
山梨	258	122	…	熊本	2 950	423	19 000
長野	3 670	② 3 190	…	大分	1 310	60	…
岐阜	3 500	116	…	宮崎	76	153	77 900
静岡	146	50	…	鹿児島	374	756	① 210 000
愛知	6 060	8	…	沖縄	x	14	…
三重	3 350	29	…	全国	242 800	40 000	710 700

農林水産省「作物統計」より作成。xは秘匿。○内の数字は全国順位。1) 主産県調査、全国は推計値。

表 4-12　豆類（大豆以外）の収穫量（2022年産）

	小豆			らっかせい			いんげん	
	t	%		t	%		t	%
北海道	39 300	93.3	千葉	14 900	85.1	北海道	8 090	94.8
京都	330	0.8						
滋賀	159	0.4						
全国×	42 100	100.0	全国×	17 500	100.0	全国×	8 530	100.0

農林水産省「作物統計」より作成。主産県調査、全国は推計値。×その他とも。

表 4 - 13 果実の収穫量 （Ⅰ）（2022年産／主産県のみ公表）（単位 t ）

	みかん1)	りんご	日本なし	かき	ぶどう	もも
北海道	…	7 560	…	…	6 610	…
青森	…	① 439 000	…	…	3 260	1 570
岩手	…	③ 47 900	…	…	2 740	…
宮城	…	2 730	2 420	691	…	…
秋田	…	22 500	2 380	…	1 570	…
山形	…	④ 41 200	1 370	6 630	14 000	9 800
福島	…	⑤ 23 700	15 200	8 430	2 440	② 27 700
茨城	…	…	17 800	2 080	…	…
栃木	…	…	17 000	…	…	…
群馬	…	7 740	3 550	…	…	…
埼玉	…	…	5 680	…	1 120	…
千葉	1 010	…	① 19 200	…	…	…
東京	…	…	1 700	…	…	…
神奈川	12 600	…	3 850	…	…	…
新潟	…	…	9 360	12 500	2 060	1 900
富山	…	1 160	3 510	1 850	…	…
石川	…	695	2 760	1 340	799	…
福井	…	…	1 090	952	138	…
山梨	…	719	…	5 870	① 40 800	① 35 700
長野	…	② 132 600	13 000	9 410	② 28 900	③ 12 000
岐阜	…	1 700	1 820	16 200	…	609
静岡	③ 103 000	…	…	3 810	…	…
愛知	24 200	…	4 960	15 200	3 390	…
三重	15 300	…	…	4 510	…	…
滋賀	…	…	630	…	412	…
京都	…	…	1 000	…	…	…
大阪	12 500	…	…	…	3 680	…
兵庫	…	…	1 230	…	2 260	…
奈良	…	…	…	② 29 500	…	…
和歌山	① 152 500	…	…	① 42 000	…	8 010
鳥取	…	…	11 800	2 190	481	…
島根	…	…	…	2 250	2 190	…
岡山	…	…	…	2 630	14 600	6 580
広島	16 400	1 590	2 350	2 430	3 030	…
山口	6 590	…	2 670	…	…	…
徳島	9 060	…	4 860	…	…	…
香川	10 000	…	422	1 130	1 210	827
愛媛	② 109 300	…	…	7 430	1 480	397
高知	5 560	…	…	…	…	…
福岡	17 600	…	7 530	③ 17 700	7 170	…
佐賀	38 900	…	4 000	…	…	…
長崎	⑤ 40 400	…	…	…	…	…
熊本	④ 75 000	…	7 350	2 220	…	…
大分	9 860	…	7 780	…	2 290	…
宮崎	6 940	…	…	…	1 200	…
鹿児島	9 700	…	…	…	…	…
沖縄	…	…	…	…	…	…
全国	682 200	737 100	196 500	216 100	162 600	116 900

農林水産省「果樹生産出荷統計」より作成。2022年産は主産県のみの調査。速報値。全国は推計値。○内の数字は全国順位。1) みかんは、果実数が多くなる年（表年）と少なくなる年（裏年）とが交互に発生する傾向がある。

果実の収穫量 （Ⅱ）（2022年産／主産県調査）

キウイフルーツ

	t	%
愛媛	4 790	20.9
福岡	3 990	17.4
和歌山	3 350	14.6
神奈川	1 140	5.0
群馬	828	3.6
静岡	805	3.5
山梨	778	3.4
栃木	734	3.2
全国×	22 900	100.0

くり

	t	%
茨城	3 670	23.5
熊本	2 280	14.6
愛媛	1 200	7.7
岐阜	748	4.8
長野	631	4.0
埼玉	528	3.4
栃木	501	3.2
宮崎	434	2.8
全国×	15 600	100.0

びわ

	t	%
長崎	853	33.7
千葉	417	16.5
鹿児島	189	7.5
兵庫	146	5.8
香川	128	5.1
愛媛	128	5.1
大分	114	4.5
和歌山	47	1.9
全国×	2 530	100.0

すもも

	t	%
山梨	5 940	31.6
長野	3 070	16.3
山形	2 080	11.1
和歌山	1 730	9.2
青森	1 020	5.4
北海道	900	4.8
全国×	18 800	100.0

うめ

	t	%
和歌山	64 400	66.7
群馬	3 680	3.8
山梨	1 710	1.8
三重	1 500	1.6
福井	1 470	1.5
神奈川	1 390	1.4
全国×	96 600	100.0

西洋なし

	t	%
山形	18 200	68.2
新潟	2 110	7.9
青森	1 870	7.0
長野	1 260	4.7
福島	594	2.2
全国×	26 700	100.0

農林水産省「果樹生産出荷統計」より作成。速報値。×その他とも。
おうとう（全国16100 t 、山形12400 t 、北海道1530 t 、山梨535 t ）
パインアップル（沖縄のみ調査で7420 t 、このほか特産果樹生産動態等調査で2020年の鹿児島が15.9 t ）

表 4 - 14　特産果実の収穫量 （2020年産）

ゆず

	t	%
高知	12 958	53.0
徳島	2 951	12.1
愛媛	2 804	11.5
全国×	24 459	100.0

スダチ

	t	%
徳島	3 772	98.1
高知	32	0.8
佐賀	22	0.6
全国×	3 846	100.0

カボス

	t	%
大分	5 900	98.9
福岡	24	0.4
宮崎	20	0.3
全国×	5 968	100.0

イチジク

	t	%
和歌山	2 038	19.0
愛知	1 813	16.9
大阪	1 342	12.5
全国×	10 750	100.0

レモン

	t	%
広島	4 861	56.3
愛媛	1 721	19.9
和歌山	721	8.3
全国×	8 635	100.0

マンゴー

	t	%
沖縄	1 647	48.6
宮崎	1 242	36.7
鹿児島	372	11.0
全国×	3 387	100.0

農林水産省「特産果樹生産動態等調査」より作成。×その他とも。
キンカン（全国3694 t 、宮崎2644 t 、鹿児島848 t ）、ブルーベリー（全国2268 t 、東京337 t ）
アンズ（全国1634 t 、青森1250 t 、長野381 t ）、オリーブ（全国546 t 、香川490 t ）
ギンナン（全国930 t 、大分398 t 、愛知216 t ）、クルミ（全国112 t 、長野69 t 、青森38 t ）
パッションフルーツ（全国495 t 、鹿児島329 t 、沖縄77 t ）、アケビ（全国61 t 、山形45 t ）

表 4 - 15　野菜の収穫量（Ⅰ）（2022年産）（単位　t）

	ばれいしょ	だいこん	にんじん	さといも	はくさい	キャベツ	ほうれんそう
北海道	① 1 819 000	② 130 100	① 168 600	x	⑤ 23 500	61 400	3 590
青森	13 000	③ 107 300	④ 34 400	58	4 910	15 900	1 520
岩手	5 900	22 500	2 630	774	7 460	24 100	2 980
宮城	4 730	8 210	1 150	645	8 150	6 330	2 760
秋田	8 200	14 200	609	888	5 930	7 400	1 360
山形	2 660	14 100	823	1 890	6 030	3 280	1 850
福島	15 300	20 400	1 810	2 050	15 700	5 700	2 910
茨城	④ 48 500	54 200	30 000	2 680	① 244 100	④ 106 900	④ 18 100
栃木	9 050	13 400	3 700	⑤ 7 350	18 400	5 470	6 080
群馬	5 000	28 900	1 620	3 140	③ 27 000	① 284 500	① 22 300
埼玉	10 200	24 100	16 100	① 17 900	④ 24 800	17 900	② 21 800
千葉	⑤ 28 100	① 144 900	② 110 500	③ 13 200	7 050	③ 109 600	③ 20 700
東京	3 440	8 050	2 900	2 730	3 530	6 800	4 150
神奈川	6 590	⑤ 75 400	2 740	5 040	4 760	67 700	7 710
新潟	7 050	43 800	5 850	6 410	7 020	10 300	1 030
富山	1 050	3 400	1 140	1 110	1 440	2 380	449
石川	2 420	7 460	425	214	799	1 660	344
福井	3 250	5 410	955	2 850	1 100	3 210	678
山梨	2 410	4 850	264	1 070	3 580	3 720	914
長野	15 200	15 800	1 370	1 080	② 233 500	68 600	3 230
岐阜	3 500	20 200	6 130	3 950	8 390	5 380	11 000
静岡	13 800	18 700	2 950	3 790	4 800	22 000	4 070
愛知	4 060	23 600	19 400	4 170	19 600	② 268 900	4 520
三重	2 440	8 420	1 050	1 970	9 090	11 500	1 140
滋賀	1 250	3 710	846	716	4 060	9 840	1 160
京都	2 080	6 830	810	1 320	3 050	6 690	5 370
大阪	778	1 200	137	839	1 130	9 190	1 930
兵庫	3 450	11 100	3 410	1 880	20 900	25 800	3 180
奈良	1 790	3 080	460	1 340	3 190	2 520	3 190
和歌山	519	7 790	2 330	266	8 030	6 190	787
鳥取	2 000	7 650	1 900	1 040	2 770	3 760	1 180
島根	1 460	5 900	659	1 340	4 830	5 980	1 860
岡山	1 890	7 990	1 020	631	13 000	12 700	1 510
広島	6 860	10 500	672	1 570	5 470	11 500	4 690
山口	2 860	10 700	842	1 190	4 700	7 470	1 660
徳島	1 660	22 500	③ 48 500	357	3 060	6 720	2 720
香川	727	6 360	2 960	916	546	9 860	636
愛媛	2 950	5 990	540	④ 8 880	3 730	11 900	1 260
高知	1 140	5 110	766	593	1 860	2 180	517
福岡	4 380	13 900	2 490	1 550	5 940	24 400	9 340
佐賀	3 200	2 490	356	659	2 220	7 970	884
長崎	③ 83 900	41 100	⑤ 32 900	639	19 400	11 400	1 450
熊本	14 800	23 300	22 700	4 820	15 800	44 800	5 080
大分	1 880	11 800	3 230	2 310	23 300	15 200	1 510
宮崎	10 300	64 800	13 600	② 13 600	14 200	21 900	⑤ 12 200
鹿児島	② 97 600	④ 90 400	22 200	7 240	22 800	⑤ 74 500	1 820
沖縄	904	461	2 060	38	99	4 950	690
全国	2 283 000	1 182 000	582 500	138 700	874 600	1 458 000	209 800

農林水産省「野菜生産出荷統計」より作成。○内の数字は全国順位。速報値。全国は推計値。

野菜の収穫量（Ⅱ）（2022年産）（単位　t）

	ねぎ	たまねぎ	レタス	きゅうり	なす	トマト	ピーマン
北海道	④ 19 600	① 821 400	12 900	14 500	445	② 62 900	5 540
青森	12 000	488	1 810	5 250	1 070	16 200	3 670
岩手	6 770	1 490	7 940	11 900	2 860	9 380	⑤ 8 480
宮城	9 500	4 010	2 360	13 900	2 880	8 610	2 620
秋田	13 600	1 940	570	7 680	5 000	7 500	476
山形	8 270	652	274	11 900	5 260	9 130	1 010
福島	10 800	3 150	4 180	④ 40 500	4 180	22 000	2 950
茨城	① 54 300	5 460	② 86 800	25 500	④ 17 900	④ 46 300	① 33 300
栃木	12 300	10 300	4 300	10 500	11 500	⑤ 32 000	284
群馬	⑤ 18 200	8 930	③ 56 700	② 55 800	③ 28 500	21 600	367
埼玉	③ 51 300	4 000	3 650	③ 44 000	8 510	15 200	208
千葉	② 53 800	6 190	7 950	⑤ 31 400	6 590	31 700	2 020
東京	2 470	791	549	2 020	1 820	3 550	214
神奈川	7 900	4 760	2 800	10 400	3 640	12 100	374
新潟	10 400	4 090	577	8 530	5 730	8 360	649
富山	2 260	7 850	112	1 250	2 040	1 740	35
石川	862	972	681	1 760	684	3 080	103
福井	2 200	1 550	1 120	1 210	1 160	2 330	142
山梨	1 210	1 220	2 740	4 740	5 840	6 740	528
長野	17 000	4 930	① 182 600	13 700	3 680	16 100	2 380
岐阜	2 310	2 770	517	5 760	3 770	27 200	544
静岡	9 720	12 300	⑤ 25 700	3 370	1 770	13 400	1 040
愛知	7 360	⑤ 25 000	5 200	14 900	13 900	③ 47 700	997
三重	3 810	2 940	558	2 460	1 690	9 240	513
滋賀	2 370	3 570	509	3 090	2 030	3 110	263
京都	7 400	2 590	2 140	4 640	7 050	4 340	2 070
大阪	6 240	3 130	449	1 680	6 070	2 170	55
兵庫	4 160	② 86 400	24 200	3 660	3 430	8 330	2 140
奈良	2 870	1 120	509	1 910	4 710	3 350	381
和歌山	820	4 120	661	2 470	1 690	3 540	993
鳥取	11 700	1 780	225	1 630	1 220	3 510	796
島根	2 110	3 610	583	3 620	1 780	4 560	919
岡山	2 250	4 510	2 220	2 780	4 950	5 760	877
広島	8 320	5 330	1 310	4 000	3 340	10 700	1 240
山口	2 040	4 540	1 310	3 370	2 180	4 100	489
徳島	3 180	2 330	5 760	7 470	6 500	4 920	418
香川	3 280	8 570	13 600	4 380	1 980	3 010	107
愛媛	2 220	7 780	1 920	8 600	3 880	6 500	1 600
高知	2 500	933	658	25 500	① 40 600	6 430	③ 13 800
福岡	6 540	3 930	15 500	9 310	⑤ 17 500	18 900	416
佐賀	2 430	③ 84 000	1 500	15 300	3 080	3 240	525
長崎	2 710	④ 28 800	④ 37 000	6 930	1 700	11 700	312
熊本	3 710	12 500	17 600	15 300	② 33 400	① 130 300	3 330
大分	16 400	2 390	2 040	2 860	1 630	10 200	6 640
宮崎	2 040	1 360	1 400	① 64 500	2 290	17 000	② 28 100
鹿児島	7 400	3 640	5 470	9 550	1 970	5 270	④ 13 300
沖縄	162	299	3 660	3 330	1 190	3 010	2 830
全国	440 800	1 214 000	552 800	548 600	294 600	707 900	150 000

府県別統計

農作物

資料は前表に同じ。〇内の数字は全国順位。速報値。全国は推計値。

野菜の収穫量（Ⅲ）（2022年産）

いちご

	t	%
栃木	24 400	15.2
福岡	16 800	10.4
熊本	11 700	7.3
愛知	10 600	6.6
静岡	10 400	6.5
長崎	10 300	6.4
茨城	9 300	5.8
千葉	7 280	4.5
全国×	160 800	100.0

すいか

	t	%
熊本	48 000	15.2
千葉	36 800	11.6
山形	31 400	9.9
新潟	19 000	6.0
鳥取	19 000	6.0
愛知	16 800	5.3
長野	15 600	4.9
茨城	15 300	4.8
全国×	315 900	100.0

メロン

	t	%
茨城	33 700	23.7
熊本	24 400	17.1
北海道	19 900	14.0
愛知	9 870	6.9
山形	9 550	6.7
青森	8 020	5.6
千葉	7 480	5.3
静岡	6 140	4.3
全国×	142 400	100.0

かぶ

	t	%
千葉	27 400	26.1
埼玉	16 300	15.5
青森	5 740	5.5
京都	4 410	4.2
滋賀	4 370	4.2
福岡	3 540	3.4
北海道	3 430	3.3
全国×	105 100	100.0

かぼちゃ

	t	%
北海道	94 000	51.4
鹿児島	6 890	3.8
長野	6 620	3.6
茨城	6 360	3.5
長崎	4 750	2.6
宮崎	4 030	2.2
神奈川	3 820	2.1
全国×	182 900	100.0

えだまめ

	t	%
北海道	8 820	13.5
群馬	7 140	11.0
千葉	5 800	8.9
埼玉	5 330	8.2
山形	4 950	7.6
秋田	4 540	7.0
新潟	4 010	6.2
全国×	65 200	100.0

ごぼう

	t	%
青森	42 600	36.5
茨城	13 400	11.5
北海道	10 400	8.9
宮崎	8 690	7.4
群馬	7 010	6.0
全国×	116 700	100.0

れんこん

	t	%
茨城	28 200	50.2
佐賀	7 330	13.0
徳島	4 950	8.8
愛知	2 760	4.9
山口	2 250	4.0
全国×	56 200	100.0

やまのいも

	t	%
北海道	77 500	49.3
青森	45 500	28.9
長野	6 440	4.1
千葉	5 650	3.6
群馬	4 450	2.8
全国×	157 200	100.0

スイートコーン

	t	%
北海道	78 100	37.4
千葉	16 300	7.8
茨城	14 800	7.1
群馬	12 600	6.0
山梨	8 370	4.0
全国×	208 800	100.0

ブロッコリー

	t	%
北海道	27 600	16.0
埼玉	15 500	9.0
愛知	15 100	8.7
香川	13 300	7.7
徳島	11 700	6.8
全国×	172 900	100.0

セロリ

	t	%
長野	12 200	41.6
静岡	5 280	18.0
福岡	3 570	12.2
愛知	2 780	9.5
茨城	1 040	3.5
全国×	29 300	100.0

資料は前表に同じ。速報値。全国は推計値。×その他とも。
にら（全国54300 t 、高知14300 t 、栃木8320 t 、茨城6780 t ）
にんにく（全国20400 t 、青森13500 t 、北海道973 t 、香川728 t ）
しょうが（全国46200 t 、高知20500 t 、熊本5260 t 、千葉4900 t ）

表 4 - 16　地域特産野菜の収穫量（2020年産）

オクラ	t	%
鹿児島	5 210	43.4
高知	2 050	17.1
沖縄	1 060	8.8
熊本	806	6.7
福岡	390	3.3
全国×	12 000	100.0

にがうり（ゴーヤー）	t	%
沖縄	7 130	39.8
宮崎	2 600	14.5
鹿児島	1 930	10.8
群馬	1 900	10.6
長崎	950	5.3
全国×	17 900	100.0

とうがん	t	%
沖縄	2 900	33.1
愛知	1 360	15.5
岡山	1 170	13.4
神奈川	894	10.2
和歌山	601	6.9
全国×	8 750	100.0

らっきょう	t	%
鳥取	2 850	38.5
鹿児島	2 190	29.6
宮崎	763	10.3
徳島	450	6.1
沖縄	378	5.1
全国×	7 400	100.0

クレソン	t	%
栃木	267	39.6
山梨	245	36.4
沖縄	46	6.8
和歌山	24	3.6
大分	22	3.3
全国×	674	100.0

うど	t	%
栃木	570	39.3
群馬	458	31.6
秋田	128	8.8
山形	49	3.4
全国×	1 450	100.0

エシャレット	t	%
茨城	346	74.9
静岡	104	22.5
全国×	462	100.0

くわい	t	%
広島	111	55.0
埼玉	59	29.2
全国×	202	100.0

しろうり	t	%
徳島	1 800	58.4
千葉	773	25.1
愛知	78	2.5
全国×	3 080	100.0

ズッキーニ	t	%
長野	3 370	29.8
宮崎	3 050	27.0
群馬	1 260	11.2
全国×	11 300	100.0

しそ	t	%
愛知	3 870	45.7
宮崎	1 080	12.8
静岡	671	7.9
全国×	8 470	100.0

マッシュルーム	t	%
千葉	2 890	41.4
岡山	2 300	33.0
山形	1 360	19.5
全国×	6 980	100.0

パプリカ	t	%
宮城	1 370	20.4
茨城	1 280	19.1
大分	898	13.4
全国×	6 710	100.0

パクチー	t	%
福岡	153	26.8
千葉	133	23.3
茨城	95	16.6
全国×	571	100.0

スナップえんどう	t	%
鹿児島	4 770	62.0
熊本	824	10.7
愛知	510	6.6
全国×	7 690	100.0

農林水産省「地域特産野菜生産状況調査」より作成。地域特産野菜は隔年調査。×その他とも。
花みょうが（全国5440 t 、高知5080 t ）
食用ぎく（全国718 t 、愛知368 t 、山形133 t 、青森106 t ）

表 4-17　主な花きの主産県 （2022年産／主産県のみ公表）

きく[1]

	千本	%
愛知	437 700	35.7
沖縄	216 500	17.6
福岡	68 300	5.6
鹿児島	58 400	4.8
長崎	47 200	3.8
全国×	1 227 000	100.0

カーネーション[1]

	千本	%
長野	41 900	21.9
愛知	34 600	18.1
千葉	17 600	9.2
兵庫	17 100	8.9
北海道	16 900	8.8
全国×	191 500	100.0

ばら[1]

	千本	%
愛知	35 600	18.9
静岡	17 900	9.5
福岡	12 900	6.8
山形	12 800	6.8
群馬	9 500	5.0
全国×	188 700	100.0

りんどう[1]

	千本	%
岩手	42 500	58.1
秋田	9 630	13.2
山形	7 560	10.3
福島	3 470	4.7
長野	2 530	3.5
全国×	73 100	100.0

スターチス[1]

	千本	%
和歌山	62 900	54.2
北海道	30 600	26.4
長野	8 990	7.7
千葉	3 070	2.6
全国×	116 100	100.0

ガーベラ[1]

	千本	%
静岡	51 700	42.4
福岡	17 200	14.1
和歌山	10 600	8.7
愛知	8 980	7.4
千葉	6 260	5.1
全国×	121 800	100.0

球根類[2]

	千球	%
鹿児島	16 600	23.5
新潟	12 400	17.6
富山	12 400	17.6
宮崎	6 120	8.7
全国×	70 500	100.0

洋ラン類[3]

	千鉢	%
愛知	3 040	25.5
熊本	1 190	10.0
福岡	1 030	8.7
千葉	796	6.7
山梨	702	5.9
全国×	11 900	100.0

観葉植物[3]

	千鉢	%
愛知	19 900	48.8
静岡	5 270	12.9
三重	3 180	7.8
鹿児島	1 680	4.1
千葉	1 350	3.3
全国×	40 800	100.0

農林水産省「花きの作付 (収穫) 面積及び出荷量」より作成。数値は出荷量。速報値。全国は推計値。1) 切り花類。2) チューリップ、ユリなど。3) 鉢もの類。×その他とも。

表 4-18　工芸作物の収穫量 （2022年産）

茶[1]

	t	%
静岡	28 600	37.0
鹿児島	26 700	34.6
三重	5 250	6.8
宮崎	3 000	3.9
京都	2 600	3.4
福岡	1 750	2.3
熊本	1 290	1.7
埼玉	729	0.9
全国×	77 200	100.0

葉たばこ （販売量）

	t	%
熊本	1 869	21.3
岩手	1 143	13.0
長崎	1 099	12.5
沖縄	800	9.1
青森	797	9.1
宮崎	684	7.8
鹿児島	484	5.5
佐賀	384	4.4
福島	275	3.1
全国×	8 782	100.0

さとうきび

	千 t	%
沖縄	738	58.0
鹿児島	534	42.0
全国	1 272	100.0

てんさい

	千 t	%
北海道	3 545	100.0

農林水産省「作物統計」および全国たばこ耕作組合中央会資料より作成。1) 荒茶。×その他とも。
こんにゃくいも (全国51900 t、群馬49200 t)、い (熊本5810 t)

表 4-19　畜産農家の飼養戸数と飼養頭羽数（Ⅰ）（2023年2月1日現在）

	乳用牛			肉用牛			
	飼養戸数 （戸）	飼養頭数 （頭）	1戸あたり 飼養頭数 （頭）	飼養戸数 （戸）	飼養頭数 （頭）	うち 黒毛和種 （頭）	1戸あたり 飼養頭数 （頭）
北海道	5 380	① 842 700	156.6	2 180	① 566 400	202 900	259.8
青森	147	12 400	84.4	726	57 100	31 500	78.7
岩手	728	④ 40 200	55.2	3 440	89 000	68 400	25.9
宮城	400	17 100	42.8	2 550	80 100	70 200	31.4
秋田	76	3 850	50.7	637	19 300	17 200	30.3
山形	186	11 200	60.2	551	42 700	40 800	77.5
福島	238	11 000	46.2	1 570	50 300	40 900	32.0
茨城	275	24 400	88.7	416	52 200	32 500	125.5
栃木	592	② 54 000	91.2	772	84 900	44 300	110.0
群馬	379	⑤ 32 900	86.8	484	57 400	32 700	118.6
埼玉	148	7 100	48.0	130	17 300	11 900	133.1
千葉	403	26 500	65.8	233	42 900	11 800	184.1
東京	43	1 420	33.0	18	610	530	33.9
神奈川	131	4 430	33.8	55	4 980	2 150	90.5
新潟	143	5 500	38.5	179	11 700	5 830	65.4
富山	32	2 140	66.9	33	3 770	2 440	114.2
石川	40	3 050	76.3	73	3 670	3 330	50.3
福井	22	1 070	48.6	40	1 980	1 400	49.5
山梨	51	3 450	67.6	62	5 250	2 490	84.7
長野	237	13 900	58.6	328	21 400	15 800	65.2
岐阜	89	5 330	59.9	434	34 300	32 000	79.0
静岡	163	13 400	82.2	110	20 200	7 860	183.6
愛知	220	19 600	89.1	323	42 400	13 100	131.3
三重	29	6 900	237.9	138	31 100	27 500	225.4
滋賀	36	2 480	68.9	84	21 600	17 900	257.1
京都	45	3 870	86.0	66	5 690	5 230	86.2
大阪	21	1 130	53.8	9	890	630	98.9
兵庫	216	12 400	57.4	1 090	58 800	48 600	53.9
奈良	33	2 960	89.7	38	4 260	3 240	112.1
和歌山	6	500	83.3	48	2 770	2 560	57.7
鳥取	104	8 360	80.4	241	21 700	13 500	90.0
島根	79	10 900	138.0	692	33 500	26 300	48.4
岡山	192	16 000	83.3	378	35 100	15 900	92.9
広島	120	9 020	75.2	437	27 000	14 800	61.8
山口	52	2 430	46.7	331	14 600	10 300	44.1
徳島	75	3 540	47.2	170	23 300	10 500	137.1
香川	60	5 040	84.0	153	21 700	8 990	141.8
愛媛	82	4 520	55.1	146	10 400	5 740	71.2
高知	44	3 030	68.9	124	5 960	2 680	48.1
福岡	170	10 700	62.9	169	23 400	14 600	138.5
佐賀	34	1 970	57.9	519	52 400	51 200	101.0
長崎	123	6 170	50.2	2 080	⑤ 91 700	75 800	44.1
熊本	467	③ 43 800	93.8	2 090	④ 139 100	93 900	66.6
大分	98	13 300	135.7	1 000	52 800	41 900	52.8
宮崎	204	13 400	65.7	4 700	③ 260 200	228 400	55.4
鹿児島	138	12 800	92.8	6 350	② 357 800	341 200	56.3
沖縄	64	3 930	61.4	2 140	81 000	79 500	37.9
全国	12 600	1 356 000	107.6	38 600	2 687 000	1 833 000	69.6

農林水産省「畜産統計」より作成。○内の数字は全国順位。速報値。

畜産農家の飼養戸数と飼養頭羽数 （Ⅱ）（2023年 2 月 1 日現在）

	豚			採卵鶏			ブロイラー
	飼養戸数 （戸）	飼養頭数 （頭）	1戸あたり 飼養頭数 （頭）	飼養戸数 （戸）1)	飼養羽数 （千羽）2)	1戸あたり 飼養羽数3) （千羽）	飼養羽数 （千羽）4)
北海道	191③	759 600	3 977.0	52	6 311	101.2	⑤ 5 364
青森	52	356 300	6 851.9	23	5 393	158.0	④ 6 905
岩手	85	474 000	5 576.5	19	5 190	191.0	③ 20 766
宮城	94	180 300	1 918.1	34	4 074	92.7	2 070
秋田	64	270 100	4 220.3	14	2 367	151.1	—
山形	66	169 600	2 569.7	10	397	36.6	597
福島	52	123 700	2 378.8	40	5 607	93.7	797
茨城	226	458 400	2 028.3	87	② 12 303	111.9	1 265
栃木	89	299 800	3 368.5	42	6 020	121.7	x
群馬	172④	593 700	3 451.7	52	④ 9 579	104.3	1 574
埼玉	62	82 500	1 330.6	61	3 668	29.4	x
千葉	223⑤	588 400	2 638.6	91	① 13 073	106.5	1 859
東京	8	1 880	235.0	12	73	5.5	—
神奈川	40	64 600	1 615.0	41	1 037	24.4	—
新潟	81	157 900	1 949.4	35	4 669	94.2	1 254
富山	13	23 500	1 807.7	15	836	47.1	—
石川	11	17 800	1 618.2	9	1 307	127.3	—
福井	3	1 710	570.0	12	725	60.2	98
山梨	15	10 300	686.7	22	535	20.7	389
長野	49	53 700	1 095.9	16	533	27.8	672
岐阜	28	98 100	3 503.6	43	5 189	96.3	1 009
静岡	72	90 600	1 258.3	41	5 019	107.9	1 078
愛知	138	308 700	2 237.0	108	7 960	58.8	1 048
三重	43	89 500	2 081.4	64	6 224	74.7	628
滋賀	3	1 310	436.7	14	231	14.9	x
京都	7	12 600	1 800.0	27	1 576	58.0	475
大阪	5	2 060	412.0	12	53	3.6	—
兵庫	19	20 600	1 084.2	43	6 205	127.3	2 224
奈良	8	3 570	446.3	23	313	12.3	x
和歌山	6	1 460	243.3	19	265	13.3	249
鳥取	15	61 500	4 100.0	7	150	19.6	3 223
島根	5	37 100	7 420.0	16	930	48.2	x
岡山	19	41 600	2 189.5	57	⑤ 8 773	102.9	2 814
広島	24	151 300	6 304.2	39	8 053	140.5	x
山口	7	33 400	4 771.4	13	1 627	93.4	1 474
徳島	18	46 700	2 594.4	14	742	43.1	3 723
香川	20	31 400	1 570.0	43	5 445	102.2	2 198
愛媛	67	197 800	2 952.2	37	2 094	41.4	1 083
高知	15	25 100	1 673.3	12	287	21.9	419
福岡	39	78 800	2 020.5	60	3 430	52.2	1 185
佐賀	31	85 400	2 754.8	24	200	7.7	3 949
長崎	73	194 600	2 665.8	51	1 942	31.6	3 024
熊本	143	338 000	2 363.6	35	2 555	59.1	3 969
大分	40	149 700	3 742.5	14	960	58.0	2 447
宮崎	295②	818 200	2 773.6	54	2 790	39.4	② 28 254
鹿児島	443①	1 153 000	2 602.7	93	③ 11 582	89.0	① 31 285
沖縄	195	195 900	1 004.6	37	1 518	29.4	628
全国	3 370	8 956 000	2 657.6	1 690	169 810	76.1	141 463

農林水産省「畜産統計」より作成。〇内の数字は全国順位。速報値。1) 種鶏のみおよび成鶏めす千羽未満の飼養者を除く。2) 種鶏を除く。3) 成鶏めすのみ。4) ふ化後 3 か月未満で肉用として出荷する鶏で、地鶏および銘柄どりも含む。年間出荷数 3 千羽未満の飼養者を除く。

表 4 - 20　畜産物の生産量 （2022年）

	枝肉生産量（t）			鶏卵生産量（t）	生乳生産量（t）	飲用牛乳等生産量（kL）	（参考）ブロイラー出荷羽数（千羽）
	牛	うち和牛	豚				
北海道	① 96 172	7 363	② 104 700	91 604	① 4 309 275	① 574 523	⑤ 38 209
青森	10 339	1 987	④ 88 398	106 045	76 046	x	④ 39 856
岩手	7 420	4 560	28 732	81 288 ⑤	207 362	75 399	③ 110 047
宮城	9 440	6 632	27 480	69 531	107 064	65 006	11 150
秋田	1 825	1 569	23 639	40 392	22 744	x	x
山形	7 744	6 402	31 855	8 180	64 218	22 751	x
福島	1 670	1 288	16 743	65 095	65 726	40 026	2 940
茨城	17 045	6 447 ③	95 720	① 231 362	182 969	186 180	5 357
栃木	6 025	1 749	22 953	102 804 ②	359 211	179 078	x
群馬	7 823	1 728	56 913	121 140 ④	207 903	102 537	7 565
埼玉	15 056	5 010	42 316	36 900	47 063	84 790	x
千葉	10 224	1 147	68 658	⑤ 125 451	192 368	169 830	8 558
東京	③ 42 331	30 948	15 954	1 006	8 718	74 806	—
神奈川	7 784	3 494	45 226	19 134	27 351	② 273 349	—
新潟	920	446	33 326	89 311	38 769	41 739	6 871
富山	549	276	6 934	13 163	12 547	x	—
石川	2 641	1 122	2 618	19 643	17 600	24 981	—
福井	—	—	—	15 034	5 637	x	386
山梨	2 079	1 067	3 032	9 255	19 860	2 205	1 623
長野	2 544	1 127	9 079	8 435	90 273	122 473	2 737
岐阜	7 632	5 185	7 513	62 240	31 999	111 688	4 140
静岡	4 092	1 353	17 453	95 319	86 673	64 984	5 498
愛知	8 311	2 324	40 883	120 002	148 158	167 350	5 382
三重	4 145	3 220	12 935	94 714	59 324	28 124	2 533
滋賀	4 155	3 129	—	4 123	18 132	22 150	x
京都	6 296	5 148	1 487	28 845	28 211	91 573	2 415
大阪	14 294	5 072	3 630	680	9 382	107 284	—
兵庫	④ 29 072	19 797	7 449	97 137	76 247	144 348	12 466
奈良	1 390	511	469	6 211	23 465	x	x
和歌山	168	86	—	4 479	4 403	x	1 032
鳥取	2 291	784	6 131	4 771	60 526	x	18 588
島根	1 675	1 000	7 204	14 821	76 573	15 288	2 129
岡山	3 523	1 189	5 027	④ 133 996	113 870	128 303	16 289
広島	8 463	2 131	4 378	③ 136 315	51 708	57 241	3 460
山口	985	223	—	22 570	14 597	x	7 520
徳島	3 339	1 135	16 316	12 549	24 887	x	14 999
香川	8 838	2 047	13 075	82 872	38 734	x	9 327
愛媛	1 355	559	13 951	27 226	29 689	x	4 306
高知	1 533	690	8 125	4 908	18 979	x	2 381
福岡	⑤ 25 985	17 746	16 500	43 249	68 142	142 622	5 044
佐賀	2 432	2 213	7 785	4 768	13 576	x	17 863
長崎	8 889	5 430	45 058	24 814	42 476	x	13 832
熊本	14 672	9 298	13 486	42 904 ③	266 013	132 275	19 852
大分	3 414	2 201	10 183	16 706	70 137	49 336	9 698
宮崎	25 480	14 651	⑤ 79 150	55 931	80 453	36 088	② 139 126
鹿児島	② 47 405	40 207	① 206 300	② 179 337	76 699	8 914	① 159 080
沖縄	1 803	1 629	24 651	20 465	21 716	22 319	3 512
全国	491 266	233 319	1 293 409	2 596 725	7 617 473	3 563 671	720 878

資料・注記は356ページ参照。〇内の数字は全国順位。xは秘匿。

表 4 - 21　林野面積・森林面積 (2020年 2 月 1 日現在) と素材生産量

	林野面積 (千ha)			林野率[1] (%)	現況 森林面積 (千ha)	国産材の素材生産量[2] (2022年) (千m³)		
	計	国有林	民有林			計	針葉樹	広葉樹
北海道	5 504	2 916	2 588	70.2	5 313	① 3 335	2 774	561
青森	626	380	245	64.9	613	979	942	37
岩手	1 152	365	787	75.4	1 140	③ 1 461	1 278	183
宮城	408	122	286	56.0	404	685	637	48
秋田	833	372	461	71.5	818	④ 1 223	1 160	63
山形	645	328	317	69.2	644	364	349	15
福島	942	373	569	68.4	938	950	820	130
茨城	199	44	155	32.6	198	455	421	34
栃木	339	119	220	52.9	339	577	523	54
群馬	409	179	231	64.3	407	213	196	17
埼玉	119	12	108	31.5	119	x	42	x
千葉	161	8	153	31.2	155	91	65	26
東京	77	6	71	35.2	76	49	x	x
神奈川	94	9	84	38.7	93	8	8	0
新潟	803	225	578	63.8	799	156	153	3
富山	241	61	180	56.6	241	70	66	4
石川	278	26	252	66.5	278	113	103	10
福井	310	37	273	74.0	310	139	135	4
山梨	349	6	343	④ 78.2	347	141	122	19
長野	1 029	325	704	75.9	1 022	467	461	6
岐阜	841	155	686	② 79.2	839	391	381	10
静岡	493	85	408	63.4	488	332	330	2
愛知	218	11	207	42.1	218	157	151	6
三重	371	22	349	64.3	371	327	319	8
滋賀	204	19	185	50.9	204	65	53	12
京都	342	7	335	74.2	342	171	149	22
大阪	57	1	56	30.0	57	22	19	3
兵庫	563	30	534	67.0	562	378	364	14
奈良	284	13	271	⑤ 76.9	284	121	119	2
和歌山	360	16	344	76.2	360	188	188	—
鳥取	258	30	228	73.7	257	186	163	23
島根	528	32	496	③ 78.7	524	339	296	43
岡山	489	37	452	68.7	485	406	382	24
広島	618	47	571	72.9	610	331	235	96
山口	440	11	428	71.9	437	246	224	22
徳島	313	17	296	75.5	313	307	299	8
香川	87	8	79	46.5	87	24	19	5
愛媛	401	39	362	70.6	400	563	561	2
高知	594	124	470	① 83.7	592	592	588	4
福岡	222	25	198	44.6	222	186	179	7
佐賀	111	15	95	45.3	111	148	138	10
長崎	246	24	222	59.6	242	129	109	20
熊本	466	63	403	62.9	458	957	935	22
大分	455	50	404	71.7	449	⑤ 1 198	1 194	4
宮崎	586	177	409	75.7	584	② 2 031	2 011	20
鹿児島	589	150	438	64.1	585	743	679	64
沖縄	116	32	84	50.7	106	x	x	x
全国	24 770	7 153	17 617	66.4	24 436	22 082	20 386	1 696

農林水産省「2020年農林業センサス」および同「木材統計」より作成。○内の数字は全国順位。注記は356ページ参照。

表 4 - 22　林業産出額 (2021年) (単位　千万円)

	林業産出額	木材生産	針葉樹	広葉樹	薪炭生産	栽培きのこ類生産	林野副産物採取
北海道	③ 4 160	3 145	2 652	493	16	906	94
青森	911	863	811	51	1	36	12
岩手	⑥ 1 931	1 498	1 264	215	39	369	24
宮城	922	534	507	25	1	379	8
秋田	⑧ 1 574	1 176	1 089	85	1	392	5
山形	693	317	312	5	1	360	15
福島	1 195	853	765	86	2	337	3
茨城	788	547	528	19	0	238	3
栃木	1 247	851	774	70	2	393	1
群馬	683	283	271	11	4	396	0
埼玉	150	67	49	17	0	83	0
千葉	282	43	30	11	0	233	6
東京	60	41	36	5	0	18	0
神奈川	40	13	13	1	0	26	0
新潟	② 4 419	140	133	6	1	4 270	9
富山	442	118	104	14	2	319	2
石川	224	135	126	9	0	84	4
福井	161	116	114	2	1	42	3
山梨	152	120	99	10	0	30	1
長野	① 5 778	648	623	9	3	5 023	104
岐阜	928	593	586	7	4	326	5
静岡	⑨ 1 370	638	638	0	1	729	2
愛知	257	171	163	9	1	84	1
三重	612	445	443	1	5	157	6
滋賀	92	57	42	14	1	33	2
京都	271	162	140	17	1	99	8
大阪	35	x	11	x	x	23	1
兵庫	450	340	324	15	3	77	30
奈良	268	201	200	0	9	55	3
和歌山	467	231	224	5	82	151	3
鳥取	387	262	248	14	6	115	4
島根	564	385	337	48	11	165	3
岡山	891	726	698	24	1	156	7
広島	867	467	423	43	0	388	12
山口	417	331	312	14	1	81	4
徳島	1 064	352	346	6	1	707	4
香川	413	13	10	2	2	397	1
愛媛	934	809	808	―	2	117	7
高知	933	702	700	2	92	126	14
福岡	⑩ 1 362	239	234	5	3	1 109	10
佐賀	253	237	229	8	0	10	7
長崎	680	195	182	13	1	471	13
熊本	⑦ 1 902	1 684	1 657	20	14	201	3
大分	⑤ 2 268	1 709	1 690	9	11	541	6
宮崎	④ 3 722	3 217	3 206	10	18	477	10
鹿児島	1 100	970	902	52	7	115	8
沖縄	74	x	0	x	x	70	0
全国	48 394	26 655	25 054	1 483	354	20 916	468

農林水産省「林業産出額」より作成。xは秘匿。○内の数字は全国順位。注記は356ページ参照。

表 4 - 23　特用林産物生産量 （2022年）（単位　t ）

	たけのこ	しいたけ[1]	えのきたけ	ぶなしめじ	まいたけ	なめこ	まつたけ
北海道	0	⑤ 4 990	x	x	1 336	⑤ 1 252	—
青森	0	206	—	—	10	x	—
岩手	5	③ 6 777	x	0	46	69	② 6.5
宮城	126	1 034	1 656	3 152	55	949	0.3
秋田	9	4 159	—	234	88	283	x
山形	162	1 109	1 395	883	205	③ 4 305	0.1
福島	22	3 495			17	④ 1 725	x
茨城	122	867	—	3 555	180	181	—
栃木	184	3 408	—	x	249	125	—
群馬	38	3 799	239	249	1 241	931	—
埼玉	4	661	x	x	1 115	302	—
千葉	406	2 659	—	x	57	x	—
東京	0	240	—	—	x	3	—
神奈川	22	250	—	—	x	x	—
新潟	52	2 230	② 19 005	② 21 484	① 36 621	② 4 950	x
富山	39	1 492	x	x	x	x	—
石川	⑤ 837	333	x	x	49	148	④ 0.8
福井	123	195	x	—	132	x	—
山梨	20	215	—	x	14	50	—
長野	44	3 025	① 74 853	① 51 580	2 645	① 5 407	① 22.6
岐阜	22	2 333	—	865	79	463	x
静岡	513	1 894	0	3 158	② 5 500	9	—
愛知	19	750	—	x	17	x	—
三重	450	1 008	—	x	x	926	—
滋賀	2	370	—	—	x	0	x
京都	③ 3 053	164	—	—	0	1	0.3
大阪	46	119	—	x	—	x	—
兵庫	141	821	—	—	1	13	0.2
奈良	1	268	—	245	x	x	x
和歌山	66	1 104	—	21	—	132	③ 2.6
鳥取	46	398	97	96	26	100	x
島根	37	1 346	0	34	172	0	0.0
岡山	195	1 491	0	24	6	12	0.6
広島	8	777	x	x	x	14	0.2
山口	102	475	x	x	6	0	0.2
徳島	260	① 7 660	—	x	—	—	0.2
香川	78	149	x	x	—	0	0.2
愛媛	782	1 353	802	x	—	1	x
高知	480	582	x	1 285	1	2	0.2
福岡	① 5 875	939	5 542	15 061	③ 3 824	2	—
佐賀	71	89	9	—	—	x	—
長崎	1	3 038	—	1 062	x	x	—
熊本	④ 1 482	2 050	1 956	x	x	1	x
大分	325	② 7 194	2 701	x	—	431	—
宮崎	280	④ 5 163	x	89	52	x	x
鹿児島	② 5 251	1 090	1 218	x	0	—	—
沖縄	1	94	x	x	—	—	—
全国	21 798	83 861	126 321	123 134	57 267	23 697	35.5

農林水産省「特用林産物生産統計調査」より作成。○内の数字は全国順位。xは秘匿。1) 乾しいたけは、生しいたけ換算。エリンギ（全国37798 t 、1 位長野15962 t 、2 位新潟11884 t ）、きくらげ（全国2997 t 、1 位山口279 t 、2 位大分200 t 、3 位茨城198 t ）、乾きくらげは、生きくらげに換算。

表 4 - 24　漁業経営の状況（海面漁業）（2018年11月 1 日現在）

	経営体数		漁業就業者（人）		保有漁船（隻）	
	計	うち個人	計	15～59歳の男性の割合（%）	計	うち動力船1)
北海道	11 089	10 006	① 24 378	56.6	19 142	6 376
青森	3 702	3 567	③ 8 395	39.2	4 860	2 749
岩手	3 406	3 317	④ 6 327	38.9	5 791	1 146
宮城	2 326	2 214	⑤ 6 224	42.9	5 318	1 498
秋田	632	590	773	26.6	888	351
山形	284	271	368	35.6	395	177
福島	377	354	1 080	51.7	444	316
茨城	343	318	1 194	61.5	465	371
栃木	—	—	—	—	—	—
群馬	—	—	—	—	—	—
埼玉	—	—	—	—	—	—
千葉	1 796	1 739	3 678	43.5	3 084	1 180
東京	512	503	896	55.2	548	429
神奈川	1 005	920	1 848	49.5	1 779	844
新潟	1 338	1 307	1 954	31.7	1 896	617
富山	250	204	1 216	63.6	486	319
石川	1 255	1 176	2 409	41.9	1 814	952
福井	816	778	1 328	43.1	1 235	738
山梨	—	—	—	—	—	—
長野	—	—	—	—	—	—
岐阜	—	—	—	—	—	—
静岡	2 200	2 095	4 814	52.6	3 079	1 917
愛知	1 924	1 849	3 373	46.3	3 154	1 253
三重	3 178	3 054	6 108	34.8	6 582	3 047
滋賀	—	—	—	—	—	—
京都	636	618	928	48.4	983	488
大阪	519	493	870	62.1	778	688
兵庫	2 712	2 247	4 840	58.1	5 167	3 921
奈良	—	—	—	—	—	—
和歌山	1 581	1 535	2 402	41.9	2 327	1 653
鳥取	586	538	1 125	55.6	680	377
島根	1 576	1 487	2 519	39.3	2 231	1 258
岡山	872	843	1 306	42.6	1 736	1 177
広島	2 162	2 059	3 327	34.6	3 314	2 471
山口	2 858	2 790	3 923	29.2	3 865	2 905
徳島	1 321	1 276	2 046	36.8	2 381	1 261
香川	1 234	1 125	1 913	42.9	2 587	1 675
愛媛	3 444	3 284	6 186	42.9	6 058	3 884
高知	1 599	1 507	3 295	43.9	2 524	1 762
福岡	2 386	2 277	4 376	44.7	4 625	2 707
佐賀	1 609	1 554	3 669	49.1	4 855	1 854
長崎	5 998	5 740	② 11 762	41.4	9 913	6 314
熊本	2 829	2 734	5 392	34.9	4 800	2 591
大分	1 914	1 807	3 455	34.5	3 127	2 088
宮崎	950	790	2 202	52.8	1 438	1 176
鹿児島	3 115	2 877	6 116	45.7	4 905	3 319
沖縄	2 733	2 683	3 686	57.3	2 947	2 071
全国	79 067	74 526	151 701	45.3	132 201	69 920

農林水産省「2018年漁業センサス」より作成。○内の数字は全国順位。356ページの注記参照。

府県別統計

漁業

表 **4 - 25**　漁業生産量と産出額 (2021年)

	漁業生産量 (t)					産出額 (億円)		
	計	海面		内水面		海面		
		漁業 漁獲量	養殖業 収獲量	漁業 漁獲量	養殖業 収獲量	計	漁業	養殖業
北海道	1 024 318	910 347	108 567	5 310	94	2 569	2 287	281
青森	149 696	66 867	79 884	2 887	58	447	292	155
岩手	111 034	79 709	31 021	123	181	296	217	79
宮城	267 660	184 316	83 040	99	205	655	443	212
秋田	6 195	5 685	208	252	50	25	24	0
山形	3 805	3 474	—	245	86	17	17	—
福島	63 962	62 660	168	4	1 130	95	94	1
茨城	x	299 686	x	2 382	821	227	x	x
栃木	1 026	—	—	304	722	—	—	—
群馬	276	—	—	2	274	—	—	—
埼玉	3	—	—	1	2	—	—	—
千葉	109 182	105 505	3 552	26	99	196	181	15
東京	x	28 972	x	74	37	103	x	x
神奈川	26 011	24 856	874	245	36	136	132	4
新潟	25 509	23 706	1 321	318	164	100	93	7
富山	23 404	23 253	25	82	44	121	121	0
石川	46 239	45 836	378	12	13	132	130	2
福井	9 819	9 413	375	26	5	75	69	6
山梨	935	—	—	5	930	—	—	—
長野	1 364		—	42	1 322	—	—	—
岐阜	1 408	—	—	271	1 137	—	—	—
静岡	x	206 869	2 156	0	2 575	507	485	23
愛知	67 812	52 835	8 264	1	6 712	155	135	20
三重	128 375	107 377	20 634	54	310	393	237	156
滋賀	1 137	—	—	788	349	—	—	—
京都	9 300	8 496	776	17	11	42	29	14
大阪	x	17 980	437	—	x	40	39	1
兵庫	107 604	48 232	59 336	6	30	412	239	173
奈良	14	—	—	0	14	—	—	—
和歌山	22 092	16 756	4 722	10	604	168	66	102
鳥取	87 323	85 111	1 825	283	104	193	179	14
島根	93 513	88 917	333	4 254	9	162	159	3
岡山	23 485	2 757	20 427	231	70	56	14	42
広島	113 321	18 104	95 143	16	58	230	63	167
山口	21 465	20 543	882	12	28	133	116	16
徳島	20 920	10 971	9 381	38	530	97	46	51
香川	25 497	10 089	15 392	—	16	149	44	104
愛媛	142 484	76 625	65 682	116	61	850	155	695
高知	83 744	63 687	19 532	126	399	468	251	217
福岡	70 813	23 656	46 878	80	199	283	109	174
佐賀	66 621	8 139	58 472	4	6	252	48	204
長崎	270 745	247 359	23 377	—	9	936	571	365
熊本	65 815	11 836	53 537	33	409	342	43	299
大分	52 666	29 063	23 336	91	176	356	89	267
宮崎	118 363	101 029	13 366	35	3 933	297	202	95
鹿児島	105 989	47 853	49 299	0	8 837	658	187	472
沖縄	x	14 936	24 042	—	x	179	99	79
全国	4 171 902	3 193 503	926 641	18 904	32 854	12 552	8 037	4 515

資料・注記は356ページ参照。xは秘匿分。

表 **4-26**　海面漁業の魚種別漁獲量（Ⅰ）（2021年）（単位　t）

	魚類						
	まぐろ類	かつお類	さけ類	いわし類	あじ類	さば類	さんま
北海道	342	18	① 55 342	33 475	85	⑤ 29 213	① 8 191
青森	3 598	4 740	② 553	10 774	188	11 752	x
岩手	5 151	274	③ 328	18 225	406	26 187	② 2 444
宮城	② 18 303	② 30 745	72	② 70 003	465	26 774	③ 2 341
秋田	40	4	④ 158	45	542	63	—
山形	30	0	89	4	119	8	—
福島	1 868	2 098	0	38 687	112	13 723	⑤ 1 706
茨城	579	3 322	0	① 215 902	736	① 73 800	—
栃木	—	—	—	—	—	—	—
群馬	—	—	—	—	—	—	—
埼玉	—	—	—	—	—	—	—
千葉	441	488	—	④ 53 067	1 486	24 892	522
東京	5 077	17 372	—	—	29	1	x
神奈川	4 585	7 918	—	2 875	603	1 946	0
新潟	2 438	x	⑤ 93	149	1 353	362	0
富山	3 491	389	10	4 911	1 087	789	④ 1 960
石川	285	114	6	18 025	2 807	5 384	—
福井	34	55	5	210	487	586	—
山梨	—	—	—	—	—	—	—
長野	—	—	—	—	—	—	—
岐阜	—	—	—	—	—	—	—
静岡	① 28 224	① 86 282	—	37 374	680	③ 47 901	114
愛知	—	x	—	33 216	129	37	—
三重	9 743	④ 18 324	—	26 725	1 718	④ 39 370	x
滋賀	—	—	—	—	—	—	—
京都	58	105	2	2 600	464	573	0
大阪	—	—	—	13 212	61	93	—
兵庫	9	1	x	23 029	884	258	x
奈良	—	—	—	—	—	—	—
和歌山	924	1 631	—	3 534	2 125	3 509	0
鳥取	3 526	8 493	—	42 649	1 733	13 211	—
島根	357	274	x	44 547	② 10 594	10 677	1
岡山	—	—	—	818	3	1	—
広島	—	—	—	14 120	30	19	—
山口	247	113	0	4 457	2 332	1 481	4
徳島	1 138	785	—	4 481	244	133	—
香川	x	x	—	5 876	62	53	—
愛媛	676	1 861	—	⑤ 45 739	2 911	8 567	—
高知	③ 15 305	③ 20 834	—	10 100	⑤ 3 252	4 384	—
福岡	x	54	—	107	1 445	1 109	x
佐賀	15	2	—	254	547	126	0
長崎	4 113	11 062	—	③ 60 876	① 49 281	② 71 198	1 183
熊本	x	149	—	4 348	333	186	x
大分	1 528	133	—	14 639	2 798	2 006	—
宮崎	④ 15 135	⑤ 18 278	—	34 358	③ 10 168	13 687	—
鹿児島	10 654	5 811	—	7 323	④ 4 081	7 779	—
沖縄	⑤ 10 901	261	—	—	33	—	—
全国	148 864	251 735	56 658	900 736	106 413	441 837	19 513

農林水産省「漁業・養殖業生産統計」より作成。xは秘匿。〇内の数字は全国順位。

海面漁業の魚種別漁獲量（Ⅱ）（2021年）（単位　t）

	魚類			その他			
	ぶり類	たら類	たい類	えび類	かに類	いか類	あさり類
北海道	① 13 971	① 207 182	4	③ 1 165	① 5 039	② 9 433	② 1 750
青森	2 591	③ 6 972	433	9	515	① 11 721	1
岩手	⑤ 5 181	② 9 048	50	0	85	1 908	2
宮城	2 319	④ 5 650	611	2	458	3 214	11
秋田	650	⑤ 551	172	58	1 118	219	—
山形	195	329	304	100	453	762	—
福島	18	95	74	7	41	394	47
茨城	1 019	3	172	69	3	1 317	0
栃木	—	—	—	—	—	—	—
群馬	—	—	—	—	—	—	—
埼玉	—	—	—	—	—	—	—
千葉	② 11 604	—	468	232	13	454	④ 138
東京	23	—	1	9	570	334	42
神奈川	1 066	2	155	39	7	181	0
新潟	1 062	550	599	337	⑤ 1 986	865	—
富山	832	14	104	645	404	3 101	—
石川	4 796	483	530	⑤ 782	1 274	⑤ 3 546	1
福井	990	20	240	465	426	1 189	—
山梨	—		—	—	—	—	
長野		—	—			—	
岐阜	—		—	—		—	
静岡	580	—	118	424	34	263	100
愛知	60	—	935	④ 882	589	390	① 2 364
三重	4 834	—	279	241	36	303	③ 195
滋賀	—		—	—	—	—	
京都	789	3	110	6	51	350	0
大阪	118	—	277	57	13	76	—
兵庫	459	70	② 2 646	② 1 221	③ 2 457	④ 5 386	0
奈良	—		—	—	—	—	
和歌山	1 384	—	562	171	3	224	
鳥取	4 046	385	231	266	② 3 050	1 454	—
島根	④ 8 414	118	1 245	6	④ 2 021	1 520	0
岡山	37	—	515	68	28	87	0
広島	181	—	699	391	16	128	41
山口	1 068	0	⑤ 1 291	321	31	1 348	3
徳島	862	—	461	187	4	254	0
香川	125	—	702	259	28	239	—
愛媛	2 701	—	④ 1 569	586	106	1 353	0
高知	3 639	—	277	58	3	129	0
福岡	2 223	—	③ 2 089	230	187	1 185	59
佐賀	104	—	232	① 2 307	17	541	1
長崎	③ 10 750	—	① 4 096	206	133	③ 7 429	⑤ 123
熊本	285	—	516	238	89	141	38
大分	1 008	—	624	169	43	584	4
宮崎	2 672	—	145	84	3	95	—
鹿児島	1 938	—	741	317	10	425	4
沖縄	16	—	11	11	11	1 324	—
全国	94 608	231 475	24 289	12 626	21 350	63 866	4 928

資料・脚注は（Ⅰ）に同じ。

表 **4 - 27**　養殖業の魚種別収獲量（2021年）（単位　t）

| | 海面養殖業 | | | | | 内水面養殖業 | |
	ぶり類	まだい	かき類1)	わかめ類	のり類2)	うなぎ	あゆ
北海道	—	—	4 175	783	—	—	x
青森	—	—	—	37	—	—	x
岩手	—	—	⑤ 6 208	② 13 442	—	—	x
宮城	—	—	② 22 335	① 19 024	⑤ 13 022	—	x
秋田	—	—	—	203	—	—	x
山形	—	—	—	—	—	—	6
福島	—	—	—	—	168	x	x
茨城	—	—	—	—	—	—	—
栃木	—	—	—	—	—	x	④ 308
群馬	—	—	—	—	—	—	4
埼玉	—	—	—	—	—	—	—
千葉	—	x	x	x	x	x	28
東京	—	x	—	—	—	—	x
神奈川	—	—	x	436	390	—	7
新潟	—	—	643	41	—	x	x
富山	—	—	—	1	—	—	x
石川	—	—	358	3	—	x	—
福井	—	95	28	17	—	—	—
山梨	—	—	—	—	—	x	9
長野	—	—	—	—	—	x	x
岐阜	—	—	—	—	—	x	② 838
静岡	273	928	122	31	x	④ 1 557	67
愛知	—	—	x	x	x	② 5 288	① 1 247
三重	3 066	④ 3 902	1 944	x	x	297	x
滋賀	—	—	—	—	—	—	⑤ 271
京都	24	5	201	40	—	—	x
大阪	x	x	x	294	79	—	—
兵庫	x	x	④ 10 148	④ 2 724	② 46 034	x	x
奈良	—	—	—	—	—	2	x
和歌山	97	2 499	5	x	—	x	③ 580
鳥取	—	—	x	x	—	—	x
島根	—	—	170	153	—	—	x
岡山	—	—	③ 14 798	x	5 593	3	x
広島	49	168	① 92 827	129	1 936	8	2
山口	4	x	24	x	x	—	13
徳島	3 717	x	91	③ 4 112	x	354	143
香川	6 783	495	980	42	6 676	x	—
愛媛	② 20 288	① 37 751	575	3	1 822	46	x
高知	⑤ 8 892	③ 7 466	x	—	—	⑤ 370	x
福岡	—	x	1 709	x	③ 45 097	14	x
佐賀	x	143	192	29	① 56 948	x	—
長崎	④ 9 176	⑤ 2 862	1 037	⑤ 893	247	x	—
熊本	5 300	② 9 754	75	195	④ 35 939	244	53
大分	③ 20 275	367	82	19	—	9	90
宮崎	x	1 360	30	x	—	③ 3 554	102
鹿児島	① 43 110	1 242	4	x	544	① 8 772	x
沖縄	—	x	—	—	100	x	—
全国	133 691	69 441	158 789	43 972	237 255	20 673	3 909

農林水産省「漁業・養殖業生産統計」より作成。xは秘匿。○内の数字は全国順位。1) 殻付きの重量。
2) 生重量。**真珠**（全国12967kg、1 位長崎5266kg、2 位愛媛4346kg、3 位三重2122kg）

表 4 - 28　**事業所数** (2021年 6 月 1 日現在) (確報)

	総数	民営事業所	全国に占める割合 (%)	(参考)民営事業所(2016)	総数(事業内容等不詳を含む)	民営事業所
北海道	224 554	⑥ 216 124	4.2	224 718	247 542	239 112
青森	56 926	55 113	1.1	58 116	59 786	57 973
岩手	56 822	54 598	1.1	58 415	59 074	56 850
宮城	97 957	95 305	1.8	97 974	106 910	104 258
秋田	46 849	44 883	0.9	48 769	48 850	46 884
山形	53 716	52 141	1.0	55 778	55 354	53 779
福島	84 633	81 677	1.6	85 960	90 700	87 744
茨城	111 800	108 602	2.1	115 007	121 433	118 235
栃木	82 105	80 062	1.6	86 088	88 247	86 204
群馬	87 440	85 003	1.6	90 231	94 310	91 873
埼玉	235 126	⑤ 230 278	4.5	240 542	266 768	261 920
千葉	187 530	⑨ 182 689	3.5	188 740	214 005	209 164
東京	636 132	① 628 239	12.2	621 671	810 248	802 355
神奈川	289 668	④ 285 325	5.5	287 942	343 684	339 341
新潟	107 409	103 861	2.0	112 948	111 949	108 401
富山	50 612	48 987	1.0	51 785	53 303	51 678
石川	57 990	56 437	1.1	59 770	62 512	60 959
福井	41 392	39 859	0.8	41 644	43 557	42 024
山梨	42 298	40 814	0.8	42 387	44 921	43 437
長野	103 476	99 571	1.9	106 030	109 034	105 129
岐阜	95 150	92 210	1.8	98 527	100 641	97 701
静岡	165 092	⑩ 161 789	3.1	172 031	176 504	173 201
愛知	304 916	③ 299 232	5.8	309 867	343 572	337 888
三重	74 850	72 261	1.4	77 168	80 294	77 705
滋賀	55 511	53 748	1.0	55 262	59 105	57 342
京都	113 092	110 564	2.1	113 774	131 714	129 186
大阪	389 186	② 384 332	7.5	392 940	474 300	469 446
兵庫	208 090	⑧ 203 113	3.9	214 169	237 747	232 770
奈良	47 260	45 583	0.9	46 487	52 833	51 156
和歌山	47 100	45 309	0.9	47 247	50 282	48 491
鳥取	25 475	24 242	0.5	25 718	26 623	25 390
島根	34 222	32 637	0.6	34 987	35 921	34 336
岡山	81 267	78 646	1.5	79 870	89 121	86 500
広島	125 320	122 155	2.4	127 057	137 122	133 957
山口	58 870	56 452	1.1	61 385	62 310	59 892
徳島	35 626	34 119	0.7	35 853	38 535	37 028
香川	46 516	44 943	0.9	46 774	50 033	48 460
愛媛	62 156	59 710	1.2	63 310	67 237	64 791
高知	34 717	33 064	0.6	35 366	36 751	35 098
福岡	214 619	⑦ 210 530	4.1	212 649	244 292	240 203
佐賀	37 187	35 815	0.7	37 479	39 181	37 809
長崎	60 398	58 382	1.1	62 028	64 235	62 219
熊本	74 995	72 744	1.4	72 144	82 387	80 136
大分	52 256	50 589	1.0	52 973	56 228	54 561
宮崎	50 486	48 940	0.9	51 475	53 271	51 725
鹿児島	74 587	71 793	1.4	75 443	79 148	76 354
沖縄	65 512	63 593	1.2	64 285	75 342	73 423
全国	5 288 891	5 156 063	100.0	5 340 783	5 976 916	5 844 088

総務省・経済産業省「経済センサス-活動調査 (産業横断的集計)」(事業所に関する集計) (2021年) より作成。総数は、民営と国・地方自治体の計。〇内の数字は全国順位。356ページの注記参照。

表 4 - 29　民営事業所数と従業者数（2021年 6 月 1 日現在）（確報）

	民営事業所数	従業者数（千人）				1 km²³⁾あたり事業所数	1 事業所あたり従業者数（人）
		男女計¹⁾	割合²⁾（％）	男	女		
北海道	216 124	2 165	3.7	1 155	988	2.8	10.0
青森	55 113	498	0.9	260	236	5.7	9.0
岩手	54 598	518	0.9	284	231	3.6	9.5
宮城	95 305	1 031	1.8	575	449	13.1	10.8
秋田	44 883	399	0.7	214	182	3.9	8.9
山形	52 141	466	0.8	251	211	5.6	8.9
福島	81 677	802	1.4	449	349	5.9	9.8
茨城	108 602	1 237	2.1	701	527	17.8	⑦ 11.4
栃木	80 062	871	1.5	489	373	12.5	10.9
群馬	85 003	896	1.5	506	384	13.4	10.5
埼玉	230 278	2 602	4.5	1 390	1 185	④ 60.6	⑧ 11.3
千葉	182 689	2 151	3.7	1 120	1 012	⑦ 35.4	⑤ 11.8
東京	628 239	9 592	16.6	5 538	3 965	① 286.3	① 15.3
神奈川	285 325	3 526	6.1	1 924	1 558	③ 118.1	③ 12.4
新潟	103 861	1 005	1.7	553	444	8.3	9.7
富山	48 987	508	0.9	282	222	11.5	10.4
石川	56 437	543	0.9	294	245	13.5	9.6
福井	39 859	374	0.6	205	166	9.5	9.4
山梨	40 814	366	0.6	201	162	9.1	9.0
長野	99 571	930	1.6	518	408	7.3	9.3
岐阜	92 210	885	1.5	478	404	8.7	9.6
静岡	161 789	1 731	3.0	970	749	20.8	10.7
愛知	299 232	3 819	6.6	2 214	1 583	⑤ 57.8	② 12.8
三重	72 261	798	1.4	445	347	12.5	⑨ 11.0
滋賀	53 748	618	1.1	348	265	13.4	⑥ 11.5
京都	110 564	1 149	2.0	615	528	⑩ 24.0	10.4
大阪	384 332	4 528	7.8	2 487	1 996	② 201.7	④ 11.8
兵庫	203 113	2 221	3.8	1 169	1 037	⑨ 24.2	10.9
奈良	45 583	445	0.8	220	220	12.3	9.8
和歌山	45 309	379	0.7	200	175	9.6	8.4
鳥取	24 242	230	0.4	120	108	6.9	9.5
島根	32 637	297	0.5	162	131	4.9	9.1
岡山	78 646	839	1.4	458	373	11.1	10.7
広島	122 155	1 304	2.2	721	569	14.4	10.7
山口	56 452	574	1.0	306	256	9.2	10.2
徳島	34 119	305	0.5	160	142	8.2	8.9
香川	44 943	432	0.7	238	189	23.9	9.6
愛媛	59 710	563	1.0	302	256	10.5	9.4
高知	33 064	275	0.5	142	132	4.7	8.3
福岡	210 530	2 310	4.0	1 220	1 072	⑥ 42.2	⑩ 11.0
佐賀	35 815	361	0.6	189	169	14.7	10.1
長崎	58 382	526	0.9	269	253	14.1	9.0
熊本	72 744	717	1.2	371	336	9.8	9.8
大分	50 589	475	0.8	255	216	8.0	9.4
宮崎	48 940	446	0.8	229	215	6.3	9.1
鹿児島	71 793	660	1.1	339	318	7.8	9.2
沖縄	63 593	584	1.0	300	282	⑧ 27.9	9.2
全国	5 156 063	57 950	100.0	31 837	25 621	13.8	11.2

総務省・経済産業省「経済センサス－活動調査（産業横断的集計）」（事業所に関する集計）（2021年）より作成。○内の数字は全国順位。356ページの注記参照。1) 男女別「不詳」を含む。2) 全国に占める割合。3) 面積は、国土地理院「全国都道府県市区町村別面積調」による。

府県別統計

事業所・企業

図 **4 - 3** 新設民営事業所数の割合（2021年 6 月 1 日現在）（確報）

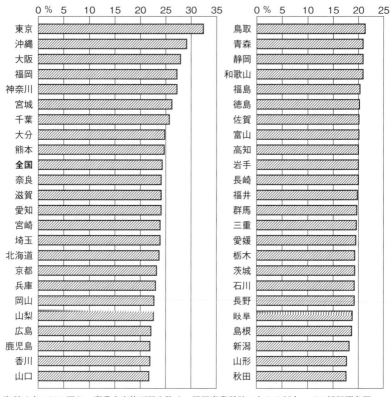

資料は表4-28に同じ。事業内容等不詳を除く。民間事業所計に占める割合。下の解説欄参照。

☕ 新設の民営事業所数

2021年「経済センサス－活動調査」（総務省・経済産業省）によると、2021年 6 月 1 日現在の全国の民営事業所数（事業内容等不詳を除く）は515万6063であった。そのうち、前回の2016年調査時点以降、 5 年間存続している事業所は390万5053で、全体の75.7％を占めている。一方、2016年調査より後に新設された事業所数（他の場所から移転してきた事業所や経営組織の変更を行った事業所を含む）は

125万1010で、全体の24.3％を占める。

都道府県別にみると、新設事業所の割合が全国値より高いのは、東京、沖縄、大阪、福岡、神奈川、宮城、千葉、大分、熊本の 9 都府県であった（上の図4-3参照）。東京では事業所総数62万8239のうち、新設事業所は20万3721で、割合は32.4％となっている。次いで沖縄が29.1％（新設 1 万8491）、大阪27.9％（新設10万7291）である。一方、割合が最も低いのは秋田で17.6％（新設7900）、山形17.7％（新設9237）、新潟18.2％（新設 1 万8922）であった。

表 4 - 30　従業者規模別の民営事業所数 (2021年 6 月 1 日現在)（確報）

	1 ～ 4 人	5 ～ 9 人	10～29 人	30～99 人	100～299 人	300人 以上	出向・派遣従業者のみ1)
北海道	120 635	43 179	37 162	10 943	1 877	360	1 968
青森	32 147	10 352	9 230	2 555	394	60	375
岩手	31 141	10 521	9 387	2 671	404	73	401
宮城	50 951	19 690	17 922	5 054	920	186	582
秋田	26 634	8 451	7 109	2 048	296	51	294
山形	31 705	9 534	7 771	2 401	379	74	277
福島	46 654	16 005	13 736	3 985	690	124	483
茨城	60 928	20 793	19 049	5 859	1 146	287	540
栃木	45 540	15 314	13 510	4 212	743	183	560
群馬	49 728	15 589	13 818	4 318	852	186	512
埼玉	126 203	44 512	42 471	12 808	2 523	537	1 224
千葉	97 590	36 176	34 657	10 624	2 040	443	1 159
東京	336 384	123 505	110 978	38 019	9 546	3 454	6 353
神奈川	154 689	55 426	53 172	16 397	3 181	938	1 522
新潟	61 007	19 260	16 810	5 068	901	176	639
富山	28 418	9 074	7 874	2 575	478	93	475
石川	33 564	10 478	8 728	2 637	461	108	461
福井	23 773	7 308	6 215	1 857	326	64	316
山梨	25 303	7 267	5 825	1 756	316	63	284
長野	60 739	17 983	14 780	4 449	799	177	644
岐阜	54 469	16 965	14 987	4 308	780	147	554
静岡	93 872	30 274	26 520	8 263	1 582	369	909
愛知	160 193	59 313	55 729	17 569	3 562	902	1 964
三重	40 878	14 118	12 065	3 814	720	166	500
滋賀	30 420	9 894	9 370	2 939	615	143	367
京都	65 517	20 315	17 475	5 314	1 030	238	675
大阪	211 677	75 781	67 243	21 772	4 242	1 093	2 524
兵庫	115 076	39 634	34 259	10 312	2 176	490	1 166
奈良	26 755	8 551	7 245	2 244	383	77	328
和歌山	28 449	8 037	6 339	1 864	303	45	272
鳥取	13 848	4 793	4 082	1 133	189	35	162
島根	19 231	6 322	5 131	1 479	211	39	224
岡山	44 157	15 432	13 611	4 094	719	165	468
広島	68 857	24 272	20 542	6 272	1 184	247	781
山口	31 790	11 249	9 592	2 806	448	109	458
徳島	20 871	6 319	5 034	1 376	244	46	229
香川	26 020	8 773	7 098	2 234	376	69	373
愛媛	34 572	11 593	9 797	2 866	446	89	347
高知	20 029	6 239	4 926	1 362	214	26	268
福岡	114 420	43 565	37 352	11 475	1 962	459	1 297
佐賀	20 415	6 825	6 113	1 789	327	63	283
長崎	34 492	11 285	9 241	2 583	383	79	319
熊本	41 378	14 514	12 257	3 511	539	136	409
大分	29 327	9 838	8 274	2 378	376	65	331
宮崎	28 680	9 429	7 812	2 344	318	70	287
鹿児島	41 529	14 198	11 742	3 329	483	95	417
沖縄	38 055	12 009	9 797	2 844	457	100	331
全国	2 898 710	999 954	883 837	272 510	52 541	13 199	35 312

総務省・経済産業省「経済センサス－活動調査（産業横断的集計）」（事業所に関する集計）（2021年）より作成。1) 所属する従業者が 1 人もおらず、他からの出向・派遣従業者のみの事業所。

表 4 - 31　産業別の民営事業所数（Ⅰ）（2021年 6 月 1 日現在）（確報）

	農林漁業（個人経営を除く）		鉱業、採石業、砂利採取業		建設業		製造業		電気・ガス・熱供給・水道業		情報通信業	
北海道	①	5 122	①	171	⑥	21 256		10 246	②	476	⑥	2 544
青森		856		28		5 642		2 695		123		390
岩手	⑧	1 114	⑥	65		5 292		3 483		102		433
宮城		959	⑨	60		10 458		5 087		131		1 145
秋田		943		46		4 857		3 127		134		282
山形		758		21		5 740		4 515		83		336
福島		902	⑧	62		9 987		6 379		199		551
茨城		1 044	⑥	65		14 004		9 826	⑨	286		846
栃木		785		50		8 776		8 064		213		519
群馬		835		29		9 424		9 737	⑦	290		598
埼玉		743		31	⑤	25 560	④	23 810		230	⑦	2 173
千葉	⑥	1 246	⑤	71	⑦	20 004		10 411	⑤	345	⑧	1 960
東京		595		58	①	41 348	②	38 766	①	941	①	28 503
神奈川		745		21	②	28 997	⑥	17 326		249	③	4 888
新潟	③	1 469	②	88		12 326		10 138		189		813
富山		810		35		5 420		4 702		73		442
石川		561		28		5 808		6 328		67		597
福井		540		16		4 521		4 746		51		341
山梨		374		28		4 170		4 091		100		336
長野	④	1 360	⑩	59		10 675		9 766		264		949
岐阜		915	③	76		9 708	⑧	12 132		146		559
静岡		908		55	⑩	16 470	⑤	17 620	⑧	288	⑩	1 387
愛知	⑨	1 084	④	74	④	27 164	③	32 549	③	438	④	3 873
三重		804		40		7 422		6 789		179		469
滋賀		746		18		5 472		5 143		81		384
京都		500		23		8 588	⑨	11 992		90		1 223
大阪		366		17	③	27 254	①	38 943	⑥	340	②	6 909
兵庫		1 024		33	⑨	16 634	⑦	16 573	⑩	276	⑨	1 800
奈良		219		6		3 574		4 228		62		334
和歌山		308		7		4 235		3 526		68		268
鳥取		437		6		2 217		1 467		47		234
島根		703		31		3 390		2 099		73		252
岡山		639		44		8 253		6 376		207		713
広島		974		20		11 370		9 429		232		1 264
山口		602		29		5 961		3 241		100		435
徳島		441		17		3 226		2 327		143		249
香川		571		32		4 261		3 783		151		405
愛媛		709		29		5 925		4 529		122		510
高知		485		28		2 894		2 090		106		252
福岡	⑩	1 045		44	⑧	19 769	⑩	11 417	④	378	⑤	3 180
佐賀		465		13		3 376		2 666		92		236
長崎		758		28		5 502		3 556		130		390
熊本	⑦	1 230		29		7 351		3 978		199		572
大分		959		29		4 899		2 832		175		394
宮崎	⑤	1 329		12		4 860		2 795		151		347
鹿児島	②	1 839		53		6 442		4 529		259		492
沖縄		637		40		4 653		2 765		60		782
全国		42 458		1 865		485 135		412 617		9 139		76 559

総務省・経済産業省「経済センサス－活動調査（産業横断的集計）」（事業所に関する集計）（2021年）より作成。〇内の数字は全国順位。356ページの注記参照。

産業別の民営事業所数 （Ⅱ）（2021年 6 月 1 日現在）（確報）

	運輸業、郵便業	卸売業、小売業	金融業、保険業	不動産業、物品賃貸業	学術研究、専門・技術サービス業	宿泊業、飲食サービス業
北海道	⑥ 6 445	⑦ 51 407	④ 4 006	⑥ 15 424	⑧ 8 971	⑤ 27 724
青森	1 379	14 097	1 045	3 014	1 819	6 755
岩手	1 418	13 678	951	3 742	1 978	6 058
宮城	2 818	25 004	1 547	6 667	4 402	10 306
秋田	885	11 368	726	1 729	1 626	4 976
山形	938	12 793	848	2 514	1 813	6 030
福島	1 940	19 975	1 395	4 869	3 255	9 016
茨城	3 529	26 387	1 524	5 782	4 368	11 100
栃木	2 110	19 572	1 224	4 777	3 119	9 099
群馬	2 009	19 722	1 407	5 298	3 325	8 884
埼玉	⑤ 7 295	⑥ 51 720	⑦ 3 045	⑤ 17 484	⑥ 9 646	⑧ 23 094
千葉	⑦ 5 724	⑨ 42 852	⑨ 2 750	⑨ 13 083	⑨ 8 008	⑨ 20 661
東京	① 13 330	① 141 055	① 12 049	① 64 271	① 50 886	① 76 127
神奈川	④ 7 592	④ 61 012	⑤ 3 757	③ 28 592	③ 15 377	④ 32 933
新潟	2 141	25 467	1 611	4 957	3 825	11 332
富山	1 059	12 270	946	2 134	1 933	4 886
石川	1 278	13 686	955	2 915	2 436	6 452
福井	847	9 510	726	1 461	1 639	4 759
山梨	793	9 216	637	2 499	1 512	5 663
長野	1 859	22 746	1 500	6 717	4 175	13 597
岐阜	1 743	21 788	1 522	4 751	3 645	10 697
静岡	⑩ 3 994	⑩ 38 644	⑩ 2 588	⑩ 10 555	⑩ 6 933	⑩ 18 752
愛知	③ 7 597	③ 70 359	③ 4 858	④ 20 198	④ 15 233	③ 33 907
三重	1 943	17 456	1 299	3 645	2 712	8 007
滋賀	1 381	12 061	787	3 157	2 266	5 291
京都	2 142	26 212	1 541	8 694	5 094	13 840
大阪	② 10 121	② 90 008	② 5 412	② 36 325	② 21 640	② 44 729
兵庫	⑨ 5 316	⑧ 47 973	⑧ 2 992	⑦ 14 692	⑦ 9 183	⑥ 25 617
奈良	774	10 853	762	3 175	1 769	4 649
和歌山	922	11 385	723	2 787	1 634	5 221
鳥取	496	6 116	492	1 233	960	2 887
島根	731	8 218	540	1 566	1 406	3 271
岡山	2 297	19 505	1 320	5 299	3 465	7 637
広島	3 441	30 092	1 998	9 555	5 729	13 344
山口	1 486	14 589	1 067	3 074	2 253	5 986
徳島	739	8 413	612	2 233	1 346	3 903
香川	1 197	11 378	804	2 992	1 925	4 877
愛媛	1 670	15 214	1 112	3 430	2 427	6 546
高知	701	8 753	605	1 466	1 175	4 751
福岡	⑧ 5 365	⑤ 54 567	⑥ 3 550	⑧ 14 360	⑤ 10 690	⑦ 24 756
佐賀	887	9 320	642	1 599	1 292	4 172
長崎	1 329	15 456	969	3 462	2 173	6 899
熊本	1 609	18 834	1 198	4 337	3 345	8 033
大分	1 069	12 606	851	2 911	2 056	6 296
宮崎	892	12 268	853	2 029	2 006	6 509
鹿児島	1 690	18 837	1 230	3 198	3 023	8 636
沖縄	1 303	14 478	876	5 804	2 847	10 393
全国	128 224	1 228 920	83 852	374 456	252 340	599 058

資料・注記は（Ⅰ）に同じ。

府県別統計　事業所・企業

産業別の民営事業所数 (Ⅲ)（2021年 6 月 1 日現在）（確報）

	生活関連サービス業、娯楽業1)	教育、学習支援業	医療、福祉	複合サービス事業2)	サービス業3)（他に分類されないもの）	全産業（公務を除く）
北海道	⑥ 18 627	⑨ 5 457	⑧ 19 946	① 1 833	⑤ 16 469	⑥ 216 124
青森	5 978	1 695	5 112	453	4 032	55 113
岩手	5 450	1 331	4 971	512	4 020	54 598
宮城	8 298	2 951	8 116	602	6 754	95 305
秋田	5 265	1 103	3 851	532	3 433	44 883
山形	5 599	1 267	4 190	537	4 159	52 141
福島	7 614	2 100	6 503	714	6 216	81 677
茨城	10 426	3 085	8 121	647	7 562	108 602
栃木	7 365	2 467	6 420	461	5 041	80 062
群馬	7 576	2 397	7 170	475	5 827	85 003
埼玉	⑤ 20 345	⑤ 8 399	⑤ 21 744	896	⑧ 14 063	⑤ 230 278
千葉	⑦ 17 538	⑦ 6 595	⑨ 18 106	⑨ 946	⑨ 12 389	⑨ 182 689
東京	① 43 692	① 19 434	① 52 683	② 1 728	① 42 773	① 628 239
神奈川	④ 22 950	④ 11 092	③ 31 373	⑦ 1 062	④ 17 359	④ 285 325
新潟	9 818	3 037	7 797	882	7 971	103 861
富山	4 426	1 561	3 684	399	4 207	48 987
石川	4 701	1 819	3 969	428	4 409	56 437
福井	3 366	1 049	2 586	328	3 373	39 859
山梨	3 469	1 268	3 048	316	3 294	40 814
長野	8 188	2 757	7 411	852	6 696	99 571
岐阜	7 758	2 907	7 286	642	5 935	92 210
静岡	⑩ 14 040	⑩ 5 231	⑩ 12 538	⑩ 923	⑩ 10 863	⑩ 161 789
愛知	③ 23 871	③ 11 128	④ 24 849	④ 1 319	③ 20 731	③ 299 232
三重	6 125	2 197	5 977	658	6 539	72 261
滋賀	4 357	1 935	4 733	374	5 562	53 748
京都	8 422	3 516	9 299	581	8 807	110 564
大阪	② 27 032	② 11 746	② 38 092	③ 1 373	② 24 025	② 384 332
兵庫	⑨ 16 729	⑥ 7 888	⑦ 20 248	⑤ 1 270	⑦ 14 865	⑧ 203 113
奈良	3 872	1 807	4 764	313	4 422	45 583
和歌山	3 959	1 362	4 361	436	4 107	45 309
鳥取	2 398	726	2 253	314	1 959	24 242
島根	3 021	858	2 950	512	3 016	32 637
岡山	6 744	2 183	6 999	710	6 255	78 646
広島	10 200	3 994	10 739	⑧ 959	8 815	122 155
山口	5 148	1 638	5 213	630	5 000	56 452
徳島	3 177	1 093	3 154	307	2 739	34 119
香川	3 690	1 385	3 512	385	3 595	44 943
愛媛	5 405	1 622	5 302	595	4 563	59 710
高知	3 208	871	2 905	414	2 360	33 064
福岡	⑧ 17 527	⑧ 6 189	⑥ 21 144	⑥ 1 073	⑥ 15 476	⑦ 210 530
佐賀	3 080	1 101	3 464	316	3 094	35 815
長崎	5 345	1 593	6 058	583	4 151	58 382
熊本	6 590	2 001	7 063	736	5 639	72 744
大分	4 627	1 311	4 691	480	4 403	50 589
宮崎	4 815	1 474	4 794	413	3 393	48 940
鹿児島	6 677	1 980	7 324	891	4 693	71 793
沖縄	5 701	2 757	6 018	321	4 158	63 593
全国	434 209	163 357	462 531	32 131	369 212	5 156 063

資料・注記は（Ⅰ）に同じ。1) 洗濯・理容・美容・浴場業や娯楽業など。家事サービスを除く。2) 郵便局や農業協同組合等。3) 外国公務を除く。

表 4 - 32　企業等数、売上高、純付加価値額（確報）

	企業等数（2021年6月1日）	法人	会社企業	会社以外の法人	個人経営	売上高[1]（2020年）（億円）	純付加価値額[1]（2020年）（億円）
北海道	⑥ 148 718	89 057	76 514	12 543	59 661	371 502	73 201
青森	39 616	18 075	14 866	3 209	21 541	71 803	15 418
岩手	37 194	17 374	13 952	3 422	19 820	69 716	15 018
宮城	61 204	34 031	29 515	4 516	27 173	193 345	35 477
秋田	32 360	14 650	11 703	2 947	17 710	48 417	11 585
山形	38 612	18 010	14 400	3 610	20 602	63 107	15 082
福島	58 443	31 664	27 105	4 559	26 779	112 274	23 775
茨城	78 469	39 350	34 481	4 869	39 119	161 818	37 092
栃木	57 829	31 589	27 833	3 756	26 240	110 009	24 963
群馬	63 683	33 873	29 343	4 530	29 810	144 625	30 002
埼玉	⑤ 160 356	94 929	85 455	9 474	65 427	375 143	84 471
千葉	⑨ 123 553	74 468	66 050	8 418	49 085	298 247	59 575
東京	① 453 145	315 557	286 491	29 066	137 588	7 819 901	1 562 996
神奈川	④ 197 213	125 369	112 947	12 422	71 844	681 066	135 218
新潟	74 746	37 618	30 698	6 920	37 128	155 537	33 516
富山	35 421	18 323	14 606	3 717	17 098	91 335	18 718
石川	40 919	21 092	17 367	3 725	19 827	88 510	19 101
福井	30 260	15 701	12 536	3 165	14 559	64 742	13 612
山梨	31 373	14 561	11 981	2 580	16 812	50 041	11 326
長野	72 903	37 330	31 838	5 492	35 573	153 516	32 029
岐阜	69 712	34 340	29 570	4 770	35 372	146 138	33 098
静岡	⑩ 117 364	60 160	52 321	7 839	57 204	296 881	61 373
愛知	③ 209 483	121 553	108 702	12 851	87 930	1 123 559	176 447
三重	51 998	26 490	21 377	5 113	25 508	103 219	22 712
滋賀	37 756	20 185	14 919	5 266	17 571	73 585	16 692
京都	83 694	44 566	36 116	8 450	39 128	245 935	58 687
大阪	② 279 906	159 468	142 439	17 029	120 438	1 522 628	271 302
兵庫	⑦ 146 596	75 664	63 878	11 786	70 932	398 519	77 052
奈良	34 059	16 588	12 739	3 849	17 471	47 308	11 660
和歌山	35 287	14 430	11 119	3 311	20 857	53 116	11 329
鳥取	16 696	8 893	7 056	1 837	7 803	27 575	6 610
島根	22 928	11 852	8 749	3 103	11 076	37 383	8 598
岡山	55 686	32 958	27 843	5 115	22 728	131 804	28 779
広島	85 472	49 270	42 315	6 955	36 202	280 505	52 245
山口	38 963	20 928	16 368	4 560	18 035	84 074	19 915
徳島	26 174	13 663	11 031	2 632	12 511	42 719	9 870
香川	31 961	18 374	15 344	3 030	13 587	82 491	16 186
愛媛	43 992	23 285	19 428	3 857	20 707	107 258	19 010
高知	24 756	10 832	8 763	2 069	13 924	42 695	9 064
福岡	⑧ 143 496	77 863	66 106	11 757	65 633	456 199	87 345
佐賀	25 591	12 011	9 019	2 992	13 580	45 258	10 849
長崎	42 716	19 580	15 546	4 034	23 136	65 613	14 886
熊本	52 747	28 777	23 697	5 080	23 970	101 095	21 759
大分	36 508	19 952	15 953	3 999	16 556	65 312	14 661
宮崎	35 677	16 965	14 039	2 926	18 712	58 246	13 149
鹿児島	51 296	25 607	21 277	4 330	25 689	93 696	20 521
沖縄	47 518	18 609	15 928	2 681	28 909	75 659	16 619
全国	3 684 049	2 065 484	1 781 323	284 161	1 618 565	16 933 126	3 362 595

総務省・経済産業省「経済センサス－活動調査（産業横断的集計）」（企業等に関する集計）（2021年）より作成。公務を除く。○内の数字は全国順位。357ページの注記参照。1) 2020年 1 年間のデータ。

府県別統計

事業所・企業

表 4 - 33　企業等の産業別純付加価値額（Ⅰ）（2020年）（確報）（単位　億円）

	農林漁業（個人経営を除く）	鉱業、採石業、砂利採取業	建設業	製造業	電気・ガス・熱供給・水道業	情報通信業
北海道	① 1 600	③ 81	⑤ 9 537	7 670	⑦ 2 150	⑧ 1 781
青森	③ 473	24	2 002	2 576	160	198
岩手	⑦ 397	23	2 164	3 040	114	214
宮城	249	⑨ 34	4 944	5 285	⑤ 3 258	954
秋田	177	25	1 528	2 075	163	198
山形	218	18	1 823	4 475	77	196
福島	227	26	3 460	4 360	138	340
茨城	⑥ 447	25	3 570	7 238	201	956
栃木	195	27	2 632	5 769	71	531
群馬	⑩ 311	14	2 910	7 109	105	431
埼玉	212	25	⑥ 8 486	⑧ 17 720	146	889
千葉	⑨ 337	② 81	⑧ 7 127	7 189	348	⑦ 1 801
東京	235	① 2 939	① 62 166	① 211 755	① 13 760	① 146 200
神奈川	247	⑤ 44	④ 10 395	④ 30 328	169	③ 6 770
新潟	④ 471	⑥ 42	4 646	7 474	195	615
富山	148	10	2 164	5 423	⑨ 598	476
石川	100	11	2 093	5 237	8	511
福井	60	12	1 652	4 186	14	403
山梨	75	12	1 232	3 484	23	234
長野	⑤ 470	16	3 234	11 124	103	775
岐阜	192	23	3 361	9 424	47	383
静岡	238	26	⑩ 5 564	⑦ 19 776	223	⑩ 1 115
愛知	287	⑦ 41	③ 12 547	③ 67 580	③ 4 103	④ 4 791
三重	154	16	2 279	5 985	83	289
滋賀	76	4	1 400	4 783	43	109
京都	207	7	2 582	⑤ 22 777	22	⑥ 2 150
大阪	99	x	② 27 342	② 72 695	② 6 301	② 12 194
兵庫	176	17	⑨ 6 116	⑥ 21 301	291	⑨ 1 327
奈良	45	8	912	2 391	11	64
和歌山	73	8	1 176	2 283	51	133
鳥取	116	0	789	1 108	34	126
島根	144	11	1 171	1 777	36	143
岡山	181	18	2 964	6 090	155	652
広島	226	10	4 732	⑩ 11 447	⑥ 2 429	1 083
山口	91	⑧ 34	2 213	2 997	128	237
徳島	147	21	914	2 161	23	125
香川	195	7	1 878	4 024	⑧ 696	437
愛媛	142	7	1 963	4 061	122	300
高知	115	12	1 022	1 143	28	169
福岡	209	20	⑦ 8 475	⑨ 12 497	④ 3 409	⑤ 2 439
佐賀	65	13	1 251	2 400	34	153
長崎	162	3	1 618	1 956	72	207
熊本	180	14	2 366	4 917	44	348
大分	197	x	1 704	2 802	115	276
宮崎	⑧ 390	6	1 533	2 464	67	243
鹿児島	② 621	④ 69	2 159	2 563	161	363
沖縄	45	⑩ 28	2 038	1 136	⑩ 399	638
全国	11 419	3 998	239 831	648 055	40 926	194 970

総務省・経済産業省「経済センサス－活動調査（産業横断的集計）」（企業等に関する集計）（2021年）より作成。xは秘匿。○内の数字は全国順位。357ページの表4-32の注記参照。

企業等の産業別純付加価値額（Ⅱ）（2020年）（確報）（単位　億円）

	運輸業、郵便業		卸売業、小売業		金融業、保険業		不動産業、物品賃貸業		学術研究、専門・技術サービス業		宿泊業、飲食サービス業	
北海道	⑨	3 873	⑧	13 926	⑨	1 873	⑧	3 010	⑦	2 807	⑦	2 057
青森		767		3 020		480		354		451		395
岩手		625		2 655		453		388		309		396
宮城		1 558		6 472		865		1 234		1 284		885
秋田		349		2 057		295		205		306		248
山形		605		2 365		394		248		263		361
福島		1 065		4 580		436		524		823		682
茨城		2 350		6 576		1 193		746	⑥	2 900		701
栃木		1 029		4 664		758		553		955		722
群馬		1 450		6 854		944		802		828		727
埼玉	⑤	5 977	⑥	18 111	③	3 623	⑦	3 183	⑨	2 710	⑥	2 175
千葉		3 632	⑨	11 287	⑦	2 468	⑥	3 268	⑩	2 262	⑩	1 381
東京	①	27 346	①	150 521	①	131 055	①	61 699	①	132 936	①	17 950
神奈川	③	9 500	④	20 649	⑧	2 271	③	8 115	③	9 653	④	3 032
新潟		1 545		6 851		985		591		938		800
富山		991		2 717		648		430		717		367
石川		736		3 873		469		515		539		490
福井		461		2 473		331		247		388		352
山梨		405		1 721		189		205		322		372
長野		942		5 111		1 147		674		793		906
岐阜		2 415		6 626		1 365		666		1 065		674
静岡		3 018		10 060	⑥	2 571		1 722		1 636	⑨	1 479
愛知	④	8 652	③	28 091	④	3 066	④	4 689	④	6 754	③	4 116
三重		1 517		3 297		728		559		665		629
滋賀		685		3 144		415		554		480		519
京都	⑥	5 318		6 944		1 394		1 669		2 051		1 283
大阪	②	14 420	②	49 929	②	12 652	②	11 468	②	10 917	②	5 665
兵庫	⑧	4 267	⑦	15 410		1 306	⑨	2 450	⑧	2 788	⑧	1 655
奈良		545		1 818		488		431		301		324
和歌山		507		2 267		523		328		260		310
鳥取		222		1 261		167		165		248		202
島根		241		1 398		465		161		274		239
岡山		1 699		5 021		785		521		928		700
広島	⑩	3 687	⑩	10 136	⑩	1 737	⑩	1 767		2 215		903
山口		982		4 793		701		427		1 547		405
徳島		348		1 542		511		228		293		237
香川		589		2 679		560		562		599		330
愛媛		990		4 015		928		356		503		408
高知		271		1 754		442		158		234		250
福岡	⑦	4 989	⑤	19 135	⑤	2 877	⑤	3 615	⑤	3 520	⑤	2 377
佐賀		429		1 700		295		139		207		284
長崎		664		2 758		206		370		513		453
熊本		798		3 669		538		525		671		569
大分		728		2 332		359		352		387		694
宮崎		543		2 036		348		300		400		380
鹿児島		913		4 156		811		406		636		498
沖縄		731		3 187		476		601		685		543
全国		125 374		475 639		187 589		122 178		202 959		61 125

資料・注記は（Ⅰ）に同じ。

企業等の産業別純付加価値額 （Ⅲ）（2020年）（確報）（単位　億円）

	生活関連サービス業、娯楽業1)	教育、学習支援業	医療、福祉	複合サービス事業2)	サービス業3)（他に分類されないもの）	全産業（公務を除く）
北海道	⑧ 1 354	⑩ 2 138	⑤ 13 458	② 1 751	⑦ 4 134	⑧ 73 201
青森	300	569	2 615	222	812	15 418
岩手	401	345	2 514	268	712	15 018
宮城	856	1 492	4 001	193	1 912	35 477
秋田	302	338	2 549	220	550	11 585
山形	339	517	2 260	363	561	15 082
福島	537	456	4 207	342	1 575	23 775
茨城	1 181	1 197	5 541	313	1 958	37 092
栃木	586	1 009	3 747	304	1 413	24 963
群馬	573	850	4 222	269	1 605	30 002
埼玉	⑦ 1 539	⑦ 2 847	⑦ 12 160	410	⑥ 4 260	⑥ 84 471
千葉	⑥ 1 620	⑨ 2 238	⑨ 10 461	482	⑨ 3 592	⑩ 59 575
東京	① 13 140	① 24 414	① 466 053	① 20 330	① 80 498	① 1 562 996
神奈川	③ 2 953	④ 3 995	③ 17 222	515	③ 9 358	④ 135 218
新潟	652	950	4 553	⑤ 670	1 541	33 516
富山	315	468	2 057	240	949	18 718
石川	350	728	2 237	294	910	19 101
福井	289	390	1 544	291	519	13 612
山梨	264	457	1 712	103	518	11 326
長野	645	635	3 675	584	1 194	32 029
岐阜	574	496	4 065	332	1 392	33 098
静岡	⑩ 1 211	1 339	⑩ 7 517	④ 673	⑩ 3 204	⑨ 61 373
愛知	④ 2 742	③ 4 763	④ 14 692	③ 908	④ 8 627	③ 176 447
三重	508	556	3 604	317	1 523	22 712
滋賀	368	464	2 476	231	942	16 692
京都	1 155	⑥ 3 160	5 598	199	2 171	58 687
大阪	② 4 578	② 6 260	② 24 064	x	② 12 317	② 271 302
兵庫	⑨ 1 291	⑧ 2 760	⑧ 11 674	521	⑧ 3 702	⑦ 77 052
奈良	252	563	2 865	138	505	11 660
和歌山	243	346	2 036	235	551	11 329
鳥取	119	310	1 343	72	328	6 610
島根	173	287	1 521	152	406	8 598
岡山	713	1 779	4 751	188	1 636	28 779
広島	1 130	1 343	6 670	389	2 342	52 245
山口	440	522	3 372	154	875	19 915
徳島	155	399	2 148	131	486	9 870
香川	275	385	2 171	174	626	16 186
愛媛	514	564	3 012	343	785	19 010
高知	437	319	2 032	333	345	9 064
福岡	⑤ 1 637	⑤ 3 293	⑥ 13 212	575	⑤ 5 066	⑤ 87 345
佐賀	165	394	2 476	425	418	10 849
長崎	416	656	3 809	380	644	14 886
熊本	512	769	4 590	394	854	21 759
大分	267	461	2 974	x	656	14 661
宮崎	263	551	2 746	247	633	13 149
鹿児島	484	802	4 725	281	874	20 521
沖縄	248	622	4 212	182	847	16 619
全国	49 062	80 197	711 144	36 805	171 326	3 362 595

資料・注記は（Ⅰ）に同じ。xは秘匿。1) 洗濯・理容・美容・浴場業や娯楽業など。家事サービスを除く。2) 郵便局や農業協同組合等。3) 外国公務を除く。

表 4 - 34　個人企業の 1 企業あたり年間売上高（2021年）（単位　千円）

	調査対象産業計	建設業	製造業	卸売業、小売業	宿泊業、飲食サービス業	生活関連サービス業、娯楽業	その他のサービス業
北海道	9 529	12 801	11 620	19 567	8 740	3 567	7 690
青森	11 891	16 100	10 126	24 682	9 026	2 834	6 600
岩手	12 184	15 155	9 767	24 456	8 847	3 150	8 395
宮城	12 734	12 443	10 790	⑧27 247	10 009	3 764	8 551
秋田	10 567	15 030	8 895	20 526	7 606	1 948	8 102
山形	10 939	14 554	10 593	18 649	9 708	2 762	8 258
福島	10 424	12 589	8 797	19 049	9 055	3 353	7 776
茨城	13 268	12 564	10 786	24 499	⑦11 555	⑥5 523	⑩9 939
栃木	10 928	11 484	7 000	22 565	9 494	3 473	7 650
群馬	12 294	11 096	8 901	⑤27 517	8 403	3 738	8 974
埼玉	12 592	10 559	8 539	⑦27 283	10 774	4 362	④10 671
千葉	13 040	13 249	⑨12 536	26 272	②13 945	3 907	9 915
東京	⑤14 929	12 137	7 357	26 263	①15 444	④5 781	①14 345
神奈川	13 014	11 250	8 554	④28 429	④13 188	⑨5 144	⑤10 509
新潟	10 820	13 235	8 224	19 971	9 108	3 789	7 659
富山	13 626	⑦17 438	10 845	23 880	⑩11 191	⑩5 133	7 483
石川	13 396	13 385	9 146	③29 005	⑧11 307	4 643	8 030
福井	⑨14 137	15 155	11 215	⑩26 594	11 157	4 619	9 244
山梨	13 624	14 950	11 420	⑥27 422	8 793	4 002	9 853
長野	10 725	10 754	8 461	22 786	7 718	3 878	8 396
岐阜	12 120	13 911	9 476	23 498	9 871	4 278	8 988
静岡	13 019	13 162	⑩12 294	25 496	10 279	4 756	9 590
愛知	①15 714	13 723	11 141	①34 287	⑤12 486	③5 824	③10 919
三重	13 951	14 981	11 446	25 399	10 913	5 024	⑥10 469
滋賀	②15 701	⑩16 719	10 989	②29 365	8 778	①10 327	9 269
京都	13 295	15 846	8 164	24 221	⑨11 221	⑧5 195	⑧10 005
大阪	⑦14 678	④21 867	⑤14 526	25 333	10 830	⑦5 235	②11 854
兵庫	⑩14 018	16 076	④14 794	24 868	10 990	⑤5 717	⑨9 982
奈良	④15 025	②24 248	①19 806	21 735	8 876	②6 074	9 537
和歌山	⑥14 725	③23 796	③16 224	24 383	8 193	4 798	8 149
鳥取	10 429	14 541	10 958	17 363	8 301	4 745	7 892
島根	11 006	16 028	9 665	16 840	⑥12 106	3 954	6 929
岡山	11 857	10 360	10 435	23 449	8 674	4 979	7 894
広島	11 826	12 978	9 331	25 168	8 287	4 477	8 381
山口	12 006	14 260	10 670	21 661	8 721	4 089	8 173
徳島	11 164	12 450	11 855	20 833	9 110	2 915	7 680
香川	10 592	12 132	11 149	20 133	8 766	4 076	7 996
愛媛	10 034	14 260	10 853	16 733	8 731	3 337	7 562
高知	11 655	⑨17 062	9 429	20 473	6 220	3 699	8 745
福岡	⑧14 278	⑤20 089	12 052	24 278	③13 383	4 829	⑦10 350
佐賀	③15 228	⑥18 704	②16 381	⑨27 010	10 924	4 790	9 031
長崎	12 745	⑧17 170	⑧13 185	21 253	9 990	4 659	7 928
熊本	12 179	13 275	⑦13 456	23 790	9 796	3 647	8 275
大分	10 344	12 399	10 390	19 262	8 845	3 476	7 043
宮崎	11 290	14 711	⑥13 514	19 051	8 909	3 601	8 974
鹿児島	10 898	12 688	9 390	19 194	8 643	3 353	7 901
沖縄	13 454	①28 193	11 086	23 801	9 809	3 793	9 285
全国	12 969	14 468	10 944	24 490	10 751	4 525	9 913

総務省「個人企業経済調査」（2022年）より作成。2021年 1 ～12月の 1 年間。357ページの注記参照。

表 4 - 35　個人企業の事業主年齢別割合（調査対象産業計）（2022年 6 月 1 日現在）（%）

	事業主の年齢階級別の企業割合1)						後継者がいない企業の割合
	40歳未満	40〜49歳	50〜59歳	60〜69歳	70〜79歳	80歳以上	
北海道	1.6	8.0	15.2	22.9	36.3	15.6	82.6
青森	1.7	7.5	11.7	30.6	36.8	11.6	80.0
岩手	0.3	6.9	17.0	26.1	32.9	16.5	76.1
宮城	2.7	7.9	13.2	29.5	31.9	14.8	⑨ 82.8
秋田	1.4	8.1	15.9	27.1	34.3	13.2	⑥ 83.1
山形	1.8	7.0	13.3	27.1	33.6	16.7	79.3
福島	1.8	7.2	14.9	26.1	34.7	14.9	75.6
茨城	1.6	12.0	18.1	21.3	35.5	11.5	77.4
栃木	0.8	7.2	17.4	24.9	38.3	11.1	82.6
群馬	2.0	10.0	16.1	22.9	34.9	12.5	78.9
埼玉	1.2	10.2	17.0	22.5	35.5	13.4	80.8
千葉	0.8	10.5	18.0	20.8	37.6	11.8	82.0
東京	1.4	9.3	18.9	22.1	32.4	15.7	78.3
神奈川	1.8	12.2	16.9	20.9	33.5	14.2	78.4
新潟	2.4	7.0	15.8	26.2	35.3	13.3	81.2
富山	0.7	7.3	13.1	30.4	31.8	16.0	79.7
石川	1.6	10.3	18.7	25.1	34.0	9.5	④ 83.5
福井	0.8	10.1	14.3	27.4	36.0	10.4	76.4
山梨	1.6	6.6	16.8	27.1	31.9	14.5	75.4
長野	2.3	7.7	20.0	27.7	31.5	10.8	79.8
岐阜	0.9	8.3	17.1	27.0	35.6	10.5	82.1
静岡	1.2	9.9	16.9	24.7	34.2	12.7	79.9
愛知	1.8	11.4	17.9	24.2	29.6	15.0	81.1
三重	1.6	7.1	23.4	23.5	32.9	10.9	80.7
滋賀	1.6	13.6	15.9	27.3	29.6	11.9	81.7
京都	1.3	10.7	19.9	23.0	31.8	12.5	79.7
大阪	1.8	10.2	20.2	22.8	29.9	14.4	⑩ 82.7
兵庫	1.8	11.5	18.4	25.5	30.1	12.0	82.4
奈良	0.5	11.3	17.8	19.9	33.3	16.6	77.3
和歌山	1.6	12.1	15.6	25.3	29.5	15.7	76.5
鳥取	2.1	11.5	14.8	25.8	32.3	12.6	⑥ 83.1
島根	3.5	4.4	16.5	27.3	34.7	13.3	79.7
岡山	2.9	11.9	13.4	24.0	35.1	12.5	② 84.8
広島	2.0	8.0	16.7	24.3	35.0	14.0	79.7
山口	1.3	10.3	10.5	25.7	38.3	13.9	① 85.2
徳島	3.2	7.7	11.3	25.0	35.4	16.7	79.7
香川	3.1	9.6	14.0	23.7	37.5	11.2	80.0
愛媛	2.1	7.6	15.3	32.3	30.9	11.3	⑧ 82.9
高知	0.9	11.4	14.6	29.1	33.1	10.9	③ 84.4
福岡	2.3	13.7	19.1	26.4	26.9	11.3	80.6
佐賀	3.7	10.5	13.9	30.9	29.2	11.1	80.8
長崎	1.8	10.6	19.0	25.8	34.4	7.7	78.2
熊本	2.2	8.5	17.4	25.6	34.9	11.5	78.7
大分	1.6	7.0	17.5	25.3	31.7	16.4	⑤ 83.3
宮崎	1.6	12.2	15.1	28.5	33.5	8.9	79.5
鹿児島	1.4	9.2	13.5	28.0	32.4	14.9	76.5
沖縄	3.8	11.5	18.3	24.2	32.6	8.4	74.6
全国	1.7	9.8	17.2	24.7	33.0	13.2	80.3

資料・注記は表4-34に同じ。○内は全国順位。1) 計が100％にならないのは、年齢不詳があるため。

表 4 - 36　企業倒産件数と負債総額

	倒産件数 （件）		負債総額 （百万円）		1件あたり 負債総額 （百万円）	
	2021	2022	2021	2022	2021	2022
北海道	139	⑩ 198	16 080	31 157	116	157
青森	33	45	6 047	4 308	183	96
岩手	25	47	15 025	5 310	601	113
宮城	72	100	16 465	22 668	229	227
秋田	19	36	4 892	4 145	257	115
山形	41	47	7 934	6 755	194	144
福島	50	66	10 884	12 483	218	189
茨城	104	121	10 886	31 428	105	⑨ 260
栃木	94	98	16 239	16 716	173	171
群馬	62	69	15 720	19 021	254	⑧ 276
埼玉	282	⑥ 285	38 106	① 1 164 079	135	① 4 084
千葉	206	⑨ 216	32 777	28 637	159	133
東京	1 126	① 1 151	405 147	② 321 542	360	⑦ 279
神奈川	360	③ 406	42 833	⑦ 39 371	119	97
新潟	47	77	7 353	18 737	156	⑩ 243
富山	54	64	9 219	26 114	171	② 408
石川	58	49	15 148	11 447	261	234
福井	36	32	3 803	5 132	106	160
山梨	19	24	5 681	5 452	299	227
長野	66	70	16 872	12 793	256	183
岐阜	102	99	23 477	17 195	230	174
静岡	180	167	56 182	⑧ 36 891	312	221
愛知	364	④ 370	43 177	⑤ 63 313	119	171
三重	72	65	10 192	13 716	142	211
滋賀	52	76	2 179	7 358	42	97
京都	200	⑧ 237	14 715	⑩ 31 726	74	134
大阪	847	② 845	82 070	③ 93 609	97	111
兵庫	339	⑤ 318	40 827	⑥ 51 044	120	161
奈良	74	81	4 702	7 642	64	94
和歌山	63	73	12 197	6 063	194	83
鳥取	16	20	2 350	3 771	147	189
島根	28	26	2 846	7 718	102	⑥ 297
岡山	55	59	14 427	6 684	262	113
広島	96	106	14 711	⑨ 32 755	153	⑤ 309
山口	52	38	10 836	3 526	208	93
徳島	27	32	6 214	7 342	230	229
香川	39	27	10 434	4 434	268	164
愛媛	46	37	14 002	5 094	304	138
高知	17	13	7 331	962	431	74
福岡	208	⑦ 261	31 823	④ 84 006	153	④ 322
佐賀	22	22	1 795	3 156	82	143
長崎	40	52	6 699	8 965	167	172
熊本	44	48	5 687	8 847	129	184
大分	37	45	12 589	8 313	340	185
宮崎	27	23	3 367	4 154	125	181
鹿児島	52	53	7 774	19 744	150	③ 373
沖縄	38	34	10 989	6 120	289	180
全国	6 030	6 428	1 150 703	2 331 443	191	363

東京商工リサーチ「全国企業倒産状況」より作成。負債総額1000万円以上の件数。○内は全国順位。

表 4 - 37 製造業（Ⅰ）（個人経営事業所を除く）

	事業所数		従業者数1)（人）		事業従事者への人件費2)（億円）	
	2021（6月1日）	2022（6月1日）	2021（6月1日）	2022（6月1日）	2020	2021
北海道	6 419	⑨ 6 425	166 096	165 004	6 221	6 301
青森	1 502	1 500	56 254	55 145	2 000	2 054
岩手	2 144	2 114	84 930	85 720	3 190	3 198
宮城	3 119	3 115	112 915	116 223	4 671	4 882
秋田	1 778	1 775	58 994	60 648	2 131	2 272
山形	2 717	2 701	98 362	98 272	3 817	3 840
福島	3 919	3 904	155 670	155 061	6 578	6 666
茨城	5 690	5 692	266 176	⑦ 275 475	12 788	⑦ 13 379
栃木	4 860	4 838	197 243	200 176	9 299	9 440
群馬	5 711	5 702	214 950	⑩ 218 619	9 768	9 791
埼玉	13 062	④ 13 216	385 910	④ 389 587	17 085	⑥ 17 633
千葉	5 864	5 914	208 375	208 423	9 767	10 012
東京	14 861	③ 15 416	249 577	⑧ 268 401	12 220	⑧ 13 242
神奈川	9 805	⑥ 9 915	353 748	⑤ 358 626	18 754	④ 18 882
新潟	5 806	5 777	179 988	179 502	7 087	7 102
富山	2 985	2 956	123 109	124 298	5 436	5 579
石川	3 167	3 206	95 943	97 819	4 182	4 186
福井	2 563	2 566	72 612	74 648	3 040	3 180
山梨	2 094	2 098	73 018	73 853	3 514	3 436
長野	6 106	⑩ 6 123	200 815	203 820	9 235	9 329
岐阜	6 488	⑧ 6 487	201 032	203 743	8 710	8 806
静岡	10 536	⑤ 10 526	406 032	③ 404 241	19 236	③ 18 938
愛知	18 248	② 18 476	815 704	① 847 082	43 960	① 45 925
三重	3 846	3 867	202 947	204 601	10 256	⑨ 10 413
滋賀	3 096	3 109	166 309	167 923	8 562	8 827
京都	5 247	5 305	142 335	146 514	6 827	7 002
大阪	18 020	① 18 584	425 600	② 447 022	20 278	② 21 433
兵庫	8 478	⑦ 8 579	350 804	⑥ 358 515	18 053	⑤ 18 264
奈良	1 867	1 876	57 847	59 633	2 426	2 618
和歌山	1 740	1 754	51 490	51 741	2 132	2 179
鳥取	860	847	30 627	30 974	1 090	1 145
島根	1 210	1 213	41 285	42 027	1 578	1 707
岡山	3 892	3 923	149 013	150 020	6 811	6 737
広島	5 872	5 893	210 058	212 956	10 147	⑩ 10 291
山口	2 003	1 993	95 896	97 789	4 622	4 807
徳島	1 294	1 301	44 969	47 660	2 020	2 220
香川	2 358	2 359	69 937	72 212	2 956	3 003
愛媛	2 560	2 596	77 979	81 438	3 313	3 445
高知	1 115	1 099	23 523	23 949	834	886
福岡	5 989	6 023	222 439	⑨ 229 024	9 726	10 074
佐賀	1 435	1 435	62 407	62 495	2 580	2 624
長崎	1 643	1 646	53 402	53 990	2 224	2 180
熊本	2 222	2 217	90 230	93 368	4 082	4 375
大分	1 673	1 673	65 038	65 884	2 829	2 885
宮崎	1 550	1 527	54 131	54 637	1 959	2 032
鹿児島	2 521	2 531	70 450	72 571	2 539	2 764
沖縄	977	978	23 275	23 166	705	718
全国	220 912	222 770	7 560 044	7 714 495	351 248	360 700

経済産業省「経済センサス－活動調査」（2021年）および、総務省・経済産業省「経済構造実態調査（製造業事業所調査)」（2022年）より作成。○内の数字は全国順位。357ページの注記参照。

製造業（Ⅱ）（個人経営事業所を除く）

	原材料・燃料・電力の使用額等（億円）		製造品出荷額等3)（億円）		付加価値額4)（億円）	
	2020	2021	2020	2021	2020	2021
北海道	34 640	39 525	56 493	61 293	17 697	18 131
青森	10 399	10 850	16 872	16 947	5 286	5 393
岩手	16 453	17 726	25 033	27 133	7 238	8 278
宮城	26 287	32 167	43 853	50 034	13 681	14 294
秋田	7 007	7 589	13 171	14 057	5 235	5 706
山形	15 625	17 893	28 441	30 239	10 858	11 177
福島	27 762	29 690	47 903	51 627	16 485	18 613
茨城	72 125	⑧ 83 007	122 108	⑦ 136 869	42 089	⑦ 48 119
栃木	45 937	47 897	82 639	85 761	26 822	27 986
群馬	50 097	51 117	79 328	83 831	25 339	29 119
埼玉	75 942	⑦ 84 568	129 533	⑥ 142 540	45 904	⑥ 51 729
千葉	74 180	⑥ 88 450	119 770	⑧ 130 968	31 632	⑨ 33 227
東京	38 772	41 221	72 029	76 227	29 035	⑩ 31 281
神奈川	96 107	③ 108 333	159 161	③ 173 752	49 921	⑤ 54 094
新潟	25 521	28 563	47 784	51 194	18 654	19 651
富山	21 041	22 449	36 649	39 045	13 000	14 380
石川	15 548	16 626	26 498	28 018	9 091	10 032
福井	12 422	14 648	21 594	23 953	7 600	7 950
山梨	13 666	14 577	25 409	27 111	10 808	11 635
長野	36 405	40 051	60 729	66 464	20 700	23 828
岐阜	33 228	35 863	56 708	61 159	19 784	22 203
静岡	97 453	④ 106 059	165 147	④ 172 905	56 100	③ 58 717
愛知	302 007	① 337 287	441 162	① 478 946	119 342	① 131 690
三重	65 202	⑨ 72 064	105 138	⑨ 110 344	31 871	⑧ 33 344
滋賀	43 008	49 498	76 155	81 874	28 101	28 655
京都	24 429	27 184	53 048	59 066	21 842	24 798
大阪	100 178	② 113 293	171 202	② 186 058	57 712	② 61 707
兵庫	93 009	⑤ 103 043	153 303	⑤ 165 023	51 235	④ 54 424
奈良	9 872	11 065	17 367	18 709	6 473	6 742
和歌山	14 037	13 677	24 021	24 021	7 669	8 941
鳥取	4 725	5 177	7 437	8 441	2 170	2 818
島根	6 855	7 756	11 711	12 866	3 974	4 331
岡山	46 430	57 944	70 881	83 654	17 801	20 687
広島	58 524	⑩ 66 451	89 103	⑩ 99 439	26 500	31 019
山口	32 569	42 773	56 275	66 501	18 690	19 775
徳島	7 805	9 579	18 020	20 578	8 431	9 903
香川	17 080	18 742	25 444	28 014	7 083	8 056
愛媛	25 634	32 990	38 203	47 582	10 179	12 079
高知	3 283	3 675	5 532	6 015	1 847	1 998
福岡	58 654	62 771	89 950	94 450	24 853	27 423
佐賀	12 249	12 794	20 334	21 051	6 976	6 991
長崎	9 299	7 662	16 301	15 177	5 733	6 341
熊本	15 781	18 304	28 311	32 234	10 499	12 094
大分	26 502	33 074	38 579	47 134	9 354	11 393
宮崎	8 816	9 833	16 463	17 236	6 125	6 263
鹿児島	12 508	13 463	20 027	22 062	6 261	7 467
沖縄	2 495	2 580	4 730	4 599	1 721	1 657
全国	1 847 570	2 071 548	3 035 547	3 302 200	975 399	1 066 140

資料・注記は（Ⅰ）に同じ。○内の数字は全国順位。

図 **4 - 4**　製造品出荷額等の都道府県別比較 （個人経営事業所を除く） （2021年）

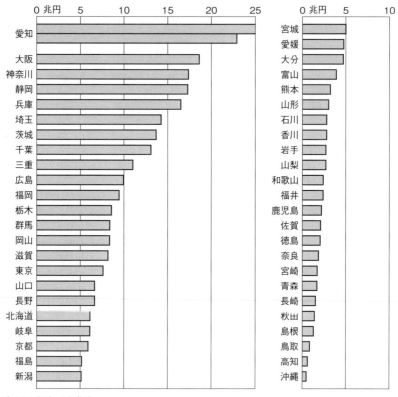

表4-37 （Ⅱ） より作成。

🖥 経済構造実態調査

　2020年に経済産業省による「工業統計調査」は廃止され、総務省・経済産業省「経済構造実態調査（製造業事業所調査）」に統合された。2021年は5年に1度の「経済センサス―活動調査」実施年であったため、その中間年に実施される「経済構造実態調査（製造業事業所調査）」は2022年に初めて行われている。

　「工業統計調査」との主な相違点は、個人経営事業所が調査対象から外れていることである。このため、データの比較を行う際には注意が必要となる。

　産業別の事業所数（表4-37）を2020年の「工業統計調査」と2022年の「経済構造実態調査（製造業事業所調査）」で比べてみると、繊維工業、なめし革・同製品・毛皮では、事業所数が5割程度減少しているが、個人経営事業所を含まないことが大きな要因と考えられる。化学工業、石油製品・石炭製品は、大規模な設備が必要で、個人経営事業所が少なく、事業所数の大幅な減少はみられなかった。

表 4 - 38　政令指定都市の製造業（個人経営事業所を除く）

	事業所数		従業者数1) （人）		事業従事者への人件費2) （億円）	
	2021 （6月1日）	2022 （6月1日）	2021 （6月1日）	2022 （6月1日）	2020	2021
札幌市	1 284	1 283	29 546	27 670	1 068	996
仙台市	702	712	15 763	15 608	647	649
さいたま市	1 149	1 167	27 719	28 968	1 170	1 242
千葉市	565	571	21 936	22 308	1 116	1 135
東京23区	11 813	12 313	139 861	153 147	6 340	6 973
横浜市	3 271	3 325	91 128	93 032	4 784	4 845
川崎市	1 484	1 507	48 411	49 831	2 785	2 901
相模原市	1 028	1 038	35 294	35 208	1 785	1 712
新潟市	1 055	1 068	35 460	35 970	1 351	1 390
静岡市	1 665	1 673	48 913	49 760	2 197	2 170
浜松市	2 291	2 319	67 596	71 143	3 054	3 275
名古屋市	4 894	4 942	94 716	97 925	4 603	4 744
京都市	2 878	2 932	63 263	65 449	3 162	3 253
大阪市	6 580	6 741	114 253	122 673	5 307	5 744
堺市	1 415	1 461	50 396	53 062	2 739	2 799
神戸市	1 669	1 694	68 338	67 381	3 718	3 653
岡山市	1 070	1 068	31 573	32 133	1 283	1 309
広島市	1 435	1 456	52 915	53 886	2 577	2 517
北九州市	1 140	1 155	48 358	51 191	2 428	2 534
福岡市	898	884	21 481	22 472	780	839
熊本市	527	539	15 997	17 247	673	742

	原材料・燃料・電力 の使用額等 （億円）		製造品出荷額等3) （億円）		付加価値額4) （億円）	
	2020	2021	2020	2021	2020	2021
札幌市	3 461	3 098	6 562	5 675	2 761	2 171
仙台市	4 570	6 560	8 259	10 128	2 164	1 961
さいたま市	4 338	4 833	8 389	8 821	3 407	3 470
千葉市	9 065	9 719	12 208	12 835	2 450	3 089
東京23区	15 755	17 918	31 023	34 119	13 677	14 484
横浜市	21 056	26 167	35 490	41 533	10 558	11 803
川崎市	21 295	26 331	34 113	39 571	8 761	10 052
相模原市	7 901	7 466	12 571	11 617	4 128	3 619
新潟市	5 991	7 054	10 878	11 851	4 099	4 258
静岡市	11 968	13 131	20 683	22 376	7 427	8 396
浜松市	10 476	12 224	18 402	20 034	6 843	7 076
名古屋市	17 276	20 234	30 399	33 553	11 136	11 767
京都市	8 277	9 697	21 615	26 207	8 612	11 335
大阪市	20 285	23 736	35 916	40 818	13 510	14 747
堺市	20 431	26 474	35 586	42 306	9 868	11 935
神戸市	19 312	20 525	34 205	34 209	12 541	11 830
岡山市	5 399	5 729	10 181	10 691	3 880	3 977
広島市	18 994	19 520	28 155	27 762	9 046	8 576
北九州市	13 915	17 480	21 245	26 289	6 161	7 889
福岡市	3 319	3 645	6 043	6 245	2 125	2 076
熊本市	2 345	2 588	4 336	4 533	1 597	1 619

資料、注記は表4-37に同じ。2022年6月1日現在の政令指定都市（20市）と東京23区。

表 4 - 39　製造業の産業別事業所数と製造品出荷額等（Ⅰ）（個人経営事業所を除く）（2021年）

	食料品		飲料・たばこ・飼料		繊維工業	
	事業所数 （2022年 6月1日）	製造品 出荷額等 （億円）	事業所数 （2022年 6月1日）	製造品 出荷額等 （億円）	事業所数 （2022年 6月1日）	製造品 出荷額等 （億円）
北海道	① 1 868	① 22 695	③ 282	3 105	189	305
青森	364	3 885	79	1 397	115	163
岩手	452	3 847	79	465	137	209
宮城	696	6 792	100	2 011	119	203
秋田	299	984	55	193	216	350
山形	406	3 378	85	391	228	386
福島	464	3 032	96	1 173	259	459
茨城	663	⑦ 15 191	113	④ 5 557	154	766
栃木	418	6 649	77	② 9 567	282	624
群馬	515	8 607	74	⑨ 3 631	342	459
埼玉	⑤ 904	② 20 277	98	1 844	362	816
千葉	⑨ 795	⑥ 15 319	120	⑧ 4 192	169	257
東京	⑧ 806	7 663	67	916	④ 738	922
神奈川	646	⑤ 15 610	77	⑩ 3 611	221	522
新潟	687	7 779	⑩ 129	697	374	630
富山	291	1 453	48	631	145	528
石川	354	1 547	50	117	⑥ 579	⑧ 1 558
福井	209	596	40	149	⑤ 619	④ 2 137
山梨	178	2 708	⑧ 132	1 851	104	304
長野	⑩ 734	5 718	④ 170	1 454	108	263
岐阜	490	4 042	95	604	⑦ 534	⑨ 1 394
静岡	③ 1 110	⑧ 13 704	① 592	① 9 641	329	⑩ 1 123
愛知	② 1 136	③ 17 890	⑦ 162	⑤ 4 725	① 1 118	① 3 584
三重	408	4 997	104	1 009	139	575
滋賀	222	3 505	78	1 291	292	⑤ 1 924
京都	508	4 953	⑨ 130	③ 8 193	③ 969	988
大阪	⑦ 853	⑨ 13 292	85	2 597	② 1 092	② 2 831
兵庫	④ 1 002	④ 17 270	⑤ 169	⑥ 4 720	⑨ 393	1 119
奈良	176	2 457	56	258	231	572
和歌山	314	2 106	38	505	217	669
鳥取	158	1 568	44	264	67	133
島根	244	774	66	145	90	290
岡山	370	5 613	88	2 572	⑧ 530	③ 2 304
広島	570	5 893	91	762	⑩ 382	⑦ 1 585
山口	352	2 639	39	540	69	509
徳島	253	1 449	30	341	95	230
香川	452	3 867	25	351	149	373
愛媛	380	3 282	62	575	316	⑥ 1 770
高知	214	901	59	133	53	193
福岡	⑥ 893	⑩ 10 114	⑤ 169	2 822	233	559
佐賀	278	3 988	58	1 022	67	199
長崎	402	2 707	74	350	89	259
熊本	450	4 047	103	1 238	124	319
大分	299	1 446	83	1 331	61	180
宮崎	365	3 950	119	1 702	88	836
鹿児島	711	7 382	② 463	⑦ 4 374	95	119
沖縄	295	1 783	106	599	34	29
全国	24 654	299 348	5 159	95 705	13 316	36 525

総務省・経済産業省「経済構造実態調査（製造業事業所調査）」（2022年）より作成。事業所数は2022年6月1日、製造品出荷額等は2021年。○内の数字は全国順位。357ページの注記参照。

製造業の産業別事業所数と製造品出荷額等 （Ⅱ）（個人経営事業所を除く）（2021年）

	木材・木製品（家具を除く）		家具・装備品		パルプ・紙・紙加工品	
	事業所数（2022年6月1日）	製造品出荷額等（億円）	事業所数（2022年6月1日）	製造品出荷額等（億円）	事業所数（2022年6月1日）	製造品出荷額等（億円）
北海道	① 389	② 1 872	⑦ 293	421	104	⑧ 2 777
青森	77	313	31	30	34	929
岩手	131	750	29	64	26	349
宮城	95	812	65	108	76	1 574
秋田	142	809	47	84	17	276
山形	104	295	86	223	41	228
福島	157	831	96	514	83	1 889
茨城	149	④ 1 707	101	⑩ 780	138	⑨ 2 513
栃木	⑧ 181	⑦ 1 259	157	636	114	⑦ 2 789
群馬	144	799	168	564	106	912
埼玉	⑦ 192	⑨ 919	② 472	② 1 558	③ 493	③ 5 087
千葉	109	865	128	④ 1 054	138	1 469
東京	109	190	④ 361	761	② 527	1 563
神奈川	93	297	189	⑨ 781	⑨ 183	1 963
新潟	168	346	⑩ 211	331	103	1 843
富山	92	338	81	365	74	1 357
石川	77	324	79	609	59	216
福井	91	⑩ 900	57	211	86	797
山梨	41	159	38	74	48	230
長野	168	318	136	260	112	804
岐阜	④ 229	836	⑧ 261	⑤ 953	⑦ 218	⑩ 2 234
静岡	③ 289	① 2 355	⑥ 304	⑦ 927	④ 479	① 8 608
愛知	② 324	③ 1 721	② 472	① 1 444	⑤ 428	④ 3 867
三重	141	533	84	407	77	904
滋賀	90	390	79	700	85	1 281
京都	110	575	166	193	⑩ 179	1 230
大阪	⑤ 217	⑥ 1 336	① 493	① 1 761	① 663	⑤ 3 418
兵庫	⑨ 179	655	149	⑧ 803	⑧ 212	⑥ 3 245
奈良	134	624	47	294	60	667
和歌山	110	428	85	152	32	408
鳥取	35	295	21	20	40	892
島根	71	519	37	65	30	302
岡山	124	⑧ 1 041	124	337	80	1 139
広島	⑥ 196	⑤ 1 562	⑨ 224	438	98	996
山口	83	505	40	47	31	989
徳島	116	496	90	271	39	1 116
香川	63	638	94	73	79	1 196
愛媛	97	503	56	91	⑥ 239	② 5 475
高知	94	249	26	32	59	687
福岡	⑩ 178	692	⑤ 324	⑥ 949	116	941
佐賀	43	336	48	340	39	748
長崎	42	82	35	37	16	70
熊本	146	591	57	86	29	883
大分	139	388	73	96	22	347
宮崎	149	687	51	54	19	355
鹿児島	106	292	69	49	21	515
沖縄	9	29	32	33	8	64
全国	6 223	32 463	6 366	20 086	5 960	72 144

資料・注記は（Ⅰ）に同じ。〇内の数字は全国順位。

府県別統計

製造業

製造業の産業別事業所数と製造品出荷額等（Ⅲ）（個人経営事業所を除く）（2021年）

	印刷・同関連業		化学工業		石油製品・石炭製品	
	事業所数（2022年6月1日）	製造品出荷額等（億円）	事業所数（2022年6月1日）	製造品出荷額等（億円）	事業所数（2022年6月1日）	製造品出荷額等（億円）
北海道	⑥ 463	1 034	127	1 907	① 100	⑥ 7 053
青森	104	170	19	371	25	88
岩手	104	382	23	592	31	108
宮城	224	583	48	982	30	⑨ 6 125
秋田	80	98	20	676	25	62
山形	110	273	37	2 942	21	40
福島	163	478	103	6 664	35	163
茨城	219	⑩ 1 347	⑨ 210	⑥ 18 824	28	581
栃木	198	498	92	6 747	23	213
群馬	194	826	102	7 270	16	108
埼玉	③ 1 035	② 7 350	② 409	⑧ 17 140	⑧ 43	403
千葉	331	⑧ 1 619	⑤ 294	① 24 564	⑤ 51	① 27 749
東京	① 2 712	① 7 846	⑥ 287	4 342	25	353
神奈川	⑤ 496	⑦ 1 636	④ 311	⑤ 19 203	③ 59	② 26 008
新潟	250	798	80	7 971	⑧ 43	174
富山	113	258	128	7 232	15	59
石川	147	773	35	1 602	11	x
福井	123	292	67	2 332	10	56
山梨	89	288	26	505	8	42
長野	278	688	57	1 376	30	104
岐阜	256	833	112	3 156	26	166
静岡	⑧ 379	⑥ 1 870	⑧ 220	③ 22 715	⑩ 36	270
愛知	④ 887	④ 2 376	⑦ 286	⑨ 13 959	② 63	⑧ 6 285
三重	123	304	145	⑩ 13 484	25	⑩ 6 079
滋賀	86	1 164	121	12 652	11	134
京都	⑦ 404	⑨ 1 572	140	2 330	19	80
大阪	② 1 502	③ 4 477	① 644	⑦ 17 773	④ 57	④ 14 076
兵庫	⑩ 332	1 140	③ 341	④ 21 779	⑤ 51	1 606
奈良	79	849	74	1 215	7	x
和歌山	76	141	90	4 406	18	3 715
鳥取	39	92	9	53	8	31
島根	43	75	14	381	14	37
岡山	196	1 046	129	12 743	31	③ 17 125
広島	276	827	111	3 833	33	168
山口	93	282	108	② 22 817	26	⑤ 9 737
徳島	62	135	47	7 365	10	40
香川	128	660	58	1 671	10	1 763
愛媛	107	232	52	3 758	21	⑦ 6 439
高知	53	86	18	119	10	28
福岡	⑨ 377	⑤ 1 908	⑩ 161	5 683	⑦ 50	1 269
佐賀	58	150	43	1 761	9	49
長崎	69	109	22	141	15	50
熊本	127	326	53	1 989	27	125
大分	75	176	44	5 855	16	5 240
宮崎	89	145	40	1 885	17	46
鹿児島	120	182	29	240	29	70
沖縄	67	163	37	80	13	44
全国	13 536	48 555	5 623	317 082	1 281	144 329

資料・注記は（Ⅰ）に同じ。○内の数字は全国順位。xは秘匿。

製造業の産業別事業所数と製造品出荷額等（Ⅳ）（個人経営事業所を除く）（2021年）

	プラスチック製品1)		ゴム製品		なめし革・同製品・毛皮	
	事業所数 （2022年 6月1日）	製造品 出荷額等 （億円）	事業所数 （2022年 6月1日）	製造品 出荷額等 （億円）	事業所数 （2022年 6月1日）	製造品 出荷額等 （億円）
北海道	173	910	32	134	13	42
青森	29	141	6	19	—	—
岩手	98	869	14	53	7	61
宮城	135	1 146	30	614	4	11
秋田	61	279	12	44	⑩ 21	10
山形	96	749	10	39	⑨ 23	⑤ 170
福島	208	2 528	57	④ 1 990	⑩ 21	⑦ 120
茨城	⑦ 528	② 8 272	⑧ 84	766	19	21
栃木	⑨ 479	⑨ 5 771	72	⑦ 1 643	7	22
群馬	⑧ 489	4 957	48	474	8	15
埼玉	③ 1 028	④ 7 328	② 238	⑩ 1 271	④ 99	⑥ 126
千葉	369	2 978	⑥ 104	478	⑥ 47	⑧ 112
東京	④ 877	1 453	④ 216	332	① 369	① 553
神奈川	⑥ 565	⑦ 5 876	⑧ 84	988	15	60
新潟	243	1 547	25	110	16	26
富山	221	2 270	16	134	5	29
石川	131	649	21	61	2	x
福井	152	1 927	9	20	4	13
山梨	169	968	14	225	7	21
長野	375	2 305	26	157	16	41
岐阜	⑩ 466	⑩ 5 293	80	600	8	2
静岡	⑤ 721	⑤ 7 159	⑦ 99	⑤ 1 742	14	26
愛知	① 1 584	① 15 914	③ 218	① 4 570	⑦ 41	③ 238
三重	266	3 875	55	③ 2 200	11	—
滋賀	273	⑥ 6 543	24	1 156	11	5
京都	242	2 050	16	243	⑤ 58	71
大阪	② 1 428	③ 8 200	① 242	⑨ 1 360	③ 157	④ 219
兵庫	407	5 020	⑤ 141	⑧ 1 365	② 171	② 448
奈良	217	1 766	34	665	13	x
和歌山	84	468	15	361	3	3
鳥取	32	263	7	418	2	x
島根	35	338	10	83	2	x
岡山	214	2 582	59	1 018	7	8
広島	280	⑧ 5 797	⑩ 81	1 040	5	17
山口	91	1 047	20	⑥ 1 705	1	x
徳島	44	566	11	68	5	3
香川	103	1 484	11	291	⑧ 30	⑨ 91
愛媛	86	1 925	13	x	1	x
高知	27	127	—	—	1	x
福岡	288	3 398	59	② 2 495	8	7
佐賀	60	497	14	569	7	⑩ 88
長崎	34	211	4	7	—	—
熊本	111	1 251	18	944	1	x
大分	86	706	14	181	3	23
宮崎	54	608	10	1 074	3	2
鹿児島	41	195	4	4	4	7
沖縄	19	92	1	x	2	x
全国	13 719	130 299	2 378	33 755	1 261	2 804

資料・注記は（Ⅰ）に同じ。〇内の数字は全国順位。*x*は秘匿。

製造業の産業別事業所数と製造品出荷額等（Ⅴ）（個人経営事業所を除く）（2021年）

	窯業・土石製品		鉄鋼業		非鉄金属	
	事業所数（2022年6月1日）	製造品出荷額等（億円）	事業所数（2022年6月1日）	製造品出荷額等（億円）	事業所数（2022年6月1日）	製造品出荷額等（億円）
北海道	③ 496	2 392	118	4 801	27	262
青森	107	465	30	1 174	19	2 513
岩手	147	968	47	1 075	27	259
宮城	175	1 291	55	1 892	32	889
秋田	100	425	25	234	21	776
山形	139	1 297	57	379	46	551
福島	⑨ 291	2 357	70	1 092	71	2 336
茨城	④ 448	⑥ 3 430	⑩ 147	⑧ 10 466	⑨ 110	③ 8 722
栃木	249	1 943	82	2 678	76	4 607
群馬	196	1 177	110	2 876	77	1 707
埼玉	⑦ 358	⑨ 2 643	⑤ 232	3 886	② 306	⑤ 7 477
千葉	261	⑦ 3 086	④ 272	③ 19 054	87	⑨ 5 075
東京	272	1 976	143	1 751	④ 167	1 749
神奈川	264	⑧ 2 968	⑨ 153	⑩ 7 102	⑤ 156	4 436
新潟	242	1 150	⑧ 180	2 483	68	889
富山	165	923	74	1 826	91	4 713
石川	178	575	69	644	20	426
福井	108	619	33	362	26	1 962
山梨	89	922	21	109	34	535
長野	241	1 422	65	440	⑧ 133	1 501
岐阜	① 835	④ 3 950	96	2 296	⑩ 96	1 101
静岡	245	1 898	⑦ 190	2 183	⑦ 144	⑩ 5 053
愛知	② 802	① 7 529	608	① 26 364	③ 236	⑥ 6 178
三重	266	2 587	122	1 164	70	⑦ 5 797
滋賀	255	② 4 215	39	1 083	48	1 909
京都	214	1 745	61	879	49	1 284
大阪	⑧ 323	⑩ 2 636	① 673	④ 15 429	① 339	② 8 824
兵庫	⑥ 361	⑤ 3 558	③ 321	② 21 569	⑥ 150	3 002
奈良	87	372	39	412	14	277
和歌山	91	453	44	4 210	7	135
鳥取	27	70	6	175	2	x
島根	118	383	31	1 742	5	x
岡山	⑨ 291	2 271	99	⑥ 11 536	46	955
広島	199	1 347	143	⑤ 13 930	72	2 937
山口	168	1 889	57	6 746	15	1 511
徳島	77	234	22	381	5	16
香川	164	767	49	654	14	⑧ 5 136
愛媛	152	468	65	1 444	15	① 11 224
高知	100	599	27	554	3	124
福岡	⑤ 380	③ 4 004	⑥ 191	⑦ 10 492	70	1 732
佐賀	214	462	18	465	7	1 499
長崎	193	499	30	330	7	48
熊本	173	918	38	584	23	424
大分	134	1 424	25	⑨ 7 602	14	④ 8 157
宮崎	116	376	15	243	6	43
鹿児島	218	2 514	10	61	8	577
沖縄	142	550	8	340	1	x
全国	10 871	79 747	5 010	197 188	3 060	119 507

資料・注記は（Ⅰ）に同じ。○内の数字は全国順位。xは秘匿。

製造業の産業別事業所数と製造品出荷額等（Ⅵ）（個人経営事業所を除く）（2021年）

	金属製品		はん用機械器具		生産用機械器具	
	事業所数 (2022年 6月1日)	製造品 出荷額等 (億円)	事業所数 (2022年 6月1日)	製造品 出荷額等 (億円)	事業所数 (2022年 6月1日)	製造品 出荷額等 (億円)
北海道	716	2 841	126	492	286	1 112
青森	132	517	23	43	62	296
岩手	190	1 241	39	1 440	192	2 917
宮城	323	1 901	69	219	226	6 268
秋田	148	776	28	138	153	1 343
山形	283	1 099	59	707	359	2 466
福島	411	2 892	118	2 328	351	1 887
茨城	791	④ 8 376	209	⑥ 6 971	479	③ 15 381
栃木	685	4 575	131	2 054	506	6 928
群馬	⑩ 875	4 510	225	2 976	641	3 192
埼玉	③ 2 209	⑤ 7 887	④ 494	⑧ 4 660	④ 1 472	5 659
千葉	⑨ 1 022	⑥ 6 830	222	1 874	522	5 762
東京	④ 2 195	3 043	③ 535	1 961	③ 1 499	4 671
神奈川	⑤ 1 598	5 006	⑥ 473	⑤ 7 616	⑤ 1 422	⑤ 12 304
新潟	⑧ 1 209	⑨ 5 776	214	2 163	704	4 398
富山	549	4 115	103	1 844	379	3 900
石川	368	1 457	110	1 137	500	⑨ 8 104
福井	202	1 060	52	218	176	780
山梨	183	1 048	43	759	250	⑧ 8 309
長野	678	3 751	⑨ 250	⑦ 5 239	⑦ 924	⑥ 9 295
岐阜	810	⑩ 5 207	⑩ 230	3 702	⑨ 735	5 077
静岡	⑦ 1 238	⑦ 6 055	⑦ 306	3 113	⑥ 1 314	⑩ 8 034
愛知	② 2 634	① 17 429	② 765	② 12 713	① 2 731	① 23 837
三重	496	4 026	154	⑩ 3 760	367	3 178
滋賀	366	3 701	197	④ 7 791	286	6 929
京都	468	2 159	111	1 690	558	5 421
大阪	① 3 797	② 16 479	① 971	③ 10 065	② 2 176	② 19 206
兵庫	⑥ 1 346	③ 8 801	⑤ 475	① 14 057	⑧ 802	④ 13 705
奈良	213	1 526	63	591	114	1 278
和歌山	158	924	65	2 927	131	1 087
鳥取	89	424	14	93	59	249
島根	97	393	25	507	101	520
岡山	435	2 621	109	2 491	416	3 350
広島	831	3 510	⑧ 283	⑨ 4 598	⑩ 714	⑦ 8 743
山口	225	1 859	96	1 088	152	2 278
徳島	129	807	39	743	83	457
香川	314	1 725	110	1 033	155	1 273
愛媛	213	809	91	1 673	239	2 508
高知	92	188	39	158	98	834
福岡	861	⑧ 5 816	228	1 815	484	5 759
佐賀	139	1 064	38	160	119	1 090
長崎	174	653	65	1 122	52	466
熊本	207	1 723	33	185	186	6 448
大分	159	665	34	1 042	92	721
宮崎	107	385	21	115	76	628
鹿児島	167	594	30	59	127	716
沖縄	116	566	9	20	8	29
全国	30 648	158 811	8 124	122 153	23 478	228 795

府県別統計　製造業

資料・注記は（Ⅰ）に同じ。○内の数字は全国順位。

製造業の産業別事業所数と製造品出荷額等 （Ⅶ）（個人経営事業所を除く）（2021年）

	業務用機械器具		電子部品・デバイス・電子回路		電気機械器具	
	事業所数（2022年6月1日）	製造品出荷額等（億円）	事業所数（2022年6月1日）	製造品出荷額等（億円）	事業所数（2022年6月1日）	製造品出荷額等（億円）
北海道	42	87	39	2 082	97	411
青森	29	1 168	68	2 186	44	798
岩手	41	1 157	69	2 724	63	575
宮城	55	724	97	⑤6 173	130	1 951
秋田	35	1 009	92	⑩4 369	55	293
山形	48	523	112	③7 051	142	1 431
福島	134	⑦3 032	⑥174	⑧5 215	177	2 409
茨城	155	⑩2 659	110	2 366	⑧359	④9 986
栃木	⑩159	2 654	101	2 589	202	⑥8 271
群馬	⑧175	⑥3 034	⑩133	2 207	⑩295	5 086
埼玉	②457	③4 688	④256	3 689	⑥613	4 708
千葉	141	1 442	86	1 924	188	1 884
東京	①733	④3 492	②370	3 846	③827	⑨6 895
神奈川	③393	②4 883	①419	3 504	④761	⑩6 828
新潟	88	1 738	⑧156	4 174	217	2 793
富山	20	366	74	3 281	87	552
石川	33	1 065	45	3 706	103	955
福井	13	131	59	4 222	77	2 119
山梨	51	1 242	121	2 567	91	1 157
長野	⑥275	2 455	③368	②9 462	⑨340	4 168
岐阜	60	561	67	2 810	220	3 758
静岡	⑧175	⑧2 864	⑨142	3 375	⑤614	②24 809
愛知	⑤338	①7 689	⑦158	3 082	②871	①39 385
三重	55	1 663	76	①18 751	194	⑧7 708
滋賀	52	1 608	85	⑨5 004	176	⑦8 069
京都	⑦177	⑤3 164	111	⑦5 317	264	4 761
大阪	④361	⑨2 745	⑤218	⑥5 815	①915	⑤8 786
兵庫	133	2 351	118	3 972	⑦467	③15 015
奈良	19	1 500	16	203	37	278
和歌山	13	146	9	239	30	149
鳥取	9	117	44	1 750	76	1 093
島根	7	208	30	3 106	34	370
岡山	29	188	51	2 297	119	2 136
広島	69	801	43	④6 937	229	2 252
山口	14	x	19	815	62	453
徳島	4	x	10	3 527	49	1 885
香川	17	91	13	442	90	1 717
愛媛	18	17	33	442	43	957
高知	13	185	9	x	26	125
福岡	74	362	73	2 706	283	2 994
佐賀	5	19	12	2 296	50	1 485
長崎	8	444	15	2 921	44	447
熊本	19	36	59	4 161	56	1 605
大分	15	877	35	2 423	36	369
宮崎	16	227	31	1 658	35	350
鹿児島	25	57	63	2 961	45	724
沖縄	9	36	1	x	9	45
全国	4 811	65 769	4 490	164 424	9 942	194 993

資料・注記は（Ⅰ）に同じ。○内の数字は全国順位。xは秘匿。

製造業の産業別事業所数と製造品出荷額等（Ⅷ）（個人経営事業所を除く）（2021年）

	情報通信機械器具		輸送用機械器具		その他の製造業2)	
	事業所数（2022年6月1日）	製造品出荷額等（億円）	事業所数（2022年6月1日）	製造品出荷額等（億円）	事業所数（2022年6月1日）	製造品出荷額等（億円）
北海道	10	95	155	3 970	280	492
青森	4	20	33	185	66	76
岩手	20	238	57	6 213	91	576
宮城	34	1 265	122	6 112	175	387
秋田	8	64	31	644	84	122
山形	34	⑦ 2 714	87	1 162	88	⑨ 1 744
福島	⑤ 73	⑥ 3 671	130	4 117	162	455
茨城	⑩ 41	592	208	9 464	229	⑦ 2 132
栃木	⑩ 41	⑨ 2 154	320	10 080	186	810
群馬	⑦ 44	1 130	⑥ 494	⑥ 26 512	231	805
埼玉	④ 94	③ 6 072	⑤ 605	⑧ 24 111	③ 747	④ 2 942
千葉	27	1 100	139	723	⑩ 292	⑩ 1 560
東京	② 154	④ 5 017	⑨ 347	11 943	① 1 080	③ 2 986
神奈川	① 184	② 7 372	③ 677	③ 34 067	⑤ 476	1 113
新潟	26	990	162	2 069	182	317
富山	11	66	75	1 457	99	1 347
石川	12	861	75	1 247	148	323
福井	3	83	28	2 120	⑧ 322	848
山梨	26	1 320	68	1 139	267	628
長野	③ 110	① 10 363	264	3 688	265	1 193
岐阜	11	84	⑩ 339	11 771	213	641
静岡	31	⑩ 2 098	② 1 082	② 40 873	⑥ 473	⑤ 2 410
愛知	⑨ 43	⑧ 2 269	① 1 905	① 252 306	④ 666	② 3 589
三重	4	155	335	⑦ 26 211	161	977
滋賀	9	450	97	10 033	127	339
京都	16	669	103	3 106	232	① 6 393
大阪	⑥ 67	739	⑧ 438	⑨ 21 741	② 873	⑥ 2 252
兵庫	⑦ 44	⑤ 4 078	⑦ 440	⑩ 13 771	⑦ 375	⑧ 1 973
奈良	—	—	36	1 796	110	954
和歌山	5	26	32	216	87	147
鳥取	3	225	23	128	33	35
島根	7	1 626	45	789	57	55
岡山	8	102	221	7 630	147	550
広島	9	41	④ 642	④ 30 531	⑨ 312	895
山口	1	x	155	8 634	76	145
徳島	1	x	23	137	57	302
香川	—	—	129	2 423	102	296
愛媛	1	x	211	3 796	85	132
高知	—	—	33	368	45	262
福岡	20	143	217	⑤ 27 042	286	748
佐賀	5	90	57	2 145	47	531
長崎	5	353	187	3 754	64	117
熊本	9	x	79	4 039	89	129
大分	12	1 756	133	6 053	69	75
宮崎	5	976	29	673	66	214
鹿児島	4	79	35	181	107	113
沖縄	1	x	10	30	41	47
全国	1 277	61 345	11 113	631 198	10 470	45 176

府県別統計

製造業

資料・注記は（Ⅰ）に同じ。○内の数字は全国順位。xは秘匿。

図4-5 都道府県の製造品出荷額等割合（Ⅰ）（個人経営事業所を除く）（2021年）

表4-39より作成。

都道府県の製造品出荷額等割合（Ⅱ）（個人経営事業所を除く）（2021年）

東京
情報通信機械
| 輸送用機械 15.7% | 印刷 10.3 | 食料品 10.1 | 電気機械 9.0 | 6.6 | その他 48.3 |

神奈川
石油・石炭製品 / 生産用機械
| 輸送用機械 19.6% | 15.0 | 化学 11.1 | 食料品 9.0 | 7.1 | その他 38.2 |

新潟
生産用機械 / 電子部品
| 化学 15.6 | 食料品 15.2 | 金属製品 11.3 | 8.6 | 8.2 | その他 41.1 |

富山
生産用機械 / 電子部品
| 化学 18.5% | 非鉄金属 12.1 | 金属製品 10.5 | 10.0 | 8.4 | その他 40.5 |

石川
食料品
| 生産用機械 28.9% | 電子部品 13.2 | 化学 5.7 | 繊維 5.6 | 5.5 | その他 41.1 |

福井
輸送用機械 / 電気機械
| 電子部品 17.6% | 化学 9.7 | 繊維 8.9 | 8.9 | 8.8 | その他 46.1 |

山梨
飲料・飼料 / 情報通信機械
| 生産用機械 30.6% | 食料品 10.0 | 電子部品 9.5 | 6.8 | 4.9 | その他 38.2 |

長野
はん用機械
| 情報通信機械 15.6% | 電子部品 14.2 | 生産用機械 14.0 | 食料品 8.6 | 7.9 | その他 39.7 |

岐阜
金属製品 / 生産用機械
| 輸送用機械 19.2% | 8.7 | 8.5 | 8.3 | 食料品 6.6 | その他 48.7 |

静岡
プラスチック製品 / 飲料・飼料
| 輸送用機械 23.6% | 電気機械 14.3 | 化学 13.1 | 食料品 7.9 | 5.6 | その他 35.5 |

愛知
電気機械 / 生産用機械 / 食料品
| 輸送用機械 52.7% | 8.2 | 鉄鋼 5.5 | 5.0 | 3.7 | その他 24.9 |

三重
電気機械 / 石油・石炭製品
| 輸送用機械 23.8% | 電子部品 17.0 | 化学 12.2 | 7.0 | 5.5 | その他 34.5 |

0% 10 20 30 40 50 60 70 80 90 100

資料・注記は（Ⅰ）に同じ。

都道府県の製造品出荷額等割合（Ⅲ）（個人経営事業所を除く）（2021年）

資料・注記は（Ⅰ）に同じ。

都道府県の製造品出荷額等割合（Ⅳ）（個人経営事業所を除く）（2021年）

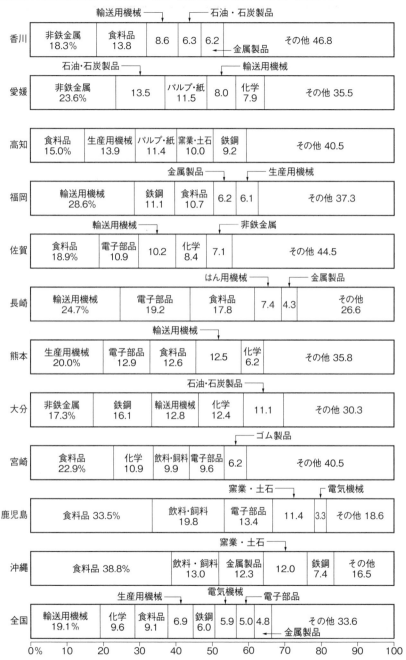

資料・注記は（Ⅰ）に同じ。その他の製造業については357ページの表4-39の注記2）参照。

表 4 - 40　**従業者規模別の製造業**（個人経営事業所を除く）

	事業所数（2022年6月1日）			製造品出荷額等[1]（2021年）（億円）		
	1〜19人	20〜299人	300人以上	1〜19人	20〜299人	300人以上
北海道	4 495	1 878	52	7 889	34 568	18 835
青森	931	545	24	1 458	8 874	6 615
岩手	1 253	818	43	1 869	12 354	12 910
宮城	2 006	1 053	56	3 162	18 407	28 465
秋田	1 139	609	27	1 341	7 069	5 647
山形	1 701	947	53	1 754	16 136	12 349
福島	2 433	1 399	72	3 326	28 502	19 799
茨城	3 446	2 099	147	5 190	62 750	68 929
栃木	3 179	1 547	112	3 930	36 576	45 255
群馬	3 757	1 832	113	5 087	36 019	42 725
埼玉	9 377	3 659	180	11 981	75 617	54 942
千葉	3 909	1 910	95	8 746	55 149	67 073
東京	12 824	2 517	75	13 854	32 378	29 995
神奈川	7 027	2 688	200	10 153	65 665	97 934
新潟	3 837	1 857	83	4 786	25 352	21 056
富山	1 850	1 038	68	2 425	20 240	16 380
石川	2 262	893	51	2 463	13 297	12 257
福井	1 833	706	27	2 228	11 894	9 831
山梨	1 438	627	33	1 804	13 061	12 246
長野	4 116	1 914	93	4 545	32 497	29 122
岐阜	4 400	2 009	78	5 543	33 444	22 172
静岡	6 931	3 387	208	9 486	77 025	86 395
愛知	12 583	5 512	381	18 241	117 521	343 184
三重	2 370	1 399	98	3 974	35 282	71 088
滋賀	1 779	1 239	91	2 754	38 924	40 197
京都	3 917	1 329	59	4 342	30 307	24 418
大阪	13 672	4 776	136	20 859	81 953	83 246
兵庫	5 453	2 957	169	10 930	79 868	74 225
奈良	1 220	636	20	1 922	11 164	5 623
和歌山	1 200	541	13	2 185	9 345	12 491
鳥取	506	325	16	522	5 196	2 723
島根	814	387	12	904	5 310	6 651
岡山	2 530	1 324	69	4 068	34 450	45 135
広島	4 053	1 749	91	5 547	33 489	60 403
山口	1 203	736	54	2 166	19 147	45 188
徳島	902	383	16	943	10 042	9 593
香川	1 631	696	32	2 059	13 269	12 686
愛媛	1 721	837	38	2 138	20 580	24 864
高知	778	317	4	1 035	4 456	524
福岡	3 872	2 037	114	6 404	39 029	49 016
佐賀	873	530	32	1 132	11 129	8 790
長崎	1 137	485	24	1 395	5 298	8 484
熊本	1 427	738	52	1 769	14 016	16 449
大分	1 116	529	28	1 743	11 449	33 942
宮崎	975	522	30	1 203	10 856	5 177
鹿児島	1 783	725	23	2 391	12 809	6 862
沖縄	656	317	5	833	3 393	373
全国	152 315	66 958	3 497	214 479	1 375 158	1 712 563

総務省・経済産業省「経済構造実態調査（製造業事業所調査）」（2022年）より作成。357ページの注記参照。

図 **4 - 6**　高炉一貫製鉄所の所在地（2023 年 7 月 1 日現在）

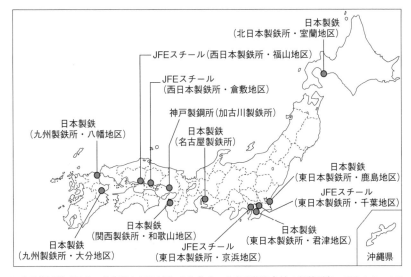

日本鉄鋼連盟「日本の鉄鋼業」(2023年) より作成。地名表記は各社の製鉄所名。JFEスチールは東日本製鉄所・京浜地区の高炉の操業を、2023 年 9 月 16 日に休止した。

図 **4 - 7**　自動車組立工場の所在地（2023 年 5 月 1 日現在）

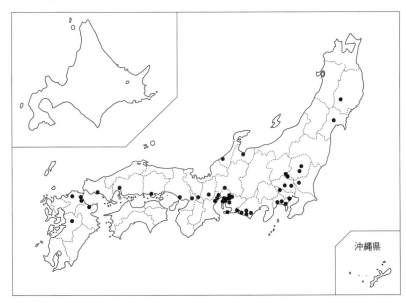

日本自動車工業会「日本の自動車工業」(2023年) より作成。原則、日本自動車工業会に加盟する自動車メーカーのみ。組み立てを中心とする工場で、部品工場は含まず。二輪車を含む。

図**4-8** 半導体工場の所在地（2022年）

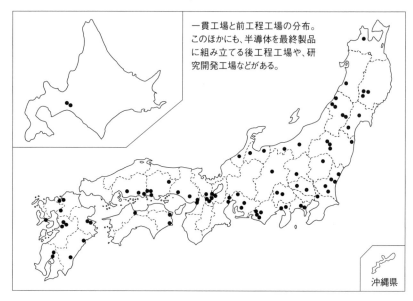

一貫工場と前工程工場の分布。
このほかにも、半導体を最終製品
に組み立てる後工程工場や、研
究開発工場などがある。

沖縄県

産業タイムズ社「半導体工場ハンドブック2023」より作成。

図**4-9** 石油化学コンビナートの所在地（2022年7月現在）

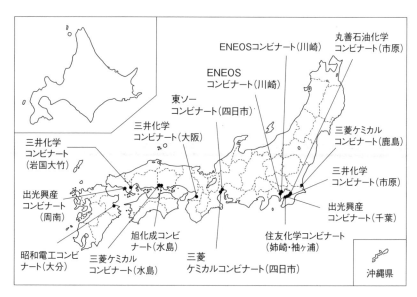

ENEOSコンビナート（川崎）

丸善石油化学
コンビナート（市原）

ENEOS
コンビナート（川崎）

東ソー
コンビナート（四日市）

三井化学
コンビナート（大阪）

三菱ケミカル
コンビナート（鹿島）

三井化学
コンビナート
（岩国大竹）

三井化学
コンビナート（市原）

出光興産
コンビナート
（周南）

出光興産
コンビナート（千葉）

昭和電工コンビ
ナート（大分）

三菱ケミカル
コンビナート（水島）

旭化成コンビ
ナート（水島）

三菱
ケミカルコンビナート（四日市）

住友化学コンビナート
（姉崎・袖ヶ浦）

沖縄県

石油化学工業協会「石油化学工業の現状」（2022年）より作成。（　）内はコンビナートの地名で、
原資料表記に従った。

図 **4 - 10**　セメント工場の所在地（2023年 4 月 1 日現在）

セメント協会「セメントハンドブック」（2023年度版）より作成。

図 **4 - 11**　製紙工場の所在地（2023年 5 月現在）

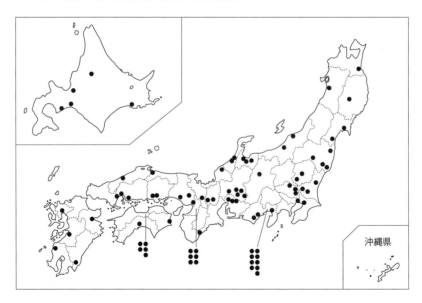

日本製紙連合会ウェブサイト「製紙工場所在地一覧」より作成。

表4-41 主な食料品の出荷額（個人経営事業所を除く）（2021年）（単位 百万円、%）

荒茶		
鹿児島	31 141	47.1
静岡	22 535	34.1
三重	4 656	7.0
福岡	1 950	3.0
京都	1 758	2.7
全国×	66 073	100.0

緑茶（仕上茶）		
静岡	128 039	57.8
京都	25 424	11.5
鹿児島	10 736	4.8
愛知	10 454	4.7
福岡	8 115	3.7
全国×	221 424	100.0

ジュース1)		
静岡	67 090	18.2
長野	50 604	13.7
山梨	30 179	8.2
千葉	28 015	7.6
福岡	20 664	5.6
全国×	369 200	100.0

冷凍調理食品		
香川	108 186	9.2
千葉	85 482	7.3
大阪	74 181	6.3
群馬	62 329	5.3
全国×	1 170 630	100.0

冷凍水産物		
北海道	154 119	26.7
千葉	73 039	12.7
静岡	58 082	10.1
宮城	45 872	8.0
全国×	576 651	100.0

冷凍野菜・果実		
北海道	24 506	39.2
宮崎	7 828	12.5
埼玉	6 097	9.7
高知	3 429	5.5
全国×	62 561	100.0

みそ（粉みそを含む）		
長野	73 474	51.3
群馬	13 685	9.6
愛知	10 217	7.1
広島	5 182	3.6
北海道	3 999	2.8
全国×	143 174	100.0

しょうゆ2)		
千葉	41 179	28.8
兵庫	21 681	15.1
愛知	11 067	7.7
香川	6 223	4.3
群馬	5 780	4.0
全国×	143 112	100.0

清酒かす		
兵庫	1 013	31.5
新潟	385	12.0
長野	155	4.8
京都	155	4.8
秋田	127	3.9
全国×	3 219	100.0

バター		
北海道	82 525	87.5
岩手*	1 344	1.4
全国×	94 355	100.0

チーズ		
兵庫	55 746	20.9
北海道	54 885	20.6
全国×	266 305	100.0

粗糖（糖みつ、黒糖を含む）		
沖縄	18 310	61.2
鹿児島	8 490	28.4
全国×	29 894	100.0

マーガリン		
兵庫	28 528	31.1
大阪*	15 059	16.4
全国×	91 792	100.0

寒天		
長野	2 496	45.1
静岡*	582	10.5
全国×	5 539	100.0

さば缶詰		
青森	10 000	48.3
宮城*	2 429	11.7
全国×	20 702	100.0

ブロイラー加工品3)		
鹿児島	119 276	18.2
宮崎	105 392	16.1
岩手	72 901	11.1
青森	63 461	9.7
北海道	29 547	4.5
徳島	23 881	3.6
全国×	656 432	100.0

塩干・塩蔵品		
北海道	92 065	35.6
福岡	16 904	6.5
静岡	13 383	5.2
青森	12 652	4.9
茨城	12 568	4.9
宮城	10 255	4.0
全国×	258 541	100.0

素干・煮干		
北海道	14 030	18.9
茨城	9 363	12.6
静岡	7 894	10.6
和歌山	6 877	9.2
兵庫	6 177	8.3
愛媛	4 335	5.8
全国×	74 355	100.0

チョコレート類		
大阪	101 562	19.0
埼玉	93 546	17.5
茨城	60 991	11.4
神奈川	48 223	9.0
北海道	31 859	5.9
全国×	535 466	100.0

アイスクリーム		
埼玉	95 275	23.8
群馬	54 733	13.7
静岡	29 823	7.5
滋賀	22 037	5.5
福岡	21 073	5.3
全国×	399 554	100.0

米菓		
新潟	172 119	54.1
埼玉	15 484	4.9
栃木	15 089	4.7
兵庫	13 715	4.3
福岡	11 873	3.7
全国×	318 117	100.0

総務省・経済産業省「経済構造実態調査（製造業事業所調査）」（2022年）より作成。数字はすべて出荷額。1) 果実飲料等。2) 食用アミノ酸（粉しょうゆ、固形しょうゆを含む）を含む。3) 解体品を含む。*秘匿の県があるため、順位を確定できない。×その他とも。

表 4 - 42　酒類の製成数量（2021年度）（単位　kL）

	清酒	焼酎 単式蒸留1)	焼酎 連続式2)蒸留	ビール	果実酒（ワイン）	ウイスキー	計（その他とも）
北海道	2 833	109	12 061	80 180	⑥ 3 215	156	180 236
青森	2 848	95	—	71	⑦ 1 886	x	5 454
岩手	2 189	12	x	1 530	518	—	4 535
宮城	4 851	9	x	71 621	109	x	191 607
秋田	⑤ 13 122	23	x	151	35	x	18 952
山形	⑩ 6 267	54	x	74	⑧ 998	x	20 751
福島	⑦ 7 552	60	357	105 678	96	x	196 335
茨城	2 180	99	2 267	① 271 545	52	1 319	① 752 095
栃木	6 082	54	x	3 242	① 33 549	③ 23 345	285 081
群馬	1 781	-1 559	34 904	64 023	32	x	229 692
埼玉	④ 17 519	18	10 182	2 181	120	x	77 898
千葉	5 157	⑨ 1 000	① 127 089	126 480	452	② 31 640	② 607 092
東京	951	231	x	43 947	66	x	196 542
神奈川	700	21	x	④ 179 760	② 27 757	x	⑤ 488 921
新潟	③ 27 561	98	x	4 267	411	456	35 597
富山	2 665	—	x	104	x	x	4 356
石川	3 415	12	x	331	84	—	4 077
福井	2 321	19	—	20	x	—	2 429
山梨	⑨ 7 078	⑩ 741	x	1 133	③ 10 784	① 48 298	69 627
長野	5 327	180	121	5 611	⑤ 4 438	918	46 487
岐阜	3 130	279	x	x	2	x	23 356
静岡	2 706	43	x	77 086	⑩ 551	5 707	⑩ 349 263
愛知	⑧ 7 550	542	7 398	③ 186 963	486	65	③ 514 894
三重	1 933	-55	17 419	x	7	x	98 300
滋賀	2 538	x	x	38 966	x	122	88 039
京都	② 49 045	-285	x	61 094	310	1 277	⑦ 376 054
大阪	490	x	x	② 211 995	112	x	⑧ 367 221
兵庫	① 90 753	43	2 521	60 737	28	2 273	⑥ 469 380
奈良	2 004	6	—	122	x	—	3 547
和歌山	1 288	11	x	188	10	x	71 011
鳥取	446	40	—	145	x	194	1 146
島根	1 284	7	—	90	174	—	1 841
岡山	1 294	55	—	52 105	④ 4 748	x	⑨ 363 318
広島	5 988	-62	x	65	⑨ 755	x	40 580
山口	⑥ 7 591	150	—	160	x	x	56 860
徳島	261	x	x	x	x	x	1 464
香川	531	x	—	76	x	—	692
愛媛	830	48	—	37 185	x	—	68 911
高知	3 312	518	—	x	10	x	4 359
福岡	2 133	④ 45 655	27 793	x	64	233	④ 489 561
佐賀	1 715	⑦ 2 969	x	x	x	—	6 069
長崎	572	⑧ 2 211	x	x	x	x	2 824
熊本	603	⑤ 11 692	x	10 678	111	104	66 307
大分	1 203	③ 78 913	—	41 372	119	x	143 556
宮崎	x	① 120 458	x	132	188	x	120 675
鹿児島	x	② 98 936	212	43	5	1 155	101 431
沖縄	x	⑥ 11 031	x	28 389	32	92	55 654
全国	311 798	373 973	298 654	1 931 338	92 548	126 553	7 303 854

国税庁「国税庁統計年報」（2021年度版）より作成。会計年度（酒造年度ではない）。○内の数字は全国順位。xは秘匿。357ページの注記参照。1）旧乙類。2）旧甲類。

表 4 - 43　地域に根ざす工業（個人経営事業所を除く）（2021年）（単位　百万円、%）

衣服用ニット手袋			タオル（ハンカチを除く）			毛布		
香川	2 813	84.6	愛媛	26 097	57.1	大阪	4 848	82.0
愛知*	135	4.1	大阪	12 299	26.9	和歌山	741	12.5
全国×	3 325	100.0	全国×	45 689	100.0	全国×	5 915	100.0

ソックス			たんす			真珠装身具1)		
奈良	14 102	55.2	福岡	3 864	31.3	兵庫	9 614	45.6
兵庫	3 937	15.4	佐賀	1 647	13.3	三重	7 765	36.9
長野	1 566	6.1	宮崎*	688	5.6	東京	2 683	12.7
大阪*	875	3.4	福井*	684	5.5	山梨	659	3.1
全国×	25 529	100.0	全国×	12 341	100.0	全国×	21 061	100.0

眼鏡枠			ピアノ			発光ダイオード		
福井	35 695	93.9	静岡	19 635	100.0	徳島	252 788	80.8
全国×	38 024	100.0	全国	19 635	100.0	全国×	312 954	100.0

顕微鏡、拡大鏡			パチンコ、スロットマシン			数値制御ロボット		
長野	25 170	86.2	愛知	251 934	48.2	山梨	210 956	70.1
神奈川*	681	2.3	群馬	94 898	18.2	静岡	48 384	16.1
東京*	428	1.5	埼玉	77 966	14.9	愛知	17 708	5.9
埼玉*	414	1.4	三重	43 560	8.3	富山*	7 277	2.4
全国×	29 199	100.0	全国×	522 424	100.0	全国×	300 849	100.0

障子紙、書道用紙			錠、かぎ			半導体・ＩＣ測定器		
愛媛	2 435	42.2	三重	32 075	50.5	茨城	87 943	22.1
山梨*	667	11.5	大阪*	4 403	6.9	群馬*	67 350	16.9
高知*	421	7.3	茨城*	4 071	6.4	熊本*	43 061	10.8
全国×	5 775	100.0	全国×	63 556	100.0	全国×	397 655	100.0

節句人形、ひな人形			線香類			祝儀用品2)		
埼玉	3 422	44.6	兵庫	11 680	51.9	愛媛	5 189	46.1
静岡*	779	10.2	京都	3 938	17.5	長野*	2 141	19.0
京都*	538	7.0	栃木*	2 352	10.5	大阪*	954	8.5
全国×	7 665	100.0	全国×	22 494	100.0	全国×	11 256	100.0

食卓用ナイフ・3)フォーク・スプーン			ほう丁			自転車4)		
新潟	4 426	81.9	岐阜	13 757	56.1	大阪	40 251	93.5
岐阜	945	17.5	新潟	7 380	30.1	埼玉*	1 121	2.6
全国×	5 402	100.0	全国×	24 535	100.0	全国×	43 045	100.0

漆器製台所・食卓用品			陶磁器製和飲食器			陶磁器製洋飲食器		
福井	3 879	49.2	岐阜	11 670	46.1	岐阜	8 043	71.2
福島	1 501	19.1	長崎	4 275	16.9	佐賀*	460	4.1
石川	1 425	18.1	佐賀	3 630	14.3	三重*	426	3.8
和歌山	529	6.7	愛知	1 489	5.9	愛知*	330	2.9
岩手	120	1.5	京都	703	2.8	愛媛*	65	0.6
全国×	7 879	100.0	全国×	25 317	100.0	全国×	11 292	100.0

総務省・経済産業省「経済構造実態調査（製造業事業所調査）」（2022年）より作成。数字はすべて出荷額。1) 天然・養殖真珠装身具で、購入真珠によるもの。2) 祝儀袋、のし紙、元結、水引、結納用品等。3) めっき製を含む。4) 一般的な自転車（軽快車、ミニサイクル、マウンテンバイク）で、子供車（12～24インチ）やスポーツ用などは含まず。*秘匿の県があるため順位を確定できない。×その他とも。

表 4 - 44　建設業許可業者数（各年 3 月末現在）

	2022	2023		2022	2023		2022	2023
北海道	19 491	⑧19 423	石川	5 432	5 391	岡山	7 207	7 200
青森	5 484	5 392	福井	3 920	3 901	広島	11 914	11 860
岩手	4 218	4 164	山梨	3 540	3 534	山口	5 813	5 779
宮城	8 549	8 508	長野	7 534	7 516			
秋田	3 756	3 714	岐阜	8 786	8 830	徳島	3 089	3 046
山形	4 563	4 526	静岡	13 628	⑩13 562	香川	4 017	4 043
福島	8 776	8 696	愛知	27 155	④27 315	愛媛	5 659	5 641
						高知	2 957	2 965
茨城	11 838	11 683	三重	7 359	7 335	福岡	21 330	⑥21 416
栃木	7 324	7 246	滋賀	5 551	5 533	佐賀	3 122	3 123
群馬	7 389	7 316	京都	11 393	11 378	長崎	4 991	4 974
埼玉	23 909	⑤23 997	大阪	40 042	②40 376	熊本	6 822	6 856
千葉	18 700	18 640	兵庫	19 500	⑦19 536	大分	4 559	4 549
東京	43 535	①43 571	奈良	4 823	4 806	宮崎	4 320	4 289
神奈川	28 576	③28 716	和歌山	4 565	4 538	鹿児島	5 611	5 640
						沖縄	5 201	5 288
新潟	9 509	9 384	鳥取	2 122	2 113			
富山	5 015	4 963	島根	2 699	2 676	全国	475 293	474 948

国土交通省「建設業許可業者数調査」より作成。〇内の数字は全国順位。

表 4 - 45　公共機関からの受注工事（請負契約額）（2022年度）（単位　億円）

	合計	国の機関1)（％）	地方の機関（％）		合計	国の機関1)（％）	地方の機関（％）
北海道	② 17 171	49.1	50.9	滋賀	2 548	49.0	51.0
青森	2 626	22.4	77.6	京都	3 955	27.6	72.4
岩手	2 062	36.6	63.4	大阪	⑤ 8 373	26.6	73.4
宮城	4 717	31.0	69.0	兵庫	⑥ 7 563	30.3	69.7
秋田	3 068	35.9	64.1	奈良	1 449	32.1	67.9
山形	2 569	32.8	67.2	和歌山	3 573	30.7	69.3
福島	5 798	42.1	57.9				
茨城	5 248	48.5	51.5	鳥取	1 299	36.0	64.0
栃木	2 550	16.3	83.7	島根	2 507	33.7	66.3
群馬	2 434	19.4	80.6	岡山	2 444	24.5	75.5
埼玉	5 718	28.5	71.5	広島	4 632	28.6	71.4
千葉	⑨ 6 585	19.4	80.6	山口	3 400	23.9	76.1
東京	① 18 135	21.5	78.5				
神奈川	⑧ 6 926	29.2	70.8	徳島	1 753	41.8	58.2
				香川	1 481	9.1	90.9
新潟	④ 8 917	37.3	62.7	愛媛	2 067	30.6	69.4
富山	2 651	37.2	62.8	高知	1 886	42.2	57.8
石川	2 308	33.1	66.9				
福井	2 761	35.1	64.9	福岡	5 096	33.2	66.8
				佐賀	1 766	24.5	75.5
山梨	1 196	19.8	80.2	長崎	4 058	17.6	82.4
長野	4 550	37.2	62.8	熊本	4 168	24.4	75.6
岐阜	4 973	33.9	66.1	大分	2 532	22.9	77.1
静岡	⑩ 6 187	39.4	60.6	宮崎	2 185	22.0	78.0
愛知	③ 12 682	20.3	79.7	鹿児島	⑦ 7 475	68.0	32.0
三重	3 129	37.4	62.6	沖縄	4 251	57.1	42.9
				全国	215 422	32.9	67.1

国土交通省「建設工事受注動態統計調査」より作成。発注機関別・施工都道府県別の請負契約額。1 件500万円以上の工事。〇内の数字は全国順位。1) 国、独立行政法人、政府関連企業などによる発注。

府県別統計

建設業

表 4 - 46　着工建築物の床面積・工事費と建築主別割合（会計年度）

	床面積（千m²）				工事費（予定額）（億円）			
	2021	2022	国・地方自治体（％）	個人（％）	2021	2022	国・地方自治体（％）	個人（％）
北海道	4 832	⑨ 4 143	6.5	32.6	10 107	⑨ 9 535	11.4	29.2
青森	962	898	2.9	49.5	1 909	1 801	4.3	47.6
岩手	1 204	1 469	2.1	32.5	2 289	3 550	2.4	25.7
宮城	2 457	2 261	4.1	32.5	4 777	4 853	5.0	30.6
秋田	873	722	4.3	45.0	1 820	1 375	8.1	43.0
山形	967	884	5.1	45.0	1 829	1 675	7.2	44.5
福島	1 676	1 601	9.5	42.0	3 246	3 674	13.7	36.3
茨城	4 164	3 274	1.7	37.4	7 700	6 231	3.8	38.2
栃木	1 933	1 919	2.9	41.1	3 590	4 235	3.3	37.3
群馬	2 405	2 136	1.7	35.7	3 908	4 349	3.1	34.4
埼玉	7 099	⑤ 7 165	1.0	33.1	13 980	⑤ 14 287	1.6	35.7
千葉	7 000	⑥ 6 355	2.0	28.8	14 016	⑥ 13 839	3.3	27.5
東京	14 209	① 13 208	3.8	21.8	44 579	① 40 350	5.0	18.0
神奈川	7 746	④ 7 890	2.5	29.1	16 544	④ 18 112	3.4	29.1
新潟	1 896	1 732	3.0	50.1	3 977	3 687	5.1	43.8
富山	1 098	1 038	1.9	49.6	2 134	2 209	2.8	39.6
石川	1 176	1 057	1.8	42.5	2 291	2 176	3.5	42.7
福井	948	739	4.0	47.6	1 997	1 531	7.0	45.7
山梨	907	719	4.1	55.8	1 759	1 573	7.9	51.4
長野	2 009	2 118	3.3	44.4	3 971	4 902	4.0	38.1
岐阜	2 070	2 130	3.5	37.1	4 030	4 580	4.6	35.9
静岡	3 344	⑩ 3 435	2.4	41.2	6 888	⑩ 7 472	3.1	40.0
愛知	8 493	③ 8 629	1.9	31.5	17 055	③ 18 281	3.0	31.7
三重	1 747	1 691	2.1	38.6	3 468	3 325	2.8	41.3
滋賀	1 597	1 593	2.1	39.4	3 064	3 283	4.4	38.1
京都	2 173	2 018	3.5	32.4	5 204	5 156	6.3	29.5
大阪	7 970	② 8 746	3.1	19.2	17 480	② 20 408	3.6	16.8
兵庫	4 601	⑧ 4 305	6.5	30.5	8 865	⑧ 9 616	10.7	27.2
奈良	981	928	2.8	42.3	1 811	2 115	6.0	37.1
和歌山	794	717	6.1	49.0	1 566	1 452	13.1	46.1
鳥取	473	410	5.6	53.1	978	788	7.9	52.1
島根	455	482	6.5	51.5	873	1 016	11.1	47.3
岡山	1 740	1 841	7.5	39.7	3 433	3 998	13.8	38.2
広島	2 206	2 247	3.5	35.0	4 632	4 847	4.1	34.3
山口	1 121	1 046	3.9	40.7	2 271	2 230	7.1	39.2
徳島	478	509	8.7	47.8	947	1 070	15.6	45.4
香川	914	1 007	8.6	36.8	1 773	2 180	15.6	34.2
愛媛	1 136	1 071	3.6	43.2	2 120	2 094	5.8	42.4
高知	469	420	8.3	45.9	1 010	870	10.2	44.0
福岡	5 792	⑦ 5 434	4.3	26.6	11 896	⑦ 11 290	6.8	25.4
佐賀	805	976	4.4	35.4	1 556	2 069	6.0	29.6
長崎	920	1 117	5.9	33.9	1 901	2 744	8.2	26.4
熊本	1 711	1 844	4.0	37.4	3 318	4 895	4.3	28.0
大分	913	1 017	5.5	35.3	1 811	2 225	7.6	31.8
宮崎	1 076	896	3.8	43.5	1 958	1 958	4.2	37.7
鹿児島	1 442	1 443	6.6	30.1	2 867	3 271	16.6	30.1
沖縄	1 487	1 434	11.0	34.5	3 756	3 985	11.5	30.2
全国	122 468	118 722	3.6	32.8	262 954	271 161	5.5	29.9

国土交通省「建築着工統計調査」より作成。調査対象は建築工事の届出が必要である床面積が10m²を超える建築物。工事費は予定額。建築主はほかに会社、法人などの団体がある。

表 4 - 47　着工新設住宅 （2022年度）

	戸数 （戸）						持家の1戸あたり床面積（m²）
	持家	貸家	分譲マンション	分譲一戸建	総数	総面積（千m²）	
北海道	9 499	14 251	2 347	2 959	⑨ 29 576	2 447	⑤ 119.7
青森	3 011	1 296	112	680	5 178	512	⑦ 119.1
岩手	3 133	2 596	322	546	6 649	554	113.9
宮城	4 337	8 243	1 547	3 429	17 599	1 358	⑨ 117.4
秋田	2 239	1 043	129	403	3 842	364	115.4
山形	2 474	1 296	54	683	4 559	436	④ 120.6
福島	4 536	2 364	44	1 751	8 774	847	117.2
茨城	8 145	5 015	1 001	3 249	17 498	1 625	114.7
栃木	5 536	2 596	308	2 213	10 712	1 051	115.0
群馬	5 358	2 561	656	2 675	11 325	1 098	114.6
埼玉	14 123	17 205	5 158	15 519	⑤ 52 244	4 378	115.5
千葉	11 612	18 263	6 481	10 838	⑥ 47 580	3 766	114.0
東京	14 672	70 044	32 036	17 687	① 135 382	8 844	115.8
神奈川	12 731	25 907	12 662	15 306	③ 67 197	5 028	114.5
新潟	5 596	2 348	425	1 127	9 517	925	117.4
富山	2 842	1 833	96	494	5 337	499	② 122.9
石川	3 042	1 894	169	810	5 946	566	③ 121.0
福井	2 250	1 874	—	438	4 720	414	① 123.6
山梨	2 832	1 108	78	468	4 496	448	116.2
長野	6 443	3 353	630	1 496	11 988	1 157	117.2
岐阜	5 480	3 147	110	2 062	10 886	1 039	116.1
静岡	9 760	6 274	374	3 273	⑩ 19 911	1 851	119.2
愛知	16 845	20 213	7 434	12 217	④ 57 032	4 814	⑥ 119.2
三重	4 684	3 275	642	1 242	9 907	877	115.2
滋賀	4 213	3 559	497	1 224	10 131	851	116.1
京都	4 119	6 689	2 432	2 423	15 740	1 178	114.1
大阪	10 106	37 826	16 108	9 371	② 73 776	4 912	⑩ 117.4
兵庫	8 646	12 767	4 869	5 473	⑧ 31 911	2 577	116.5
奈良	2 609	1 493	456	1 444	6 097	589	⑧ 117.6
和歌山	2 453	1 285	295	512	4 590	436	115.1
鳥取	1 467	736	89	259	2 557	236	112.9
島根	1 598	1 462	334	236	3 631	305	113.3
岡山	4 803	4 422	1 146	1 341	11 743	1 006	115.0
広島	4 519	8 269	2 502	3 056	18 713	1 474	116.9
山口	3 114	2 337	482	1 046	7 015	605	109.1
徳島	1 777	605	83	316	2 798	280	115.1
香川	2 567	1 735	448	655	5 434	488	113.5
愛媛	3 272	2 344	399	782	6 844	592	110.8
高知	1 417	753	95	396	2 688	242	107.8
福岡	8 756	19 688	5 471	6 841	⑦ 40 954	3 172	116.9
佐賀	2 153	2 248	156	776	5 371	457	116.2
長崎	2 635	3 206	919	511	7 384	578	111.7
熊本	4 846	5 987	858	1 733	13 530	1 091	110.1
大分	2 468	2 727	814	847	6 889	578	111.9
宮崎	2 657	2 212	196	875	5 969	517	111.8
鹿児島	4 032	3 158	1 038	1 307	9 734	784	106.3
沖縄	2 725	3 920	1 398	1 332	9 474	807	110.7
全国	248 132	347 427	113 900	144 321	860 828	68 651	115.8

府県別統計

建設業

国土交通省「建築着工統計調査（住宅着工統計）」（2022年度）より作成。総数には給与住宅とその他の分譲住宅（長屋建など）を含む。○内の数字は全国順位。

表 4 - 48　卸売業、小売業（Ⅰ）（事業所数と従業者数）（2021年 6 月 1 日現在）

	卸売業、小売業計				卸売業	
	事業所数	法人	個人経営	従業者数（千人）	事業所数	法人
北海道	⑦ 51 407	42 158	9 249	⑦ 449	⑥ 14 636	13 849
青森	14 097	9 182	4 915	104	3 353	2 930
岩手	13 678	9 155	4 523	102	3 166	2 852
宮城	25 004	19 361	5 643	221	8 166	7 692
秋田	11 368	7 316	4 052	81	2 510	2 194
山形	12 793	8 235	4 558	88	2 782	2 398
福島	19 975	14 038	5 937	152	4 654	4 233
茨城	26 387	17 903	8 484	217	6 284	5 560
栃木	19 572	14 242	5 330	156	4 906	4 538
群馬	19 722	13 844	5 878	161	5 005	4 475
埼玉	⑥ 51 720	39 769	11 951	⑤ 521	⑦ 14 004	13 011
千葉	⑨ 42 852	33 871	8 981	⑧ 437	⑨ 10 593	9 913
東京	① 141 055	119 385	21 670	① 1 941	① 53 160	51 337
神奈川	④ 61 012	49 902	11 110	④ 663	⑤ 15 283	14 636
新潟	25 467	17 445	8 022	198	6 583	5 883
富山	12 270	8 040	4 230	90	3 129	2 729
石川	13 686	9 450	4 236	110	3 896	3 490
福井	9 510	6 141	3 369	68	2 463	2 093
山梨	9 216	5 758	3 458	68	2 182	1 838
長野	22 746	16 304	6 442	171	5 552	5 079
岐阜	21 788	14 634	7 154	166	5 577	4 729
静岡	⑩ 38 644	26 674	11 970	⑩ 310	⑩ 10 300	9 134
愛知	③ 70 359	53 930	16 429	③ 722	③ 23 824	21 957
三重	17 456	11 506	5 950	139	4 025	3 464
滋賀	12 061	8 102	3 959	105	2 652	2 282
京都	26 212	17 587	8 625	235	6 755	5 896
大阪	② 90 008	66 210	23 798	② 955	② 34 657	31 840
兵庫	⑧ 47 973	33 030	14 943	⑨ 430	⑧ 12 086	10 730
奈良	10 853	6 407	4 446	90	2 149	1 758
和歌山	11 385	5 751	5 634	76	2 495	1 905
鳥取	6 116	4 352	1 764	45	1 383	1 272
島根	8 218	5 389	2 829	57	1 813	1 592
岡山	19 505	14 380	5 125	157	5 064	4 708
広島	30 092	22 650	7 442	265	9 141	8 549
山口	14 589	10 034	4 555	113	3 303	2 929
徳島	8 413	5 460	2 953	58	1 869	1 664
香川	11 378	8 548	2 830	89	3 352	3 107
愛媛	15 214	10 349	4 865	112	3 951	3 506
高知	8 753	5 041	3 712	59	1 874	1 549
福岡	⑤ 54 567	39 914	14 653	⑥ 476	④ 17 156	15 840
佐賀	9 320	5 904	3 416	67	2 131	1 731
長崎	15 456	9 485	5 971	106	3 441	2 901
熊本	18 834	13 169	5 665	142	4 432	3 959
大分	12 606	8 771	3 835	90	2 871	2 572
宮崎	12 268	8 077	4 191	89	2 850	2 524
鹿児島	18 837	12 305	6 532	131	4 407	3 882
沖縄	14 478	7 933	6 545	116	3 024	2 539
全国	1 228 920	897 091	331 829	11 397	348 889	319 249

総務省・経済産業省「経済センサス－活動調査（産業別集計）」（卸売業、小売業に関する集計）（2021年）より作成。（Ⅰ）の表は、産業大分類「Ⅰ-卸売業、小売業」に格付された全事業所が対象。従業者数↗

卸売業（つづき）		小売業				
個人経営	従業者数（千人）	事業所数	法人	個人経営	従業者数（千人）	
787	⑦ 125	⑦ 36 771	28 309	8 462	⑦ 323	北海道
423	27	10 744	6 252	4 492	77	青森
314	26	10 512	6 303	4 209	76	岩手
474	76	16 838	11 669	5 169	144	宮城
316	18	8 858	5 122	3 736	62	秋田
384	21	10 011	5 837	4 174	67	山形
421	37	15 321	9 805	5 516	115	福島
724	51	20 103	12 343	7 760	166	茨城
368	40	14 666	9 704	4 962	116	栃木
530	45	14 717	9 369	5 348	117	群馬
993	⑥ 139	⑤ 37 716	26 758	10 958	⑤ 383	埼玉
680	⑨ 95	⑨ 32 259	23 958	8 301	⑥ 343	千葉
1 823	① 1 035	① 87 895	68 048	19 847	① 906	東京
647	④ 175	④ 45 729	35 266	10 463	③ 488	神奈川
700	59	18 884	11 562	7 322	138	新潟
400	26	9 141	5 311	3 830	63	富山
406	36	9 790	5 960	3 830	74	石川
370	20	7 047	4 048	2 999	49	福井
344	16	7 034	3 920	3 114	52	山梨
473	45	17 194	11 225	5 969	127	長野
848	45	16 211	9 905	6 306	121	岐阜
1 166	⑩ 89	⑩ 28 344	17 540	10 804	⑩ 220	静岡
1 867	③ 278	③ 46 535	31 973	14 562	④ 444	愛知
561	32	13 431	8 042	5 389	107	三重
370	21	9 409	5 820	3 589	85	滋賀
859	68	19 457	11 691	7 766	167	京都
2 817	② 438	② 55 351	34 370	20 981	② 517	大阪
1 356	⑧ 115	⑧ 35 887	22 300	13 587	⑧ 315	兵庫
391	17	8 704	4 649	4 055	73	奈良
590	18	8 890	3 846	5 044	58	和歌山
111	12	4 733	3 080	1 653	34	鳥取
221	13	6 405	3 797	2 608	43	島根
356	44	14 441	9 672	4 769	113	岡山
592	86	20 951	14 101	6 850	179	広島
374	25	11 286	7 105	4 181	88	山口
205	15	6 544	3 796	2 748	43	徳島
245	28	8 026	5 441	2 585	61	香川
445	32	11 263	6 843	4 420	81	愛媛
325	15	6 879	3 492	3 387	44	高知
1 316	⑤ 164	⑥ 37 411	24 074	13 337	⑨ 313	福岡
400	18	7 189	4 173	3 016	49	佐賀
540	26	12 015	6 584	5 431	79	長崎
473	37	14 402	9 210	5 192	106	熊本
299	22	9 735	6 199	3 536	68	大分
326	23	9 418	5 553	3 865	65	宮崎
525	35	14 430	8 423	6 007	95	鹿児島
485	30	11 454	5 394	6 060	86	沖縄
29 640	3 857	880 031	577 842	302 189	7 540	全国

＼は、個人業主、無給家族従業者、有給役員および常用雇用者の計であり、臨時雇用者（1か月未満、日々雇用の有期雇用者）は含まず。○内の数字は全国順位。357ページの注記参照。

卸売業、小売業 (II)（年間商品販売額）（法人）（2020年）（単位　十億円）

	卸売業、小売業計（法人）	株式・有限・相互会社	合名・合資会社	合同会社	会社以外の法人等	卸売業（法人）	小売業（法人）
北海道	⑥　17 131	15 103	9	84	1 935	⑥　10 999	⑥　6 132
青森	3 028	2 772	3	4	250	1 694	1 334
岩手	3 216	2 960	2	11	243	1 940	1 276
宮城	10 979	10 377	3	66	532	⑨　8 277	2 701
秋田	2 123	1 927	9	3	185	1 108	1 015
山形	2 374	2 141	1	6	226	1 273	1 101
福島	4 424	4 110	14	12	287	2 389	2 035
茨城	6 489	6 062	8	23	396	3 595	2 894
栃木	5 167	4 830	4	18	314	3 038	2 128
群馬	5 391	5 025	4	11	350	3 315	2 075
埼玉	⑦　16 642	15 649	11	118	865	⑦　9 862	⑤　6 780
千葉	⑨　13 012	12 390	15	116	491	7 091	⑦　5 921
東京	①　176 190	169 362	55	3 433	3 341	①　156 941	①　19 249
神奈川	⑤　20 969	20 321	26	148	474	⑤　12 416	③　8 553
新潟	6 321	5 930	12	10	368	4 011	2 310
富山	2 910	2 778	0	5	127	1 801	1 109
石川	3 698	3 575	1	2	120	2 540	1 157
福井	1 941	1 839	1	2	99	1 124	818
山梨	1 697	1 595	1	3	98	883	814
長野	5 396	4 838	7	83	467	3 258	2 138
岐阜	4 307	3 999	15	18	275	2 323	1 984
静岡	10 746	10 344	6	32	363	6 946	⑩　3 800
愛知	③　39 420	38 450	50	235	685	③　31 378	④　8 042
三重	3 525	3 356	6	11	152	1 780	1 745
滋賀	2 604	2 436	2	32	134	1 248	1 356
京都	7 888	7 670	4	25	189	5 324	2 563
大阪	②　53 644	52 332	13	291	1 008	②　44 599	②　9 045
兵庫	⑧　14 060	13 335	13	206	506	⑧　8 862	⑨　5 197
奈良	1 786	1 707	2	7	70	722	1 064
和歌山	1 968	1 802	3	1	163	1 113	856
鳥取	1 225	1 117	0	1	106	644	581
島根	1 358	1 308	2	1	46	722	635
岡山	5 196	4 970	1	10	215	3 231	1 965
広島	⑩　11 200	10 853	2	18	326	⑩　8 153	3 046
山口	3 060	2 966	3	7	85	1 433	1 627
徳島	1 453	1 322	1	2	128	773	680
香川	3 251	3 150	2	4	96	2 133	1 119
愛媛	3 811	3 602	2	3	204	2 394	1 417
高知	1 397	1 318	1	2	76	702	695
福岡	④　21 441	20 170	17	247	1 007	④　15 947	⑧　5 494
佐賀	1 764	1 641	2	4	117	952	812
長崎	2 692	2 432	10	15	235	1 523	1 169
熊本	4 158	3 752	25	14	367	2 336	1 822
大分	2 348	2 181	8	6	154	1 190	1 158
宮崎	2 664	2 259	9	4	393	1 612	1 052
鹿児島	3 814	3 636	3	5	170	2 322	1 493
沖縄	2 767	2 645	16	17	90	1 466	1 301
全国	522 646	498 335	401	5 380	18 530	389 388	133 257

資料・注記は（Ⅰ）に同じ。（Ⅱ）は、法人のみのデータで、年間商品販売額があり、産業細分類の格付に必要な数値が得られた事業所を対象とする。○内の数字は全国順位。357ページの注記参照。

表 4 - 49　卸売業の年間商品販売額（法人）（Ⅰ）（2020年）（単位　億円）

	各種商品		繊維・衣服等	飲食料品		農畜産物・水産物		食料・飲料		酒類	
北海道	⑦	922	746	⑤	40 119	③ 23 003	⑤	17 115	⑤	3 172	
青森		110	75		7 033	5 364		1 669		329	
岩手		126	132		6 706	3 506		3 200		393	
宮城	⑧	719	536	⑩	21 077	6 920	⑨	14 156	⑦	2 111	
秋田		114	64		3 243	2 069		1 174		256	
山形		86	76		4 117	2 985		1 132		305	
福島		200	398		8 203	4 442		3 761		864	
茨城		227	183		9 001	5 789		3 212		548	
栃木		391	169		7 588	4 048		3 540		273	
群馬		163	288		9 392	4 678		4 715		668	
埼玉	⑤	1 540	⑧ 1 530	⑦	25 452	⑩ 8 549	⑥	16 903		947	
千葉		271	758	⑨	23 411	⑨ 8 745	⑧	14 666	⑧	2 008	
東京	①	177 861	① 38 355	①	284 152	① 84 893	①	199 259	①	24 715	
神奈川	⑨	690	1 006	⑥	25 686	⑥ 12 158	⑩	13 529	⑥	2 224	
新潟		498	599		12 608	5 847		6 761		960	
富山		84	280		3 719	1 636		2 083		279	
石川		197	389		7 384	2 548		4 836		667	
福井		20	738		2 214	1 498		716		97	
山梨		67	217		2 344	1 160		1 184		310	
長野	⑩	591	163		9 934	6 382		3 552		534	
岐阜		71	④ 2 359		4 418	2 788		1 630		161	
静岡		342	628		15 801	⑧ 9 722		6 079		835	
愛知	③	2 954	③ 7 848	③	48 205	④ 17 541	③	30 664	③	3 599	
三重		87	109		3 652	2 461		1 191		104	
滋賀		75	201		1 846	912		934		163	
京都		444	⑦ 1 757		8 689	4 465		4 224	⑨	1 441	
大阪	②	9 194	② 22 534	②	77 356	② 29 866	②	47 490	②	6 607	
兵庫		520	⑤ 2 220	⑧	24 741	⑦ 11 221		13 520		1 206	
奈良		57	347		1 701	1 165		536		101	
和歌山		70	257		3 156	1 966		1 189		87	
鳥取		23	18		2 298	1 472		826		62	
島根		14	35		1 246	606		641		273	
岡山		157	⑩ 1 070		7 850	2 776		5 074		798	
広島	④	1 736	⑨ 1 449		20 633	5 030	⑦	15 603	⑩	1 296	
山口		70	124		2 631	1 647		984		193	
徳島		43	64		2 727	1 863		864		231	
香川		240	252		5 086	1 832		3 255		543	
愛媛		55	641		5 858	3 443		2 415		398	
高知		53	119		2 238	1 250		988		147	
福岡	⑥	1 343	⑥ 2 097	④	44 085	⑤ 13 916	④	30 169	④	3 509	
佐賀		86	136		4 010	1 947		2 062		240	
長崎		212	89		4 986	3 360		1 627		343	
熊本		108	146		7 562	4 927		2 635		734	
大分		69	36		3 306	1 916		1 390		347	
宮崎		59	47		6 734	4 698		2 035		653	
鹿児島		139	130		8 480	4 375		4 106		820	
沖縄		164	73		4 330	1 261		3 068		623	
全国		203 260	91 488		837 007	334 648		502 359		67 173	

総務省・経済産業省「経済センサス－活動調査（産業別集計）」（卸売業、小売業に関する集計）（2021年）より作成。法人のみのデータで、年間商品販売額があり、産業細分類の格付に必要な数値が得られた事業所が対象。○内の数字は全国順位。357ページの注記参照。

卸売業の年間商品販売額（法人）（Ⅱ）（2020年）（単位　億円）

	建設材料、鉱物・金属材料等	機械器具	自動車1)	その他の卸売業2)	医薬品・化粧品等	卸売業計
北海道	⑤ 25 063	20 815	4 143	⑨ 22 328	⑨ 10 575	⑥ 109 992
青森	4 005	2 999	767	2 722	1 748	16 945
岩手	4 908	3 887	904	3 640	2 166	19 399
宮城	⑥ 23 014	⑨ 21 450	3 278	15 980	⑩ 7 391	⑨ 82 775
秋田	2 890	2 515	627	2 253	1 438	11 079
山形	2 578	2 874	752	3 000	1 342	12 731
福島	4 566	5 847	1 387	4 675	2 506	23 890
茨城	7 359	13 230	1 987	5 950	3 134	35 949
栃木	5 974	10 835	⑨ 4 629	5 424	2 929	30 382
群馬	7 155	10 595	2 946	5 558	2 468	33 151
埼玉	⑩ 17 783	⑥ 28 815	⑥ 9 428	⑦ 23 502	⑧ 11 357	⑦ 98 624
千葉	13 498	14 735	4 403	⑩ 18 235	⑥ 12 510	70 909
東京	① 459 975	① 377 112	① 40 895	① 231 958	① 101 103	① 1 569 412
神奈川	⑧ 20 922	④ 51 974	③ 13 311	⑤ 23 886	⑤ 14 094	⑤ 124 164
新潟	9 036	8 316	1 765	9 055	3 194	40 113
富山	6 077	4 554	866	3 297	1 331	18 010
石川	5 181	7 297	988	4 956	2 606	25 404
福井	3 068	3 096	550	2 102	999	11 237
山梨	2 075	2 169	444	1 959	1 020	8 831
長野	6 864	9 676	1 706	5 349	3 310	32 578
岐阜	6 466	5 314	1 843	4 605	2 454	23 233
静岡	17 067	⑦ 24 805	④ 11 902	10 819	5 576	69 163
愛知	③ 93 187	② 116 173	② 34 801	③ 45 411	③ 21 054	③ 313 778
三重	5 182	5 665	1 596	3 110	1 857	17 805
滋賀	3 272	4 633	917	2 451	1 310	12 479
京都	4 799	13 912	1 486	⑥ 23 643	4 045	53 244
大阪	② 141 278	③ 109 324	⑤ 11 827	② 86 309	② 40 047	② 445 994
兵庫	⑨ 17 913	⑩ 20 826	2 989	⑧ 22 404	⑦ 11 605	⑧ 88 623
奈良	1 218	1 832	749	2 070	1 450	7 225
和歌山	2 321	2 027	477	3 297	1 250	11 127
鳥取	1 225	1 489	481	1 390	787	6 443
島根	1 904	1 870	385	2 154	948	7 223
岡山	7 272	7 871	1 547	8 093	3 988	32 312
広島	⑦ 22 002	⑧ 21 934	⑦ 4 911	13 779	6 710	⑩ 81 534
山口	4 330	3 971	1 148	3 208	1 831	14 333
徳島	1 664	1 637	311	1 592	1 012	7 727
香川	6 068	5 604	757	4 077	1 949	21 328
愛媛	6 715	4 409	693	6 264	2 424	23 941
高知	1 568	1 269	255	1 776	1 029	7 023
福岡	④ 42 315	⑤ 35 399	⑧ 4 774	④ 34 233	④ 15 913	④ 159 471
佐賀	1 676	1 825	425	1 783	954	9 516
長崎	3 279	3 228	583	3 436	1 980	15 229
熊本	4 689	6 052	1 054	4 800	2 568	23 357
大分	3 245	2 929	506	2 319	1 611	11 904
宮崎	2 971	3 299	601	3 015	1 422	16 124
鹿児島	4 933	4 665	923	4 869	2 674	23 218
沖縄	3 627	3 214	584	3 250	1 659	14 658
全国	1 044 174	1 017 966	184 301	699 989	327 331	3 893 883

資料・注記は（Ⅰ）に同じ。○内の数字は全国順位。1) 二輪車、中古車、中古部品を含む。2) 医薬品・化粧品等のほかに、家具・建具・じゅう器等、紙・紙製品、他に分類されない卸売業がある。

表 4 - 50　小売業の年間商品販売額（法人）（Ⅰ）（2020年）（単位　億円）

	各種商品	百貨店、総合スーパー	織物・衣類・身の回り品	飲食料品	菓子・パン	コンビニエンスストア1)
北海道	⑩ 2 111	⑩ 2 029	⑨ 2 742	⑥ 18 996	⑤ 831	③ 3 330
青森	445	432	649	3 982	103	244
岩手	413	371	668	3 663	128	386
宮城	1 090	993	1 475	7 130	302	764
秋田	313	307	458	3 173	73	241
山形	51	x	642	3 427	129	267
福島	376	351	983	6 182	162	1 046
茨城	1 110	1 064	1 455	8 410	264	1 168
栃木	1 029	972	1 173	5 854	220	931
群馬	643	586	1 069	5 512	224	622
埼玉	⑥ 3 896	⑦ 3 626	⑤ 3 685	⑤ 20 354	⑥ 675	⑦ 2 232
千葉	⑦ 3 855	⑥ 3 663	⑥ 3 672	⑦ 18 088	⑧ 658	④ 2 875
東京	① 15 833	① 15 189	① 12 630	① 46 797	① 2 379	① 7 664
神奈川	③ 5 711	③ 5 328	③ 5 211	② 28 293	② 1 109	② 4 008
新潟	1 215	1 159	1 034	6 647	203	588
富山	438	401	595	3 033	103	186
石川	788	746	577	3 203	156	199
福井	414	383	316	2 288	85	203
山梨	254	231	383	2 622	116	315
長野	854	808	1 063	6 223	240	813
岐阜	644	547	1 056	5 960	285	487
静岡	1 337	1 180	⑩ 2 151	⑩ 10 778	⑩ 525	⑩ 1 199
愛知	④ 5 276	④ 5 048	④ 4 286	④ 22 822	④ 939	⑥ 2 322
三重	879	820	926	5 509	245	389
滋賀	780	745	669	4 141	140	468
京都	⑨ 2 584	⑨ 2 478	1 400	7 566	432	783
大阪	② 8 766	② 8 540	② 5 927	③ 25 024	③ 1 011	⑤ 2 679
兵庫	⑧ 3 580	⑧ 3 373	⑦ 3 543	⑧ 16 046	⑤ 655	⑨ 1 431
奈良	818	780	564	3 636	140	225
和歌山	500	483	341	2 992	63	143
鳥取	404	386	273	1 767	67	166
島根	146	x	242	2 208	96	207
岡山	1 009	953	1 012	5 830	213	526
広島	1 943	1 701	1 613	9 402	330	1 041
山口	405	283	634	4 795	152	527
徳島	172	125	336	2 412	68	202
香川	442	338	570	3 466	112	257
愛媛	1 009	828	512	4 429	110	287
高知	321	185	324	2 282	81	175
福岡	⑤ 3 940	⑤ 3 734	⑧ 2 955	⑨ 16 028	⑦ 673	⑧ 1 882
佐賀	192	162	517	2 719	82	306
長崎	503	458	635	4 311	170	451
熊本	691	640	864	6 504	302	695
大分	537	500	531	4 062	120	336
宮崎	370	358	491	3 742	98	385
鹿児島	671	626	655	4 921	175	448
沖縄	1 211	1 204	713	4 137	164	346
全国	79 968	75 265	74 219	391 365	15 609	46 444

資料は表4-49に同じ。法人のみのデータで、年間商品販売額があり、産業細分類の格付に必要な数値が得られた事業所が対象。xは秘匿。○内の数字は全国順位。357ページの注記参照。1) 飲食料品を中心とするものに限る。

小売業の年間商品販売額（法人）（Ⅱ）（2020年）（単位　億円）

	機械器具	自動車 （新車）	その他の 小売業2)	医薬品・ 化粧品	無店舗	小売業 計
北海道	⑨ 10 441	⑦ 4 956	② 23 085	⑦ 6 406	⑨ 3 945	⑥ 61 321
青森	2 249	1 227	5 393	1 578	620	13 337
岩手	2 121	1 147	5 237	1 624	660	12 761
宮城	5 243	2 258	8 984	2 984	⑩ 3 092	27 013
秋田	1 745	955	3 934	1 251	532	10 155
山形	2 049	1 232	4 351	1 312	486	11 006
福島	3 768	2 097	8 070	2 322	969	20 348
茨城	5 409	2 521	11 127	3 547	1 435	28 945
栃木	4 330	2 326	7 869	2 465	1 029	21 285
群馬	4 766	2 459	7 345	2 176	1 420	20 755
埼玉	⑤ 13 524	⑤ 6 322	⑥ 20 439	④ 7 699	⑤ 5 903	⑤ 67 800
千葉	⑦ 10 709	⑧ 4 787	⑦ 17 746	⑥ 6 497	⑤ 5 137	⑦ 59 206
東京	① 34 181	② 9 620	① 37 986	① 15 452	① 45 063	① 192 491
神奈川	④ 16 444	③ 7 695	③ 22 850	② 9 896	③ 7 017	③ 85 525
新潟	4 586	2 192	8 476	2 519	1 139	23 097
富山	2 359	1 100	3 828	1 229	836	11 090
石川	2 401	1 271	3 970	1 299	637	11 574
福井	1 821	1 024	2 644	779	692	8 175
山梨	1 570	757	2 919	847	396	8 144
長野	4 065	2 124	7 944	1 907	1 232	21 380
岐阜	4 331	2 247	6 836	2 097	1 012	19 840
静岡	⑩ 7 942	⑨ 4 312	⑩ 13 210	⑩ 4 664	2 581	⑩ 38 000
愛知	② 20 411	① 9 964	④ 22 838	⑤ 7 101	⑦ 4 787	④ 80 421
三重	3 872	2 053	5 444	1 574	816	17 447
滋賀	2 940	1 524	4 253	1 294	775	13 558
京都	4 715	2 203	6 699	2 328	2 668	25 632
大阪	③ 18 901	④ 7 274	⑤ 21 544	③ 8 144	② 10 286	② 90 449
兵庫	⑧ 10 542	⑥ 5 197	⑨ 14 019	④ 4 809	⑧ 4 242	⑨ 51 972
奈良	2 057	1 030	2 770	952	795	10 640
和歌山	1 822	974	2 449	622	451	8 556
鳥取	1 023	518	1 994	554	342	5 805
島根	1 374	838	2 117	727	267	6 353
岡山	4 107	1 995	6 088	1 702	1 604	19 650
広島	6 360	3 366	8 798	2 950	2 349	30 465
山口	3 215	1 469	4 265	1 285	2 958	16 272
徳島	1 232	613	2 198	570	454	6 804
香川	2 133	949	3 178	971	1 399	11 187
愛媛	2 646	1 317	4 805	1 408	766	14 166
高知	1 221	677	2 429	744	372	6 950
福岡	⑥ 11 039	⑩ 4 311	⑧ 14 564	⑨ 4 685	④ 6 410	⑧ 54 936
佐賀	1 424	611	2 865	746	406	8 123
長崎	2 060	993	3 576	1 190	602	11 687
熊本	3 528	1 672	5 340	1 278	1 295	18 222
大分	2 289	1 308	3 461	941	698	11 578
宮崎	1 863	896	3 487	881	565	10 519
鹿児島	2 530	1 166	5 171	1 351	978	14 926
沖縄	2 312	842	3 875	936	765	13 013
全国	261 667	118 390	392 471	130 293	132 884	1 332 575

資料・注記は（Ⅰ）に同じ。○内の数字は全国順位。2) 医薬品・化粧品のほかに、家具・建具・畳、じゅう器、農耕用品、燃料、書籍・文房具、スポーツ用品・がん具・娯楽用品・楽器、写真機・時計・眼鏡、他に分類されない小売業がある。

表 4 - 51　小売業の従業者規模別事業所数 (2021年 6 月 1 日現在)

	2 人 以下	3 ～ 4 人	5 ～ 9 人	10～ 19人	20～ 29人	30～ 49人	50～ 99人	100人 以上
北海道	10 769	6 165	6 835	4 843	1 374	626	496	237
青森	4 061	1 958	1 997	1 158	275	193	100	55
岩手	3 828	1 923	1 921	1 278	251	147	131	38
宮城	5 196	2 761	3 002	2 246	618	333	257	88
秋田	3 464	1 598	1 614	881	216	102	96	44
山形	3 985	1 884	1 691	1 031	269	158	121	10
福島	5 486	2 719	2 547	1 795	480	264	180	55
茨城	7 027	3 517	3 174	2 520	859	413	237	94
栃木	5 181	2 401	2 336	1 763	514	278	197	64
群馬	5 408	2 419	2 240	1 868	493	245	173	87
埼玉	11 008	5 520	6 370	5 216	2 042	832	514	385
千葉	9 007	4 614	5 449	4 640	1 869	874	453	310
東京	23 312	12 094	13 881	10 613	4 356	2 029	1 128	803
神奈川	11 939	6 396	7 559	6 285	2 743	1 263	718	428
新潟	7 266	3 503	3 151	2 011	515	292	201	110
富山	3 619	1 638	1 422	962	255	202	107	16
石川	3 567	1 658	1 687	1 051	273	177	102	35
福井	2 787	1 327	1 074	691	220	122	79	19
山梨	2 835	1 194	1 063	745	192	124	90	35
長野	6 577	2 938	2 851	1 748	437	251	219	87
岐阜	5 850	2 895	2 723	1 971	490	278	149	72
静岡	10 287	4 854	4 735	3 289	924	457	386	128
愛知	13 634	7 153	7 871	6 382	2 007	1 099	670	300
三重	4 741	2 348	2 335	1 579	389	250	153	84
滋賀	3 227	1 529	1 605	1 148	434	216	142	64
京都	7 053	3 223	2 786	1 888	795	437	215	135
大阪	19 204	7 946	8 130	6 203	2 448	1 165	715	459
兵庫	12 314	5 769	5 783	4 025	1 406	723	459	275
奈良	3 359	1 367	1 336	947	296	167	100	67
和歌山	4 099	1 532	1 231	748	196	122	87	36
鳥取	1 727	824	898	474	121	85	47	16
島根	2 502	1 132	1 127	570	147	107	46	17
岡山	4 865	2 404	2 517	1 532	524	262	188	67
広島	7 093	3 614	3 481	2 266	841	443	275	124
山口	4 111	2 023	2 028	1 197	332	239	126	42
徳島	2 622	1 183	1 015	638	162	107	53	20
香川	2 876	1 447	1 425	800	230	146	115	39
愛媛	4 220	1 998	1 902	1 098	288	215	145	28
高知	3 030	1 211	1 098	647	170	108	73	18
福岡	12 215	6 390	6 482	4 195	1 477	824	459	165
佐賀	2 678	1 289	1 254	800	215	133	73	10
長崎	4 705	2 365	1 980	1 084	293	195	130	30
熊本	5 008	2 572	2 415	1 521	466	364	112	37
大分	3 568	1 704	1 698	1 050	280	196	78	22
宮崎	3 562	1 713	1 644	915	248	187	104	22
鹿児島	5 814	2 689	2 296	1 356	346	262	94	45
沖縄	4 639	1 788	1 741	1 131	299	196	165	39
全国	295 325	143 189	145 400	102 799	34 075	17 908	10 958	5 361

総務省・経済産業省「経済センサス－活動調査 (産業別集計)」(卸売業、小売業に関する集計) (2021年)
より作成。357ページの注記参照。

表 4 - 52　小売業の商品販売形態別の年間商品販売額（法人）（2020年）（単位　億円）

	店頭販売	訪問販売	通信・カタログ販売	インターネット販売	自動販売機による販売	小売計（その他を含む）
北海道	⑥ 52 217	③ 3 698	⑩ 1 018	981	199	⑥ 60 890
青森	11 743	758	47	103	87	13 212
岩手	11 080	716	265	79	129	12 676
宮城	22 116	1 045	532	⑨ 1 766	⑨ 352	26 754
秋田	8 829	519	158	118	91	10 081
山形	9 422	662	77	166	83	10 834
福島	18 011	801	263	204	175	20 172
茨城	25 682	1 027	587	359	183	28 741
栃木	19 001	714	356	271	177	21 140
群馬	17 808	933	360	608	157	20 542
埼玉	⑤ 58 540	⑧ 1 558	⑥ 2 104	④ 2 475	⑤ 640	⑤ 67 239
千葉	⑦ 50 723	⑦ 1 774	④ 2 531	⑩ 1 738	⑦ 428	⑦ 58 851
東京	① 139 370	② 4 407	① 12 587	① 24 407	① 2 752	① 189 056
神奈川	③ 74 603	⑤ 2 052	⑤ 2 489	③ 2 951	③ 779	③ 85 127
新潟	20 284	951	423	479	159	22 916
富山	9 395	605	329	157	95	10 996
石川	10 227	444	207	164	108	11 493
福井	6 922	269	40	348	70	8 067
山梨	7 207	235	174	110	72	8 073
長野	18 395	941	540	239	165	21 055
岐阜	17 350	716	430	434	104	19 607
静岡	⑩ 32 999	⑩ 1 280	⑨ 1 206	873	⑩ 293	⑩ 37 675
愛知	④ 68 728	① 4 558	⑦ 1 498	⑧ 1 885	④ 686	④ 79 813
三重	15 515	574	271	368	130	17 322
滋賀	12 075	380	396	295	94	13 445
京都	21 157	853	586	1 290	230	25 441
大阪	② 75 273	④ 3 086	② 3 258	② 5 326	② 839	② 89 769
兵庫	⑨ 44 656	⑨ 1 500	⑧ 1 293	⑦ 2 152	⑧ 365	⑨ 51 561
奈良	9 167	336	473	271	63	10 592
和歌山	7 402	409	61	321	43	8 494
鳥取	4 955	292	89	138	55	5 718
島根	5 495	364	103	93	41	6 244
岡山	16 731	809	310	544	126	19 361
広島	26 441	1 011	637	761	278	30 219
山口	12 296	828	74	⑥ 2 288	110	16 173
徳島	5 885	276	147	168	59	6 719
香川	8 865	477	595	611	58	11 066
愛媛	12 480	487	141	239	74	14 025
高知	5 978	304	162	82	86	6 885
福岡	⑧ 45 421	⑥ 1 925	③ 2 573	⑤ 2 380	⑥ 457	⑧ 54 507
佐賀	7 187	355	108	98	58	8 062
長崎	10 335	530	197	106	94	11 603
熊本	15 998	703	491	182	153	18 089
大分	10 148	521	205	163	115	11 513
宮崎	9 203	553	252	80	84	10 404
鹿児島	12 857	699	389	235	108	14 803
沖縄	11 687	331	110	149	200	12 883
全国	1 117 857	48 264	41 144	59 252	11 905	1 319 908

総務省・経済産業省「経済センサス－活動調査（産業別集計）」（卸売業、小売業に関する集計）（2021年）より作成。法人のみのデータで、小売の年間商品販売額または仲立手数料があり、産業細分類が格付に必要な数値が得られた事業所を対象とする。○内の数字は全国順位。357ページの注記参照。

表 4 - 53　サービス関連産業の売上高 （民営事業所）（Ⅰ）（2020年）（単位　百万円）

	自動車賃貸業	法律事務所	獣医業	宿泊業	そば・うどん店	喫茶店	お好み焼き・焼きそば・たこ焼店
北海道	⑤ 106 221	15 135	⑥ 32 410	② 255 655	⑨ 19 781	24 064	1 573
青森	12 251	x	3 730	32 237	4 120	5 220	570
岩手	15 748	x	3 674	46 838	4 215	4 236	492
宮城	⑨ 61 975	x	9 436	70 334	9 667	9 841	1 565
秋田	10 500	x	3 631	27 395	2 277	2 409	448
山形	6 928	x	4 054	42 165	5 988	3 120	1 229
福島	14 712	3 452	5 577	78 805	6 526	5 915	494
茨城	26 561	3 745	12 044	43 318	⑩ 16 210	13 965	1 730
栃木	12 171	x	8 453	70 577	10 368	8 543	1 321
群馬	12 491	4 624	7 833	78 847	11 439	6 778	1 231
埼玉	⑥ 91 602	12 053	③ 33 358	46 448	③ 38 341	⑥ 35 780	⑨ 4 251
千葉	⑩ 60 473	8 572	⑦ 30 225	③ 193 451	⑦ 24 618	⑦ 30 901	⑩ 3 784
東京	① 1 238 804	① 211 572	① 67 518	① 526 324	① 103 423	① 183 512	② 17 209
神奈川	④ 127 655	18 073	② 44 745	⑤ 176 343	⑤ 37 340	④ 61 812	⑧ 5 013
新潟	22 864	9 405	7 198	84 044	8 945	9 059	1 280
富山	9 357	2 020	3 740	31 520	3 791	6 564	1 110
石川	23 522	2 572	3 686	69 752	6 173	6 648	1 411
福井	3 659	1 959	2 040	32 567	4 506	5 288	824
山梨	5 972	1 464	2 462	66 706	7 089	3 871	595
長野	33 600	3 699	8 097	⑧ 143 076	12 534	9 167	685
岐阜	17 337	3 070	7 100	51 953	8 262	⑨ 25 514	1 713
静岡	49 301	10 418	⑩ 18 670	④ 179 108	14 620	19 028	2 585
愛知	③ 264 977	29 755	⑤ 32 465	⑨ 123 562	④ 37 645	② 93 383	⑤ 9 361
三重	12 638	3 227	7 124	69 738	6 789	14 202	1 709
滋賀	4 586	2 179	5 362	42 662	4 661	7 878	1 331
京都	25 758	8 733	9 345	117 451	12 169	⑩ 24 525	⑥ 6 744
大阪	② 268 734	② 64 429	④ 32 851	⑥ 170 666	② 50 902	③ 79 170	① 28 113
兵庫	34 298	12 998	⑧ 22 665	⑦ 155 132	⑧ 23 056	⑤ 47 228	④ 11 364
奈良	5 450	2 594	6 452	20 772	4 477	8 680	1 929
和歌山	3 758	2 209	2 603	35 224	2 461	6 063	1 078
鳥取	1 905	851	1 733	24 848	1 402	3 306	553
島根	2 637	x	2 002	25 606	3 127	4 412	587
岡山	19 528	5 894	6 914	36 323	8 200	11 766	2 495
広島	⑧ 65 394	8 846	10 979	63 469	12 413	16 536	③ 14 734
山口	13 452	x	5 068	32 721	5 026	5 170	1 434
徳島	2 079	x	2 161	16 847	3 630	4 955	808
香川	20 156	2 846	4 276	22 804	12 993	7 000	1 094
愛媛	18 585	x	4 011	34 873	6 512	7 128	1 885
高知	2 376	x	2 210	18 933	2 419	4 851	935
福岡	⑦ 90 857	21 160	⑨ 19 304	99 811	⑥ 29 211	⑧ 27 158	⑦ 5 501
佐賀	5 211	1 415	2 154	22 285	3 226	4 183	499
長崎	6 350	x	4 258	48 359	4 489	5 183	972
熊本	15 941	3 591	7 456	52 597	5 940	6 520	1 456
大分	7 180	2 845	3 810	55 047	4 311	5 464	1 440
宮崎	6 031	2 995	3 747	25 770	5 834	3 881	650
鹿児島	13 889	x	7 511	52 133	7 093	5 582	1 098
沖縄	49 278	x	3 155	⑩ 118 446	3 234	10 273	617
全国	2 924 749	529 622	529 297	3 833 540	621 451	895 734	149 502

総務省・経済産業省「経済センサス－活動調査（産業別集計）」（サービス関連産業に関する集計）（2021年）より作成。xは秘匿。〇内の数字は全国順位。357ページの注記参照。

サービス関連産業の売上高 （民営事業所）（Ⅱ）（2020年）（単位　百万円）

	理容業	美容業	旅行業	葬儀業	結婚式場業	競輪・競馬等の競走場、競技団	ゴルフ場
北海道	⑦ 21 767	⑨ 56 317	⑤ 30 722	⑧ 45 353	3 246	⑨ 9 802	23 158
青森	5 035	13 288	3 055	13 882	2 039	1 082	2 751
岩手	4 908	14 259	2 615	14 765	x	2 046	5 147
宮城	9 900	27 174	⑨ 16 223	29 754	7 107	129	10 000
秋田	3 873	11 168	2 001	13 190	x	x	2 657
山形	4 945	12 014	2 773	15 799	2 611	—	2 165
福島	7 530	22 086	4 899	29 516	4 166	3 615	9 294
茨城	11 257	30 226	6 146	33 369	x	③ 23 139	⑤ 37 384
栃木	7 209	22 243	4 860	32 131	x	4 114	⑦ 33 676
群馬	6 541	22 458	4 988	28 521	6 173	⑥ 17 180	15 744
埼玉	⑤ 23 784	⑤ 81 107	12 429	⑤ 62 056	8 930	2 415	⑥ 34 546
千葉	⑥ 22 492	⑥ 68 304	⑩ 14 596	⑥ 55 239	5 617	⑤ 18 349	① 74 760
東京	① 46 279	① 252 683	① 710 586	① 93 523	① 48 915	① 2 973 163	② 56 193
神奈川	④ 24 898	④ 112 994	⑥ 20 224	④ 67 098	25 473	6 543	④ 38 837
新潟	9 662	31 772	8 090	36 003	5 112	3 457	9 711
富山	4 162	15 697	3 777	15 854	x	986	5 379
石川	4 885	15 936	6 539	10 336	3 903	995	6 739
福井	3 385	11 855	4 109	7 320	x	3 731	2 430
山梨	2 673	10 515	3 095	13 751	x	—	15 324
長野	7 426	27 207	9 239	30 557	5 777	x	15 704
岐阜	6 810	27 386	3 396	22 188	6 034	263	⑨ 30 023
静岡	⑧ 17 742	⑩ 48 417	9 178	⑦ 52 220	10 624	3 117	⑧ 32 999
愛知	③ 27 441	③ 121 439	③ 54 102	② 78 256	32 291	⑦ 11 965	⑩ 25 909
三重	5 629	22 177	11 090	15 732	x	② 52 061	23 586
滋賀	4 375	17 276	3 423	10 275	2 431	④ 18 722	14 662
京都	8 128	34 178	12 148	33 094	7 247	⑧ 10 668	9 683
大阪	② 28 296	② 122 241	② 550 100	③ 75 517	22 519	2 940	21 765
兵庫	⑨ 16 934	⑧ 65 853	⑧ 17 855	⑩ 40 800	12 717	5 978	③ 54 571
奈良	4 103	18 814	3 650	8 684	x	x	12 361
和歌山	3 088	10 168	2 668	8 993	1 196	x	4 429
鳥取	1 943	7 780	968	6 267	x	—	1 535
島根	3 166	9 306	1 429	5 322	x	—	1 782
岡山	7 032	23 623	7 889	19 007	x	1 115	11 122
広島	12 195	42 136	11 790	22 306	x	x	13 254
山口	5 165	18 168	3 460	12 834	1 626	1 107	7 034
徳島	2 710	8 225	1 952	8 381	x	x	4 617
香川	3 678	12 414	5 660	9 324	x	x	5 263
愛媛	4 501	15 417	3 348	13 885	2 230	x	7 190
高知	2 163	9 035	1 479	8 286	x	2 045	4 876
福岡	⑩ 15 369	⑦ 66 246	④ 38 864	⑨ 43 354	15 324	⑩ 7 320	25 333
佐賀	2 510	9 027	1 529	10 941	x	887	5 589
長崎	4 479	13 931	2 523	16 468	2 147	x	3 799
熊本	6 166	18 826	8 570	19 150	2 719	x	9 997
大分	4 018	12 460	2 527	13 329	2 257	x	10 079
宮崎	3 818	11 694	3 617	14 969	x	x	6 849
鹿児島	4 827	15 748	5 462	18 457	3 111	x	6 832
沖縄	3 855	11 959	⑦ 19 864	6 032	x	—	9 278
全国	442 752	1 653 246	1 659 507	1 242 086	302 282	3 192 806	766 016

資料・注記は（Ⅰ）に同じ。xは秘匿。○内の数字は全国順位。357ページの注記参照。

サービス関連産業の売上高（民営事業所）（Ⅲ）（2020年）（単位　百万円）

	フィットネスクラブ	パチンコホール	学習塾	音楽教授業	書道教授業	そろばん教授業	自動車整備業
北海道	8 644	⑤ 708 649	⑨ 21 857	⑨ 2 364	③ 916	x	⑤ 149 239
青森	2 387	165 460	3 713	247	125	199	35 901
岩手	2 088	142 553	2 975	638	58	130	31 828
宮城	7 972	234 882	13 186	1 097	190	319	52 937
秋田	1 481	106 673	2 576	262	89	51	18 762
山形	2 759	95 100	3 053	538	88	53	22 659
福島	3 802	242 819	8 342	542	192	214	48 773
茨城	6 336	317 088	17 275	1 308	229	308	71 374
栃木	5 810	213 378	11 166	455	172	236	39 011
群馬	5 016	222 734	13 027	662	142	156	49 485
埼玉	⑥ 26 416	⑦ 609 734	③ 76 426	⑤ 5 502	④ 820	⑥ 666	④ 150 864
千葉	⑤ 27 185	⑥ 663 927	⑤ 63 224	⑧ 3 765	413	④ 841	⑦ 117 412
東京	① 113 417	② 897 603	① 190 056	① 19 620	① 2 382	① 1 444	① 203 546
神奈川	② 56 082	③ 811 873	② 126 994	② 8 117	⑨ 615	⑤ 709	⑥ 143 384
新潟	4 443	198 543	11 152	1 190	365	295	53 004
富山	1 852	102 587	5 252	728	95	313	23 062
石川	3 516	128 922	6 888	684	100	198	21 294
福井	1 417	118 959	3 892	465	144	52	21 937
山梨	1 184	87 944	4 879	314	200	x	24 214
長野	5 117	183 424	12 999	1 246	118	147	43 640
岐阜	5 453	204 860	15 588	1 160	301	305	44 211
静岡	9 970	⑨ 415 850	20 259	⑩ 1 855	⑦ 691	395	⑩ 80 509
愛知	④ 27 887	① 919 392	⑦ 60 246	③ 6 791	② 1 872	③ 1 070	② 197 290
三重	4 578	167 399	9 264	789	170	347	31 196
滋賀	4 142	82 974	12 436	971	121	155	33 196
京都	⑧ 16 433	160 420	19 458	1 008	253	237	36 874
大阪	③ 51 347	④ 795 769	④ 73 888	④ 6 733	⑥ 764	② 1 300	③ 163 575
兵庫	⑦ 26 274	⑩ 388 568	⑥ 60 911	⑦ 3 830	⑧ 679	489	⑨ 89 353
奈良	3 888	56 097	10 859	398	119	201	22 647
和歌山	1 559	77 664	4 984	128	123	89	17 195
鳥取	1 222	52 496	2 513	416	49	20	9 720
島根	619	58 902	2 404	358	78	28	9 287
岡山	4 506	239 454	9 497	602	⑩ 458	139	37 783
広島	⑩ 11 307	346 619	⑩ 21 666	1 850	325	331	48 951
山口	4 702	124 547	6 966	638	175	97	16 424
徳島	1 001	26 941	4 323	561	69	76	14 435
香川	4 990	90 040	5 500	458	163	99	20 386
愛媛	3 588	211 843	8 364	249	140	79	23 854
高知	517	124 752	2 792	193	49	25	11 257
福岡	⑨ 15 077	⑧ 560 302	⑧ 38 226	⑥ 3 933	⑤ 813	242	⑧ 104 539
佐賀	931	100 892	3 787	199	133	49	18 825
長崎	2 250	130 687	5 698	530	170	90	17 993
熊本	4 058	267 369	10 011	812	140	69	35 485
大分	1 692	174 583	5 104	608	88	44	27 976
宮崎	1 813	149 655	4 263	414	202	77	24 926
鹿児島	3 768	224 101	6 982	564	123	97	26 162
沖縄	3 539	128 296	7 987	568	393	436	27 395
全国	504 037	12 533 324	1 032 906	86 359	16 114	13 519	2 513 772

府県別統計　サービス産業

資料・注記は（Ⅰ）に同じ。xは秘匿。○内の数字は全国順位。357ページの注記参照。

第 5 章
金融・財政

表 5 - 1　県内総生産と県民所得の推移（名目）（会計年度）（単位　億円）

	県内総生産				県民所得1)		
	20112)	2019	2020	%	20112)	2019	2020
北海道	184 923	205 617	⑧ 197 256	3.5	135 545	149 956	⑧ 140 115
青森	43 776	45 273	㉝ 44 566	0.8	32 691	33 123	㉙ 32 594
岩手	41 079	48 563	㉘ 47 474	0.8	31 011	34 288	㉜ 32 272
宮城	81 338	98 453	⑭ 94 852	1.7	58 019	68 781	⑭ 64 521
秋田	33 014	36 073	㊷ 35 305	0.6	25 023	26 317	㊴ 24 782
山形	37 697	43 251	㉞ 42 842	0.8	28 360	31 657	㉟ 30 363
福島	66 836	79 078	⑳ 78 286	1.4	46 390	54 097	㉑ 51 929
茨城	125 580	140 842	⑪ 137 713	2.5	86 122	94 603	⑪ 88 823
栃木	80 965	93 433	⑮ 89 465	1.6	59 679	66 030	⑯ 60 545
群馬	79 873	92 507	⑰ 86 535	1.5	56 232	63 441	⑱ 56 954
埼玉	215 566	235 993	⑤ 229 226	4.1	201 635	221 077	⑤ 212 284
千葉	191 321	213 253	⑦ 207 756	3.7	173 064	192 629	⑥ 187 749
東京	1 019 256	1 150 633	① 1 096 016	19.6	688 666	806 381	① 732 495
神奈川	327 571	350 204	④ 339 055	6.1	278 498	288 616	② 273 544
新潟	86 049	91 828	⑯ 88 575	1.6	61 586	65 683	⑮ 61 283
富山	44 459	48 878	㉙ 47 299	0.8	32 558	34 656	㉛ 32 286
石川	42 961	47 482	㉛ 45 277	0.8	30 684	33 424	㉞ 31 375
福井	32 875	36 925	㊵ 35 711	0.6	23 171	25 998	㊶ 24 405
山梨	32 178	35 463	㊶ 35 527	0.6	22 981	24 792	㊷ 24 154
長野	77 773	84 716	⑲ 82 141	1.5	56 733	60 721	⑰ 57 104
岐阜	70 985	79 226	㉑ 76 630	1.4	54 592	60 601	⑲ 56 886
静岡	165 089	178 132	⑩ 171 052	3.1	114 749	123 856	⑩ 112 985
愛知	369 139	408 162	③ 396 593	7.1	249 911	278 607	③ 258 575
三重	74 596	81 454	⑱ 82 731	1.5	49 719	53 370	⑳ 52 195
滋賀	59 502	68 992	㉓ 67 397	1.2	41 595	47 224	㉓ 43 786
京都	98 096	107 726	⑬ 101 680	1.8	70 876	77 497	⑬ 70 772
大阪	382 641	413 132	② 397 203	7.1	249 979	271 965	④ 250 076
兵庫	200 759	223 117	⑥ 217 359	3.9	149 619	167 209	⑦ 157 751
奈良	36 624	38 361	㊲ 36 859	0.7	35 925	35 120	㉗ 33 127
和歌山	36 592	37 566	㊳ 36 251	0.6	27 264	27 371	㊳ 25 384
鳥取	17 252	19 093	㊼ 18 199	0.3	12 207	13 756	㊼ 12 803
島根	24 205	26 614	㊺ 25 757	0.5	18 060	20 051	㊺ 18 577
岡山	73 112	78 154	㉒ 76 064	1.4	49 525	53 353	㉒ 50 332
広島	112 774	119 959	⑫ 115 554	2.1	82 631	88 996	⑫ 83 122
山口	59 023	62 607	㉔ 61 481	1.1	41 997	42 435	㉕ 39 731
徳島	29 616	32 326	㊸ 31 852	0.6	21 828	22 880	㊸ 21 680
香川	37 830	40 080	㊱ 37 344	0.7	26 950	29 079	㊲ 26 288
愛媛	50 360	51 657	㉗ 48 275	0.9	36 109	36 541	㉘ 32 979
高知	22 469	24 663	㊻ 23 543	0.4	17 149	18 764	㊻ 17 229
福岡	181 733	198 937	⑨ 188 869	3.4	133 792	145 610	⑨ 135 049
佐賀	27 767	31 551	㊹ 30 459	0.5	20 532	22 611	㊹ 20 898
長崎	42 317	46 927	㉚ 45 387	0.8	31 768	34 606	㉚ 32 589
熊本	55 466	62 824	㉕ 61 051	1.1	40 921	46 822	㉔ 43 416
大分	42 138	45 622	㉜ 44 580	0.8	28 469	30 889	㊱ 29 264
宮崎	33 700	37 219	㊴ 36 025	0.6	23 987	26 198	㊵ 24 483
鹿児島	51 639	57 966	㉖ 56 103	1.0	37 979	41 630	㉖ 38 247
沖縄	37 611	45 037	㉟ 42 609	0.8	28 298	34 082	㉝ 31 799
全国	5 238 127	5 795 567	5 587 783	100.0	3 825 079	4 227 395	3 939 601

内閣府「2020年度県民経済計算」（2023年10月1日閲覧）より作成。1) 要素費用表示。2) 2011年度は2020年度と同一基準で比較可能な最も古い年次。○内の数値は全国順位。358ページの注記参照。

表 5 - 2　1 人あたり県民所得の推移（名目）（会計年度）

	1 人あたり県民所得 （千円）				東京を100とした 1 人あたり県民所得			
	2011[1]	2015	2019	2020	2011[1]	2015	2019	2020
北海道	2 470	2 719	2 851	2 682	47.3	46.6	49.5	51.4
青森	2 398	2 609	2 644	2 633	46.0	44.7	45.9	50.5
岩手	2 359	2 616	2 797	2 666	45.2	44.8	48.6	51.1
宮城	2 494	3 028	2 975	2 803	47.8	51.9	51.7	53.8
秋田	2 328	2 456	2 707	2 583	44.6	42.1	47.0	49.5
山形	2 441	2 639	2 932	2 843	46.8	45.2	50.9	54.5
福島	2 334	2 833	2 921	2 833	44.7	48.5	50.7	54.3
茨城	2 910	3 106	3 286	3 098	55.8	53.2	57.1	59.4
栃木	2 984	3 314	3 398	3 132	57.2	56.8	59.0	60.1
群馬	2 810	3 212	3 255	2 937	53.9	55.0	56.5	56.3
埼玉	2 797	2 976	3 011	2 890	53.6	51.0	52.3	55.4
千葉	2 784	3 041	3 066	2 988	53.4	52.1	53.3	57.3
東京	5 218	5 838	5 757	5 214	100.0	100.0	100.0	100.0
神奈川	3 074	3 089	3 129	2 961	58.9	52.9	54.4	56.8
新潟	2 605	2 836	2 954	2 784	49.9	48.6	51.3	53.4
富山	2 992	3 232	3 322	3 120	57.3	55.4	57.7	59.8
石川	2 630	2 960	2 934	2 770	50.4	50.7	51.0	53.1
福井	2 885	3 098	3 370	3 182	55.3	53.1	58.5	61.0
山梨	2 680	2 824	3 042	2 982	51.4	48.4	52.8	57.2
長野	2 648	2 871	2 946	2 788	50.7	49.2	51.2	53.5
岐阜	2 636	2 870	3 042	2 875	50.5	49.2	52.8	55.1
静岡	3 059	3 354	3 391	3 110	58.6	57.5	58.9	59.6
愛知	3 369	3 929	3 687	3 428	64.6	67.3	64.0	65.7
三重	2 691	2 965	2 994	2 948	51.6	50.8	52.0	56.5
滋賀	2 943	3 113	3 335	3 097	56.4	53.3	57.9	59.4
京都	2 692	2 918	2 990	2 745	51.6	50.0	51.9	52.6
大阪	2 820	2 962	3 076	2 830	54.0	50.7	53.4	54.3
兵庫	2 679	2 950	3 047	2 887	51.3	50.5	52.9	55.4
奈良	2 575	2 611	2 634	2 501	49.3	44.7	45.8	48.0
和歌山	2 739	2 793	2 939	2 751	52.5	47.8	51.1	52.8
鳥取	2 082	2 346	2 468	2 313	39.9	40.2	42.9	44.4
島根	2 533	2 836	2 960	2 768	48.5	48.6	51.4	53.1
岡山	2 551	2 808	2 813	2 665	48.9	48.1	48.9	51.1
広島	2 891	3 198	3 164	2 969	55.4	54.8	55.0	56.9
山口	2 908	2 944	3 128	2 960	55.7	50.4	54.3	56.8
徳島	2 799	3 069	3 144	3 013	53.6	52.6	54.6	57.8
香川	2 717	2 888	3 036	2 766	52.1	49.5	52.7	53.0
愛媛	2 537	2 521	2 714	2 471	48.6	43.2	47.1	47.4
高知	2 263	2 542	2 683	2 491	43.4	43.5	46.6	47.8
福岡	2 633	2 756	2 836	2 630	50.5	47.2	49.3	50.4
佐賀	2 423	2 621	2 769	2 575	46.4	44.9	48.1	49.4
長崎	2 241	2 422	2 608	2 483	42.9	41.5	45.3	47.6
熊本	2 257	2 431	2 676	2 498	43.3	41.6	46.5	47.9
大分	2 388	2 589	2 723	2 604	45.8	44.3	47.3	49.9
宮崎	2 122	2 337	2 432	2 289	40.7	40.0	42.2	43.9
鹿児島	2 238	2 409	2 599	2 408	42.9	41.3	45.1	46.2
沖縄	2 018	2 179	2 332	2 167	38.7	37.3	40.5	41.6
全国	2 992	3 273	3 340	3 123	57.3	56.1	58.0	59.9

資料は前表と同じ。1) 2011年度は2020年度と同一基準で比較可能な最も古い年次。

図5-1　県内総生産と1人あたり県民所得の比較（名目）（2020年度）

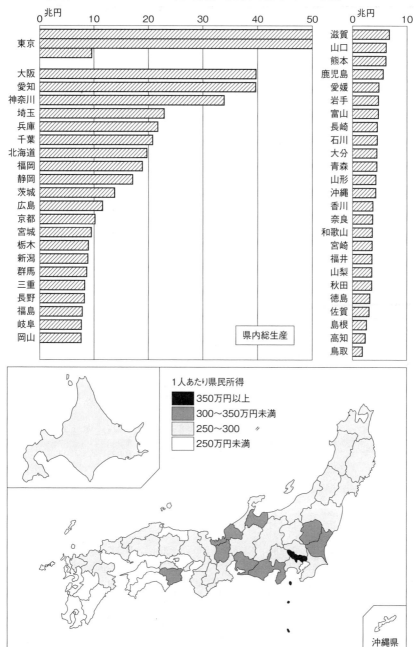

表5-1、表5-2より作成。

表5-3 経済活動別県内総生産 (名目) (2020年度) (単位 億円)

	農林水産業	製造業	電気・ガス・水道・廃棄物処理業	建設業	卸売・小売業	運輸・郵便業	宿泊・飲食サービス業
北海道	① 7 814	19 452	⑧ 7 495	⑤ 15 804	⑥ 26 117	⑤ 12 368	⑨ 3 059
青森	④ 2 038	6 119	1 461	3 192	6 017	2 307	588
岩手	1 482	7 911	1 387	4 855	5 825	2 348	602
宮城	1 285	15 475	3 112	7 850	14 321	4 276	1 326
秋田	1 044	5 524	1 849	3 004	3 409	1 273	536
山形	1 183	11 166	1 454	2 847	4 432	1 423	529
福島	1 140	17 862	4 624	8 092	7 292	3 766	1 042
茨城	② 2 743	⑧ 46 113	⑩ 4 946	6 943	9 775	5 739	1 625
栃木	1 335	⑩ 34 406	2 949	4 205	7 166	3 412	1 184
群馬	1 090	28 788	2 756	4 202	9 485	2 867	1 126
埼玉	867	⑦ 48 069	⑦ 8 185	⑥ 11 264	⑤ 26 458	⑧ 10 280	⑥ 3 383
千葉	⑤ 1 868	⑨ 42 089	④ 10 487	⑦ 10 861	⑨ 17 963	⑥ 11 133	⑦ 3 280
東京	456	② 75 791	① 17 084	① 46 608	① 232 614	① 29 763	① 18 952
神奈川	384	④ 66 579	③ 10 588	③ 17 962	④ 28 542	④ 14 815	③ 5 141
新潟	⑧ 1 563	20 014	4 213	5 902	9 416	3 779	1 238
富山	415	14 579	1 915	2 727	4 669	1 855	607
石川	368	9 724	1 513	2 838	5 032	1 542	757
福井	271	8 632	1 909	4 272	2 941	1 323	551
山梨	563	11 930	853	2 316	2 811	1 184	626
長野	⑨ 1 552	23 106	2 353	5 679	7 714	2 919	1 471
岐阜	595	21 626	2 188	5 345	7 576	3 030	1 322
静岡	1 159	⑤ 64 826	3 787	⑩ 8 823	14 691	⑩ 6 826	⑩ 2 276
愛知	⑩ 1 535	① 141 454	⑤ 9 798	④ 17 233	③ 45 575	② 16 601	④ 5 129
三重	710	33 037	2 744	3 536	5 871	4 218	1 055
滋賀	341	29 939	2 089	3 477	4 099	2 243	738
京都	339	26 115	3 324	5 186	9 135	3 332	1 848
大阪	177	③ 69 686	② 13 641	② 20 855	② 58 206	③ 15 120	② 6 149
兵庫	932	⑥ 60 465	⑥ 9 088	⑧ 10 272	⑧ 20 606	⑨ 9 469	⑤ 3 518
奈良	203	6 503	1 247	2 001	3 362	1 484	619
和歌山	731	9 358	1 121	2 952	3 414	1 434	573
鳥取	480	2 318	590	1 310	1 883	674	291
島根	418	4 303	875	2 258	2 823	997	384
岡山	734	22 297	2 150	3 698	7 051	4 013	999
広島	673	30 065	3 372	6 964	⑩ 17 237	4 705	1 633
山口	299	22 477	2 114	3 087	4 580	3 250	763
徳島	553	9 345	1 407	2 062	2 892	984	393
香川	521	7 142	1 092	2 264	5 006	1 519	547
愛媛	756	11 144	1 552	2 876	4 837	2 515	734
高知	762	1 994	705	2 112	2 683	1 100	501
福岡	1 269	28 884	⑨ 5 686	⑨ 8 930	⑦ 24 095	⑦ 10 401	⑧ 3 159
佐賀	720	7 505	1 211	1 878	3 369	1 296	381
長崎	1 090	7 726	1 974	3 733	4 626	1 431	775
熊本	⑦ 1 779	12 071	1 812	5 126	6 034	2 165	1 063
大分	832	11 170	1 794	2 681	4 127	2 084	700
宮崎	⑥ 1 799	6 830	1 098	2 126	3 940	1 565	567
鹿児島	③ 2 640	6 436	1 496	5 309	6 786	3 296	865
沖縄	498	1 930	1 856	4 193	3 829	1 822	1 170
全国	52 005	1 169 974	170 945	311 712	710 332	225 949	85 773

資料は表5-1と同じ。○内の数字は全国順位。×鉱業、公務、その他サービスのほか、輸入品に課さ〟

情報通信業	金融・保険業	不動産業	専門・科学技術、業務支援サービス業	教育	保健衛生・社会事業	県内総生産 ×	
⑥ 6 533	⑨ 6 140	⑨ 23 212	⑩ 15 242	⑥ 8 238	⑥ 22 443	197 256	北海道
1 080	1 390	5 299	2 989	2 409	5 125	44 566	青森
1 216	1 471	5 952	2 891	2 096	4 772	47 474	岩手
3 349	2 844	12 079	8 140	4 035	8 131	94 852	宮城
803	1 100	4 741	2 478	1 682	4 256	35 305	秋田
979	1 402	4 459	2 197	1 837	4 284	42 842	山形
1 759	2 108	8 080	5 458	2 717	6 884	78 286	福島
2 899	3 280	12 758	⑦ 15 853	4 440	9 791	137 713	茨城
1 665	2 393	7 981	6 111	2 777	6 724	89 465	栃木
2 017	2 414	8 858	5 702	3 242	7 397	86 535	群馬
⑦ 5 930	⑤ 8 380	⑤ 35 549	⑥ 16 415	⑦ 8 187	⑤ 22 930	229 226	埼玉
⑧ 5 828	⑧ 6 264	⑥ 33 566	⑧ 15 399	⑨ 7 797	⑧ 20 584	207 756	千葉
① 127 737	① 84 982	① 147 328	① 134 570	① 28 872	① 71 406	1 096 016	東京
③ 20 042	④ 10 273	② 56 739	③ 35 108	④ 10 726	③ 31 710	339 055	神奈川
2 614	2 777	11 367	5 173	3 724	8 551	88 575	新潟
1 253	1 529	5 745	2 820	1 612	4 043	47 299	富山
1 579	1 616	6 019	3 516	1 802	4 500	45 277	石川
987	1 234	3 541	2 716	1 417	3 041	35 711	福井
914	976	3 854	1 841	1 602	3 182	35 527	山梨
2 359	2 819	9 269	4 298	3 369	8 038	82 141	長野
1 749	2 991	7 408	5 561	2 680	7 218	76 630	岐阜
⑩ 3 815	⑩ 5 737	⑩ 17 030	10 782	4 667	⑩ 12 939	171 052	静岡
④ 12 958	③ 12 145	④ 40 753	④ 29 818	③ 11 510	④ 26 891	396 593	愛知
1 623	2 582	7 181	3 867	2 816	5 922	82 731	三重
1 035	1 663	6 335	3 526	2 422	4 898	67 397	滋賀
2 897	3 736	12 381	7 174	⑩ 5 918	9 985	101 680	京都
② 21 761	② 16 253	③ 51 485	② 39 751	② 13 532	② 37 193	397 203	大阪
⑨ 5 565	⑥ 6 802	⑦ 28 772	⑨ 15 270	⑤ 9 282	⑨ 20 357	217 359	兵庫
972	1 862	5 225	1 744	2 057	4 550	36 859	奈良
836	1 188	3 734	1 832	1 414	3 980	36 251	和歌山
582	821	2 271	1 032	1 128	2 454	18 199	鳥取
936	779	2 842	1 578	1 438	3 266	25 757	島根
2 295	2 499	8 044	4 861	3 311	7 716	76 064	岡山
3 384	4 032	11 298	7 835	4 316	11 428	115 554	広島
1 230	1 719	5 601	3 028	2 100	5 570	61 481	山口
748	953	3 175	1 348	1 374	3 333	31 852	徳島
1 131	1 579	4 566	2 483	1 544	4 242	37 344	香川
1 454	2 094	4 713	2 999	2 222	5 635	48 275	愛媛
730	894	2 532	1 536	1 259	3 501	23 543	高知
⑤ 10 245	⑦ 6 666	⑧ 24 125	⑤ 17 927	⑧ 7 848	⑦ 21 919	188 869	福岡
751	930	2 895	1 599	1 797	3 418	30 459	佐賀
1 320	1 229	4 996	2 638	2 396	6 019	45 387	長崎
1 792	1 754	6 096	4 260	2 684	7 446	61 051	熊本
1 324	1 266	4 641	2 703	1 768	4 995	44 580	大分
1 124	1 127	3 311	2 061	1 605	4 600	36 025	宮崎
1 800	1 814	5 290	3 102	2 829	7 360	56 103	鹿児島
1 844	1 497	5 329	4 841	2 414	5 317	42 609	沖縄
277 446	232 002	688 426	474 072	200 912	499 966	5 587 783	全国

＼れる税・関税を含み、総資本形成に係る消費税を控除。

府県別統計

県民経済計算

表5-4　県内総生産（支出側）と県民総所得（名目）（2020年度）（単位　億円）

	民間最終消費支出	地方政府等最終消費支出	県内総資本形成	財貨・サービスの移出入（純）1)	県内総生産（支出側）	（参考）			
						県外からの所得（純）		県民総所得2)	
北海道	112 655	40 287	40 782	3 532	197 256	2 550	⑧	199 806	
青森	24 883	9 641	13 168	-3 126	44 566	1 100	㉜	45 666	
岩手	27 226	9 578	15 817	-5 147	47 474	722	㉘	48 196	
宮城	50 040	15 739	24 128	4 945	94 852	1 728	⑭	96 580	
秋田	20 878	8 613	9 817	-4 003	35 305	776	㊶	36 081	
山形	24 001	8 118	12 116	-1 394	42 842	466	㊱	43 307	
福島	37 829	14 453	29 952	-3 949	78 286	1 887	㉑	80 173	
茨城	63 989	17 983	31 979	23 762	137 713	2 733	⑪	140 446	
栃木	41 399	11 978	20 650	15 438	89 465	1 813	⑮	91 277	
群馬	42 246	12 296	22 080	9 913	86 535	806	⑰	87 341	
埼玉	166 205	41 485	55 920	-34 383	229 226	61 258	⑤	290 484	
千葉	146 780	34 229	51 651	-24 904	207 756	53 009	⑥	260 765	
東京	419 135	78 506	193 009	405 366	1 096 016	-84 989	①	1 011 027	
神奈川	229 889	49 348	74 114	-14 297	339 055	53 088	③	392 142	
新潟	47 762	15 838	23 435	1 541	88 575	2 576	⑯	91 151	
富山	24 647	7 231	13 191	2 229	47 299	396	㊴	47 695	
石川	26 484	8 323	11 794	-1 324	45 277	1 691	㉚	46 969	
福井	16 413	6 176	12 169	953	35 711	889	㊵	36 600	
山梨	17 543	6 659	11 642	-316	35 527	393	㊷	35 920	
長野	45 163	14 847	22 036	95	82 141	1 937	⑲	84 077	
岐阜	40 080	12 862	26 344	-2 656	76 630	5 504	⑳	82 134	
静岡	79 120	26 623	41 460	23 850	171 052	4 105	⑩	175 157	
愛知	180 945	43 102	90 702	81 844	396 593	4 103	②	400 696	
三重	37 626	12 014	19 752	13 339	82 731	2 636	⑱	85 367	
滋賀	30 272	8 749	18 821	9 556	67 397	1 278	㉓	68 675	
京都	60 790	16 301	23 268	1 321	101 680	1 132	⑬	102 812	
大阪	203 329	60 990	82 255	50 630	397 203	-10 140	④	387 064	
兵庫	127 292	33 423	49 901	6 742	217 359	13 618	⑦	230 977	
奈良	29 362	9 068	8 681	-10 253	36 859	7 820	㉟	44 679	
和歌山	18 819	7 471	10 233	-272	36 251	566	㊳	36 817	
鳥取	11 541	4 885	5 133	-3 360	18 199	310	㊼	18 510	
島根	15 079	6 169	7 426	-2 918	25 757	46	㊺	25 803	
岡山	40 211	13 314	20 156	2 384	76 064	2 551	㉒	78 616	
広島	62 322	18 442	36 353	-1 563	115 554	4 176	⑫	119 730	
山口	28 628	10 430	14 537	7 886	61 481	-370	㉕	61 111	
徳島	16 301	8 446	7 799	-695	31 852	158	㊸	32 009	
香川	21 719	6 958	8 449	218	37 344	865	㊲	38 209	
愛媛	28 048	9 865	12 246	-1 885	48 275	1 243	㉗	49 518	
高知	14 987	6 653	6 946	-5 044	23 543	642	㊻	24 185	
福岡	113 542	34 274	44 456	-3 403	188 869	6 827	⑨	195 696	
佐賀	16 068	6 010	8 742	-361	30 459	763	㊹	31 222	
長崎	26 159	10 087	13 010	-3 868	45 387	898	㉛	46 285	
熊本	32 494	13 460	14 995	101	61 051	1 428	㉔	62 479	
大分	23 683	10 901	10 889	-893	44 580	894	㉞	45 474	
宮崎	20 881	7 427	9 409	-1 692	36 025	643	㊳	36 668	
鹿児島	30 922	15 430	13 696	-3 946	56 103	64	㉖	56 167	
沖縄	25 895	10 301	12 830	-6 417	42 609	2 908	㉝	45 517	
全国	2 921 280	834 984	1 307 941	523 579	5 587 783	159 497		5 747 280	

資料は表5-1と同じ。1）統計上の不突合を含む。2）市場価格表示。○内の数字は全国順位。県内総生産の順位は表5-1参照。

表 5 - 5 実質経済成長率の推移 （会計年度）（%）

	2013	2014	2015	2016	2017	2018	2019	2020
北海道	3.6	-0.4	1.6	-1.4	2.0	0.0	-0.1	-5.2
青森	-0.8	-1.1	4.6	-0.2	-1.8	-2.0	0.7	-2.3
岩手	5.3	0.2	-0.8	0.3	2.7	1.0	-1.5	-3.0
宮城	3.7	2.6	4.1	-0.1	0.5	0.6	-2.6	-4.6
秋田	1.4	0.1	0.9	0.9	3.8	-2.3	1.2	-2.8
山形	4.0	-1.7	1.7	2.2	5.3	-0.8	0.1	-1.3
福島	5.6	1.3	0.3	0.9	1.4	-0.3	-1.8	-2.1
茨城	0.3	0.1	3.2	-0.4	6.8	0.7	-2.3	-3.3
栃木	6.4	-1.2	3.4	1.8	3.2	0.3	-2.2	-5.2
群馬	3.9	0.0	2.5	1.4	3.2	0.0	-0.2	-7.1
埼玉	3.4	-1.2	2.3	0.7	3.0	0.3	-0.9	-3.5
千葉	7.0	-2.7	-0.1	-1.2	3.4	0.9	-1.6	-4.6
東京	3.7	-1.6	3.4	0.6	2.1	0.8	-0.8	-5.6
神奈川	1.1	-2.2	1.9	-0.1	3.5	0.6	-1.4	-4.3
新潟	2.1	-2.2	1.9	-0.2	2.0	0.7	-2.2	-4.4
富山	1.1	1.1	3.1	-2.5	3.0	3.4	-1.3	-4.0
石川	3.9	-0.1	3.2	-0.4	0.9	2.0	-3.4	-5.2
福井	0.7	-1.6	4.6	-2.7	4.8	6.3	0.3	-4.1
山梨	2.1	-0.8	3.7	-0.4	4.1	2.7	-1.3	-0.2
長野	1.8	0.4	3.6	0.2	2.8	1.0	-1.9	-3.4
岐阜	0.3	-0.8	3.0	1.1	2.8	2.0	-1.3	-4.1
静岡	1.8	-1.9	1.8	0.9	1.9	1.3	-1.7	-4.9
愛知	2.0	0.1	3.9	-2.4	2.9	1.4	-3.7	-4.0
三重	4.0	-1.5	-1.2	2.2	4.8	1.9	-5.3	0.8
滋賀	3.7	-0.2	2.5	4.3	4.7	1.3	0.1	-2.6
京都	0.4	0.1	4.4	0.6	1.8	0.3	-0.7	-6.1
大阪	1.1	-0.4	2.6	-0.1	3.1	0.4	-1.7	-4.6
兵庫	3.3	-1.3	2.9	0.5	1.7	0.1	0.1	-3.5
奈良	0.8	0.4	-1.7	2.0	1.1	0.8	-0.7	-4.5
和歌山	2.8	-4.8	-4.8	4.4	-3.6	2.7	-0.7	-6.6
鳥取	2.4	-1.3	3.9	0.6	3.6	-0.7	-1.4	-5.3
島根	2.0	-0.5	4.5	-0.2	-0.1	1.2	0.7	-3.7
岡山	5.3	-3.0	2.7	-1.8	2.8	-0.1	-1.5	-5.4
広島	3.0	3.5	3.3	0.4	0.7	-1.7	-2.4	-4.4
山口	2.7	-0.6	-6.6	5.8	3.3	-0.1	-2.3	-4.0
徳島	3.8	1.0	1.0	-0.7	2.1	1.2	-0.1	-1.9
香川	-0.9	-1.8	1.5	1.1	1.0	-0.1	0.8	-8.2
愛媛	4.2	-2.6	0.6	1.0	3.0	-1.4	-0.5	-7.9
高知	4.0	-0.5	1.5	0.2	0.6	-0.8	-1.0	-5.4
福岡	2.5	-0.8	2.3	1.0	2.3	0.3	-1.2	-6.0
佐賀	1.8	0.5	2.7	-0.0	2.0	5.2	-1.0	-4.5
長崎	1.4	-3.8	7.7	1.7	0.4	1.5	-1.0	-4.3
熊本	2.8	-1.5	1.3	3.0	3.2	-0.2	0.4	-3.5
大分	1.3	-1.5	0.5	-2.8	4.4	3.2	-2.5	-4.0
宮崎	3.1	0.1	2.2	0.1	2.5	0.0	-1.8	-4.0
鹿児島	2.9	-1.4	2.5	0.2	4.5	-1.4	0.1	-4.2
沖縄	4.3	-0.6	4.1	2.5	1.4	0.0	0.8	-6.0
全国	2.8	-0.9	2.5	0.2	2.6	0.6	-1.3	-4.6

資料は表5-1と同じ。実質県内総生産（2015暦年連鎖価格）の対前年度変動率。

表 5 - 6　地方財政歳出（普通会計・決算額）（2021年度）（単位　億円）

	歳出総額	総務費	民生費	社会福祉費	老人福祉費	児童福祉費	衛生費
北海道	⑤ 30 675	2 142	4 431	1 716	1 704	698	2 507
青森	㉘ 7 798	529	1 153	378	449	251	571
岩手	㉔ 9 166	709	987	341	379	225	763
宮城	⑯ 11 946	1 072	1 538	540	602	341	996
秋田	㊱ 6 561	611	833	282	370	165	326
山形	㉝ 7 103	478	832	255	336	220	583
福島	⑪ 13 975	926	1 678	475	540	323	1 096
茨城	⑫ 13 505	690	2 030	716	777	482	1 141
栃木	⑲ 10 292	559	1 368	496	486	348	839
群馬	㉑ 9 917	660	1 469	516	565	356	807
埼玉	⑧ 24 993	1 559	4 459	1 670	1 727	948	2 720
千葉	⑦ 25 178	1 729	3 497	1 180	1 441	814	2 277
東京	① 95 895	5 878	12 542	4 801	3 733	3 771	6 986
神奈川	⑥ 29 755	3 370	5 025	1 744	2 045	1 149	2 610
新潟	⑮ 12 274	830	1 353	418	678	237	778
富山	㊴ 6 191	475	713	195	359	156	401
石川	㉟ 6 563	398	808	269	344	184	441
福井	㊷ 5 578	462	610	203	242	152	377
山梨	㊶ 5 718	476	646	220	268	146	401
長野	⑰ 11 730	498	1 363	475	630	225	705
岐阜	㉒ 9 908	912	1 280	421	581	257	720
静岡	⑩ 13 983	1 659	2 270	782	957	486	1 064
愛知	④ 30 878	1 620	4 606	1 874	1 770	926	2 060
三重	㉖ 8 539	712	1 230	382	530	289	728
滋賀	㉜ 7 311	443	961	362	350	237	644
京都	⑬ 12 987	701	1 951	770	801	349	871
大阪	② 46 348	2 634	6 709	2 927	2 547	1 178	4 148
兵庫	③ 31 785	683	3 899	1 498	1 548	820	1 885
奈良	㊳ 6 219	354	1 010	369	409	177	844
和歌山	㊲ 6 436	340	832	276	361	159	416
鳥取	㊼ 3 909	285	543	187	212	139	313
島根	㊸ 5 556	437	607	186	279	141	342
岡山	㉕ 8 579	825	1 321	474	588	246	723
広島	⑭ 12 545	871	1 891	670	826	386	1 204
山口	㉚ 7 355	491	1 015	301	489	216	569
徳島	㊹ 5 545	445	680	184	313	136	518
香川	㊺ 5 055	370	735	253	320	143	406
愛媛	㉙ 7 426	511	1 070	383	452	201	504
高知	㊻ 5 301	368	717	246	293	142	372
福岡	⑨ 24 613	1 218	4 154	1 389	1 660	784	1 829
佐賀	㊵ 5 999	446	743	229	282	199	409
長崎	㉗ 8 098	608	1 175	437	468	246	612
熊本	⑳ 10 028	751	1 528	487	596	368	821
大分	㉛ 7 314	437	984	347	389	231	458
宮崎	㉞ 6 973	820	980	323	341	282	416
鹿児島	㉓ 9 386	768	1 537	525	583	368	635
沖縄	⑱ 10 352	1 168	1 636	795	337	401	851
全国	663 242	44 959	93 398	33 969	35 953	20 697	51 683

総務省「2021年度都道府県決算状況調」より作成。歳出総額および民生費、土木費にはその他の内訳↗

財政

農林水産業費	商工費	土木費	道路橋梁費	警察費	教育費	公債費	
2 743	4 457	3 293	1 456	1 282	4 254	3 775	北海道
541	800	961	566	315	1 423	1 120	青森
693	1 322	1 196	659	293	1 478	1 017	岩手
667	1 881	1 163	510	510	1 798	1 088	宮城
730	533	890	452	252	1 027	1 030	秋田
507	1 156	855	482	264	1 116	874	山形
920	1 890	2 559	1 555	433	2 178	1 249	福島
429	2 052	1 486	799	621	2 727	1 450	茨城
354	1 979	1 008	549	454	1 857	1 135	栃木
321	2 006	805	457	444	1 703	982	群馬
204	3 155	1 704	695	1 444	4 668	2 977	埼玉
542	5 566	1 347	585	1 407	4 122	2 797	千葉
199	20 990	7 587	1 323	6 195	13 364	3 671	東京
246	5 336	1 085	348	1 941	3 959	3 274	神奈川
859	2 138	1 550	708	492	1 780	1 697	新潟
425	813	810	401	245	1 052	902	富山
393	934	869	439	245	1 161	934	石川
326	723	758	453	222	933	904	福井
338	795	949	432	215	891	725	山梨
492	2 094	1 761	890	447	1 973	1 414	長野
484	1 116	1 229	719	456	1 892	1 016	岐阜
608	436	1 507	625	776	2 448	1 874	静岡
870	5 493	2 352	987	1 694	4 971	4 626	愛知
352	590	1 045	521	372	1 712	1 185	三重
319	856	1 026	537	314	1 465	772	滋賀
231	3 353	863	415	776	1 724	1 648	京都
137	15 712	2 108	375	2 628	5 322	3 975	大阪
850	10 660	2 306	880	1 353	3 753	4 604	兵庫
148	278	744	395	296	1 239	893	奈良
296	786	1 252	761	273	1 049	870	和歌山
277	304	616	329	161	677	527	鳥取
430	727	866	478	195	951	741	島根
695	621	785	363	463	1 474	1 010	岡山
337	1 881	1 162	480	609	1 875	1 485	広島
362	980	855	404	369	1 359	901	山口
345	774	780	369	214	824	708	徳島
193	706	541	259	251	939	601	香川
384	939	973	458	309	1 301	925	愛媛
402	320	914	445	240	957	737	高知
602	6 398	1 825	748	1 293	3 133	2 335	福岡
353	1 050	671	341	203	1 188	614	佐賀
581	752	1 092	572	368	1 488	952	長崎
717	1 319	1 138	567	379	1 422	980	熊本
547	1 047	1 090	551	264	1 222	774	大分
559	694	914	477	259	1 153	783	宮崎
833	494	1 030	521	365	1 901	1 212	鹿児島
548	2 173	784	267	347	1 782	652	沖縄
24 390	121 076	63 105	27 603	32 949	102 685	70 410	全国

＼項目を含む。○内の数字は全国順位。

表 5 - 7　地方財政歳入（普通会計・決算額）（2021年度）（単位　億円）

	歳入総額[1]	地方税	地方譲与税	地方特例交付金等	地方交付税	使用料[2]	国庫支出金	地方債
北海道	⑤ 31 129	7 353	979	25	6 841	177	7 131	3 493
青森	㉘ 8 149	1 821	233	7	2 388	97	1 718	727
岩手	㉔ 9 759	1 685	237	7	2 408	53	1 939	832
宮城	⑮ 12 566	3 402	396	14	1 740	95	2 866	1 094
秋田	㉟ 6 818	1 276	188	6	2 153	53	1 264	964
山形	㉝ 7 247	1 456	206	7	1 986	45	1 230	796
福島	⑩ 14 580	2 980	345	12	2 376	118	3 735	1 443
茨城	⑫ 13 852	4 519	503	21	2 187	118	2 972	1 522
栃木	⑱ 10 555	3 086	344	15	1 556	71	2 017	1 197
群馬	㉑ 10 246	3 030	342	16	1 591	82	2 227	992
埼玉	⑧ 25 477	9 877	1 206	55	2 930	235	7 086	2 682
千葉	⑦ 25 687	9 080	1 036	43	2 544	242	6 399	2 482
東京	① 101 390	58 715	533	281	—	1 226	25 146	2 485
神奈川	⑥ 30 104	12 540	1 487	47	2 033	278	7 558	2 904
新潟	⑯ 12 503	3 101	404	12	2 760	106	2 311	1 382
富山	㊳ 6 452	1 654	190	7	1 543	74	1 118	730
石川	㊱ 6 736	1 784	204	9	1 466	54	1 441	858
福井	㊹ 5 727	1 406	142	5	1 468	37	1 098	808
山梨	㊶ 6 000	1 248	147	5	1 557	75	1 074	639
長野	⑰ 11 965	3 052	372	14	2 342	122	2 482	1 486
岐阜	㉒ 10 089	2 973	357	16	2 076	103	2 218	1 425
静岡	⑪ 14 214	5 667	615	24	2 082	142	2 895	1 975
愛知	④ 31 711	12 895	1 252	62	1 774	370	7 607	4 267
三重	㉕ 8 938	2 873	317	14	1 696	66	1 796	1 397
滋賀	㉜ 7 386	2 138	245	12	1 445	53	1 696	850
京都	㉓ 13 130	3 640	433	13	2 100	78	3 594	1 175
大阪	② 46 869	13 960	1 449	49	3 804	511	13 785	3 848
兵庫	③ 32 142	7 829	924	34	3 753	255	6 952	3 119
奈良	㊴ 6 281	1 650	233	9	1 825	53	1 456	654
和歌山	㊲ 6 734	1 206	173	6	1 957	44	1 460	909
鳥取	㊼ 4 041	726	108	3	1 523	31	846	467
島根	㊷ 5 886	891	135	4	1 998	38	1 152	654
岡山	㉖ 8 764	2 673	333	12	1 915	64	1 893	908
広島	⑭ 12 899	3 986	485	17	2 148	88	3 093	1 394
山口	㉙ 7 739	1 962	249	10	1 978	68	1 528	593
徳島	㊸ 5 866	1 018	137	4	1 686	42	1 168	608
香川	㊻ 5 197	1 451	170	6	1 336	44	986	466
愛媛	㉛ 7 617	1 876	247	8	1 954	56	1 419	766
高知	㊺ 5 436	898	137	3	1 915	40	1 298	806
福岡	⑨ 25 282	7 043	859	28	3 322	155	6 273	3 129
佐賀	㊵ 6 091	1 137	147	5	1 642	41	1 150	814
長崎	㉗ 8 350	1 614	235	7	2 439	83	2 099	1 013
熊本	⑳ 10 469	2 176	310	10	2 443	67	2 636	1 227
大分	㉚ 7 632	1 510	211	8	1 963	56	1 760	900
宮崎	㉞ 7 144	1 396	200	7	2 050	69	1 542	857
鹿児島	㉓ 9 904	2 027	295	11	3 013	76	2 492	1 055
沖縄	⑲ 10 490	1 757	240	6	2 401	129	4 151	634
全国	683 243	222 039	19 989	995	102 104	6 182	161 756	65 424

総務省「2021年度都道府県決算状況調」より作成。1) 歳入総額にはその他の歳入項目を含む。2) 授業料、公営住宅使用料など。○内の数字は全国順位。

表5-8　地方債現在高の推移（単位　億円）

	2018年度末	2019年度末	2020年度末（A）	2021年度			
				発行額（B）	元金償還額（C）	利子償還額	2021年度末（A＋B－C）
北海道	58 053	58 122	58 656	3 493	3 521	241	58 628
青森	11 084	10 603	10 180	727	1 071	48	9 836
岩手	13 474	13 358	13 435	832	930	86	13 337
宮城	15 256	15 008	15 084	1 094	1 034	51	15 144
秋田	12 558	12 541	12 575	964	963	66	12 575
山形	11 670	11 727	11 815	796	812	61	11 799
福島	14 321	14 349	14 610	1 443	1 194	52	14 858
茨城	21 648	21 494	21 396	1 522	1 365	81	21 553
栃木	11 093	11 273	11 527	1 197	1 094	40	11 630
群馬	12 456	12 741	13 078	992	922	57	13 149
埼玉	38 419	38 377	38 621	2 682	2 680	281	38 623
千葉	30 829	30 784	30 868	2 482	2 570	214	30 780
東京	40 394	38 317	39 889	2 485	3 179	469	39 194
神奈川	35 030	34 406	34 139	2 904	2 974	286	34 069
新潟	24 460	24 467	24 560	1 382	1 566	125	24 376
富山	11 861	11 830	11 834	730	853	49	11 711
石川	12 086	11 999	12 051	858	889	43	12 020
福井	8 173	8 136	8 162	808	853	48	8 117
山梨	9 390	9 398	9 405	639	692	32	9 352
長野	15 584	15 764	16 197	1 486	1 332	76	16 352
岐阜	15 877	16 238	16 752	1 425	926	86	17 250
静岡	27 562	27 697	28 261	1 975	1 643	218	28 593
愛知	47 402	47 191	47 351	4 267	4 259	350	47 359
三重	14 052	14 175	14 479	1 397	1 121	61	14 755
滋賀	10 732	10 797	10 932	850	728	44	11 054
京都	20 468	20 700	21 015	1 175	1 516	123	20 674
大阪	53 285	52 192	51 807	3 848	3 730	226	51 924
兵庫	44 627	44 380	44 208	3 119	3 501	1 088	43 826
奈良	10 887	10 604	10 319	654	844	47	10 129
和歌山	10 276	10 405	10 560	909	823	45	10 646
鳥取	6 258	6 300	6 314	467	492	35	6 290
島根	9 402	9 262	9 187	654	692	47	9 148
岡山	13 414	13 392	13 560	908	952	56	13 516
広島	20 790	20 779	20 984	1 394	1 350	129	21 027
山口	12 334	12 266	12 178	593	867	33	11 904
徳島	8 327	8 204	8 188	608	673	33	8 123
香川	8 687	8 647	8 605	466	558	42	8 513
愛媛	10 347	10 269	10 301	766	883	41	10 183
高知	8 642	8 780	8 904	806	700	35	9 010
福岡	36 308	36 928	37 755	3 129	2 051	276	38 833
佐賀	6 983	6 974	7 208	814	589	25	7 432
長崎	12 404	12 488	12 584	1 013	897	53	12 700
熊本	15 680	15 917	16 322	1 227	892	85	16 656
大分	10 269	10 348	10 556	900	721	52	10 735
宮崎	8 448	8 375	8 411	857	752	30	8 517
鹿児島	16 032	15 917	15 967	1 055	1 126	82	15 896
沖縄	6 238	6 037	5 978	634	629	23	5 983
全国	873 568	869 956	876 768	65 424	64 411	5 772	877 781

総務省「都道府県決算状況調」（2019〜21年度）より作成。都道府県分の地方債現在高であり、市町村の分（第3部市町村統計を参照）を含まず。

表 5-9 地方財政構造 (2021年度)

	財政力指数	経常収支比率(%)	実質公債費比率(%)		財政力指数	経常収支比率(%)	実質公債費比率(%)
北海道	0.44595	92.7	19.1	滋賀	0.54836	86.3	10.4
青森	0.34205	88.9	12.5	京都	0.56803	94.4	15.9
岩手	0.35856	88.2	13.3	大阪	0.75219	87.1	12.2
宮城	0.59731	89.0	11.2	兵庫	0.62258	97.2	15.2
秋田	0.31066	86.6	14.9	奈良	0.41700	84.8	9.0
山形	0.36209	88.7	12.0	和歌山	0.32297	86.9	7.7
福島	0.52158	93.8	7.1	鳥取	0.27259	82.8	9.4
茨城	0.63115	88.3	9.2	島根	0.25379	83.9	5.3
栃木	0.61976	88.8	9.6	岡山	0.51083	89.4	11.1
群馬	0.61177	87.6	9.4	広島	0.59332	87.6	13.5
埼玉	0.74351	90.1	10.7	山口	0.43531	86.6	8.4
千葉	0.75112	84.8	8.1	徳島	0.31217	86.9	11.3
東京	1.07301	77.8	1.5	香川	0.46068	89.9	9.5
神奈川	0.85330	88.6	9.2	愛媛	0.42493	84.7	10.9
新潟	0.45700	89.3	17.5	高知	0.26105	89.6	10.6
富山	0.46248	88.6	13.4	福岡	0.62808	89.2	11.1
石川	0.49718	87.7	12.6	佐賀	0.34218	88.8	8.4
福井	0.40511	91.1	12.1	長崎	0.33484	89.2	10.1
山梨	0.38432	84.5	11.6	熊本	0.40305	84.9	7.3
長野	0.50787	89.6	9.8	大分	0.37501	87.1	8.6
岐阜	0.53634	84.7	6.1	宮崎	0.34168	83.7	10.6
静岡	0.69278	88.4	13.1	鹿児島	0.33756	92.8	11.3
愛知	0.88545	89.2	13.1	沖縄	0.36177	88.0	7.1
三重	0.58573	87.4	12.0	全国	0.50034	87.3	10.1

総務省「2021年度都道府県決算状況調」より作成。財政力指数および実質公債費比率は2019～2021年度の3年度平均。全国は財政力指数、経常収支比率、実質公債費比率とも合計値を団体数で除した単純平均。

財政力指数 基準財政収入額（自治体が標準的に収入しうるものとして算定された税収入の額）を、基準財政需要額（一定水準の行政を実施するのに必要な一般財源額）で除して得た数値のこと。この指数が高いほど、自主財源の割合が高く、財政力が強いとされる。

経常収支比率 その使途について制限がなく、地方税、普通交付税などのように毎年経常的に入ってくる財源（一般財源。対して、国庫支出金や地方債などのように一定の使途のみに使用できる財源を特定財源という）等のうち、人件費や公債費のように、毎年度経常的に支出される経費に充当されたものが占める割合のこと。比率が低ければ低いほど財政運営に弾力性があり、政策的に使える財源があるとされる。

実質公債費比率 地方債の発行が許可制から協議制に移行したことに伴う自治体財政の健全度を判断するための指標。自治体の標準的な財政規模に占める借金返済の割合を示す。これまでの起債制限比率では範囲外であった公営企業なども含めた実質的な債務負担が示される。この比率が18％以上の自治体は起債に許可が必要となり、25％以上の自治体は起債が制限される。

表 5-10 政令指定都市の市民経済計算および財政指標（会計年度）

	市内総生産 （億円）		1人あたり市民所得 （千円）		実質経済成長率[1] （%）	
	2018	2019	2018	2019	2018	2019
札幌市	75 495	76 100	2 919	2 928	*0.5*	*0.0*
仙台市	53 913	53 273	3 397	3 313	*-0.3*	*-2.0*
さいたま市	…	…	…	…	…	…
千葉市	41 601	41 364	3 230	3 111	*0.8*	*-1.2*
東京23区	…	…	…	…	…	…
横浜市	144 757	145 255	3 345	3 365	*0.6*	*-0.4*
川崎市	64 958	62 779	3 686	3 607	*0.8*	*-3.8*
相模原市	…	…	…	…	…	…
新潟市	32 921	32 666	3 040	3 025	*-0.2*	*-1.4*
静岡市	…	…	…	…	…	…
浜松市	32 195	31 825	3 027	2 995	*-0.6*	*-1.3*
名古屋市	140 581	139 626	3 902	3 903	*0.9*	*-1.4*
京都市	65 920	65 923	3 124	3 140	*-0.1*	*-0.4*
大阪市	214 192	211 656	4 244	4 126	*0.5*	*-2.0*
堺市	32 978	32 995	3 237	3 193	*-4.0*	*-0.4*
神戸市	70 818	71 196	3 103	3 099	*-0.0*	*0.1*
岡山市	29 894	29 791	3 219	3 260	*1.1*	*-1.0*
広島市	55 349	54 262	3 387	3 345	*-2.5*	*-2.2*
北九州市	38 327	38 120	2 792	2 750	*-0.2*	*-1.1*
福岡市	78 276	77 911	3 339	3 274	*0.3*	*-1.3*
熊本市	…	…	…	…	…	…

	経常収支比率[2] （%）		実質公債費比率[2] （%）		地方債現在高 （億円）	
	2020	2021	2020[3]	2021[4]	2020	2021
札幌市	*97.1*	*93.0*	*2.6*	*2.7*	10 987	11 006
仙台市	*98.5*	*96.6*	*6.1*	*6.9*	7 671	7 655
さいたま市	*97.3*	*92.5*	*5.8*	*6.5*	4 526	4 543
千葉市	*97.8*	*95.7*	*11.8*	*11.2*	6 992	6 968
東京23区	*81.8*	*78.1*	*-3.0*	*-2.9*	4 721	4 610
横浜市	*100.5*	*95.1*	*10.5*	*10.6*	23 864	23 844
川崎市	*97.5*	*97.4*	*8.2*	*8.5*	8 084	8 047
相模原市	*98.2*	*93.3*	*2.6*	*2.7*	2 738	2 744
新潟市	*94.7*	*92.3*	*10.9*	*11.0*	6 398	6 383
静岡市	*94.6*	*90.0*	*6.5*	*6.2*	4 404	4 421
浜松市	*92.5*	*88.1*	*5.1*	*4.8*	2 576	2 494
名古屋市	*99.7*	*95.1*	*7.9*	*7.2*	13 606	13 864
京都市	*99.7*	*94.8*	*11.4*	*11.8*	13 679	13 581
大阪市	*94.3*	*85.1*	*2.7*	*1.8*	17 346	17 026
堺市	*100.8*	*93.7*	*5.8*	*6.1*	4 745	4 814
神戸市	*99.0*	*95.3*	*4.3*	*4.4*	11 377	11 466
岡山市	*90.6*	*85.5*	*5.4*	*5.1*	3 369	3 377
広島市	*97.6*	*94.8*	*11.7*	*10.9*	10 804	11 054
北九州市	*99.4*	*96.3*	*10.6*	*10.3*	10 223	10 238
福岡市	*93.8*	*90.3*	*9.7*	*8.8*	11 766	11 621
熊本市	*91.0*	*90.8*	*6.0*	*5.4*	4 904	5 000

内閣府「2019年度県民経済計算（平成27年基準計数）」（2023年8月14日閲覧）および総務省「市町村別決算状況調」（2020年度、2021年度）より作成。2023年3月末現在の政令指定都市と東京23区。下段の3指標は決算。1) 実質経済成長率は実質市内総生産（2011暦年連鎖価格）の対前年度変動率。2) 264ページ用語解説参照。3) 2018～2020年度の単純平均。4) 2019～2021年度の単純平均。

表5-11　行政投資額（事業目的別）（2020年度）（単位　億円）

	行政投資額	生活基盤投資	産業基盤投資	農林水産投資	国土保全投資	1人あたり投資額（千円）	可住地単位面積（1km²）あたり投資額（千円）
北海道	② 18 902	6 099	4 088	3 359	2 523	⑦ 364.3	69 214
青森	3 510	1 527	749	515	300	284.9	110 286
岩手	6 953	2 105	2 325	615	673	③ 577.9	195 307
宮城	⑨ 8 305	3 365	1 413	670	793	⑧ 364.2	268 607
秋田	3 788	1 142	814	547	697	⑥ 396.4	119 652
山形	3 625	1 256	962	369	449	341.8	137 820
福島	③ 13 006	2 312	2 131	735	816	① 715.0	332 123
茨城	6 352	3 208	1 263	320	729	226.7	158 522
栃木	4 501	1 733	594	210	441	238.0	154 879
群馬	3 736	1 801	749	169	487	198.7	175 551
埼玉	⑩ 7 744	4 720	859	149	795	108.2	297 942
千葉	6 727	3 947	881	379	519	109.9	188 473
東京	① 26 841	17 626	3 481	223	1 105	199.1	1 911 762
神奈川	⑤ 11 266	6 942	1 929	144	492	125.1	770 592
新潟	6 711	2 880	1 551	671	921	307.1	166 698
富山	2 715	1 163	581	272	476	266.9	194 342
石川	3 723	1 254	643	263	355	333.2	282 445
福井	4 781	877	808	222	382	② 635.7	451 850
山梨	2 434	737	822	223	348	306.4	251 398
長野	6 045	2 212	1 141	320	926	300.2	211 800
岐阜	4 904	1 705	1 198	326	707	254.8	245 067
静岡	6 599	3 162	1 181	438	939	186.4	241 365
愛知	④ 11 998	6 809	2 095	549	1 182	164.7	401 132
三重	3 668	1 517	982	204	558	213.4	178 744
滋賀	2 641	1 380	555	168	256	191.3	200 845
京都	3 872	1 958	578	123	611	153.7	329 008
大阪	⑥ 10 323	7 354	1 035	58	856	120.1	774 420
兵庫	⑦ 9 787	5 317	1 587	367	1 057	182.7	349 544
奈良	2 453	1 145	580	84	373	187.0	287 630
和歌山	3 174	1 054	1 012	222	470	⑩ 346.5	285 710
鳥取	1 874	590	554	144	316	341.4	208 644
島根	2 911	878	921	299	382	⑤ 439.6	223 225
岡山	3 887	1 750	647	304	519	209.1	170 461
広島	5 704	2 433	990	197	880	207.7	241 001
山口	2 992	1 183	781	249	347	225.6	171 756
徳島	2 501	631	711	248	606	⑨ 350.4	250 616
香川	1 941	802	441	159	239	207.1	193 937
愛媛	2 932	982	740	251	502	221.8	176 125
高知	3 102	790	895	251	573	④ 451.5	269 028
福岡	⑧ 9 198	4 704	1 667	402	1 064	181.9	333 025
佐賀	2 782	952	555	260	374	345.7	208 260
長崎	4 140	1 339	701	428	368	317.7	242 790
熊本	5 510	1 857	913	465	792	320.0	198 276
大分	3 151	1 000	727	398	479	283.5	173 896
宮崎	2 954	926	711	387	445	278.0	157 208
鹿児島	4 651	1 675	1 049	648	525	294.9	141 157
沖縄	4 196	1 672	915	507	294	290.0	345 375
全国	275 510	122 472	52 506	18 517	29 939	223.3	220 172

総務省「2020年度行政投資実績」より作成。○内の数字は全国順位。注記は358ページ参照。

図5-2　1人あたり行政投資額 (2020年度)

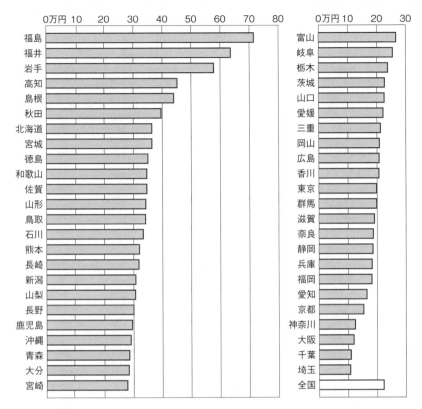

表5-11より作成。

☕ 地方企業への海外投資家の投資

　2023年前半、東京株式市場では株価が大幅に上昇し、33年ぶりの水準となった。その背景にあるのが、海外投資家の存在である。海外投資家による買いの中心は上場株であるが、地方や非上場銘柄を含む中小型株への注目は徐々に広がってきた。

　地方企業は上場企業約4000社に限っても、4社に1社が東京、大阪、名古屋以外にある。情報発信の低さなどから、これまで株価が割安で放置される傾向が強かった。しかし、2023年春、米国の著名投資家が、出資している福島県の企業の経営者を訪ね、12年ぶりに来日したことが話題になった。北欧の世界最大規模の政府系年金ファンドでは、日本の複数の地方企業株式への投資を続けている。地方にはニッチ分野で高い技術を持つ小さなグローバル企業も少なくない。急回復しているインバウンド需要も地方企業を潤している。配当還元など資本政策の改善が全国に広がり始めており、海外からの投資はこれからも続くと考えられる。

表 **5 - 12**　主要事業別行政投資額 (2020年度) (単位　億円)

	\u7406					一般事業	
	道路1)	街路	都市計画	港湾2)	農林水産	住宅	環境衛生
北海道	5 135	267	285	307	3 359	563	286
青森	1 042	56	35	36	515	56	149
岩手	2 596	11	368	55	615	146	128
宮城	1 747	284	399	200	670	86	205
秋田	1 037	67	51	49	547	26	60
山形	1 223	57	54	29	369	26	136
福島	2 503	42	126	31	735	85	215
茨城	1 509	158	169	49	320	74	457
栃木	811	212	195	—	210	35	156
群馬	984	116	148	—	169	57	277
埼玉	1 368	278	561	—	149	156	253
千葉	1 290	207	331	29	379	100	367
東京	2 944	1 803	2 118	732	223	2 133	933
神奈川	1 802	640	770	748	144	406	289
新潟	2 255	145	90	117	671	77	97
富山	749	81	86	43	272	30	79
石川	785	83	91	52	263	28	78
福井	953	19	58	38	222	16	99
山梨	916	52	80	—	223	31	22
長野	1 522	107	84	—	320	82	194
岐阜	1 516	50	114	—	326	34	110
静岡	1 724	126	217	132	438	106	360
愛知	2 014	384	623	626	549	430	454
三重	1 103	26	62	49	204	21	70
滋賀	673	66	76	1	168	22	249
京都	811	70	137	23	123	146	138
大阪	951	911	690	266	58	1 101	342
兵庫	1 626	200	462	413	367	482	316
奈良	698	87	131	—	84	49	49
和歌山	1 078	51	32	62	222	32	98
鳥取	603	25	16	28	144	23	72
島根	1 006	27	15	46	299	32	109
岡山	831	26	126	77	304	61	82
広島	1 226	138	95	147	197	84	314
山口	655	33	150	190	249	65	38
徳島	790	24	46	29	248	31	64
香川	466	20	35	67	159	25	63
愛媛	761	63	45	78	251	51	55
高知	944	52	42	95	251	46	42
福岡	1 565	375	273	422	402	468	341
佐賀	608	26	45	15	260	48	40
長崎	741	98	151	121	428	67	80
熊本	1 205	171	100	85	465	68	210
大分	827	55	70	51	398	66	74
宮崎	814	74	100	44	387	52	36
鹿児島	1 128	33	225	189	648	105	233
沖縄	779	81	200	103	507	125	104
全国	60 316	7 976	10 377	5 872	18 517	8 052	8 620

資料は前表に同じ。注記は358ページ参照。

厚生福祉3)	治山治水	文教施設	災害復旧	空港	公営企業		
					水道	公共下水道	
641	2 425	1 222	473	193	633	639	北海道
210	278	364	6	20	155	152	青森
190	600	300	897	12	440	156	岩手
253	589	678	1 506	42	297	586	宮城
109	692	276	82	29	116	135	秋田
199	447	241	134	14	95	142	山形
350	787	461	1 311	12	280	334	福島
197	660	738	254	34	428	610	茨城
111	441	416	398	0	206	184	栃木
180	487	407	225	—	220	160	群馬
459	795	894	176	29	790	783	埼玉
397	452	1 009	164	30	416	609	千葉
1 856	934	3 002	177	664	2 083	2 838	東京
566	454	1 355	176	1	984	1 279	神奈川
254	884	456	208	24	470	440	新潟
125	438	248	11	5	102	197	富山
151	328	337	23	10	128	153	石川
103	370	203	11	0	57	135	福井
80	348	189	62	—	97	91	山梨
246	926	572	693	1	233	313	長野
176	707	442	176	—	244	215	岐阜
307	832	720	188	8	299	318	静岡
692	1 144	1 508	26	28	782	1 279	愛知
165	521	335	114	—	252	367	三重
161	256	370	7	—	135	179	滋賀
171	607	473	69	—	345	222	京都
442	845	1 359	27	173	837	1 236	大阪
799	945	1 178	89	25	558	818	兵庫
121	373	335	32	—	146	107	奈良
149	444	324	113	12	105	113	和歌山
86	303	99	29	4	63	123	鳥取
94	376	231	41	20	111	104	島根
290	500	368	200	6	232	272	岡山
181	873	507	626	26	282	401	広島
84	313	284	113	5	154	264	山口
74	582	163	43	2	71	39	徳島
99	235	225	3	6	134	102	香川
126	464	193	212	15	207	118	愛媛
98	541	203	222	10	78	76	高知
252	1 040	978	447	230	527	913	福岡
80	368	358	128	42	100	143	佐賀
113	345	321	125	24	170	147	長崎
166	752	387	1 010	6	130	243	熊本
83	466	257	203	17	92	130	大分
67	436	236	105	10	106	93	宮崎
139	508	401	283	45	147	77	鹿児島
173	136	575	17	177	113	158	沖縄
12 063	28 248	26 200	11 636	2 011	14 650	18 191	全国

表 5 - 13　地方公務員数 (2022年 4 月 1 日現在) (単位　人)

	都道府県	一般行政	教育	警察	市町村	一般行政	教育
北海道	62 635	12 771	37 045	11 911	77 874	33 658	15 120
青森	18 608	3 781	10 858	2 676	18 400	7 810	1 329
岩手	24 235	4 354	11 855	2 445	14 081	8 442	1 558
宮城	22 879	4 961	13 390	4 378	33 441	13 616	8 191
秋田	14 629	3 373	8 742	2 379	13 020	6 864	1 286
山形	18 052	4 038	9 593	2 350	14 602	6 986	1 424
福島	27 116	5 646	17 075	3 930	21 748	12 599	2 301
茨城	36 025	4 829	24 061	5 423	26 004	15 982	2 845
栃木	23 381	4 591	14 771	3 883	16 109	10 238	1 802
群馬	25 588	3 967	16 127	3 922	20 674	10 336	2 622
埼玉	61 892	7 195	41 080	12 858	63 469	34 007	11 927
千葉	58 576	7 670	34 982	12 264	59 021	31 085	10 421
東京	175 473	19 876	67 920	47 745	93 569	75 508	9 200
神奈川	54 101	7 707	27 899	17 471	101 738	40 895	33 275
新潟	28 063	5 467	14 109	4 772	28 187	14 126	6 584
富山	15 553	3 225	8 793	2 287	12 736	6 087	968
石川	16 245	3 294	9 362	2 333	13 401	6 135	1 136
福井	14 055	2 948	7 891	2 085	9 373	5 194	911
山梨	12 813	3 013	7 699	1 963	10 274	5 469	818
長野	27 284	5 134	17 989	3 967	27 125	15 143	2 166
岐阜	25 990	4 402	17 530	3 975	22 428	11 769	2 072
静岡	33 779	5 721	19 589	7 066	44 084	18 066	10 837
愛知	64 904	9 002	39 147	14 568	89 191	41 374	16 621
三重	23 544	4 327	15 262	3 426	20 372	10 845	1 884
滋賀	19 992	3 346	12 691	2 631	15 437	7 982	1 944
京都	22 733	4 182	11 095	7 160	33 882	14 381	9 490
大阪	74 226	7 801	42 904	23 200	89 309	42 811	24 468
兵庫	57 671	5 938	31 728	12 525	61 062	27 522	14 380
奈良	16 467	3 208	10 258	2 831	14 777	8 388	1 921
和歌山	14 939	3 514	8 685	2 522	13 375	6 380	1 100
鳥取	11 774	2 908	5 978	1 455	6 987	4 085	482
島根	14 544	3 350	8 095	1 813	9 920	4 965	903
岡山	21 075	3 874	13 010	4 060	22 549	10 630	6 188
広島	26 829	4 579	14 925	5 777	33 104	15 204	8 703
山口	19 327	3 569	12 038	3 561	15 276	8 760	1 153
徳島	13 471	3 136	7 255	1 840	9 375	5 348	1 179
香川	14 575	2 820	8 266	2 138	11 591	5 669	1 329
愛媛	20 153	3 859	11 350	2 873	14 843	8 365	1 268
高知	13 863	3 458	7 613	1 928	11 529	6 133	976
福岡	44 131	7 632	24 193	12 184	51 489	23 494	17 187
佐賀	13 405	3 117	8 244	2 019	8 966	5 404	821
長崎	20 507	4 026	12 624	3 516	14 385	8 332	1 177
熊本	19 949	4 271	11 988	3 509	24 299	11 405	5 841
大分	17 726	3 845	10 601	2 429	12 268	7 141	1 235
宮崎	18 513	3 757	10 693	2 335	10 752	6 742	815
鹿児島	26 513	5 020	16 885	3 483	19 106	11 180	2 061
沖縄	27 106	4 037	16 549	3 208	13 553	8 416	1 984
全国	1 434 909	236 539	810 437	289 074	1 368 755	700 971	253 903

総務省「2022年地方公共団体定員管理調査結果」より作成。一般職に属する常勤の職員数 (教育長含む) で、知事、市区町村長および議員などの特別職を除く。東京特別区は市町村に含む。給与法による権限移譲に伴い、2017年に政令指定都市の教育職員の計上が県から市に変更された。

表 5 - 14　国税収納済額の推移 (会計年度) (単位　億円)

	1980	1990	2000	2010	2019	2020	2021
北海道	7 905	15 010	15 213	11 148	15 765	16 403	17 204
青森	1 386	2 394	2 668	1 939	2 849	3 063	2 974
岩手	1 057	2 331	2 910	1 515	2 587	2 727	2 819
宮城	3 717	7 720	9 591	5 154	7 938	8 604	8 849
秋田	1 123	2 075	2 320	1 482	1 822	1 990	2 108
山形	1 123	2 406	2 553	1 561	2 262	2 391	2 522
福島	1 758	4 737	4 911	2 770	4 478	5 098	5 327
茨城	3 075	7 902	7 524	6 112	8 254	8 518	8 974
栃木	2 941	5 734	5 502	3 702	5 076	5 597	5 806
群馬	2 693	6 128	5 050	4 613	5 962	6 690	7 155
埼玉	6 018	16 707	13 010	11 879	17 126	18 863	20 270
千葉	5 985	17 998	15 780	14 320	18 328	18 588	19 946
東京	78 437	203 559	161 047	166 372	276 934	302 921	330 446
神奈川	17 056	35 401	31 241	26 672	34 822	39 091	39 947
新潟	2 988	6 317	6 315	4 650	5 806	6 232	6 584
富山	1 886	3 950	3 470	2 812	3 745	4 037	4 323
石川	1 508	3 989	4 512	2 417	3 676	3 829	4 004
福井	1 164	2 695	2 184	1 520	2 384	2 663	2 911
山梨	707	2 532	2 299	1 786	2 120	2 220	2 709
長野	2 381	7 317	10 942	3 610	5 262	6 000	6 635
岐阜	2 387	6 054	5 040	3 763	5 797	6 199	7 050
静岡	6 513	12 648	10 556	8 153	11 208	11 749	12 896
愛知	18 266	41 204	39 259	28 612	40 617	40 962	46 135
三重	2 478	5 711	5 536	5 134	6 799	6 889	7 106
滋賀	1 316	3 073	2 678	2 391	3 056	3 284	3 838
京都	5 807	12 975	11 994	7 377	11 383	12 460	13 946
大阪	30 116	70 104	55 183	42 668	59 794	62 718	68 626
兵庫	10 460	22 198	17 898	12 503	16 417	16 992	18 813
奈良	1 058	3 049	2 098	1 685	2 376	2 512	2 737
和歌山	1 451	3 399	3 014	2 646	2 520	2 711	2 654
鳥取	622	1 149	1 122	772	1 053	1 117	1 189
島根	648	1 396	1 791	931	1 340	1 466	1 633
岡山	2 955	6 464	7 568	6 164	7 138	7 336	8 081
広島	5 287	10 465	9 157	6 915	10 115	10 756	11 293
山口	2 191	4 832	5 930	5 276	5 545	5 406	6 512
徳島	734	2 007	3 402	1 282	1 735	1 823	2 109
香川	1 668	3 855	3 654	3 366	3 124	3 269	3 358
愛媛	1 670	3 445	4 115	3 842	5 235	5 132	5 473
高知	855	1 478	1 517	1 073	1 491	1 546	1 699
福岡	7 393	15 156	15 697	12 172	17 278	18 083	19 365
佐賀	740	1 567	1 726	1 230	1 693	1 783	1 954
長崎	1 318	2 530	2 778	1 883	2 408	2 538	2 731
熊本	1 715	3 437	4 208	2 471	3 815	3 982	4 376
大分	1 396	2 613	3 155	2 848	3 419	3 386	3 817
宮崎	1 017	1 875	1 962	1 750	2 514	2 628	2 825
鹿児島	1 499	2 812	3 349	2 654	3 382	3 587	3 800
沖縄	928	2 313	2 705	2 533	3 990	3 831	4 222
全国	257 859	606 561	539 171	449 392	663 478	712 342	774 052

国税庁「国税庁統計年報」より作成。収納済額とは収納された国税の金額。全国計には国税の徴収を税務署から国税局へ引き継いだ局引受分を含むので、全国と都道府県の内訳の合計とは一致しない。

表 5 - 15　税目別国税収納済額 (2021年度) (単位　億円)

	源泉所得税 1)	申告所得税 1)	法人税 2)	相続税	消費税 3)	酒税	揮発油税 4)
北海道	3 795	1 146	2 969	548	6 933	299	1 149
青森	649	193	411	78	1 322	6	306
岩手	631	182	441	105	1 299	7	x
宮城	1 869	497	1 250	247	3 381	282	x
秋田	484	123	313	58	964	27	129
山形	608	160	402	66	1 205	11	x
福島	1 240	319	869	199	2 365	314	x
茨城	2 012	596	1 121	301	3 309	1 050	x
栃木	1 442	398	927	203	2 247	435	0
群馬	1 523	418	1 429	265	2 947	458	x
埼玉	4 862	2 247	3 369	1 754	7 566	92	x
千葉	3 923	1 828	2 633	1 195	6 018	1 010	3 105
東京	103 714	11 859	83 852	8 251	115 061	229	0
神奈川	8 966	3 624	5 811	2 629	13 191	738	4 669
新潟	1 458	334	1 295	203	3 055	40	74
富山	937	203	891	136	1 951	5	x
石川	948	253	784	149	1 759	6	—
福井	633	149	658	123	1 341	3	—
山梨	694	197	732	68	947	66	—
長野	1 514	396	1 581	239	2 767	66	x
岐阜	1 588	487	1 520	324	3 086	29	x
静岡	3 185	891	2 617	671	5 034	373	x
愛知	10 890	2 732	11 929	2 132	15 440	716	1 361
三重	1 345	383	836	206	2 227	115	1 980
滋賀	895	451	719	140	1 506	117	x
京都	2 989	771	4 545	726	4 177	503	x
大阪	17 134	2 809	17 501	2 089	24 640	786	2 553
兵庫	4 609	1 749	3 513	1 479	6 728	532	x
奈良	734	300	434	256	1 001	3	—
和歌山	572	195	439	161	982	9	x
鳥取	292	81	204	35	535	2	—
島根	426	100	258	49	791	2	—
岡山	1 421	366	1 283	226	2 690	431	x
広島	2 822	681	2 187	398	4 773	32	x
山口	1 373	416	1 008	117	1 731	19	1 836
徳島	563	124	497	110	806	3	—
香川	802	175	582	123	1 412	1	x
愛媛	1 086	219	1 051	181	1 813	110	x
高知	431	131	311	78	737	6	—
福岡	4 428	1 282	3 480	773	7 873	743	x
佐賀	471	136	392	50	887	11	x
長崎	759	211	428	95	1 220	6	x
熊本	1 183	312	717	141	1 896	111	—
大分	687	167	508	109	1 352	314	x
宮崎	700	183	452	78	1 097	289	x
鹿児島	891	237	633	96	1 593	227	—
沖縄	782	476	704	288	1 489	68	302
全国	205 363	41 386	172 037	28 149	278 889	10 705	22 494

資料、注記は前表に同じ。xは秘匿分。1) 復興特別所得税を含む。2) 地方法人税を含む。3) 地方消費税を含む。4) 地方揮発油税を含む。

表 5 - 16　国内銀行の貸出残高の推移（各年 3 月末現在）（単位　億円）

	2018	2019	2020	2021	2022		2023
北海道	102 218	104 236	105 402	112 591	113 097	⑨	114 290
青森	26 765	26 743	26 993	27 826	28 199		28 364
岩手	23 600	24 220	24 403	25 884	26 521		27 060
宮城	66 792	69 073	69 593	71 771	74 245		78 618
秋田	20 584	20 382	20 044	21 287	21 215		21 594
山形	24 636	24 580	24 173	24 893	24 766		25 322
福島	35 607	36 406	37 247	38 642	39 106		40 046
茨城	57 463	58 394	58 562	59 833	59 965		61 645
栃木	48 137	48 630	48 737	50 436	50 662		51 534
群馬	41 370	42 027	42 860	43 782	43 935		45 627
埼玉	159 935	161 761	162 081	166 484	167 264	⑥	172 718
千葉	143 736	147 019	149 523	154 674	157 068	⑦	163 284
東京	2 077 830	2 154 108	2 205 541	2 319 053	2 382 921	①	2 469 810
神奈川	190 445	193 321	193 545	198 072	198 583	⑤	212 464
新潟	49 036	50 493	51 514	52 026	51 337		51 496
富山	33 118	33 828	34 069	34 843	35 180		34 632
石川	29 162	30 489	31 214	32 170	32 937		33 113
福井	17 666	18 230	18 692	19 518	19 713		20 242
山梨	11 428	11 738	12 116	13 521	13 202		14 224
長野	35 288	36 094	36 215	37 529	38 033		38 173
岐阜	32 082	32 611	32 699	33 506	33 228		34 694
静岡	101 891	99 673	98 752	103 331	100 329		101 288
愛知	190 662	202 863	208 492	243 352	240 101	③	256 626
三重	35 369	36 003	36 176	38 510	39 205		40 346
滋賀	33 507	35 289	35 908	37 262	38 019		38 846
京都	59 270	61 024	64 503	65 384	67 206		68 663
大阪	384 783	388 231	400 031	413 659	419 963	②	450 318
兵庫	107 271	108 540	110 317	110 380	110 901	⑧	119 840
奈良	26 328	26 396	26 354	27 671	27 297		27 437
和歌山	16 353	16 559	17 018	17 678	17 937		18 908
鳥取	13 837	14 097	14 186	14 856	15 231		15 337
島根	12 793	13 179	13 408	13 894	14 235		14 255
岡山	51 288	53 269	55 189	57 236	58 959		62 988
広島	94 233	98 109	101 615	105 888	108 150	⑩	114 073
山口	34 557	35 653	36 278	37 005	37 443		38 367
徳島	20 040	20 534	21 080	22 321	22 702		23 181
香川	27 356	27 556	27 942	29 800	30 357		31 574
愛媛	57 278	59 930	62 109	64 886	67 066		70 526
高知	15 244	15 607	15 750	16 574	16 711		16 795
福岡	185 880	190 996	196 531	208 544	212 141	④	221 503
佐賀	13 216	13 210	13 211	13 842	14 033		14 533
長崎	28 410	28 000	28 355	29 327	29 698		29 792
熊本	39 393	41 544	43 687	46 021	47 382		49 214
大分	23 943	24 283	24 342	25 065	25 822		26 633
宮崎	25 155	26 045	26 730	27 410	27 601		27 755
鹿児島	36 102	37 512	38 715	39 761	40 641		41 386
沖縄	37 220	39 537	40 765	42 585	43 068		43 907
全国	4 898 301	5 038 046	5 142 689	5 390 605	5 483 397		5 703 065

日本銀行資料（2023年 8 月 2 日閲覧）より作成。金融機関店舗の所在地区分による。ゆうちょ銀行を除く。単位未満切り捨てのため、府県別の合計と全国が一致しない。〇内の数字は全国順位。

府県別統計　金融

表 **5 - 17** 国内銀行の預金残高の推移（各年 3 月末現在）（単位　億円）

	2018	2019	2020	2021	2022		2023
北海道	161 334	165 145	169 043	187 209	196 204	⑨	200 220
青森	41 750	42 408	43 021	46 835	48 913		49 086
岩手	48 252	47 014	46 906	50 395	50 128		50 494
宮城	105 318	105 346	106 829	115 258	118 383		121 092
秋田	36 913	37 312	37 714	41 592	43 253		43 458
山形	41 714	41 555	42 146	46 672	48 169		48 844
福島	76 469	76 040	77 147	83 405	83 028		82 960
茨城	115 033	117 641	120 473	129 373	133 107		135 494
栃木	78 738	80 631	82 416	91 331	94 500		95 688
群馬	76 348	77 703	80 702	87 977	90 104		91 238
埼玉	300 742	308 182	315 833	344 319	357 892	⑤	364 826
千葉	290 407	297 788	308 320	332 717	343 976	⑥	352 285
東京	2 700 810	2 748 051	2 867 002	3 199 433	3 283 119	①	3 500 992
神奈川	417 777	425 255	437 400	471 872	494 321	③	506 791
新潟	89 569	90 429	92 597	101 761	102 232		103 945
富山	55 182	55 671	57 322	61 748	63 635		65 628
石川	49 959	51 723	53 343	57 889	61 453		62 844
福井	32 676	33 878	34 531	38 267	39 849		40 456
山梨	29 158	29 808	30 216	34 130	34 785		35 198
長野	77 030	78 838	81 558	88 406	92 370		94 755
岐阜	76 599	78 102	80 148	86 865	89 386		90 022
静岡	148 146	146 162	148 441	164 704	166 890	⑩	169 539
愛知	380 680	395 054	406 745	445 300	460 292	④	480 541
三重	80 805	82 225	82 534	89 549	92 105		94 079
滋賀	56 832	58 473	59 555	65 326	68 290		69 377
京都	128 752	132 742	134 830	152 622	158 604		158 875
大阪	662 329	674 110	688 274	761 215	792 151	②	794 983
兵庫	232 132	236 985	242 565	260 424	268 085	⑧	273 341
奈良	65 666	66 387	68 276	73 684	75 751		76 959
和歌山	40 691	40 780	41 312	44 398	45 534		45 434
鳥取	23 647	23 697	23 915	25 758	26 828		27 303
島根	24 164	24 625	25 390	28 389	29 067		29 241
岡山	81 994	83 208	84 351	92 077	93 684		94 991
広島	129 242	131 899	134 518	145 071	149 931		154 340
山口	62 387	63 585	65 215	70 626	74 050		76 150
徳島	46 097	46 053	46 939	51 045	52 169		53 024
香川	53 873	53 893	54 694	59 416	61 684		61 765
愛媛	69 495	70 374	72 185	78 335	81 877		84 847
高知	26 890	27 052	27 171	29 646	30 719		30 707
福岡	230 424	235 418	244 174	274 258	281 198	⑦	287 695
佐賀	24 896	25 506	26 473	29 666	30 843		31 180
長崎	50 252	49 868	50 356	54 959	57 371		58 041
熊本	65 630	64 422	65 549	71 417	74 503		76 570
大分	38 391	38 951	39 586	43 288	45 172		46 283
宮崎	32 273	33 056	33 756	37 871	39 702		41 325
鹿児島	46 561	47 771	48 767	53 959	56 088		57 479
沖縄	47 533	49 141	50 358	56 384	58 716		60 834
全国	7 751 586	7 889 979	8 130 620	8 956 861	9 240 133		9 571 243

日本銀行資料（2023年 8 月 2 日閲覧）より作成。金融機関店舗の所在地区分による。ゆうちょ銀行を除く。単位未満切り捨てのため、府県別の合計と全国が一致しない。○内の数字は全国順位。

図5-3 個人保険（民間生命保険）の保有契約状況 （2022年度末現在）

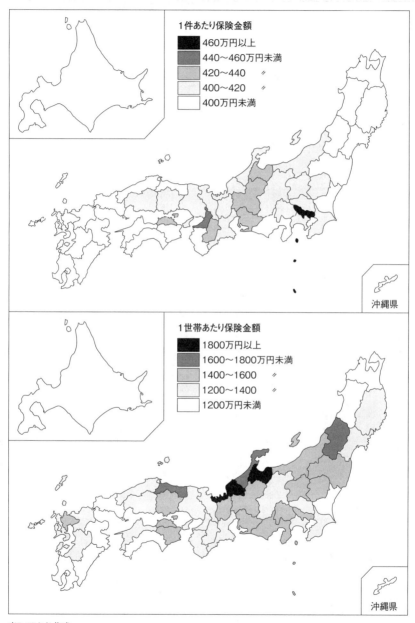

1件あたり保険金額
- 460万円以上
- 440～460万円未満
- 420～440 〃
- 400～420 〃
- 400万円未満

沖縄県

1世帯あたり保険金額
- 1800万円以上
- 1600～1800万円未満
- 1400～1600 〃
- 1200～1400 〃
- 1200万円未満

沖縄県

表5-18より作成。

表 5-18　民間生命保険の保有契約高（2022年度末現在）

	保有契約高（億円）			参考（個人保険のみ）			
	個人保険	個人年金保険	団体保険	件数（千件）	1件あたり保険金額（万円）*	1世帯あたり加入件数（件）*	1世帯あたり保険金額（万円）*
北海道	259 465	25 912	43 362	7 975	325.4	2.84	925.2
青森	68 567	7 611	9 844	1 896	361.6	3.19	1 153.2
岩手	66 229	6 560	12 093	1 746	379.4	3.27	1 240.5
宮城	144 152	14 812	16 424	3 755	383.9	3.62	1 391.5
秋田	50 022	4 254	4 608	1 405	355.9	3.30	1 175.3
山形	71 112	7 279	9 611	1 913	371.7	4.54	1 688.0
福島	113 891	11 602	11 587	2 872	396.6	3.61	1 429.8
茨城	150 776	15 731	14 979	3 837	392.9	2.95	1 160.9
栃木	131 770	16 136	27 190	3 159	417.1	3.67	1 531.7
群馬	122 672	15 135	9 842	3 018	406.4	3.46	1 405.5
埼玉	423 495	59 534	30 192	10 449	405.3	3.01	1 220.4
千葉	370 321	51 680	54 133	9 246	400.5	3.06	1 224.9
東京	1 045 299	150 279	2 724 304	22 016	474.8	2.95	1 402.9
神奈川	551 138	76 176	62 208	13 329	413.5	2.95	1 221.3
新潟	141 498	16 551	14 007	3 443	411.0	3.77	1 547.3
富山	79 343	10 788	35 513	1 862	426.1	4.32	1 840.4
石川	79 784	9 880	5 798	1 958	407.5	3.94	1 604.2
福井	62 326	7 570	5 377	1 506	414.0	4.99	2 065.7
山梨	53 558	6 128	5 694	1 325	404.2	3.56	1 439.8
長野	124 715	16 392	18 484	3 057	407.9	3.43	1 399.2
岐阜	130 950	16 492	38 896	3 028	432.5	3.58	1 516.6
静岡	240 804	31 648	43 055	6 139	392.2	3.76	1 474.9
愛知	513 771	62 625	148 526	11 824	434.5	3.46	1 501.8
三重	112 158	15 063	25 782	2 770	404.8	3.41	1 379.9
滋賀	89 862	12 559	12 415	2 180	412.1	3.57	1 472.3
京都	156 699	21 742	63 728	3 775	415.1	3.03	1 257.6
大阪	604 163	79 755	400 514	13 654	442.5	3.06	1 353.9
兵庫	331 372	45 497	48 218	7 990	414.8	3.07	1 273.9
奈良	80 786	11 372	4 997	1 906	423.9	3.14	1 330.0
和歌山	57 084	6 275	6 729	1 490	383.1	3.36	1 287.2
鳥取	38 562	4 263	2 362	1 016	379.5	4.22	1 602.5
島根	38 357	4 110	4 981	1 035	370.6	3.52	1 305.9
岡山	124 224	15 305	13 248	3 021	411.2	3.49	1 433.9
広島	176 580	19 339	35 755	4 294	411.2	3.22	1 323.0
山口	77 159	7 878	9 061	2 106	366.4	3.19	1 170.1
徳島	50 523	6 055	5 720	1 274	396.7	3.76	1 492.7
香川	69 013	8 908	13 330	1 597	432.1	3.57	1 541.3
愛媛	79 509	8 392	8 045	2 037	390.4	3.10	1 210.8
高知	41 590	4 489	4 006	1 135	366.4	3.24	1 187.8
福岡	316 285	37 509	46 173	8 247	383.5	3.27	1 255.4
佐賀	53 283	5 508	3 083	1 442	369.5	4.20	1 551.7
長崎	78 341	9 166	5 172	2 189	357.8	3.46	1 237.8
熊本	108 127	11 541	10 666	2 937	368.2	3.65	1 344.9
大分	65 271	5 969	9 326	1 903	343.0	3.48	1 193.9
宮崎	56 006	5 270	6 384	1 678	333.8	3.15	1 052.4
鹿児島	87 817	7 682	21 584	2 553	344.0	3.14	1 080.5
沖縄	56 753	5 730	15 336	1 597	355.5	2.30	818.0
全国	7 945 196	1 000 168	4 122 345	194 583	408.3	3.23	1 318.3

生命保険協会「生命保険事業概況」（2022年度）より作成。同協会加盟42社の合計。*印は編者算出。
世帯数は総務省、住民基本台帳による2023年 1 月 1 日現在。注記は358ページ参照。

表 5 - 19　民間生命保険の新契約高 (2022年度)

	新契約高（億円）			参考（個人保険のみ）			
	個人保険	個人年金保険	団体保険	件数（千件）	1件あたり保険金額（万円）*	1世帯あたり加入件数（件）*	1世帯あたり保険金額（万円）*
北海道	15 980	1 309	755	511	312.4	0.18	57.0
青森	3 973	538	19	121	328.4	0.20	66.8
岩手	3 763	347	377	103	365.1	0.19	70.5
宮城	9 422	855	804	246	383.6	0.24	91.0
秋田	2 755	190	133	88	313.5	0.21	64.7
山形	4 151	381	1 211	114	363.8	0.27	98.5
福島	6 815	635	10	181	377.4	0.23	85.6
茨城	9 553	1 141	30	243	392.9	0.19	73.5
栃木	7 691	1 017	57	194	396.6	0.23	89.4
群馬	7 447	945	18	188	396.3	0.22	85.3
埼玉	26 248	3 597	291	640	410.1	0.18	75.6
千葉	22 785	2 897	4 320	564	404.2	0.19	75.4
東京	79 605	8 364	31 682	1 787	445.4	0.24	106.8
神奈川	33 580	4 030	158	808	415.6	0.18	74.4
新潟	8 828	934	62	199	443.7	0.22	96.5
富山	4 774	613	332	112	427.5	0.26	110.7
石川	4 968	622	19	122	407.2	0.25	99.9
福井	3 805	447	7	92	412.6	0.31	126.1
山梨	3 333	268	29	85	390.9	0.23	89.6
長野	7 151	636	133	178	400.9	0.20	80.2
岐阜	8 638	952	1 535	199	433.7	0.24	102.0
静岡	15 059	1 626	175	411	366.6	0.25	92.2
愛知	34 316	3 629	1 345	748	458.8	0.22	100.3
三重	7 111	794	3 006	180	395.3	0.22	87.5
滋賀	5 962	736	12	135	441.9	0.22	97.7
京都	10 118	1 248	367	237	427.6	0.19	81.2
大阪	41 233	4 700	1 560	938	439.6	0.21	92.4
兵庫	21 890	3 181	671	511	428.3	0.21	84.2
奈良	4 823	670	7	113	427.2	0.19	79.4
和歌山	3 642	440	983	99	368.0	0.22	82.1
鳥取	2 181	172	8	62	351.2	0.26	90.6
島根	2 052	147	1	62	330.5	0.21	69.9
岡山	8 141	1 107	17	199	409.6	0.23	94.0
広島	11 238	1 005	725	273	412.2	0.20	84.2
山口	4 699	291	96	137	343.1	0.21	71.3
徳島	3 034	257	207	82	371.3	0.24	89.6
香川	4 459	570	68	104	427.1	0.23	99.6
愛媛	4 888	404	2 826	141	346.3	0.21	74.4
高知	2 368	177	1	74	321.7	0.21	67.6
福岡	22 204	2 658	1 548	594	374.0	0.24	88.1
佐賀	3 344	340	1	99	338.0	0.29	97.4
長崎	5 166	809	112	149	347.8	0.23	81.6
熊本	7 621	853	13	213	358.0	0.26	94.8
大分	4 234	344	4	133	318.3	0.24	77.5
宮崎	4 092	411	223	130	313.7	0.25	76.9
鹿児島	6 216	634	42	177	351.3	0.22	76.5
沖縄	4 630	656	16	136	341.2	0.20	66.7
全国	519 997	58 581	56 018	12 910	402.8	0.21	86.3

資料、注記は前表に同じ。

府県別統計

保険

表 5 - 20　火災・地震・自動車保険新契約状況 (2021年度)

	火災保険		地震保険		自動車保険 (任意)		
	件数 (件)	保険金額 (億円)	件数 (件)	保険金額 (億円)	台数 (千台)	対人賠償 普及率 (％)	車両保険 普及率 (％)
北海道	836 964	288 370	356 092	30 827	2 957	71.9	49.1
青森	151 406	52 667	66 987	5 409	781	72.0	44.5
岩手	117 702	46 770	61 203	5 872	731	66.4	40.3
宮城	342 800	123 364	245 963	21 471	1 355	75.5	45.5
秋田	99 246	43 847	43 396	3 959	538	62.6	40.4
山形	108 416	58 412	47 636	4 717	665	67.1	44.7
福島	239 230	104 318	128 641	12 177	1 217	68.7	42.6
茨城	358 169	208 577	182 151	17 761	2 122	74.8	42.9
栃木	245 342	121 785	121 575	12 080	1 366	73.3	41.8
群馬	235 730	111 866	97 862	9 273	1 408	73.2	44.0
埼玉	884 803	335 189	498 830	42 849	3 514	79.4	45.6
千葉	805 054	808 618	457 200	39 276	3 143	79.9	49.8
東京	2 223 888	1 236 331	1 235 031	103 168	3 818	78.9	46.3
神奈川	1 209 403	697 780	727 105	61 634	3 567	80.8	47.5
新潟	226 491	108 051	102 209	8 545	1 407	71.3	40.5
富山	120 749	77 170	45 065	4 895	716	73.9	47.5
石川	143 403	56 365	58 155	5 320	729	74.4	43.3
福井	96 765	42 905	37 879	4 047	536	74.4	47.0
山梨	113 895	40 555	49 552	5 171	537	65.5	33.3
長野	222 964	108 314	105 702	11 204	1 391	68.1	40.0
岐阜	248 825	106 669	151 503	12 173	1 409	78.9	58.7
静岡	431 915	228 410	251 299	22 632	2 396	76.6	47.3
愛知	939 756	634 032	745 576	56 363	4 670	82.6	59.1
三重	207 429	325 650	122 902	10 783	1 290	78.0	51.2
滋賀	140 223	79 774	95 879	9 128	853	76.0	47.1
京都	363 033	141 986	200 811	17 246	1 178	80.6	48.3
大阪	1 284 331	524 263	764 595	64 222	3 433	82.9	51.3
兵庫	645 729	330 576	375 298	33 185	2 601	79.3	47.3
奈良	145 232	43 426	84 271	8 302	706	79.4	46.8
和歌山	130 919	61 667	57 990	5 141	622	75.0	38.9
鳥取	66 483	24 325	28 644	2 619	342	68.3	47.9
島根	61 252	21 716	24 601	2 210	353	59.4	38.2
岡山	224 127	90 634	104 221	10 057	1 282	76.0	46.4
広島	322 549	209 708	178 639	16 621	1 600	77.6	45.8
山口	166 538	70 511	76 405	6 922	851	73.3	48.5
徳島	83 136	48 221	45 838	3 609	487	74.3	43.2
香川	124 348	63 943	63 919	5 815	661	77.0	44.8
愛媛	156 050	67 577	75 107	7 034	802	72.6	41.0
高知	77 027	25 867	39 558	3 544	374	61.7	33.3
福岡	729 864	222 049	387 728	29 724	2 892	78.1	50.5
佐賀	105 053	28 850	37 393	3 288	502	68.6	42.4
長崎	162 589	49 505	51 619	4 139	713	68.5	39.9
熊本	281 032	72 034	127 900	10 315	1 061	69.4	46.5
大分	135 554	64 525	58 909	5 258	693	68.6	41.8
宮崎	125 137	36 947	56 768	4 656	636	61.8	37.9
鹿児島	193 294	68 069	86 043	7 091	930	62.9	36.3
沖縄	113 527	41 746	53 376	4 752	731	54.4	29.3
全国	1)16 478 707	2)8 416 153	9 015 086	776 480	3)66 789	75.4	46.5

資料、注記は358ページ参照。

第 6 章
運輸・情報通信

表 6-1　鉄道輸送の概況（2021年度）

	旅客輸送（出発側での集計）（百万人）						貨物輸送1)（JR貨物のみ）（千トン）	
	JR	定期	定期外	民鉄	定期	定期外	出発	到着
北海道	96.0	63.5	32.5	185.5	62.9	122.6	2 128	2 281
青森	7.6	4.8	2.8	5.2	3.8	1.4	363	303
岩手	15.4	11.5	3.9	4.9	3.9	1.0	412	717
宮城	87.0	60.3	26.6	78.8	44.9	33.9	1 265	842
秋田	9.9	7.6	2.4	0.3	0.2	0.1	221	225
山形	10.6	8.2	2.3	0.4	0.3	0.1	108	90
福島	25.5	18.3	7.2	3.3	1.8	1.5	463	894
茨城	67.0	51.5	15.4	29.3	18.7	10.6	267	193
栃木	37.3	26.9	10.4	12.0	8.2	3.8	487	1 434
群馬	27.8	19.4	8.3	12.4	9.2	3.2	275	1 509
埼玉	526.9	362.4	164.5	521.1	341.6	179.5	801	1 289
千葉	577.4	390.3	187.1	523.0	328.0	195.0	1 638	300
東京	2 442.5	1 456.8	985.7	4 976.0	2 873.9	2 102.1	2 000	2 532
神奈川	860.4	548.9	311.5	1 417.0	849.7	567.2	3 897	871
新潟	42.8	31.7	11.2	4.0	2.9	1.1	857	499
富山	6.7	4.8	2.0	24.7	17.1	7.6	327	205
石川	15.3	10.3	5.0	10.8	7.8	3.0	96	175
福井	8.2	5.9	2.3	4.8	3.0	1.8	58	73
山梨	14.7	10.2	4.5	2.1	1.0	1.1	49	353
長野	35.3	26.1	9.3	19.7	14.8	4.9	297	1 454
岐阜	34.5	25.6	8.9	23.4	18.0	5.5	829	316
静岡	93.8	63.2	30.6	29.8	16.3	13.5	560	375
愛知	195.4	132.2	63.2	746.6	475.3	271.3	1 255	1 714
三重	9.1	7.0	2.1	63.3	46.7	16.5	1 765	1 141
滋賀	92.7	70.8	21.9	16.9	11.1	5.8	—	—
京都	137.7	90.0	47.7	303.3	166.4	136.9	201	248
大阪	621.7	412.0	209.7	1 693.9	851.2	842.7	1 400	1 547
兵庫	332.3	237.9	94.3	545.6	325.6	220.0	502	345
奈良	26.0	18.8	7.2	111.0	72.1	38.8	0	0
和歌山	18.7	14.3	4.4	7.9	5.4	2.5	113	43
鳥取	7.1	5.5	1.6	0.6	0.3	0.3	214	58
島根	4.5	3.3	1.2	1.1	0.7	0.4	11	27
岡山	56.2	40.5	15.7	4.6	2.4	2.1	479	408
広島	101.0	71.2	29.8	59.8	25.4	34.4	538	612
山口	25.8	18.6	7.2	0.1	0.1	0.0	367	251
徳島	7.2	5.7	1.5	0.0	0.0	0.0	61	42
香川	12.9	9.6	3.3	12.1	8.1	4.0	115	127
愛媛	7.3	5.6	1.8	14.5	7.5	7.0	198	105
高知	4.6	3.4	1.2	6.0	2.9	3.1	38	27
福岡	187.6	130.7	56.9	222.8	124.8	98.0	968	1 881
佐賀	14.6	11.1	3.6	0.8	0.5	0.3	268	419
長崎	11.0	7.6	3.4	14.2	3.6	10.6	24	28
熊本	19.1	13.3	5.8	9.5	2.9	6.5	212	211
大分	16.7	11.5	5.2	0.1	—	0.1	67	63
宮崎	6.9	5.1	1.8	—	—	—	97	76
鹿児島	17.8	13.2	4.6	9.2	2.9	6.3	146	134
沖縄	—	—	—	11.8	3.9	7.9	—	—
全国	6 976.7	4 547.3	2 429.4	11 744.2	6 768.1	4 976.1	26 437	26 437

国土交通省「貨物・旅客地域流動調査」より作成。索道を除く。注記は358ページ参照。1) 国土交通省「鉄道輸送統計年報」によると、民鉄を含む輸送量は2021年度で38912千トン、18042百万トンキロ。

表**6-2** 鉄道旅客利用状況 (2021年度)

	旅客営業キロ (km) (年度末現在)	旅客数（百万人）			旅客人キロ（百万人キロ）		
		計	定期	定期外	計	定期	定期外
北海道	2 478	281.6	126.2	155.4	3 497	1 607	1 890
東北	3 535	239.5	161.9	77.6	3 556	2 254	1 301
関東	6 000	12 081.8	7 319.0	4 762.8	162 575	101 101	61 474
北陸信越	2 172	160.1	115.1	45.1	3 164	1 732	1 432
中部	3 417	1 274.6	802.4	472.2	43 464	13 557	29 907
近畿	3 647	3 936.2	2 285.1	1 651.1	60 014	33 351	26 663
中国	2 293	253.9	165.8	88.1	4 142	2 674	1 468
四国	1 103	67.0	43.6	23.4	1 137	662	475
九州	2 855	529.1	328.9	200.3	8 282	4 901	3 382
沖縄	17	11.8	3.9	7.9	59	21	38
全国	27 517	18 805.4	11 344.0	7 461.4	289 891	161 860	128 031
(参考)2019年度	27 779	25 189.7	14 797.3	10 392.4	435 063	213 511	221 552
民鉄	7 841	11 744.2	6 768.1	4 976.1	119 700	74 576	45 124
大手	2 912	7 851.7	4 669.6	3 182.1	92 532	58 662	33 870
中小	4 439	1 963.6	1 004.0	959.6	14 411	8 150	6 262
公営	490	1 928.9	1 094.5	834.4	12 757	7 764	4 992
JR	19 676	7 061.2	4 575.9	2 485.3	170 190	87 284	82 906
新幹線	2 997	195.4	41.8	153.6	46 533	3 615	42 918
北海道線	149	0.6	0.0	0.6	89	0	88
東北線	714	45.9	13.4	32.5	6 898	985	5 914
上越線	304	22.5	5.8	16.7	2 393	391	2 002
東海道線	553	85.7	12.5	73.2	25 336	1 139	24 198
北陸線	346	15.5	2.6	12.9	1 720	154	1 565
山陽線	644	39.4	8.2	31.2	9 119	768	8 351
九州線	289	8.0	2.4	5.6	978	178	800
幹線 函館線*1)	695	75.7	48.7	27.0	1 106	566	540
室蘭・千歳・石勝線	410	31.5	19.1	12.4	968	411	557
根室線	444	2.0	1.0	1.0	86	20	66
東北線*2)	1 342	1 210.2	805.8	404.4	19 949	10 083	9 867
常磐線3)	351	372.4	263.1	109.3	5 983	4 119	1 865
奥羽線	485	21.1	14.9	6.1	524	281	243
羽越線4)	299	12.4	9.7	2.6	251	166	85
上越線*5)	543	157.3	106.9	50.4	4 931	2 185	2 747
信越線*	521	47.0	27.7	19.3	2 167	488	1 679
中央線6)	489	966.0	613.8	352.2	11 336	7 172	4 164
東海道線*7)	1 361	2 020.4	1 324.1	696.3	56 291	22 553	33 738
北陸線8)	251	48.0	33.3	14.6	1 400	536	864
山陽線*9)	1 227	363.0	249.4	113.6	15 404	5 187	10 216
山陰線	676	48.9	34.2	14.7	801	497	304
予讃・土讃線10)	549	25.1	17.6	7.5	733	384	349
鹿児島線*11)	768	185.1	130.5	54.6	4 131	2 280	1 851
日豊線	463	42.4	30.9	11.5	996	598	397

国土交通省「鉄道輸送統計年報」(2021年度分) より作成。鉄・軌道旅客輸送で索道を除く。*新幹線を含む。注記は358ページ参照。JR幹線で掲載した路線は、原資料掲載分。

旅客の人キロは旅客数（人）に移動距離キロメートルをかけたもの。
貨物のトンキロは貨物重量（トン）に移動距離キロメートルをかけたもの。

表 6-3　自動車輸送の概況 （2021年度）

	旅客輸送[1] （営業用）		乗合バス[2] （定員11人以上）		乗用車（タクシー） （定員10人以下）		貨物輸送[3] （営業用と自家用）	
	百万人	百万 人キロ	百万人	百万 人キロ	百万人	百万 人キロ	百万トン	百万 トンキロ
北海道	184.1	1 947	124.0	1 471	54.4	196	245.8	11 148
青森	34.7	383	22.4	182	7.8	42	53.3	4 165
岩手	24.3	262	14.4	163	8.0	33	50.2	3 672
宮城	62.0	844	49.5	632	7.9	44	92.8	5 682
秋田	17.4	139	8.9	87	7.6	23	43.4	2 645
山形	13.8	196	7.1	148	6.0	25	41.3	2 669
福島	18.4	276	10.1	172	5.9	15	85.5	6 164
茨城	49.9	550	37.2	402	8.8	34	121.9	7 133
栃木	25.1	191	12.8	70	10.0	54	92.6	4 874
群馬	17.3	143	8.2	74	8.0	36	87.6	4 193
埼玉	212.9	1 361	190.6	1 064	14.6	69	217.7	12 208
千葉	224.6	1 997	189.0	1 264	12.5	59	187.0	9 294
東京	872.3	4 502	668.5	3 163	187.9	765	154.0	5 535
神奈川	615.7	2 139	552.7	1 712	54.0	177	195.1	8 300
新潟	45.8	451	37.0	302	5.8	22	82.5	5 205
富山	15.5	143	7.9	72	6.7	32	45.4	2 025
石川	30.3	260	23.4	183	5.4	18	35.1	1 908
福井	13.4	177	4.3	35	5.2	27	38.4	1 518
山梨	15.0	117	4.1	56	10.1	36	26.1	1 685
長野	18.9	287	12.5	196	4.9	24	60.2	3 536
岐阜	25.9	301	19.1	229	4.9	17	76.6	4 106
静岡	69.1	633	55.9	440	7.9	33	142.6	8 672
愛知	195.5	1 403	152.9	1 028	32.8	128	270.5	13 223
三重	40.9	303	32.0	233	7.3	23	87.1	4 465
滋賀	29.7	170	17.1	89	11.0	35	47.0	2 445
京都	152.0	874	140.5	776	9.7	42	56.2	4 424
大阪	264.3	2 121	189.8	1 593	64.4	267	210.3	14 280
兵庫	214.7	1 394	178.3	1 072	29.7	105	148.6	8 902
奈良	54.8	318	39.2	204	13.9	62	25.5	2 156
和歌山	17.1	119	8.3	51	7.4	26	30.8	2 042
鳥取	15.4	115	4.3	44	10.8	55	19.3	1 299
島根	13.6	120	5.7	66	7.0	13	24.9	1 359
岡山	30.1	230	22.6	158	6.2	10	68.4	5 787
広島	78.4	675	63.9	443	11.0	73	75.1	6 620
山口	25.7	192	15.2	125	9.9	43	46.3	2 876
徳島	8.4	147	3.8	96	4.1	23	20.0	1 533
香川	10.3	198	4.3	141	5.3	21	33.3	2 830
愛媛	14.8	165	8.4	110	5.5	14	46.7	2 960
高知	8.7	103	3.4	59	4.8	23	24.5	1 770
福岡	257.1	2 018	208.4	1 724	45.2	159	160.7	11 780
佐賀	20.0	321	8.2	236	11.0	60	34.2	2 311
長崎	66.7	665	54.0	577	11.9	60	30.5	2 227
熊本	31.8	350	21.4	239	8.4	47	51.2	3 728
大分	21.8	173	13.2	110	8.1	46	46.3	2 274
宮崎	17.1	109	7.0	58	9.5	31	49.9	2 388
鹿児島	37.1	314	25.3	217	9.6	25	67.3	3 533
沖縄	37.4	297	21.9	175	13.6	58	38.8	545
全国	4 269.9	30 189	3 308.8	21 739	802.8	3 227	3 888.4	224 095

国土交通省「自動車輸送統計年報」（2021年度分）より作成。人キロ、トンキロは281ページ、その他の注記は358ページ参照。1）貸切バスを含む。2）高速乗合バスを含む。3）自家用は自社の貨物輸送等。

表6-4　バス旅客輸送の内訳（2021年度）

	一般乗合バス[1]				高速乗合バス[1]		貸切バス	
	百万人	定期	定期外	百万人キロ	百万人	百万人キロ	百万人	百万人キロ
北海道	121.6	29.6	92.1	1 011	2.41	460	5.76	280
青森	22.3	3.8	18.5	171	0.07	11	4.44	159
岩手	14.1	4.6	9.4	106	0.34	56	1.86	66
宮城	47.9	13.6	34.3	364	1.56	268	4.68	167
秋田	8.8	2.6	6.2	66	0.13	21	0.82	29
山形	6.6	2.4	4.2	61	0.52	87	0.65	23
福島	9.5	3.7	5.8	74	0.56	99	2.46	88
茨城	36.2	9.8	26.3	249	1.07	153	3.82	114
栃木	12.7	4.0	8.8	66	0.02	3	2.31	68
群馬	8.0	1.7	6.3	47	0.18	27	1.11	33
埼玉	190.3	45.3	144.9	1 009	0.38	55	7.71	228
千葉	186.3	48.6	137.7	873	2.74	391	23.16	674
東京	665.0	150.3	514.7	2 386	3.49	777	15.91	574
神奈川	552.2	188.3	364.0	1 599	0.42	113	9.02	250
新潟	36.6	23.7	12.9	234	0.42	68	2.98	127
富山	7.8	3.2	4.6	50	0.13	22	0.92	39
石川	23.2	9.3	14.0	149	0.20	34	1.43	59
福井	4.3	1.1	3.3	30	0.02	4	3.92	116
山梨	3.8	1.9	2.0	22	0.23	35	0.82	25
長野	11.7	3.0	8.7	76	0.71	120	1.54	67
岐阜	18.9	5.3	13.6	154	0.25	75	1.85	55
静岡	55.7	19.6	36.1	393	0.16	46	5.36	160
愛知	152.0	51.2	100.8	767	0.95	261	9.82	248
三重	31.9	10.5	21.4	224	0.03	9	1.57	47
滋賀	17.1	7.6	9.5	89	—	—	1.49	46
京都	140.2	74.1	66.1	718	0.38	58	1.75	57
大阪	187.9	55.1	132.8	921	1.86	672	10.10	260
兵庫	175.7	76.7	98.9	658	2.60	414	6.63	217
奈良	39.2	11.9	27.3	199	0.03	5	1.67	52
和歌山	8.2	2.8	5.4	43	0.05	7	1.41	43
鳥取	4.2	1.7	2.4	23	0.11	21	0.35	16
島根	5.6	1.8	3.7	31	0.19	35	0.93	41
岡山	22.4	9.0	13.4	132	0.14	26	1.38	62
広島	63.4	14.6	48.8	360	0.44	83	3.58	159
山口	15.1	5.9	9.2	103	0.12	22	0.53	24
徳島	3.4	1.0	2.4	32	0.33	63	0.55	28
香川	3.7	0.9	2.9	35	0.55	106	0.70	36
愛媛	8.3	3.7	4.6	78	0.17	32	0.81	41
高知	3.3	0.8	2.5	32	0.14	27	0.42	21
福岡	205.8	86.8	119.0	1 022	2.67	702	3.46	135
佐賀	7.0	2.0	5.0	54	1.23	182	0.79	25
長崎	52.7	19.5	33.3	396	1.24	181	0.86	28
熊本	20.8	3.7	17.0	144	0.64	96	1.93	64
大分	13.0	2.9	10.1	90	0.14	20	0.51	18
宮崎	7.0	4.5	2.5	48	0.07	10	0.58	20
鹿児島	25.3	4.6	20.6	210	0.05	7	2.18	71
沖縄	21.7	2.4	19.3	150	0.17	25	1.89	63
全国	3 278.5	1 031.2	2 247.3	15 748	30.27	5 991	158.40	5 224

資料、注記は表6-3に同じ。1) 表6-3に掲載した「乗合バス」の内訳。

府県別統計　運輸

表 6 - 5　自動車の保有台数 (2022年度末現在) (単位　千台)

	四輪車1)	乗用車	100人あたり(台)	貨物車	乗合車(バス・タクシー)	1万人あたり(台)	二輪車	計
北海道	3 641.4	2 795.3	54.4	675.8	12.7	24.6	157.1	3 798.5
青森	974.9	724.5	60.2	214.5	3.5	②29.2	27.9	1 002.8
岩手	992.4	739.5	62.6	223.0	3.2	③26.7	34.6	1 027.0
宮城	1 637.3	1 304.5	57.2	292.4	4.6	20.0	72.6	1 709.8
秋田	778.3	582.9	62.7	169.6	2.1	22.2	23.0	801.4
山形	900.8	690.0	66.3	184.6	2.3	22.0	28.5	929.4
福島	1 586.3	1 219.7	68.1	325.7	4.6	⑤25.5	66.6	1 652.9
茨城	2 540.4	1 997.2	③70.3	486.1	6.4	22.7	102.0	2 642.5
栃木	1 672.6	1 346.8	②70.6	290.0	4.2	21.9	78.1	1 750.7
群馬	1 741.3	1 385.1	①72.4	319.5	3.5	18.3	72.3	1 813.7
埼玉	3 983.7	3 242.9	44.2	643.6	9.8	13.4	218.6	4 202.3
千葉	3 560.6	2 849.0	45.5	617.4	11.2	17.8	158.0	3 718.6
東京	3 933.7	3 143.2	22.4	669.8	15.4	11.0	490.9	4 424.6
神奈川	3 741.8	3 069.4	33.2	572.7	11.5	12.4	321.4	4 063.2
新潟	1 770.9	1 386.1	68.4	333.4	5.2	24.2	63.1	1 834.0
富山	876.9	708.0	⑤69.6	146.8	1.7	16.9	24.4	901.3
石川	896.2	728.7	65.2	145.8	2.5	22.1	24.5	920.7
福井	654.7	513.4	68.2	123.2	1.8	23.3	17.7	672.4
山梨	735.3	561.3	④70.0	155.7	1.9	24.1	34.5	769.7
長野	1 845.9	1 383.4	68.5	420.0	4.7	23.1	72.9	1 918.8
岐阜	1 632.9	1 297.6	66.7	298.2	4.0	20.3	57.0	1 689.9
静岡	2 770.4	2 229.9	62.2	487.1	5.5	15.3	141.1	2 911.5
愛知	5 119.4	4 222.2	56.3	792.9	9.8	13.1	230.3	5 349.7
三重	1 473.4	1 163.7	66.8	277.9	3.1	17.7	56.8	1 530.2
滋賀	1 018.4	817.8	58.0	179.3	2.4	17.3	41.9	1 060.3
京都	1 271.8	999.8	39.2	238.2	4.5	17.6	69.5	1 341.3
大阪	3 568.6	2 797.1	31.8	673.7	10.1	11.6	252.8	3 821.4
兵庫	2 889.0	2 322.2	43.0	494.2	7.6	14.1	167.5	3 056.5
奈良	803.8	652.1	49.9	134.7	2.1	15.7	34.3	838.2
和歌山	722.3	543.2	60.1	161.4	1.5	16.9	35.3	757.6
鳥取	457.4	346.9	63.8	99.5	1.1	19.6	12.0	469.4
島根	541.1	409.5	62.2	118.1	1.6	24.1	14.1	555.3
岡山	1 499.7	1 166.7	62.6	297.6	2.8	15.1	57.4	1 557.1
広島	1 837.9	1 467.2	53.2	325.8	4.9	17.6	84.0	1 921.9
山口	1 033.9	817.5	62.2	194.2	2.2	17.0	36.4	1 070.3
徳島	598.4	456.0	64.8	128.9	1.4	20.2	20.8	619.2
香川	764.4	593.5	63.5	152.9	1.6	17.2	31.6	796.0
愛媛	986.9	745.3	57.0	217.3	2.0	15.6	39.9	1 026.8
高知	538.5	395.8	58.6	129.2	1.2	18.4	24.2	562.6
福岡	3 298.4	2 644.0	51.7	579.6	9.6	18.8	160.9	3 459.3
佐賀	664.5	512.7	64.0	136.1	1.8	23.0	25.6	690.1
長崎	909.6	701.1	54.6	185.3	3.9	①30.5	48.5	958.1
熊本	1 363.9	1 045.7	60.9	285.2	3.4	19.7	43.7	1 407.5
大分	900.4	696.4	62.9	184.2	2.1	19.4	30.5	930.9
宮崎	912.8	680.2	64.6	210.5	1.9	17.7	42.4	955.3
鹿児島	1 312.3	962.1	61.6	312.4	4.0	④25.7	51.8	1 364.1
沖縄	1 134.6	895.8	61.0	213.2	3.5	23.5	61.9	1 196.5
全国	78 490.0	61 953.1	49.6	14 516.9	212.2	17.0	3 961.3	82 451.4

自動車検査登録情報協会「自動車保有車両数月報」より作成。人口あたりは、2022年10月 1 日推計人口より編者算出。○内の数字は全国順位。世帯あたりは図6-1参照。1) 特種 (殊) 車を含む。

図6-1　**乗用車の100世帯あたり保有台数**（2022年度末現在）

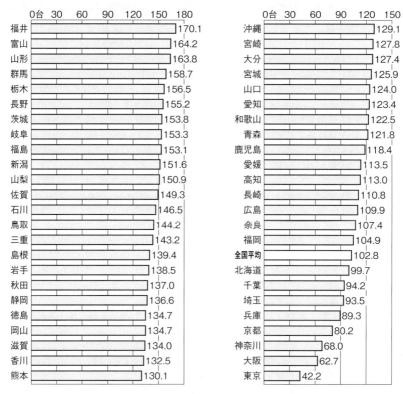

	台数
福井	170.1
富山	164.2
山形	163.8
群馬	158.7
栃木	156.5
長野	155.2
茨城	153.8
岐阜	153.3
福島	153.1
新潟	151.6
山梨	150.9
佐賀	149.3
石川	146.5
鳥取	144.2
三重	143.2
島根	139.4
岩手	138.5
秋田	137.0
静岡	136.6
徳島	134.7
岡山	134.7
滋賀	134.0
香川	132.5
熊本	130.1
沖縄	129.1
宮崎	127.8
大分	127.4
宮城	125.9
山口	124.0
愛知	123.4
和歌山	122.5
青森	121.8
鹿児島	118.4
愛媛	113.5
高知	113.0
長崎	110.8
広島	109.9
奈良	107.4
福岡	104.9
全国平均	102.8
北海道	99.7
千葉	94.2
埼玉	93.5
兵庫	89.3
京都	80.2
神奈川	68.0
大阪	62.7
東京	42.2

資料は表6-5に同じ。世帯数は2023年1月1日現在の住民基本台帳による。

🚄　北陸新幹線の敦賀延伸

　北陸新幹線は、1997年10月に高崎から長野までの117kmが長野新幹線として部分開業し、次いで2015年3月に長野から金沢までの240kmが開業した。これに伴い関東を中心に金沢などへの旅行人気が高まった。国土交通省「旅客地域流動調査」によると、首都圏1都3県から富山・石川への輸送人員は開業前の2014年の289万人から、コロナ禍前の2019年は420万人に増加し、うち294万人はJRを利用していた。

　2024年3月、北陸新幹線は金沢から福井県の敦賀まで延伸され、同区間の125kmが開業する。東京－福井は最速で2時間51分と36分短縮、東京－敦賀は3時間8分と50分短縮される。これに伴い、今後は関東との人的、経済的な結びつきが強まる見通しである。

　福井への観光客は、これまで関西方面が多かった。しかし、今回の開業で大阪－福井間は最速で1時間44分と3分しか短縮されず、しかも福井へ直行する特急が終了して敦賀乗り換えとなる。北陸新幹線は新大阪まで延ばす予定であるが、着工は2025年以降で、この状態が当面は続くとみられる。

表 6-6　道路実延長と舗装率（2021年 3 月31日現在）（単位　km）

	一般道路 （A）	舗装率[1] （%）	一般国道	都道府 県道	市町村道	（再掲） 有料道路[2]	高速 自動車 国道 （B）	合計 （A＋B）
北海道	89 900	67.7	6 779	11 902	71 218	8	787	90 686
青森	20 087	71.7	1 458	2 512	16 117	38	100	20 187
岩手	33 317	64.0	1 927	2 901	28 489	―	299	33 616
宮城	25 380	79.6	1 264	2 322	21 793	75	179	25 559
秋田	23 711	70.6	1 386	2 371	19 955	40	203	23 915
山形	16 698	83.7	1 121	2 527	13 051	11	221	16 919
福島	39 124	74.0	2 012	4 221	32 891	7	411	39 535
茨城	55 455	68.1	1 178	3 364	50 912	90	202	55 656
栃木	25 433	88.0	921	2 828	21 685	34	173	25 606
群馬	34 832	73.7	938	2 536	31 357	―	176	35 008
埼玉	47 294	73.3	903	2 503	43 889	101	156	47 450
千葉	40 949	85.4	1 276	2 635	37 039	200	152	41 102
東京	24 373	89.8	348	2 347	21 678	230	50	24 424
神奈川	25 718	92.2	713	1 480	23 525	269	87	25 805
新潟	37 302	80.6	2 012	4 646	30 644	―	441	37 742
富山	13 933	91.7	521	2 169	11 243	28	133	14 066
石川	13 141	92.2	619	1 906	10 616	―	67	13 208
福井	10 896	93.0	801	1 572	8 523	7	159	11 055
山梨	11 148	86.9	598	1 436	9 113	42	173	11 321
長野	47 800	75.1	1 701	3 881	42 218	23	331	48 131
岐阜	30 665	86.7	1 578	3 102	25 984	74	235	30 899
静岡	36 798	86.2	1 229	3 263	32 306	13	363	37 161
愛知	50 379	91.6	1 333	4 201	44 844	191	276	50 655
三重	25 294	84.2	1 208	2 631	21 454	7	217	25 510
滋賀	12 499	94.3	636	1 885	9 978	24	162	12 661
京都	15 689	84.1	976	2 189	12 524	146	75	15 764
大阪	19 707	96.4	660	1 808	17 240	207	152	19 860
兵庫	36 525	86.9	1 508	4 389	30 628	313	322	36 847
奈良	12 780	83.2	861	1 294	10 625	15	18	12 798
和歌山	13 782	87.6	1 060	1 895	10 826	19	99	13 881
鳥取	8 938	92.4	606	1 643	6 689	1	52	8 990
島根	18 168	83.2	971	2 501	14 696	33	128	18 296
岡山	32 151	83.8	1 021	3 557	27 573	22	299	32 450
広島	28 895	91.5	1 505	3 701	23 688	83	386	29 281
山口	16 520	94.1	1 111	2 801	12 607	2	257	16 777
徳島	15 244	83.4	712	1 790	12 742	10	118	15 362
香川	10 229	96.2	359	1 561	8 309	16	104	10 333
愛媛	18 248	87.9	1 083	2 883	14 282	39	187	18 435
高知	14 239	88.1	1 088	2 089	11 062	―	103	14 342
福岡	37 770	88.5	1 209	3 511	33 050	137	204	37 974
佐賀	10 973	97.1	628	1 259	9 085	13	78	11 050
長崎	18 033	93.0	990	1 662	15 381	55	46	18 080
熊本	26 110	91.7	1 260	2 966	21 884	15	147	26 257
大分	18 460	93.0	1 066	2 531	14 863	31	191	18 650
宮崎	20 027	88.5	1 177	2 017	16 833	21	202	20 229
鹿児島	27 351	92.2	1 300	3 556	22 496	61	123	27 474
沖縄	8 173	88.8	502	1 082	6 589	―	57	8 230
全国	1 220 138	82.6	56 111	129 827	1 034 201	2 749	9 100	1 229 239

国土交通省「道路統計年報2022」より作成。注記は358ページ参照。1) 簡易舗装を含む。2) 一般国道
と都道府県道、市町村道の有料道路。事業者は東日本、中日本、西日本高速のほか、首都高速（延長
327km）、阪神高速（同258km）、本州四国連絡高速、各地方高速公社。航路延長を除く延長。

表6-7　海上輸送量（港湾での調査）（2021年）

	内国航路乗降人員（千人）		外国航路乗降人員（千人）		国内貨物出入（千トン）		貿易貨物出入（千トン）	
	乗込	上陸	乗込	上陸	移出	移入	輸出	輸入
北海道	650	659	0.00	—	33 078	31 492	3 241	30 364
青森	182	175	—	—	7 487	5 636	506	7 284
岩手	6	4	—	—	2 102	1 745	88	1 235
宮城	363	347	—	—	7 627	10 473	1 311	10 915
秋田	9	15	—	—	882	2 527	699	6 140
山形	9	9	—	—	387	624	241	2 021
福島	6	6	—	—	5 366	2 647	1 018	12 433
茨城	66	62	—	—	14 156	10 280	9 440	45 383
栃木	—	—	—	—	—	—	—	—
群馬	—	—	—	—	—	—	—	—
埼玉	—	—	—	—	—	—	—	—
千葉	290	250	—	—	37 795	33 088	12 924	114 055
東京	470	463	—	—	10 373	16 779	12 481	35 162
神奈川	283	314	0.02	0.01	28 706	31 148	34 507	88 830
新潟	711	710	—	—	2 872	5 148	1 907	18 957
富山	—	—	—	—	128	1 393	1 265	3 916
石川	13	12	—	—	377	2 157	571	4 072
福井	66	68	—	—	1 759	3 752	415	4 361
山梨	—	—	—	—	—	—	—	—
長野	—	—	—	—	—	—	—	—
岐阜	—	—	—	—	—	—	—	—
静岡	230	231	—	—	3 152	8 636	5 077	7 661
愛知	570	576	0.35	—	34 903	36 021	55 040	86 839
三重	588	578	—	—	17 613	6 978	3 605	34 954
滋賀	257	258	—	—	—	—	—	—
京都	23	21	—	—	786	454	376	4 871
大阪	310	345	—	—	17 733	30 798	11 611	45 843
兵庫	1 452	1 519	0.15	—	21 257	32 348	26 857	61 362
奈良	—	—	—	—	—	—	—	—
和歌山	92	98	—	—	6 028	7 183	3 062	11 934
鳥取	30	43	—	—	193	1 704	170	1 685
島根	327	317	—	—	686	1 154	50	2 359
岡山	620	601	—	—	20 719	14 704	7 502	37 768
広島	5 425	5 388	—	—	12 699	11 950	11 337	35 664
山口	287	279	—	—	34 645	27 195	11 324	33 095
徳島	156	156	—	—	1 680	1 633	111	7 023
香川	2 330	2 343	—	—	6 016	8 120	2 342	6 644
愛媛	1 044	1 057	—	—	9 493	12 964	1 949	10 942
高知	8	7	—	—	11 601	3 913	4 774	1 236
福岡	813	790	0.34	—	29 072	34 358	21 831	34 128
佐賀	153	151	—	—	369	1 871	243	643
長崎	2 181	2 175	—	—	2 231	5 440	244	7 219
熊本	594	623	—	—	709	3 007	472	1 943
大分	589	564	—	—	37 805	16 361	11 939	30 373
宮崎	56	42	—	—	1 335	3 080	316	2 094
鹿児島	3 756	3 866	—	—	21 848	8 685	3 492	23 118
沖縄	1 496	1 489	0.35	0.07	10 165	11 871	964	3 223
全国（参考）	26 511	26 613	1.21	0.08	455 834	449 317	265 303	877 751
2019年	49 474	49 334	4 560.01	4 566.00	485 900	477 154	284 466	925 802

国土交通省「港湾統計（年報）」（2021年）より作成。注記は358ページ参照。

図 **6 - 2** 入港船舶総トン数 （2021年）

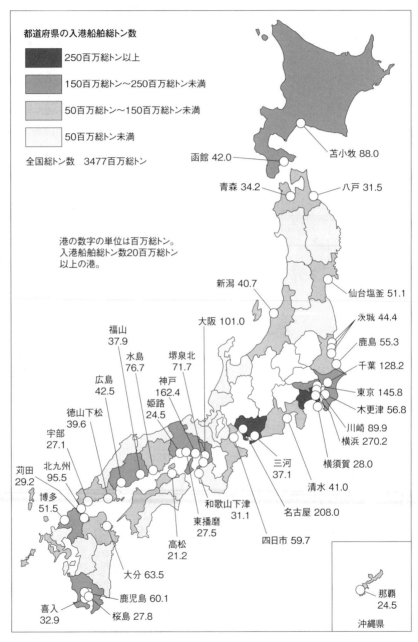

都道府県の入港船舶総トン数

- 250百万総トン以上
- 150百万総トン〜250百万総トン未満
- 50百万総トン〜150百万総トン未満
- 50百万総トン未満

全国総トン数 3477百万総トン

港の数字の単位は百万総トン。
入港船舶総トン数20百万総トン
以上の港。

苫小牧 88.0
函館 42.0
青森 34.2
八戸 31.5
新潟 40.7
仙台塩釜 51.1
大阪 101.0
次城 44.4
鹿島 55.3
千葉 128.2
東京 145.8
木更津 56.8
川崎 89.9
横浜 270.2
横須賀 28.0
清水 41.0
三河 37.1
名古屋 208.0
四日市 59.7
福山 37.9
水島 76.7
堺泉北 71.7
広島 42.5
神戸 162.4
姫路 24.5
徳山下松 39.6
宇部 27.1
苅田 29.2
北九州 95.5
博多 51.5
和歌山下津 31.1
東播磨 27.5
高松 21.2
大分 63.5
鹿児島 60.1
喜入 32.9
桜島 27.8
那覇 24.5
沖縄県

資料は表6-7に同じ。５総トン以上の船舶。茨城港は2008年に、日立港、常陸那珂港、大洗港の３
港が統合された。

表 6 - 8 航空輸送（2022年度）（ヘリポート、非共用飛行場を除く）

	国内線旅客（千人）		国際線旅客（千人）		国内線貨物（千 t ）		国際線貨物（千 t ）	
	乗客	降客	乗客	降客	積込	荷下ろし	積込	荷下ろし
北海道	10 956	10 938	457	474	67.17	65.21	5.07	1.23
青森	639	648	1	1	0.64	0.59	—	—
岩手	194	192	—	—	0.14	0.01	—	—
宮城	1 386	1 393	7	8	0.57	0.84	—	0.01
秋田	550	555	—	—	0.28	0.34	—	—
山形	283	286	—	—	0.30	0.15	—	—
福島	91	92	1	1	0.00	0.01	—	—
茨城	297	298	0	1	—	—	—	—
栃木	—	—	—	—	—	—	—	—
群馬	—	—	—	—	—	—	—	—
埼玉	—	—	—	—	—	—	—	—
千葉	3 452	3 505	4 811	5 067	0.72	0.64	1 023.94	1 173.43
東京	26 772	26 694	3 089	3 262	227.66	235.97	191.24	177.57
神奈川	—	—	—	—	—	—	—	—
新潟	402	403	3	3	0.04	0.03	—	—
富山	123	129	—	—	0.15	0.10	—	—
石川	622	633	—	—	0.39	0.56	1.67	3.27
福井	—	—	—	—	—	—	—	—
山梨	—	—	—	—	—	—	—	—
長野	114	114	—	—	—	—	—	—
岐阜	—	—	—	—	—	—	—	—
静岡	180	180	1	1	0.01	0.00	—	—
愛知	3 016	3 020	390	431	4.67	4.30	62.46	54.94
三重	—	—	.	—	—	—	—	—
滋賀	—	—	—	—	—	—	—	—
京都	—	—	—	—	—	—	—	—
大阪	9 710	9 637	2 499	2 625	50.45	46.02	347.46	406.24
兵庫	1 569	1 570	0	0	—	—	—	—
奈良	—	—	—	—	—	—	—	—
和歌山	114	117	—	—	0.00	0.01	—	—
鳥取	342	343	—	0	0.82	0.29	—	—
島根	504	506	—	—	0.23	0.14	—	—
岡山	433	441	0	0	1.28	0.92	—	—
広島	1 006	1 031	5	6	4.76	2.33	0.01	—
山口	531	534	0	—	1.38	0.68	—	—
徳島	418	422	0	0	0.59	0.38	—	—
香川	661	669	18	19	1.19	0.80	—	—
愛媛	1 119	1 113	2	2	2.67	0.87	—	—
高知	654	656	—	—	1.67	0.36	—	—
福岡	8 311	8 247	1 102	1 159	68.85	55.85	22.75	18.04
佐賀	171	175	—	—	0.50	0.02	—	—
長崎	1 485	1 509	0	0	2.70	1.72	—	0.01
熊本	1 328	1 334	9	10	4.48	3.23	—	—
大分	730	739	0	—	2.57	1.14	—	—
宮崎	1 284	1 284	3	3	2.81	1.51	—	—
鹿児島	3 087	3 101	6	6	13.78	4.28	—	0.33
沖縄	10 263	10 278	200	207	92.51	125.02	0.44	0.85
全国	92 796	92 788	12 605	13 287	555.98	554.31	1 655.03	1 835.90
（参考）2019[1]	109 668	109 669	45 229	45 250	768.27	772.20	1 719.34	1 979.90

国土交通省「空港管理状況調書」より作成。注記は359ページ参照。1）会計年度。

図 6 - 3　飛行場の分布（2023年 4 月 1 日現在）

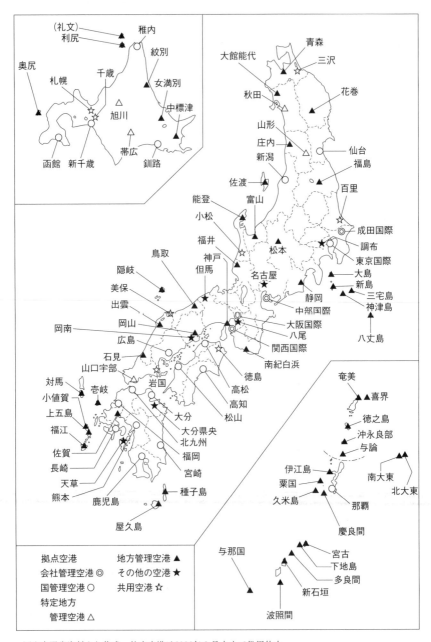

拠点空港　　　地方管理空港 ▲
会社管理空港 ◎　その他の空港 ★
国管理空港 ○　共用空港 ☆
特定地方
　管理空港 △

国土交通省資料より作成。礼文空港は2026年 3 月末まで供用休止。

表 6 - 9　加入電話の契約数 (会計年度末現在)

	契約数（千件）				100人あたり（件）			
	2010	2020	2021	2022	2010	2020	2021	2022
北海道	1 655	796	744	682	30.1	15.2	14.3	13.3
青森	432	220	208	195	31.4	17.8	17.0	① 16.2
岩手	389	206	196	183	29.2	17.0	16.3	④ 15.5
宮城	619	279	262	246	26.4	12.1	11.5	10.8
秋田	326	167	158	147	30.1	17.4	16.7	② 15.8
山形	293	140	132	124	25.1	13.1	12.5	11.9
福島	538	269	254	238	26.5	14.7	14.0	⑩ 13.3
茨城	798	349	327	306	26.9	12.2	11.5	10.8
栃木	513	232	218	204	25.6	12.0	11.3	10.7
群馬	515	242	228	213	25.7	12.5	11.8	11.1
埼玉	1 723	709	662	618	23.9	9.6	9.0	8.4
千葉	1 528	622	583	544	24.6	9.9	9.3	8.7
東京	3 989	1 632	1 520	1 414	30.3	11.6	10.9	10.1
神奈川	2 375	896	834	777	26.2	9.7	9.0	8.4
新潟	639	292	274	257	26.9	13.3	12.6	11.9
富山	298	117	108	98	27.3	11.3	10.5	9.7
石川	304	140	131	118	26.0	12.4	11.6	10.5
福井	209	76	71	65	26.0	9.9	9.3	8.7
山梨	252	115	107	100	29.2	14.2	13.3	12.4
長野	636	276	256	239	29.5	13.5	12.6	11.8
岐阜	522	228	211	194	25.1	11.5	10.8	10.0
静岡	1 015	417	385	351	27.0	11.5	10.7	9.8
愛知	1 760	691	638	588	23.7	9.2	8.5	7.8
三重	507	205	188	170	27.3	11.6	10.7	9.8
滋賀	290	119	111	103	20.6	8.4	7.9	7.3
京都	695	297	277	254	26.4	11.5	10.8	10.0
大阪	2 494	933	865	793	28.1	10.6	9.8	9.0
兵庫	1 196	482	448	413	21.4	8.8	8.2	7.6
奈良	335	141	130	121	23.9	10.6	9.9	9.2
和歌山	289	128	120	111	28.8	13.9	13.1	12.3
鳥取	153	71	67	62	25.9	12.8	12.1	11.4
島根	222	116	109	101	30.9	17.3	16.3	⑤ 15.4
岡山	512	248	231	211	26.3	13.1	12.3	11.4
広島	800	390	364	330	28.0	13.9	13.1	12.0
山口	479	238	222	204	33.0	17.7	16.7	③ 15.5
徳島	219	97	90	83	27.8	13.4	12.6	11.8
香川	301	119	110	101	30.2	12.5	11.7	10.8
愛媛	439	201	185	168	30.7	15.1	14.0	12.8
高知	252	121	112	103	33.0	17.5	16.4	⑥ 15.2
福岡	1 327	562	517	470	26.2	10.9	10.1	9.2
佐賀	206	93	86	79	24.2	11.5	10.6	9.8
長崎	449	220	203	185	31.4	16.8	15.7	⑦ 14.4
熊本	479	240	223	205	26.4	13.8	12.9	12.0
大分	360	175	163	150	30.1	15.6	14.6	⑨ 13.6
宮崎	327	148	136	122	28.8	13.8	12.8	11.6
鹿児島	547	265	242	217	32.0	16.7	15.3	⑧ 13.9
沖縄	333	134	124	112	23.9	9.2	8.4	7.6
全国	34 539	14 856	13 827	12 767	27.0	11.8	11.0	10.2

総務省「通信量からみた我が国の音声通信利用状況」および同資料より作成。100人あたりは、各年10月1日現在の国勢調査人口や推計人口より編者算出。〇内の数字は全国順位。

表 **6-10**　携帯電話の契約数（会計年度末現在）

	契約数（千件）				100人あたり（件）			
	2010	2020	2021	2022	2010	2020	2021	2022
北海道	4 519	5 967	6 005	6 000	82.1	114.2	115.9	⑨ 116.7
青森	1 000	1 193	1 206	1 197	72.8	96.3	98.8	99.4
岩手	951	1 171	1 186	1 177	71.5	96.7	99.1	99.7
宮城	1 973	2 954	2 560	2 542	84.0	128.3	111.8	111.5
秋田	783	908	914	906	72.1	94.7	96.7	97.4
山形	875	1 041	1 052	1 047	74.9	97.4	99.8	100.6
福島	1 526	1 858	1 868	1 856	75.2	101.4	103.1	103.7
茨城	2 471	2 899	2 941	2 936	83.2	101.1	103.1	103.4
栃木	1 649	1 984	2 000	2 003	82.1	102.6	104.1	104.9
群馬	1 657	2 027	2 058	2 055	82.5	104.5	106.8	107.4
埼玉	6 352	7 892	8 055	8 023	88.3	107.5	109.7	109.4
千葉	5 513	6 756	6 899	6 935	88.7	107.5	109.9	110.7
東京	20 456	61 813	66 466	71 561	155.4	440.0	474.4	① 509.8
神奈川	8 599	10 854	11 281	11 968	95.0	117.5	122.1	⑦ 129.6
新潟	1 809	2 163	2 186	2 183	76.2	98.3	100.4	101.4
富山	890	1 130	1 175	1 199	81.4	109.2	114.6	⑧ 117.9
石川	991	1 207	1 271	1 268	84.7	106.6	112.9	113.5
福井	660	788	797	797	81.9	102.7	104.9	105.8
山梨	732	841	853	847	84.8	103.9	105.9	105.6
長野	1 722	3 246	4 353	5 462	80.0	158.5	214.1	② 270.4
岐阜	1 776	2 092	2 139	2 132	85.4	105.7	109.1	109.6
静岡	3 200	3 943	4 074	4 082	85.0	108.5	112.9	114.0
愛知	6 775	10 371	10 663	10 967	91.4	137.5	141.9	④ 146.3
三重	1 613	1 832	1 860	1 848	87.0	103.5	105.9	106.1
滋賀	1 192	1 406	1 436	1 429	84.5	99.5	101.8	101.4
京都	2 363	2 889	2 962	2 973	89.6	112.1	115.6	⑩ 116.6
大阪	8 770	12 158	12 596	12 652	98.9	137.6	143.0	⑤ 144.1
兵庫	4 922	5 719	5 808	5 756	88.1	104.6	106.9	106.5
奈良	1 204	1 367	1 403	1 400	86.0	103.2	106.7	107.2
和歌山	829	929	934	922	82.7	100.7	102.2	102.1
鳥取	459	541	546	540	78.0	97.8	99.4	99.3
島根	549	669	675	671	76.6	99.6	101.5	101.9
岡山	1 642	1 969	1 999	1 988	84.4	104.3	106.5	106.7
広島	2 519	3 545	3 704	3 758	88.1	126.6	133.2	⑥ 136.2
山口	1 160	1 411	1 430	1 441	79.9	105.1	107.7	109.7
徳島	637	730	745	742	81.0	101.5	104.6	105.4
香川	870	1 032	1 042	1 034	87.4	108.6	110.5	110.7
愛媛	1 145	1 410	1 433	1 421	80.0	105.6	108.5	108.7
高知	594	695	697	687	77.7	100.5	102.0	101.7
福岡	4 628	11 659	12 294	12 930	91.2	227.0	239.9	③ 252.7
佐賀	685	809	819	814	80.7	99.7	101.6	101.6
長崎	1 122	1 333	1 343	1 322	78.6	101.6	103.5	103.1
熊本	1 463	1 837	1 861	1 844	80.5	105.7	107.7	107.3
大分	946	1 150	1 159	1 151	79.0	102.3	104.0	104.0
宮崎	890	1 062	1 073	1 065	78.4	99.3	101.1	101.2
鹿児島	1 315	1 567	1 587	1 579	77.1	98.6	100.7	101.0
沖縄	1 137	1 577	1 589	1 577	81.6	107.5	108.2	107.4
全国	119 535	194 395	202 998	210 686	93.3	154.1	161.7	168.6

総務省資料より作成。PHSを含む。100人あたりは、各年10月1日現在の国勢調査人口や推計人口より編者算出。○内の数字は全国順位。

表 6-11　ブロードバンドサービスの契約数（2023年3月末現在）

	BWA[1] (WiMAXや4G/LTEなどを用いた移動無線アクセス)		FTTH[2] (光ファイバー)		CATV (ケーブルテレビ)		DSL (ADSLなど)	
	契約数(千件)	100人あたり(件)	契約数(千件)	100人あたり(件)	契約数(千件)	100人あたり(件)	契約数(千件)	100人あたり(件)
北海道	2 245.1	43.7	1 525.2	29.7	201.2	3.9	14.1	0.3
青森	429.7	35.7	320.4	26.6	6.9	0.6	4.9 ⑩	0.4
岩手	394.7	33.4	345.1	29.2	4.8	0.4	4.9 ⑨	0.4
宮城	1 366.3 ④	59.9	707.4	31.0	77.6	3.4	5.8	0.3
秋田	288.4	31.0	260.0	28.0	1.7	0.2	2.5	0.3
山形	400.1	38.4	284.9	27.4	18.9	1.8	2.5	0.2
福島	766.2	42.8	550.0	30.7	4.9	0.3	7.5 ⑧	0.4
茨城	1 058.2	37.3	895.9	31.5	76.9	2.7	10.0	0.4
栃木	663.2	34.7	624.8	32.7	13.2	0.7	5.6	0.3
群馬	730.4	38.2	603.1	31.5	26.7	1.4	6.0	0.3
埼玉	3 400.1	46.3	2 129.1	29.0	633.3 ④	8.6	24.9	0.3
千葉	2 923.8	46.7	1 942.3	31.0	507.1 ⑤	8.1	18.5	0.3
東京	31 898.2 ①	227.2	5 121.1 ①	36.5	1 344.2 ②	9.6	39.6	0.3
神奈川	4 804.9 ⑦	52.0	2 980.8	32.3	872.0 ③	9.4	27.5	0.3
新潟	630.5	29.3	635.5	29.5	29.7	1.4	6.3	0.3
富山	464.2	45.7	320.5	31.5	12.1	1.2	2.3	0.2
石川	473.6	42.4	348.1	31.1	28.1	2.5	4.2	0.4
福井	307.7	40.9	211.4	28.1	34.7 ⑨	4.6	1.2	0.2
山梨	263.3	32.8	274.0 ⑦	34.2	3.4	0.4	3.0	0.4
長野	747.0	37.0	677.4 ⑩	33.5	37.3	1.8	9.3 ⑤	0.5
岐阜	903.7	46.4	604.8	31.1	19.4	1.0	6.7	0.3
静岡	1 747.8 ⑨	48.8	1 240.8 ⑤	34.6	27.3	0.8	12.4	0.3
愛知	4 434.7 ⑤	59.2	2 648.6 ②	35.3	83.8	1.1	13.6	0.2
三重	728.2	41.8	603.8 ④	34.7	9.5	0.5	3.9	0.2
滋賀	572.1	40.6	481.2 ⑧	34.2	0.9	0.1	3.0	0.2
京都	1 406.9 ⑥	55.2	882.3 ⑥	34.6	94.3	3.7	5.3	0.2
大阪	6 081.6 ②	69.2	2 882.5	32.8	938.0 ①	10.7	10.9	0.1
兵庫	2 595.9	48.1	1 504.6	27.8	414.1 ⑥	7.7	12.1	0.2
奈良	557.3	42.7	427.8	32.8	19.5	1.5	2.7	0.2
和歌山	317.7	35.2	273.3	30.3	38.3 ⑩	4.2	1.3	0.1
鳥取	192.3	35.4	156.1	28.7	10.0	1.8	2.5 ⑥	0.5
島根	215.9	32.8	188.9	28.7	5.3	0.8	3.7 ①	0.6
岡山	801.7	43.0	577.9	31.0	14.6	0.8	6.2	0.3
広島	1 337.1 ⑩	48.5	858.8	31.1	39.5	1.4	12.3 ⑦	0.4
山口	590.8	45.0	366.7	27.9	68.4 ⑧	5.2	6.8 ②	0.5
徳島	242.0	34.4	237.1 ⑨	33.7	0.0	0.0	2.9	0.4
香川	365.8	39.2	326.3 ③	34.9	0.1	0.0	2.1	0.2
愛媛	500.0	38.3	368.3	28.2	24.2	1.8	4.8	0.4
高知	224.9	33.3	200.6	29.7	0.1	0.0	2.3	0.3
福岡	2 501.0 ⑧	48.9	1 507.0	29.5	336.6 ⑦	6.6	9.7	0.2
佐賀	299.2	37.4	187.3	23.4	28.1	3.5	2.8	0.4
長崎	459.7	35.8	331.0	25.8	43.0	3.4	6.5 ③	0.5
熊本	655.8	38.2	448.8	26.1	63.2	3.7	6.9	0.4
大分	399.5	36.1	341.2	30.8	11.5	1.0	5.5 ④	0.5
宮崎	432.9	41.1	289.1	27.5	35.6	3.4	2.9	0.3
鹿児島	562.7	36.0	419.0	26.8	8.1	0.5	4.5	0.3
沖縄	893.8 ③	60.9	425.0	28.9	9.1	0.6	1.7	0.1
全国	84 276.1	67.4	39 535.6	31.6	6 277.1	5.0	356.9	0.3

総務省「ブロードバンドサービス等の契約数の推移」（2023年6月末現在）より作成。1) Broadband Wireless Access。2) Fiber To The Home。○内の数字は全国順位。注記は359ページ参照。

府県別統計

情報通信

表 6 - 12　テレビ受信契約数 （会計年度末現在）

	受信契約数（千件）					世帯支払率[1]（％）	
	2010	2020	2021	2022	うち衛星契約	2021	2022
北海道	1 725	1 923	1 913	1 907	880	70.4	70.2
青森	480	500	496	492	247	92.5	⑦ 91.8
岩手	451	481	478	474	260	94.6	④ 94.0
宮城	739	836	834	833	481	84.4	84.1
秋田	390	398	391	386	244	97.9	① 97.6
山形	377	399	397	393	219	93.5	⑥ 92.8
福島	639	670	668	661	352	87.6	87.2
茨城	888	1 000	992	987	481	84.3	83.8
栃木	634	709	707	701	321	85.7	85.0
群馬	634	708	705	703	300	83.8	83.4
埼玉	2 114	2 478	2 472	2 477	1 226	81.6	81.4
千葉	1 845	2 187	2 182	2 184	1 127	81.7	81.4
東京	3 982	4 766	4 734	4 737	2 584	67.3	66.6
神奈川	2 788	3 245	3 240	3 239	1 812	78.5	78.0
新潟	802	863	862	856	488	94.9	② 94.5
富山	359	385	386	383	235	91.9	⑧ 90.8
石川	389	433	431	429	214	84.8	84.3
福井	250	274	274	272	176	88.5	87.8
山梨	281	311	309	307	115	83.3	82.7
長野	745	797	794	789	433	87.2	86.6
岐阜	654	712	712	707	374	89.4	⑩ 88.6
静岡	1 233	1 367	1 358	1 354	777	86.1	85.7
愛知	2 316	2 673	2 666	2 653	1 327	81.9	81.0
三重	578	647	647	642	286	84.9	84.2
滋賀	404	472	472	472	241	82.4	81.8
京都	801	914	915	913	457	76.2	75.3
大阪	2 444	2 772	2 769	2 783	1 321	65.2	65.0
兵庫	1 594	1 835	1 823	1 820	864	76.4	75.9
奈良	402	445	444	443	217	79.4	79.1
和歌山	339	349	345	342	148	82.0	81.4
鳥取	200	212	211	210	127	92.9	⑤ 92.9
島根	256	267	266	265	173	94.3	③ 94.3
岡山	620	688	690	687	338	84.8	84.0
広島	1 022	1 097	1 094	1 088	559	86.1	85.5
山口	541	557	552	545	290	91.1	⑨ 90.0
徳島	241	258	257	256	142	83.6	83.3
香川	328	354	352	350	161	84.3	84.4
愛媛	486	520	515	510	244	83.4	82.8
高知	254	271	267	264	149	82.9	82.1
福岡	1 567	1 780	1 779	1 771	854	73.9	73.1
佐賀	257	280	279	274	105	84.1	83.2
長崎	487	515	512	507	207	87.3	86.3
熊本	559	605	604	600	289	81.2	80.6
大分	372	407	407	404	194	79.7	79.3
宮崎	369	395	394	393	204	82.9	81.9
鹿児島	609	637	631	625	279	84.0	83.5
沖縄	306	381	385	389	158	49.5	48.4
全国	39 751	44 773	44 611	44 477	22 680	78.9	78.3

日本放送協会「放送受信契約数統計要覧」および同資料より作成。〇内の数字は全国順位。1) 推計値。
受信契約対象世帯数（免除対象世帯やテレビ故障世帯を除く）に対する世帯支払数の割合。

表 6 - 13 日刊新聞発行部数と普及度

	発行部数（千部）				普及度			
	合計		朝夕刊セット		1部あたり人口（人）		1世帯あたり部数（部）	
	2020	2022	2020	2022	2020	2022	2020	2022
北海道	1 564	1 434	402	300	3.34	3.59	0.57	0.52
青森	397	381	0	0	3.19	3.25	0.68	0.65
岩手	327	305	0	0	3.75	3.94	0.62	0.58
宮城	585	532	38	34	3.88	4.23	0.59	0.53
秋田	313	291	0	0	3.13	3.28	0.74	⑩ 0.69
山形	351	312	0	0	3.06	3.37	0.85	⑦ 0.75
福島	578	535	0	0	3.23	3.42	0.74	0.68
茨城	868	762	23	18	3.29	3.70	0.71	0.61
栃木	594	544	5	4	3.24	3.49	0.73	0.66
群馬	666	597	3	3	2.87	3.15	0.81	⑧ 0.72
埼玉	1 883	1 650	328	278	3.82	4.36	0.58	0.50
千葉	1 586	1 381	379	333	3.88	4.45	0.56	0.48
東京	3 504	2 969	1 385	1 128	3.78	4.47	0.50	0.42
神奈川	2 286	1 946	762	631	3.93	4.62	0.54	0.45
新潟	633	584	34	30	3.50	3.72	0.71	0.65
富山	374	349	2	1	2.77	2.92	0.91	② 0.84
石川	427	394	54	50	2.63	2.81	0.89	③ 0.82
福井	249	236	0	0	3.07	3.19	0.87	④ 0.81
山梨	267	251	1	1	3.03	3.18	0.76	⑨ 0.70
長野	741	684	31	22	2.77	2.96	0.87	⑥ 0.79
岐阜	598	522	37	27	3.30	3.72	0.75	0.65
静岡	1 031	945	649	609	3.50	3.77	0.67	0.60
愛知	2 042	1 735	357	258	3.58	4.19	0.64	0.53
三重	521	448	37	28	3.37	3.86	0.68	0.58
滋賀	398	345	39	26	3.49	4.01	0.70	0.59
京都	774	646	305	246	3.20	3.80	0.65	0.54
大阪	2 553	2 130	1 244	1 062	3.37	4.02	0.61	0.50
兵庫	1 556	1 337	581	484	3.49	4.02	0.62	0.53
奈良	461	400	190	167	2.91	3.31	0.78	0.67
和歌山	292	255	47	39	3.24	3.64	0.67	0.58
鳥取	205	191	0	0	2.71	2.86	0.87	⑤ 0.81
島根	261	246	—	—	2.57	2.67	0.91	① 0.85
岡山	503	445	23	0	3.72	4.16	0.60	0.53
広島	815	731	0	0	3.40	3.75	0.63	0.56
山口	458	393	5	5	2.95	3.37	0.71	0.61
徳島	238	215	0	0	3.09	3.35	0.72	0.65
香川	289	263	0	—	3.34	3.62	0.67	0.60
愛媛	345	309	—	—	3.93	4.30	0.54	0.48
高知	186	169	96	0	3.79	4.07	0.53	0.49
福岡	1 199	1 010	165	143	4.21	4.98	0.50	0.41
佐賀	207	193	0	0	3.95	4.18	0.62	0.57
長崎	329	296	0	—	4.07	4.43	0.53	0.47
熊本	363	324	28	0	4.83	5.34	0.47	0.41
大分	296	274	0	—	3.84	4.08	0.56	0.51
宮崎	298	266	—	—	3.65	4.03	0.57	0.51
鹿児島	333	309	0	0	4.86	5.17	0.42	0.38
沖縄	336	308	2	1	4.35	4.76	0.51	0.46
全国	35 092	30 847	7 253	5 928	3.54	3.99	0.61	0.53

府県別統計

情報通信

資料・注記は359ページ参照。○内の数値は全国順位。

表 6 - 14　**書籍等の小売販売**（個人経営事業所を除く）（2021年 6 月 1 日現在）

	書籍・雑誌小売業事業所[1][2]（事業所）	商品販売額[3][4]（億円）	書籍・雑誌小売販売がある事業所[2][5]（事業所）	書籍・雑誌小売販売額[2][3]（億円）	古本小売業事業所[1]（事業所）	商品販売額[3][4]（億円）	古本小売販売がある事業所[5]（事業所）	古本小売販売額[3]（億円）
北海道	191	458.5	2 139	436.8	20	32.7	41	26.1
青森	60	87.6	352	107.1	4	7.4	19	6.3
岩手	60	102.8	336	110.1	3	2.8	17	6.4
宮城	92	194.1	544	235.2	7	12.5	26	14.0
秋田	40	61.1	335	82.7	6	8.8	12	9.9
山形	54	86.1	281	94.8	7	11.1	14	8.2
福島	80	151.6	560	171.5	1	x	29	4.7
茨城	90	197.9	704	205.5	21	32.2	43	24.3
栃木	68	132.1	502	137.8	2	x	10	2.6
群馬	72	169.0	507	163.3	11	22.6	13	15.6
埼玉	234	529.2	1 452	557.1	38	68.1	70	58.0
千葉	223	446.7	1 633	666.9	41	69.1	77	53.4
東京	583	1 557.4	4 030	2 117.4	140	306.0	220	219.1
神奈川	269	692.6	2 177	920.2	68	154.5	96	107.5
新潟	120	232.4	709	219.9	4	0.3	44	11.3
富山	54	105.2	260	119.0	4	4.9	9	5.4
石川	60	96.5	287	115.2	7	3.7	16	4.7
福井	33	56.8	178	55.6	4	2.9	7	3.0
山梨	38	45.2	223	50.8	7	14.1	9	9.2
長野	110	208.1	609	216.2	20	24.1	30	37.7
岐阜	84	152.0	465	158.8	9	17.9	36	16.1
静岡	150	207.3	931	302.9	6	3.1	19	35.6
愛知	296	689.2	1 617	666.7	50	85.4	89	65.0
三重	66	153.3	425	152.7	5	13.1	18	11.4
滋賀	65	98.4	389	96.8	7	15.8	21	17.6
京都	129	233.1	621	257.4	21	27.8	37	26.0
大阪	303	699.1	1 896	802.5	35	57.1	92	61.1
兵庫	195	360.4	1 060	391.9	20	31.3	51	27.1
奈良	40	72.2	269	78.1	8	8.7	19	8.2
和歌山	26	29.7	207	38.1	4	7.7	4	5.1
鳥取	27	41.4	150	54.3	3	1.9	7	2.7
島根	26	43.3	169	52.0	3	2.4	6	1.9
岡山	94	159.2	486	189.9	14	12.2	41	12.1
広島	83	159.3	696	197.2	12	20.1	30	17.3
山口	61	98.3	363	106.1	1	x	12	1.3
徳島	42	91.5	226	91.9	2	x	10	4.9
香川	59	90.3	288	93.7	2	x	12	3.9
愛媛	92	121.7	369	135.2	—	—	5	0.9
高知	38	39.6	178	53.9	4	7.1	14	7.7
福岡	193	389.3	1 182	406.0	23	33.6	43	25.7
佐賀	32	57.9	190	60.3	5	x	11	7.0
長崎	45	73.5	324	94.4	4	5.0	7	4.4
熊本	55	70.2	419	86.5	6	4.3	10	3.3
大分	59	70.7	334	89.9	3	1.5	7	1.9
宮崎	43	58.8	273	79.5	2	x	6	5.3
鹿児島	62	105.7	387	111.3	6	4.3	8	4.3
沖縄	40	88.0	164	98.5	1	x	5	2.6
全国	4 936	10 123.9	31 896	11 729.6	671	1 163.0	1 422	1 007.4

総務省・経済産業省「経済センサス−活動調査」（2021年）より作成。数値が得られた事業所での集計。
1) 各業種に格付けされた（当該商品の販売額が最も多い）事業所。2) 古本を除く。3) 2020年。4) 格付けされた商品以外の売上を含む。5) 商品の年間小売販売額が計上された事業所数。xは秘匿。

第 7 章
社会・文化

表7-1　消費者物価指数 (2022年平均) (都道府県庁所在市) (2020年=100)

	食料	住居	光熱・水道	被服・はき物	保健医療	交通・通信	教育	総合
北海道	105.9	100.5	119.1	104.5	98.5	92.8	101.3	102.9
青森	105.2	102.0	120.2	100.0	98.1	92.7	99.3	103.3
岩手	105.3	100.6	115.4	100.6	99.0	94.2	101.7	102.6
宮城	104.4	103.0	117.4	104.7	100.0	92.8	100.0	103.1
秋田	105.9	103.7	118.0	104.3	99.6	94.0	99.7	104.0
山形	104.5	103.3	114.4	103.2	99.6	93.7	99.2	102.5
福島	104.1	100.5	115.0	103.0	99.6	93.6	101.0	102.6
茨城	104.5	101.2	117.1	101.5	100.1	92.7	101.7	102.3
栃木	104.3	100.4	115.0	100.6	100.2	94.2	101.0	101.9
群馬	104.2	99.9	117.4	98.8	98.4	95.6	100.8	101.9
埼玉	103.7	100.3	117.6	101.5	98.9	95.4	100.8	101.8
千葉	103.3	101.5	116.0	100.4	97.1	92.7	102.7	101.7
東京	104.4	101.1	118.6	101.6	99.1	90.6	101.1	102.2
神奈川	104.1	100.3	119.6	103.0	99.1	92.0	100.2	102.0
新潟	105.1	98.6	115.3	105.1	99.9	94.3	99.3	101.9
富山	104.6	103.7	112.1	99.2	98.9	94.4	100.0	102.4
石川	104.2	101.1	114.1	104.7	97.8	94.6	100.0	102.0
福井	104.1	101.1	111.3	97.0	100.8	92.3	102.0	101.6
山梨	104.8	97.3	117.4	101.4	100.0	94.1	99.4	101.6
長野	105.4	101.9	117.9	104.1	99.6	95.4	100.1	103.2
岐阜	102.8	102.2	118.4	101.9	99.6	94.0	101.0	102.3
静岡	103.2	99.5	119.6	101.9	99.2	93.1	101.0	101.7
愛知	104.4	100.6	120.3	102.8	99.5	93.2	102.1	102.4
三重	103.6	100.4	121.6	101.1	99.5	95.6	101.4	102.2
滋賀	103.7	101.5	111.1	101.9	97.8	94.0	99.9	101.5
京都	104.5	102.0	112.2	101.8	99.3	91.8	99.5	102.4
大阪	103.8	102.1	113.1	101.8	99.8	87.5	100.5	101.9
兵庫	104.2	99.4	112.8	104.0	99.4	91.3	97.9	101.3
奈良	106.2	102.1	111.8	100.1	99.2	93.6	98.1	102.5
和歌山	105.3	99.5	111.2	101.8	97.5	91.2	100.1	101.3
鳥取	104.6	100.6	117.1	101.5	96.8	95.0	99.4	101.9
島根	105.4	100.5	112.6	103.7	99.3	94.1	100.4	102.1
岡山	104.6	101.2	115.2	102.7	100.3	92.9	102.4	102.0
広島	105.3	101.8	116.0	101.4	98.5	93.4	100.2	102.3
山口	105.4	102.4	115.2	102.0	101.0	95.7	99.9	102.9
徳島	104.2	101.6	112.1	99.4	98.8	94.9	102.3	101.9
香川	104.8	100.1	111.9	105.4	100.0	93.5	99.1	101.7
愛媛	104.3	100.7	110.8	104.3	99.5	92.7	100.3	101.5
高知	103.6	102.6	109.8	104.5	99.9	92.4	103.2	101.6
福岡	105.4	99.4	108.9	101.1	99.6	93.7	102.2	101.5
佐賀	103.6	102.6	109.5	102.4	99.6	92.5	99.4	101.6
長崎	104.9	103.1	110.3	102.9	100.9	92.5	99.8	102.2
熊本	104.2	103.7	110.2	100.0	100.2	92.1	99.9	101.7
大分	104.4	99.6	109.4	101.2	99.3	92.4	100.6	101.2
宮崎	103.7	102.9	111.2	102.6	99.5	94.5	101.0	101.9
鹿児島	102.8	101.5	113.5	104.4	99.9	91.4	100.1	101.4
沖縄	105.9	102.0	114.6	103.3	100.8	91.5	100.5	102.9
全国	104.5	101.3	116.3	102.0	99.3	93.5	100.9	102.3

総務省「消費者物価指数」(2022年) より作成。消費者物価指数は、ある時点 (本表では2020年) を基準にした消費者物価の変動を指数でみたもの。地域間の物価水準の違いをみる場合は表7-2を参照。本表は都道府県庁所在市 (東京都は区部) における月別指数値 (端数処理前) の年平均。

表 7 - 2　消費者物価地域差指数 (2022年)（全国平均＝100）

	食料	住居1)	光熱・水道	被服・はき物	保健医療	交通・通信	教育	総合1)
北海道	⑧ 101.9	85.7	① 114.7	③ 106.9	② 101.5	⑨ 100.6	93.1	③ 101.1
青森	98.0	87.6	⑤ 110.0	⑥ 103.4	98.7	99.4	92.5	98.3
岩手	97.8	92.7	② 111.2	98.1	100.7	100.0	90.6	99.1
宮城	98.2	⑥ 96.3	103.4	99.3	⑦ 101.0	100.0	92.7	99.5
秋田	98.9	85.7	107.3	100.9	98.8	99.9	84.5	98.7
山形	⑥ 102.3	⑥ 96.3	③ 110.4	93.6	97.3	② 101.4	101.6	⑥ 100.7
福島	99.2	90.9	⑦ 108.6	101.8	99.1	100.1	94.5	99.3
茨城	98.1	95.2	⑧ 108.0	96.9	98.7	97.7	93.0	98.2
栃木	98.9	87.2	100.8	② 107.3	99.7	98.8	97.5	98.3
群馬	96.8	87.0	101.6	95.9	99.3	98.2	78.6	96.2
埼玉	98.4	④ 108.9	96.2	⑤ 104.4	100.1	⑨ 100.6	97.5	⑦ 100.5
千葉	100.3	③ 111.6	101.7	97.7	99.7	99.4	96.8	④ 101.0
東京	③ 103.0	① 130.7	96.4	101.6	② 101.5	① 102.9	⑤ 109.5	① 104.7
神奈川	⑨ 101.8	② 114.8	99.6	101.2	⑤ 101.1	③ 101.3	⑥ 106.9	② 103.1
新潟	100.1	86.4	99.2	⑧ 102.9	99.3	99.2	92.6	98.4
富山	101.6	93.9	98.3	100.0	⑤ 101.1	98.9	80.5	98.6
石川	④ 102.7	82.7	99.6	① 108.6	100.3	98.5	⑧ 103.5	99.4
福井	② 103.6	88.0	94.5	100.2	① 101.8	100.3	⑧ 103.5	99.4
山梨	98.8	95.0	100.8	98.3	98.8	99.8	87.9	98.1
長野	95.5	88.1	105.4	99.7	98.8	⑤ 100.9	87.5	97.5
岐阜	97.7	83.0	97.8	99.3	98.8	⑥ 100.8	91.7	97.2
静岡	97.9	⑨ 95.8	100.2	99.0	100.3	100.5	85.4	98.4
愛知	98.4	94.6	99.4	97.8	100.2	97.6	99.5	98.4
三重	100.7	95.4	101.2	98.6	98.2	100.4	95.4	99.3
滋賀	99.0	95.3	96.2	98.0	99.0	⑨ 100.6	④ 115.1	⑨ 99.6
京都	100.9	⑤ 101.0	97.0	96.8	98.4	③ 101.3	③ 115.7	⑤ 100.9
大阪	99.3	95.6	90.6	98.2	99.3	⑧ 100.7	② 120.8	99.4
兵庫	100.3	⑩ 95.7	94.3	101.7	98.7	98.6	⑦ 104.9	99.4
奈良	97.1	84.1	97.5	97.4	98.9	99.1	96.8	97.0
和歌山	100.2	88.8	96.7	98.2	⑨ 100.9	⑥ 100.8	① 124.5	99.2
鳥取	⑩ 101.7	83.1	107.1	⑦ 103.2	98.4	98.7	89.4	98.2
島根	⑤ 102.4	87.7	④ 110.3	95.8	100.0	99.9	96.0	⑨ 99.6
岡山	100.0	84.0	104.2	99.7	⑩ 100.8	98.0	88.8	97.8
広島	101.5	88.8	103.8	95.9	99.5	99.8	97.6	98.7
山口	⑥ 102.3	⑧ 96.1	⑥ 108.7	99.0	④ 101.2	98.8	84.2	⑧ 99.9
徳島	101.1	92.6	101.5	⑩ 102.4	98.3	98.4	95.8	99.2
香川	100.4	81.6	100.8	95.8	98.4	100.3	92.5	98.2
愛媛	100.3	85.3	102.6	99.0	100.2	99.0	88.4	98.1
高知	100.7	95.2	99.8	⑨ 102.5	⑦ 101.0	100.2	93.6	99.4
福岡	97.4	89.5	99.3	96.3	100.3	98.7	92.6	97.3
佐賀	96.9	91.6	⑩ 107.4	101.7	100.1	100.3	89.5	97.9
長崎	99.9	92.1	⑨ 107.9	④ 106.7	100.1	99.7	87.0	99.1
熊本	100.8	95.4	97.6	100.2	100.6	99.2	90.5	98.9
大分	98.8	85.6	101.1	95.9	97.1	98.9	⑩ 103.2	97.4
宮崎	96.0	90.5	98.0	95.9	96.1	99.3	93.8	96.1
鹿児島	98.3	90.6	96.8	92.1	99.8	98.1	96.9	96.6
沖縄	① 105.3	89.9	101.6	97.8	98.9	98.7	91.8	99.0

総務省「小売物価統計調査（構造編）」(2022年）より作成。表7-1と異なり都道府県全体での調査。○内の数字は全国順位。1) 持家の帰属家賃（自己所有の住宅の家賃相当額）を含まない。

表7-3　主要商品の小売価格（Ⅰ）（2022年平均）（都道府県庁所在市）（単位　円）

	うるち米[1] (精米) 5kg 袋入り	食パン (普通品) 1kg あたり	まぐろ[2] (赤身) 100g あたり	牛肉 国産ロース 100g あたり	鶏卵[4] 10個入り 1パック	キャベツ 1kg あたり	だいこん 1kg あたり	コーヒー (喫茶店)[6] 1杯 あたり
北海道	③ 2 442	④ 540	406	808	201	① 224	177	452
青森	1 981	482	495	861	193	159	164	426
岩手	1 924	456	471	749	232	139	139	439
宮城	2 092	413	593	704	240	179	190	⑥ 477
秋田	④ 2 404	324	385	① 1 108	234	183	197	438
山形	2 242	501	558	614	235	175	172	③ 498
福島	⑦ 2 285	490	691	761	223	⑧ 196	194	371
茨城	1 999	⑦ 526	231	887	212	146	142	443
栃木	⑤ 2 289	429	519	941	217	183	189	366
群馬	2 191	444	408	890	226	149	179	437
埼玉	2 204	357	436	⑩ 956	232	162	185	409
千葉	2 007	469	423	⑨ 994	225	151	195	410
東京	⑥ 2 288	478	541	877	239	181	201	① 520
神奈川	2 208	505	493	898	244	151	168	④ 486
新潟	2 129	450	437	⑥ 1 021	167	③ 211	⑩ 214	⑩ 459
富山	2 130	⑩ 511	409	688	264	172	200	444
石川	⑨ 2 273	⑥ 534	525	719	240	155	197	444
福井	2 085	⑧ 523	484	715	221	169	204	450
山梨	① 2 642	479	481	751	243	153	185	433
長野	2 084	434	440	④ 1 040	249	116	150	116
岐阜	2 067	388	567	③ 1 043	226	135	173	424
静岡	2 219	451	567	787	266	153	178	415
愛知	1 996	426	531	955	243	161	189	417
三重	2 089	441	487	843	227	128	176	381
滋賀	2 148	466	479	887	256	182	⑧ 215	434
京都	⑧ 2 277	483	437	783	232	186	209	⑦ 465
大阪	2 158	502	491	684	246	⑩ 187	⑥ 218	430
兵庫	2 171	447	408	859	215	176	③ 225	456
奈良	2 220	445	505	651	240	⑤ 207	① 237	400
和歌山	② 2 595	③ 551	444	774	249	⑨ 188	⑧ 215	408
鳥取	2 007	⑨ 522	467	⑦ 1 011	5) 236	172	210	345
島根	2 030	② 557	433	581	229	176	209	⑤ 483
岡山	2 074	421	442	806	211	150	184	445
広島	2 241	495	452	893	233	161	196	458
山口	2 179	452	455	855	231	⑥ 204	207	444
徳島	1 927	⑤ 537	499	945	234	146	194	435
香川	2 115	461	470	789	227	138	174	356
愛媛	⑩ 2 257	436	551	803	241	171	⑤ 219	439
高知	1 996	491	591	835	248	165	205	367
福岡	2 185	385	484	665	228	156	185	428
佐賀	2 136	425	577	838	211	160	182	414
長崎	2 136	481	3) 645	825	226	④ 208	② 231	428
熊本	2 196	492	611	624	214	149	191	⑨ 463
大分	2 150	459	567	⑧ 1 000	218	165	202	⑦ 465
宮崎	1 888	423	431	603	215	⑦ 203	④ 220	② 517
鹿児島	1 993	464	494	⑤ 1 030	208	137	176	400
沖縄	2 082	① 588	482	② 1 066	233	② 218	⑦ 216	377

総務省「小売物価統計調査（動向編）」（2022年）より作成。都道府県庁所在市（東京都は区部）。○内の数字は全国順位。注記は359ページ参照。

主要商品の小売価格（Ⅱ）（2022年平均）（都道府県庁所在市）（単位　円）

	民営家賃（民営借家）（1か月）（3.3m²あたり）	灯油7)18Lあたり	水道料9)（1か月）（一般用20m³）	ガソリン10)（レギュラー1Lあたり）	タクシー代（昼4km）	理髪料11)（1回あたり）	高等学校授業料12)（私立）（1年あたり）
北海道	3 771	8) 2 127	⑦ 3 410	167	1 470	3 036	392 511
青森	3 163	1 923	2 728	166	1 540	3 150	351 603
岩手	3 950	1 954	2 890	160	1 500	3 227	395 144
宮城	4 531	1 883	④ 3 553	164	1 400	3 678	405 853
秋田	3 706	1 935	2 860	164	② 1 800	3 800	330 796
山形	3 622	1 948	⑥ 3 427	④ 178	⑨ 1 600	3 870	⑩ 439 970
福島	3 658	1 986	② 3 718	174	③ 1 750	3 500	420 652
茨城	3 982	1 937	2 915	164	1 417	3 725	406 263
栃木	3 827	2 077	2 717	170	⑨ 1 600	③ 4 195	396 000
群馬	3 348	1 929	2 608	173	1 500	⑧ 3 975	396 000
埼玉	⑤ 5 353	1 988	⑧ 3 289	167	⑨ 1 600	3 815	360 483
千葉	⑦ 4 832	2 086	2 690	165	⑨ 1 600	3 705	389 598
東京	① 8 806	2 160	2 475	169	1 480	⑤ 4 005	⑦ 458 402
神奈川	② 6 258	2 081	3 011	168	⑨ 1 600	3 820	⑤ 521 199
新潟	3 932	2 045	2 497	166	1 448	④ 4 083	368 720
富山	3 680	2 013	2 310	171	④ 1 733	⑩ 3 892	393 314
石川	3 963	2 003	2 497	171	1 420	3 831	371 448
福井	3 361	2 200	2 255	171	1 570	⑦ 3 985	346 443
山梨	3 771	1 967	2 937	172	1 460	3 800	432 875
長野	3 679	1 986	③ 3 630	③ 180	① 1 840	⑥ 4 000	396 877
岐阜	3 736	2 022	2 579	174	⑤ 1 680	3 531	393 110
静岡	⑧ 4 803	2 082	2 607	173	1 500	3 663	⑨ 441 740
愛知	4 680	2 157	2 425	170	1 505	⑨ 3 953	427 879
三重	3 565	1 955	2 841	171	⑧ 1 630	3 788	396 000
滋賀	⑩ 4 728	2 063	2 772	169	1 580	② 4 225	398 665
京都	③ 5 988	2 158	⑩ 3 014	④ 178	1 396	3 584	③ 565 378
大阪	④ 5 746	2 087	1 878	⑨ 176	1 459	3 500	① 603 354
兵庫	⑥ 4 882	2 125	2 563	174	1 540	3 384	432 835
奈良	3 944	1 968	2 558	173	⑥ 1 650	3 275	② 577 151
和歌山	3 437	1 999	2 530	174	1 350	3 345	⑥ 460 509
鳥取	3 573	2 069	2 640	173	1 460	3 568	396 000
島根	4 354	1 992	2 998	171	⑦ 1 640	3 450	⑧ 442 652
岡山	3 936	2 085	2 563	169	1 520	3 827	397 290
広島	4 451	2 224	2 398	⑨ 176	1 380	3 849	427 988
山口	3 552	2 111	2 865	169	1 490	3 085	438 958
徳島	3 420	1 998	2 437	168	1 153	3 425	436 469
香川	3 558	2 086	2 970	175	1 370	① 4 280	401 713
愛媛	3 544	2 183	2 795	171	1 267	3 379	393 378
高知	3 976	2 003	2 490	⑨ 176	1 380	3 500	423 143
福岡	4 233	1 980	2 827	169	1 410	3 742	395 889
佐賀	3 646	2 049	⑤ 3 520	④ 178	1 530	3 225	393 902
長崎	⑨ 4 754	1 995	① 4 515	④ 178	1 570	3 498	390 065
熊本	3 741	2 159	2 640	173	1 350	3 697	405 681
大分	3 362	2 088	2 812	① 184	1 350	3 200	404 950
宮崎	3 557	2 175	2 959	⑨ 176	1 390	3 200	427 288
鹿児島	4 121	2 408	2 585	② 183	1 387	3 075	④ 535 612
沖縄	4 418	2 313	⑨ 3 041	⑧ 177	1 050	2 344	337 702

資料・注記は（Ⅰ）に同じ。

表7-4　1世帯あたり食料品の年間購入額（2020〜22年平均）（2人以上世帯）

米	
静岡	28 588
沖縄	27 578
北海道	27 317
全国	21 869

食パン	
兵庫	13 351
京都	12 693
奈良	12 382
全国	10 293

乾うどん・そば	
秋田	4 397
香川	3 379
山形	3 306
全国	2 258

まぐろ	
静岡	10 974
山梨	8 885
東京	8 123
全国	5 320

あじ	
山口	2 552
長崎	2 475
大分	2 102
全国	1 017

いわし	
鳥取	917
石川	885
鹿児島	859
全国	408

かつお	
高知	7 425
福島	3 151
茨城	2 628
全国	1 427

かれい	
鳥取	2 901
秋田	2 232
島根	1 697
全国	904

たい	
愛媛	2 422
熊本	2 259
佐賀	2 190
全国	1 151

ぶり	
富山	6 763
石川	5 497
香川	4 979
全国	2 919

かに	
鳥取	4 681
福井	4 006
石川	3 152
全国	1 645

しじみ	
島根	1 521
茨城	915
青森	791
全国	321

かき（貝）	
広島	2 260
香川	1 402
岡山	1 371
全国	819

ほたて貝	
青森	3 593
北海道	2 698
岩手	1 891
全国	1 166

塩さけ	
新潟	4 930
秋田	4 314
山形	4 038
全国	2 163

たらこ	
福岡	4 969
青森	3 280
秋田	3 074
全国	2 091

しらす干し	
静岡	3 318
和歌山	2 861
高知	2 817
全国	1 602

揚げかまぼこ	
鹿児島	6 524
長崎	3 820
香川	3 686
全国	2 245

ちくわ	
鳥取	3 432
徳島	3 065
愛媛	2 648
全国	1 788

かまぼこ	
宮城	8 170
長崎	6 253
富山	4 609
全国	3 119

かつお節・削り節	
沖縄	2 366
鹿児島	1 180
静岡	1 164
全国	840

牛肉	
京都	39 377
奈良	38 966
滋賀	36 702
全国	23 080

豚肉	
神奈川	37 485
埼玉	36 639
新潟	36 309
全国	32 413

鶏肉	
福岡	21 612
宮崎	21 556
京都	20 995
全国	17 189

牛乳	
京都	18 727
島根	17 758
兵庫	17 539
全国	15 285

粉ミルク	
大阪	1 711
高知	1 408
香川	1 275
全国	687

ヨーグルト	
福島	17 005
群馬	16 198
山形	15 852
全国	13 731

卵	
福島	12 258
奈良	11 927
鳥取	11 626
全国	10 250

総務省「家計調査」より作成。品目別データの3年平均を総務省がとりまとめたもので、本表では特に金額の多いものや地域差の大きなものを掲載した。2人以上世帯で都道府県庁所在市（東京都は区部）↗

（都道府県庁所在市）（単位　円）

さといも	
山形	1 997
福井	1 570
新潟	1 433
全国	769

たけのこ	
山形	1 452
京都	1 015
千葉	998
全国	695

さやまめ	
新潟	4 824
秋田	3 711
東京	3 210
全国	1 881

こんぶ	
富山	1 663
福井	1 478
青森	1 252
全国	798

油揚げ・がんもどき	
福井	5 626
富山	4 504
石川	4 107
全国	2 922

こんにゃく	
山形	3 311
青森	2 552
岩手	2 151
全国	1 722

はくさい漬	
高知	1 701
鳥取	1 314
福島	840
全国	577

りんご	
青森	8 938
長野	8 748
岩手	8 516
全国	4 682

なし	
鳥取	7 596
富山	3 881
島根	3 798
全国	1 738

ぶどう	
山梨	6 632
岡山	4 964
長野	4 541
全国	3 121

柿	
岐阜	2 450
北海道	1 575
奈良	1 475
全国	1 045

桃	
福島	7 256
山梨	3 113
岡山	3 031
全国	1 062

メロン	
茨城	3 669
北海道	2 812
秋田	2 193
全国	991

ようかん	
福井	1 490
佐賀	1 272
茨城	1 213
全国	677

まんじゅう	
福島	2 041
鳥取	1 772
鹿児島	1 656
全国	863

カステラ	
長崎	4 103
三重	1 100
京都	1 037
全国	801

アイスクリーム・シャーベット	
石川	12 828
埼玉	12 710
福島	11 632
全国	10 369

弁当	
高知	24 534
沖縄	23 751
群馬	23 285
全国	16 837

すし（弁当）	
奈良	18 519
群馬	18 190
富山	16 761
全国	14 611

天ぷら・フライ	
福井	17 051
富山	15 759
新潟	14 940
全国	11 968

しゅうまい	
神奈川	2 229
東京	1 582
静岡	1 265
全国	1 070

ぎょうざ	
宮崎	3 969
（浜松）1)	3 642
栃木	3 529
全国	2 081

緑茶	
静岡	8 504
鹿児島	5 651
長崎	5 637
全国	3 537

乳酸菌飲料	
鹿児島	9 673
群馬	8 109
石川	6 526
全国	4 590

焼酎	
宮崎	12 476
鹿児島	10 832
大分	8 913
全国	6 492

ビール	
北海道	15 188
青森	14 293
福島	13 931
全国	11 430

ウイスキー	
北海道	5 273
青森	4 016
宮城	3 825
全国	2 377

ワイン	
東京	9 110
神奈川	6 971
千葉	6 528
全国	3 766

↘と政令指定都市（川崎市、相模原市、浜松市、堺市、北九州市）が対象の調査。1) 都道府県庁所在市ではないが参考に掲載した。

表 7 - 5　1 世帯あたり年間食料品購入量 (2020〜22年平均) (都道府県庁所在市) (2 人以上世帯)

	米 (kg)	パン (kg)	生鮮魚介 (kg)	牛肉 (kg)	豚肉 (kg)	バター (g)	生鮮野菜 (kg)	生鮮果物 (kg)
北海道	④ 71.94	36.68	⑥ 26.25	5.01	⑥ 24.81	② 848	167.86	74.42
青森	61.51	35.10	① 31.53	5.85	⑦ 24.73	609	174.29	75.22
岩手	67.54	38.18	22.46	4.27	23.73	521	⑩ 177.88	① 82.00
宮城	56.59	40.86	22.77	4.68	23.49	627	⑧ 183.25	72.31
秋田	60.69	33.53	④ 27.80	5.20	⑩ 23.84	513	⑤ 184.57	④ 79.87
山形	⑥ 71.59	33.50	20.05	③ 9.41	24.59	593	173.13	② 81.26
福島	64.71	33.28	20.26	4.62	⑤ 25.37	451	172.09	⑥ 78.06
茨城	56.37	38.60	19.68	4.50	20.74	636	164.80	72.46
栃木	57.92	40.62	19.09	4.58	22.29	616	171.61	72.08
群馬	63.34	43.10	20.60	3.68	21.34	686	177.02	⑤ 78.93
埼玉	56.53	45.22	20.93	6.33	② 26.10	⑥ 753	⑥ 183.49	70.26
千葉	57.12	46.52	⑦ 24.72	6.72	23.23	⑤ 767	② 198.72	75.00
東京	50.50	44.48	21.81	7.14	22.78	① 852	④ 189.14	70.74
神奈川	59.74	⑩ 47.34	22.01	7.29	③ 25.82	③ 777	① 203.91	70.82
新潟	⑧ 70.27	43.67	23.04	4.33	① 27.53	541	② 201.23	⑨ 77.35
富山	① 77.80	46.92	③ 28.64	6.17	21.57	599	172.53	77.11
石川	⑦ 70.62	45.75	⑤ 26.76	8.18	④ 24.16	698	170.18	67.04
福井	② 77.34	38.87	22.48	7.27	18.35	455	152.68	62.91
山梨	57.63	39.01	18.21	5.07	23.24	537	157.27	67.34
長野	56.25	39.77	20.12	4.30	22.42	594	173.35	75.73
岐阜	65.12	43.40	19.96	6.41	21.46	612	163.87	71.50
静岡	③ 76.03	42.31	20.08	5.26	④ 25.68	⑧ 740	176.56	71.59
愛知	59.96	⑧ 49.11	20.76	6.52	22.10	⑨ 725	173.97	72.44
三重	52.48	44.01	22.16	7.86	21.17	524	153.14	69.99
滋賀	64.56	② 53.34	22.51	⑥ 9.19	20.92	706	⑦ 183.48	70.50
京都	59.21	① 55.05	22.31	⑤ 9.24	20.18	④ 772	⑨ 182.04	74.86
大阪	60.33	⑦ 49.55	23.19	② 9.62	21.36	588	171.55	68.63
兵庫	52.44	④ 52.02	20.93	8.30	19.40	⑩ 722	166.26	74.22
奈良	58.17	⑤ 50.87	23.60	① 9.82	22.21	⑦ 750	177.56	⑦ 77.85
和歌山	62.02	⑥ 49.67	21.50	⑦ 8.97	20.24	508	149.93	72.41
鳥取	⑨ 69.30	45.46	② 30.41	6.66	20.82	496	157.78	③ 81.00
島根	58.34	42.82	⑧ 24.35	6.77	21.47	559	169.12	70.04
岡山	53.30	③ 52.64	19.46	7.85	21.14	553	148.27	66.85
広島	57.55	47.01	20.32	⑧ 8.94	23.44	665	167.25	66.86
山口	54.39	43.57	⑨ 24.05	④ 9.32	19.15	666	139.72	65.04
徳島	59.52	44.01	20.27	7.81	17.02	590	154.35	⑧ 77.77
香川	54.96	44.31	20.73	7.24	19.23	476	145.31	66.33
愛媛	47.80	⑨ 48.03	23.75	⑨ 8.78	21.28	467	148.50	⑩ 77.13
高知	60.77	40.26	21.94	7.04	17.55	416	141.00	64.12
福岡	55.40	44.49	20.84	8.30	21.50	606	162.41	65.04
佐賀	61.46	38.05	23.13	8.27	21.47	467	161.67	60.15
長崎	⑤ 71.78	46.90	⑩ 24.04	6.31	19.41	469	163.05	76.70
熊本	63.61	40.32	20.76	⑩ 8.38	22.63	621	158.76	61.09
大分	61.15	38.48	22.00	8.34	21.23	501	162.21	73.70
宮崎	57.17	37.83	21.01	7.04	21.97	506	152.40	70.85
鹿児島	58.27	42.28	21.32	5.83	20.61	473	172.76	65.36
沖縄	⑩ 68.94	37.98	16.10	6.73	20.95	452	142.83	56.43
全国	60.90	44.59	22.13	6.71	22.61	629	168.50	70.21

資料は表7-4に同じ。3 年平均でのデータを掲載。家計調査の 2 人以上世帯での調査世帯は全国で8076
世帯で、地域によってはサンプル数が少なく数値のバラつきが大きい。このため、3 年平均で平準化し
ている。都道府県庁所在市 (東京都は区部) の値。〇内の数字は全国順位。

表 7-6　勤労者世帯の家計資産・負債（2 人以上世帯、1 世帯あたり）（2019年10月末）（単位　千円）

	年間収入 1)	金融資産残高（貯蓄現在高）	預貯金	有価証券	金融負債	住宅・土地のための負債	貯蓄 2) 保有率（％）	負債 2) 保有率（％）
北海道	6 236	7 110	4 702	338	5 647	5 078	87.6	53.1
青森	6 183	6 291	3 967	352	6 016	5 156	87.3	57.9
岩手	6 744	8 599	5 347	419	5 604	4 963	92.4	56.5
宮城	7 111	10 010	6 395	682	7 834	7 262	93.3	56.5
秋田	6 540	7 424	4 575	385	5 843	4 992	91.3	59.3
山形	6 957	8 816	5 401	499	6 058	5 361	87.2	57.1
福島	6 518	8 060	5 043	728	6 050	5 415	88.2	54.0
茨城	7 941	11 832	7 933	767	7 814	7 096	92.4	58.4
栃木	7 216	10 011	6 047	863	7 218	6 333	90.0	58.9
群馬	7 240	9 945	5 731	965	8 256	6 810	92.6	61.4
埼玉	7 622	11 909	7 589	1 476	9 193	8 624	92.9	58.4
千葉	7 927	11 556	7 161	1 421	9 264	8 577	92.7	61.7
東京	8 803	14 367	8 844	2 264	9 444	8 174	93.6	50.3
神奈川	8 193	13 260	7 666	2 135	11 040	10 371	94.2	59.4
新潟	7 110	9 632	6 746	435	6 525	5 883	91.9	57.4
富山	7 646	12 943	8 166	1 374	6 246	5 723	93.8	51.8
石川	7 390	10 937	7 085	727	6 010	5 496	93.6	51.5
福井	7 746	12 134	7 790	989	6 502	5 486	92.6	50.8
山梨	6 862	8 807	5 714	810	5 822	5 263	87.3	52.3
長野	7 365	11 025	7 241	904	7 012	6 337	93.6	59.1
岐阜	7 133	10 027	6 571	766	7 028	6 389	92.8	52.6
静岡	7 307	12 559	7 630	1 917	8 423	7 515	91.1	55.3
愛知	7 763	13 933	8 523	2 332	9 024	8 411	94.0	54.7
三重	7 557	11 414	7 389	1 024	7 781	7 009	91.4	57.6
滋賀	7 727	13 662	8 951	1 423	7 968	7 001	94.5	57.9
京都	7 428	12 501	7 766	1 528	7 369	6 866	92.8	54.3
大阪	6 816	11 061	7 167	1 544	7 877	7 429	89.0	54.5
兵庫	7 501	11 540	7 684	1 081	7 615	6 949	93.0	52.7
奈良	7 144	11 612	7 306	1 430	7 736	7 203	91.5	53.3
和歌山	6 336	9 614	6 272	965	4 526	3 961	88.0	52.5
鳥取	6 877	10 176	6 328	664	6 780	6 075	92.0	55.0
島根	7 179	11 201	7 013	691	5 091	4 267	92.4	50.6
岡山	7 314	10 908	7 121	1 109	7 680	7 081	92.1	55.7
広島	7 085	10 564	6 837	739	6 432	5 778	93.9	54.1
山口	6 660	9 352	6 438	457	5 470	4 934	93.5	50.6
徳島	7 112	12 729	8 033	1 736	5 318	4 745	93.8	52.6
香川	7 094	12 194	7 788	1 170	6 059	5 476	92.2	49.3
愛媛	6 407	9 284	5 747	639	8 060	6 924	92.9	55.7
高知	6 468	8 023	5 204	248	5 791	4 880	86.7	53.0
福岡	6 603	7 769	4 538	872	6 605	5 678	87.6	59.5
佐賀	6 717	7 392	4 562	434	6 074	5 274	86.6	59.7
長崎	6 538	7 906	4 484	410	5 927	5 120	88.5	57.2
熊本	6 456	7 315	4 739	384	7 075	6 114	91.8	62.7
大分	6 577	7 563	4 997	390	6 837	6 014	91.6	59.1
宮崎	6 260	6 566	4 044	341	5 511	4 575	83.4	59.6
鹿児島	6 010	6 452	3 790	288	6 230	5 450	86.0	60.2
沖縄	5 269	4 070	2 690	366	4 372	3 680	76.0	52.8
全国	7 380	11 082	6 946	1 297	7 895	7 149	91.6	55.8

総務省「全国家計構造調査」（2019年）より作成。表7-7と異なり、各都道府県全域に関する統計。5 年に一度の調査。1）2018年11月～19年10月の収入。2）貯蓄や負債を保有している世帯の割合。

表 7 - 7　勤労者世帯の家計収支（2022年平均）（2 人以上世帯の1世帯、1 か月あたり）

	実収入（A）	実支出	消費				
			食料	住居	光熱・水道	被服・はき物	保健医療
北海道	581 372	406 862	74 342	27 774	30 390	11 587	10 583
青森	546 029	365 481	76 682	10 173	31 578	8 883	8 863
岩手	600 801	415 055	80 303	15 606	31 019	11 130	12 636
宮城	552 466	390 179	79 337	20 887	24 253	11 068	13 437
秋田	543 860	404 251	77 595	14 204	29 756	11 463	12 139
山形	628 688	404 666	77 421	18 844	32 763	9 199	11 343
福島	651 337	442 124	86 483	24 053	28 883	11 094	12 175
茨城	616 855	457 524	76 131	21 731	25 927	11 946	14 909
栃木	678 473	468 525	85 175	18 862	25 537	11 525	15 922
群馬	642 949	486 181	83 447	20 356	23 903	12 231	12 088
埼玉	804 799	506 037	89 034	18 442	26 826	12 662	14 159
千葉	704 576	498 872	93 169	17 248	23 213	11 649	14 952
東京	695 496	486 225	90 381	32 292	22 527	14 479	16 441
神奈川	666 560	465 296	86 145	26 722	21 240	13 399	14 986
新潟	613 427	446 557	85 071	24 102	28 720	10 139	11 760
富山	662 732	444 794	85 318	10 853	31 705	11 111	16 360
石川	682 776	442 125	87 064	9 039	27 808	11 865	13 258
福井	663 848	424 768	80 562	5 014	26 274	11 430	10 944
山梨	588 301	427 135	77 390	23 862	24 638	12 281	13 581
長野	616 818	447 851	78 888	13 584	26 945	10 294	15 110
岐阜	690 538	479 678	81 409	16 323	27 142	12 849	15 543
静岡	628 816	458 730	87 647	13 805	25 154	11 796	12 394
愛知	639 823	487 642	82 139	26 529	24 781	13 910	18 648
三重	583 109	418 933	76 359	18 140	22 605	11 295	13 752
滋賀	630 658	459 649	88 852	22 813	23 997	13 209	15 231
京都	598 505	415 681	86 276	21 720	22 251	11 417	18 264
大阪	592 301	386 565	80 564	23 616	22 107	10 522	12 629
兵庫	534 628	408 593	83 889	19 529	18 319	11 744	14 707
奈良	660 753	451 379	83 234	20 055	25 818	12 504	16 196
和歌山	540 772	408 841	71 339	8 781	22 088	9 566	9 713
鳥取	565 945	401 042	72 279	18 328	25 851	9 074	11 281
島根	635 926	424 676	76 444	16 516	28 660	9 139	12 091
岡山	555 070	421 629	74 218	17 141	23 715	9 576	15 415
広島	612 143	425 942	81 151	26 527	24 864	11 948	14 244
山口	651 322	476 017	76 270	24 176	26 559	10 069	13 112
徳島	648 138	432 320	71 982	17 001	22 459	10 232	14 203
香川	629 648	435 850	75 460	16 813	23 461	10 399	12 034
愛媛	473 934	352 068	71 381	16 232	22 511	10 229	10 789
高知	607 094	431 905	78 394	23 609	22 234	10 390	13 480
福岡	579 466	403 358	73 928	21 471	19 746	10 248	14 455
佐賀	577 838	407 008	70 175	29 875	23 245	9 725	12 907
長崎	559 133	412 267	79 137	24 889	24 844	11 680	14 881
熊本	531 390	387 103	73 896	32 449	21 112	11 092	13 682
大分	599 018	437 336	79 280	19 806	21 432	10 085	13 061
宮崎	550 697	389 367	71 641	15 141	22 284	9 658	11 115
鹿児島	552 926	395 768	73 233	15 933	22 152	10 478	17 294
沖縄	482 880	360 721	72 402	31 094	22 931	8 839	11 365
全国	617 654	437 368	80 502	20 115	24 421	11 293	13 708

総務省「家計調査　家計収支編」（2022年）より作成。都道府県庁所在市（東京都は区部）における勤労者世帯の家計収支。農林漁家を含む 2 人以上世帯の数値。単身世帯を除くほか、その他家計調査から除外される世帯は359ページの注記を参照。家計収支には、上記以外に実収入以外の収入（預貯金の〳

（用途分類）（単位　円）

支出					非消費支出（租税等）（B）	可処分所得（A－B）	
交通・通信	教育	教養娯楽	交際費	計（その他とも）			
41 726	14 754	30 035	14 607	300 722	106 140	475 233	北海道
41 783	9 148	23 647	9 359	271 927	93 554	452 475	青森
45 392	12 697	29 592	13 205	307 326	107 728	493 073	岩手
46 640	8 273	26 856	12 693	293 496	96 683	455 783	宮城
56 318	14 142	28 846	12 879	311 046	93 206	450 654	秋田
46 359	12 401	22 560	11 591	294 104	110 562	518 125	山形
47 714	16 042	30 454	14 324	326 648	115 475	535 862	福島
70 673	16 720	29 600	15 314	344 330	113 195	503 661	茨城
55 430	22 357	26 949	14 222	330 209	138 316	540 157	栃木
57 365	17 958	34 694	16 665	355 387	130 794	512 155	群馬
45 244	30 589	39 076	17 030	342 788	163 249	641 550	埼玉
71 649	20 182	34 278	20 870	358 233	140 638	563 938	千葉
36 364	28 231	36 775	14 848	351 136	135 089	560 406	東京
38 453	31 425	32 473	14 904	330 698	134 597	531 963	神奈川
51 932	17 194	28 029	13 767	332 103	114 454	498 973	新潟
56 477	12 933	30 350	15 047	330 808	113 986	548 745	富山
56 221	15 642	37 409	12 474	318 950	123 175	559 600	石川
63 670	13 831	27 222	15 533	315 597	109 170	554 677	福井
51 086	10 907	26 378	14 999	322 243	104 893	483 408	山梨
58 994	12 857	29 997	23 978	328 353	119 498	497 321	長野
63 096	25 152	27 765	11 774	352 348	127 329	563 208	岐阜
59 200	19 724	34 897	12 686	341 597	117 133	511 682	静岡
56 125	20 761	33 949	17 701	352 413	135 229	504 594	愛知
45 978	12 053	28 919	14 883	308 219	110 714	472 395	三重
50 083	25 198	29 760	21 881	337 800	121 849	508 809	滋賀
34 578	18 656	27 982	14 721	313 243	102 438	496 067	京都
31 613	11 959	28 388	14 316	280 698	105 868	486 433	大阪
46 329	19 581	34 865	14 800	306 990	101 602	433 026	兵庫
47 156	20 194	33 491	16 453	323 792	127 587	533 167	奈良
72 653	20 592	26 132	10 518	310 983	97 858	442 914	和歌山
57 854	10 259	25 290	12 483	302 848	98 194	467 751	鳥取
54 920	10 766	29 414	15 377	313 030	111 647	524 280	島根
43 390	19 021	25 816	11 527	321 431	100 198	454 872	岡山
37 097	17 343	29 100	11 322	311 230	114 712	497 430	広島
67 804	15 176	25 159	17 279	346 099	129 918	521 405	山口
49 642	17 505	28 603	14 239	308 936	123 384	524 754	徳島
46 633	10 822	26 996	15 720	315 951	119 899	509 749	香川
33 371	11 568	27 622	10 599	268 247	83 821	390 113	愛媛
60 904	12 973	25 395	14 372	321 687	110 218	496 876	高知
45 796	18 004	28 906	17 099	301 350	102 008	477 458	福岡
50 985	13 278	22 479	14 439	304 526	102 482	475 356	佐賀
42 006	17 937	20 921	16 052	311 716	100 551	458 582	長崎
41 381	14 824	26 758	12 652	297 362	89 741	441 648	熊本
53 561	17 152	29 650	14 893	327 046	110 290	488 728	大分
49 035	11 357	23 966	12 802	292 913	96 454	454 244	宮崎
49 931	15 554	24 682	16 614	298 260	97 508	455 419	鹿児島
41 754	15 201	21 249	12 337	289 775	70 946	411 934	沖縄
50 688	18 126	29 737	14 810	320 627	116 740	500 914	全国

府県別統計　家計

引出しなど）や、実支出以外の支出（住宅ローンの返済など）がある。本表は用途分類により、贈答用菓子などは食料に含まれず交際費に含まれる。表7-4、7-5は品目分類により、用途にかかわらず購入品目で集計されている。

図**7-1** 住宅地価格の対前年変動率（2023年7月1日現在）

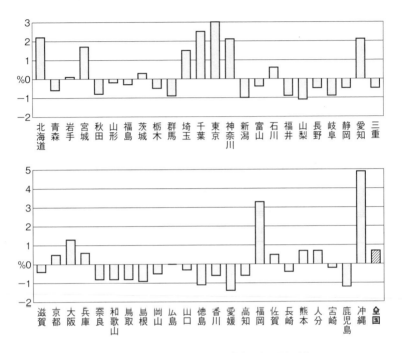

資料、注記は表7-8に同じ。前年と継続する基準地の価格変動率の単純平均。

☕ 回復する宿泊需要

2022年10月より、各都道府県主導で旅行割引等による全国旅行支援が開始され、国内の宿泊需要が増えている。また、2023年5月には新型コロナウイルス感染症が5類感染症に移行し、旅行しやすい環境に戻りつつある。

第3次産業活動指数（2015年＝100、季節調整済指数、2023年10月17日更新）によると、2023年4〜6月期の宿泊業はコロナ禍前を上回り、2019年同期比で106.1％となった。特にホテルは116.7％と伸び、旅行需要の回復に加えて、客室単価の上昇がみられる。

観光庁の宿泊旅行統計調査によると、2023年4〜6月の全国の延べ宿泊者数（速報値）は2019年同期比で94.7％となった。都道府県別では、9都道県で100％を上回っている。東京都が121.4％、愛媛県が107.5％、高知県が105.9％と回復が目立ち、都心や行楽地への宿泊が増加している。

外国人延べ宿泊者数（2023年4〜6月）は、2019年同期比で90.3％となった。中国からの観光客の回復が遅れているにもかかわらず、インバウンド需要の高まりで、コロナ禍前の水準に近付いている。ただし、東京都が135.1％、栃木県が126.7％と大幅に回復した一方、鳥取県が29.8％、宮崎県が33.2％と回復が鈍く、地域差が大きい。

表 7 - 8　用途別の平均地価（各年 7 月 1 日現在）（単位　千円／m²）

	住宅地				商業地			
	2020	2021	2022	2023	2020	2021	2022	2023
北海道	20.0	20.8	22.0	23.6	88.5	90.8	97.3	107.8
青森	16.1	15.9	15.9	16.1	33.7	33.6	33.4	33.4
岩手	24.9	25.4	25.6	26.1	44.8	44.6	44.3	44.7
宮城	42.0	44.1	46.0	48.4	256.8	263.0	275.1 ⑨	297.6
秋田	13.2	13.2	13.2	13.2	24.5	24.3	24.4	24.7
山形	19.7	19.8	19.9	20.0	40.7	40.4	40.5	40.8
福島	23.3	23.4	23.5	23.7	45.7	45.6	45.9	46.6
茨城	32.4	32.4	32.7	33.7	65.1	65.4	66.3	69.2
栃木	32.4	32.3	33.8	33.9	65.9	65.7	67.5	67.7
群馬	31.7	31.5	31.4	31.4	70.9	71.4	71.2	71.4
埼玉	113.7	114.1	116.2	④ 119.4	305.2	305.9	312.7 ⑦	325.6
千葉	75.6	76.5	79.3	⑧ 83.2	252.9	258.6	266.2 ⑩	284.9
東京	378.1	380.9	389.1	① 404.4	2 145.6	2 113.5	2 139.5 ①	② 2 228.3
神奈川	179.3	180.6	183.3	② 188.4	590.3	606.0	624.6 ④	660.5
新潟	26.0	25.8	25.8	25.8	75.7	75.4	75.6	76.2
富山	30.8	30.8	30.8	30.9	76.1	76.6	78.0	80.2
石川	44.3	45.5	46.7	47.9	115.6	113.9	114.3	117.0
福井	29.7	29.6	29.4	29.4	55.9	55.6	55.5	55.8
山梨	24.0	23.7	23.5	23.3	45.1	44.6	44.3	44.1
長野	25.0	25.0	25.0	25.1	53.1	52.6	52.3	52.5
岐阜	32.6	32.2	32.0	31.9	88.2	86.5	86.0	86.9
静岡	64.5	64.2	64.0	64.1	140.9	139.7	139.9	140.8
愛知	104.3	105.3	108.3	⑤ 112.3	423.9	441.8	458.2 ⑤	480.6
三重	28.5	28.2	28.1	28.1	63.0	62.3	62.2	62.6
滋賀	46.5	46.6	46.8	47.2	93.6	93.1	94.0	96.5
京都	109.3	109.5	109.9	⑥ 111.9	602.7	602.0	656.8 ③	746.1
大阪	150.7	150.9	152.2	③ 155.2	1 060.4	1 006.9	1 013.6 ②	1 074.4
兵庫	103.1	105.9	107.3	⑦ 110.0	327.9	321.4	325.0 ⑧	325.3
奈良	52.9	52.6	52.6	52.9	168.4	166.1	168.1	172.9
和歌山	36.2	35.8	35.7	35.4	83.3	83.3	82.9	82.4
鳥取	19.2	19.1	19.0	19.0	46.5	45.7	45.0	44.5
島根	20.8	20.6	20.5	20.4	38.2	37.9	37.6	37.5
岡山	29.3	29.2	29.4	29.8	96.1	96.7	99.6	102.5
広島	57.0	57.4	58.4	59.4	209.2	212.0	219.2	228.6
山口	25.6	25.7	25.8	25.9	44.7	44.7	44.7	44.8
徳島	29.5	29.3	29.1	29.0	58.5	57.7	57.1	56.7
香川	32.9	32.7	32.6	32.6	74.4	73.9	73.5	73.6
愛媛	35.4	35.1	34.7	34.6	94.5	93.6	93.2	92.9
高知	30.8	30.6	30.5	30.5	70.6	69.8	69.2	69.1
福岡	54.3	56.8	60.1	⑩ 65.8	335.6	356.7	378.9 ⑥	412.1
佐賀	20.5	20.8	21.1	21.7	40.6	40.8	41.2	42.6
長崎	24.5	24.6	24.8	25.1	97.5	98.9	100.9	103.3
熊本	28.7	29.0	29.5	30.6	149.0	148.5	148.7	149.3
大分	25.1	25.3	25.8	26.3	54.4	54.2	54.2	54.7
宮崎	24.6	24.6	24.6	24.7	43.4	43.3	43.1	43.2
鹿児島	27.3	27.3	27.4	27.6	81.4	80.9	80.9	81.0
沖縄	62.6	63.7	65.2	⑨ 68.1	178.3	178.6	180.8	189.4

府県別統計　地価

国土交通省「都道府県地価調査」より作成。○内の数字は全国順位。都道府県知事が各都道府県の基準地（宅地見込地や林地を含め2023年は全国 2 万1381地点）について不動産鑑定士の鑑定評価を求め、これを審査、調整し、基準日（各年 7 月 1 日）における正常価格として公表したもの。2023年は、福島県の12地点（住宅地 9 地点、商業地 1 地点、工業地 1 地点、林地 1 地点）について調査を休止している。

表 7-9　住宅統計調査の主要指標 (2018年10月 1 日現在) (確報集計結果)

	総住宅数 (千戸)	空家率 (％)	居住世帯のある住宅 (千戸)	持ち家住宅率 (％)	一戸建率 (％)	木造率1) (％)	1 専用住宅2) あたり	
							居住室数 (室)	延べ面積 (m2)3)
北海道	2 807	13.5	2 417	56.3	52.0	3.7	4.24	90.16
青森	592	15.0	502	70.3	75.2	20.4	5.26	119.95
岩手	579	16.1	484	69.9	72.9	27.7	5.35	118.87
宮城	1 089	12.0	954	58.1	55.3	21.6	4.47	96.48
秋田	446	13.6	384	77.3	79.8	19.5	5.61	130.41
山形	449	12.1	393	74.9	77.6	31.9	5.68	133.57
福島	861	14.3	731	67.7	70.1	31.7	5.12	111.42
茨城	1 329	14.8	1 127	71.2	72.3	34.9	4.91	106.97
栃木	927	17.3	761	69.1	71.6	24.3	4.84	105.59
群馬	949	16.7	787	71.4	73.9	33.5	4.83	106.09
埼玉	3 385	10.2	3 023	65.7	54.8	16.0	4.26	86.52
千葉	3 030	12.6	2 635	65.4	53.1	19.8	4.28	89.21
東京	7 672	10.6	6 806	45.0	26.8	6.4	3.24	65.18
神奈川	4 504	10.8	4 000	59.1	41.4	12.9	3.86	77.80
新潟	995	14.7	844	74.0	74.3	35.6	5.51	127.25
富山	453	13.3	391	76.8	77.1	31.7	6.00	143.57
石川	536	14.5	455	69.3	69.8	40.7	5.34	124.68
福井	325	13.8	279	74.9	76.7	46.3	5.79	136.89
山梨	422	21.3	329	70.2	73.8	31.1	4.99	110.34
長野	1 008	19.6	807	71.2	73.2	31.7	5.29	119.99
岐阜	894	15.6	750	74.3	74.4	43.7	5.67	120.39
静岡	1 715	16.4	1 425	67.0	66.0	31.0	4.77	102.02
愛知	3 482	11.3	3 069	59.5	51.0	21.8	4.50	94.04
三重	854	15.2	720	72.0	72.9	43.4	5.26	109.65
滋賀	626	13.0	543	71.6	67.4	33.6	5.44	114.63
京都	1 338	12.8	1 159	61.3	55.3	26.6	4.32	85.74
大阪	4 680	15.2	3 950	54.7	40.7	18.2	3.93	76.20
兵庫	2 681	13.4	2 309	64.8	50.4	22.4	4.56	92.68
奈良	618	14.1	529	74.1	67.6	31.5	5.31	110.04
和歌山	485	20.3	384	73.0	74.1	38.0	5.07	104.24
鳥取	257	15.5	216	68.8	70.9	48.1	5.47	120.12
島根	314	15.4	265	70.2	71.7	55.2	5.48	121.96
岡山	916	15.6	771	64.9	66.6	39.9	5.00	104.92
広島	1 431	15.1	1 209	61.4	55.5	26.9	4.56	92.64
山口	720	17.6	591	67.1	67.5	38.5	4.89	101.47
徳島	381	19.5	305	69.2	70.7	38.8	5.13	109.31
香川	488	18.1	398	69.3	67.6	41.1	5.18	107.48
愛媛	714	18.2	581	66.5	68.3	40.6	4.81	98.67
高知	392	19.1	315	64.9	67.6	46.9	4.73	93.98
福岡	2 581	12.7	2 239	52.8	44.3	25.8	4.07	83.89
佐賀	352	14.3	300	66.9	69.2	44.4	5.12	111.22
長崎	660	15.4	555	63.7	64.4	40.4	4.67	96.07
熊本	814	13.8	698	61.9	63.1	34.7	4.60	98.69
大分	582	16.8	482	63.6	63.1	31.9	4.77	97.08
宮崎	546	15.4	460	65.7	68.4	35.8	4.47	93.84
鹿児島	879	19.0	709	64.6	67.9	32.7	4.31	87.93
沖縄	653	10.4	577	44.4	38.8	2.3	3.81	75.31
全国	62 407	13.6	53 616	61.2	53.6	22.7	4.40	92.06

総務省「住宅・土地統計調査」(2018年) より作成。5 年に一度の調査。1) 防火木造を除く。2) 居住のために建てられて、業務に使用する設備をもたない住宅。3) 各住宅の床面積の合計で、玄関や廊下などを含む。共同住宅の場合、共同使用している階段などは除く。

表 7 - 10　水道と汚水処理の普及率（人口普及率）（会計年度末現在）（%）

	水道普及率			汚水処理人口普及率		（参考）下水道処理人口普及率		
	2000	2010	2021	2010	2022	2000	2010	2022
北海道	96.5	97.8	98.3	93.7	96.3	82	89.4	91.9
青森	96.8	97.3	97.9	71.6	82.3	40	54.4	62.9
岩手	89.7	91.1	94.5	1) 71.9	84.9	35	1) 52.0	63.2
宮城	98.2	98.7	99.3	1) 86.6	93.3	65	1) 76.7	83.5
秋田	87.9	90.1	91.9	79.9	89.2	37	58.3	68.4
山形	96.8	97.9	98.3	87.2	94.2	50	72.4	78.8
福島	90.5	89.6	2) 93.7	1) 73.1	2) 86.3	33	1) 48.1	2) 55.4
茨城	87.4	92.5	95.3	77.2	87.4	43	57.2	65.0
栃木	91.9	95.1	96.2	79.2	89.3	46	60.8	69.2
群馬	99.3	99.3	99.6	73.0	84.2	37	49.3	56.4
埼玉	99.6	99.8	99.8	88.0	93.7	67	76.7	83.2
千葉	92.6	94.6	95.8	83.2	90.6	57	69.2	77.1
東京	100.0	100.0	100.0	99.5	99.8	97	99.2	99.6
神奈川	99.8	99.8	99.9	97.3	98.4	92	95.8	97.1
新潟	98.0	98.9	99.5	81.3	89.7	45	67.6	78.2
富山	92.2	93.2	93.7	93.8	97.7	59	79.6	87.1
石川	97.8	98.8	98.9	89.8	95.2	57	78.8	85.6
福井	95.1	96.3	96.1	90.4	97.4	55	72.1	83.0
山梨	97.4	97.9	98.6	75.9	86.3	41	61.1	68.7
長野	98.7	98.8	99.0	95.3	98.3	56	79.3	85.1
岐阜	94.9	95.6	95.0	87.7	94.0	49	70.2	78.0
静岡	98.3	99.0	99.0	72.9	84.9	44	58.7	65.5
愛知	99.7	99.8	99.9	85.2	92.8	56	72.0	81.0
三重	98.8	99.5	99.7	78.0	89.0	26	46.3	60.0
滋賀	99.1	99.4	99.8	97.9	99.1	64	85.8	92.5
京都	99.2	99.6	99.8	95.4	98.6	81	91.2	95.4
大阪	99.9	100.0	100.0	95.7	98.4	83	93.2	96.8
兵庫	99.6	99.8	99.9	98.2	99.0	82	91.4	94.0
奈良	98.2	99.2	99.4	84.7	90.8	59	74.4	82.8
和歌山	96.1	97.3	98.1	51.9	69.4	10	20.5	29.5
鳥取	96.4	97.3	98.0	90.7	95.8	43	64.3	74.1
島根	94.1	96.7	96.9	72.1	83.0	25	41.8	52.0
岡山	97.4	98.9	99.2	79.3	88.6	39	60.4	70.0
広島	91.6	93.7	95.1	82.2	90.3	57	68.9	77.2
山口	91.2	92.6	94.0	80.3	89.5	47	59.7	68.9
徳島	92.7	95.8	97.2	49.4	67.4	11	14.8	19.3
香川	98.6	99.2	99.4	68.1	81.1	28	41.3	46.6
愛媛	92.0	92.6	93.5	70.3	83.0	36	48.0	57.3
高知	90.0	92.2	94.7	68.6	77.9	23	33.3	41.7
福岡	91.0	93.1	95.2	87.5	94.3	64	76.6	84.0
佐賀	93.1	94.6	95.7	73.4	87.0	26	51.0	64.0
長崎	97.8	98.5	99.1	74.2	83.6	42	57.8	64.3
熊本	83.2	86.1	89.2	80.0	89.4	46	62.2	70.5
大分	88.6	90.6	91.8	67.2	81.8	34	45.6	54.6
宮崎	96.1	96.8	97.7	77.7	89.2	37	53.3	61.4
鹿児島	96.0	97.0	97.7	69.9	84.8	33	39.4	43.5
沖縄	99.9	100.0	100.0	80.6	87.6	56	66.5	72.1
全国	96.6	97.5	2) 98.2	1) 85.7	2) 92.9	62	1) 73.7	2) 81.0

厚生労働省および国土交通省ウェブサイトより作成。汚水処理人口普及率は、下水道に加えて農業集落排水施設等や浄化槽、コミュニティプラントでの処理を含めた普及率。1) 2009年度末現在の数値。2010年度末は調査不能な市町村があり公表対象外。2) 東日本大震災の影響により、調査不能な一部町村を除くほか、避難による人口流動の影響にも留意する必要がある。

表7-11 1日の生活時間の配分（I）（10歳以上の男）（2021年）（単位 時間. 分）

	睡眠	食事	通勤・通学	仕事	家事	テレビ・ラジオ・新聞・雑誌	休養・くつろぎ	趣味・娯楽	スポーツ
北海道	8.01	1.36	1.08	8.30	1.32	4.23	3.08	3.29	1.56
青森	8.13	1.41	1.05	8.33	1.32	4.16	2.54	3.48	2.05
岩手	8.05	1.41	1.05	8.19	1.51	4.04	3.00	3.19	1.51
宮城	8.06	1.39	1.13	8.40	1.36	3.52	3.00	3.47	2.05
秋田	8.13	1.43	1.02	8.13	1.57	3.54	2.58	3.28	1.55
山形	8.11	1.41	0.59	8.34	1.50	3.54	2.52	3.18	2.00
福島	8.11	1.38	1.08	8.32	1.42	3.58	2.49	3.31	2.15
茨城	8.02	1.42	1.23	8.43	1.36	3.58	3.00	3.36	2.15
栃木	8.01	1.42	1.11	8.42	1.39	4.01	2.59	3.42	2.12
群馬	7.58	1.39	1.12	8.36	1.44	3.59	2.49	3.21	2.05
埼玉	7.55	1.43	1.39	8.40	1.50	3.55	2.46	3.33	1.53
千葉	7.55	1.42	1.37	8.53	1.41	4.02	2.55	3.35	2.01
東京	7.50	1.41	1.42	8.41	1.37	3.50	2.55	3.38	1.49
神奈川	7.51	1.42	1.44	8.46	1.43	3.55	2.55	3.43	2.00
新潟	8.03	1.40	1.03	8.24	1.36	4.10	2.56	3.21	1.49
富山	8.04	1.38	1.07	8.25	1.49	4.09	3.03	3.46	1.54
石川	8.06	1.38	1.02	8.35	1.30	4.11	2.58	3.39	2.17
福井	8.10	1.39	1.01	8.26	1.54	4.01	2.52	3.19	2.01
山梨	8.03	1.43	1.06	8.25	1.49	3.36	2.51	3.26	1.58
長野	8.05	1.45	1.10	8.23	1.53	3.38	2.52	3.21	2.02
岐阜	8.04	1.37	1.14	8.27	1.50	3.57	2.55	3.51	2.06
静岡	7.57	1.39	1.11	8.36	1.42	4.18	3.01	3.43	1.47
愛知	7.57	1.37	1.20	8.49	1.34	4.04	2.48	3.17	2.03
三重	8.09	1.38	1.19	8.43	1.50	4.10	3.01	3.25	2.17
滋賀	8.04	1.36	1.15	8.46	1.37	3.45	2.53	3.40	2.05
京都	8.04	1.41	1.22	8.32	1.43	4.09	2.55	3.38	2.08
大阪	7.56	1.43	1.29	8.30	1.37	4.12	2.53	3.39	2.07
兵庫	7.54	1.42	1.29	8.37	1.33	4.00	2.58	3.35	2.13
奈良	8.00	1.42	1.31	8.31	1.40	3.52	2.51	3.34	2.06
和歌山	8.03	1.38	1.11	8.46	1.53	4.05	2.57	3.21	2.09
鳥取	8.10	1.33	0.59	8.12	1.46	4.12	2.52	3.09	2.03
島根	8.09	1.39	1.04	8.02	1.49	3.54	2.54	3.06	2.04
岡山	8.01	1.38	1.11	8.27	1.43	3.53	3.05	3.33	1.57
広島	8.04	1.39	1.18	8.53	1.49	4.05	2.58	3.29	1.55
山口	8.05	1.37	1.07	8.20	1.45	4.31	2.56	3.42	2.04
徳島	8.00	1.41	1.05	8.14	1.38	4.15	3.05	3.23	1.57
香川	8.04	1.35	1.05	8.35	1.58	4.10	2.45	3.35	1.56
愛媛	7.59	1.39	1.02	8.23	2.00	4.30	2.55	3.31	1.50
高知	8.14	1.39	1.05	8.06	1.48	4.09	2.56	3.50	2.17
福岡	8.01	1.36	1.11	8.47	1.41	4.11	2.55	3.49	1.58
佐賀	8.07	1.36	1.07	8.34	1.43	3.49	2.48	3.14	2.07
長崎	8.02	1.40	1.11	8.35	1.40	4.01	2.52	3.39	2.02
熊本	8.05	1.39	1.08	8.30	1.38	3.57	2.59	3.17	2.04
大分	8.02	1.37	1.09	8.32	1.49	4.05	2.52	3.31	1.52
宮崎	8.06	1.38	0.58	8.42	1.37	3.54	2.58	3.35	2.04
鹿児島	8.12	1.42	1.02	8.17	1.46	3.52	2.57	3.36	2.08
沖縄	8.05	1.37	1.08	8.24	1.41	3.50	2.52	3.03	2.09
全国	7.59	1.40	1.22	8.37	1.41	4.02	2.55	3.34	2.01

総務省「社会生活基本調査」（2021年）より作成。種類別の行動者平均時間。注記は359ページ参照。

1日の生活時間の配分 (Ⅱ)（10歳以上の女）（2021年）（単位　時間．分）

	睡眠	食事	通勤・通学	仕事	家事	テレビ・ラジオ・新聞・雑誌	休養・くつろぎ	趣味・娯楽	スポーツ
北海道	7.59	1.38	0.58	7.04	3.23	4.06	2.52	2.42	1.27
青森	8.06	1.43	0.56	7.19	3.18	3.41	2.41	2.46	1.28
岩手	7.57	1.43	0.57	7.16	3.15	3.23	2.41	2.37	1.31
宮城	8.03	1.43	1.09	7.12	3.20	3.32	2.46	3.02	1.59
秋田	7.59	1.47	0.54	6.52	3.30	3.32	2.42	2.36	1.19
山形	7.57	1.44	0.51	7.10	3.17	3.33	2.44	2.31	1.33
福島	7.50	1.44	1.00	7.11	3.18	3.45	2.38	2.48	1.37
茨城	7.53	1.48	1.07	7.04	3.33	3.36	2.37	2.38	1.29
栃木	7.50	1.47	1.06	7.07	3.25	3.38	2.47	2.26	1.30
群馬	7.53	1.45	0.57	6.59	3.28	3.25	2.45	2.28	1.26
埼玉	7.48	1.47	1.19	7.07	3.41	3.23	2.34	2.48	1.30
千葉	7.47	1.48	1.24	7.11	3.32	3.38	2.46	2.43	1.28
東京	7.47	1.44	1.20	7.27	3.20	3.20	2.42	2.34	1.24
神奈川	7.44	1.46	1.26	7.08	3.43	3.26	2.45	2.39	1.29
新潟	7.54	1.44	0.55	6.57	3.24	3.28	2.37	2.42	1.27
富山	7.47	1.43	0.55	7.11	3.23	3.36	2.35	2.32	1.19
石川	7.53	1.39	0.55	7.14	3.22	3.28	2.32	2.47	1.39
福井	7.54	1.42	0.58	7.03	3.33	3.12	2.37	2.31	1.31
山梨	7.57	1.51	0.59	7.04	3.34	3.26	2.42	2.28	1.39
長野	7.49	1.48	1.01	6.57	3.31	2.58	2.37	2.35	1.37
岐阜	7.45	1.39	1.03	6.52	3.31	3.29	2.42	2.35	1.32
静岡	7.43	1.43	0.59	6.47	3.40	3.32	2.41	2.33	1.26
愛知	7.51	1.42	1.09	6.54	3.36	3.24	2.33	2.53	1.27
三重	7.46	1.42	1.06	6.53	3.45	3.30	2.45	2.36	1.31
滋賀	7.53	1.42	1.05	6.48	3.53	3.18	2.46	2.33	1.33
京都	7.49	1.45	1.12	6.39	3.32	3.35	2.42	2.34	1.28
大阪	7.47	1.46	1.17	7.06	3.27	3.36	2.37	2.53	1.38
兵庫	7.47	1.46	1.12	6.55	3.38	3.25	2.35	2.37	1.36
奈良	7.49	1.47	1.19	6.49	3.59	3.20	2.31	2.44	1.29
和歌山	7.49	1.42	0.55	6.47	3.36	3.34	2.43	2.33	1.29
鳥取	7.51	1.40	0.56	7.05	3.29	3.46	2.39	2.43	1.37
島根	7.52	1.40	0.57	7.10	3.16	3.20	2.40	2.37	1.24
岡山	7.41	1.39	1.06	7.09	3.44	3.21	2.36	2.38	1.30
広島	7.55	1.42	1.07	6.52	3.29	3.51	2.41	2.33	1.19
山口	7.50	1.39	0.59	6.59	3.32	3.38	2.38	2.40	1.27
徳島	7.47	1.43	0.58	7.14	3.27	3.30	2.42	2.36	1.25
香川	7.51	1.39	0.59	6.59	3.28	3.35	2.39	2.35	1.29
愛媛	7.47	1.40	0.51	6.44	3.32	3.45	2.38	2.24	1.28
高知	7.56	1.42	0.56	6.58	3.26	3.29	2.50	2.51	1.29
福岡	7.53	1.41	1.04	7.06	3.20	3.36	2.45	2.34	1.31
佐賀	7.50	1.38	1.01	7.14	3.18	3.23	2.38	2.45	1.34
長崎	7.43	1.43	1.01	7.04	3.33	3.21	2.48	2.39	1.40
熊本	7.49	1.43	1.03	6.56	3.29	3.42	2.47	2.26	1.25
大分	7.51	1.42	0.59	7.02	3.24	3.39	2.42	2.29	1.35
宮崎	7.54	1.42	0.54	7.07	3.24	3.31	2.41	2.29	1.31
鹿児島	8.00	1.48	0.58	6.54	3.22	3.24	2.33	2.31	1.33
沖縄	7.58	1.39	0.59	6.58	3.18	3.25	2.34	2.17	1.41
全国	7.50	1.44	1.09	7.05	3.30	3.31	2.41	2.40	1.30

資料・注記は（Ⅰ）に同じ。

表 7 - 12　初等中等教育機関、専修学校・各種学校の学校数 (2022年 5 月 1 日現在) (単位　校)

	小学校	中学校	義務教育学校1)	高等学校	中等教育学校2)	特別支援学校	専修学校	各種学校
北海道	966	573	20	272	2	74	159	48
青森	259	156	—	71	—	21	26	10
岩手	289	151	1	79	—	17	34	6
宮城	367	203	2	95	1	29	68	23
秋田	177	110	1	52	—	15	16	3
山形	230	94	3	60	—	19	20	4
福島	397	214	7	102	—	26	52	11
茨城	451	224	15	117	6	25	66	12
栃木	345	161	4	75	1	17	55	17
群馬	303	160	3	77	2	28	68	19
埼玉	806	447	1	193	1	52	105	24
千葉	759	388	4	181	2	46	92	14
東京	1327	801	8	429	8	71	393	153
神奈川	882	473	4	231	5	53	106	12
新潟	441	230	1	101	7	37	84	5
富山	178	76	3	49	—	15	22	22
石川	202	89	3	56	—	13	36	20
福井	193	81	1	32	—	12	19	12
山梨	177	92	—	40	—	14	24	11
長野	363	196	5	99	1	20	58	20
岐阜	359	182	4	82	—	23	33	33
静岡	500	288	1	138	—	40	90	25
愛知	968	438	2	220	1	42	174	62
三重	366	167	1	70	1	20	36	35
滋賀	220	103	2	56	1	17	22	10
京都	365	189	10	108	—	25	62	53
大阪	986	515	9	254	1	50	219	35
兵庫	742	376	7	205	2	48	94	74
奈良	190	107	7	58	2	10	28	28
和歌山	246	127	1	47	—	12	22	24
鳥取	117	57	5	32	—	10	20	16
島根	197	95	3	47	—	12	19	25
岡山	383	164	1	86	2	16	52	14
広島	466	263	6	128	1	18	71	21
山口	298	161	—	78	1	14	41	38
徳島	187	89	—	37	1	12	14	4
香川	159	74	—	40	—	9	25	14
愛媛	280	132	—	65	5	11	36	10
高知	223	124	4	46	—	17	26	6
福岡	720	361	5	163	2	38	161	19
佐賀	163	91	6	44	—	11	30	1
長崎	320	184	2	79	—	18	34	9
熊本	334	172	2	73	—	24	52	6
大分	263	129	2	54	—	18	48	15
宮崎	233	133	3	51	1	13	36	4
鹿児島	496	223	9	89	—	17	41	3
沖縄	268	149	—	63	—	22	62	16
全国	19 161	10 012	178	4 824	57	1 171	3 051	1 046

文部科学省「学校基本調査報告書」(2022年度) より作成。通信教育のみを行う学校を除く。1) 小中一貫教育を行う。2016年新設。2) 中高一貫教育を行う。

表 7 - 13　初等中等教育機関、専修学校・各種学校の在学者数（2022年 5 月 1 日現在）（単位　人）

	小学校	中学校	義務教育学校1)	高等学校	中等教育学校2)	特別支援学校	専修学校	各種学校
北海道	227 372	120 587	2 757	112 146	1 375	6 017	25 974	3 183
青森	53 644	29 042	—	29 349	—	1 667	2 298	157
岩手	54 373	29 625	617	29 237	—	1 509	4 584	279
宮城	111 148	58 247	836	54 112	803	2 669	16 977	1 319
秋田	37 848	21 405	216	21 100	—	1 299	1 592	12
山形	48 241	26 362	1 211	26 679	—	1 165	2 058	62
福島	84 671	45 065	1 397	43 903	—	2 424	5 888	336
茨城	132 729	71 211	10 471	70 422	2 983	4 404	9 447	648
栃木	93 088	50 467	1 907	48 458	380	2 588	8 374	639
群馬	91 975	49 930	880	47 157	1 501	2 287	10 235	980
埼玉	359 989	186 440	204	161 843	632	8 447	20 605	2 449
千葉	303 407	157 236	1 859	139 061	160	7 143	20 920	400
東京	624 426	313 353	8 200	299 950	7 042	14 160	134 036	19 851
神奈川	446 637	225 380	2 537	193 066	4 024	8 202	26 901	3 395
新潟	101 894	52 709	796	50 345	3 081	2 727	15 421	80
富山	46 879	25 690	423	25 394	—	1 215	2 972	3 679
石川	55 923	29 950	280	28 974	—	1 339	4 790	4 109
福井	38 444	20 942	719	20 535	—	956	1 571	1 828
山梨	38 141	20 564	—	22 070	—	1 054	2 454	297
長野	100 506	53 834	904	51 425	508	2 649	6 160	1 229
岐阜	100 028	53 594	1 258	49 435	—	2 603	3 710	2 997
静岡	180 387	97 183	107	89 919	—	5 088	14 753	1 410
愛知	401 581	208 568	441	183 404	420	7 373	49 848	10 097
三重	88 413	46 987	256	43 328	741	1 961	4 470	1 885
滋賀	79 371	40 932	459	36 222	139	2 373	1 665	1 290
京都	118 394	64 365	4 558	66 038	—	2 972	15 765	4 821
大阪	416 847	219 494	5 514	202 876	75	9 820	69 758	8 138
兵庫	275 186	141 997	4 013	125 676	1 186	6 029	18 853	6 744
奈良	63 595	34 811	2 197	31 582	984	1 485	2 574	2 534
和歌山	43 055	23 436	760	22 667	—	1 616	2 267	1 622
鳥取	27 650	14 179	892	14 124	—	770	1 791	1 402
島根	32 892	16 817	1 667	17 042	—	1 004	2 477	400
岡山	96 499	50 145	410	48 516	1 112	2 257	9 258	1 546
広島	145 103	75 065	2 186	67 289	693	2 797	12 656	1 352
山口	63 826	33 482	—	30 248	581	1 898	4 182	2 821
徳島	33 820	17 147	—	16 432	688	1 001	2 063	81
香川	48 312	25 469	—	24 212	—	1 180	4 603	151
愛媛	65 092	33 184	—	30 733	3 403	1 585	4 741	246
高知	30 772	16 480	329	16 853	—	835	2 508	150
福岡	278 438	140 593	1 586	122 898	637	6 641	43 122	2 981
佐賀	43 497	23 334	2 343	22 054	—	1 279	3 744	62
長崎	67 941	35 388	47	33 735	—	1 740	3 425	222
熊本	95 774	49 051	150	43 605	—	2 294	7 959	1 431
大分	55 848	29 340	1 250	28 904	—	1 523	4 287	1 697
宮崎	58 650	30 709	193	28 606	219	1 403	4 509	70
鹿児島	87 647	45 407	969	42 391	—	2 654	6 948	60
沖縄	101 352	50 024	—	42 885	—	2 533	10 381	966
全国	6 151 305	3 205 220	67 799	2 956 900	33 367	148 635	635 574	102 108

資料は表7-13に同じ。通信教育を除く。1) 小中一貫教育を行う。2016年新設。2) 中高一貫教育を行う。
前期課程（中学校相当） 1 万7759人と後期課程（高等学校相当） 1 万5608人の合計。

表 **7-14**　初等中等教育機関、専修学校・各種学校の教員数（2022年 5 月 1 日現在）（単位　人）

	小学校	中学校	義務教育学校1)	高等学校	中等教育学校2)	特別支援学校	専修学校	各種学校
北海道	18 900	11 390	493	9 853	115	3 921	1 803	254
青森	4 444	2 945	—	2 712	—	1 094	214	19
岩手	4 586	2 798	45	2 854	—	1 081	345	24
宮城	7 941	4 875	80	4 492	62	1 627	928	113
秋田	3 040	2 156	30	2 001	—	921	138	6
山形	3 811	2 198	120	2 409	—	784	181	11
福島	6 604	4 090	182	3 859	—	1 623	549	62
茨城	9 549	5 851	736	5 470	254	2 365	845	83
栃木	6 831	4 032	162	3 497	35	1 349	710	59
群馬	6 745	4 003	96	3 539	132	1 499	731	99
埼玉	21 162	12 594	27	11 082	60	4 521	1 413	166
千葉	18 560	10 842	165	9 598	18	3 901	1 185	50
東京	36 041	20 199	503	19 096	546	6 250	7 218	1 986
神奈川	26 493	14 776	196	12 922	269	4 843	1 520	387
新潟	8 121	4 713	58	3 866	252	1 662	992	14
富山	3 627	2 036	75	2 175	—	915	243	248
石川	3 999	2 220	52	2 358	—	743	350	301
福井	3 116	1 860	38	1 638	—	758	158	220
山梨	3 232	1 834	—	1 780	—	757	172	19
長野	7 160	4 717	126	4 225	38	1 711	524	106
岐阜	7 273	4 ???	122	4 014	—	1 714	344	264
静岡	11 481	6 961	19	6 392	—	2 879	1 033	88
愛知	25 091	14 012	56	12 211	57	3 826	2 673	599
三重	6 772	3 769	27	3 348	48	1 204	347	103
滋賀	5 605	3 135	57	2 722	41	1 335	154	82
京都	8 436	5 135	418	5 204	—	2 046	827	308
大阪	28 799	16 914	502	14 096	18	5 430	3 724	414
兵庫	18 336	10 388	325	9 649	90	3 833	1 250	480
奈良	4 807	2 771	221	2 495	78	933	204	213
和歌山	3 959	2 301	52	2 031	—	1 001	189	120
鳥取	2 366	1 353	129	1 385	—	653	177	292
島根	3 054	1 811	117	1 722	—	832	219	41
岡山	7 562	4 126	43	3 907	100	1 252	627	117
広島	10 013	5 636	212	5 135	52	1 607	770	142
山口	5 001	2 981	—	2 770	56	1 200	397	306
徳島	3 012	1 717	—	1 545	38	725	184	14
香川	3 528	2 059	—	2 024	—	718	358	21
愛媛	4 773	2 774	—	2 735	286	888	386	45
高知	2 885	1 963	80	1 980	—	700	261	15
福岡	17 964	10 211	176	8 361	68	3 465	2 367	242
佐賀	3 504	2 131	247	1 994	—	857	287	5
長崎	5 370	3 225	25	3 107	—	1 119	285	25
熊本	7 021	4 106	47	3 675	—	1 260	571	69
大分	4 308	2 521	88	2 597	—	1 037	397	130
宮崎	4 262	2 736	59	2 571	36	982	372	13
鹿児島	7 588	4 289	162	4 154	—	1 400	572	12
沖縄	6 708	3 972	—	3 484	—	1 595	788	95
全国	423 440	247 348	6 368	224 734	2 749	86 816	39 982	8 482

資料は表7-13に同じ。通信教育のみを行う学校を除く。本務者のみ。1）小中一貫教育を行う。2016年新設。2）中高一貫教育を行う。

表 **7 - 15**　**高等学校卒業者の進路別割合**（2022年 3 月卒業者、中等教育学校を含む）（%）

	大学等進学率1)2)（現役）			専修学校（専門課程）進学率（現役）2)3)			就職率4)		
	計	男	女	計	男	女	計	男	女
北海道	50.5	51.2	49.8	22.8	17.2	28.4	18.5	21.7	15.2
青森	52.1	49.8	54.4	16.2	11.6	21.1	24.2	29.9	18.3
岩手	46.7	43.5	50.1	21.5	17.3	26.0	25.4	30.7	19.7
宮城	54.1	53.3	55.0	17.4	13.3	21.6	19.5	23.0	15.9
秋田	48.3	45.1	51.6	17.3	12.8	21.8	27.5	33.9	20.9
山形	49.5	47.0	52.0	19.2	15.3	23.1	25.2	29.2	21.2
福島	48.8	46.6	51.1	17.5	14.3	20.9	25.9	31.1	20.6
茨城	55.4	54.2	56.6	18.7	14.4	23.2	17.3	20.9	13.6
栃木	54.7	52.9	56.7	19.3	14.7	24.2	19.6	24.4	14.4
群馬	56.9	55.1	58.7	19.2	15.2	23.5	16.4	20.5	12.0
埼玉	63.4	63.9	62.8	18.0	13.7	22.6	10.9	12.4	9.2
千葉	61.4	61.5	61.3	19.2	15.1	23.4	10.5	12.5	8.4
東京	71.6	69.3	73.9	10.9	8.6	13.0	4.8	6.1	3.5
神奈川	66.2	65.9	66.4	16.5	13.0	20.2	6.9	8.5	5.3
新潟	51.9	51.1	52.6	26.8	22.2	31.5	15.4	19.0	11.7
富山	56.5	53.0	60.2	17.8	13.6	22.2	18.6	24.2	12.8
石川	60.3	57.1	63.6	14.3	11.7	17.0	18.1	22.2	13.8
福井	59.9	59.3	60.4	15.3	10.4	20.1	19.1	23.0	15.3
山梨	59.8	59.9	59.8	19.4	15.0	24.6	14.2	17.3	10.6
長野	53.5	49.8	57.3	21.0	18.5	23.7	15.8	19.5	11.9
岐阜	59.1	57.7	60.6	14.7	10.9	18.5	20.5	25.0	15.9
静岡	55.8	55.7	55.8	16.8	12.8	21.1	19.6	22.7	16.3
愛知	61.8	61.1	62.5	13.8	9.2	18.4	16.6	20.5	12.8
三重	53.7	51.5	55.9	15.3	10.2	20.5	24.7	31.0	18.4
滋賀	59.5	58.2	60.9	16.5	13.8	19.5	15.8	18.4	13.1
京都	71.3	69.7	73.0	13.2	10.9	15.5	6.7	8.7	4.7
大阪	66.6	65.9	67.2	14.8	11.1	18.4	9.0	11.5	6.5
兵庫	66.0	63.8	68.2	12.9	9.6	16.1	11.5	15.4	7.6
奈良	63.6	62.4	64.9	12.5	9.6	15.6	10.0	12.1	7.8
和歌山	56.0	53.6	58.5	16.6	13.6	19.7	18.1	22.5	13.6
鳥取	48.1	42.9	53.5	19.1	15.1	23.2	22.8	29.1	16.3
島根	49.2	47.3	51.2	23.0	18.7	27.7	20.4	25.1	15.2
岡山	55.2	51.9	58.8	19.0	14.9	23.3	19.5	26.2	12.4
広島	64.0	62.7	65.2	12.9	9.6	16.3	12.6	16.8	8.4
山口	45.8	41.8	49.9	17.2	13.4	21.1	27.8	35.4	20.0
徳島	57.8	53.6	62.0	16.3	12.3	20.4	19.6	26.5	12.7
香川	56.5	52.9	60.1	17.8	13.9	21.7	16.2	21.6	10.7
愛媛	57.3	54.8	60.0	18.3	14.4	22.5	18.9	24.4	12.9
高知	53.6	47.4	59.9	14.4	11.9	17.0	15.9	22.2	9.5
福岡	57.3	54.0	60.5	17.4	14.5	20.4	15.5	20.1	10.9
佐賀	46.7	42.3	51.5	17.3	13.8	21.1	28.5	34.9	21.5
長崎	48.9	44.2	53.7	16.4	12.9	20.1	25.0	30.9	18.9
熊本	47.9	43.6	52.5	18.8	15.7	22.1	23.8	29.9	17.4
大分	50.4	45.8	55.2	21.4	18.9	24.1	22.5	28.6	16.1
宮崎	46.8	43.0	50.9	18.0	15.6	20.5	25.9	32.0	19.5
鹿児島	46.5	40.5	52.8	21.8	18.2	25.6	23.2	29.4	16.8
沖縄	44.6	41.1	48.0	25.9	21.9	29.9	12.6	17.1	8.1
全国	59.6	57.9	61.4	16.7	13.0	20.4	14.7	18.2	11.0

資料は表7-13に同じ。全日制、定時制の卒業生の割合。1）大学等の通信教育部への進学者を含む。2）就職進学を含む。3）専門課程の専修学校で、大学予備校など一般課程の専修学校を含まず。4）有期雇用や臨時雇用を除く。大学や専修学校等へ進学した就職者（270人で卒業者全体の0.03%）を含む。

表 7 - 16　大学・大学院・短期大学・高等専門学校（2022年 5 月 1 日現在）

	学校数1)（校）			学生数2)（人）			教員数1)（本務者）（人）		
	大学・大学院	短期大学	高等専門学校	大学・大学院	短期大学	高等専門学校	大学・大学院	短期大学	高等専門学校
北海道	37	15	4	90 766	3 582	3 663	6 668	269	282
青森	10	5	1	16 671	986	877	1 371	122	64
岩手	6	4	1	12 441	726	847	1 352	68	61
宮城	14	5	1	57 517	2 668	1 627	5 043	182	109
秋田	7	4	1	10 031	606	840	1 007	59	58
山形	6	3	1	13 243	934	837	1 035	68	64
福島	8	5	1	15 884	1 478	1 075	1 594	130	78
茨城	11	3	1	36 021	641	1 046	3 127	50	78
栃木	9	6	1	23 055	1 459	1 049	4 260	145	72
群馬	15	7	1	30 903	1 524	1 090	2 049	130	74
埼玉	27	12	—	113 835	3 651		4 548	216	
千葉	27	8	1	119 400	3 019	1 120	4 081	171	74
東京	144	36	3	766 548	9 166	3 584	52 989	682	251
神奈川	31	13	—	186 246	4 782	—	5 483	269	—
新潟	22	5	1	32 788	1 304	1 131	2 802	89	79
富山	5	2	1	12 550	1 065	1 392	1 125	72	110
石川	14	4	2	32 303	1 287	1 148	2 739	86	118
福井	6	1	1	11 182	431	1 054	1 040	29	77
山梨	7	2	—	17 173	948		1 279	62	—
長野	11	8	1	19 637	2 252	1 053	1 699	179	77
岐阜	13	11	1	22 453	3 453	1 129	1 961	242	73
静岡	14	5	1	36 530	1 824	1 075	2 171	108	76
愛知	52	18	1	193 500	5 682	1 178	11 643	388	70
三重	7	4	3	15 298	1 390	2 636	1 279	82	169
滋賀	9	3	—	34 940	949	—	1 096	66	—
京都	34	9	1	166 137	2 906	817	10 373	159	57
大阪	58	22	1	251 804	8 403	854	14 204	564	66
兵庫	35	15	2	125 454	4 820	2 138	6 807	310	160
奈良	11	3	1	22 779	1 454	1 113	1 506	98	73
和歌山	5	1	1	9 886	293	888	745	25	56
鳥取	3	1	1	7 821	530	1 043	823	41	75
島根	2	1	1	8 119	163	1 075	877	14	68
岡山	18	8	1	43 296	2 097	882	3 919	174	62
広島	21	4	2	61 442	1 421	1 588	4 130	92	116
山口	10	5	3	20 207	807	2 504	1 458	89	182
徳島	4	3	1	13 909	619	839	1 538	94	62
香川	4	3	1	10 045	723	1 538	753	71	106
愛媛	5	5	2	17 786	885	1 763	1 087	68	124
高知	5	1	1	10 383	496	838	1 003	40	61
福岡	35	18	3	122 423	6 088	3 374	9 008	421	225
佐賀	2	3	—	8 544	777	—	771	72	—
長崎	8	2	1	18 941	702	906	1 698	57	62
熊本	9	2	1	27 276	688	1 418	1 608	52	107
大分	5	5	1	16 090	1 823	892	1 050	159	62
宮崎	7	2	1	10 546	555	857	1 045	42	58
鹿児島	6	4	1	17 348	1 838	1 100	1 446	140	70
沖縄	8	2	1	19 629	818	876	1 356	39	59
合計	807	309	57	2 930 780	94 713	56 754	190 646	6 785	4 025

文部科学省「学校基本調査報告書」（2022年度）より作成。通信教育のみを行う学校を除く。1) 府県別は本部や事務部の所在地による。2) 大学院、専攻科、別科の学生や科目等履修生等を含む。府県別で大学は在籍する学部や研究科等の所在地による。短期大学は在籍する学科の所在地。

表 7 - 17　社会教育関係施設数（2021年10月 1 日現在）（単位　施設）

	公民館1)	図書館2)	博物館1)3)	科学1)博物館	歴史1)博物館	美術1)博物館	劇場・音楽堂等	生涯学習センター
北海道	⑥ 420	③ 165	② 334	① 32	① 182	⑤ 38	⑤ 74	⑥ 26
青森	253	35	91	10	59	12	21	2
岩手	184	47	104	6	61	11	27	6
宮城	③ 444	35	128	10	78	19	42	5
秋田	336	49	91	11	60	7	22	4
山形	④ 443	40	75	4	48	13	23	14
福島	⑨ 363	71	132	9	82	22	35	⑥ 26
茨城	247	67	103	11	61	16	37	⑧ 18
栃木	185	55	138	5	76	⑥ 37	27	9
群馬	228	56	99	9	54	20	43	6
埼玉	② 510	② 174	135	⑨ 14	83	13	③ 76	6
千葉	308	⑤ 144	112	9	63	21	⑩ 52	11
東京	114	① 401	③ 309	② 26	③ 135	② 81	① 132	④ 29
神奈川	165	85	⑨ 165	⑦ 17	63	⑩ 36	71	9
新潟	⑧ 378	79	⑤ 207	⑦ 17	④ 125	⑥ 37	48	⑧ 18
富山	274	56	107	⑩ 13	53	24	25	9
石川	300	41	138	11	77	⑥ 37	28	8
福井	206	37	89	10	49	13	19	11
山梨	304	53	97	3	53	29	22	2
長野	① 1 789	⑥ 120	① 341	④ 24	② 176	① 96	47	11
岐阜	293	72	⑥ 198	⑤ 22	⑥ 118	32	46	14
静岡	57	⑩ 96	⑦ 193	⑩ 13	⑨ 94	③ 47	⑨ 53	① 46
愛知	332	⑨ 97	④ 219	② 26	④ 125	⑥ 37	② 81	③ 31
三重	317	47	107	2	82	12	35	5
滋賀	83	51	86	3	52	14	35	2
京都	150	68	⑩ 146	8	74	④ 42	33	10
大阪	209	④ 155	111	8	65	15	⑦ 69	④ 29
兵庫	318	⑧ 107	⑧ 184	⑥ 21	⑦ 113	26	⑧ 62	9
奈良	⑩ 355	33	49	2	30	12	31	1
和歌山	317	27	42	5	24	7	19	4
鳥取	176	30	46	3	27	8	13	4
島根	156	41	80	5	50	15	20	3
岡山	⑦ 399	70	134	10	⑩ 84	30	39	6
広島	269	86	131	11	77	29	47	17
山口	180	55	101	8	69	11	36	3
徳島	323	29	46	6	28	7	13	1
香川	158	30	60	2	31	18	14	4
愛媛	④ 443	44	90	6	54	19	27	4
高知	199	40	45	5	23	8	14	3
福岡	319	⑦ 114	135	3	⑧ 96	19	③ 76	② 37
佐賀	117	31	64	3	45	13	15	5
長崎	164	40	87	2	64	9	37	—
熊本	332	52	95	7	69	11	35	⑧ 18
大分	242	33	83	3	55	12	21	3
宮崎	87	34	54	3	39	3	24	—
鹿児島	248	63	120	7	74	17	48	3
沖縄	104	39	70	2	39	6	18	4
全国	13 798	3 394	5 771	447	3 339	1 061	1 832	496

文部科学省「社会教育調査」(2021年度) より作成。○内の数字は全国順位。1) 類似施設を含む。2) 同種施設を含む。3) 総合博物館、野外博物館、動物園、植物園、動植物園、水族館を含む。

表 7 - 18　体育施設数（社会体育施設と民間体育施設の合計）（2021年10月 1 日現在）（単位　施設）

	陸上競技場	野球場・ソフトボール場	多目的運動広場	プール1)	体育館	武道場2)	庭球場	トレーニング場
北海道	① 65	③ 533	① 337	⑤ 353	① 417	⑦ 171	② 434	⑨ 279
青森	27	72	75	80	106	43	64	59
岩手	20	118	116	83	195	42	73	55
宮城	14	136	157	96	143	85	106	136
秋田	22	101	142	69	177	64	72	57
山形	20	61	105	75	118	47	67	71
福島	22	122	⑤ 279	154	⑧ 256	57	118	110
茨城	23	⑥ 238	184	159	145	113	176	148
栃木	⑨ 28	⑦ 219	116	115	138	105	101	123
群馬	⑧ 29	⑨ 191	⑩ 253	138	149	106	120	120
埼玉	④ 37	① 616	⑥ 270	⑥ 285	201	③ 286	③ 366	⑦ 326
千葉	⑨ 28	⑤ 295	232	⑦ 283	219	⑥ 175	④ 359	⑥ 349
東京	② 55	② 612	176	① 686	② 385	① 455	① 558	① 1 264
神奈川	26	⑧ 192	① 337	③ 415	③ 349	② 319	④ 359	③ 541
新潟	⑦ 30	168	178	126	⑦ 278	92	141	152
富山	15	57	111	65	134	57	66	96
石川	17	97	86	72	142	52	84	97
福井	11	96	47	54	88	26	56	40
山梨	11	37	133	67	107	59	82	53
長野	24	⑨ 191	⑧ 265	128	⑥ 279	118	⑨ 193	115
岐阜	19	175	217	131	192	96	155	181
静岡	⑨ 28	185	④ 321	⑩ 183	206	94	155	⑩ 257
愛知	26	④ 354	⑧ 265	④ 360	⑧ 256	④ 216	⑥ 347	531
三重	11	82	111	102	129	57	123	110
滋賀	9	59	123	91	93	44	100	70
京都	13	87	143	125	122	34	139	165
大阪	12	133	⑦ 269	② 434	⑤ 284	⑧ 166	⑦ 290	② 569
兵庫	⑤ 35	143	197	⑨ 222	④ 289	⑨ 159	⑧ 268	⑧ 317
奈良	8	43	83	67	150	52	98	92
和歌山	7	57	91	80	87	31	58	57
鳥取	8	43	111	35	142	23	41	38
島根	15	50	97	56	105	19	53	31
岡山	13	97	149	114	97	79	121	112
広島	15	83	③ 324	140	171	55	148	181
山口	8	36	186	86	131	42	94	86
徳島	4	25	80	45	82	37	53	29
香川	9	81	72	56	79	44	67	58
愛媛	10	54	149	81	160	59	80	94
高知	6	29	90	30	87	26	42	30
福岡	16	180	241	⑧ 266	233	⑤ 199	⑩ 192	⑤ 358
佐賀	8	35	149	59	83	39	49	59
長崎	16	56	177	93	149	65	90	60
熊本	15	82	233	86	⑩ 246	78	82	101
大分	22	88	102	81	88	52	65	77
宮崎	23	75	132	56	172	54	53	88
鹿児島	③ 41	64	241	139	149	88	116	164
沖縄	⑥ 34	47	83	84	54	⑩ 121	50	122
全国	953	6 596	8 034	6 803	8 063	4 498	6 725	8 228

文部科学省「社会教育調査」（2021年度）より作成。〇内の数字は全国順位。1) 類似施設を含む。2) 柔道場、剣道場、柔剣道場、空手・合気道場の合計。注記は359ページ参照。

表 **7 - 19**　観光レクリエーション施設数 (2022年 9 月30日現在)(単位　施設)

	キャンプ場	ゴルフ場	スキー場	海水浴場	テーマパーク・レジャーランド	水族館	動物園・植物園	道の駅1)
北海道	① 222	③ 143	② 22	⑦ 43	② 21	① 10	① 46	① 127
青森	42	15	⑨ 9	23	1	1	5	28
岩手	⑩ 53	23	⑧ 10	13	5	1	6	⑤ 36
宮城	36	34	⑩ 5	13	6	1	7	18
秋田	43	15	3	16	6	1	3	⑩ 33
山形	30	16	4	11	3	1	3	23
福島	⑦ 68	35	⑤ 14	19	8	2	9	⑦ 35
茨城	22	⑤ 113	—	17	4	⑨ 3	9	16
栃木	43	④ 119	4	—	8	⑨ 3	10	25
群馬	46	66	④ 17	—	⑨ 10	—	11	⑩ 33
埼玉	24	⑧ 81	—	—	8	1	⑩ 14	20
千葉	27	① 160	—	② 58	③ 19	1	⑧ 16	30
東京	28	20	—	⑨ 35	⑦ 11	② 7	④ 26	1
神奈川	52	51	—	22	7	③ 6	⑥ 17	4
新潟	⑤ 90	40	③ 20	① 60	9	⑨ 3	⑧ 16	④ 42
富山	29	15	⑩ 5	10	4	1	13	16
石川	26	25	—	21	2	1	7	26
福井	30	11	2	③ 56	4	1	5	21
山梨	④ 96	41	3	—	8	1	6	21
長野	② 139	⑨ 68	① 57	—	⑨ 10	1	② 29	③ 53
岐阜	③ 110	⑦ 85	⑥ 13	—	7	1	13	② 56
静岡	52	⑥ 87	2	④ 53	⑥ 11	⑧ 4	⑤ 23	25
愛知	20	54	1	21	⑦ 11	④ 5	⑥ 17	18
三重	51	⑨ 68	1	23	⑤ 12	⑥ 4	5	18
滋賀	35	42	⑩ 5	5	4	1	6	20
京都	38	29	—	18	6	1	8	18
大阪	3	38	—	4	① 22	1	⑩ 14	10
兵庫	⑥ 71	② 151	⑦ 12	⑩ 32	⑤ 12	⑥ 4	② 29	⑦ 35
奈良	14	33	—	—	3	1	9	17
和歌山	35	20	—	19	8	④ 5	3	⑤ 36
鳥取	25	10	2	12	3	—	5	17
島根	36	8	1	27	2	2	7	29
岡山	⑨ 55	40	3	11	④ 15	1	10	17
広島	50	47	2	16	5	1	9	21
山口	⑩ 53	31	—	⑧ 42	6	2	11	24
徳島	31	14	—	5	2	—	10	18
香川	35	19	—	25	3	2	3	18
愛媛	50	20	—	29	1	1	2	29
高知	37	12	—	11	—	2	6	25
福岡	43	57	—	22	3	1	12	17
佐賀	14	22	—	9	4	—	3	10
長崎	42	23	—	⑥ 47	4	⑨ 3	5	11
熊本	51	42	—	26	7	1	9	⑦ 35
大分	43	22	—	22	7	1	9	26
宮崎	38	27	1	15	7	⑨ 3	8	19
鹿児島	⑧ 58	27	—	⑤ 50	7	⑨ 3	11	22
沖縄	16	26	—	29	7	2	10	10
全国	2 252	2 145	221	990	329	100	523	1 209

日本観光振興協会「数字でみる観光」(2022年度版)より作成。日本観光振興協会の全国観光情報データベースによる。〇内の数字は全国順位。1) 国土交通省資料による。2023年 8 月 4 日現在。

府県別統計　レジャー

表 7 - 20　温泉地および温泉利用者数 (2021年度末現在)

	温泉地数1)	源泉数2)	うち高温源泉数3)	湧出量(L／分)	うち自噴	宿泊施設数(施設)	収容定員(人)	宿泊4)利用者数(千人)
北海道	① 228	④ 2 203	1 165	② 195 015	40 086	697	120 826	① 8 862
青森	⑤ 124	⑥ 1 095	676	④ 147 024	13 009	232	22 221	850
岩手	83	395	219	⑥ 112 077	62 380	203	25 106	1 363
宮城	41	⑨ 751	282	22 544	3 363	246	31 382	1 353
秋田	⑦ 119	618	300	⑨ 86 965	37 345	216	17 628	1 153
山形	75	417	212	47 961	17 782	280	25 895	1 275
福島	④ 128	⑧ 801	244	⑩ 78 318	26 765	479	52 811	2 189
茨城	36	154	212	22 679	4 920	75	8 577	538
栃木	67	⑩ 629	275	62 740	19 825	402	50 469	⑧ 2 720
群馬	⑧ 90	459	188	54 179	27 054	516	45 296	④ 3 680
埼玉	28	116	12	15 481	709	42	5 062	614
千葉	⑩ 84	146	3	12 313	846	164	48 938	2 050
東京	19	166	36	30 318	275	34	4 750	350
神奈川	39	610	254	31 219	6 060	568	60 743	⑤ 3 447
新潟	③ 137	536	188	65 729	14 035	509	57 606	⑩ 2 308
富山	68	176	69	30 347	17 981	123	14 117	750
石川	52	331	72	31 338	1 069	202	31 947	⑨ 2 326
福井	37	156	30	7 761	756	133	22 506	947
山梨	27	351	64	37 540	13 553	199	21 654	1 975
長野	② 192	⑦ 958	377	⑧ 103 456	38 853	995	89 186	③ 4 299
岐阜	55	509	167	69 296	14 007	274	25 863	1 388
静岡	⑥ 122	③ 2 206	710	⑦ 110 770	11 166	2 120	111 444	② 6 578
愛知	35	135	14	16 473	501	92	14 375	954
三重	71	210	51	46 740	2 440	344	45 099	1 675
滋賀	24	86	2	10 651	1 810	45	8 741	673
京都	43	148	16	20 194	1 017	203	15 997	1 314
大阪	33	151	28	32 882	284	48	16 084	1 284
兵庫	81	443	78	48 150	4 695	376	40 878	⑥ 3 300
奈良	33	76	10	6 444	807	73	7 804	458
和歌山	49	503	130	57 848	16 510	329	34 227	2 293
鳥取	16	364	122	20 940	208	102	13 632	666
島根	39	255	59	32 363	14 079	104	11 781	839
岡山	36	223	6	22 063	4 416	89	8 578	504
広島	63	369	1	32 721	3 178	80	9 354	888
山口	45	400	20	23 458	3 040	138	11 708	1 047
徳島	25	81	—	7 425	827	30	3 444	236
香川	28	199	—	10 860	309	55	10 626	720
愛媛	35	197	20	18 806	5 222	94	10 838	828
高知	43	97	1	2 811	41	100	6 154	344
福岡	48	417	115	51 594	394	98	12 014	954
佐賀	19	187	59	21 875	1 171	82	7 827	520
長崎	34	202	117	26 797	7 232	86	13 130	988
熊本	53	⑤ 1 328	773	⑤ 129 359	23 062	386	31 831	925
大分	62	① 5 093	3 838	① 298 264	134 921	858	47 512	⑦ 3 174
宮崎	28	202	93	25 303	3 386	66	6 255	607
鹿児島	⑨ 87	② 2 745	1 796	③ 174 709	68 547	305	25 461	1 275
沖縄	13	21	7	5 086	1 420	17	9 317	559
全国	2 894	27 915	13 111	2 518 885	671 354	12 909	1 316 694	78 039

環境省「温泉利用状況」(2021年度) より作成。○内の数字は全国順位。1) 宿泊施設のある温泉地。2) 未利用の源泉を含む。3) 42℃以上。水蒸気ガスのものを除く。4) 2021年度の延べ人員。

表 7 - 21　国内旅行の旅行目的別延べ旅行者数（主目的地）（単位　千人）

	2019 宿泊旅行	2019 日帰り旅行	2020 宿泊旅行	2020 日帰り旅行	2021 宿泊旅行	2021 日帰り旅行	2022 宿泊旅行	2022 日帰り旅行
北海道	② 18 471	8 493	① 9 440	⑦ 5 613	① 8 883	⑥ 4 934	② 15 314	④ 8 998
青森	3 679	1 718	1 716	882	1 295	510	1 820	790
岩手	4 301	2 389	2 284	1 570	1 853	1 599	2 949	1 195
宮城	6 144	4 442	3 688	2 339	3 110	2 576	4 515	3 126
秋田	2 911	1 185	986	735	1 312	733	1 337	833
山形	3 773	2 677	1 720	1 124	1 758	1 256	2 304	1 628
福島	7 129	4 658	3 431	2 618	2 888	2 284	4 736	3 228
茨城	3 617	7 872	2 101	3 496	1 906	3 726	3 527	6 139
栃木	7 652	6 934	3 868	⑨ 4 792	3 503	⑩ 4 567	6 310	6 286
群馬	5 734	5 114	3 959	3 500	3 347	4 094	5 483	4 509
埼玉	4 048	⑩ 8 779	2 589	3 383	2 534	3 532	3 705	⑧ 7 050
千葉	⑤ 14 963	② 20 115	⑥ 6 482	② 7 609	⑥ 6 025	③ 6 265	⑤ 10 218	① 14 752
東京	① 25 533	① 25 213	② 8 749	① 7 990	③ 8 219	① 8 162	① 16 041	② 13 414
神奈川	⑦ 12 813	③ 14 582	⑤ 7 015	⑤ 6 327	④ 7 185	⑤ 5 324	⑥ 9 704	③ 10 949
新潟	6 658	3 523	4 030	2 450	2 689	2 182	4 460	2 731
富山	3 207	1 195	1 486	576	1 451	904	2 877	813
石川	5 249	2 131	2 086	1 198	2 120	1 092	3 905	949
福井	2 748	2 282	2 208	1 456	1 546	1 230	2 367	1 464
山梨	5 122	6 178	3 600	3 602	2 890	2 952	4 115	4 550
長野	⑥ 13 430	⑨ 9 876	④ 7 762	⑧ 4 928	⑤ 6 242	⑧ 4 660	⑦ 8 806	6 040
岐阜	4 353	4 130	2 628	2 075	2 789	3 192	4 516	3 647
静岡	④ 15 926	⑦ 10 865	③ 8 308	④ 6 695	② 8 434	② 7 033	③ 11 615	⑦ 7 383
愛知	7 909	⑥ 11 461	4 047	4 559	⑨ 4 401	⑦ 4 828	⑨ 7 874	⑩ 6 523
三重	5 689	8 477	3 826	3 138	2 809	⑨ 4 626	5 400	4 747
滋賀	2 335	4 603	1 904	3 065	1 635	1 836	2 700	2 793
京都	⑩ 8 373	⑧ 10 269	⑩ 4 653	⑥ 5 878	3 993	3 799	⑧ 7 921	⑨ 6 561
大阪	③ 16 709	④ 14 203	⑦ 6 287	⑩ 4 615	⑧ 5 170	4 192	④ 10 625	⑤ 7 879
兵庫	⑧ 10 880	⑤ 13 430	⑧ 6 285	④ 6 498	⑦ 5 470	④ 5 774	⑩ 7 753	⑥ 7 832
奈良	2 468	3 153	1 387	2 113	680	1 317	1 736	2 938
和歌山	3 637	2 509	2 625	1 393	2 021	2 053	3 333	2 127
鳥取	1 935	1 800	1 063	1 125	1 175	963	1 864	1 588
島根	2 136	1 644	1 372	887	1 008	736	2 084	827
岡山	3 652	4 698	1 615	1 683	1 591	1 824	2 100	2 692
広島	6 204	6 215	3 754	2 647	2 592	2 595	3 651	2 565
山口	3 210	2 987	2 206	1 738	1 792	1 126	2 840	1 709
徳島	2 346	1 458	741	630	737	611	1 390	804
香川	3 393	1 824	1 330	1 258	1 404	1 537	2 676	1 474
愛媛	2 718	1 380	1 864	971	1 210	571	2 532	911
高知	2 257	860	1 172	506	709	485	1 646	920
福岡	⑨ 10 281	7 642	⑨ 4 806	3 397	⑩ 4 140	3 021	7 041	5 165
佐賀	2 139	2 039	1 003	1 657	958	849	1 327	1 219
長崎	4 579	2 039	2 563	1 268	1 755	942	3 321	1 645
熊本	5 125	4 738	2 670	1 836	2 512	2 278	3 052	3 184
大分	4 906	2 806	2 832	1 863	2 990	2 606	5 044	2 554
宮崎	2 356	1 778	1 419	994	1 154	658	1 347	1 130
鹿児島	3 792	1 699	2 290	1 049	2 256	1 544	2 659	855
沖縄	7 235	550	3 705	358	2 658	337	5 904	757
全国	311 624	275 478	160 703	132 705	141 768	126 440	232 467	185 387

観光庁「旅行・観光消費動向調査」より作成。○内の数字は全国順位。全国計には主目的地不詳を含む。
国民１人あたりの平均国内旅行回数は2022年で国内宿泊旅行が1.86回、国内日帰り旅行が1.48回、2021年で国内宿泊旅行が1.13回、国内日帰り旅行が1.01回。

府県別統計　レジャー

表 **7-22**　宿泊施設での延べ宿泊者数（単位　千人泊）

	2019	うち外国人	2020	うち外国人	2021	うち外国人	2022	うち外国人
北海道	③ 36 983	④ 8 805	② 21 443	③ 2 050	② 19 060	66	③ 29 169	④ 857
青森	4 606	357	3 315	78	3 599	17	4 078	33
岩手	6 277	344	4 312	88	4 434	18	5 039	26
宮城	10 934	563	6 571	131	6 435	49	8 383	66
秋田	3 654	139	2 546	25	2 626	8	2 772	16
山形	5 572	234	3 513	87	3 451	16	4 040	26
福島	12 657	215	9 536	88	8 472	35	8 794	38
茨城	6 300	217	4 343	53	4 294	25	5 275	55
栃木	9 560	355	6 477	63	6 950	25	9 320	65
群馬	8 648	292	5 635	70	5 101	17	7 099	47
埼玉	5 437	220	3 489	40	3 475	26	4 639	57
千葉	⑥ 29 229	⑥ 4 798	⑥ 14 131	⑤ 1 142	⑥ 14 085	② 598	④ 22 800	⑤ 852
東京	① 78 982	① 29 351	① 37 763	① 5 003	① 38 239	① 1 536	① 59 037	① 6 776
神奈川	⑦ 23 884	⑨ 3 249	④ 15 130	⑨ 595	④ 14 813	④ 244	⑤ 22 091	⑧ 509
新潟	10 930	480	6 969	255	6 717	31	8 397	87
富山	3 808	358	2 228	51	2 394	11	3 067	42
石川	9 201	985	5 204	189	4 452	13	6 551	87
福井	4 144	98	2 564	23	2 330	9	2 711	12
山梨	9 072	2 055	4 362	357	4 605	25	6 867	167
長野	18 053	1 578	⑨ 11 242	⑩ 527	⑩ 10 842	63	⑩ 14 172	⑩ 180
岐阜	7 304	1 660	4 500	200	3 761	31	5 490	122
静岡	⑧ 23 429	⑩ 2 494	⑤ 14 369	267	⑤ 14 263	⑩ 93	⑦ 18 308	171
愛知	⑩ 19 338	⑧ 3 634	⑩ 11 068	⑦ 660	11 342	⑦ 108	⑨ 15 812	⑨ 342
三重	8 600	389	5 069	59	5 178	17	6 880	49
滋賀	5 016	424	2 684	60	2 727	19	3 556	41
京都	⑤ 30 750	③ 12 025	⑦ 13 898	④ 1 708	⑦ 11 920	⑧ 106	⑥ 21 110	③ 1 413
大阪	② 47 428	② 17 926	③ 19 717	② 3 225	③ 17 859	③ 319	② 30 522	② 2 130
兵庫	14 417	1 367	8 976	180	8 789	53	12 634	126
奈良	2 726	535	1 480	57	1 552	7	2 072	32
和歌山	5 324	658	3 393	69	3 631	10	4 028	74
鳥取	2 888	185	2 120	34	2 286	11	1 882	12
島根	3 642	104	2 451	13	2 624	11	2 873	11
岡山	5 661	487	3 775	74	3 705	22	4 576	59
広島	11 631	1 322	6 746	169	5 839	43	8 530	143
山口	3 762	104	3 113	32	3 302	20	3 924	49
徳島	2 569	134	1 449	20	1 600	10	1 842	18
香川	4 659	772	2 529	81	2 270	14	3 240	34
愛媛	4 386	216	2 998	58	2 538	35	3 759	33
高知	2 903	95	1 963	17	1 910	9	2 564	10
福岡	⑨ 20 420	⑦ 4 262	10 593	⑧ 623	9 621	⑨ 104	13 994	⑥ 606
佐賀	2 802	359	1 823	42	1 570	7	1 995	20
長崎	7 249	753	4 584	148	4 670	⑥ 112	6 341	95
熊本	7 633	935	4 732	140	4 737	36	6 301	100
大分	7 903	1 207	4 860	162	4 160	25	6 302	170
宮崎	4 320	326	3 073	53	3 150	10	3 299	23
鹿児島	8 366	840	5 127	121	4 926	16	6 089	38
沖縄	④ 32 866	⑤ 7 751	⑧ 13 790	⑥ 1 065	⑧ 11 473	⑤ 237	⑧ 18 233	⑦ 583
全国	595 921	115 656	331 654	20 345	317 774	4 317	450 458	16 503

観光庁「宿泊旅行統計調査」より作成。全国すべての宿泊施設。○印の数字は全国順位。注記は359ページ参照。

表 7 - 23　宿泊・生活関連サービス営業施設数 (2021年度末現在) (単位　施設)

	旅館・ホテル	簡易宿所 1)	一般公衆浴場	理容所	従業理容師 (人)	美容所	従業美容師 (人)	クリーニング所 2)
北海道	2 951	2 747	233	6 412	10 325	11 289	21 444	736
青森	605	531	281	1 887	2 945	3 127	5 077	300
岩手	787	287	16	2 259	3 243	3 085	4 958	285
宮城	712	265	6	2 506	4 662	4 437	9 446	290
秋田	515	280	14	2 253	3 191	2 974	4 529	211
山形	774	230	—	2 251	3 660	3 203	5 226	237
福島	1 477	691	10	2 594	4 718	4 331	8 093	352
茨城	925	184	2	3 510	6 593	6 420	12 183	519
栃木	1 392	565	8	2 172	3 860	4 442	8 551	431
群馬	1 154	778	13	2 270	4 036	5 173	8 625	456
埼玉	688	130	39	5 029	10 003	11 616	26 162	1 202
千葉	1 256	1 050	41	4 572	8 671	9 987	22 455	954
東京	3 654	1 255	482	7 689	17 260	25 638	80 422	2 952
神奈川	1 330	864	125	4 625	10 111	12 315	38 283	1 348
新潟	1 984	228	26	3 184	5 942	5 488	10 883	482
富山	374	210	78	1 100	2 245	2 520	5 144	209
石川	741	687	66	1 298	2 542	2 807	5 219	269
福井	909	455	17	876	1 645	1 935	3 577	194
山梨	1 323	1 631	22	1 008	1 678	2 506	4 425	237
長野	2 585	4 014	31	1 844	3 353	4 925	9 062	398
岐阜	1 075	647	20	2 008	3 541	4 791	8 757	416
静岡	2 654	1 412	11	3 675	7 354	8 668	16 458	849
愛知	1 236	143	77	5 323	10 653	13 220	31 012	1 131
三重	1 285	247	27	1 882	3 130	4 229	7 502	277
滋賀	489	409	15	1 159	2 105	2 950	5 776	170
京都	1 013	3 455	151	1 994	3 636	5 828	11 819	578
大阪	1 558	771	428	6 263	12 652	18 895	44 630	1 493
兵庫	1 447	729	150	3 767	6 659	10 407	21 213	938
奈良	409	355	19	1 004	1 680	2 622	5 330	200
和歌山	669	705	27	1 202	1 841	2 576	4 354	185
鳥取	334	402	15	663	1 110	1 589	2 704	116
島根	386	387	2	926	1 569	1 784	3 216	124
岡山	681	346	13	1 830	3 274	4 416	8 560	272
広島	713	606	46	2 567	4 431	6 109	12 711	450
山口	609	160	17	1 489	2 483	3 171	5 504	231
徳島	466	270	24	1 057	1 492	2 308	3 199	138
香川	343	537	18	1 028	1 764	2 478	4 126	152
愛媛	436	482	29	1 856	2 485	3 750	5 186	263
高知	356	433	9	875	1 271	2 041	3 215	158
福岡	1 186	353	36	4 122	7 513	10 608	24 539	728
佐賀	339	174	1	831	1 501	1 950	3 415	147
長崎	614	1 377	15	1 440	2 378	3 316	5 738	294
熊本	1 015	675	49	2 020	2 771	4 106	6 386	338
大分	1 021	901	131	1 383	2 101	3 104	5 151	153
宮崎	413	440	11	1 293	2 004	2 991	4 751	243
鹿児島	859	1 289	261	1 903	2 643	4 287	6 469	311
沖縄	2 781	3 806	3	1 504	2 023	3 811	5 990	163
全国	50 523	38 593	3 120	114 403	206 747	264 223	561 475	22 580

厚生労働省「衛生行政報告例の概況」(2021年度) より作成。1) 山小屋、ユースホステル、カプセルホテルなど。2) 取次所を除く。

府県別統計　レジャー

表 7 - 24　国民医療費（患者の住所地別）（会計年度）

	1999		2011		2019		2020	
	総額 （億円）	1 人あたり 医療費 （千円）	総額 （億円）	1 人あたり 医療費 （千円）	総額 （億円）	1 人あたり 医療費 （千円）	総額 （億円）	1 人あたり 医療費 （千円）
北海道	17 320	304.1	19 857	362.0	21 799	415.2	21 098	403.8
青森	3 896	264.1	4 237	310.9	4 500	361.1	4 344	350.9
岩手	3 622	256.1	3 900	296.8	4 189	341.4	4 083	337.2
宮城	5 153	218.3	6 607	283.9	7 584	328.9	7 365	319.9
秋田	3 304	276.2	3 599	334.8	3 727	385.9	3 631	378.2
山形	3 005	240.3	3 577	308.1	3 886	360.5	3 725	348.8
福島	5 217	244.3	5 999	301.5	6 337	343.3	6 108	333.2
茨城	6 285	209.3	7 961	269.1	9 238	323.0	8 934	311.6
栃木	4 397	218.6	5 465	273.3	6 266	324.0	6 132	317.2
群馬	4 493	221.4	5 729	286.3	6 392	329.1	6 237	321.7
埼玉	12 967	187.1	18 426	255.7	22 854	310.9	21 903	298.2
千葉	11 154	188.4	15 836	254.8	19 307	308.5	18 835	299.7
東京	27 237	230.1	37 120	281.3	44 571	320.2	42 972	305.9
神奈川	16 939	200.6	23 859	263.4	28 889	314.1	27 925	302.3
新潟	5 943	238.7	6 803	288.0	7 242	325.8	6 997	317.9
富山	3 004	266.9	3 296	302.9	3 708	355.1	3 573	345.3
石川	3 255	274.5	3 738	320.6	4 107	360.9	3 932	347.0
福井	2 146	258.4	2 479	308.7	2 733	355.9	2 600	338.9
山梨	2 046	229.1	2 540	296.4	2 826	348.5	2 727	336.7
長野	4 893	220.1	6 153	287.2	6 978	340.6	6 796	331.8
岐阜	4 865	229.7	6 118	295.4	6 816	343.0	6 566	331.8
静岡	8 245	218.3	10 331	275.6	11 977	328.7	11 630	320.1
愛知	15 450	220.5	20 237	272.9	23 964	317.3	23 524	311.9
三重	4 317	231.6	5 329	288.5	6 136	344.5	5 864	331.3
滋賀	2 741	205.6	3 824	270.4	4 503	318.5	4 337	306.7
京都	6 635	252.0	8 169	310.4	9 514	368.3	9 161	355.4
大阪	22 424	254.8	28 750	324.5	33 956	385.5	32 991	373.3
兵庫	13 090	238.7	17 415	312.0	20 530	375.6	19 787	362.1
奈良	3 205	221.2	4 229	302.9	4 926	370.4	4 708	355.6
和歌山	2 882	268.3	3 384	340.1	3 722	402.4	3 599	390.0
鳥取	1 602	260.9	1 853	316.8	2 050	368.7	1 984	358.7
島根	2 123	278.0	2 452	344.4	2 677	397.1	2 595	386.8
岡山	5 330	272.1	6 463	333.0	7 178	379.8	6 948	368.0
広島	8 008	277.7	9 700	339.7	10 544	376.0	10 271	366.8
山口	4 523	294.1	5 255	364.4	5 684	418.5	5 467	407.4
徳島	2 564	309.1	2 801	359.1	3 105	426.5	3 030	420.9
香川	2 899	281.6	3 469	349.7	3 823	399.9	3 687	388.1
愛媛	4 229	282.5	4 854	341.1	5 335	398.5	5 148	385.6
高知	2 730	336.9	3 020	398.4	3 236	463.7	3 166	457.6
福岡	14 621	292.4	17 877	352.0	20 134	394.5	19 415	378.1
佐賀	2 571	291.0	3 047	359.7	3 394	416.4	3 286	405.2
長崎	4 764	312.5	5 286	373.1	5 754	433.6	5 523	421.0
熊本	5 567	298.6	6 385	352.2	7 163	409.8	6 972	401.1
大分	3 593	293.1	4 345	364.8	4 751	418.6	4 655	414.1
宮崎	3 250	276.5	3 803	336.2	4 093	381.4	3 958	369.9
鹿児島	5 532	309.3	6 287	370.0	6 943	433.4	6 776	426.7
沖縄	2 986	227.7	3 984	284.3	4 854	334.1	4 698	320.3
全国	307 019	242.3	385 850	301.9	443 895	351.8	429 665	340.6

厚生労働省「国民医療費」より作成。都道府県別は2014年度までは 3 年毎に公表されていたが、2015年度より毎年公表。1999年度の 1 人あたり医療費は推計人口により編者算出。注記は359ページ。

表 7 - 25　国民医療費の内訳（2020年度）（単位　億円）

	医科診療医療費	医科入院	医科入院外	歯科診療医療費	薬局調剤医療費	入院時食事・生活医療費	訪問看護医療費	療養費等
北海道	15 389	9 155	6 234	1 266	3 743	444	102	153
青森	3 051	1 626	1 425	246	916	78	26	26
岩手	2 833	1 527	1 306	266	856	79	24	26
宮城	5 198	2 669	2 529	491	1 464	114	41	58
秋田	2 515	1 435	1 080	225	785	70	10	25
山形	2 665	1 434	1 230	238	709	69	19	25
福島	4 347	2 282	2 066	387	1 194	106	22	51
茨城	6 307	3 231	3 076	598	1 786	137	44	62
栃木	4 467	2 199	2 268	405	1 069	98	32	61
群馬	4 613	2 383	2 230	405	1 010	112	39	58
埼玉	15 348	7 740	7 607	1 631	4 193	314	144	274
千葉	13 256	6 832	6 424	1 460	3 545	277	105	193
東京	29 851	14 537	15 314	3 313	8 245	580	379	605
神奈川	19 024	9 427	9 596	2 260	5 724	365	214	339
新潟	4 944	2 636	2 308	488	1 350	129	32	55
富山	2 667	1 523	1 144	206	569	73	19	40
石川	2 900	1 653	1 246	218	651	83	46	34
福井	1 980	1 086	894	147	380	53	23	18
山梨	1 938	1 024	914	179	516	50	15	30
長野	4 859	2 647	2 212	434	1 287	114	33	69
岐阜	4 678	2 307	2 371	505	1 151	98	61	73
静岡	8 401	4 093	4 308	777	2 130	175	51	96
愛知	16 720	7 875	8 845	1 975	3 974	318	285	252
三重	4 253	2 156	2 097	391	1 032	99	44	45
滋賀	3 079	1 664	1 416	294	824	71	29	40
京都	6 696	3 609	3 087	597	1 495	157	73	144
大阪	23 450	12 328	11 123	2 633	5 275	531	408	694
兵庫	14 146	7 444	6 702	1 415	3 521	330	159	216
奈良	3 538	1 794	1 744	323	677	77	42	50
和歌山	2 669	1 411	1 259	215	549	66	42	58
鳥取	1 460	847	613	121	340	39	15	9
島根	1 893	1 099	795	143	480	54	15	10
岡山	5 248	2 831	2 417	493	1 003	131	39	33
広島	7 398	3 960	3 438	720	1 811	196	71	75
山口	4 001	2 371	1 629	326	940	134	33	33
徳島	2 283	1 289	994	190	434	72	23	28
香川	2 653	1 407	1 247	252	660	69	27	27
愛媛	3 840	2 094	1 746	300	822	107	43	37
高知	2 380	1 530	850	154	506	88	18	20
福岡	14 129	8 297	5 832	1 333	3 148	444	178	183
佐賀	2 401	1 384	1 017	196	562	78	22	28
長崎	4 047	2 477	1 570	327	930	140	24	54
熊本	5 260	3 110	2 150	401	1 039	183	43	46
大分	3 476	2 070	1 406	231	774	111	32	31
宮崎	2 891	1 603	1 287	233	678	94	31	30
鹿児島	5 159	3 140	2 018	344	989	186	41	58
沖縄	3 515	2 118	1 397	271	746	104	36	28
全国	307 813	163 353	144 460	30 022	76 480	7 494	3 254	4 602

府県別統計　保健・衛生

資料は表7-24に同じ。表7-24掲載の2020年度の国民医療費の内訳。療養費等は、健康保険等の給付対象となる柔道整復師・はり師等による治療費等。

表 7 - 26　医療施設数および病床数 (2022年10月 1 日現在)

	施設数（施設）			病床数（床）			
	病院	一般診療所	歯科診療所	病院	人口10万人あたり	一般診療所	人口10万人あたり
北海道	535	3 436	2 784	90 730	⑧ 1 765.2	4 973	96.8
青森	90	859	493	16 334	1 356.6	1 607	133.5
岩手	92	889	548	16 146	1 367.1	1 055	89.3
宮城	135	1 749	1 054	24 595	1 078.7	1 270	55.7
秋田	65	817	424	14 089	1 514.9	655	70.4
山形	67	903	468	14 113	1 355.7	475	45.6
福島	124	1 390	834	24 081	1 345.3	1 007	56.3
茨城	173	1 775	1 364	30 530	1 075.0	1 577	55.5
栃木	109	1 480	959	21 136	1 107.2	1 460	76.5
群馬	127	1 582	976	23 420	1 224.3	888	46.4
埼玉	342	4 495	3 542	62 890	857.2	2 418	33.0
千葉	290	3 939	3 241	59 803	954.4	1 980	31.6
東京	629	14 689	10 696	125 152	891.5	3 450	24.6
神奈川	336	7 093	4 983	73 758	798.9	2 182	23.6
新潟	120	1 685	1 117	26 207	1 217.2	563	26.1
富山	106	758	439	15 011	1 476.0	400	39.3
石川	91	886	479	16 553	1 480.6	782	69.9
福井	67	573	300	10 249	1 361.1	825	109.6
山梨	60	752	429	10 598	1 321.4	409	51.0
長野	125	1 606	991	22 954	1 136.3	761	37.7
岐阜	97	1 636	949	19 661	1 010.3	1 406	72.3
静岡	170	2 761	1 743	36 273	1 012.6	1 653	46.1
愛知	317	5 617	3 703	65 937	879.7	3 444	46.0
三重	93	1 526	805	19 169	1 100.4	920	52.8
滋賀	58	1 145	564	13 863	983.9	465	33.0
京都	160	2 496	1 281	31 945	1 252.7	617	24.2
大阪	506	8 821	5 468	104 010	1 184.4	1 973	22.5
兵庫	347	5 218	2 960	63 825	1 181.5	2 242	41.5
奈良	75	1 225	682	15 951	1 221.4	397	30.4
和歌山	83	1 030	520	12 830	1 420.8	742	82.2
鳥取	43	485	258	8 313	1 528.1	420	77.2
島根	46	707	251	9 705	1 474.9	406	61.7
岡山	159	1 608	995	27 097	1 455.3	1 812	97.3
広島	232	2 537	1 502	36 929	1 338.0	2 496	90.4
山口	139	1 224	641	24 344	⑥ 1 854.1	1 313	100.0
徳島	106	703	422	13 277	④ 1 885.9	1 291	⑦ 183.4
香川	87	853	473	14 059	1 505.2	1 352	⑩ 144.8
愛媛	134	1 193	646	20 260	1 551.3	1 941	⑨ 148.6
高知	120	528	346	15 738	① 2 328.1	1 075	⑧ 159.0
福岡	453	4 801	3 074	81 694	1 596.8	6 255	122.3
佐賀	96	702	399	14 154	⑦ 1 767.0	2 001	③ 249.8
長崎	147	1 336	703	25 292	③ 1 971.3	2 921	⑤ 227.7
熊本	203	1 481	832	32 273	⑤ 1 878.5	3 920	④ 228.2
大分	151	962	524	19 458	⑨ 1 757.7	3 345	① 302.2
宮崎	132	918	488	18 177	⑩ 1 727.9	2 146	⑥ 204.0
鹿児島	230	1 385	795	31 672	② 2 026.4	4 367	② 279.4
沖縄	89	928	610	18 702	1 274.0	779	53.1
全国	8 156	105 182	67 755	1 492 957	1 194.9	80 436	64.4

厚生労働省「医療施設（動態）調査・病院報告の概況」(2022年) より作成。病院は患者20人以上の入院施設を有するもの。診療所は患者19人以下の入院施設を有するものまたは入院施設を有しないもの。〇内の数字は全国順位。

表 7 - 27　医師、歯科医師、薬剤師数（医療施設の従事者）（各年末現在）（単位　人）

	医師			歯科医師			薬剤師	
	2010	2020	2020 (人口10万 人あたり)	2010	2020	2020 (人口10万 人あたり)	2020	2020 (人口10万 人あたり)
北海道	12 019	13 129	251.3	4 298	4 250	81.3	9 945	190.3
青森	2 505	2 631	212.5	754	699	56.5	1 996	161.2
岩手	2 413	2 509	207.3	988	953	78.7	2 158	178.3
宮城	4 940	5 669	246.3	1 759	1 784	77.5	4 473	194.3
秋田	2 213	2 328	242.6	621	601	62.6	1 774	184.9
山形	2 411	2 448	229.2	657	662	62.0	1 792	167.8
福島	3 705	3 770	205.7	1 390	1 351	73.7	3 134	171.0
茨城	4 691	5 555	193.8	1 831	1 954	68.2	5 201	181.4
栃木	4 122	4 580	236.9	1 300	1 368	70.8	3 515	181.5
群馬	4 145	4 534	233.8	1 341	1 405	72.5	3 410	175.9
埼玉	10 259	13 057	177.8	4 975	5 468	74.4	13 587	185.0
千葉	10 213	12 935	205.8	4 822	5 120	74.4	12 154	193.4
東京	37 552	45 078	④ 320.9	15 619	16 636	① 118.4	32 996	② 234.9
神奈川	16 997	20 596	223.0	6 889	7 397	80.1	19 718	⑨ 213.5
新潟	4 207	4 497	204.3	2 025	1 948	⑦ 88.5	3 837	174.3
富山	2 445	2 706	261.5	612	627	60.6	1 813	175.2
石川	2 945	3 302	291.6	645	707	62.4	2 160	190.7
福井	1 826	1 978	257.9	408	461	60.1	1 204	157.0
山梨	1 810	2 026	250.1	553	584	72.1	1 546	190.9
長野	4 412	4 994	243.8	1 549	1 583	77.3	3 874	189.2
岐阜	3 933	4 442	224.5	1 551	1 678	⑨ 84.8	3 392	171.4
静岡	6 883	7 972	219.4	2 233	2 340	64.4	6 673	183.7
愛知	14 206	16 925	224.4	5 213	5 999	79.5	13 186	174.8
三重	3 525	4 100	231.6	1 096	1 161	65.6	3 040	171.7
滋賀	2 830	3 340	236.3	791	823	58.2	2 638	186.6
京都	7 545	8 576	② 332.6	1 800	1 935	75.1	4 961	192.4
大阪	21 994	25 253	285.7	7 644	7 934	⑥ 89.8	19 086	⑥ 216.0
兵庫	12 027	14 540	266.1	3 769	4 052	74.1	12 783	③ 233.9
奈良	2 994	3 670	277.1	889	939	70.9	2 628	198.4
和歌山	2 598	2 840	⑨ 307.8	710	713	77.3	1 840	199.4
鳥取	1 565	1 742	⑦ 314.8	356	348	62.9	1 046	189.0
島根	1 799	1 994	⑩ 297.1	399	390	58.1	1 223	182.2
岡山	5 259	6 045	⑤ 320.1	1 635	1 764	④ 93.4	3 594	190.3
広島	6 748	7 478	267.1	2 327	2 544	⑤ 90.9	6 194	④ 221.2
山口	3 383	3 491	260.1	933	969	72.2	2 867	⑧ 213.6
徳島	2 223	2 435	① 338.4	773	810	② 112.6	1 717	① 238.6
香川	2 526	2 756	290.0	677	721	75.9	2 056	⑤ 216.4
愛媛	3 376	3 693	276.7	916	922	69.1	2 540	190.3
高知	2 095	2 227	③ 322.0	475	486	70.3	1 487	⑦ 215.0
福岡	13 907	15 915	⑧ 309.9	4 988	5 345	③ 104.1	10 850	⑩ 211.3
佐賀	2 082	2 356	290.3	604	604	74.4	1 661	204.7
長崎	3 856	4 187	⑥ 319.1	1 171	1 151	⑧ 87.7	2 499	190.4
熊本	4 679	5 162	297.0	1 239	1 331	76.6	3 354	192.9
大分	2 931	3 227	287.1	736	721	64.2	2 041	181.6
宮崎	2 501	2 733	255.5	701	709	66.3	1 888	176.5
鹿児島	3 965	4 504	283.6	1 223	1 306	⑩ 82.2	2 878	181.2
沖縄	3 171	3 775	257.2	838	865	58.9	2 176	148.3
全国	280 431	323 700	256.6	98 723	104 118	82.5	250 585	198.6

府県別統計

保健・衛生

厚生労働省「医師・歯科医師・薬剤師統計の概況」より作成。2 年毎の調査。薬剤師は薬局での従事者を含む。医療施設等以外での従事者などを含めたすべての医師等の総数は、2020年で医師が33万9623人、歯科医師が10万7443人、薬剤師が32万1982人。〇内の数字は全国順位。

表 7 - 28　死因別死亡数と人口10万人あたり死亡率（Ⅰ）（2022年）（単位　人）

	悪性新生物（がん）		心疾患（高血圧性を除く）		老衰		脳血管疾患	
	死亡数	人口10万人あたり	死亡数	人口10万人あたり	死亡数	人口10万人あたり	死亡数	人口10万人あたり
北海道	20 343	399.0	10 548	206.9	6 590	129.3	5 010	98.3
青森	5 051	421.6	2 955	246.7	2 222	185.5	1 486	124.0
岩手	4 530	386.2	2 993	255.2	2 257	192.4	1 938	165.2
宮城	7 195	318.9	4 195	185.9	3 504	155.3	2 424	107.4
秋田	4 260	460.0	2 119	228.8	1 964	212.1	1 573	169.9
山形	3 941	381.5	2 623	253.9	2 453	237.5	1 378	133.4
福島	6 481	364.9	4 110	231.4	3 239	182.4	2 312	130.2
茨城	9 100	328.9	5 460	197.3	4 076	147.3	3 056	110.4
栃木	6 054	324.6	3 810	204.3	2 932	157.2	2 087	111.9
群馬	6 075	328.4	4 003	216.4	2 762	149.3	1 925	104.1
埼玉	20 635	289.2	12 525	175.5	8 444	118.3	5 199	72.9
千葉	18 239	299.0	11 398	186.9	7 602	124.6	4 921	80.7
東京	34 799	258.9	20 763	154.5	16 883	125.6	8 995	66.9
神奈川	24 850	276.4	14 987	166.7	13 396	149.0	6 263	69.7
新潟	7 867	368.3	4 361	204.2	4 100	191.9	2 755	129.0
富山	3 720	372.7	1 990	199.4	2 021	202.5	1 041	104.3
石川	3 587	325.5	2 099	190.5	1 654	150.1	1 081	98.1
福井	2 435	329.9	1 676	227.1	1 251	169.5	706	95.7
山梨	2 508	319.9	1 569	200.1	1 381	176.1	798	101.8
長野	6 335	319.3	4 242	213.8	3 884	195.8	2 365	119.2
岐阜	6 233	330.1	3 731	197.6	3 401	180.1	1 671	88.5
静岡	11 035	316.7	6 646	190.8	7 454	213.9	3 890	111.7
愛知	20 533	284.1	9 575	132.5	10 679	147.7	5 013	69.4
三重	5 483	324.6	3 586	212.3	3 645	215.8	1 542	91.3
滋賀	3 726	271.4	2 381	173.4	1 646	119.9	911	66.4
京都	7 991	321.6	5 188	208.8	3 513	141.4	2 053	82.6
大阪	26 901	315.6	17 394	204.1	9 156	107.4	5 963	70.0
兵庫	16 782	317.4	10 011	189.4	7 298	138.0	4 204	79.5
奈良	4 231	327.7	2 873	222.5	2 042	158.2	983	76.1
和歌山	3 341	372.9	2 277	254.1	1 968	219.6	859	95.9
鳥取	1 959	363.5	1 088	201.9	1 100	204.1	573	106.3
島根	2 526	389.8	1 446	223.1	1 349	208.2	745	115.0
岡山	5 715	312.0	3 868	211.2	2 714	148.1	1 632	89.1
広島	8 345	308.2	5 725	211.4	3 862	142.6	2 351	86.8
山口	4 956	382.1	3 533	272.4	2 015	155.4	1 485	114.5
徳島	2 403	344.3	1 637	234.5	1 172	167.9	706	101.1
香川	3 007	326.8	2 205	239.7	1 782	193.7	859	93.4
愛媛	4 550	351.6	3 447	266.4	2 573	198.8	1 400	108.2
高知	2 607	388.5	1 742	259.6	1 166	173.8	834	124.3
福岡	16 150	321.1	7 270	144.5	5 086	101.1	3 748	74.5
佐賀	2 764	348.5	1 567	197.6	1 149	144.9	704	88.8
長崎	4 795	377.0	2 960	232.7	1 861	146.3	1 213	95.4
熊本	5 552	326.8	3 754	221.0	2 675	157.4	1 532	90.2
大分	3 681	337.1	2 341	214.4	1 641	150.3	1 178	107.9
宮崎	3 666	351.2	2 686	257.3	1 490	142.7	1 197	114.7
鹿児島	5 318	343.1	3 508	226.3	2 735	176.5	1 857	119.8
沖縄	3 462	239.4	1 995	138.0	1 723	119.2	1 020	70.5
全国	385 797	316.1	232 964	190.9	179 529	147.1	107 481	88.1

厚生労働省「人口動態統計」より作成。全国には住所が不詳や外国のものを含む。

死因別死亡数と人口10万人あたり死亡率（Ⅱ）（2022年）（単位　人）

	肺炎		誤嚥性肺炎		不慮の事故		自殺	
	死亡数	人口10万人あたり	死亡数	人口10万人あたり	死亡数	人口10万人あたり	死亡数	人口10万人あたり
北海道	3 314	65.0	1 890	37.1	1 917	37.6	912	17.9
青森	1 174	98.0	444	37.1	607	50.7	242	20.2
岩手	856	73.0	649	55.3	608	51.8	250	21.3
宮城	974	43.2	785	34.8	762	33.8	396	17.6
秋田	796	86.0	594	64.1	484	52.3	209	22.6
山形	756	73.2	481	46.6	484	46.9	184	17.8
福島	1 231	69.3	738	41.6	876	49.3	345	19.4
茨城	2 124	76.8	1 053	38.1	1 048	37.9	502	18.1
栃木	1 175	63.0	618	33.1	624	33.5	347	18.6
群馬	1 513	81.8	949	51.3	737	39.8	346	18.7
埼玉	4 640	65.0	2 374	33.3	1 874	26.3	1 253	17.6
千葉	3 749	61.5	2 426	39.8	1 669	27.4	1 021	16.7
東京	6 024	44.8	4 524	33.7	3 622	26.9	2 194	16.3
神奈川	3 742	41.6	3 668	40.8	3 089	34.4	1 470	16.3
新潟	1 185	55.5	982	46.0	900	42.1	414	19.4
富山	714	71.5	533	53.4	563	56.4	198	19.8
石川	660	59.9	600	54.4	389	35.3	185	16.8
福井	550	74.5	475	64.4	341	46.2	109	14.8
山梨	493	62.9	331	42.2	366	46.7	132	16.8
長野	1 087	54.8	913	46.0	1 011	51.0	343	17.3
岐阜	1 167	61.8	1 228	65.0	949	50.3	308	16.3
静岡	1 967	56.5	1 688	48.5	1 263	36.3	605	17.4
愛知	3 245	44.9	3 670	50.8	2 142	29.6	1 139	15.8
三重	1 034	61.2	812	48.1	634	37.5	280	16.6
滋賀	541	39.4	604	44.0	476	34.7	250	18.2
京都	1 168	47.0	1 241	49.9	603	24.3	362	14.6
大阪	5 912	69.4	4 733	55.5	2 730	32.0	1 626	19.1
兵庫	2 792	52.8	2 446	46.3	1 912	36.2	908	17.2
奈良	862	66.8	732	56.7	422	32.7	235	18.2
和歌山	759	84.7	516	57.6	435	48.5	176	19.6
鳥取	301	55.8	214	39.7	248	46.0	80	14.8
島根	384	59.3	399	61.6	298	46.0	105	16.2
岡山	1 307	71.3	1 063	58.0	703	38.4	292	15.9
広島	1 628	60.1	1 231	45.5	1 008	37.2	469	17.3
山口	1 398	107.8	680	52.4	476	36.7	201	15.5
徳島	693	99.3	499	71.5	355	50.9	90	12.9
香川	487	52.9	812	88.3	379	41.2	139	15.1
愛媛	992	76.7	742	57.3	699	54.0	254	19.6
高知	707	105.4	322	48.0	333	49.6	131	19.5
福岡	3 150	62.6	2 544	50.6	1 784	35.5	873	17.4
佐賀	695	87.6	428	54.0	278	35.1	130	16.4
長崎	1 096	86.2	788	61.9	557	43.8	193	15.2
熊本	1 107	65.2	1 173	69.0	680	40.0	318	18.7
大分	830	76.0	603	55.2	532	48.7	169	15.5
宮崎	1 004	96.2	508	48.7	484	46.4	213	20.4
鹿児島	1 456	93.9	893	57.6	684	44.1	315	20.3
沖縄	539	37.3	460	31.8	317	21.9	272	18.8
全国	74 013	60.7	56 069	45.9	43 420	35.6	21 252	17.4

資料、脚注は（Ⅰ）に同じ。

表7-29 平均寿命の推移 (単位 年)

	男				女			
	2000	2010	2015	2020	2000	2010	2015	2020
北海道	77.55	79.17	80.28	㊴ 80.92	84.84	86.30	86.77	㊷ 87.08
青森	75.67	77.28	78.67	㊼ 79.27	83.69	85.34	85.93	㊼ 86.33
岩手	77.09	78.53	79.86	㊹ 80.64	84.60	85.86	86.44	㊸ 87.05
宮城	77.71	79.65	80.99	⑱ 81.70	84.74	86.39	87.16	㉙ 87.51
秋田	76.81	78.22	79.51	㊻ 80.48	84.32	85.93	86.38	㊶ 87.10
山形	77.69	79.97	80.52	㉖ 81.39	84.57	86.28	86.96	㉟ 87.38
福島	77.18	78.84	80.12	㊺ 80.60	84.21	86.05	86.40	㊻ 86.81
茨城	77.20	79.09	80.28	㊵ 80.89	84.21	85.83	86.33	㊹ 86.94
栃木	77.14	79.06	80.10	㊲ 81.00	84.04	85.66	86.24	㊺ 86.89
群馬	77.86	79.40	80.61	㉝ 81.13	84.47	85.91	86.84	㊵ 87.18
埼玉	78.05	79.62	80.82	㉔ 81.44	84.34	85.88	86.66	㊴ 87.31
千葉	78.05	79.88	80.96	㉓ 81.45	84.51	86.20	86.91	㉚ 87.50
東京	77.98	79.82	81.07	⑭ 81.77	84.38	86.39	87.26	⑰ 87.86
神奈川	78.24	80.25	81.32	⑤ 82.04	84.74	86.63	87.24	⑮ 87.89
新潟	77.66	79.47	80.69	㉙ 81.29	85.19	86.96	87.32	㉕ 87.57
富山	78.03	79.71	80.61	⑮ 81.74	85.24	86.75	87.42	⑩ 87.97
石川	77.96	79.71	81.04	⑥ 82.00	85.18	86.75	87.28	⑧ 88.11
福井	78.55	80.47	81.27	⑦ 81.98	85.39	86.94	87.54	⑲ 87.84
山梨	77.90	79.54	80.85	⑰ 81.71	85.21	86.65	87.22	⑫ 87.94
長野	78.90	80.88	81.75	② 82.68	85.31	87.18	87.67	④ 88.23
岐阜	78.10	79.92	81.00	⑪ 81.90	84.33	86.26	86.82	㉘ 87.51
静岡	78.15	79.95	80.95	㉑ 81.59	84.95	86.22	87.10	㉛ 87.48
愛知	78.01	79.71	81.10	⑬ 81.77	84.22	86.22	86.86	㉗ 87.52
三重	77.90	79.68	80.86	⑲ 81.68	84.49	86.25	86.99	㉔ 87.59
滋賀	78.19	80.58	81.78	① 82.73	84.92	86.69	87.57	② 88.26
京都	78.15	80.21	81.40	④ 82.24	84.81	86.65	87.35	③ 88.25
大阪	76.97	78.99	80.23	㊶ 80.81	84.01	85.93	86.73	㊱ 87.37
兵庫	77.57	79.59	80.92	⑯ 81.72	84.34	86.14	87.07	⑭ 87.90
奈良	78.36	80.14	81.36	③ 82.40	84.80	86.60	87.25	⑪ 87.95
和歌山	77.01	79.07	79.94	㊼ 81.03	84.23	85.69	86.47	㊲ 87.36
鳥取	77.39	79.01	80.17	㉘ 81.34	84.91	86.08	87.27	⑬ 87.91
島根	77.54	79.51	80.79	⑳ 81.63	85.30	87.07	87.64	⑥ 88.21
岡山	77.80	79.77	81.03	⑩ 81.90	85.25	86.93	87.67	① 88.29
広島	77.76	79.91	81.08	⑧ 81.95	85.09	86.94	87.33	⑦ 88.16
山口	77.03	79.03	80.51	㉞ 81.12	84.61	86.07	86.88	㉜ 87.43
徳島	77.19	79.44	80.32	㉚ 81.27	84.49	86.21	86.66	㉝ 87.42
香川	77.99	79.73	80.85	㉒ 81.56	84.85	86.34	87.21	㉒ 87.64
愛媛	77.30	79.13	80.16	㉜ 81.13	84.57	86.54	86.82	㊳ 87.34
高知	76.85	78.91	80.26	㊷ 80.79	84.76	86.47	87.01	⑱ 87.84
福岡	77.21	79.30	80.66	㉗ 81.38	84.62	86.48	87.14	㉑ 87.70
佐賀	76.95	79.28	80.65	㉕ 81.41	85.07	86.58	87.12	⑳ 87.78
長崎	77.21	78.88	80.38	㊱ 81.01	84.81	86.30	86.97	㉞ 87.41
熊本	78.29	80.29	81.22	⑨ 81.91	85.30	86.98	87.49	⑤ 88.22
大分	77.91	80.06	81.08	⑫ 81.88	84.69	86.91	87.31	⑨ 87.99
宮崎	77.42	79.70	80.34	㉛ 81.15	85.09	86.61	87.12	㉓ 87.60
鹿児島	76.98	79.21	80.02	㊳ 80.95	84.68	86.28	86.78	㉖ 87.53
沖縄	77.64	79.40	80.27	㊸ 80.73	86.01	87.02	87.44	⑯ 87.88
全国	77.71	79.59	80.77	81.49	84.62	86.35	87.01	87.60

厚生労働省「都道府県別生命表」より作成。○内の数字は全国順位。都道府県別の生命表は、人口動態統計および国勢調査のデータを用いて、5年ごとに作成される。都道府県別生命表の全国値は、完全生命表とは違う各都道府県と同様の方法で算出されるため、完全生命表の値とはわずかに異なる。

表 7 - 30　介護保険施設の在所者、在院者数 (2021年 9 月末現在)（単位　人）

	介護老人福祉施設[1]		介護老人保健施設[2]		介護医療院[3]		介護療養型医療施設[4]	
	在所者数	利用率(%)	在所者数	利用率(%)	在所者数	利用率(%)	在院者数	利用率(%)
北海道	24 218	94.1	14 561	88.0	1 907	93.2	630	74.2
青森	5 502	96.4	4 816	91.8	511	98.1	436	89.2
岩手	7 337	98.1	5 410	90.5	134	95.7	117	80.0
宮城	9 974	94.7	8 300	90.3	112	85.5	19	100.0
秋田	7 028	97.0	4 596	92.2	270	93.8	─	
山形	7 648	97.4	3 775	90.7	49	80.3	32	88.9
福島	11 444	96.9	6 355	82.6	444	91.7	144	93.2
茨城	15 283	95.3	10 245	89.3	189	90.9	167	96.1
栃木	8 259	95.6	5 034	89.5	143	91.7	271	95.4
群馬	10 386	95.2	5 877	87.4	538	90.1	64	72.7
埼玉	34 549	94.5	14 839	87.1	919	89.2	567	95.5
千葉	26 219	95.8	13 636	87.8	849	88.9	301	83.0
東京	47 775	94.7	19 240	87.5	1 475	95.3	1 545	89.3
神奈川	35 729	94.5	17 834	86.1	545	82.5	455	89.6
新潟	15 220	97.2	9 003	91.4	1 217	95.8	145	83.8
富山	5 353	96.3	3 605	84.8	1 369	96.9	208	92.0
石川	5 802	93.8	3 734	91.7	969	93.9	52	68.4
福井	4 243	93.3	2 777	90.1	317	94.3	53	77.9
山梨	3 411	97.7	2 646	90.9	110	96.5	18	56.3
長野	11 395	97.8	6 738	84.4	528	94.2	317	73.2
岐阜	9 835	94.0	5 501	84.5	280	88.9	172	80.4
静岡	17 424	97.0	11 845	92.7	2 069	95.2	318	92.2
愛知	23 842	95.1	16 364	88.7	1 466	94.7	237	86.5
三重	9 175	94.7	6 060	88.9	275	87.6	49	77.8
滋賀	5 871	95.8	2 423	85.7	251	92.8	74	96.1
京都	11 894	97.0	6 540	87.8	2 448	96.2	169	82.9
大阪	32 455	95.0	19 065	88.4	713	87.0	409	81.0
兵庫	24 326	96.5	12 840	85.8	992	93.9	308	92.8
奈良	7 133	94.5	4 587	88.4	493	96.5	14	87.5
和歌山	5 558	97.0	3 023	87.3	338	92.4	91	85.8
鳥取	2 872	96.7	2 726	89.6	339	91.1	38	75.8
島根	4 680	96.5	2 110	84.8	566	90.7	10	17.2
岡山	9 408	95.5	5 744	89.4	673	92.6	222	86.2
広島	11 359	95.7	7 859	89.6	1 365	94.8	633	71.8
山口	6 338	96.2	4 212	88.3	1 616	92.1	136	80.0
徳島	3 418	96.9	3 623	88.5	485	87.5	325	74.8
香川	4 948	96.4	3 550	91.2	377	83.7	200	84.8
愛媛	6 332	95.8	4 720	89.7	401	94.4	79	68.1
高知	4 063	96.3	1 765	88.9	1 656	91.6	141	83.5
福岡	20 646	93.6	12 725	87.2	2 484	93.2	530	81.2
佐賀	3 547	97.3	2 627	90.6	283	91.9	195	83.0
長崎	6 094	95.5	4 300	89.6	404	87.1	175	62.3
熊本	7 316	98.1	5 612	86.9	1 280	94.2	532	85.2
大分	4 764	97.0	4 149	92.5	421	92.7	82	59.8
宮崎	5 411	95.5	2 870	86.2	301	88.0	432	86.7
鹿児島	9 713	95.8	5 579	88.9	998	93.0	159	89.8
沖縄	4 289	94.6	3 568	92.4	270	90.5	104	83.9
全国	559 488	95.5	329 009	88.3	35 838	92.9	11 372	83.2

厚生労働省「介護サービス施設・事業所調査」より作成。推計値。利用率は、定員や病床数に対する在所者、在院者数の割合。注記は359ページ。

表 7 - 31　主な居宅介護・介護予防サービス利用者数（2021年 9 月中の利用者）（単位　人）

	主な介護サービス						主な介護予防サービス	
	訪問介護	訪問入浴介護	訪問看護ステーション1)	通所介護	通所リハビリテーション2)	短期入所介護3)	介護予防訪問看護ステーション	介護予防通所リハビリテーション2)
北海道	54 121	1 797	37 850	40 737	16 285	8 762	4 402	6 974
青森	19 094	1 088	7 309	15 808	6 464	3 722	244	1 929
岩手	12 206	760	7 222	17 500	5 851	5 935	653	2 269
宮城	14 211	2 288	12 095	20 952	6 841	7 397	1 292	2 307
秋田	10 368	695	4 030	10 874	2 285	9 564	366	560
山形	6 964	705	5 955	14 935	4 570	5 017	724	1 528
福島	18 016	1 834	10 809	21 244	7 593	7 748	890	2 418
茨城	20 278	1 676	12 918	28 440	10 395	8 051	1 206	2 888
栃木	12 066	574	9 834	21 899	5 994	6 154	1 105	2 553
群馬	15 662	712	13 092	30 209	6 115	4 967	1 891	2 640
埼玉	47 305	4 174	40 533	59 722	19 598	14 616	2 966	5 790
千葉	56 264	4 652	32 768	49 445	15 099	14 073	2 539	3 523
東京	126 440	10 297	131 239	101 979	24 012	20 448	12 710	6 947
神奈川	79 193	7 290	76 905	67 188	16 688	16 730	7 871	3 577
新潟	13 972	1 095	11 160	29 637	6 165	14 578	1 732	3 123
富山	9 976	489	5 849	14 930	3 932	4 326	382	1 097
石川	8 054	263	7 943	12 656	3 505	3 335	968	1 495
福井	4 735	158	6 428	10 675	3 097	2 889	760	1 238
山梨	6 434	551	4 609	9 494	2 995	3 559	250	643
長野	17 171	1 535	15 290	23 074	7 386	8 661	1 362	2 641
岐阜	17 891	984	14 000	23 746	4 853	7 502	1 645	1 620
静岡	25 249	2 149	18 523	44 268	10 244	11 898	2 496	3 998
愛知	52 878	3 868	50 748	60 489	21 250	16 712	6 064	12 363
三重	19 396	890	11 344	23 756	5 815	6 401	1 083	1 678
滋賀	11 099	971	10 593	13 953	2 892	4 706	951	989
京都	28 047	1 726	26 379	29 570	8 660	7 593	2 099	2 617
大阪	154 240	5 056	117 216	86 790	27 232	16 115	10 288	11 504
兵庫	55 813	2 860	55 404	52 040	18 049	15 109	10 938	9 468
奈良	17 150	685	12 077	14 967	5 947	3 929	1 266	2 048
和歌山	19 373	417	9 608	10 688	3 809	2 923	1 394	2 022
鳥取	3 929	203	3 592	6 734	2 542	1 368	540	1 631
島根	6 902	191	4 881	8 054	2 385	2 756	829	1 210
岡山	17 001	551	11 956	21 158	8 738	6 154	1 472	4 677
広島	22 775	1 275	22 932	28 351	12 632	10 693	3 059	6 875
山口	11 856	546	8 081	18 806	5 646	3 608	898	2 897
徳島	9 710	278	4 856	8 736	4 603	2 108	557	2 196
香川	9 695	378	5 352	11 567	5 057	3 467	329	2 558
愛媛	13 865	478	9 994	16 405	5 285	4 376	1 717	2 009
高知	6 282	101	4 131	7 276	2 869	2 003	385	746
福岡	44 022	1 698	35 972	53 451	19 911	8 751	3 011	11 543
佐賀	3 875	174	4 106	10 717	4 095	1 679	444	2 781
長崎	11 735	262	7 086	13 250	9 002	4 454	635	4 542
熊本	19 549	446	11 922	20 410	11 038	4 347	1 432	4 087
大分	14 304	392	7 297	16 848	7 551	3 101	771	3 745
宮崎	11 200	299	7 361	14 025	4 378	2 155	483	1 988
鹿児島	13 109	453	8 836	13 329	11 969	3 889	832	6 104
沖縄	6 888	211	6 449	20 321	4 423	1 305	441	1 654
全国	1 180 365	70 173	944 534	1 251 101	405 742	329 671	100 370	165 694

資料は表7-30に同じ。推計値。訪問介護・通所介護の利用者数は抽出調査。注記は359ページ。

表 7-32　地域密着型介護サービス利用者数（2021年9月中の利用者）（単位　人）

	定期巡回・随時対応型訪問介護看護1)	夜間対応型訪問介護	地域密着型通所介護	認知症対応型通所介護	小規模多機能型居宅介護	認知症対応型共同生活介護	複合型2)サービス	(参考)地域密着型介護老人福祉施設在所者3)
北海道	5 749	81	21 301	662	6 951	15 420	1 256	2 729
青森	202	10	3 633	565	940	4 866	162	1 202
岩手	120	—	4 753	534	1 551	2 473	234	1 666
宮城	559	3	7 741	873	1 407	4 492	504	1 403
秋田	262	—	4 146	432	1 220	2 684	167	928
山形	289	31	2 122	830	2 617	2 286	156	1 479
福島	802	3	7 041	1 407	2 131	3 564	281	1 007
茨城	294	—	8 900	436	1 572	4 577	263	1 128
栃木	238	1	5 279	555	1 718	2 342	141	2 182
群馬	454	1	5 803	658	2 059	2 868	301	1 617
埼玉	1 204	12	19 404	1 449	2 428	7 787	418	1 225
千葉	804	37	22 292	1 164	2 504	7 018	536	1 832
東京	1 262	726	54 220	8 050	4 324	11 209	1 102	888
神奈川	1 730	784	39 373	4 466	5 993	12 990	1 238	777
新潟	344	3	4 890	1 017	4 038	4 033	384	2 942
富山	353	4	4 824	966	1 598	2 467	166	720
石川	137	—	3 124	425	1 608	2 966	248	1 196
福井	137	—	1 555	753	1 433	1 255	302	947
山梨	148	—	4 875	241	467	1 014	99	1 573
長野	487	3	10 812	1 066	2 104	3 539	312	1 891
岐阜	275	21	5 569	831	1 514	4 023	227	1 220
静岡	482	88	9 821	1 745	2 922	6 060	624	1 238
愛知	1 166	325	20 832	2 418	3 257	9 218	472	3 532
三重	229	7	7 498	479	1 042	2 487	189	1 062
滋賀	22	—	6 918	1 076	1 527	1 928	184	974
京都	747	487	7 664	1 826	3 122	3 733	243	1 272
大阪	1 296	145	38 338	3 405	3 762	10 987	1 152	3 656
兵庫	1 537	2	19 610	2 276	4 305	7 284	924	2 485
奈良	766	—	4 093	381	819	2 074	96	219
和歌山	168	—	4 954	298	805	1 906	191	608
鳥取	168	—	1 605	543	1 204	1 378	97	212
島根	138	153	4 063	671	1 472	2 072	108	548
岡山	420	—	6 352	768	3 292	4 712	230	2 077
広島	939	101	7 126	865	3 876	5 858	581	1 676
山口	927	—	6 200	998	1 387	2 614	178	1 488
徳島	9	—	2 135	307	707	2 227	77	450
香川	224	131	3 202	349	707	1 868	91	338
愛媛	568	—	5 395	600	1 845	5 213	218	1 395
高知	195	—	3 947	617	701	2 315	149	200
福岡	2 464	34	13 652	1 350	4 561	9 578	683	2 321
佐賀	80	—	2 815	378	876	2 072	135	130
長崎	665	38	4 799	1 145	2 162	4 725	213	1 103
熊本	215	—	6 360	919	2 516	3 252	248	2 194
大分	324	94	2 412	792	748	2 019	175	1 058
宮崎	63	6	4 186	186	1 154	2 388	267	302
鹿児島	950	—	7 489	654	2 225	5 595	365	1 054
沖縄	39	—	3 278	208	1 061	943	111	372
全国	30 648	3 331	446 399	52 637	102 236	208 381	16 497	62 516

資料は表7-30に同じ。推計値。360ページの注記参照。

府県別統計　社会福祉

表 7 - 33　介護保険の概況（2021年度）（単位　千人）

	65歳以上被保険者数[1]	要介護（要支援）認定者数[1][2]				介護サービス受給者数（１か月あたり平均）[2][4]		
		要支援認定	要介護認定	うち要介護度3以上[3]	計	居宅介護[5]	地域密着型介護[5]	施設介護
北海道	1 672.4	112.8	235.1	99.1	347.9	177.9	53.4	42.7
青森	420.1	14.1	62.7	30.7	76.7	45.1	11.6	11.5
岩手	408.8	19.7	61.0	30.2	80.7	43.8	11.0	13.5
宮城	650.9	36.5	86.4	41.6	122.9	68.0	16.2	18.5
秋田	360.5	16.4	57.8	28.6	74.2	41.2	9.8	12.4
山形	360.8	13.1	51.5	25.5	64.6	36.8	9.8	11.9
福島	588.0	28.3	87.6	43.8	115.9	64.4	15.7	19.2
茨城	857.3	30.5	106.2	50.3	136.7	75.0	15.9	25.7
栃木	568.8	25.1	68.0	33.8	93.1	53.1	12.4	13.8
群馬	581.8	24.3	79.0	39.8	103.4	60.6	13.0	16.7
埼玉	1 968.3	79.9	247.2	114.5	327.1	193.1	30.9	48.8
千葉	1 732.3	80.3	221.8	106.2	302.0	175.2	35.1	41.1
東京	3 153.4	179.4	463.1	223.5	642.5	391.1	71.4	76.1
神奈川	2 337.6	121.3	318.3	150.6	439.6	241.0	62.0	55.3
新潟	721.5	34.5	102.6	53.0	137.1	77.5	18.4	26.6
富山	335.6	14.3	51.2	24.5	65.5	38.5	10.7	11.0
石川	335.7	14.9	45.9	21.3	60.8	34.9	9.2	10.5
福井	233.9	8.9	32.6	16.4	41.5	24.9	6.5	7.6
山梨	252.8	6.2	35.1	18.2	41.3	25.6	8.1	6.5
長野	656.0	27.7	86.4	42.4	114.1	71.6	19.5	19.8
岐阜	606.2	27.5	79.4	39.2	106.9	66.7	14.1	16.4
静岡	1 100.1	45.8	141.1	63.4	186.9	116.4	24.5	32.0
愛知	1 894.2	105.1	226.9	109.7	331.9	205.6	38.9	42.7
三重	532.6	26.5	75.2	35.9	101.7	61.1	12.5	15.9
滋賀	374.5	17.3	50.5	23.3	67.8	41.9	11.4	9.3
京都	739.3	48.5	115.2	54.2	163.7	95.8	19.5	21.6
大阪	2 376.5	178.4	369.0	184.1	547.4	335.8	58.5	52.4
兵庫	1 580.6	118.8	209.7	100.8	328.5	196.1	36.4	39.5
奈良	421.7	25.5	56.1	26.6	81.6	47.6	8.4	12.0
和歌山	309.5	22.3	46.5	23.3	68.8	39.7	8.6	9.3
鳥取	178.6	10.2	25.0	12.7	35.2	19.7	5.1	6.1
島根	229.0	13.0	35.2	16.3	48.2	29.0	9.1	7.9
岡山	569.4	34.4	86.3	40.8	120.7	69.5	18.4	16.7
広島	824.4	51.3	111.1	52.6	162.5	100.0	20.9	21.9
山口	464.0	24.0	65.6	28.8	89.6	50.4	13.4	12.8
徳島	244.7	13.2	36.4	17.8	49.5	29.3	5.9	8.1
香川	303.4	17.2	43.6	20.3	60.8	37.4	7.1	9.2
愛媛	443.1	28.7	65.4	31.0	94.0	56.4	14.9	11.9
高知	245.2	11.2	36.8	18.4	47.9	25.4	8.1	8.0
福岡	1 422.1	83.0	194.6	90.7	277.6	162.2	34.0	37.5
佐賀	249.2	13.9	31.9	13.7	45.9	27.8	6.6	6.6
長崎	438.7	24.1	64.4	29.2	88.6	49.3	14.6	11.6
熊本	552.0	27.9	82.1	38.0	110.0	65.4	15.9	15.5
大分	376.4	18.1	52.3	25.0	70.4	44.8	8.0	9.7
宮崎	352.9	11.7	46.5	22.9	58.1	36.6	8.4	9.3
鹿児島	522.2	26.4	75.6	38.1	102.0	57.0	17.8	16.9
沖縄	340.0	14.1	47.9	27.6	62.0	38.9	6.1	8.6
全国	35 886.9	1 926.0	4 969.7	2 378.2	6 895.7	4 045.4	887.5	958.5

厚生労働省「介護保険事業状況報告」（2021年度）より作成。1) 2021年度末現在。2) 65歳未満を含む。3) 排せつや入浴、立ち上がりや歩行等が一人でできない等。4) 2021年3月～2022年2月の各月調査の平均。5) 介護予防を含む。

表 7 - 34　児童福祉施設等（Ｉ）（単位　か所、人）

	保育所 （2021年10月1日） （社会福祉施設等調査）		保育所型 認定こども園 （2021年10月1日） （社会福祉施設等調査）		地域型 保育事業所3) （2021年10月1日） （社会福祉施設等調査）		幼保連携型 認定こども園 （2022年5月1日） （学校基本調査）	
	施設数	利用1) 児童数	施設数	利用1)2) 児童数	施設数	利用1) 児童数	学校数	在園者数4)
北海道	670	45 289	131	9 823	243	3 562	297	36 578
青森	201	11 721	36	2 044	12	175	247	18 650
岩手	273	18 310	10	699	102	1 266	121	12 450
宮城	414	32 093	13	931	296	3 955	99	11 984
秋田	179	12 824	13	987	29	379	85	9 425
山形	215	16 807	16	903	63	749	77	8 308
福島	285	22 318	4	532	110	2 061	106	12 824
茨城	449	38 975	17	1 622	133	1 853	172	22 401
栃木	312	29 131	6	591	110	1 598	123	20 354
群馬	272	24 318	8	846	3	44	202	26 064
埼玉	1 353	112 167	6	595	686	10 905	122	20 610
千葉	1 156	94 256	19	1 615	457	6 680	127	17 708
東京	3 430	280 572	53	5 135	973	10 197	45	7 367
神奈川	1 860	151 969	8	739	541	7 569	159	23 849
新潟	497	36 691	34	3 391	56	944	201	23 427
富山	165	13 250	10	1 022	16	260	127	16 718
石川	124	9 366	74	7 317	7	92	161	18 880
福井	144	10 427	3	258	7	107	149	15 620
山梨	163	14 050	14	1 187	31	462	59	7 004
長野	495	40 054	31	3 181	44	737	47	5 503
岐阜	283	27 213	57	4 742	69	1 120	79	8 022
静岡	379	36 715	21	2 472	300	4 717	291	36 636
愛知	1 274	120 081	62	5 231	363	5 340	235	36 187
三重	358	34 642	11	675	42	565	68	9 217
滋賀	218	21 309	10	789	125	1 627	116	16 898
京都	375	38 388	17	1 456	184	2 221	138	17 801
大阪	935	96 414	32	3 704	547	8 457	679	94 259
兵庫	570	53 137	38	4 512	373	5 128	547	62 254
奈良	136	17 070	1	135	38	713	94	11 955
和歌山	124	10 864	23	2 519	7	111	51	7 813
鳥取	139	11 812	9	818	38	585	41	4 967
島根	242	16 523	36	2 688	16	162	22	2 038
岡山	325	33 898	24	2 228	86	1 538	120	14 845
広島	487	44 548	44	3 996	134	2 055	162	20 708
山口	271	20 703	1	31	32	605	31	3 216
徳島	139	9 419	19	1 076	13	305	60	6 962
香川	142	13 287	5	480	34	520	84	10 147
愛媛	233	17 695	24	2 161	60	1 101	57	8 011
高知	226	16 364	5	426	34	423	18	1 844
福岡	959	107 659	38	4 092	289	4 207	68	9 554
佐賀	176	15 120	10	926	60	765	80	10 294
長崎	356	24 006	32	2 106	36	455	110	11 971
熊本	491	37 746	9	988	109	1 819	132	16 675
大分	192	13 858	37	2 733	41	561	118	12 032
宮崎	250	16 688	31	1 878	25	390	146	14 727
鹿児島	329	23 108	25	1 679	56	856	243	22 535
沖縄	454	42 121	37	4 573	215	3 699	141	14 119
全国	22 720	1 934 977	1 164	102 530	7 245	103 641	6 657	821 411

厚生労働省「社会福祉施設等調査」、同「保育所等関連状況取りまとめ」、同「放課後児童健全育成事業（放課後児童クラブ）の実施状況」、文部科学省「学校基本調査」より作成。注記は360ページ。

児童福祉施設等（Ⅱ）（単位　か所、人）

	幼稚園 （2022年 5 月 1 日） （学校基本調査）		児童養護施設 （2021年10月 1 日） （社会福祉施設等調査）		放課後 児童クラブ5) （2022年 5 月 1 日） （厚生労働省資料）		待機児童数5)6) （2022年） （厚生労働省資料）	
	学校数	在園者数	施設数	在所者数1)	クラブ数	登録 児童数	保育所等	放課後児童 クラブ
北海道	347	33 715	24	1 135	1 022	57 735	22	167
青森	85	3 820	6	220	281	16 345	―	5
岩手	70	3 902	6	238	381	16 515	35	111
宮城	212	21 180	5	241	522	31 489	75	272
秋田	32	1 849	4	146	241	12 038	7	57
山形	59	4 805	5	198	344	16 444	―	62
福島	218	14 936	8	269	526	25 899	23	445
茨城	206	17 867	19	602	694	43 776	8	235
栃木	74	8 433	11	413	580	27 406	14	14
群馬	114	7 444	8	344	551	25 166	1	―
埼玉	503	75 621	22	1 217	1 729	75 511	296	1 554
千葉	459	61 885	20	863	1 163	63 079	250	1 179
東京	969	122 669	57	2 661	1 930	127 541	300	3 465
神奈川	616	89 843	33	1 391	1 420	83 446	220	585
新潟	70	3 525	5	169	520	28 258	―	25
富山	30	1 741	3	86	299	13 187	―	115
石川	45	4 042	8	211	345	15 372	―	8
福井	63	975	5	155	248	10 674	―	―
山梨	55	3 472	7	165	275	11 164	―	31
長野	91	8 338	15	458	430	29 384	9	―
岐阜	149	17 132	10	427	355	17 082	―	76
静岡	340	27 734	15	466	764	35 029	23	803
愛知	399	62 736	35	1 361	1 219	60 999	53	465
三重	157	11 004	12	326	448	18 051	64	52
滋賀	125	9 407	4	132	339	19 905	118	41
京都	194	19 082	13	543	470	30 027	17	18
大阪	535	67 972	40	2 047	1 250	71 015	134	534
兵庫	446	39 222	37	1 132	1 091	56 912	311	1 015
奈良	143	9 317	6	240	254	16 504	81	44
和歌山	65	3 998	8	257	248	9 810	30	244
鳥取	19	1 719	5	162	197	8 478	―	27
島根	80	2 280	3	114	258	9 842	―	131
岡山	207	10 791	12	338	614	24 027	79	225
広島	213	18 191	13	562	630	33 911	8	264
山口	156	12 263	10	334	305	16 339	14	510
徳島	94	4 134	7	214	189	8 174	―	80
香川	108	7 450	3	118	311	12 278	19	188
愛媛	117	9 460	10	360	236	14 625	25	226
高知	36	2 167	8	272	186	7 239	4	121
福岡	415	51 368	21	939	782	63 581	100	357
佐賀	48	3 123	5	139	283	11 851	8	173
長崎	101	7 231	11	354	412	19 144	―	24
熊本	100	7 556	12	557	514	19 834	9	189
大分	152	6 944	9	302	314	14 724	―	24
宮崎	90	4 949	10	379	285	13 122	―	199
鹿児島	138	7 920	14	584	644	24 903	148	155
沖縄	166	8 083	8	302	584	24 323	439	665
全国	9 111	923 295	612	24 143	26 683	1 392 158	2 944	15 180

資料および注記は（Ⅰ）に同じ。

表 7 - 35　生活保護被保護実世帯数および実人員 (会計年度)(月平均)

	被保護実世帯数 (世帯)			被保護実人員 (人)			保護率 (人口千人 あたり　人)	
	2010	2020	2021	2010	2020	2021	2020	2021
北海道	110 312	122 487	122 144	159 542	155 566	153 498	29.8	29.6
青森	21 533	23 781	23 527	28 510	28 909	28 404	23.4	23.3
岩手	10 223	10 474	10 433	14 499	12 838	12 639	10.6	10.6
宮城	18 697	22 797	23 318	26 928	29 437	29 869	12.8	13.0
秋田	10 886	11 036	10 856	14 879	13 717	13 411	14.3	14.2
山形	5 070	6 576	6 636	6 485	7 916	7 910	7.4	7.5
福島	13 601	14 011	14 186	18 635	17 229	17 276	9.4	9.5
茨城	16 771	22 830	23 317	22 608	28 142	28 545	9.8	10.0
栃木	13 671	16 459	16 551	18 555	20 105	20 033	10.4	10.4
群馬	9 379	12 549	12 646	12 217	14 904	14 905	7.7	7.7
埼玉	54 992	76 350	77 287	78 179	97 127	97 190	13.2	13.2
千葉	48 437	69 812	71 598	66 879	87 427	88 933	13.9	14.2
東京	195 105	231 610	231 751	256 838	282 699	280 496	20.1	20.0
神奈川	99 120	120 771	122 013	138 225	153 237	153 312	16.6	16.6
新潟	13 096	16 346	16 473	17 823	20 620	20 645	9.4	9.5
富山	2 799	3 356	3 504	3 282	3 831	4 039	3.7	3.9
石川	5 373	6 103	6 155	6 524	7 034	7 032	6.2	6.2
福井	2 605	3 451	3 505	3 268	4 166	4 208	5.4	5.5
山梨	3 922	5 751	5 836	4 881	7 006	7 055	8.6	8.8
長野	7 955	9 023	9 099	10 477	11 005	10 995	5.4	5.4
岐阜	8 068	9 624	9 661	10 521	11 625	11 568	5.9	5.9
静岡	18 805	25 768	26 346	25 238	31 740	32 240	8.7	8.9
愛知	51 721	61 601	62 042	69 374	76 418	76 347	10.1	10.2
三重	12 167	12 606	12 735	16 923	15 646	15 782	8.8	9.0
滋賀	7 094	8 239	8 353	10 491	10 924	10 908	7.7	7.7
京都	39 293	42 143	41 923	58 438	55 743	54 724	21.6	21.4
大阪	205 136	219 699	219 101	283 987	273 994	270 434	31.0	30.7
兵庫	68 083	78 073	77 845	97 119	100 879	99 643	18.5	18.3
奈良	12 992	14 450	14 295	19 138	18 923	18 466	14.3	14.0
和歌山	10 578	12 255	12 208	13 829	14 727	14 533	16.0	15.9
鳥取	4 633	5 350	5 299	6 593	6 719	6 583	12.1	12.0
島根	4 071	4 441	4 418	5 470	5 551	5 469	8.3	8.2
岡山	16 910	18 684	18 584	23 882	24 179	23 762	12.8	12.7
広島	30 960	31 588	31 555	44 743	40 628	40 173	14.5	14.5
山口	12 494	11 496	11 374	16 851	13 996	13 768	10.4	10.4
徳島	10 284	10 381	10 342	14 216	12 896	12 724	17.9	17.9
香川	7 842	8 192	8 273	11 095	10 235	10 208	10.8	10.8
愛媛	15 303	17 075	16 837	19 883	20 546	20 046	15.4	15.2
高知	14 663	14 510	14 273	19 943	18 095	17 597	26.2	25.7
福岡	85 448	94 332	94 223	122 124	121 690	120 537	23.7	23.5
佐賀	5 569	6 492	6 395	7 426	7 720	7 527	9.5	9.3
長崎	19 803	21 146	20 929	28 513	27 073	26 578	20.6	20.5
熊本	15 991	19 450	19 464	21 893	24 365	24 127	14.0	14.0
大分	14 559	15 985	15 795	19 381	19 329	18 928	17.2	17.0
宮崎	11 976	14 247	14 107	16 054	17 580	17 234	16.4	16.2
鹿児島	22 077	23 382	23 356	30 667	29 729	29 451	18.7	18.7
沖縄	19 982	30 176	30 947	29 028	38 251	38 806	26.1	26.4
全国	1 410 049	1 636 959	1 641 512	1 952 063	2 052 114	2 038 557	16.3	16.2

厚生労働省「被保護者調査」より作成。2010年度は同「福祉行政報告例」。各月ごとに行われた調査の平均。360ページの注記参照。

表 7 - 36　刑法犯の認知・検挙件数と検挙人員および検挙率

	認知件数 （件）		検挙件数 （件）		検挙人員 （人）		検挙率 （％）	
	2021	2022	2021	2022	2021	2022	2021	2022
北海道	18 429	19 604	10 397	9 530	7 556	7 588	56.4	48.6
青森	3 067	3 462	1 966	1 949	1 264	1 253	64.1	56.3
岩手	2 507	2 655	1 634	1 478	1 057	955	65.2	55.7
宮城	9 398	9 897	4 402	4 099	2 602	2 680	46.8	41.4
秋田	1 984	1 871	1 486	1 265	1 002	861	74.9	67.6
山形	3 053	2 885	2 502	2 105	1 402	1 393	82.0	73.0
福島	6 627	6 913	3 323	3 349	2 004	1 833	50.1	48.4
茨城	14 277	15 986	5 833	4 988	3 107	3 207	40.9	31.2
栃木	9 027	8 883	3 845	3 762	1 975	2 009	42.6	42.4
群馬	9 079	10 159	5 121	4 962	3 036	2 676	56.4	48.8
埼玉	40 166	41 983	15 902	15 253	10 324	9 573	39.6	36.3
千葉	32 638	32 728	12 359	11 109	7 663	6 700	37.9	33.9
東京	75 288	78 475	30 950	30 587	21 026	20 911	41.1	39.0
神奈川	33 252	36 575	17 537	16 567	10 564	10 134	52.7	45.3
新潟	7 746	7 433	4 593	4 155	2 629	2 626	59.3	55.9
富山	4 546	3 929	3 125	2 610	1 703	1 681	68.7	66.4
石川	3 409	3 842	2 421	2 241	1 397	1 282	71.0	58.3
福井	2 714	2 664	2 119	1 799	1 100	1 051	78.1	67.5
山梨	2 748	2 890	1 518	1 278	867	839	55.2	44.2
長野	5 959	6 635	3 401	3 591	1 812	1 762	57.1	54.1
岐阜	9 479	9 654	5 495	4 416	3 015	2 730	58.0	45.7
静岡	14 440	14 269	8 067	7 096	5 488	5 018	55.9	49.7
愛知	37 832	41 248	14 937	14 175	12 218	11 396	39.5	34.4
三重	7 410	7 647	3 421	2 953	1 846	1 796	46.2	38.6
滋賀	5 814	6 830	2 952	3 021	1 893	2 146	50.8	44.2
京都	10 483	10 578	4 917	4 920	3 567	3 436	46.9	46.5
大阪	62 690	68 807	18 547	18 109	13 626	13 869	29.6	26.3
兵庫	30 003	33 018	13 710	14 504	10 212	10 159	45.7	43.9
奈良	5 148	5 251	3 550	2 986	2 097	1 991	69.0	56.9
和歌山	3 310	3 438	2 183	2 022	1 443	1 440	66.0	58.8
鳥取	1 923	2 017	1 408	1 449	962	948	73.2	71.8
島根	1 849	1 834	1 365	1 303	730	648	73.8	71.0
岡山	7 535	8 007	3 821	3 676	2 655	2 700	50.7	45.9
広島	11 181	12 147	5 808	5 498	4 036	3 958	51.9	45.3
山口	3 871	3 845	2 283	2 382	1 590	1 507	59.0	62.0
徳島	2 362	2 256	1 068	1 131	703	636	45.2	50.1
香川	3 801	4 173	2 390	2 271	1 519	1 435	62.9	54.4
愛媛	5 804	5 970	3 045	3 255	1 788	1 757	52.5	54.5
高知	2 859	2 723	1 531	1 465	929	946	53.6	53.8
福岡	26 337	28 773	12 970	11 488	9 108	8 559	49.2	39.9
佐賀	2 821	2 861	1 980	1 577	1 203	1 087	70.2	55.1
長崎	3 155	3 244	2 013	1 922	1 579	1 515	63.8	59.2
熊本	5 187	4 944	3 306	2 905	2 302	2 150	63.7	58.8
大分	2 887	2 794	1 667	1 526	1 149	1 003	57.7	54.6
宮崎	3 535	3 645	1 792	1 626	1 192	1 224	50.7	44.6
鹿児島	4 641	5 113	2 498	2 325	1 618	1 614	53.8	45.5
沖縄	5 833	6 776	3 327	3 672	2 483	2 727	57.0	54.2
全国	568 104	601 331	264 485	250 350	175 041	169 409	46.6	41.6

警察庁「犯罪統計資料」より作成。検挙率は認知件数に対する検挙件数の割合。刑法犯の認知件数は、2002年の285万件をピークに一貫して減少してきたが、2022年の認知件数は戦後最小となった2021年を上回り、20年ぶりに増加した。

表 7 - 37　刑法犯の罪種別認知件数 （2022年）（単位　件）

| | 重要犯罪 | | | | | 重要窃盗犯 | | | |
	殺人	強盗	放火	強制性交等	強制わいせつ	侵入盗	自動車盗	ひったくり	すり
北海道	42	47	27	53	166	855	87	11	21
青森	5	1	5	18	34	299	12	1	―
岩手	5	2	4	8	41	287	12	1	4
宮城	16	23	14	55	140	1 018	36	3	6
秋田	3	3	4	6	10	141	16	―	2
山形	1		3	5	19	333	3	―	1
福島	8	8	3	12	49	734	87	3	1
茨城	23	37	27	39	76	2 132	587	10	10
栃木	13	14	8	17	42	1 086	330	3	5
群馬	15	12	13	13	42	1 313	233	5	4
埼玉	57	94	48	88	345	3 081	606	85	43
千葉	47	63	26	63	242	2 656	627	87	22
東京	91	228	62	248	639	2 111	179	128	304
神奈川	66	88	45	113	338	2 159	276	81	98
新潟	6	5	18	13	43	485	26	1	3
富山	―	4	4	7	17	450	62	2	7
石川	6	5	1	7	24	413	16	2	8
福井	5	1	2	7	11	205	14	―	1
山梨	4	3	6	9	27	235	25	1	2
長野	10	9	11	11	34	781	46	1	1
岐阜	6	10	5	11	31	976	118	3	2
静岡	27	29	18	37	124	878	58	4	7
愛知	53	74	27	106	244	2 558	884	22	56
三重	12	12	5	22	38	727	105	6	2
滋賀	10	7	11	24	66	378	71	2	7
京都	11	22	14	41	87	466	68	19	11
大阪	127	168	130	213	627	1 578	652	138	245
兵庫	44	53	58	109	277	1 324	139	28	39
奈良	13	―	8	10	37	295	47	4	4
和歌山	6	4	1	7	21	197	15	3	1
鳥取	1	1	3	14	25	122	6	1	―
島根	3	2	7	7	26	184	1	―	1
岡山	20	4	21	26	65	637	34	4	1
広島	17	28	20	41	100	569	31	4	4
山口	6	8	2	9	27	252	15	5	4
徳島	1	2	1	3	9	164	5	4	2
香川	5	5	7	9	23	239	9	2	3
愛媛	3	4	8	12	41	347	20	1	12
高知	2	5	6	6	23	329	7	3	5
福岡	26	30	51	68	213	1 836	61	24	107
佐賀	2	―	2	8	27	267	7	―	―
長崎	1	―	4	10	38	140	4	1	2
熊本	5	5	12	23	45	228	7	2	7
大分	5	2	9	5	33	211	9	1	8
宮崎	6	3	9	12	25	226	9	―	3
鹿児島	8	10	3	18	48	364	18	―	3
沖縄	10	13	8	12	49	322	54	10	33
全国	853	1 148	781	1 655	4 708	36 588	5 734	716	1 112

警察庁「犯罪統計資料」より作成。重要犯罪にはこのほか、略取誘拐・人身売買（2022年の認知件数は390件で、最も多いのは東京都の55件）がある。重要犯罪の認知件数は2021年から8.1％増加し、強制性交等および強制わいせつはいずれも 2 年連続で増加した。

表 7 - 38 少年犯罪（刑法犯）・来日外国人刑法犯の状況（2022年）

	刑法犯少年検挙人員 (人) (14～19歳)			触法（刑法）少年補導人員 (人) (13歳以下)			来日外国人 刑法犯	
	計	うち中学生	うち高校生	計	うち小学生	うち中学生	検挙件 数(件)	検挙人 員(人)
北海道	588	73	251	291	180	111	116	64
青森	74	9	36	52	34	17	22	6
岩手	67	11	28	53	35	18	46	8
宮城	154	18	61	36	19	17	53	32
秋田	50	11	22	35	18	17	23	10
山形	81	10	38	51	36	15	131	25
福島	126	16	46	89	57	32	72	12
茨城	164	20	59	79	47	32	215	148
栃木	126	15	55	33	21	12	179	77
群馬	173	24	62	78	50	28	450	155
埼玉	764	121	324	157	66	91	522	426
千葉	590	87	264	57	34	23	352	234
東京	1 919	257	787	1 123	770	353	1 599	1 059
神奈川	900	170	399	96	40	55	534	266
新潟	178	29	93	88	57	31	234	31
富山	146	33	60	39	23	15	140	58
石川	96	18	44	50	27	23	44	25
福井	73	9	33	19	16	3	66	36
山梨	63	3	24	2	2	—	41	21
長野	106	16	45	84	50	34	143	38
岐阜	197	35	71	94	53	41	299	146
静岡	413	91	150	161	99	62	397	185
愛知	1 134	197	461	220	94	126	663	597
三重	148	31	65	29	9	20	73	59
滋賀	249	72	93	106	43	63	137	52
京都	283	57	128	182	84	97	86	63
大阪	1 677	371	734	511	173	338	519	372
兵庫	804	174	350	449	257	192	491	260
奈良	189	32	76	93	48	45	49	46
和歌山	149	33	69	47	22	25	5	6
鳥取	89	16	35	64	45	19	83	13
島根	52	9	17	30	20	10	18	15
岡山	299	58	120	136	73	63	115	65
広島	365	79	157	258	166	92	129	72
山口	122	27	44	87	50	37	61	19
徳島	59	10	29	19	2	17	11	5
香川	120	23	52	61	29	32	38	23
愛媛	161	34	72	93	52	41	24	14
高知	104	29	39	58	27	31	27	14
福岡	881	158	360	332	192	140	188	146
佐賀	87	13	48	41	17	24	13	11
長崎	77	15	32	50	34	16	22	16
熊本	177	37	63	83	57	26	21	22
大分	47	16	15	19	14	5	15	14
宮崎	111	23	37	76	43	33	11	10
鹿児島	121	23	49	48	28	20	50	16
沖縄	334	128	111	166	72	93	21	22
全国	14 887	2 741	6 208	6 025	3 385	2 635	8 548	5 014

警察庁「令和 4 年中における少年の補導及び保護の概況」および同「犯罪統計資料」より作成。注記は360ページ。

第 8 章
公害と災害・事故

表 8 - 1　公害苦情件数の推移（地方公共団体の受理件数）（会計年度）（単位　件）

	苦情件数		うち典型 7 公害		苦情増加率 （倍） $\left(\dfrac{B}{A}\right)$	人口10万あたり 苦情件数	
	1972 （A）	2021 （B）	1972	2021		1972	2021
北海道	1 988	1 672	1 882	963	0.84	38.2	32.3
青森	817	572	742	199	0.70	56.9	46.8
岩手	455	629	433	319	⑧ 1.38	33.3	52.6
宮城	841	601	702	540	0.71	45.2	26.2
秋田	1 696	581	1 568	380	0.34	137.9	61.5
山形	657	591	530	365	0.90	54.1	56.0
福島	466	469	466	337	1.01	24.0	25.9
茨城	2 177	⑤ 3 746	1 917	⑧ 1 780	④ 1.72	98.5	① 131.4
栃木	906	1 440	765	843	⑥ 1.59	55.7	74.9
群馬	1 259	1 276	1 137	792	1.01	74.3	66.2
埼玉	3 429	⑧ 3 221	3 082	⑥ 2 655	0.94	80.4	43.9
千葉	2 488	③ 4 831	2 281	⑤ 3 249	③ 1.94	67.7	77.0
東京	16 650	① 7 383	15 595	① 6 453	0.44	143.4	52.7
神奈川	2 035	⑦ 3 446	1 988	④ 3 350	⑤ 1.69	34.3	37.3
新潟	1 164	1 016	1 079	778	0.87	49.4	46.7
富山	581	205	545	173	0.35	55.6	20.0
石川	968	504	861	360	0.52	94.5	44.8
福井	603	490	576	401	0.81	80.0	64.4
山梨	256	901	242	419	① 3.52	33.3	② 111.9
長野	2 230	2 216	1 933	1 198	0.99	112.8	③ 109.0
岐阜	1 981	1 704	1 836	1 123	0.86	109.9	⑧ 86.9
静岡	2 147	⑨ 2 389	2 020	⑩ 1 561	1.11	67.5	66.2
愛知	5 211	② 6 181	4 928	② 4 624	⑩ 1.19	92.3	⑩ 82.2
三重	2 390	1 537	2 063	1 008	0.64	151.8	⑦ 87.5
滋賀	735	723	690	504	0.98	79.5	51.3
京都	1 620	1 366	1 517	849	0.84	69.7	53.3
大阪	8 340	④ 4 223	7 831	③ 3 898	0.51	104.7	48.0
兵庫	4 349	⑩ 2 262	3 895	⑨ 1 711	0.52	90.4	41.6
奈良	927	959	740	483	1.03	93.4	72.9
和歌山	724	924	596	349	⑨ 1.28	68.7	⑤ 101.1
鳥取	287	263	247	199	0.92	50.4	47.9
島根	272	317	251	216	1.17	35.6	47.7
岡山	1 108	768	1 022	525	0.69	63.2	40.9
広島	1 383	1 191	1 288	954	0.86	54.7	42.8
山口	1 528	741	1 353	461	0.48	100.3	55.8
徳島	775	527	620	295	0.68	97.6	74.0
香川	976	544	852	400	0.56	105.4	57.7
愛媛	1 217	753	1 057	569	0.62	85.0	57.0
高知	1 088	343	871	212	0.32	137.3	50.1
福岡	3 154	⑥ 3 467	2 833	⑦ 2 003	1.10	76.9	67.7
佐賀	339	523	323	435	⑦ 1.54	41.0	64.9
長崎	814	884	740	524	1.09	52.4	68.2
熊本	936	894	863	659	0.96	55.9	51.7
大分	834	936	669	524	1.12	71.5	⑨ 84.0
宮崎	1 369	1 124	1 117	593	0.82	130.5	④ 105.9
鹿児島	1 250	1 428	886	468	1.14	73.3	⑥ 90.6
沖縄	344	978	295	694	② 2.84	35.5	66.6
全国	87 764	73 739	79 727	51 395	0.84	81.6	58.8

公害等調整委員会「公害苦情調査」より作成。○内の数字は全国順位。注記は360ページ参照。

表 8-2 公害苦情件数の内訳 (地方公共団体の受理件数) (2021年度) (単位 件)

	典型 7 公害							典型 7 公害以外
	大気汚染	水質汚濁	土壌汚染	騒音	振動	地盤沈下	悪臭	廃棄物投棄
北海道	230	22	57	389	50	—	215	695
青森	73	18	4	64	1	1	38	40
岩手	61	45	10	106	4	—	93	186
宮城	42	61	2	245	10	1	179	19
秋田	142	88	4	71	6	1	68	109
山形	77	130	6	87	1	—	64	81
福島	79	32	4	109	6	—	107	41
茨城	788	119	1	412	31	—	429	1 115
栃木	353	66	6	215	13	—	190	239
群馬	250	127	1	234	16	—	164	168
埼玉	727	175	5	1 030	215	—	503	190
千葉	991	138	2	1 253	212	1	652	1 079
東京	1 047	65	7	3 772	633	2	927	58
神奈川	985	139	1	1 514	249	2	460	71
新潟	164	157	3	191	28	1	234	121
富山	39	53	—	50	2	—	29	29
石川	107	71	—	126	6	—	50	48
福井	181	105	1	60	5	—	49	49
山梨	130	62	2	102	3	—	120	159
長野	424	244	16	228	10	1	275	335
岐阜	341	272	3	242	20	—	245	338
静岡	406	164	2	505	26	—	458	64
愛知	1 472	356	9	1 689	154	4	940	347
三重	313	147	—	204	19	—	325	111
滋賀	76	170	1	120	13	1	123	105
京都	193	127	2	343	24	—	160	259
大阪	818	237	2	1 995	247	1	598	120
兵庫	395	181	6	661	82	1	385	238
奈良	143	122	3	111	6	1	97	217
和歌山	118	64	—	88	10	—	69	163
鳥取	40	35	1	68	7	—	48	27
島根	111	45	2	24	5	—	29	84
岡山	144	116	1	163	26	—	75	88
広島	295	218	—	278	21	1	141	97
山口	218	66	2	87	6	—	82	164
徳島	131	48	3	56	4	—	53	104
香川	150	101	—	79	—	—	70	43
愛媛	251	71	1	144	8	—	94	54
高知	50	42	1	63	6	—	50	104
福岡	720	294	5	587	44	2	351	1 140
佐賀	180	112	2	48	6	1	86	63
長崎	142	68	3	151	3	—	157	251
熊本	172	123	2	186	31	—	145	135
大分	167	40	1	140	5	—	171	109
宮崎	214	113	4	119	10	—	133	243
鹿児島	110	61	3	110	10	1	173	287
沖縄	124	43	1	236	7	—	283	80
全国	14 384	5 353	192	18 755	2 301	23	10 387	9 867

資料は前表に同じ。注記は360ページ参照。

府県別統計 公害

表 **8-3**　ごみの排出状況 (2021年度) (単位　千 t)

	ごみ排出量	生活系ごみ1)	事業系ごみ	1人1日あたり排出量2)(g)	ごみの種類別搬入量3)			
					可燃ごみ	不燃ごみ	資源ごみ	粗大ごみ
北海道	1 781	1 264	518	941	1 085	131	314	69
青森	456	314	142	③ 1 002	369	28	38	13
岩手	401	281	120	908	311	17	41	9
宮城	808	572	236	⑦ 976	628	14	95	43
秋田	346	237	109	⑥ 989	196	9	34	12
山形	348	248	101	904	285	15	26	7
福島	693	495	198	② 1 029	579	25	59	14
茨城	1 006	744	262	953	783	43	117	24
栃木	648	485	164	913	524	22	73	13
群馬	688	529	159	⑨ 968	570	24	54	17
埼玉	2 270	1 777	492	841	1 616	88	286	45
千葉	2 028	1 483	545	880	1 524	69	276	59
東京	4 182	3 267	915	829	3 155	84	620	108
神奈川	2 758	2 129	629	819	1 558	37	414	60
新潟	798	555	244	⑤ 998	587	32	135	19
富山	392	259	132	① 1 032	287	18	63	4
石川	372	239	132	904	281	25	41	18
福井	260	193	67	925	201	20	18	11
山梨	284	208	76	952	231	14	25	6
長野	600	413	188	800	471	20	89	5
岐阜	626	442	183	874	507	26	48	23
静岡	1 127	818	309	843	936	26	105	22
愛知	2 412	1 765	648	877	1 822	91	337	57
三重	611	450	161	938	497	26	56	13
滋賀	418	313	105	809	329	18	44	13
京都	728	479	249	775	389	26	54	32
大阪	2 930	1 791	1 138	911	1 164	23	214	115
兵庫	1 794	1 221	573	895	1 399	57	143	71
奈良	431	313	118	883	337	18	32	13
和歌山	318	236	82	929	147	9	29	19
鳥取	202	115	86	④ 1 001	141	6	47	3
島根	229	157	72	940	176	16	29	2
岡山	634	413	220	923	539	15	38	19
広島	894	575	319	877	692	32	113	44
山口	477	321	156	⑧ 973	369	19	58	22
徳島	253	192	61	950	193	15	31	7
香川	300	206	94	851	232	21	42	4
愛媛	432	317	115	881	344	15	48	18
高知	242	174	68	955	176	7	22	9
福岡	1 727	1 148	578	926	1 088	56	158	52
佐賀	260	184	76	876	210	10	23	13
長崎	462	315	146	957	386	21	35	5
熊本	556	383	172	871	446	15	75	6
大分	391	266	124	946	317	16	45	9
宮崎	378	265	113	⑩ 961	286	17	63	9
鹿児島	528	368	159	900	405	22	70	22
沖縄	477	327	150	881	393	12	57	12
全国	40 953	29 246	11 706	890	29 162	1 371	4 831	1 188

環境省「一般廃棄物処理実態調査」より作成。排出量＝搬入量+集団回収量。○内の数字は全国順位。1) 集団回収量を含む。2) 外国人人口を含む総人口による。3) この他に混合ごみやその他のごみがあり、混合ごみは全国で2700千 t 。うち大阪1255千 t 、神奈川458千 t 、福岡310千 t 、京都180千 t など。

表8-4　ごみの処理状況（2021年度）（単位　千t）

	ごみ処理量	焼却処理量	資源化量1)	リサイクル率2)(%)	最終処分量	最終処分場3)		
						全体容量(千m³)	残余容量(千m³)	残余年数(年)4)
北海道	1 675	1 169	419	23.5	283	61 253	6 861	19.8
青森	448	385	65	14.2	51	9 888	1 693	27.3
岩手	387	336	69	17.1	37	4 079	625	13.6
宮城	780	675	127	15.7	92	10 116	4 894	43.2
秋田	341	295	50	14.6	32	7 732	1 161	29.8
山形	334	299	48	13.7	33	2 962	632	15.7
福島	678	597	92	13.3	80	6 662	985	10.0
茨城	998	804	210	20.7	66	2 368	317	3.9
栃木	634	542	102	15.7	58	2 222	590	8.4
群馬	667	589	99	14.5	67	4 821	1 010	12.3
埼玉	2 189	1 835	548	24.2	86	3 559	741	7.1
千葉	1 951	1 623	462	22.7	122	10 180	1 240	8.3
東京	3 999	3 308	1 028	24.4	224	102 594	22 154	80.6
神奈川	2 528	2 106	680	24.7	223	25 539	5 579	20.4
新潟	772	614	163	20.5	73	5 649	944	10.6
富山	375	297	88	22.3	36	2 295	458	10.5
石川	367	272	56	15.0	42	10 052	3 828	73.6
福井	250	220	35	13.3	28	889	277	8.2
山梨	275	235	47	16.6	19	499	260	11.0
長野	587	481	136	22.6	30	3 150	946	26.1
岐阜	612	527	102	16.3	46	8 830	1 576	28.0
静岡	1 094	962	211	18.7	46	5 384	938	15.8
愛知	2 317	1 939	539	22.3	160	18 916	2 911	14.9
三重	601	517	122	20.0	21	7 942	596	23.6
滋賀	407	343	72	17.1	42	3 540	502	9.8
京都	691	599	102	13.9	98	9 023	3 809	31.6
大阪	2 773	2 557	389	13.3	339	14 129	1 724	4.2
兵庫	1 698	1 513	277	15.4	201	35 859	11 187	45.5
奈良	406	358	69	15.8	49	2 104	619	10.4
和歌山	311	266	42	13.2	40	1 497	499	10.2
鳥取	197	144	57	28.5	12	1 029	183	12.0
島根	231	178	47	20.3	21	2 360	669	26.6
岡山	611	553	153	24.1	27	5 667	951	28.3
広島	881	646	182	20.4	95	8 216	1 328	11.4
山口	469	386	155	32.5	24	5 495	1 170	39.2
徳島	248	200	42	16.6	29	1 226	67	1.9
香川	298	235	58	19.4	26	3 538	410	12.6
愛媛	425	361	70	16.1	37	4 074	1 182	26.1
高知	242	201	49	20.3	10	1 634	449	36.3
福岡	1 663	1 333	359	20.8	160	18 010	4 335	22.1
佐賀	257	225	52	19.8	10	1 049	206	16.1
長崎	444	393	74	16.3	36	4 887	1 519	34.9
熊本	545	430	113	20.2	48	4 500	1 298	21.9
大分	389	334	73	18.7	27	5 739	865	26.4
宮崎	377	296	65	17.2	47	4 850	864	14.9
鹿児島	525	417	84	16.0	62	8 844	2 757	36.5
沖縄	475	406	75	15.8	28	2 516	638	18.7
全国	39 421	33 000	8 157	19.9	3 424	467 365	98 448	23.5

資料は表8-3に同じ。1) 集団回収量を含む。2) ごみ処理量と集団回収量の合計に対する資源化量の割合。3) 市町村、事務組合設置分。4) 最終処分されるごみの容量を、1m³＝0.8163tで換算。

表 8-5　産業廃棄物の推計排出量 （2020年度）（単位　千 t ）

	汚泥	動物の ふん尿	がれき類	ばいじん	鉱さい	ガラスく ず，陶磁 器くず1)	木くず	産業廃棄 物計×
北海道	11 124	20 028	3 693	631	682	544	575	38 159
青森	1 773	2 161	1 031	37	40	112	75	5 370
岩手	814	3 916	998	40	89	105	142	6 249
宮城	5 365	1 785	1 616	151	53	228	242	9 741
秋田	1 237	1 003	472	145	144	30	69	3 241
山形	1 016	983	915	260	30	58	103	3 641
福島	3 124	1 208	1 767	1 439	108	194	288	8 720
茨城	5 785	2 899	1 236	663	112	288	155	11 936
栃木	2 811	2 948	1 107	29	217	146	176	7 827
群馬	1 419	2 968	339	9	99	91	79	5 255
埼玉	7 135	627	2 459	42	117	254	214	11 703
千葉	7 589	2 883	1 919	2 140	1 738	293	230	18 948
東京	17 892	41	5 076	7	33	607	341	24 581
神奈川	10 663	342	3 513	235	204	390	269	16 885
新潟	4 296	970	1 576	117	137	233	211	8 395
富山	2 254	165	765	109	122	63	112	3 843
石川	1 098	189	830	217	10	110	83	2 731
福井	1 915	76	765	308	4	38	116	3 654
山梨	928	185	313	9	6	74	36	1 671
長野	2 678	640	906	181	28	218	158	5 229
岐阜	2 659	826	637	32	49	190	103	5 048
静岡	5 403	926	1 969	18	33	310	331	9 721
愛知	8 623	1 879	3 197	1 245	1 235	425	352	10 718
三重	4 798	917	1 303	90	68	200	149	8 077
滋賀	1 958	256	853	7	16	137	127	3 716
京都	2 296	244	833	13	42	41	78	3 852
大阪	8 415	40	2 363	35	221	185	190	12 458
兵庫	6 964	1 185	2 286	1 087	2 625	331	231	16 474
奈良	813	120	273	0	0	26	40	1 400
和歌山	611	64	796	347	922	43	111	3 100
鳥取	532	663	252	25	10	21	117	1 698
島根	310	641	519	202	115	51	179	2 173
岡山	2 745	1 305	788	627	275	137	219	6 677
広島	3 291	1 091	1 515	660	338	172	427	8 084
山口	2 895	415	1 183	807	240	206	189	6 916
徳島	1 365	597	349	165	3	17	44	2 750
香川	569	649	902	121	5	33	71	2 567
愛媛	5 393	794	604	488	20	58	83	7 791
高知	363	203	530	51	3	40	68	1 408
福岡	4 527	804	2 520	442	441	302	174	10 696
佐賀	1 368	904	300	30	23	39	122	3 041
長崎	1 034	1 647	854	1 118	3	124	109	5 138
熊本	2 099	3 077	1 162	480	45	293	119	7 677
大分	981	1 199	651	72	11	58	143	3 503
宮崎	730	5 874	583	60	35	29	112	7 905
鹿児島	1 098	8 119	825	0	0	181	200	11 157
沖縄	889	1 400	370	143	27	106	30	3 293
全国	163 648	81 855	59 713	15 136	10 778	7 832	7 790	373 818
再生利用	11 681	77 750	57 557	12 819	9 901	6 039	6 579	199 022
最終処分	2 076	44	1 736	1 125	689	1 209	251	9 089

環境省「産業廃棄物排出・処理状況調査」（2020年度実績）より作成。産業廃棄物は調査対象の廃棄物 19品目の合計。360ページの注記参照。1) コンクリートくずを含む。×その他とも。

表 8-6　自然災害の発生状況 (2021年)

	人的被害(人)		住家被害(棟)			り災世帯数1)(世帯)	り災者数1)(人)	被害総額(百万円)
	死者・行方不明	負傷者	全壊	半壊	一部破損			
北海道	18	315	1	2	126	18	37	4 638
青森	11	126	8	50	445	68	125	4 095
岩手	6	63	1	—	33	—	—	174
宮城	2	76	5	141	14 428	146	289	18 684
秋田	13	211	5	3	2 332	66	124	12 512
山形	14	198	4	3	95	7	8	15 923
福島	2	147	139	2 926	20 822	2 083	3 389	18 065
茨城	—	10	—	1	77	27	36	325
栃木	1	10	—	1	88	1	1	1 105
群馬	—	4	—	—	7	—	—	1 142
埼玉	—	14	—	2	81	3	7	4
千葉	—	32	1	2	206	35	47	1 636
東京	—	7	—	1	87	22	45	—
神奈川	1	37	3	—	45	13	25	2 028
新潟	21	344	5	8	304	20	31	9 797
富山	5	131	1	4	32	7	14	3 061
石川	2	56	—	1	13	1	1	2 405
福井	8	104	2	2	192	22	38	1 920
山梨	—	3	—	—	—	—	—	1 164
長野	4	38	11	4	63	17	30	28 611
岐阜	1	5	1	2	42	27	64	19 225
静岡	28	10	54	21	178	268	591	9 482
愛知	—	—	—	—	30	9	13	578
三重	—	2	—	—	75	—	—	5 657
滋賀	—	17	1	—	357	7	13	1 012
京都	—	4	—	—	13	19	30	2 045
大阪	—	13	—	—	14	6	6	4
兵庫	—	9	—	1	6	—	—	1 842
奈良	—	—	—	—	—	—	—	120
和歌山	—	11	—	—	69	1	1	3 133
鳥取	—	7	—	—	47	10	18	8 532
島根	2	7	3	38	200	146	356	57 943
岡山	—	3	—	1	8	1	1	1 777
広島	3	3	12	157	196	401	601	47 158
山口	—	—	2	2	15	9	13	3 182
徳島	—	—	—	—	—	—	—	292
香川	—	7	—	—	—	—	—	256
愛媛	—	1	1	—	8	11	20	2 764
高知	—	1	—	—	2	21	53	5 850
福岡	—	6	10	55	93	659	1 465	13 891
佐賀	—	9	5	1 168	25	1 485	3 151	39 066
長崎	5	4	7	1	12	11	19	16 346
熊本	2	2	1	4	69	14	35	18 128
大分	—	—	2	1	7	14	32	5 530
宮崎	—	—	—	3	3	23	34	4 749
鹿児島	1	—	—	—	8	66	120	17 448
沖縄	—	9	—	—	—	10	26	1 149
全国	150	2 055	286	4 605	40 953	5 774	10 909	414 480

消防庁「消防白書」(2022年版) より作成。暴風、豪雨、豪雪、洪水、高潮、地震、津波、火山噴火、その他異常な自然現象により生じた被害。2022年4月1日時点での数値。1) 全壊、半壊、床上浸水をした住家において、生活を営めない世帯とその居住者について都道府県が把握しているもの。

府県別統計　災害・事故

表 8-7　道路交通事故の発生件数および死者・負傷者数 (2022年)

	発生件数1) (件)		死者数 (人)			負傷者数 (人)	
	総数	人口10万 あたり	総数	うち高齢者2)	人口10万 あたり	総数	人口10万 あたり
北海道	8 457	164.5	115	63	2.2	9 785	190.4
青森	2 375	197.2	31	15	2.6	2 853	236.9
岩手	1 511	128.0	37	23	3.1	1 812	153.5
宮城	4 117	180.6	37	18	1.6	4 912	215.4
秋田	1 157	124.4	33	21	3.5	1 351	145.3
山形	2 970	285.3	26	17	2.5	3 469	333.2
福島	2 702	150.9	47	30	2.6	3 132	175.0
茨城	6 271	220.8	91	50	3.2	7 699	271.1
栃木	3 877	203.1	50	35	2.6	4 641	243.1
群馬	9 803	512.4	47	34	2.5	12 072	631.0
埼玉	16 576	225.9	104	65	1.4	19 596	267.1
千葉	13 223	211.0	124	64	2.0	15 839	252.8
東京	30 170	214.9	132	54	0.9	33 429	238.1
神奈川	21 098	228.5	113	44	1.2	24 382	264.1
新潟	2 728	126.7	61	41	2.8	3 123	145.1
富山	1 953	192.1	34	22	3.3	2 202	216.6
石川	1 987	177.8	22	13	2.0	2 248	201.1
福井	939	124.7	27	20	3.6	1 063	141.2
山梨	2 019	251.8	25	13	3.1	2 516	313.8
長野	4 752	235.2	46	27	2.3	5 611	277.8
岐阜	2 895	148.8	75	48	3.9	3 500	179.9
静岡	18 678	521.4	83	52	2.3	23 662	660.5
愛知	23 825	317.9	137	64	1.8	28 072	374.5
三重	2 917	167.4	60	41	3.4	3 638	208.8
滋賀	2 862	203.1	38	23	2.7	3 599	255.4
京都	3 810	149.4	45	28	1.8	4 413	173.1
大阪	25 509	290.5	141	57	1.6	29 760	338.9
兵庫	16 372	303.0	120	66	2.2	19 425	359.6
奈良	2 603	199.3	29	14	2.2	3 092	236.8
和歌山	1 389	153.8	24	14	2.7	1 649	182.6
鳥取	598	110.0	14	6	2.6	691	127.1
島根	766	116.4	16	12	2.4	836	127.1
岡山	4 348	233.5	74	44	4.0	4 855	260.7
広島	4 315	156.4	74	38	2.7	5 088	184.4
山口	2 261	172.1	31	21	2.4	2 633	200.5
徳島	1 960	278.5	23	18	3.3	2 333	331.5
香川	3 144	336.6	35	24	3.7	3 730	399.3
愛媛	2 132	163.2	44	31	3.4	2 355	180.3
高知	943	139.6	26	20	3.8	1 010	149.5
福岡	19 868	388.3	75	44	1.5	25 285	494.2
佐賀	3 238	404.4	23	14	2.9	4 219	526.9
長崎	2 611	203.5	28	19	2.2	3 316	258.4
熊本	3 175	184.8	53	31	3.1	3 924	228.4
大分	2 271	205.2	32	21	2.9	2 804	253.3
宮崎	3 798	360.9	32	18	3.0	4 245	403.4
鹿児島	3 088	197.6	42	24	2.7	3 421	218.9
沖縄	2 778	189.2	34	10	2.3	3 311	225.5
全国	300 839	240.8	2 610	1 471	2.1	356 601	285.4

警察庁「交通死亡事故の発生状況及び道路交通法違反取締り状況等について」より作成。人口10万あた
りは2022年10月1日現在推計人口より算出。死者数は事故後24時間以内に死亡したもの。1) 人身事故
のみ。2) 65歳以上。

表8-8 火災の被害状況（2022年）

	出火件数（件）	死者数1)（人）	負傷者数（人）	り災世帯数（世帯）	損害額（百万円）	建物焼損床面積（m²）	林野焼損面積（a）
北海道	1 639	80	231	737	2 813	56 624	2 277
青森	485	30	69	245	1 015	23 664	3 775
岩手	340	27	69	152	2 374	32 035	1 045
宮城	586	29	89	338	1 963	21 887	933
秋田	314	26	36	142	2 507	45 860	408
山形	284	20	70	153	746	14 516	452
福島	569	37	84	260	1 277	28 268	751
茨城	1 091	42	183	463	15 518	60 020	744
栃木	640	28	81	219	1 842	23 856	1 283
群馬	655	28	85	268	1 315	19 476	138
埼玉	1 701	70	266	1 119	3 298	38 716	102
千葉	1 832	63	292	897	3 640	38 005	1 611
東京	3 970	90	743	2 509	5 477	22 735	24
神奈川	1 894	50	296	1 154	1 753	19 472	294
新潟	516	35	115	298	2 479	34 585	76
富山	154	16	28	121	708	15 434	9
石川	232	17	34	131	526	7 350	42
福井	172	10	38	75	291	4 670	82
山梨	316	11	37	113	711	9 796	148
長野	734	32	126	295	1 388	23 868	1 144
岐阜	633	34	95	1 945	2 721	42 765	356
静岡	908	31	125	498	3 526	23 601	229
愛知	1 861	75	310	840	3 360	36 694	259
三重	617	19	70	218	1 678	14 652	188
滋賀	429	14	55	216	808	9 692	26
京都	530	23	105	342	1 099	15 306	72
大阪	1 841	53	389	1 747	13 530	23 030	73
兵庫	1 646	65	269	711	2 874	33 289	3 093
奈良	377	24	62	160	638	7 660	137
和歌山	352	10	56	165	1 011	9 972	19
鳥取	193	15	35	76	1 261	22 295	161
島根	292	10	37	99	1 104	28 528	467
岡山	722	26	110	253	1 135	19 169	1 312
広島	877	43	129	351	7 196	36 456	864
山口	603	17	70	239	908	14 818	279
徳島	232	8	28	83	317	5 860	587
香川	376	15	52	129	679	12 025	823
愛媛	474	26	72	258	828	14 416	2 474
高知	313	10	50	124	594	9 745	771
福岡	1 415	54	204	741	2 740	43 325	13 338
佐賀	330	6	45	114	730	11 776	614
長崎	507	31	53	240	768	17 088	151
熊本	698	29	112	309	1 184	21 203	12 684
大分	558	17	53	167	850	16 051	2 318
宮崎	467	15	57	198	6 119	23 701	3 821
鹿児島	599	22	59	203	645	14 550	259
沖縄	401	13	45	126	335	6 108	700
全国	36 375	1 446	5 719	20 241	110 279	1 074 612	61 413

消防庁「令和4年（1～12月）における火災の状況（概数）」より作成。1) 放火自殺者およびその巻き添え等を含む。

図 8-1　人口10万あたり建物火災件数（2022年）

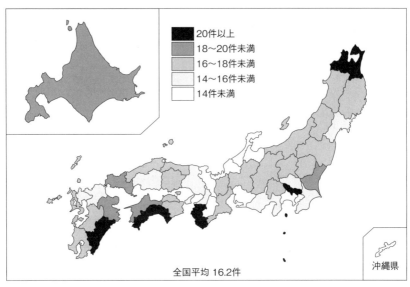

	20件以上
	18〜20件未満
	16〜18件未満
	14〜16件未満
	14件未満

沖縄県

全国平均 16.2件

資料は表8-8に同じ。人口は2022年10月 1 日現在推計人口。

表 8-9　出火件数の内訳（2022年）（単位　件）

	建物火災	林野火災	車両火災		建物火災	林野火災	車両火災
北海道	986	24	256	滋賀	243	6	53
青森	277	27	30	京都	344	13	48
岩手	193	30	50	大阪	1 270	9	166
宮城	347	20	60	兵庫	822	64	159
秋田	165	27	33	奈良	174	13	32
山形	176	17	30	和歌山	181	6	28
福島	309	35	73				
茨城	530	34	111	鳥取	95	5	17
栃木	315	20	94	島根	113	37	13
群馬	326	14	81	岡山	327	83	64
埼玉	1 039	7	168	広島	416	77	75
千葉	939	59	138	山口	250	33	45
東京	2 859	4	189	徳島	115	19	18
神奈川	1 173	9	173	香川	164	23	39
新潟	354	8	64	愛媛	256	25	28
富山	106	1	26	高知	146	23	26
石川	140	12	29	福岡	757	56	105
福井	95	6	21	佐賀	122	23	31
山梨	142	10	37	長崎	206	35	33
長野	350	21	58	熊本	300	69	58
岐阜	332	22	71	大分	204	57	47
静岡	502	14	119	宮崎	220	34	44
愛知	1 046	23	209	鹿児島	277	33	47
				沖縄	196	33	57
三重	286	24	61	全国	20 185	1 244	3 414

資料は表8-8に同じ。

表 8 - 10　労働災害の状況

| | 労働災害による死傷者数（人） | | | | 労働災害率（事業所規模100人以上） | | | |
| | | | | | 度数率1) | | 強度率2) | |
	2010	2020	2021	2022	2020	2021	2020	2021
北海道	6 486	7 735	8 146	7 177	3.49	3.22	0.10	0.14
青森	1 170	1 288	1 641	1 454	1.46	2.61	0.04	0.13
岩手	1 222	1 358	1 530	1 513	2.26	2.91	0.09	0.05
宮城	2 191	2 407	3 038	2 567	2.51	2.73	0.15	0.05
秋田	1 029	1 087	1 220	1 152	1.76	2.45	0.04	0.06
山形	1 080	1 190	1 417	1 292	3.11	2.63	0.09	0.07
福島	1 786	2 001	2 465	2 128	2.71	1.91	0.18	0.05
茨城	2 686	3 110	3 498	3 028	2.45	1.84	0.20	0.14
栃木	1 734	1 997	2 312	2 058	0.94	1.22	0.02	0.05
群馬	2 211	2 507	2 735	2 519	1.81	2.51	0.06	0.10
埼玉	5 564	6 769	7 837	7 088	3.38	2.45	0.07	0.07
千葉	5 017	5 878	6 745	6 114	2.38	2.77	0.07	0.07
東京	9 326	10 645	12 877	10 786	1.31	1.58	0.11	0.09
神奈川	6 574	7 617	8 668	7 780	2.18	2.21	0.07	0.05
新潟	2 536	2 522	3 204	2 628	2.16	2.44	0.03	0.11
富山	1 119	1 182	1 248	1 155	1.57	1.96	0.04	0.04
石川	1 085	1 158	1 357	1 224	2.29	2.24	0.03	0.05
福井	785	893	955	923	2.19	1.86	0.12	0.04
山梨	716	745	877	908	1.23	2.33	0.08	0.04
長野	1 898	2 121	2 405	2 352	1.47	2.09	0.03	0.03
岐阜	2 100	2 150	2 536	2 263	1.67	1.74	0.04	0.09
静岡	4 180	4 354	4 699	4 546	1.68	1.71	0.06	0.07
愛知	6 485	7 460	7 989	7 575	1.41	1.59	0.08	0.05
三重	2 313	2 188	2 609	2 316	1.51	2.16	0.03	0.08
滋賀	1 307	1 464	1 665	1 501	1.61	1.93	0.04	0.22
京都	2 324	2 528	2 840	2 489	2.24	1.84	0.06	0.15
大阪	8 459	8 726	11 299	8 847	1.85	2.12	0.06	0.06
兵庫	4 680	5 381	5 967	5 123	1.79	2.36	0.10	0.16
奈良	1 335	1 347	1 613	1 323	2.12	2.67	0.07	0.08
和歌山	1 217	1 115	1 250	1 131	1.25	2.03	0.05	0.05
鳥取	465	584	577	551	2.37	1.88	0.12	0.02
島根	727	688	825	718	2.71	1.87	0.03	0.06
岡山	1 893	2 337	2 501	2 179	1.94	2.38	0.05	0.07
広島	2 949	3 245	3 693	3 137	1.65	2.07	0.07	0.05
山口	1 296	1 371	1 557	1 328	1.25	0.80	0.04	0.02
徳島	822	876	1 017	911	2.14	2.01	0.33	0.03
香川	1 177	1 253	1 326	1 182	2.20	2.41	0.24	0.18
愛媛	1 537	1 552	1 690	1 516	1.67	1.80	0.21	0.03
高知	1 058	1 019	965	944	2.48	3.34	0.61	0.08
福岡	4 856	5 906	6 841	5 714	2.23	2.15	0.06	0.07
佐賀	1 018	1 288	1 378	1 231	2.39	2.06	0.10	0.15
長崎	1 390	1 717	1 791	1 654	2.50	2.80	0.06	0.07
熊本	1 773	2 079	2 182	2 019	1.92	1.92	0.12	0.05
大分	1 185	1 290	1 379	1 301	1.44	1.23	0.16	0.13
宮崎	1 370	1 576	1 687	1 607	3.21	3.55	0.12	0.08
鹿児島	1 699	2 100	2 256	2 082	2.48	2.89	0.05	0.56
沖縄	903	1 352	1 611	1 321	2.66	4.26	0.06	0.14
全国	116 733	131 156	149 918	132 355	1.95	2.09	0.09	0.09

厚生労働省「労働者死傷病報告」および同「労働災害動向調査報告」より作成。本表で直接都道府県間の比較をすることは、産業構成の相違等もあるため注意を要する。注記は360ページ参照。1) 100万延べ実労働時間あたりの労働災害による死傷者数。2) 1000延べ実労働時間あたりの延べ労働損失日数。

表の資料・注記

1-1 面積 総面積は国土地理院「全国都道府県市区町村別面積調」、可住地面積および総面積に対する割合は総務省「社会生活統計指標」、民有地面積は同「固定資産の価格等の概要調書」より作成。1）2022年10月1日現在。北海道の下のカッコ内は北方領土を含む面積、全国の下のカッコ内は北方領土および竹島を含む面積。境界未定部分を有する都道府県の面積値については、参考値（便宜上の概算数値）として発表されている。2）2021年10月1日現在。総面積（北方領土および竹島を除く）から、主要湖沼面積と林野面積を差し引いたもの。3）2021年10月1日現在の総面積に対する割合。4）2022年1月1日現在。固定資産税の対象となる評価総地積。国有地、公有地等は含まれない。

1-11 人口動態 出生には父母いずれかが外国籍の場合を含む。都道府県は、出生は子の住所、死亡は死亡者の住所による。1）住所が外国または不詳のものを含む。

1-12 婚姻・出産年齢および合計特殊出生率の推移 1）2022年に結婚生活に入り届け出たものから、結婚式をあげたときまたは同居をはじめたときのうち、早いほうの年齢を平均したもの。都道府県は夫の住所による。2）都道府県は子の住所による。3）合計特殊出生率とは、15〜49歳までの女性の年齢別出生率を合計したもので、1人の女性がその年齢別出生率で一生の間に産むとしたときの子どもの数に相当する。

1-14 世帯数の推移 2010年および20年は総務省「国勢調査」、2022年および23年は同「住民基本台帳に基づく人口、人口動態及び世帯数」より作成。本表における世帯数は、一般世帯と施設等の世帯を合計した総世帯数。一般世帯とは、住居と生計を共にしている人の集まりや一戸を構えて住んでいる単身者など。施設等の世帯は、寮などに住む学生や病院・施設の入所者など。国勢調査が調査時の居住地に基づいた全数調査なのに対し、住民基本台帳は住民登録を基にしているため、人口や世帯数が異なる。また、住民基本台帳では、施設等に住む者であっても生計が別であれば別世帯とみなすが、国勢調査では施設1棟につき1世帯と数えるため、住民基本台帳の方が世帯数が多くなる傾向にある。1）総世帯1世帯あたり人員。住民基本台帳による世帯数と人口を用いて編者算出。

1-16 人口集中地区 総人口・総面積に対する割合および全体の人口密度との比較は編者算出。人口集中地区とは、市部・町村部の区別とは別に、都市的地域を明瞭に把握するために設定された区分。原則として人口密度4000人/km²以上の調査区が隣接してできた、人口5000人以上の地域を指す。1）計算に使われた2015年の人口は、2020年10月1日現在の市区町村の境域に基づいて組み替えたもの。2）北海道は北方領土、島根県は竹島、全国はその両方を含む総面積に対する割合。

1-17 過疎地域 人口、面積、人口密度は、2022年4月1日現在の過疎区域に対する2020年10月1日現在の国勢調査のデータ。人口密度は人口と面積を用いて編者算出。1）一部が過疎区域の市町村を含む。2）原資料により、北海道は北方領土、島根県は竹島、全国はその両方を含む総面積に対する割合。

1-19 昼間人口 昼間人口は従業地・通学地による人口で、夜間人口は常住地による人口。昼夜間人口比率は、夜間人口100人あたりの昼間人口。1）従業地・通学地「不詳」の常住人口を含む。

2-1 有業者 本表から表2-5までは就業構造基本調査によるが、就業構造基本調査はふだんの就業状態を把握するもの（ユージュアル方式）で、国勢調査のように調査対象の1週間の就業状態を把握するもの（アクチュアル方式）と異なる。仕事に就いている人は、本表では「有業者」、国勢調査では「就業者」となるが、これは就業状態の把握の仕方の違いによる。「有業者」は、ふだん収入を得ることを目的に仕事をしており、調査日（2022年10月1日）以降も仕事をすることになっている者や、仕事は持っているが現在は休んでいる者。なお、自営業の家族が無給で仕事を手伝った場合も

含むほか、仕事があったりなかったりする者など、ふだんの就業状態がはっきり決められない者は、おおむね1年間に30日以上仕事をしている場合を有業者としている。有業者のうち「仕事は従な者」は、家事や通学などが主な者。「無業者」はふだん仕事をしていない者。「有業率」は調査対象の15歳以上人口に対する有業者の割合。

2-3 産業別有業者数　2022年就業構造基本調査は、全国約54万世帯（15歳以上の世帯員約108万人）を対象に実施した調査で、全数調査の国勢調査と異なる。調査結果で該当数値のないものは「—」で示される。

2-6 雇用の動向　5人以上の常用労働者を雇用する事業所に関する調査で、調査対象は農林水産業や公務、分類不能の産業を除く全産業。常用労働者は期間を定めず、または1か月を超える期間を定めて雇われる者。2022年1月1日現在の常用労働者数は、2021年12月末日現在の状況について調査したもの。入職者、離職者は2022年の年間合計で、他企業の出向者・出向復帰者を含む。入職率、離職率はそれぞれ2022年1月1日現在の常用労働者数に対する割合。労働力の移動で他県からの移動は入職後の都道府県を示し、他県への流出は入職前の都道府県を示す。

2-7 外国人労働者　外国人労働者（特別永住者や在留資格「外交・公用」を除く）の雇入れや離職時には、事業主が在留資格等を確認してハローワークに届け出る義務がある。本表は届け出のあった者のみで、届け出のない外国人労働者は含まれない。

2-10 完全失業率　労働力調査は都道府県別データを公表するように標本設計されておらず（北海道と沖縄を除く）、全国結果に比べて結果精度が十分確保できていない。本データは、標本規模の大きい一部の都道府県は全国と同じ方法で、それ以外の府県は時系列回帰モデル（地域のトレンドなどを踏まえたモデル）で推計したもの。

2-11 実労働時間と現金給与　全国の数値は全国調査結果による。調査対象は農林水産業や公務、分類不能の産業を除く全産業。ただし船員を除く。常用労働者は期間を定めず、または1か月以上の期間を定めて雇われる者。総実労働時間は、所定内労働時間と所定外労働時間（残業や休日出勤など）の合計。現金給与総額は、定期給与（基本給や家族手当、超過労働手当など）と特別給与（賞与など）の合計。所得税や社会保険料などを差し引く前の金額で、退職金は含まず。

3-1 原油処理能力とガソリンスタンド数　石油連盟資料および資源エネルギー庁資料より作成。原油処理能力は、都道府県ごとに所在する製油所の常圧蒸留装置能力を集計したもの。ガソリンスタンド数は品質確保法に基づく登録数で、固定式と可搬式の合計。ガソリンスタンド数は1994年度が最多。1）茨城県の原油処理能力には、コンデンセートスプリッターの処理能力を含む。

3-6 太陽光・風力発電の導入容量　資源エネルギー庁資料より作成。固定価格買取制度（FIT法）認定設備のうち、電力買い取りがすでに行われているものの発電容量。1）発電設備容量10kW未満のもの。発電電力のうち余剰電力のみ買い取り。2）発電設備容量10kW以上のもの。発電電力は全量買い取り。

4-1 農業経営体数　「農林業センサス報告書」（2020年）の「第2巻　農林業経営体調査報告書（総括編）」より作成。農業経営体は、一定規模以上の農業を行うもの、または農業委託サービスを行っているもので、個人経営体と団体経営体がある。個人経営体は、個人（世帯）で事業を行う経営体で、法人化して事業を行う経営体は含まない（2015年調査までは、法人化された経営体を含む「家族経営体」として区分されていた）。団体経営体には、法人経営のほかに、地方公共団体などの団体と法人化していない団体を含む。

4-2 個人経営体数と世帯員数　注記は表4-1参照。主業経営体および準主業経営体は、調査期日前1年間に自営農業に60日以上従事している65歳未満の世帯員がいる個人経営体。さらに、主業経営体は農業所得が世帯所得の50%以上を占め、準主業経営体は50%未満。副業的経営体は、調査期日前1年間に自営農業に60日以上従事している65歳未満の世帯員がいない個人経営体。世帯員は、原則として住居と生計を共にしてい

る者で、農業従事者は、15歳以上の世帯員のうち、調査期日前1年間に1日以上自営農業に従事した者。そのうち、基幹的農業従事者は、ふだん仕事として主に自営農業に従事している者。

4-5 耕地の拡張・かい廃面積 拡張は、耕地以外の地目から田畑に転換され、作物の栽培が持続的に可能となった状態。かい廃は、自然災害や人為的な理由によって田畑がほかの地目に転換し、作物の栽培が困難となった状態で、田畑別では田畑転換によっても生じる。

4-6 農業産出額と生産農業所得 農業産出額は、都道府県別の品目別ごとの生産数量に品目別ごとの農家庭先価格を乗じて求めたもの。都道府県別の農業産出額の合算値は、都道府県間で取引された種苗、子豚等の中間生産物が重複計上されるため、全国値はそれらの重複分を除いた農業総産出額。生産農業所得は、農業生産活動によって生み出された付加価値であり、農業産出額から物的経費を控除し、経常補助金を実額加算して算出される。作物統計および農林業センサス等を活用した推計結果であり、農林業センサスが属人統計（作物を生産した人が所在する場所別に集計される統計）であるため、属地統計（作物が生産された場所別に集計される統計）とは異なる作物を含むことに留意。

4-7 農業生産関連事業の年間販売金額 農業経営体（表4-1の注記参照）と、農業協同組合および農業協同組合が50%以上出資する子会社が対象。事業体が複数の事業を営んでいる場合は、その営んでいる事業ごとにそれぞれ1事業体としてカウントする。

4-20 畜産物の生産量 農林水産省「畜産物流通統計」および同「牛乳乳製品統計」より作成。枝肉は骨つき肉。枝肉生産量は、府県別のと畜頭数に食肉卸売市場調査結果などから算出した1頭あたり平均枝肉重量を乗じて推定されたもので、家畜産地の生産量だけでなく、消費地における消費量に近いものもある。飲用牛乳等には加工乳、成分調整牛乳を含む。ブロイラーは、農林水産省「畜産統計」による。出荷羽数は2022年2月2日から2023年2月1日までの1年間。年間出荷数3千羽未満の飼養者を

除く。

4-21 林野面積・森林面積と素材生産量 現況森林面積は、林野面積から草生地を除いたもの。民有林は、公有林、私有林、独立行政法人等の合計。針葉樹は、すぎ、まつ、ひのきなどで、広葉樹は、なら、ぶななど。1）総土地面積に占める林野面積の割合。2）速報値。

4-22 林業産出額 林業産出額は、国内における木材、栽培きのこ、薪炭など、林業生産活動による生産額の合計。

4-24 漁業経営の状況 経営体の個人、漁業就業者（満15歳以上）は、いずれも海上作業日数が年間30日以上。保有漁船は過去1年間に使用した漁船のうち漁業経営体が管理運営する漁船。1）船外機付漁船は含まない。

4-25 漁業生産量と産出額 農林水産省「漁業・養殖業生産統計」、「漁業産出額」による。漁業産出額には捕鯨業を除く。養殖業収穫量は種苗養殖を除く。調査対象は水揚機関（漁協、産地市場）で、水揚機関で把握できない場合に限り漁業経営体を対象にしている。

4-28 事業所数 事業所とは、経済活動が行われている場所ごとの単位。調査対象は国内すべての事業所（ただし、農林漁家に属する個人経営の事業所、家事サービス業に属する事業所、外国公務に属する事業所を除く）。2021年調査は、調査票の欠測値や回答内容の矛盾などについて精査を行い、補足訂正を行っている。また、国税庁の情報を活用し、過去の調査では捉えられていなかった事業所を捉えており、2016年データとの比較には留意が必要。事業内容等不詳の事業所は、事業所として存在はしているが、記入内容等不備などで事業内容等が不明の事業所のこと。

4-29 民営事業所数と従業者数 従業者は、調査日現在で当該事業所に所属して働いているすべての人をいう。別経営事業所への出向・派遣者を含み、別会社からの出向・派遣は含まない。個人経営の事業所に関しては、無給の家族従業者を含む。

4-31 産業別の民営事業所数 事業所の産業分類は、原則、過去1年間の収入または販売額が最も多い主産業に分類される。

4-32 企業等数、売上高、純付加価値額　企業等とは、事業・活動を行う法人（外国の会社を除く）および個人経営の事業所。経済活動が行われている場所ごとを単位とする事業所とは異なり、個人経営であって同一の経営者が複数の事業所を経営している場合は、それらをまとめて一つの企業等となる。単独事業所の場合は、その事業所だけで企業等となる。売上高は、商品等の販売額または役務の提供によって実現した売上高などで、有形固定資産など財産を売却して得た収益は含めない。純付加価値額は、売上高から費用総額を差し引き、給与総額および租税公課を足し合わせたもの。売上高と純付加価値額は、必要な数値が得られた事業所を対象として集計されている。

4-34 個人企業の1企業あたり年間売上高　個人企業標本規模は約4万の抽出調査。調査対象産業は全産業に拡大されたが、以下は除く：農林漁業、鉱業、採石業、砂利採取業、電気・ガス・熱供給・水道業、鉄道業、航空運輸業、銀行業、協同組織金融業、酒場、ビヤホール、バー、キャバレー、ナイトクラブ、家事サービス業、病院、一般診療所、歯科診療所など。

4-37 製造業　経理事項は調査時点の前年1月〜12月の実績。全事業所が対象で、個人経営事業所を除く。1）当該事業所で働いている人をいい、他の会社など別経営の事業所から出向している人（受入者）も含む。臨時雇用者（日雇いなど）は含まない。2）派遣受入者に係る人材派遣会社への支払額を含む。3）製造品出荷額、加工賃収入額、くず廃物の出荷額およびその他収入額の合計であり、消費税および酒税、たばこ税、揮発油税および地方揮発油税を含んだ額。4）従業者29人以下の事業所は粗付加価値額（減価償却分を差し引かないもの）。

4-39 製造業の産業別事業所数と製造品出荷額等　個人経営事業所を除く、全事業所。産業分類別の項目のなかには、府県別内訳の合計と全国計が一致しないことがあるが、これは府県別内訳のほかに秘匿分があるため。各項目は、表4-37の注記を参照。1）家具など他の産業に分類されるものを除く。2）貴金属・宝石製品、装身具・ボタンなど、時計、楽器、がん具・運動用具、事務用品、漆器、畳等生活雑貨製品、他に分類されない製造業（人体安全保護具、ゲーム用の記録物、看板、ユニット住宅等）。

4-40 従業者規模別の製造業　中小企業基本法における、中小企業者、小規模事業者の定義を基に、従業者数規模を分けた。1）製造品出荷額、加工賃収入額、くず廃物の出荷額およびその他収入額の合計であり、消費税および酒税、たばこ税、揮発油税および地方揮発油税を含んだ額。

4-42 酒類の製成数量　製成数量は、生産量からアルコール等混和および用途変更分を加減したものであるため、マイナスとなる場合がある。その他は合成清酒、みりん、甘味果実酒、ブランデー、発泡酒など。

4-48 卸売業、小売業　（I）では、管理、補助的経済活動のみを行う事業所、産業細分類が格付不能の事業所、商品販売額（仲立手数料を含む）の無い事業所を含む。個人経営事業所は、法人でない団体を含む。（II）の年間商品販売額は、数値が得られた法人のみが対象。有体商品の販売額であり、土地・建物などの不動産及び株券、商品券、プリペイドカード、宝くじ、切手などの有価証券の販売額を含めない。

4-49 卸売業の年間商品販売額　表4-48の注記参照。産業別の格付方法は商品販売額の多い分類による。

4-50 小売業の年間商品販売額　表4-48、49の注記参照。

4-51 小売業の従業者規模別事業所数　管理、補助的経済活動のみを行う事業所、産業細分類が格付不能の事業所、商品販売額および仲立手数料のいずれの金額も無い事業所は含まない。表4-48（I）とは異なり、全国計は75万5015事業所。

4-52 小売業の商品販売形態別の年間商品販売額　小売業のなかで、卸売と格付される年間商品販売額は含まない。

4-53 サービス関連産業の売上高　民営事業所が調査対象。管理、補助的経済活動を行う事業所を除く。調査票の未回答項目や回答内容の矛盾などについては、内容を精査し、補足訂正が行われている。

5-1 県内総生産と県民所得の推移 県民経済計算は、GDPなどを算出する国民経済計算に準拠して、各都道府県が「県民経済計算標準方式」に基づいて作成したもの。県民所得は県内の居住者（個人のほか、法人企業・行政機関も含む）が、県内外での生産活動によって新たに生み出した所得（純生産物）をいう。この定義に従って、県外居住者に帰属する所得は、極力これを除いて推計されている。

5-11 行政投資額 生活基盤投資——市町村道、街路、都市計画、住宅、環境衛生、厚生福祉、文教施設、水道、下水道。産業基盤投資——国県道、港湾、空港、工業用水。農林水産投資——農林水産業。国土保全投資——治山治水、海岸保全。行政投資額には、このほか失業対策、災害復旧、鉄道、電気、ガスなどがある。

5-12 主要事業別行政投資額 事業別投資額には一般事業、公営企業のほか収益事業、国民健康保険事業、介護保険事業、公立大学付属病院事業の各投資がある。総額は表5-11参照。1）国県道、市町村道。2）公営企業の港湾整備を含む。3）公営企業の病院のほか介護サービス、国民健康保険事業、介護保険事業、後期高齢者医療事業、公立大学付属病院事業を含む。

5-18 民間生命保険の保有契約高 個人保険と団体保険は主要保障金額、個人年金保険は年金開始前（年金開始時における年金原資）と年金開始後（各時点における責任準備金）の合計。

5-20 火災・地震・自動車保険新契約状況 損害保険料率算出機構「損害保険料率算出機構統計集」より作成。火災保険と地震保険は、2021年度中の新規保険契約数と保険金額。自動車保険は、同年度内に取り扱われた保険の契約台数。普及率は同年度末で、保険の契約台数を自動車保有台数で割ったもの（原動機付自転車を除く）。1）府県別に分類不能な3万1335件を含む。2）府県別に分類不能な6兆4218億円を含む。3）全国計には府県別不明分の数値を含む。

6-1 鉄道輸送の概況 民鉄はJR以外の鉄・軌道事業者で、地方公共団体の事業者を含む。この調査に使用された原資料で、2地点相互の輸送量が方向別に区分されずに合算されているものは、往復で等しいものとみなして折半処理されている。

6-2 鉄道旅客利用状況 地域は地方運輸局別で、重複分を含むため、地域の合計が全国計と一致しない。事業者間の重複分はすべて含んでいる。民鉄の大手は東武鉄道、西武鉄道、京成電鉄、京王電鉄、小田急電鉄、東急電鉄、京浜急行電鉄、相模鉄道、名古屋鉄道、近畿日本鉄道、南海電気鉄道、京阪電気鉄道、阪急電鉄、阪神電気鉄道、西日本鉄道、東京地下鉄。公営は地方公共団体の事業者。1）海峡線を含む。2）津軽線を含む。日暮里－尾久－赤羽、岩切－利府、長町－東仙台、赤羽－武蔵浦和－大宮、松島－高城町を含む。3）三河島－南千住、三河島－田端を含む。4）白新線を含む。5）高崎線を含む。6）篠ノ井線を含む。岡谷－辰野－塩尻を含む。7）伊東線、福知山線を含む。品川－新川崎－鶴見、浜松町－浜川崎、鶴見－横浜羽沢－東戸塚、鶴見－八丁畷、鶴見－桜木町、大垣－関ヶ原、大垣－美濃赤坂、吹田貨物ターミナル－尼崎を含む。8）湖西線を含む。9）宇野線、本四備讃線（茶屋町－児島）を含む。10）内子線、本四備讃線（児島－宇多津）を含む。11）長崎線、佐世保線を含む。

6-3 自動車輸送の概況 データは、調査対象自動車および事業所の属する都道府県別での集計。

6-6 道路実延長と舗装率 調査対象は道路法が適用される道路で、他の法律が適用される農道や林道などは含んでいない。実延長は総延長から重複区間や未供用区間、渡船区間を除いたもの。福島県の市町村道は、東日本大震災の影響により2021年3月31日の最新データになっていない部分がある。

6-7 海上輸送量 乗込人員には、同一港内の往来や、自動車航走船（フェリー）乗込人員のうち乗船券を購入しないトラック、バス等の乗員、乗客を除く。外国航路は、一時的な寄港等（クルーズ船など）に伴い上陸した乗込人員を含む。貨物には、自動車航走船（フェリー）で輸送されたバス、トラック、乗用車を除く。ただし、商品としての自動車は含む。貨物のトンは原則としてフレート・トンで、容積1.133m^3（40立

方フィート）、または重量１トンを単位とし、容量、重量のうちいずれか大きい数値。ただし、トン数の決定を商慣習に従っている貨物は、その慣習に従っている。

6-8 航空輸送　大阪国際空港（伊丹空港）は大阪府に計上。拠点空港、地方管理空港、共用空港（米軍、自衛隊との共用を含む）。国際線旅客には乗客と降客のほか通過客（国際線から国際線への乗り継ぎ）があり、2022年度は2287千人。貨物は郵便取扱量を含んでいない。

6-11 ブロードバンドサービスの契約数　100人あたりは2022年10月１日現在推計人口より編者算出。

6-13 日刊新聞発行部数と普及度　日本新聞協会ウェブサイトより作成。新聞協会会員日刊新聞（2020年は116紙、2022年は112紙）の各年10月現在の１日あたりの総発行部数。発行部数の合計は、朝夕刊セットを１部とし、朝刊・夕刊単独の部数を加えたもの。発行部数の全国の数値には、わずかに海外向けを含んでいる。１部あたり人口や、１世帯あたり部数に用いた人口や世帯は、各年１月１日現在住民基本台帳人口による。

7-3 主要商品の小売価格　データは月別価格の単純平均。1）国産コシヒカリ。2）メバチやキハダの刺身用赤身のさく。3）黒まぐろ（本まぐろ）。4）白色卵。サイズ混合。5）Ｌサイズ。6）セルフ店やコーヒースタンドを除く。アイスコーヒーを除く。持ち帰りを除く。7）白灯油。詰め替え売りで店頭売りのもの。8）リットル売りで配達のもの。9）１か月20m³使用したときの料金。計量制。専用給水装置（専用栓）で一般用。10）セルフ式を除く。11）男性（高校生以下を除く）の総合調髪での理髪料。12）2022年度。全日制普通課程で、生徒の人数に合わせて加重平均している。

7-7 勤労者世帯の家計収支　家計調査から除外される世帯は、学生の単身世帯、料理飲食店、旅館、下宿屋を営む併用住宅、賄い付きの同居人がいる世帯、４人以上の住み込み営業使用人がいる世帯、世帯主が３月以上不在の世帯及び外国人世帯など。

7-11 １日の生活時間の配分　本調査は1976年より５年ごとに実施。対象は10歳以上。

平日・土曜日・日曜日の加重平均として１日の生活時間を配分したもの（平日平均×５＋土曜日平均＋日曜日平均）÷７。

7-18 体育施設数　民間体育施設は、都道府県別、産業小分類別、従業員規模別の母集団事業所数を反映したウェイトを用いた推計。端数は四捨五入されており、計と内訳の合計は必ずしも一致しない。

7-22 宿泊施設での延べ宿泊者数　本調査の外国人は日本国内に住所を有しない者。ただし、日本国内の住所の有無による回答が困難な宿泊施設は、日本国籍を有さない者を外国人宿泊者として回答している。

7-24 国民医療費　国民医療費とは、医療機関等における保険診療の対象となりうる傷病の治療に要した費用を推計したもの。保険診療の対象とならない評価療養（先進医療等）、選定療養（特別の病室への入院、歯科の金属材料等）、不妊治療における生殖補助医療等に要した費用は含まれない。また、傷病の治療費に限るため、正常な妊娠・分娩に要した費用、健康の維持・増進を目的とした健康診断、予防接種等に要した費用、固定した身体障害のため必要とする義眼や義肢等の費用も含まれない。

7-30 介護保険施設の在所者、在院者数　介護保険施設は、介護保険法による都道府県知事の指定や許可を受けたもの。1）老人福祉法に規定する特別養護老人ホーム（入所定員が30人以上のもの）。2）看護、医学的管理下における介護、機能訓練、その他必要な医療および日常生活上の世話を行う施設。3）2018年４月に、長期療養のための医療と日常生活上の世話（介護）を一体的に提供する施設として開設。主に長期療養が必要である要介護者に対し、医学的管理の下、介護や機能訓練、療養上の管理などを行う。4）医療法に規定する医療施設。入院する要介護者に対し、医学的管理の下、医療や介護を行う。介護医療院への転換が進んでおり、2024年３月末が経過措置の期限とされている。本表は介護指定病床の数値。

7-31 主な居宅介護・介護予防サービス利用者数　1）健康保険法等による利用者35万6876人、自費や市区町村別事業による利用者3830人を含む。2）介護老人保健施設、

介護医療院、医療施設の合計。3）生活介護（空床利用型を除く）と療養介護（介護老人保健施設、介護医療院、医療施設）の合計。

7-32 地域密着型介護サービス利用者数　地域密着型サービスとは、介護が必要になっても住み慣れた地域で生活できるよう、市町村長指定の事業者が地域住民に提供するサービス。介護予防サービスを行う事業所もある。1）連携型事業所の訪問看護利用者を含まない。2）看護小規模多機能型居宅介護。訪問看護と小規模多機能型居宅介護を組み合わせたサービス。3）入所定員30人未満の介護老人福祉施設（特別養護老人ホーム）。2021年9月末の在所者数。

7-34 児童福祉施設等　1）2021年9月末現在。推計値。保育所の利用児童数は抽出調査。四捨五入しているため各都道府県の合計と全国の値が一致しない場合がある。2）1号認定の児童（保育を必要とする事由に該当しない3〜5歳児）を含まない。3）保育所（原則20人以上）より少人数の単位で、0〜2歳の子どもを保育する事業。4）保育認定なしの児童を含まない。社会福祉施設等調査による2021年9月末現在の利用児童数は全国で60万5690人（1号認定の児童は含まれない）。5）都道府県とは別に集計された指定都市および中核市のデータを、編者が各都道府県のデータに足し合わせたもの。6）保育所等の待機児童数は2022年4月1日現在。放課後児童クラブの待機児童数は2022年5月1日現在。

7-35 生活保護被保護実世帯数および実人員　都道府県とは別に集計された指定都市および中核市のデータを、編者が各都道府県のデータに足し合わせたもの。保護率は、2020年10月1日現在の国勢調査人口および2021年10月1日現在の推計人口を用いて編者算出。保護停止中の世帯・人員を含む。

7-38 少年犯罪（刑法犯）・来日外国人刑法犯の状況　来日外国人とは、日本にいる外国人から定着居住者（永住者等）、在日米軍関係者および在留資格不明の者を除いた者をいう。

8-1 公害苦情件数の推移　苦情件数は、路上駐車、放置自転車、車両の搬出入、犬や猫のふんなどを含む。1972年度は、高度経済成長に伴い発生した公害苦情件数のピーク。ただし、2000年代に報道を契機に野焼きなどが問題化し、2001〜07年度は1972年度の苦情件数を上回っている。

8-2 公害苦情件数の内訳　苦情件数は複数の問題を生じているものであっても、主となる苦情1件のみの数値で重複しない。

8-5 産業廃棄物の推計排出量　環境省「産業廃棄物処理施設の設置、産業廃棄物処理業の許可等に関する状況」（2020年度実績等）によると、産業廃棄物の最終処分場の残存容量（2021年4月1日現在）は全国で1億5707万m^3であり、産業廃棄物の最終処分量を1t＝1m^3で換算した残余年数は17.3年である。

8-10 労働災害の状況　労働災害による死傷者数は、事業所から提出される労働者死傷病報告をもとに集計したもの。労働災害率（事業所規模100人以上）の調査対象産業は、総合工事業を除く。なお2008年より「医療、福祉」を調査対象とし、国営の事業所、郵便局、鉱山保安法の適用を受ける鉱山は調査対象外。2011年より「農業」を調査対象。2018年より「漁業」を調査対象。労働損失日数は、死亡または永久全労働不能は7500日、永久一部労働不能は障害の程度に応じて50〜5500日、一時労働不能は暦日の休業日数に300÷365を乗じて算出される。

第 3 部
市町村統計

　市は、地方自治法に定めるいくつかの要件を満たさなければならない。人口が5万人以上であること、全戸数の60％以上が中心の市街地にあること、人口の60％以上が商工業などの都市的業務に従事する者およびその者と同一世帯の者であることなどである。1947年の地方自治法施行当初は、人口の要件は3万人以上であったが、1954年に5万人以上に改められた。その後、暫定的に人口の要件を緩和する特例が何度も設けられた。「平成の大合併」の時期には、合併を条件として、1998年には4万人、2000年から2010年までは3万人に要件が緩和された。

　2023年3月31日現在の政令指定都市は札幌、仙台、さいたま、千葉、横浜、川崎、相模原、新潟、静岡、浜松、名古屋、京都、大阪、堺、神戸、岡山、広島、北九州、福岡、熊本の20市である。政令指定都市は人口50万人以上の市のうち政令で指定された市で、都道府県が持つ権限や財源の一部が移譲されている。

　なお、東京23区は特別区に区分される。政令指定都市の行政区と異なり、首長や議会、独自の予算を持つ特別地方公共団体であり、本書では東京23区を市の統計に加えて掲載している。

2012年1月1日から2023年3月31日までの市町村の変遷

2012年1月4日	愛知県長久手町が長久手市に。	
2012年10月1日	埼玉県白岡町が白岡市に。	
2013年1月1日	千葉県大網白里町が大網白里市に。	
2014年1月1日	岩手県滝沢村が滝沢市に。	
2014年4月5日	栃木県岩舟町が栃木市へ編入。	
2016年10月10日	宮城県富谷町が富谷市に。	
2018年10月1日	福岡県那珂川町が那珂川市に（筑紫郡消滅）。	
2019年5月1日	兵庫県篠山市が丹波篠山市に名称変更。	

　2023年3月31日現在の市町村の数は、792市（東京23区を除く）、743町、183村（北方領土の6村を除く）である。

表1　市町村ランキング（1）（東京都の特別区は各区ごとで集計）

面積（km²） （2022年10月1日現在） 全国都道府県 市区町村別面積調		人口（千人） （2023年1月1日現在） （住民基本台帳）		人口密度（人/km²） （左の2表より算出）	
高山市（岐阜）	2 178	（参考）23区（東京）	9 569	豊島区（東京）	22 191
浜松市（静岡）	1 558	横浜市（神奈川）	3 754	中野区（東京）	21 398
日光市（栃木）	1 450	大阪市（大阪）	2 742	荒川区（東京）	21 340
留別村1)（北海道）	1 443	名古屋市（愛知）	2 295	台東区（東京）	20 522
北見市（北海道）	1 427	札幌市（北海道）	1 960	文京区（東京）	20 341
静岡市（静岡）	1 412	福岡市（福岡）	1 581	墨田区（東京）	20 333
足寄町（北海道）	1 408	川崎市（神奈川）	1 524	新宿区（東京）	19 005
釧路市（北海道）	1 363	神戸市（兵庫）	1 511	目黒区（東京）	18 994
遠軽町（北海道）	1 332	京都市（京都）	1 385	品川区（東京）	17 697
別海町（北海道）	1 320	さいたま市（埼玉）	1 339	板橋区（東京）	17 636

出生数（人） （2022年） （住民基本台帳）		死亡数（人） （2022年） （住民基本台帳）		人口増減率（％） （増加率の高い自治体） （2022年） （住民基本台帳）	
（参考）23区（東京）	68 812	（参考）23区（東京）	93 657	占冠村（北海道）	13.43
横浜市（神奈川）	23 785	横浜市（神奈川）	39 511	倶知安町（北海道）	5.73
大阪市（大阪）	19 202	大阪市（大阪）	35 343	白馬村（長野）	3.16
名古屋市（愛知）	16 890	名古屋市（愛知）	26 469	西原村（熊本）	2.93
福岡市（福岡）	12 454	札幌市（北海道）	23 473	ニセコ町（北海道）	2.87
川崎市（神奈川）	11 556	神戸市（兵庫）	18 369	東川町（北海道）	2.51
札幌市（北海道）	11 258	京都市（京都）	17 506	つくば市（茨城）	2.30
さいたま市（埼玉）	9 812	福岡市（福岡）	14 531	南幌町（北海道）	2.28
神戸市（兵庫）	9 196	川崎市（神奈川）	13 648	印西市（千葉）	2.16
京都市（京都）	8 545	さいたま市（埼玉）	13 312	恩納村（沖縄）	1.95

人口増減率（％） （減少率の高い自治体） （2022年） （住民基本台帳）		婚姻件数（件） （2022年） （人口動態統計）		離婚件数（件） （2022年） （人口動態統計）	
球磨村（熊本）	-8.11	（参考）23区（東京）	59 211	（参考）23区（東京）	13 718
渡名喜村（沖縄）	-7.04	大阪市（大阪）	16 488	大阪市（大阪）	5 052
上野村（群馬）	-5.54	横浜市（神奈川）	16 339	横浜市（神奈川）	4 978
中川町（北海道）	-5.45	名古屋市（愛知）	12 105	名古屋市（愛知）	3 717
佐井村（青森）	-4.99	川崎市（神奈川）	9 233	札幌市（北海道）	3 455
三島村（鹿児島）	-4.90	福岡市（福岡）	8 723	福岡市（福岡）	2 538
高山村（群馬）	-4.86	札幌市（北海道）	8 292	神戸市（兵庫）	2 255
今別町（青森）	-4.74	さいたま市（埼玉）	6 254	川崎市（神奈川）	2 038
夕張市（北海道）	-4.62	京都市（京都）	6 128	京都市（京都）	1 997
上関町（山口）	-4.59	神戸市（兵庫）	6 028	広島市（広島）	1 754

1）北方領土（択捉島）。

全市町村のデータを、エクセルファイルで提供しています。
https://yt-ms.jp/q/data_kensei2024/（QRコードは361ページ）

市町村ランキング（2）（東京都の特別区は各区ごとで集計）

0～14歳人口割合（％）(2023年1月1日現在)(日本人人口)(住民基本台帳)	
三島村（鹿児島）	24.1
南風原町（沖縄）	20.4
八重瀬町（沖縄）	19.9
十島村（鹿児島）	19.8
新宮町（福岡）	19.4
豊見城市（沖縄）	19.2
宜野座村（沖縄）	19.0
中城村（沖縄）	18.7
嘉島町（熊本）	18.6
渡嘉敷村（沖縄）	18.6

65歳以上人口割合（％）(2023年1月1日現在)(日本人人口)(住民基本台帳)	
南牧村（群馬）	67.5
神流町（群馬）	62.9
天龍村（長野）	61.8
金山町（福島）	61.8
大豊町（高知）	60.1
東吉野村（奈良）	59.4
御杖村（奈良）	58.9
上関町（山口）	58.4
川上村（奈良）	57.7
今別町（青森）	57.1

平均年齢の高い自治体（歳）(2020年10月1日現在)(国勢調査、不詳補完)	
南牧村（群馬）	68.2
御杖村（奈良）	65.4
神流町（群馬）	65.1
天龍村（長野）	64.6
金山町（福島）	64.5
飯舘村（福島）	64.4
大豊町（高知）	63.8
東吉野村（奈良）	62.9
昭和村（福島）	62.7
今別町（青森）	62.3

平均年齢の低い自治体（歳）(2020年10月1日現在)(国勢調査、不詳補完)	
長久手市（愛知）	40.2
新宮町（福岡）	40.2
南風原町（沖縄）	40.6
粕屋町（福岡）	40.8
中城村（沖縄）	40.8
御蔵島村（東京）	40.9
朝日町（三重）	41.2
豊見城市（沖縄）	41.2
与那原町（沖縄）	41.3
野々市市（石川）	41.5

外国人人口（人）(2023年1月1日現在)(住民基本台帳)	
（参考）23区（東京）	485 444
大阪市（大阪）	152 560
横浜市（神奈川）	106 630
名古屋市（愛知）	86 283
神戸市（兵庫）	51 847
京都市（京都）	50 294
川崎市（神奈川）	46 701
福岡市（福岡）	40 959
新宿区（東京）	40 279
川口市（埼玉）	39 553

外国人人口割合（％）(2023年1月1日現在)(住民基本台帳)	
占冠村（北海道）	23.0
大泉町（群馬）	19.7
新宿区（東京）	11.6
倶知安町（北海道）	10.6
赤井川村（北海道）	10.3
蕨市（埼玉）	10.3
豊島区（東京）	10.0
留寿都村（北海道）	10.0
美濃加茂市（岐阜）	9.8
ニセコ町（北海道）	9.6

世帯数（千世帯）(2023年1月1日現在)(住民基本台帳)	
（参考）23区（東京）	5 333
横浜市（神奈川）	1 851
大阪市（大阪）	1 564
名古屋市（愛知）	1 157
札幌市（北海道）	1 097
福岡市（福岡）	842
川崎市（神奈川）	778
神戸市（兵庫）	772
京都市（京都）	730
さいたま市（埼玉）	631

昼夜間人口比率[2]の高い自治体（％）(2020年10月1日現在)(国勢調査、不詳補完)	
千代田区（東京）*	1 753.7
大熊町（福島）	688.0
中央区（東京）*	456.1
港区（東京）*	453.7
飛島村（愛知）	322.0
渋谷区（東京）*	259.7
新宿区（東京）*	258.6
芳賀町（栃木）	225.6
浪江町（福島）	219.5
富岡町（福島）	219.4

昼夜間人口比率の低い自治体（％）(2020年10月1日現在)(国勢調査、不詳補完)	
七ヶ浜町（宮城）	66.2
狛江市（東京）	67.7
富士見市（埼玉）	68.9
大治町（愛知）	69.9
舟橋村（富山）	71.5
練馬区（東京）*	72.2
豊能町（大阪）	72.5
中山町（山形）	73.0
日高町（和歌山）	73.0
大網白里市（千葉）	73.1

*特別区から異なる特別区への移動を含む。2) 分母となる国勢調査人口が0人の福島県双葉町を除く。

市町村ランキング（3）（東京都の特別区は各区ごとで集計）

就業者数（千人） （常住地ベース） （2020年10月1日現在） （国勢調査、不詳補完）		完全失業者数（千人） （常住地ベース） （2020年10月1日現在） （国勢調査、不詳補完）		労働力率（％） （15歳以上人口に占める 就業者と完全失業者） （2020年10月1日現在） （国勢調査、不詳補完）	
（参考）23区（東京）	5 716	（参考）23区（東京）	213.4	大熊町（福島）	90.0
横浜市（神奈川）	1 999	大阪市（大阪）	80.0	青ヶ島村（東京）	89.9
大阪市（大阪）	1 494	横浜市（神奈川）	74.7	利島村（東京）	86.6
名古屋市（愛知）	1 228	札幌市（北海道）	50.3	小笠原村（東京）	85.3
札幌市（北海道）	1 009	名古屋市（愛知）	48.0	粟島浦村（新潟）	84.9
川崎市（神奈川）	877	福岡市（福岡）	42.2	北大東村（沖縄）	84.8
福岡市（福岡）	845	京都市（京都）	35.5	御蔵島村（東京）	83.7
京都市（京都）	741	神戸市（兵庫）	33.1	川上村（長野）	80.7
神戸市（兵庫）	727	川崎市（神奈川）	29.8	座間味村（沖縄）	79.6
さいたま市（埼玉）	704	さいたま市（埼玉）	26.3	中央区（東京）	78.4

農業従事者（人） （過去1年間に60日 以上従事した人） （2020年2月1日現在） （農林業センサス）		海面漁業就業者（人） （2018年11月1日現在） （漁業センサス）		耕地面積（ha） （2022年7月15日現在） （作物統計）	
新潟市（新潟）	12 924	函館市（北海道）	2 458	別海町（北海道）	63 300
浜松市（静岡）	9 965	対馬市（長崎）	2 285	新潟市（新潟）	32 700
弘前市（青森）	9 896	宇和島市（愛媛）	2 166	標茶町（北海道）	28 900
奥州市（岩手）	8 766	天草市（熊本）	2 036	中標津町（北海道）	24 500
一関市（岩手）	8 057	石巻市（宮城）	1 903	音更町（北海道）	24 300
田原市（愛知）	7 927	志摩市（三重）	1 737	北見市（北海道）	23 700
熊本市（熊本）	7 903	根室市（北海道）	1 576	帯広市（北海道）	22 900
長野市（長野）	7 111	佐世保市（長崎）	1 519	幕別町（北海道）	22 500
横手市（秋田）	7 026	大船渡市（岩手）	1 501	芽室町（北海道）	21 400
登米市（宮城）	6 965	佐賀市（佐賀）	1 420	奥州市（岩手）	19 800

水稲の作付面積（ha） （2022年7月15日現在） （作物統計）		水稲の収穫量（t） （2022年） （作物統計）		農業産出額 （千万円） （2021年）（推計） （市町村別農業産出額）	
新潟市（新潟）	24 500	新潟市（新潟）	140 100	都城市（宮崎）	9 015
長岡市（新潟）	12 300	大仙市（秋田）	65 900	田原市（愛知）	8 489
大仙市（秋田）	11 500	長岡市（新潟）	65 700	別海町（北海道）	6 664
上越市（新潟）	11 300	横手市（秋田）	63 900	鉾田市（茨城）	6 414
横手市（秋田）	10 900	鶴岡市（山形）	63 900	弘前市（青森）	5 236
鶴岡市（山形）	10 700	上越市（新潟）	61 100	新潟市（新潟）	5 098
大潟村（秋田）	9 830	登米市（宮城）	55 400	浜松市（静岡）	5 069
登米市（宮城）	9 760	大潟村（秋田）	54 000	熊本市（熊本）	4 607
奥州市（岩手）	9 570	奥州市（岩手）	51 900	鹿屋市（鹿児島）	4 583
栗原市（宮城）	9 240	栗原市（宮城）	49 200	那須塩原市（栃木）	4 557

市町村統計　市町村ランキング

市町村ランキング（4）（東京都の特別区は各区ごとで集計）

野菜の農業産出額 （千万円） （2021年）（推計） （市町村別農業産出額）	
鉾田市（茨城）	3 395
田原市（愛知）	3 044
熊本市（熊本）	2 416
八代市（熊本）	2 357
豊橋市（愛知）	2 022
北見市（北海道）	1 828
川上村（長野）	1 734
深谷市（埼玉）	1 704
宮崎市（宮崎）	1 697
八千代町（茨城）	1 531

果実の農業産出額 （千万円） （2021年）（推計） （市町村別農業産出額）	
弘前市（青森）	4 670
笛吹市（山梨）	2 577
甲州市（山梨）	1 801
浜松市（静岡）	1 606
東根市（山形）	1 415
山梨市（山梨）	1 413
八幡浜市（愛媛）	1 322
田辺市（和歌山）	1 311
天童市（山形）	1 309
中野市（長野）	1 257

畜産の農業産出額 （千万円） （2021年）（推計） （市町村別農業産出額）	
都城市（宮崎）	7 643
別海町（北海道）	6 642
那須塩原市（栃木）	3 736
曽於市（鹿児島）	3 625
鹿屋市（鹿児島）	3 453
菊池市（熊本）	3 241
大崎町（鹿児島）	3 080
標茶町（北海道）	2 855
前橋市（群馬）	2 602
出水市（鹿児島）	2 600

製造業 事業所数 （個人経営事業所を除く） （2022年6月1日現在） （経済構造実態調査）	
（参考）23区（東京）	12 313
大阪市（大阪）	6 741
名古屋市（愛知）	4 942
横浜市（神奈川）	3 325
京都市（京都）	2 932
東大阪市（大阪）	2 497
浜松市（静岡）	2 319
大田区（東京）	2 102
川口市（埼玉）	1 705
神戸市（兵庫）	1 694

製造業 従業者数（千人） （個人経営事業所を除く） （2022年6月1日現在） （経済構造実態調査）	
（参考）23区（東京）	153.1
大阪市（大阪）	122.7
豊田市（愛知）	114.4
名古屋市（愛知）	97.9
横浜市（神奈川）	93.0
浜松市（静岡）	71.1
神戸市（兵庫）	67.4
京都市（京都）	65.4
広島市（広島）	53.9
堺市（大阪）	53.1

製造業 製造品出荷額等（億円） （個人経営事業所を除く） （2021年） （経済構造実態調査）	
豊田市（愛知）	149 758
倉敷市（岡山）	46 185
市原市（千葉）	42 501
堺市（大阪）	42 306
横浜市（神奈川）	41 533
大阪市（大阪）	40 818
川崎市（神奈川）	39 571
神戸市（兵庫）	34 209
（参考）23区（東京）	34 118
名古屋市（愛知）	33 553

卸売業、小売業 事業所数 （民営事業所） （2021年6月1日現在） （経済センサス-活動調査）	
（参考）23区（東京）	82 756
大阪市（大阪）	34 597
名古屋市（愛知）	23 103
横浜市（神奈川）	19 245
福岡市（福岡）	15 973
京都市（京都）	13 620
札幌市（北海道）	13 595
神戸市（兵庫）	11 940
仙台市（宮城）	10 674
広島市（広島）	10 653

卸売業、小売業 従業者数（千人） （民営事業所） （2021年6月1日現在） （経済センサス-活動調査）	
（参考）23区（東京）	1 332
大阪市（大阪）	416
名古屋市（愛知）	270
横浜市（神奈川）	237
港区（東京）	168
千代田区（東京）	165
福岡市（福岡）	162
中央区（東京）	156
札幌市（北海道）	153
京都市（京都）	129

卸売業、小売業 年間商品販売額（億円） （民営事業所）（法人のみ） （2020年） （経済センサス-活動調査）	
（参考）23区（東京）	1 685 636
千代田区（東京）	449 939
大阪市（大阪）	397 274
港区（東京）	350 804
中央区（東京）	290 671
名古屋市（愛知）	258 374
福岡市（福岡）	135 580
横浜市（神奈川）	107 220
品川区（東京）	101 362
札幌市（北海道）	94 614

市町村ランキング（5）（東京都の特別区は各区ごとで集計）

情報通信業の就業者割合（%）(常住地ベース)(2020年10月1日現在)(国勢調査、不詳補完)		運輸業、郵便業の就業者割合（%）(常住地ベース)(2020年10月1日現在)(国勢調査、不詳補完)		金融業、保険業の就業者割合（%）(常住地ベース)(2020年10月1日現在)(国勢調査、不詳補完)	
渋谷区（東京）	16.5	成田市（千葉）	18.6	中央区（東京）	8.2
中野区（東京）	15.5	富里市（千葉）	15.6	千代田区（東京）	8.0
品川区（東京）	15.4	篠栗町（福岡）	15.1	港区（東京）	7.0
目黒区（東京）	15.0	愛川町（神奈川）	14.8	文京区（東京）	6.6
杉並区（東京）	14.8	久山町（福岡）	14.7	武蔵野市（東京）	5.9
豊島区（東京）	14.7	須恵町（福岡）	14.3	江東区（東京）	5.6
新宿区（東京）	14.6	芝山町（千葉）	14.2	新宿区（東京）	5.5
港区（東京）	14.3	粕屋町（福岡）	14.2	浦安市（千葉）	5.3
中央区（東京）	14.3	木曽岬町（三重）	13.6	杉並区（東京）	5.2
世田谷区（東京）	13.9	松伏町（埼玉）	13.6	渋谷区（東京）	5.2

不動産業、物品賃貸業の就業者割合（%）(常住地ベース)(2020年10月1日現在)(国勢調査、不詳補完)		学術技術・専門サービス業の就業者割合（%）(常住地ベース)(2020年10月1日現在)(国勢調査、不詳補完)		宿泊業、飲食サービス業の就業者割合（%）(常住地ベース)(2020年10月1日現在)(国勢調査、不詳補完)	
千代田区（東京）	6.9	つくば市（茨城）	14.3	箱根町（神奈川）	49.2
渋谷区（東京）	6.6	東海村（茨城）	14.1	草津町（群馬）	46.9
港区（東京）	6.2	港区（東京）	13.4	檜枝岐村（福島）	44.0
芦屋市（兵庫）	5.6	高根沢町（栃木）	13.1	占冠村（北海道）	43.8
軽井沢町（長野）	5.6	千代田区（東京）	12.7	渡嘉敷村（沖縄）	35.6
目黒区（東京）	5.4	渋谷区（東京）	12.4	座間味村（沖縄）	30.5
新宿区（東京）	5.4	中央区（東京）	12.4	竹富町（沖縄）	30.3
世田谷区（東京）	5.1	目黒区（東京）	11.5	留寿都村（北海道）	29.7
豊島区（東京）	5.0	文京区（東京）	11.3	白馬村（長野）	29.7
武蔵野市（東京）	5.0	富岡町（福島）	10.9	南小国町（熊本）	29.3

納税義務者数3)(千人)(2022年7月1日現在)(市町村税課税状況等の調)		課税対象所得3)4)(億円)(2022年度)(市町村税課税状況等の調)		納税義務者1人あたり課税対象所得3)4)5)(千円)(2022年度)(市町村税課税状況等の調)	
（参考）23区（東京）	5 255	（参考）23区（東京）	277 403	港区（東京）	14 714
横浜市（神奈川）	1 927	横浜市（神奈川）	82 721	周防大島町（山口）	11 770
大阪市（大阪）	1 280	名古屋市（愛知）	49 017	千代田区（東京）	10 768
名古屋市（愛知）	1 151	大阪市（大阪）	47 267	渋谷区（東京）	10 001
札幌市（北海道）	911	川崎市（神奈川）	35 415	中央区（東京）	7 609
川崎市（神奈川）	833	世田谷区（東京）	30 721	猿払村（北海道）	7 317
福岡市（福岡）	755	札幌市（北海道）	30 566	芦屋市（兵庫）	6 980
神戸市（兵庫）	688	福岡市（福岡）	28 132	目黒区（東京）	6 843
さいたま市（埼玉）	675	さいたま市（埼玉）	27 854	文京区（東京）	6 678
京都市（京都）	634	神戸市（兵庫）	26 211	世田谷区（東京）	6 031

3) 市町村民税の所得割（所得に応じた負担をするもの。市町村民税にはこのほか、所得に関わらず定額の負担を求められる均等割がある）。税額控除後、減免前に所得割の納税義務のある者で、道府県民税の所得割の対象と若干異なる。4) 2022年度の課税対象として計上された前年の所得。5) 課税対象所得を納税義務者数（所得割）で割ったもの。

市町村統計　市町村ランキング

市町村ランキング（6）（東京都の特別区は各区ごとで集計）

実質収支比率の高い自治体6)7)（％）（東京都区部を除く）（2021年度）（市町村別決算状況調）		実質収支比率の低い自治体6)7)（％）（東京都区部を除く）（2021年度）（市町村別決算状況調）		公債費負担比率6)8)（％）（2021年度）（市町村別決算状況調）	
陸前高田市（岩手）	64.4	南相木村（長野）	0.1	夕張市（北海道）	42.3
粟島浦村（新潟）	60.6	京都市（京都）	0.1	津野町（高知）	35.4
双葉町（福島）	54.1	河内長野市（大阪）	0.1	能登町（石川）	32.2
豊丘村（長野）	36.0	相良村（熊本）	0.1	大任町（福岡）	31.3
水上村（熊本）	35.3	松川村（長野）	0.2	西ノ島町（島根）	31.1
球磨村（熊本）	34.7	与謝野町（京都）	0.2	中土佐町（高知）	29.8
南牧村（長野）	32.7	神戸市（兵庫）	0.2	仁淀川町（高知）	28.8
三島村（鹿児島）	32.6	城陽市（京都）	0.4	南阿蘇村（熊本）	28.3
山江村（熊本）	31.1	綾部市（京都）	0.5	奥出雲町（島根）	27.4
阿武町（山口）	30.9			知夫村（島根）	26.1

財政力指数の高い自治体6)9)（東京都区部を除く）（2019～2021年度平均）（市町村別決算状況調）		財政力指数の低い自治体6)9)（東京都区部を除く）（2019～2021年度平均）（市町村別決算状況調）		実質公債費比率6)9)（％）（2019～21年度平均）（市町村別決算状況調）	
飛島村（愛知）	2.10	三島村（鹿児島）	0.06	夕張市（北海道）	68.3
六ヶ所村（青森）	1.69	丹波山村（山梨）	0.07	土佐清水市（高知）	17.4
軽井沢町（長野）	1.61	知夫村（島根）	0.07	与謝野町（京都）	17.2
泊村（北海道）	1.53	十島村（鹿児島）	0.07	網走市（北海道）	16.9
武蔵野市（東京）	1.48	渡名喜村（沖縄）	0.07	八幡平市（岩手）	16.9
浦安市（千葉）	1.46	島牧村（北海道）	0.09	京丹波町（京都）	16.8
大熊町（福島）	1.45	風間浦村（青森）	0.09	和泊町（鹿児島）	16.4
田尻町（大阪）	1.43	大和村（鹿児島）	0.09	東成瀬村（秋田）	16.2
豊田市（愛知）	1.42	宇検村（鹿児島）	0.09	宮津市（京都）	16.1
みよし市（愛知）	1.41			平群町（奈良）	16.0

歳入決算額（億円）（2021年度）（市町村別決算状況調）		ふるさと納税受入額（億円）（2022年度）（総務省資料）		着工新設住宅戸数10)（戸）（2022年度）（建築着工統計）	
（参考）23区（東京）	47 136	都城市（宮崎）	196	（参考）23区（東京）	107 176
横浜市（神奈川）	22 303	紋別市（北海道）	194	大阪市（大阪）	36 686
大阪市（大阪）	20 037	根室市（北海道）	176	横浜市（神奈川）	27 714
名古屋市（愛知）	13 961	白糠町（北海道）	148	名古屋市（愛知）	24 384
札幌市（北海道）	12 957	泉佐野市（大阪）	138	福岡市（福岡）	17 046
福岡市（福岡）	11 779	上峰町（佐賀）	109	札幌市（北海道）	15 600
京都市（京都）	10 568	京都市（京都）	95	川崎市（神奈川）	12 738
神戸市（兵庫）	9 775	飯塚市（福岡）	91	さいたま市（埼玉）	12 234
川崎市（神奈川）	7 954	富士吉田市（山梨）	88	仙台市（宮城）	10 892
広島市（広島）	7 265	敦賀市（福井）	87	京都市（京都）	10 010

6) 数値の公表が表章桁数までで、同数のものは順位を確定できない。7) 自治体の収入と支出の実質的な差（実質収支）の、標準財政規模（臨時財政対策債発行可能額を含む）に対する割合。マイナスは赤字団体。8) 一般財源に対する、地方債の元利償還金等（公債費）に充てられる金額の割合。9) これらの用語については、442ページ市の統計Ⅱ注記参照。10) 町村を除く。

市町村ランキング（7）（東京都の特別区は各区ごとで集計）

住宅戸数11)（千戸） （2018年10月1日現在） （住宅・土地統計調査）		持ち家率の 低い自治体11)12)（％） （2018年10月1日現在） （住宅・土地統計調査）		1専用住宅あたり 延べ面積の 小さい自治体11)13)（m²） （2018年10月1日現在） （住宅・土地統計調査）	
（参考）23区（東京）	5 520	中野区（東京）	32.3	豊島区（東京）	51.4
横浜市（神奈川）	1 836	新宿区（東京）	32.7	新宿区（東京）	52.5
大阪市（大阪）	1 676	那覇市（沖縄）	35.2	中野区（東京）	53.9
名古屋市（愛知）	1 235	宜野湾市（沖縄）	35.7	中央区（東京）	54.0
札幌市（北海道）	1 051	渋谷区（東京）	36.2	品川区（東京）	55.6
福岡市（福岡）	894	豊島区（東京）	36.5	板橋区（東京）	55.9
京都市（京都）	821	千代田区（東京）	36.7	墨田区（東京）	56.7
神戸市（兵庫）	820	福岡市（福岡）	36.8	北区（東京）	58.1
川崎市（神奈川）	778	北区（東京）	36.9	台東区（東京）	58.3
広島市（広島）	612	杉並区（東京）	38.3	千代田区（東京）	58.9

小学校児童数（人） （2022年5月1日現在） （学校基本調査）		中学校生徒数（人） （2022年5月1日現在） （学校基本調査）		高等学校生徒数（人） （2022年5月1日現在） （学校基本調査）	
（参考）23区（東京）	410 792	（参考）23区（東京）	203 362	（参考）23区（東京）	213 426
横浜市（神奈川）	179 913	横浜市（神奈川）	90 591	横浜市（神奈川）	79 865
大阪市14)（大阪）	117 033	大阪市14)（大阪）	61 502	大阪市（大阪）	69 933
名古屋市（愛知）	112 375	名古屋市（愛知）	58 865	名古屋市（愛知）	64 891
札幌市（北海道）	89 401	札幌市（北海道）	45 745	福岡市（福岡）	41 928
福岡市（福岡）	84 720	福岡市（福岡）	42 422	京都市（京都）	41 579
川崎市（神奈川）	75 774	神戸市（兵庫）	39 133	札幌市（北海道）	41 303
神戸市（兵庫）	72 842	さいたま市（埼玉）	36 283	神戸市（兵庫）	38 227
さいたま市（埼玉）	71 036	広島市（広島）	34 179	さいたま市（埼玉）	35 421
広島市（広島）	65 229	川崎市（神奈川）	33 978	広島市（広島）	31 530

保育所等定員数15)（人） （2021年10月1日現在） （社会福祉施設等調査）		病院数 （病床数20床以上） （2022年10月1日現在） （医療施設調査）		病院の病床数 （病院は病床数20床以上） （床） （2022年10月1日現在） （医療施設調査）	
（参考）23区（東京）	228 269	（参考）23区（東京）	416	（参考）23区（東京）	78 953
横浜市（神奈川）	69 590	札幌市（北海道）	199	札幌市（北海道）	36 552
大阪市（大阪）	60 760	大阪市（大阪）	174	大阪市（大阪）	31 513
名古屋市（愛知）	50 464	横浜市（神奈川）	132	横浜市（神奈川）	27 949
福岡市（福岡）	38 405	名古屋市（愛知）	121	名古屋市（愛知）	23 862
川崎市（神奈川）	32 865	福岡市（福岡）	115	福岡市（福岡）	21 194
札幌市（北海道）	31 923	神戸市（兵庫）	110	京都市（京都）	19 886
京都市（京都）	29 959	京都市（京都）	95	神戸市（兵庫）	18 779
広島市（広島）	29 043	熊本市（熊本）	91	北九州市（福岡）	18 350
神戸市（兵庫）	26 168	北九州市（福岡）	90	熊本市（熊本）	14 791

11）人口1万5千人以下の町村を除く。12）居住世帯のある住宅での割合。政令指定都市の行政区では、大阪市浪速区の14.1％が最も低い。13）専用住宅は居住専用につくられた住宅で、店舗兼用などを除く。政令指定都市の行政区では、大阪市浪速区の41.2m²が最も小さい。14）大阪市に属する大阪市外の3校を含む。15）幼保連携型認定こども園、保育所型認定こども園を含む。

市町村統計　市町村ランキング

市町村ランキング（8）（東京都の特別区は各区ごとで集計）

介護保険施設 定員数16)（人）(2021年10月1日現在)（介護サービス施設・事業所調査）		左表のうち 介護老人福祉施設 定員数16)（人）(2021年10月1日現在)（介護サービス施設・事業所調査）		平均寿命・男17)（年）(2020年)（推計)（市区町村別平均寿命）	
(参考)23区（東京）	42 431	(参考)23区（東京）	28 188	宮田村（長野）	83.4
横浜市（神奈川）	27 268	横浜市（神奈川）	16 816	日進市（愛知）	83.4
大阪市（大阪）	21 616	大阪市（大阪）	13 429	木津川市（京都）	83.3
名古屋市（愛知）	15 237	名古屋市（愛知）	8 103	鎌倉市（神奈川）	83.3
京都市（京都）	12 481	さいたま市（埼玉）	6 736	原村（長野）	83.3
神戸市（兵庫）	12 204	札幌市（北海道）	6 575	草津市（滋賀）	83.3
札幌市（北海道）	11 801	神戸市（兵庫）	6 307	豊丘村（長野）	83.3
さいたま市（埼玉）	10 089	京都市（京都）	5 917	箕面市（大阪）	83.2
福岡市（福岡）	8 923	福岡市（福岡）	5 648	生駒市（奈良）	83.2
新潟市（新潟）	8 498	北九州市（福岡）	4 869	白馬村（長野）	83.2

平均寿命・女17)（年）(2020年)（推計)（市区町村別平均寿命）		汚水処理人口普及率の低い自治体（％）(2022年度末現在)（国土交通省等資料）		1人1日あたり 生活系ごみ排出量（g）(2021年度)（一般廃棄物処理実態調査）	
益城町（熊本）	89.0	野迫川村（奈良）	17.9	礼文町（北海道）	2 203
高森町（長野）	89.0	中泊町（青森）	22.5	御蔵島村（東京）	2 000
草津市（滋賀）	89.0	鹿部町（北海道）	24.4	新島村（東京）	1 852
芦屋市（兵庫）	88.9	福島町（北海道）	25.1	神津島村（東京）	1 747
世田谷区（東京）	88.9	松前町（北海道）	27.2	占冠村（北海道）	1 678
小金井市（東京）	88.9	国頭村（沖縄）	28.2	利尻富士町（北海道）	1 591
富士河口湖町（山梨）	88.8	多良間村（沖縄）	28.4	丹波山村（山梨）	1 507
箕輪町（長野）	88.8	安田町（高知）	29.1	小清水町（北海道）	1 480
伊那市（長野）	88.8	東村（沖縄）	29.8	新上五島町（長崎）	1 418
里庄町（岡山）	88.8	川崎町（福岡）	31.0	粟島浦村（新潟）	1 408

1人1日あたり 事業系ごみ排出量（g）(2021年度)（一般廃棄物処理実態調査）		ごみのリサイクル率（％）(2021年度)（一般廃棄物処理実態調査）		ごみのリサイクル率（％)（固形燃料やセメント原料等へのリサイクルを除く)(2021年度)（一般廃棄物処理実態調査）	
豊浦町（北海道）	4 852	喜茂別町（北海道）	100.0	豊浦町（北海道）	87.1
中札内村（北海道）	2 298	小国町（熊本）	100.0	大崎町（鹿児島）	81.6
箱根町（神奈川）	2 104	日高市（埼玉）	99.7	白川村（岐阜）	80.1
占冠村（北海道）	1 685	中土佐町（高知）	99.2	上勝町（徳島）	79.9
日吉津村（鳥取）	1 550	美祢市（山口）	97.6	志布志市（鹿児島）	74.3
草津町（群馬）	1 158	宮若市（福岡）	94.9	小平町（北海道）	66.1
小平町（北海道）	1 121	鞍手町（福岡）	94.7	木島平村（長野）	65.8
山中湖村（山梨）	1 120	小竹町（福岡）	94.3	大木町（福岡）	64.7
芝山町（千葉）	979	愛荘町（滋賀）	90.4	喜茂別町（北海道）	61.4
平内町（青森）	956	豊浦町（北海道）	87.1	鹿追町（北海道）	60.8

16）介護老人福祉施設、介護老人保健施設、介護医療院、介護療養型医療施設の合計。17）ランキング順位は原資料による。政令指定都市の各行政区をランキングの対象に加えると、男性の1位は川崎市麻生区の84.0年、女性の1位は川崎市麻生区の89.2年。

図1　人口の多い市町村 (2023年1月1日現在)

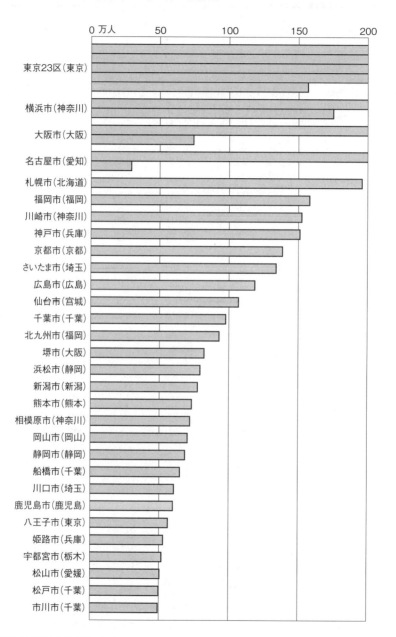

市町村統計

総務省「住民基本台帳に基づく人口、人口動態及び世帯数」より作成。市町村単位で、人口の多い順に並べたもの。人口の多い町村は、広島県府中町5万2891人、愛知県東浦町5万283人、茨城県阿見町4万9161人、神奈川県寒川町4万9063人、福岡県柏屋町4万8933人などである。

表2　市の統計Ⅰ (1)

	面積 (2022年 10月1日) (km²)	人口 (2023年1月1日) (人) 計	男	女	人口 密度 (1 km²あ たり 人)	年齢階級別人口構成 (2023年1月1日) (%) 0～14 歳	15～64 歳	65歳 以上
北海道								
札幌	1 121.26	1 959 512	916 058	1 043 454	1 747.6	*10.8*	*61.0*	*28.2*
函館	677.87	244 431	111 253	133 178	360.6	*9.1*	*54.3*	*36.6*
小樽	243.83	108 548	49 057	59 491	445.2	*8.0*	*50.5*	*41.5*
旭川	747.66	324 186	150 490	173 696	433.6	*10.3*	*55.0*	*34.8*
室蘭	81.01	78 252	37 614	40 638	966.0	*9.2*	*52.7*	*38.1*
釧路	1 363.29	160 483	75 508	84 975	117.7	*9.5*	*55.4*	*35.1*
帯広	619.34	164 014	78 271	85 743	264.8	*11.2*	*58.7*	*30.1*
北見	1 427.41	113 036	53 819	59 217	79.2	*10.3*	*55.5*	*34.3*
夕張	763.07	6 729	3 154	3 575	8.8	*5.2*	*40.7*	*54.1*
岩見沢	481.02	76 753	35 884	40 869	159.6	*9.5*	*53.2*	*37.3*
網走	471.00	33 444	16 394	17 050	71.0	*10.2*	*56.6*	*33.2*
留萌	297.84	19 234	9 293	9 941	64.6	*8.6*	*52.8*	*38.6*
苫小牧	561.66	168 299	82 537	85 762	299.6	*11.7*	*58.2*	*30.1*
稚内	761.42	31 644	15 637	16 007	41.6	*9.8*	*55.8*	*34.3*
美唄	277.69	19 500	9 258	10 242	70.2	*7.1*	*49.4*	*43.5*
芦別	865.04	11 976	5 494	6 482	13.8	*6.4*	*45.9*	*47.7*
江別	187.38	119 169	56 547	62 622	636.0	*11.4*	*56.8*	*31.8*
赤平	129.88	9 008	4 099	4 909	69.4	*6.3*	*46.9*	*46.9*
紋別	830.67	20 618	9 663	10 955	24.8	*8.8*	*54.2*	*37.0*
士別	1 119.22	17 283	8 233	9 050	15.4	*8.4*	*49.9*	*41.8*
名寄	535.20	26 020	12 648	13 372	48.6	*10.7*	*56.1*	*33.2*
三笠	302.52	7 722	3 541	4 181	25.5	*8.0*	*45.3*	*46.7*
根室	1) 506.25	23 546	11 263	12 283	46.5	*9.2*	*55.4*	*35.5*
千歳	594.50	97 664	49 676	47 988	164.3	*12.8*	*63.5*	*23.7*
滝川	115.90	38 062	18 039	20 023	328.4	*9.6*	*54.7*	*35.7*
砂川	78.68	15 909	7 376	8 533	202.2	*8.6*	*51.3*	*40.2*
歌志内	55.95	2 790	1 331	1 459	49.9	*4.3*	*41.8*	*53.9*
深川	529.42	19 161	8 943	10 218	36.2	*8.0*	*48.9*	*43.1*
富良野	600.71	20 223	9 545	10 678	33.7	*10.3*	*55.1*	*34.7*
登別	212.21	45 226	21 663	23 563	213.1	*9.7*	*52.7*	*37.6*
恵庭	294.65	70 179	34 178	36 001	238.2	*12.1*	*59.4*	*28.5*
伊達	444.21	32 395	15 056	17 339	72.9	*9.6*	*52.1*	*38.3*
北広島	119.05	57 351	27 494	29 857	481.7	*10.8*	*55.6*	*33.6*
石狩	722.33	57 954	28 040	29 914	80.2	*11.8*	*54.3*	*33.9*
北斗	397.44	44 366	20 828	23 538	111.6	*11.2*	*57.6*	*31.1*
青森県								
青森	824.61	271 544	126 768	144 776	329.3	*10.3*	*57.3*	*32.4*
弘前	524.20	164 243	75 876	88 367	313.3	*10.3*	*56.6*	*33.1*
八戸	305.56	221 229	106 149	115 080	724.0	*11.1*	*57.2*	*31.7*
黒石	217.05	31 557	14 769	16 788	145.4	*9.7*	*55.6*	*34.7*
五所川原	404.20	51 637	23 680	27 957	127.8	*9.2*	*54.4*	*36.4*
十和田	725.65	59 024	28 270	30 754	81.3	*10.5*	*54.7*	*34.7*
三沢	119.87	38 274	19 066	19 208	319.3	*12.4*	*60.2*	*27.4*
むつ	864.20	53 884	26 294	27 590	62.4	*9.9*	*55.6*	*34.5*
つがる	253.55	30 185	14 178	16 007	119.0	*9.0*	*51.5*	*39.6*
平川	346.01	30 126	14 195	15 931	87.1	*10.8*	*54.3*	*34.9*
岩手県								
盛岡	886.47	282 960	133 528	149 432	319.2	*11.7*	*59.6*	*28.7*

人口増減率 (2022年)(%)	世帯数 2023年1月1日	産業別就業者割合 (2020年10月1日)				民営事業所数 2021年6月1日	農業産出額(推計) (2021年)(千万円)	
		総数 (人)	第1次産業 (%)	第2次産業 (%)	第3次産業 (%)			
								北海道
-0.06	1 096 729	1 009 312	0.5	14.1	85.4	86 007	613	札幌
-1.48	140 081	120 943	3.0	16.7	80.3	12 394	194	函館
-1.70	61 411	49 219	1.4	17.2	81.4	5 466	36	小樽
-1.15	177 697	158 495	2.6	17.0	80.4	15 343	1 290	旭川
-2.17	44 147	37 471	0.9	26.9	72.2	3 992	58	室蘭
-1.61	92 919	80 259	2.2	18.7	79.1	8 304	1 112	釧路
-0.63	89 966	89 859	5.1	18.0	76.9	9 208	2 832	帯広
-1.13	61 725	59 227	6.6	17.1	76.3	5 698	3 177	北見
-4.62	4 051	3 161	16.8	22.1	61.2	362	299	夕張
-1.74	41 021	37 841	8.0	18.3	73.7	3 211	1 732	岩見沢
-1.68	18 061	18 283	13.4	15.7	70.9	1 709	2 471	網走
-2.56	10 909	9 769	3.3	19.9	76.9	1 105	70	留萌
-0.72	90 867	86 586	2.0	26.4	71.6	7 473	299	苫小牧
-1.97	17 321	17 714	8.6	21.8	69.7	1 806	1 178	稚内
-2.50	10 941	9 614	13.2	21.3	65.4	907	582	美唄
-3.65	6 974	5 540	10.3	27.4	62.4	580	296	芦別
-0.44	59 389	57 740	2.9	18.0	79.1	3 559	831	江別
-3.84	5 458	4 050	4.5	26.5	69.0	399	56	赤平
-1.48	11 658	11 143	9.8	24.9	65.3	1 305	810	紋別
-2.22	8 985	9 262	17.5	18.0	64.4	984	1 019	士別
-2.41	14 183	14 513	10.2	11.4	78.4	1 360	1 046	名寄
-2.62	4 564	3 228	7.5	21.2	71.3	359	232	三笠
-2.83	12 151	13 396	19.9	21.2	58.9	1 382	701	根室
-0.05	51 563	53 465	3.4	18.7	77.9	3 598	1 232	千歳
-1.85	20 983	19 904	4.7	17.9	77.5	1 793	344	滝川
-1.61	8 610	7 460	5.1	23.6	71.3	774	263	砂川
-4.32	1 714	1 150	1.8	25.4	72.8	112	0	歌志内
-2.53	10 490	9 643	16.9	12.8	70.4	1 016	956	深川
-1.91	10 513	11 360	20.4	11.3	68.3	1 151	1 862	富良野
-1.97	24 132	21 507	1.3	24.7	74.0	1 585	267	登別
0.10	34 881	34 686	4.0	21.3	74.7	2 061	543	恵庭
-1.54	17 632	15 811	9.7	17.3	73.0	1 335	1 103	伊達
-0.72	28 198	27 727	2.2	17.6	80.2	2 007	490	北広島
-0.24	28 460	28 209	4.3	24.7	71.0	2 437	410	石狩
-1.46	22 247	22 060	7.9	22.8	69.3	1 642	664	北斗
								青森県
-1.29	137 074	129 400	2.8	14.5	82.7	13 400	986	青森
-1.29	80 632	88 461	13.8	16.5	69.7	8 037	5 236	弘前
-0.99	110 195	111 190	3.0	22.5	74.5	11 130	1 815	八戸
-1.31	13 930	16 845	14.9	24.6	60.6	1 378	943	黒石
-1.52	25 629	25 471	13.4	20.0	66.7	2 894	1 010	五所川原
-1.08	28 054	31 370	11.9	22.8	65.3	3 064	2 548	十和田
-1.21	19 517	20 756	6.9	24.1	69.1	1 893	1 538	三沢
-1.97	28 582	26 197	5.1	19.6	75.3	2 500	305	むつ
-1.92	13 505	16 191	29.9	17.5	52.6	1 233	2 036	つがる
-1.24	12 255	16 035	23.3	22.3	54.4	995	1 290	平川
								岩手県
-0.81	138 238	147 174	3.1	13.7	83.2	15 213	2 416	盛岡

市の統計 I （2）

	面積 2022年 10月1日 (km²)	人口 (2023年1月1日) (人)			人口密度 (1km²あたり 人)	年齢階級別人口構成 (2023年1月1日) (%)		
		計	男	女		0〜14歳	15〜64歳	65歳以上
宮古	1 259.15	48 038	23 072	24 966	38.2	9.4	51.3	39.2
大船渡	322.51	33 540	16 063	17 477	104.0	9.2	51.8	38.9
花巻	908.39	92 385	44 311	48 074	101.7	10.5	54.7	34.7
北上	437.55	92 056	46 113	45 943	210.4	11.8	60.1	28.1
久慈	623.50	32 645	15 816	16 829	52.4	10.3	54.7	35.0
遠野	825.97	25 058	12 107	12 951	30.3	9.3	49.3	41.4
一関	1 256.42	109 697	53 365	56 332	87.3	9.7	52.4	37.9
陸前高田	231.94	17 970	8 670	9 300	77.5	8.5	50.9	40.7
釜石	440.35	30 624	14 621	16 003	69.5	8.9	51.0	40.1
二戸	420.42	25 138	11 944	13 194	59.8	9.2	52.1	38.7
八幡平	862.30	23 975	11 567	12 408	27.8	8.6	49.5	41.9
奥州	993.30	111 632	54 428	57 204	112.4	10.7	53.5	35.8
滝沢	182.46	55 273	27 198	28 075	302.9	13.4	60.0	26.6
宮城県								
仙台	786.35	1 067 486	516 324	551 162	1 357.5	11.9	63.3	24.8
石巻	554.55	136 822	66 472	70 350	246.7	10.1	55.6	34.3
塩竈	17.37	52 474	25 190	27 284	3 021.0	10.1	55.4	34.5
気仙沼	332.44	58 926	28 430	30 496	177.3	8.4	51.7	39.9
白石	286.48	31 968	15 753	16 215	111.6	9.3	53.5	37.2
名取	98.18	79 630	39 167	40 463	811.1	14.7	61.6	23.7
角田	147.53	27 262	13 596	13 666	184.8	9.6	53.1	37.3
多賀城	19.69	62 204	30 865	31 339	3 159.2	13.1	61.4	25.6
岩沼	60.45	43 656	21 602	22 054	722.2	12.8	59.8	27.4
登米	536.09	74 795	36 699	38 096	139.5	10.5	53.0	36.5
栗原	805.00	63 299	30 775	32 524	78.6	9.0	49.4	41.6
東松島	101.30	38 919	19 067	19 852	384.2	11.7	57.8	30.5
大崎	796.81	125 444	61 741	63 703	157.4	11.3	57.3	31.4
富谷	49.18	52 399	25 761	26 638	1 065.5	15.1	62.8	22.2
秋田県								
秋田	906.07	300 470	141 652	158 818	331.6	10.6	56.9	32.5
能代	426.95	49 353	22 907	26 446	115.6	8.0	50.4	41.6
横手	692.80	84 294	39 998	44 296	121.7	9.3	50.9	39.8
大館	913.22	68 083	32 147	35 936	74.6	8.9	51.3	39.7
男鹿	2) 241.09	24 784	11 804	12 980	102.8	6.2	45.2	48.6
湯沢	790.91	41 479	20 008	21 471	52.4	7.9	50.8	41.3
鹿角	707.52	28 473	13 504	14 969	40.2	9.1	49.5	41.4
由利本荘	1 209.59	72 753	34 974	37 779	60.1	9.6	51.9	38.5
潟上	2) 97.72	31 836	15 140	16 696	325.8	10.1	54.9	35.0
大仙	866.79	76 537	36 037	40 500	88.3	9.4	51.6	39.1
北秋田	1 152.76	29 339	13 797	15 542	25.5	7.4	47.1	45.5
にかほ	241.13	23 047	11 102	11 945	95.6	8.8	51.7	39.5
仙北	1 093.56	24 100	11 190	12 910	22.0	7.9	48.3	43.9
山形県								
山形	381.30	240 441	115 178	125 263	630.6	11.8	57.8	30.4
米沢	548.51	77 232	37 931	39 301	140.8	10.7	56.9	32.4
鶴岡	1 311.51	120 398	57 884	62 514	91.8	10.6	53.4	36.0
酒田	602.98	97 395	46 631	50 764	161.5	9.8	53.1	37.1
新庄	222.85	33 374	15 969	17 405	149.8	10.8	55.6	33.6
寒河江	139.03	40 086	19 574	20 512	288.3	12.3	55.5	32.2
上山	240.93	28 584	13 734	14 850	118.6	9.0	51.3	39.7

人口増減率(2022年)(%)	世帯数 2023年1月1日	産業別就業者割合(2020年10月1日)				民営事業所数 2021年6月1日	農業産出額(推計)(2021年)(千万円)	
		総数(人)	第1次産業(%)	第2次産業(%)	第3次産業(%)			
-2.51	22 959	24 135	7.5	25.3	67.1	2 435	135	宮古
-2.17	14 765	17 878	7.5	28.0	64.5	2 189	290	大船渡
-1.19	38 726	49 252	10.9	27.3	61.8	4 068	1 357	花巻
-0.39	40 866	50 553	5.6	37.5	56.8	4 191	1 000	北上
-2.10	15 488	16 381	9.5	28.7	61.8	1 744	694	久慈
-1.83	10 689	13 320	16.7	32.0	51.2	1 251	695	遠野
-1.87	46 385	57 707	12.2	29.9	57.9	5 057	3 412	一関
-2.01	7 609	9 137	11.1	29.7	59.2	766	151	陸前高田
-2.51	15 881	15 339	4.7	30.3	65.0	1 744	16	釜石
-2.05	11 715	13 725	17.8	24.9	57.3	1 279	1 522	二戸
-1.28	10 598	12 755	22.5	24.8	52.7	1 106	1 487	八幡平
-1.35	46 340	60 503	13.0	29.6	57.4	5 254	2 064	奥州
-0.66	24 034	29 656	4.8	21.8	73.4	1 513	521	滝沢
								宮城県
0.20	537 584	564 587	0.8	15.9	83.4	53 604	622	仙台
-1.34	62 209	69 702	7.4	28.9	63.7	6 443	1 307	石巻
-0.98	24 003	25 538	1.1	24.3	74.7	2 549	0	塩竈
-2.04	26 212	30 330	7.2	26.3	66.5	3 289	202	気仙沼
-1.72	14 174	16 771	5.5	33.7	60.8	1 444	457	白石
0.16	32 883	40 294	3.1	21.9	75.0	2 902	284	名取
-1.83	11 434	13 899	7.7	37.8	54.6	1 014	496	角田
0.11	28 063	32 831	1.0	20.6	78.4	2 165	43	多賀城
-0.51	18 670	22 935	2.2	26.9	70.9	1 845	153	岩沼
-1.74	27 237	40 487	13.5	29.7	56.8	3 918	2 967	登米
-2.05	24 914	33 219	14.8	27.7	57.4	2 949	2 130	栗原
-0.98	16 541	19 571	7.3	24.5	68.2	1 264	348	東松島
-1.10	52 757	66 887	8.0	29.9	62.1	5 780	2 459	大崎
-0.18	20 191	26 831	1.1	23.9	75.0	1 327	49	富谷
								秋田県
-0.87	146 859	153 231	1.9	16.0	82.1	15 004	1 048	秋田
-2.07	24 130	23 768	8.4	21.9	69.6	2 909	701	能代
-1.88	34 037	44 572	14.8	25.3	59.9	4 327	2 623	横手
-1.75	31 508	34 076	6.2	28.9	64.8	3 226	1 232	大館
-2.93	12 523	11 548	12.1	22.5	65.4	1 165	395	男鹿
-2.29	17 656	21 732	12.0	31.1	56.9	2 323	776	湯沢
-2.39	12 611	14 705	12.4	26.8	60.8	1 416	826	鹿角
-1.61	30 810	38 472	10.2	31.8	58.1	3 499	1 118	由利本荘
-1.03	14 153	15 595	5.7	25.8	68.4	1 043	314	潟上
-1.81	31 583	40 481	12.3	26.1	61.7	4 084	1 939	大仙
-2.57	13 649	14 329	10.6	27.0	62.3	1 520	775	北秋田
-1.89	9 404	11 800	8.9	40.9	50.2	1 048	272	にかほ
-2.59	10 411	12 607	13.0	26.0	61.0	1 453	494	仙北
								山形県
-0.76	105 603	127 688	3.2	19.8	77.0	13 162	1 055	山形
-1.13	33 605	43 073	3.5	34.5	62.1	4 262	756	米沢
-1.48	49 436	64 718	9.2	29.4	61.5	6 234	2 822	鶴岡
-1.42	42 659	51 885	8.4	26.0	65.6	5 368	1 958	酒田
-2.21	13 820	18 203	8.9	28.9	62.1	2 120	618	新庄
-0.90	14 594	21 555	9.4	33.6	57.0	1 988	928	寒河江
-1.75	11 234	14 854	10.1	24.5	65.4	1 370	754	上山

市町村統計 市の統計Ⅰ (岩手／宮城／秋田／山形)

市の統計 I （3）

	面積 2022年 10月1日 (km²)	人口 (2023年1月1日) (人)			人口 密度 (1 km²あ たり 人)	年齢階級別人口構成 (2023年1月1日) (%)		
		計	男	女		0～14 歳	15～64 歳	65歳 以上
村山	196.98	22 232	10 886	11 346	112.9	9.1	50.7	40.2
長井	214.67	25 276	12 328	12 948	117.7	10.6	52.8	36.6
天童	113.02	61 052	29 814	31 238	540.2	12.7	56.6	30.7
東根	206.94	47 982	23 713	24 269	231.9	13.6	58.4	28.0
尾花沢	372.53	14 433	7 110	7 323	38.7	8.8	48.5	42.7
南陽	160.52	29 848	14 479	15 369	185.9	11.0	54.4	34.7
福島県								
福島	767.72	270 744	131 543	139 201	352.7	11.1	58.1	30.8
会津若松	382.97	114 200	54 787	59 413	298.2	11.5	56.6	31.9
郡山	757.20	317 486	155 830	161 656	419.3	12.1	60.4	27.5
いわき	1 232.26	310 890	152 940	157 950	252.3	11.1	57.1	31.7
白河	305.32	58 743	29 322	29 421	192.4	11.3	58.0	30.7
須賀川	279.43	74 634	36 812	37 822	267.1	12.2	58.3	29.5
喜多方	554.63	45 078	21 804	23 274	81.3	10.8	52.4	36.7
相馬	197.79	33 355	16 542	16 813	168.6	11.7	55.9	32.4
二本松	344.42	52 162	25 862	26 300	151.4	10.4	54.5	35.1
田村	458.33	34 264	16 927	17 337	74.8	9.6	53.4	37.0
南相馬	398.58	57 527	28 770	28 757	144.3	8.9	54.3	36.8
伊達	265.12	57 558	28 090	29 468	217.1	9.8	53.8	36.3
本宮	88.02	29 958	14 843	15 115	340.4	12.5	59.0	28.5
茨城県								
水戸	217.32	270 010	132 238	137 772	1 242.5	12.4	60.6	27.0
日立	225.73	169 785	84 927	84 858	752.2	9.6	57.0	33.4
土浦	122.89	141 418	70 852	70 566	1 150.8	10.6	60.0	29.3
古河	123.58	140 959	71 132	69 827	1 140.6	11.2	59.6	29.1
石岡	215.53	71 817	35 750	36 067	333.2	10.1	56.3	33.6
結城	65.76	50 349	25 521	24 828	765.6	11.2	58.1	30.7
龍ケ崎	78.59	75 813	37 680	38 133	964.7	10.2	59.4	30.4
下妻	80.88	42 419	21 521	20 898	524.5	11.2	59.6	29.3
常総	123.64	61 562	31 166	30 396	497.9	10.7	59.0	30.3
常陸太田	371.99	48 222	23 724	24 498	129.6	8.4	51.7	39.9
高萩	193.55	26 866	13 384	13 482	138.8	9.5	53.3	37.2
北茨城	186.79	41 448	20 809	20 639	221.9	9.9	54.6	35.5
笠間	240.40	73 787	36 406	37 381	306.9	10.8	56.5	32.7
取手	69.94	106 011	52 292	53 719	1 515.7	9.9	55.4	34.7
牛久	58.92	84 293	41 598	42 695	1 430.6	12.0	58.1	30.0
つくば	283.72	252 202	128 435	123 767	888.9	15.5	65.3	19.1
ひたちなか	100.26	156 435	78 768	77 667	1 560.3	12.2	61.3	26.5
鹿嶋	106.04	66 274	33 919	32 355	625.0	11.7	56.1	32.2
潮来	71.40	26 890	13 413	13 477	376.6	10.1	55.5	34.4
守谷	35.71	70 414	35 236	35 178	1 971.8	14.8	61.5	23.7
常陸大宮	348.45	39 370	19 646	19 724	113.0	9.1	52.5	38.3
那珂	97.82	53 839	26 415	27 424	550.4	11.3	56.2	32.5
筑西	205.30	101 606	50 672	50 934	494.9	10.6	57.5	32.0
坂東	123.03	52 639	27 172	25 467	427.9	10.6	58.8	30.5
稲敷	205.81	38 377	19 358	19 019	186.5	8.2	54.3	37.5
かすみがうら	156.60	40 628	20 780	19 848	259.4	10.1	57.9	32.0
桜川	180.06	39 041	19 481	19 560	216.8	9.3	55.5	35.2
神栖	146.97	94 710	48 832	45 878	644.4	12.6	63.3	24.2
行方	222.48	32 502	16 372	16 130	146.1	9.2	54.0	36.8

人口増減率(2022年)(%)	世帯数 2023年1月1日	産業別就業者割合(2020年10月1日)				民営事業所数 2021年6月1日	農業産出額(推計)(2021年)(千万円)	
		総数(人)	第1次産業(%)	第2次産業(%)	第3次産業(%)			
-1.85	8 007	11 858	13.8	36.6	49.6	1 167	828	村山
-1.98	10 007	14 003	6.8	38.1	55.1	1 523	404	長井
-0.72	22 867	33 375	9.5	30.3	60.2	2 969	1 674	天童
0.07	18 528	26 454	11.5	31.8	56.7	1 807	1 825	東根
-3.22	5 241	8 109	21.1	30.1	48.7	812	1 102	尾花沢
-1.48	11 448	16 289	9.4	31.8	58.8	1 695	879	南陽
								福島県
-0.95	124 704	143 118	4.0	23.2	72.8	12 857	1 813	福島
-1.17	52 290	61 068	4.7	25.7	69.6	6 508	840	会津若松
-0.69	144 812	171 230	2.9	24.8	72.3	17 012	1 508	郡山
-1.28	146 722	162 709	2.5	31.2	66.3	15 012	819	いわき
-1.16	25 138	31 331	6.3	38.3	55.4	2 941	684	白河
-0.65	30 266	40 177	8.1	31.5	60.4	3 271	1 044	須賀川
-2.01	18 757	23 500	11.5	30.4	58.1	2 187	936	喜多方
-1.41	14 328	18 427	8.1	34.0	58.0	1 718	286	相馬
-1.38	20 520	28 388	8.8	35.3	55.9	2 420	911	二本松
1.95	12 822	18 482	13.4	38.1	48.4	1 617	839	田村
-1.61	24 499	28 551	5.6	32.8	61.6	2 745	353	南相馬
-1.31	23 074	30 728	12.7	30.8	56.5	2 486	1 788	伊達
-0.27	11 278	16 265	1.9	35.3	59.8	1 340	189	本宮
								茨城県
-0.42	130 100	138 298	2.3	18.7	79.0	13 814	944	水戸
-1.63	81 828	82 118	1.2	34.7	64.1	6 724	178	日立
0.08	69 840	72 680	3.0	24.7	72.2	6 723	727	土浦
-0.29	63 896	74 626	3.5	37.9	58.6	5 976	1 069	古河
-1.19	31 700	38 340	7.5	29.3	63.2	3 073	1 667	石岡
-0.38	21 103	26 603	6.5	37.1	56.5	2 260	1 416	結城
-0.59	35 137	38 304	2.4	28.1	69.5	2 589	241	龍ケ崎
-0.67	17 715	23 177	6.1	37.2	56.8	2 159	1 207	下妻
-0.80	25 592	33 182	5.0	38.8	56.2	2 889	852	常総
-2.06	21 117	23 901	7.9	27.2	64.9	1 693	377	常陸太田
-2.00	12 685	12 893	2.9	38.9	58.2	1 080	120	高萩
-1.24	19 216	21 051	3.7	43.0	53.3	1 571	188	北茨城
-0.78	32 299	38 414	6.0	26.2	67.8	3 300	902	笠間
0.04	50 447	51 512	1.8	22.5	75.7	3 014	241	取手
-0.24	37 922	41 751	1.8	24.9	73.3	2 588	306	牛久
2.30	114 685	121 456	2.6	19.3	78.2	9 461	714	つくば
-0.45	70 965	79 917	2.2	31.3	66.5	5 503	578	ひたちなか
-1.13	30 904	32 495	3.1	33.2	63.7	2 501	323	鹿嶋
-1.43	11 498	14 274	4.0	30.4	65.6	1 144	271	潮来
0.64	29 768	35 637	0.9	26.4	72.7	2 436	130	守谷
-1.61	17 550	19 848	8.5	30.5	61.1	1 634	829	常陸大宮
-0.81	23 313	27 198	4.8	24.8	70.3	1 940	296	那珂
-0.62	42 928	52 785	7.4	35.3	57.3	4 662	1 657	筑西
-0.55	21 201	29 139	10.6	38.1	51.3	2 612	2 251	坂東
-1.88	16 362	20 815	8.7	33.2	58.1	1 716	1 261	稲敷
-0.27	18 142	21 406	10.5	31.2	58.3	1 536	1 539	かすみがうら
-2.02	15 478	20 358	7.2	34.8	58.0	1 917	684	桜川
-0.38	43 503	53 911	5.1	39.1	55.8	4 453	1 650	神栖
-1.38	13 000	18 019	22.5	28.5	49.1	1 514	2 582	行方

市町村統計　市の統計I（山形／福島／茨城）

市の統計Ⅰ（4）

	面積 （2022年 10月1日） （km²）	人口 （2023年1月1日）（人）			人口 密度 （1 km²あ たり 人）	年齢階級別人口構成 （2023年1月1日）（%）		
		計	男	女		0～14 歳	15～64 歳	65歳 以上
鉾田	207.60	47 181	24 419	22 762	227.3	9.3	56.1	34.6
つくばみらい	79.16	53 004	26 606	26 398	669.6	15.3	58.5	26.2
小美玉	144.74	49 224	24 840	24 384	340.1	11.0	58.7	30.3
栃木県								
宇都宮	416.85	517 497	258 852	258 645	1 241.4	12.6	61.5	26.0
足利	177.76	142 510	70 337	72 173	801.7	9.9	57.0	33.1
栃木	331.50	155 669	77 850	77 819	469.6	10.7	57.1	32.2
佐野	356.04	115 088	57 180	57 908	323.2	10.8	57.7	31.5
鹿沼	490.64	94 606	47 088	47 518	192.8	11.0	57.9	31.0
日光	1 449.83	77 546	37 924	39 622	53.5	9.1	54.4	36.5
小山	171.75	167 277	85 003	82 274	974.0	12.4	61.8	25.8
真岡	167.34	79 391	40 167	39 224	474.4	12.3	59.8	27.9
大田原	354.36	69 455	34 523	34 932	196.0	11.2	57.9	30.9
矢板	170.46	30 946	15 420	15 526	181.5	9.8	56.2	33.9
那須塩原	592.74	116 733	58 269	58 464	196.9	12.0	59.5	28.5
さくら	125.63	43 984	22 153	21 831	350.1	13.4	59.5	27.1
那須烏山	174.35	24 601	12 319	12 282	141.1	9.0	52.7	38.3
下野	74.59	60 140	29 884	30 256	806.3	12.3	61.5	26.2
群馬県								
前橋	311.59	331 771	162 286	169 485	1 064.8	11.6	58.4	29.9
高崎	459.16	369 314	181 390	187 924	804.3	12.1	59.4	28.6
桐生	274.45	104 647	50 489	54 158	381.3	8.8	54.4	36.8
伊勢崎	139.44	212 128	106 651	105 477	1 521.3	12.5	61.9	25.6
太田	175.54	222 403	113 564	108 839	1 267.0	12.9	60.7	26.3
沼田	443.46	45 305	22 113	23 192	102.2	9.6	55.2	35.1
館林	60.97	74 427	37 331	37 096	1 220.7	10.7	59.5	29.8
渋川	240.27	73 968	36 183	37 785	307.9	9.8	54.5	35.7
藤岡	180.29	62 884	30 904	31 980	348.8	10.1	56.9	33.0
富岡	122.85	46 427	22 965	23 462	377.9	10.1	55.4	34.6
安中	276.31	55 245	27 234	28 011	199.9	9.4	54.4	36.2
みどり	208.42	49 423	24 524	24 899	237.1	11.5	58.4	30.1
埼玉県								
さいたま	217.43	1 339 333	664 122	675 211	6 159.8	12.8	64.0	23.2
川越	109.13	353 183	176 179	177 004	3 236.4	11.8	61.2	27.0
熊谷	159.82	193 132	96 619	96 513	1 208.4	10.8	59.0	30.2
川口	61.95	604 715	305 992	298 723	9 761.3	11.8	65.2	23.0
行田	67.49	78 741	39 017	39 724	1 166.7	10.0	57.5	32.6
秩父	577.83	59 244	28 988	30 256	102.5	10.5	54.8	34.7
所沢	72.11	344 070	169 810	174 260	4 771.5	11.2	61.4	27.4
飯能	193.05	78 445	39 217	39 228	406.3	10.4	57.3	32.3
加須	133.30	112 179	56 462	55 717	841.6	10.8	58.4	30.8
本庄	89.69	77 526	38 703	38 823	864.4	11.2	59.6	29.2
東松山	65.35	90 651	45 600	45 051	1 387.2	11.5	58.7	29.8
春日部	66.00	231 726	114 820	116 906	3 511.0	10.3	58.4	31.3
狭山	48.99	149 360	74 532	74 828	3 048.8	10.2	57.8	32.0
羽生	58.64	53 951	27 120	26 831	920.0	10.4	58.9	30.7
鴻巣	67.44	117 798	58 321	59 477	1 746.7	11.0	58.5	30.5
深谷	138.37	141 681	70 740	70 941	1 023.9	11.4	58.6	30.0
上尾	45.51	230 229	113 968	116 261	5 058.9	11.6	60.8	27.6
草加	27.46	250 966	126 552	124 414	9 139.3	11.2	64.2	24.6

人口増減率（2022年）（％）	世帯数（2023年1月1日）	産業別就業者割合（2020年10月1日）				民営事業所数（2021年6月1日）	農業産出額（推計）（2021年）（千万円）	
		総数（人）	第1次産業（％）	第2次産業（％）	第3次産業（％）			
-0.22	21 169	26 458	30.4	21.2	48.5	1 736	6 414	鉾田
1.02	22 034	25 071	3.7	27.7	68.5	1 552	280	つくばみらい
-0.45	21 541	27 148	11.0	29.9	59.1	1 851	2 509	小美玉
								栃木県
-0.32	242 360	268 965	2.4	26.5	71.1	23 753	1 597	宇都宮
-1.07	67 565	74 155	1.8	36.3	61.8	6 707	357	足利
-0.80	66 562	80 078	5.5	34.0	60.5	6 823	1 672	栃木
-0.99	52 573	59 765	2.5	35.9	61.6	6 088	403	佐野
-1.03	40 388	49 690	6.4	35.0	58.6	4 511	1 159	鹿沼
-1.57	36 404	41 006	5.2	27.6	67.2	4 038	942	日光
-0.22	75 525	89 047	3.4	32.8	63.8	7 127	1 109	小山
-0.31	32 726	42 095	10.1	37.3	52.6	3 087	1 631	真岡
-1.05	29 729	39 118	11.2	32.9	55.9	3 080	2 633	大田原
-1.36	13 292	15 610	7.6	31.4	60.9	1 293	434	矢板
-0.23	52 199	62 779	6.6	32.0	61.4	5 329	4 557	那須塩原
-0.05	18 150	22 114	8.2	29.8	62.1	1 506	886	さくら
-2.11	10 378	12 352	9.9	34.5	55.6	1 176	1 256	那須烏山
-0.10	25 306	29 812	6.3	26.0	67.7	2 106	1 066	下野
								群馬県
-0.45	153 544	162 977	4.2	23.3	72.6	16 362	3 608	前橋
-0.40	170 141	193 437	2.4	27.0	70.5	18 127	1 775	高崎
-1.63	49 438	54 574	2.5	34.0	63.5	5 633	2 166	桐生
-0.19	93 918	114 369	3.5	36.2	60.3	8 936	1 514	伊勢崎
-0.28	99 704	119 212	3.2	39.5	57.3	10 424	1 892	太田
-1.53	20 638	24 404	12.0	25.1	62.9	2 571	1 087	沼田
-0.68	34 094	39 336	3.7	36.1	60.2	3 483	491	館林
-1.19	32 644	38 577	5.8	28.0	66.2	3 652	1 610	渋川
-1.07	27 773	32 812	4.2	35.6	60.2	2 733	292	藤岡
-1.26	20 507	24 361	6.5	40.1	53.4	2 472	449	富岡
-1.49	24 817	27 755	4.2	34.7	61.1	2 195	546	安中
-0.69	21 264	26 144	4.6	34.8	60.6	2 355	351	みどり
								埼玉県
0.53	631 465	703 823	0.7	18.3	80.9	47 427	975	さいたま
-0.01	165 838	160 416	1.8	23.0	75.2	12 413	648	川越
-0.35	89 090	100 486	2.8	26.8	70.3	8 426	630	熊谷
-0.14	298 203	332 348	0.6	23.1	76.3	22 229	148	川口
-0.73	35 632	40 877	2.7	31.0	66.3	3 192	227	行田
-1.77	26 297	29 103	2.8	32.3	65.0	3 250	156	秩父
0.13	167 329	154 054	1.2	18.2	80.6	10 995	534	所沢
-0.24	36 065	40 077	1.2	26.9	71.9	2 999	46	飯能
-0.05	49 499	59 384	4.6	29.3	66.1	4 084	697	加須
-0.25	35 821	41 353	4.8	34.1	61.1	3 506	1 090	本庄
0.29	42 332	46 265	1.6	27.9	70.5	3 783	173	東松山
-0.49	110 693	106 592	1.2	22.3	76.6	7 802	235	春日部
-0.22	71 434	75 350	1.8	24.7	73.5	4 757	394	狭山
-0.19	24 082	26 362	3.2	32.9	63.9	2 275	1 103	羽生
0.12	52 118	60 242	2.8	23.9	73.3	3 481	369	鴻巣
-0.49	62 037	73 854	7.6	29.4	63.1	5 584	2 888	深谷
-0.12	106 497	112 323	0.7	21.6	77.6	6 719	118	上尾
0.06	123 178	140 833	0.5	24.2	75.3	8 471	23	草加

市町村統計

市の統計Ⅰ（茨城／栃木／群馬／埼玉）

市の統計 I (5)

	面積 (2022年 10月1日) (km²)	人口 (2023年1月1日) (人)			人口密度 (1km²あたり 人)	年齢階級別人口構成 (2023年1月1日) (%)		
		計	男	女		0～14歳	15～64歳	65歳以上
越谷	60.24	343 866	170 503	173 363	5 708.3	12.3	62.2	25.5
蕨	5.11	75 282	38 123	37 159	14 732.3	10.5	66.4	23.1
戸田	18.19	141 887	72 079	69 808	7 800.3	13.9	69.4	16.6
入間	44.69	145 718	72 019	73 699	3 260.6	10.8	58.9	30.3
朝霞	18.34	144 062	72 624	71 438	7 855.1	13.3	67.1	19.5
志木	9.05	76 416	37 796	38 620	8 443.8	12.8	62.5	24.8
和光	11.04	83 962	43 069	40 893	7 605.3	13.0	68.9	18.1
新座	22.78	165 730	82 435	83 295	7 275.2	12.4	61.9	25.8
桶川	25.35	74 680	36 892	37 788	2 946.0	11.1	59.0	29.9
久喜	82.41	150 987	75 206	75 781	1 832.1	10.7	57.8	31.5
北本	19.82	65 751	32 518	33 233	3 317.4	9.8	57.7	32.5
八潮	18.02	92 365	47 953	44 412	5 125.7	12.0	65.2	22.7
富士見	19.77	112 839	55 349	57 490	5 707.6	12.2	63.7	24.1
三郷	30.13	142 410	71 811	70 599	4 726.5	12.6	60.2	27.2
蓮田	27.28	61 211	30 397	30 814	2 243.8	10.6	57.3	32.1
坂戸	41.02	99 763	49 844	49 919	2 432.1	11.0	59.0	30.1
幸手	33.93	49 404	24 824	24 580	1 456.1	9.5	55.0	35.6
鶴ヶ島	17.65	70 190	34 700	35 490	3 976.8	10.7	60.1	29.2
日高	47.48	54 615	27 153	27 462	1 150.3	10.5	55.8	33.7
吉川	31.66	73 001	36 474	36 527	2 305.8	13.6	62.2	24.2
ふじみ野	14.64	114 156	56 420	57 736	7 797.5	12.3	62.2	25.5
白岡	24.92	52 748	26 186	26 562	2 116.7	12.1	59.6	28.3
千葉県								
千葉	271.76	977 016	485 534	491 482	3 595.1	11.4	62.4	26.3
銚子	84.20	56 373	27 452	28 921	669.5	7.1	53.6	39.3
市川	3) 57.45	491 577	248 461	243 116	8 556.6	11.5	66.9	21.5
船橋	3) 85.62	647 037	322 049	324 988	7 557.1	12.3	63.7	24.0
館山	110.05	44 677	21 636	23 041	406.0	9.1	50.7	40.2
木更津	138.90	136 303	68 753	67 550	981.3	12.5	59.6	27.9
松戸	61.38	497 120	246 809	250 311	8 099.1	11.2	62.9	25.9
野田	103.55	153 661	77 259	76 402	1 483.9	10.9	57.9	31.1
茂原	99.92	87 358	43 229	44 129	874.3	9.7	56.5	33.8
成田	213.84	130 944	65 541	65 403	612.3	12.2	63.5	24.3
佐倉	103.69	171 460	84 289	87 171	1 653.6	10.5	56.3	33.2
東金	89.12	57 268	28 631	28 637	642.6	10.0	58.6	31.3
旭	130.45	63 379	31 327	32 052	485.8	10.7	57.4	31.8
習志野	20.97	174 812	86 894	87 918	8 336.3	12.5	63.9	23.6
柏	114.74	433 733	214 380	219 353	3 780.1	12.7	61.4	26.0
勝浦	93.96	16 097	8 027	8 070	171.3	6.4	47.9	45.6
市原	368.16	270 085	139 092	130 993	733.6	10.8	58.8	30.4
流山	35.32	208 401	102 685	105 716	5 900.4	16.4	61.0	22.6
八千代	51.39	204 717	101 062	103 655	3 983.6	12.5	62.7	24.8
我孫子	43.15	130 964	64 194	66 770	3 035.1	10.4	58.7	30.8
鴨川	191.14	31 277	14 970	16 307	163.6	9.0	51.8	39.2
鎌ケ谷	21.08	109 564	53 960	55 604	5 197.5	11.2	60.2	28.6
君津	318.78	81 176	41 301	39 875	254.6	9.9	57.0	33.0
富津	205.40	41 773	21 247	20 526	203.4	8.2	52.5	39.3
浦安	17.30	169 552	82 425	87 127	9 800.7	12.1	69.5	18.4
四街道	34.52	96 226	48 107	48 119	2 787.5	13.4	58.3	28.4
袖ケ浦	94.92	65 659	33 256	32 403	691.7	13.8	59.3	26.9

人口増減率 (2022年) (%)	世帯数 (2023年 1月1日)	産業別就業者割合 (2020年10月1日)				民営 事業所数 2021年 6月1日	農業 産出額 (推計) (2021年) (千万円)	
		総数 (人)	第1次 産業 (%)	第2次 産業 (%)	第3次 産業 (%)			
-0.34	160 382	184 049	0.7	21.1	78.3	12 124	193	越谷
-0.14	40 389	43 076	0.2	19.0	80.8	2 859	1	蕨
0.40	68 332	80 509	0.1	21.0	78.9	5 993	1	戸田
-0.40	67 625	75 073	1.1	25.5	73.5	5 255	169	入間
0.33	69 031	82 168	0.6	18.7	80.7	4 293	51	朝霞
-0.23	36 080	39 899	0.5	19.7	79.8	2 355	45	志木
0.26	42 950	50 806	0.7	15.4	83.9	2 255	52	和光
-0.23	78 153	88 349	1.0	21.3	77.8	5 270	128	新座
-0.19	33 729	38 287	1.3	21.9	76.8	2 388	96	桶川
-0.45	68 201	78 038	2.3	25.3	72.4	5 197	310	久喜
-0.10	30 308	33 052	1.6	23.0	75.4	2 077	80	北本
0.19	45 134	54 238	0.8	30.3	68.9	4 983	63	八潮
0.37	54 432	60 561	1.4	20.5	78.1	3 223	112	富士見
-0.44	67 115	78 018	1.0	24.9	74.1	5 766	85	三郷
-0.57	27 954	30 441	2.1	22.8	75.1	1 890	65	蓮田
-0.23	47 507	48 949	1.2	26.5	72.3	2 994	82	坂戸
-0.64	23 087	24 765	2.2	27.5	70.3	2 046	111	幸手
0.17	33 081	36 505	1.0	24.5	74.5	2 244	151	鶴ヶ島
-0.43	24 653	27 131	2.5	29.2	68.4	1 824	190	日高
-0.25	31 618	39 472	1.4	24.3	74.3	2 436	136	吉川
-0.11	53 945	59 280	0.9	22.1	77.0	3 200	126	ふじみ野
0.08	22 738	27 006	1.9	22.3	75.8	1 456	132	白岡
								千葉県
0.07	480 237	490 275	0.7	17.3	81.9	32 163	848	千葉
-2.11	26 866	29 249	10.8	29.3	59.8	3 227	1 949	銚子
0.15	252 997	286 478	0.5	16.4	83.1	14 040	210	市川
0.20	315 830	342 523	0.8	16.6	82.7	18 257	619	船橋
-1.30	23 270	20 510	7.2	13.4	79.4	2 522	372	館山
0.19	65 004	70 691	2.5	24.3	73.3	5 927	263	木更津
0.04	247 529	269 033	0.7	17.2	82.1	15 386	441	松戸
-0.09	71 249	78 728	1.9	25.8	72.4	5 293	467	野田
-0.52	41 621	42 577	3.3	26.7	70.0	3 535	327	茂原
0.48	63 748	72 775	3.8	15.9	80.3	5 845	1 964	成田
-0.45	81 053	83 279	1.6	19.0	79.4	4 963	476	佐倉
0.03	27 567	29 565	5.5	22.5	72.0	2 449	486	東金
-0.98	26 974	34 148	17.2	24.2	58.5	2 989	4 481	旭
-0.32	83 135	93 227	0.4	17.6	82.0	4 482	26	習志野
0.57	203 482	219 145	1.1	16.8	82.1	14 122	623	柏
-1.76	8 315	7 595	8.8	16.0	75.1	1 050	60	勝浦
-0.61	129 776	139 318	1.7	29.6	68.7	9 523	819	市原
1.90	92 305	102 759	0.7	17.7	81.6	4 955	85	流山
0.67	95 183	104 476	1.1	19.3	79.7	5 488	311	八千代
-0.33	61 247	64 387	1.3	16.2	82.5	3 199	134	我孫子
-1.77	16 076	16 642	8.5	12.1	79.4	1 871	269	鴨川
-0.28	51 615	56 230	1.6	18.7	79.8	3 109	205	鎌ケ谷
-1.13	39 153	43 341	3.8	30.4	65.9	3 380	831	君津
-2.09	19 998	22 127	5.8	28.1	66.1	1 838	270	富津
0.53	84 002	99 794	0.2	12.3	87.5	5 143	—	浦安
0.39	43 346	44 376	1.1	19.1	79.8	2 796	534	四街道
0.46	29 090	33 123	3.8	27.5	68.7	2 146	679	袖ケ浦

市町村統計

市の統計Ⅰ（埼玉／千葉）

市の統計Ⅰ (6)

	面積 (2022年10月1日) (km²)	人口 (2023年1月1日) (人) 計	男	女	人口密度 (1km²あたり 人)	年齢階級別人口構成 (2023年1月1日) (%) 0～14歳	15～64歳	65歳以上
八街	74.94	67 396	34 583	32 813	899.3	8.8	58.9	32.3
印西	123.79	109 953	54 554	55 399	888.2	16.7	59.7	23.6
白井	35.48	62 845	31 234	31 611	1 771.3	12.8	59.3	27.9
富里	53.88	49 404	25 143	24 261	916.9	10.2	60.5	29.3
南房総	229.55	35 593	17 088	18 505	155.1	7.6	45.5	46.9
匝瑳	101.52	34 338	17 069	17 269	338.2	9.4	54.5	36.1
香取	262.35	71 868	35 711	36 157	273.9	8.7	53.5	37.8
山武	146.77	49 103	24 873	24 230	334.6	8.4	54.8	36.8
いすみ	157.50	35 896	17 659	18 237	227.9	8.5	49.3	42.1
大網白里	58.08	48 417	23 888	24 529	833.6	10.0	56.3	33.7
東京都 (23区)	4) 627.53	9 569 211	4 692 166	4 877 045	15 249.0	11.1	67.6	21.4
千代田区	11.66	67 911	34 009	33 902	5 824.3	13.5	69.8	16.7
中央区	10.21	174 074	82 760	91 314	17 049.4	13.6	71.7	14.7
港区	20.37	261 615	123 068	138 547	12 843.2	13.6	69.3	17.1
新宿区	18.22	346 279	173 881	172 398	19 005.4	8.8	71.8	19.3
文京区	11.29	229 653	109 221	120 432	20 341.3	12.8	68.2	19.0
台東区	10.11	207 479	105 761	101 718	20 522.2	8.6	69.7	21.7
墨田区	13.77	279 985	138 030	141 955	20 333.0	9.9	68.6	21.5
江東区	5) 43.01	532 882	261 969	270 913	12 389.7	12.4	66.4	21.1
品川区	22.84	404 190	197 650	206 537	17 696.8	11.8	68.1	20.1
目黒区	14.67	278 635	131 372	147 263	18 993.5	11.1	69.1	19.7
大田区	61.86	728 425	361 782	366 643	11 775.4	10.6	66.8	22.6
世田谷区	58.05	915 439	433 385	482 054	15 769.8	11.6	68.0	20.4
渋谷区	15.11	229 412	109 921	119 491	15 182.8	10.5	70.8	18.7
中野区	15.59	333 593	168 181	165 412	21 397.9	9.0	70.9	20.1
杉並区	34.06	570 786	274 060	296 726	16 758.3	10.6	68.4	21.1
豊島区	13.01	288 704	144 719	143 985	22 190.9	9.1	71.3	19.6
北区	20.61	353 732	175 784	177 948	17 163.1	10.4	65.5	24.1
荒川区	10.16	216 814	107 662	109 152	21 340.0	11.1	66.1	22.8
板橋区	32.22	568 241	278 023	290 218	17 636.3	10.4	66.4	23.2
練馬区	48.08	738 914	357 649	381 265	15 368.4	11.6	66.4	22.0
足立区	53.25	690 114	345 515	344 599	12 959.9	10.7	64.7	24.6
葛飾区	34.80	464 175	231 362	232 813	13 338.4	11.1	64.4	24.5
江戸川区	5) 49.90	688 153	346 393	341 760	13 790.6	12.1	66.6	21.3
八王子	186.38	562 145	280 886	281 259	3 016.1	10.8	61.6	27.6
立川	24.36	185 483	91 867	93 616	7 614.2	11.6	63.7	24.8
武蔵野	10.98	147 964	70 860	77 104	13 475.8	11.9	65.7	22.4
三鷹	16.42	189 916	92 633	97 283	11 566.1	12.5	65.6	22.0
青梅	103.31	130 274	65 420	64 854	1 261.0	9.8	58.5	31.7
府中	29.43	259 924	130 035	129 889	8 831.9	12.5	65.1	22.4
昭島	17.34	114 259	56 769	57 490	6 589.3	12.2	61.3	26.5
調布	21.58	238 505	116 003	122 502	11 052.1	12.3	66.0	21.7
町田	71.55	430 831	210 535	220 296	6 021.4	11.7	61.1	27.2
小金井	11.30	124 756	61 376	63 380	11 040.4	12.6	66.0	21.4
小平	20.51	196 924	96 432	100 492	9 601.4	12.9	63.6	23.5
日野	27.55	187 254	93 632	93 622	6 796.9	12.2	63.0	24.9
東村山	17.14	151 814	73 931	77 883	8 857.3	11.6	61.4	27.0
国分寺	11.46	128 238	63 041	65 197	11 190.1	12.5	65.6	21.9
国立	8.15	76 168	36 955	39 213	9 345.8	11.2	64.9	23.9

人口増減率 (2022年) (%)	世帯数 2023年 1月1日	産業別就業者割合 (2020年10月1日)				民営事業所数 2021年 6月1日	農業産出額（推計）(2021年)（千万円）	
		総数 (人)	第1次産業 (%)	第2次産業 (%)	第3次産業 (%)			
-0.51	32 583	37 199	7.7	25.9	66.4	2 637	1 624	八街
2.16	44 773	53 284	3.2	15.7	81.1	2 754	422	印西
0.19	26 733	31 767	3.4	19.2	77.3	1 984	291	白井
0.00	24 208	28 346	7.6	20.5	71.9	1 767	1 510	富里
-1.86	17 084	17 487	17.5	15.7	66.8	1 853	1 010	南房総
-1.70	14 725	18 243	14.2	25.4	60.5	1 604	1 244	匝瑳
-1.72	31 226	37 426	11.0	24.0	65.1	3 425	2 778	香取
-0.78	22 689	25 656	11.3	24.4	64.3	1 888	1 512	山武
-1.86	16 954	15 838	7.7	24.0	68.3	1 603	797	いすみ
-0.54	22 254	24 637	4.7	21.2	74.1	1 432	620	大網白里
								東京都
0.49	5 333 350	5 715 553	0.2	14.2	85.6	4) 653 955	320	(23区)
1.29	38 548	43 198	0.0	8.6	91.3	47 613	…	千代田区
1.55	98 723	111 640	0.1	11.3	88.7	45 108	…	中央区
1.72	149 488	158 928	0.1	9.4	90.5	59 409	…	港区
1.48	223 207	201 266	0.1	9.6	90.3	47 820	…	新宿区
1.47	126 436	134 996	0.1	11.1	88.8	17 660	…	文京区
1.85	128 550	138 208	0.1	15.6	84.4	29 429	…	台東区
1.55	162 280	174 148	0.1	18.4	81.5	18 306	…	墨田区
1.32	283 280	311 827	0.1	15.2	84.7	24 003	…	江東区
0.12	228 925	252 921	0.1	14.4	85.5	24 360	…	品川区
0.13	157 952	178 171	0.2	10.6	89.2	16 306	…	目黒区
-0.04	401 856	439 151	0.1	17.7	82.2	32 639	…	大田区
-0.08	491 585	559 581	0.3	10.9	88.8	36 398	…	世田谷区
0.17	140 597	141 559	0.1	9.0	90.9	46 783	…	渋谷区
0.47	209 150	208 753	0.1	11.0	88.9	14 949	…	中野区
0.19	325 953	340 816	0.2	11.0	88.9	24 576	…	杉並区
1.89	181 268	189 234	0.1	11.8	88.1	26 219	…	豊島区
0.70	202 565	211 613	0.1	15.1	84.9	14 258	…	北区
0.59	119 134	130 721	0.1	16.7	83.1	10 039	…	荒川区
0.18	320 619	329 185	0.1	15.9	84.0	21 250	…	板橋区
0.08	385 142	418 840	0.4	13.6	86.0	25 417	…	練馬区
0.15	365 583	385 265	0.2	19.0	80.8	27 889	…	足立区
0.45	243 962	256 961	0.2	18.8	81.0	18 944	…	葛飾区
-0.23	348 547	398 571	0.2	17.8	81.9	24 047	…	江戸川区
0.07	279 627	289 892	0.7	19.0	80.4	20 559	126	八王子
0.19	95 713	100 766	0.9	17.0	82.1	9 811	89	立川
-0.04	78 281	82 765	0.4	11.7	87.9	9 690	23	武蔵野
-0.35	96 249	105 974	0.8	13.3	85.9	5 961	56	三鷹
-0.65	64 640	68 534	1.2	26.5	72.3	4 730	26	青梅
-0.13	128 686	141 424	0.7	16.6	82.7	8 946	68	府中
0.38	56 276	61 202	0.6	21.6	77.8	3 733	14	昭島
0.24	122 585	133 010	0.6	13.4	86.1	8 199	37	調布
0.10	205 310	215 021	0.8	17.1	82.1	14 369	67	町田
0.11	62 753	67 864	0.6	12.4	87.0	3 555	18	小金井
0.80	95 738	101 541	0.8	16.2	83.1	5 162	67	小平
-0.03	92 594	98 207	0.6	18.4	81.0	5 024	36	日野
0.08	75 556	78 059	0.8	16.8	82.4	4 334	62	東村山
0.35	63 479	68 915	0.8	14.6	84.7	4 171	44	国分寺
-0.20	39 142	41 571	0.6	14.6	84.8	3 211	13	国立

市の統計 I （7）

	面積 2022年 10月1日 (km²)	人口 （2023年1月1日）（人）			人口 密度 (1km²あ たり 人)	年齢階級別人口構成 （2023年1月1日）（%）		
		計	男	女		0～14 歳	15～64 歳	65歳 以上
福生	10.16	56 201	28 169	28 032	5 531.6	9.9	62.5	27.6
狛江	6.39	82 749	39 917	42 832	12 949.8	11.7	64.0	24.2
東大和	13.42	84 870	41 673	43 197	6 324.1	12.1	60.3	27.6
清瀬	10.23	74 702	35 957	38 745	7 302.2	11.6	60.6	27.9
東久留米	12.88	116 839	56 707	60 132	9 071.4	11.9	59.5	28.6
武蔵村山	15.32	71 296	35 459	35 837	4 653.8	12.7	60.4	26.9
多摩	21.01	148 210	72 525	75 685	7 054.3	10.8	60.0	29.2
稲城	17.97	93 421	46 760	46 661	5 198.7	14.0	64.1	21.9
羽村	9.90	54 504	27 594	26 910	5 505.5	11.4	61.7	26.8
あきる野	73.47	79 807	39 730	40 077	1 086.3	11.6	57.9	30.5
西東京	15.75	205 876	99 914	105 962	13 071.5	12.1	63.7	24.2
神奈川県								
横浜	438.01	3 753 645	1 859 264	1 894 381	8 569.8	11.6	63.5	24.9
川崎	142.96	1 524 026	770 070	753 956	10 660.5	12.2	67.6	20.2
相模原	328.91	719 118	360 303	358 815	2 186.4	11.3	62.4	26.3
横須賀	100.81	388 197	193 430	194 767	3 850.8	10.1	57.6	32.3
平塚	67.82	256 005	127 692	128 313	3 774.8	11.1	60.2	28.7
鎌倉	39.66	176 460	83 549	92 911	4 449.3	11.0	58.8	30.3
藤沢	69.56	445 177	220 374	224 803	6 399.9	12.9	62.7	24.4
小田原	113.60	187 880	91 725	96 155	1 653.9	10.7	58.8	30.5
茅ヶ崎	35.70	246 394	119 829	126 565	6 901.8	12.5	60.8	26.6
逗子	17.28	58 959	27 736	31 223	3 412.0	11.3	57.5	31.2
三浦	32.05	41 297	20 040	21 257	1 288.5	7.9	51.8	40.3
秦野	103.76	159 646	80 154	79 492	1 538.6	10.6	58.3	31.0
厚木	93.84	223 836	115 422	108 414	2 385.3	11.4	62.4	26.2
大和	27.09	244 421	122 047	122 374	9 022.6	12.2	64.0	23.8
伊勢原	55.56	99 910	50 716	49 194	1 798.2	11.3	61.9	26.8
海老名	26.59	138 969	69 911	69 058	5 226.4	12.8	62.6	24.7
座間	17.57	131 527	65 934	65 593	7 485.9	11.3	62.7	26.0
南足柄	77.12	41 057	20 212	20 845	532.4	10.2	56.4	33.3
綾瀬	22.14	84 376	43 093	41 283	3 811.0	12.6	60.1	27.3
新潟県								
新潟	726.28	773 914	372 592	401 322	1 065.6	11.5	58.2	30.2
長岡	891.05	261 287	127 992	133 295	293.2	11.4	56.7	31.8
三条	431.97	93 403	45 555	47 848	216.2	10.9	55.8	33.4
柏崎	442.03	78 901	38 920	39 981	178.5	10.0	55.1	34.9
新発田	533.11	94 098	45 868	48 230	176.5	11.5	55.7	32.9
小千谷	155.19	33 722	16 680	17 042	217.3	10.4	53.9	35.7
加茂	133.72	25 052	12 220	12 832	187.3	8.7	52.8	38.4
十日町	590.39	49 172	24 069	25 103	83.3	9.8	49.6	40.6
見附	77.91	39 045	19 083	19 962	501.2	11.1	55.4	33.5
村上	1 174.17	55 919	26 883	29 036	47.6	9.1	50.9	40.0
燕	110.95	77 401	37 869	39 532	697.6	10.9	57.6	31.5
糸魚川	746.24	39 772	19 452	20 320	53.3	9.2	50.2	40.6
妙高	445.63	30 345	14 829	15 516	68.1	9.8	53.0	37.2
五泉	351.91	47 274	22 839	24 435	134.3	9.5	53.7	36.8
上越	973.89	184 941	90 886	94 055	189.9	11.2	55.4	33.4
阿賀野	192.74	40 353	19 617	20 736	209.4	10.6	54.7	34.7
佐渡	855.68	50 651	24 609	26 042	59.2	9.4	48.4	42.2
魚沼	946.76	33 722	16 494	17 228	35.6	9.9	51.8	38.3

人口増減率(2022年)(%)	世帯数 2023年1月1日	産業別就業者割合(2020年10月1日) 総数(人)	第1次産業(%)	第2次産業(%)	第3次産業(%)	民営事業所数 2021年6月1日	農業産出額(推計)(2021年)(千万円)	
-0.13	30 380	31 532	0.5	22.4	77.1	1 931	2	福生
-0.33	43 227	46 939	0.8	13.5	85.7	2 233	15	狛江
-0.49	40 282	43 448	0.7	19.5	79.8	2 643	13	東大和
-0.33	36 697	37 697	1.5	16.2	82.3	1 980	73	清瀬
-0.22	56 093	58 656	1.0	17.4	81.5	3 508	67	東久留米
-0.80	32 476	36 713	1.4	25.6	73.0	2 670	126	武蔵村山
0.46	74 531	76 637	0.5	13.9	85.5	4 141	7	多摩
0.45	42 397	49 360	1.1	17.3	81.6	2 458	73	稲城
-0.19	26 355	28 957	0.8	28.9	70.3	2 019	13	羽村
-0.38	36 790	39 040	1.8	24.0	74.2	2 432	61	あきる野
0.03	101 119	109 360	0.6	13.9	85.5	5 801	40	西東京
								神奈川県
-0.06	1 851 338	1 999 392	0.4	18.5	81.0	142 457	1 215	横浜
0.11	778 087	877 394	0.4	18.4	81.2	50 098	376	川崎
0.00	351 662	380 033	0.6	22.7	76.7	25 131	335	相模原
-1.18	192 089	193 904	0.9	17.4	81.7	13 277	285	横須賀
0.01	121 402	131 745	1.5	27.4	71.2	10 590	333	平塚
-0.33	84 823	86 351	0.7	16.4	82.9	8 499	37	鎌倉
0.48	210 372	225 772	1.0	22.0	77.0	15 446	571	藤沢
-0.46	90 317	99 400	2.4	23.5	74.1	8 550	367	小田原
0.22	112 592	123 984	0.8	21.2	78.0	7 340	164	茅ヶ崎
-0.73	27 887	27 187	0.4	14.2	85.4	2 161	0	逗子
-1.24	20 030	20 944	11.1	16.4	72.6	1 821	885	三浦
-0.21	75 389	79 388	1.8	27.4	70.8	4 682	243	秦野
0.17	108 827	118 166	1.2	26.2	72.6	10 910	173	厚木
0.61	119 807	127 187	0.5	21.6	77.9	8 358	51	大和
0.12	47 333	54 019	2.2	25.2	72.6	3 732	296	伊勢原
1.46	64 010	70 886	1.1	26.3	72.6	4 969	149	海老名
-0.14	63 907	70 084	0.5	22.8	76.7	3 894	25	座間
-0.48	18 303	19 712	2.8	30.8	66.5	1 318	88	南足柄
-0.08	38 733	43 156	1.2	30.1	68.7	3 269	260	綾瀬
								新潟県
-0.73	347 609	402 267	3.2	21.5	75.3	35 640	5 098	新潟
-0.93	109 933	137 379	3.4	30.8	65.8	12 794	1 641	長岡
-1.18	36 916	50 905	4.2	36.3	59.5	5 764	682	三条
-1.74	34 744	40 330	2.9	35.1	62.0	3 745	447	柏崎
-1.10	37 281	49 415	6.1	29.6	64.3	4 070	2 247	新発田
-1.00	12 899	18 097	6.2	39.0	54.7	1 692	286	小千谷
-2.24	10 115	12 869	6.9	34.4	58.7	1 221	242	加茂
-1.98	19 571	26 548	11.0	29.4	59.6	2 835	638	十日町
-1.15	15 225	20 522	3.6	34.7	61.8	1 568	242	見附
-2.09	22 348	28 729	8.9	31.6	59.4	3 083	1 970	村上
-0.91	30 701	42 663	3.6	41.2	55.2	5 079	629	燕
-1.88	17 161	20 447	5.1	35.7	59.2	2 201	169	糸魚川
-1.57	12 375	15 495	5.4	33.2	61.4	1 689	240	妙高
-1.70	18 967	24 704	8.6	36.7	54.6	2 038	660	五泉
-1.11	77 243	98 274	4.5	30.1	65.4	9 350	1 550	上越
-1.24	14 808	21 654	9.0	34.0	57.1	1 759	837	阿賀野
-2.43	23 115	26 303	18.0	15.6	66.5	3 437	855	佐渡
-1.87	13 142	18 185	9.2	33.2	57.6	1 876	489	魚沼

市の統計Ⅰ (8)

	面積 2022年 10月1日 (km²)	人口 (2023年1月1日)(人)			人口 密度 1km²あ たり 人	年齢階級別人口構成 (2023年1月1日)(%)		
		計	男	女		0～14 歳	15～64 歳	65歳 以上
南魚沼	584.55	53 962	26 407	27 555	92.3	11.5	54.2	34.4
胎内	264.89	27 718	13 629	14 089	104.6	10.1	53.3	36.6
富山県								
富山	1 241.70	409 075	199 588	209 487	329.4	11.5	58.4	30.1
高岡	209.58	165 714	80 343	85 371	790.7	10.6	55.8	33.7
魚津	200.61	39 919	19 534	20 385	199.0	9.8	55.8	34.4
氷見	230.54	44 076	21 142	22 934	191.2	8.7	51.9	39.4
滑川	54.62	32 878	16 106	16 772	601.9	12.0	58.1	29.8
黒部	426.31	40 072	19 795	20 277	94.0	11.3	56.5	32.2
砺波	127.03	47 347	23 039	24 308	372.7	11.7	58.0	30.3
小矢部	134.07	28 602	14 017	14 585	213.3	9.8	52.9	37.3
南砺	668.64	47 778	22 989	24 789	71.5	9.8	51.0	39.2
射水	109.44	91 450	44 746	46 704	835.6	12.1	57.4	30.5
石川県								
金沢	468.81	447 181	215 833	231 348	953.9	12.3	60.5	27.3
七尾	318.30	49 259	23 500	25 759	154.8	9.2	51.9	38.8
小松	371.05	106 405	52 331	54 074	286.8	12.6	58.7	28.7
輪島	426.35	24 021	11 352	12 669	56.3	7.1	46.1	46.8
珠洲	247.20	12 948	5 999	6 949	52.4	6.7	42.1	51.1
加賀	305.87	63 486	30 269	33 217	207.6	10.1	54.5	35.4
羽咋	81.85	20 166	9 573	10 593	246.4	8.9	50.4	40.6
かほく	64.44	35 931	17 503	18 428	557.6	13.4	57.8	28.8
白山	754.92	112 916	55 242	57 674	149.6	13.2	58.4	28.4
能美	84.14	49 708	24 638	25 070	590.8	13.2	60.7	26.1
野々市	13.56	54 130	27 344	26 786	3 991.9	15.2	64.8	20.0
福井県								
福井	536.42	257 941	125 208	132 733	480.9	12.4	58.0	29.5
敦賀	251.47	63 662	31 406	32 256	253.2	12.3	58.3	29.4
小浜	233.11	28 317	13 975	14 342	121.5	12.5	55.0	32.5
大野	872.43	30 969	14 852	16 117	35.5	10.1	52.4	37.5
勝山	253.88	21 821	10 412	11 409	86.0	10.3	52.1	37.7
鯖江	84.59	68 863	33 638	35 225	814.1	13.6	59.1	27.3
あわら	116.98	26 900	12 798	14 102	230.0	10.5	54.9	34.6
越前	230.70	80 726	39 803	40 923	349.9	12.3	58.2	29.5
坂井	209.67	89 369	43 489	45 880	426.2	12.5	58.4	29.1
山梨県								
甲府	212.47	186 393	90 456	95 937	877.3	11.2	59.1	29.7
富士吉田	121.74	47 298	23 283	24 015	388.5	11.2	58.1	30.7
都留	161.63	29 168	14 259	14 909	180.5	10.2	59.0	30.8
山梨	289.80	33 511	16 142	17 369	115.6	11.0	54.5	34.5
大月	280.25	22 204	10 933	11 271	79.2	7.0	51.0	41.9
韮崎	143.69	28 356	14 240	14 116	197.3	10.2	58.2	31.6
南アルプス	264.14	71 631	35 533	36 098	271.2	12.7	59.3	28.0
北杜	602.48	45 984	22 511	23 473	76.3	9.2	50.7	40.0
甲斐	71.95	76 598	37 921	38 677	1 064.6	13.4	60.5	26.1
笛吹	201.92	67 641	32 912	34 729	335.0	11.5	58.0	30.6
上野原	170.57	22 019	11 050	10 969	129.1	7.8	53.9	38.3
甲州	264.11	29 925	14 464	15 461	113.3	9.9	53.1	37.0
中央	31.69	30 802	15 267	15 535	972.0	12.1	61.8	26.1

人口増減率 (2022年)(％)	世帯数 (2023年 1月1日)	産業別就業者割合 (2020年10月1日)				民営 事業所数 (2021年 6月1日)	農業 産出額 (推計) (2021年) (千万円)	
		総数 (人)	第1次 産業 (％)	第2次 産業 (％)	第3次 産業 (％)			
-1.18	20 260	29 330	12.0	27.8	60.1	3 336	708	南魚沼
-1.16	10 917	14 235	9.4	36.1	54.5	1 259	1 040	胎内
								富山県
-0.52	184 036	220 555	2.1	30.3	67.6	21 096	1 098	富山
-0.90	69 778	85 758	2.1	32.7	65.2	9 014	468	高岡
-1.38	16 984	20 922	3.9	39.5	56.7	2 255	190	魚津
-1.85	17 475	22 665	4.2	33.8	62.0	2 053	216	氷見
-0.49	12 817	17 914	3.1	40.6	56.3	1 314	146	滑川
-1.05	15 792	20 854	3.4	43.7	52.9	1 648	581	黒部
-0.59	17 504	26 370	4.3	35.0	60.7	2 366	456	砺波
-1.29	10 599	15 439	4.6	34.4	61.0	1 647	328	小矢部
-1.74	17 537	25 754	6.6	36.9	56.5	2 839	655	南砺
-0.36	36 624	48 241	2.1	30.8	67.0	4 031	308	射水
								石川県
-0.34	212 185	244 481	1.2	21.0	77.7	27 638	688	金沢
-1.84	21 902	25 621	5.1	26.0	68.8	3 158	253	七尾
-0.44	45 045	57 826	1.9	38.3	59.8	5 679	386	小松
-3.55	11 693	11 681	10.6	23.2	66.2	1 615	285	輪島
-2.89	5 902	5 963	10.3	25.7	64.0	927	159	珠洲
-1.23	28 940	33 818	3.5	37.0	59.5	3 659	383	加賀
-1.96	8 484	10 070	5.9	32.1	62.0	1 079	205	羽咋
0.21	14 081	18 695	2.2	34.8	63.0	1 663	122	かほく
-0.19	45 778	59 372	2.6	33.0	64.4	4 874	556	白山
-0.12	19 731	26 290	1.7	40.1	58.2	2 156	158	能美
0.28	25 219	30 939	1.1	26.9	72.0	2 556	25	野々市
								福井県
-0.66	106 821	141 825	1.9	25.9	72.2	16 341	716	福井
-1.04	29 173	33 686	1.5	28.2	70.3	3 443	54	敦賀
-1.07	12 154	15 257	4.1	27.5	68.4	1 791	105	小浜
-2.07	11 550	17 271	7.6	33.0	59.4	1 788	389	大野
-1.46	7 906	11 786	5.5	34.5	60.0	1 127	154	勝山
-0.77	25 438	37 398	1.5	40.1	58.3	3 581	169	鯖江
-1.26	10 282	14 963	5.9	33.2	60.9	1 293	405	あわら
-1.52	31 297	44 816	2.5	45.1	52.3	4 305	310	越前
-0.66	32 848	48 466	3.8	34.1	62.2	3 762	927	坂井
								山梨県
0.08	93 907	97 468	2.5	22.8	74.8	11 299	783	甲府
-0.93	20 379	24 639	1.1	35.4	63.5	3 338	30	富士吉田
-1.18	13 365	15 879	1.6	34.1	64.3	1 854	49	都留
-0.98	14 812	18 130	18.4	19.3	62.3	1 506	1 470	山梨
-1.88	10 229	10 531	1.9	31.9	66.3	1 212	14	大月
-0.58	12 784	15 477	8.9	34.3	56.8	1 499	415	韮崎
0.19	29 449	38 312	8.9	32.6	58.4	2 677	1 318	南アルプス
-0.85	21 950	22 767	14.8	24.9	60.3	2 639	807	北杜
0.33	34 556	37 588	2.5	29.2	68.3	2 981	388	甲斐
-0.91	30 231	38 237	16.1	21.4	62.5	2 980	2 863	笛吹
-1.55	10 070	11 230	1.7	33.2	65.1	1 141	23	上野原
-1.71	13 079	16 465	24.1	18.9	57.0	1 405	1 914	甲州
0.12	13 842	15 772	5.7	33.9	60.4	1 380	340	中央

市の統計Ⅰ (9)

	面積 (2022年 10月1日) (km²)	人口 (2023年1月1日)(人)			人口 密度 (1km²あ たり 人)	年齢階級別人口構成 (2023年1月1日)(%)		
		計	男	女		0～14 歳	15～64 歳	65歳 以上
長野県								
長野	834.81	368 785	179 025	189 760	441.8	*11.8*	*57.8*	*30.4*
松本	978.47	236 447	115 886	120 561	241.6	*12.4*	*59.3*	*28.3*
上田	552.04	153 507	75 243	78 264	278.1	*11.6*	*57.4*	*30.9*
岡谷	85.10	47 691	23 224	24 467	560.4	*10.6*	*55.3*	*34.1*
飯田	658.66	97 322	47 021	50 301	147.8	*12.2*	*54.8*	*33.0*
諏訪	109.17	48 385	23 887	24 498	443.2	*11.5*	*57.7*	*30.8*
須坂	149.67	49 776	24 161	25 615	332.6	*11.7*	*56.0*	*32.3*
小諸	98.55	41 623	20 409	21 214	422.4	*11.4*	*55.7*	*32.9*
伊那	667.93	66 016	32 353	33 663	98.8	*11.9*	*56.2*	*32.0*
駒ヶ根	165.86	31 892	15 744	16 148	192.3	*11.7*	*56.5*	*31.8*
中野	112.18	43 030	20 990	22 040	383.6	*11.4*	*56.2*	*32.4*
大町	565.15	26 085	12 678	13 407	46.2	*9.0*	*52.4*	*38.7*
飯山	202.43	19 705	9 601	10 104	97.3	*9.4*	*52.3*	*38.3*
茅野	266.59	54 637	27 202	27 435	204.9	*12.1*	*56.6*	*31.3*
塩尻	289.98	66 118	33 057	33 061	228.0	*11.9*	*59.2*	*28.9*
佐久	423.51	98 198	48 289	49 909	231.9	*12.5*	*56.5*	*31.0*
千曲	119.79	59 529	28 988	30 541	496.9	*11.5*	*55.9*	*32.7*
東御	112.37	29 557	14 663	14 894	263.0	*11.9*	*56.0*	*32.1*
安曇野	331.78	96 605	46 915	49 690	291.2	*11.5*	*56.8*	*31.7*
岐阜県								
岐阜	203.60	402 400	192 475	209 925	1 976.4	*11.8*	*59.1*	*29.0*
大垣	206.57	159 280	77 925	81 355	771.1	*12.5*	*59.8*	*27.8*
高山	2 177.61	84 338	40 312	44 026	38.7	*11.9*	*54.8*	*33.3*
多治見	91.25	107 278	52 195	55 083	1 175.6	*11.0*	*57.4*	*31.6*
関	472.33	85 537	41 951	43 586	181.1	*11.6*	*57.3*	*31.1*
中津川	676.45	75 401	36 997	38 404	111.5	*11.4*	*55.3*	*33.3*
美濃	117.01	19 494	9 421	10 073	166.6	*10.3*	*52.7*	*37.0*
瑞浪	174.86	36 105	17 616	18 489	206.5	*11.0*	*57.2*	*31.8*
羽島	53.66	67 076	33 087	33 989	1 250.0	*12.3*	*59.7*	*28.0*
恵那	504.24	47 564	23 247	24 317	94.3	*10.8*	*53.4*	*35.8*
美濃加茂	74.81	57 220	28 361	28 859	764.9	*14.9*	*61.7*	*23.4*
土岐	116.02	55 842	27 121	28 721	481.3	*11.1*	*56.5*	*32.5*
各務原	87.81	145 570	72 002	73 568	1 657.8	*12.5*	*58.9*	*28.6*
可児	87.57	100 612	49 854	50 758	1 148.9	*12.6*	*58.9*	*28.5*
山県	221.98	25 545	12 461	13 084	115.1	*9.6*	*53.7*	*36.6*
瑞穂	28.19	55 985	27 938	28 047	1 986.0	*15.2*	*63.1*	*21.6*
飛驒	792.53	22 527	10 896	11 631	28.4	*9.9*	*50.0*	*40.0*
本巣	374.65	33 092	16 148	16 944	88.3	*11.9*	*57.0*	*31.1*
郡上	1 030.75	39 115	19 157	19 958	37.9	*11.0*	*51.8*	*37.2*
下呂	851.21	30 118	14 399	15 719	35.4	*10.0*	*49.5*	*40.5*
海津	112.03	32 582	16 147	16 435	290.8	*9.3*	*55.5*	*35.2*
静岡県								
静岡	1 411.93	683 739	333 010	350 729	484.3	*11.0*	*58.2*	*30.8*
浜松	1 558.06	792 704	395 029	397 675	508.8	*12.4*	*59.2*	*28.4*
沼津	186.82	189 632	93 658	95 974	1 015.1	*9.8*	*58.0*	*32.2*
熱海	61.77	34 433	15 614	18 819	557.4	*5.5*	*45.9*	*48.7*
三島	62.02	107 204	52 434	54 770	1 728.5	*11.6*	*58.2*	*30.1*
富士宮	389.08	129 250	64 152	65 098	332.2	*11.4*	*58.2*	*30.3*
伊東	124.02	66 286	31 421	34 865	534.5	*7.6*	*48.7*	*43.6*

人口増減率 (2022年) (%)	世帯数 2023年 1月1日	産業別就業者割合 (2020年10月1日)				民営事業所数 2021年 6月1日	農業産出額 (推計) (2021年) (千万円)	
		総数 (人)	第1次産業 (%)	第2次産業 (%)	第3次産業 (%)			
								長野県
-0.77	164 058	192 111	5.7	22.0	72.3	19 308	1 563	長野
-0.22	108 398	128 706	5.2	23.4	71.4	13 017	2 048	松本
-0.72	69 127	80 475	4.6	33.4	62.1	7 663	859	上田
-0.84	21 019	24 206	1.5	41.4	57.2	2 482	26	岡谷
-1.09	40 218	54 097	8.4	31.4	60.3	5 889	856	飯田
-0.52	22 376	25 811	3.0	34.6	62.4	3 235	119	諏訪
-0.57	20 530	26 039	11.6	29.3	59.1	2 237	1 052	須坂
-0.32	19 101	21 153	8.8	29.1	62.1	1 972	655	小諸
-0.77	28 276	36 301	8.1	34.1	57.8	3 247	594	伊那
-0.92	13 528	17 739	6.5	39.0	54.5	1 699	265	駒ヶ根
-1.03	17 616	24 155	22.9	23.5	53.6	2 017	1 609	中野
-1.29	11 975	13 426	9.0	27.9	63.1	1 270	276	大町
-1.76	8 005	10 785	18.2	22.3	59.5	1 168	526	飯山
-0.85	24 589	29 845	6.4	36.0	57.6	2 676	325	茅野
-0.32	28 697	36 116	7.3	33.8	58.9	2 911	1 235	塩尻
-0.24	43 077	51 529	8.0	28.7	63.3	4 815	1 071	佐久
-0.51	24 416	30 040	6.1	33.9	60.0	2 621	356	千曲
-0.40	12 390	15 638	10.7	32.9	56.4	1 329	645	東御
-0.15	41 226	50 593	8.3	28.1	63.6	3 782	1 040	安曇野
								岐阜県
-0.47	185 060	201 532	1.5	23.8	74.7	21 540	824	岐阜
-0.38	68 904	81 526	1.3	33.7	64.9	7 754	221	大垣
-1.32	35 965	47 610	10.5	22.4	67.1	6 347	2 532	高山
-0.81	48 383	55 630	0.6	30.4	69.0	4 798	72	多治見
-0.85	35 938	45 461	1.9	42.9	55.1	4 734	603	関
-1.24	31 504	40 805	4.8	41.3	53.9	3 742	745	中津川
-1.47	8 167	10 334	2.2	47.2	50.6	1 251	44	美濃
-1.03	15 527	19 692	2.3	33.0	64.7	1 824	780	瑞浪
-0.04	27 628	35 801	2.0	31.2	66.8	3 021	184	羽島
-1.67	19 860	25 146	4.8	36.1	59.1	2 542	355	恵那
0.09	23 668	29 123	2.6	40.3	57.1	2 460	201	美濃加茂
-1.25	24 741	29 495	0.8	37.8	61.4	3 177	14	土岐
-0.39	61 882	74 453	1.3	33.7	65.0	5 673	216	各務原
-0.15	43 852	51 629	1.2	37.8	61.0	3 515	81	可児
-1.69	10 854	13 204	3.2	39.8	56.9	1 397	249	山県
0.84	22 857	29 876	2.2	30.2	67.6	1 859	108	瑞穂
-2.18	8 687	11 870	8.4	33.5	58.1	1 401	294	飛騨
-0.63	12 796	17 184	6.8	31.1	62.1	1 433	373	本巣
-1.62	15 489	20 671	6.3	33.9	59.8	2 638	580	郡上
-2.02	12 058	15 968	5.2	29.0	65.8	2 063	242	下呂
-1.21	12 422	18 094	6.6	35.9	57.5	1 527	499	海津
								静岡県
-0.77	323 095	371 013	2.3	25.4	72.3	35 871	1 579	静岡
-0.39	351 529	416 406	3.5	33.9	62.5	36 425	5 069	浜松
-0.85	93 456	99 138	2.5	29.5	68.0	10 671	614	沼津
-2.09	20 923	15 896	1.6	11.6	86.8	2 719	21	熱海
-1.06	49 920	54 362	2.3	26.3	71.4	5 339	472	三島
-0.69	58 259	67 860	3.2	42.5	54.3	5 630	2 546	富士宮
-1.17	35 630	30 496	2.6	12.8	84.6	4 151	101	伊東

市町村統計　市の統計Ⅰ（長野／岐阜／静岡）

市の統計 I （10）

	面積 2022年 10月1日 （km²）	人口 （2023年1月1日）（人）			人口 密度 （1km²あ たり 人）	年齢階級別人口構成 （2023年1月1日）（%）		
		計	男	女		0～14 歳	15～64 歳	65歳 以上
島田	315.70	96 496	47 250	49 246	305.7	12.1	56.1	31.8
富士	244.95	249 094	123 465	125 629	1 016.9	11.8	59.6	28.6
磐田	163.45	167 520	84 699	82 821	1 024.9	12.5	58.5	29.0
焼津	70.30	137 199	67 638	69 561	1 951.6	11.6	58.4	30.0
掛川	265.69	115 873	58 354	57 519	436.1	13.2	58.5	28.3
藤枝	194.06	142 387	69 644	72 743	733.7	12.2	56.9	30.8
御殿場	194.90	85 267	43 597	41 670	437.5	12.5	61.5	26.0
袋井	108.33	88 562	44 969	43 593	817.5	13.9	61.0	25.1
下田	104.38	20 099	9 711	10 388	192.6	7.9	49.4	42.6
裾野	138.12	49 779	25 127	24 652	360.4	12.6	59.3	28.1
湖西	86.56	58 400	29 977	28 423	674.7	11.3	60.1	28.6
伊豆	363.97	28 872	13 887	14 985	79.3	7.8	50.2	42.0
御前崎	65.57	30 706	15 610	15 096	468.3	11.1	57.0	31.8
菊川	94.19	47 738	24 154	23 584	506.8	13.4	58.8	27.9
伊豆の国	94.62	47 261	22 918	24 343	499.5	10.8	55.4	33.8
牧之原	111.69	43 497	21 631	21 866	389.4	10.8	56.4	32.8
愛知県								
名古屋	326.50	2 294 854	1 132 786	1 162 068	7 028.6	12.0	63.0	25.0
豊橋	262.00	370 761	186 039	184 722	1 415.1	12.7	61.1	26.2
岡崎	387.20	384 422	194 802	189 620	992.8	13.7	62.2	24.2
一宮	113.82	380 201	185 735	194 466	3 340.4	12.5	60.3	27.2
瀬戸	111.40	128 122	63 003	65 119	1 150.1	12.0	58.0	29.9
半田	47.42	117 747	59 426	58 321	2 483.1	12.5	62.5	25.0
春日井	92.78	308 937	153 314	155 623	3 329.8	12.9	61.1	26.0
豊川	161.14	186 524	93 094	93 430	1 157.5	13.2	60.5	26.3
津島	25.09	60 623	29 905	30 718	2 416.2	10.1	60.1	29.7
碧南	36.68	72 645	37 297	35 348	1 980.5	13.4	62.7	23.9
刈谷	50.39	152 372	79 520	72 852	3 023.9	13.9	65.6	20.5
豊田	918.32	417 432	217 032	200 400	454.6	12.7	62.9	24.5
安城	86.05	188 843	96 668	92 175	2 194.6	14.1	64.2	21.7
西尾	161.22	170 332	86 298	84 034	1 056.5	13.6	60.6	25.8
蒲郡	56.96	78 666	38 797	39 869	1 381.1	11.7	58.5	29.8
犬山	74.90	72 733	36 091	36 642	971.1	11.5	59.2	29.3
常滑	55.90	58 452	28 940	29 512	1 045.7	14.0	60.0	26.0
江南	30.20	99 039	48 590	50 449	3 279.4	12.2	59.9	27.9
小牧	62.81	150 434	75 987	74 447	2 395.1	12.3	62.4	25.3
稲沢	79.35	134 281	66 465	67 816	1 692.3	12.4	59.8	27.9
新城	499.23	43 812	21 852	21 960	87.8	10.1	53.0	36.9
東海	43.43	113 625	59 183	54 442	2 616.3	14.2	63.0	22.7
大府	33.66	92 828	47 172	45 656	2 757.8	15.2	63.2	21.6
知多	45.90	84 002	42 323	41 679	1 830.1	12.5	59.3	28.2
知立	16.31	72 030	37 966	34 064	4 416.3	13.5	66.1	20.4
尾張旭	21.03	83 986	41 075	42 911	3 993.6	13.3	60.6	26.1
高浜	13.11	49 154	25 617	23 537	3 749.4	14.6	66.0	19.4
岩倉	10.47	47 821	23 876	23 945	4 567.4	12.2	62.5	25.4
豊明	23.22	68 325	34 675	33 650	2 942.5	12.4	61.4	26.2
日進	34.91	93 774	46 669	47 105	2 686.2	16.1	63.7	20.2
田原	191.11	59 596	30 218	29 378	311.8	12.0	58.7	29.3
愛西	66.68	61 618	30 113	31 505	924.1	10.9	57.6	31.4
清須	17.35	69 194	34 753	34 441	3 988.1	14.3	62.3	23.4

人口増減率 (2022年)(%)	世帯数 2023年1月1日	産業別就業者割合 (2020年10月1日)				民営事業所数 2021年6月1日	農業産出額(推計)(2021年)(千万円)	
		総数 (人)	第1次産業 (%)	第2次産業 (%)	第3次産業 (%)			
-0.55	39 143	51 509	5.6	36.9	57.5	4 276	731	島田
-0.64	109 727	129 147	2.0	38.6	59.4	12 085	727	富士
-0.39	70 303	89 156	3.8	40.9	55.3	6 388	871	磐田
-0.38	59 491	73 093	2.8	36.5	60.7	6 352	355	焼津
-0.47	46 944	62 124	5.9	40.5	53.6	4 680	1 416	掛川
-0.83	61 208	74 180	3.3	32.0	64.7	5 898	421	藤枝
-1.74	37 746	48 645	3.0	28.4	68.7	3 705	234	御殿場
0.49	36 463	48 286	3.7	41.7	54.6	3 462	744	袋井
-1.93	10 501	10 053	5.0	12.7	82.3	1 670	31	下田
-1.28	21 680	26 922	2.0	37.9	60.2	1 842	62	裾野
-0.41	24 847	31 494	4.5	48.8	46.7	2 233	847	湖西
-1.52	13 470	14 345	7.4	22.0	70.6	1 520	188	伊豆
-1.52	12 095	17 316	8.4	39.5	52.1	1 501	460	御前崎
-0.30	18 708	26 751	8.3	42.4	49.3	1 730	613	菊川
-0.68	21 521	24 116	6.1	25.4	68.5	2 223	466	伊豆の国
-1.00	17 170	25 064	11.1	41.9	47.0	2 367	989	牧之原
								愛知県
0.06	1 156 802	1 227 913	0.3	23.0	76.8	136 851	228	名古屋
-0.49	163 746	202 639	5.2	35.4	59.4	15 701	3 835	豊橋
-0.24	167 955	208 349	1.3	39.3	59.4	14 693	973	岡崎
-0.56	165 917	197 466	1.0	29.4	69.7	18 113	389	一宮
-0.49	57 712	65 879	0.7	34.3	64.9	4 771	59	瀬戸
-0.66	52 661	63 016	1.5	38.2	60.4	5 155	777	半田
-0.27	140 501	160 082	0.7	29.7	69.6	11 145	89	春日井
-0.13	80 499	100 710	5.0	38.4	56.7	6 990	1 514	豊川
-0.58	27 115	32 177	1.8	30.0	68.2	2 908	122	津島
-0.11	29 924	40 674	3.7	48.7	47.6	3 086	773	碧南
-0.05	68 104	84 489	1.1	45.8	53.1	5 780	141	刈谷
-0.43	183 945	231 303	1.7	46.0	52.3	14 063	835	豊田
-0.26	77 924	103 490	2.2	42.9	54.9	7 126	690	安城
-0.31	67 116	92 755	4.7	45.6	49.7	6 998	1 348	西尾
-0.75	33 333	42 701	4.1	38.8	57.1	3 657	599	蒲郡
-0.41	31 758	37 121	1.2	34.8	63.9	2 574	67	犬山
-0.08	25 296	31 448	2.7	31.7	65.5	2 657	553	常滑
-0.66	42 346	48 632	0.8	32.5	66.7	3 318	61	江南
-0.36	69 348	81 448	1.1	36.6	62.3	6 996	595	小牧
-0.73	56 087	71 809	3.9	30.2	65.9	4 731	711	稲沢
-1.55	17 709	24 098	8.3	37.5	54.2	2 033	588	新城
-0.42	51 481	61 939	2.1	38.9	59.0	4 300	379	東海
0.14	40 119	50 258	1.5	39.7	58.9	3 566	375	大府
-0.85	36 656	43 799	1.8	34.9	63.3	2 305	193	知多
-0.08	32 937	40 204	0.7	45.4	53.8	2 121	22	知立
-0.06	36 843	42 863	0.6	25.7	73.7	2 783	17	尾張旭
-0.26	21 069	26 088	0.9	51.4	47.8	1 616	28	高浜
-0.04	22 466	25 821	1.0	29.9	69.1	1 564	48	岩倉
-0.27	30 685	36 672	1.0	38.2	60.7	2 342	103	豊明
0.81	39 221	44 440	0.7	28.6	70.7	2 936	91	日進
-0.81	22 831	35 307	29.9	26.1	44.0	2 366	8 489	田原
-0.80	24 072	32 033	7.3	29.1	63.7	2 198	1 108	愛西
-0.15	30 451	32 676	1.1	29.6	69.3	2 840	51	清須

市の統計 I （11）

	面積 （2022年 10月1日） （km²）	人口 （2023年1月1日）（人）			人口 密度 （1km²あ たり人）	年齢階級別人口構成 （2023年1月1日）（%）		
		計	男	女		0～14 歳	15～64 歳	65歳 以上
北名古屋	18.37	86 271	43 272	42 999	4 696.3	13.8	62.3	23.9
弥富	49.11	43 861	21 998	21 863	893.1	11.9	61.9	26.1
みよし	32.19	61 485	31 524	29 961	1 910.1	14.5	66.9	18.6
あま	27.49	88 787	44 140	44 647	3 229.8	13.1	60.9	26.0
長久手	21.55	60 985	30 223	30 762	2 829.9	17.7	65.3	17.0
三重県								
津	711.18	272 645	132 731	139 914	383.4	11.9	58.2	29.9
四日市	206.50	309 719	155 697	154 022	1 499.8	12.1	61.9	26.1
伊勢	208.37	121 770	57 777	63 993	584.4	11.2	56.2	32.6
松阪	623.58	159 000	76 578	82 422	255.0	11.9	57.7	30.4
桑名	136.65	139 563	69 038	70 525	1 021.3	12.4	60.4	27.1
鈴鹿	194.46	196 461	98 133	98 328	1 010.3	12.4	61.9	25.7
名張	129.77	76 190	36 760	39 430	587.1	11.5	54.9	33.6
尾鷲	192.71	16 319	7 540	8 779	84.7	7.8	46.8	45.4
亀山	191.04	49 503	25 007	24 496	259.1	13.5	59.3	27.2
鳥羽	107.34	17 215	8 145	9 070	160.4	8.3	51.4	40.3
熊野	373.35	15 738	7 247	8 491	42.2	9.0	46.6	44.4
いなべ	219.83	44 797	22 989	21 808	203.8	12.2	60.1	27.7
志摩	178.94	46 159	21 535	24 624	258.0	8.1	50.7	41.1
伊賀	558.23	87 168	42 856	44 312	156.2	10.5	55.8	33.7
滋賀県								
大津	464.51	344 552	166 139	178 413	741.8	13.1	59.6	27.3
彦根	196.87	111 648	55 699	55 949	567.1	12.8	61.5	25.8
長浜	681.02	115 009	56 282	58 727	168.9	12.5	58.6	28.9
近江八幡	177.45	82 025	40 316	41 709	462.2	13.6	58.5	27.8
草津	67.82	138 336	69 366	68 970	2 039.8	14.6	63.0	22.4
守山	55.73	85 619	42 095	43 524	1 536.3	16.1	61.8	22.1
栗東	52.69	70 578	35 163	35 415	1 339.5	15.5	65.3	19.1
甲賀	481.62	89 038	44 656	44 382	184.9	12.3	59.0	28.7
野洲	80.15	50 711	25 391	25 320	632.7	13.7	59.7	26.7
湖南	70.40	54 601	28 414	26 187	775.6	12.9	61.5	25.6
高島	693.05	46 394	22 687	23 707	66.9	10.3	53.6	36.1
東近江	388.37	112 586	56 265	56 321	289.9	13.1	59.8	27.1
米原	250.39	37 761	18 441	19 320	150.8	12.6	57.4	30.0
京都府								
京都	827.83	1 385 190	655 539	729 651	1 673.3	10.8	60.8	28.4
福知山	552.54	76 075	37 699	38 376	137.7	13.0	56.9	30.1
舞鶴	342.13	78 194	38 876	39 318	228.6	11.9	55.9	32.2
綾部	347.10	31 959	15 367	16 592	92.1	10.5	51.7	37.8
宇治	67.54	182 144	87 910	94 234	2 696.8	11.6	58.4	29.9
宮津	172.74	16 721	7 944	8 777	96.8	8.9	48.0	43.1
亀岡	224.80	87 090	42 375	44 715	387.4	12.1	56.9	31.0
城陽	32.71	74 591	35 954	38 637	2 280.4	11.2	55.0	33.8
向日	7.72	56 794	27 239	29 555	7 356.7	13.5	59.5	26.9
長岡京	19.17	81 946	39 605	42 341	4 274.7	13.7	59.7	26.6
八幡	24.35	69 469	33 773	35 696	2 852.9	11.0	57.3	31.7
京田辺	42.92	71 367	34 914	36 453	1 662.8	14.7	60.7	24.6
京丹後	501.44	51 981	25 038	26 943	103.7	10.7	52.3	37.0
南丹	616.40	30 499	14 852	15 647	49.5	10.4	53.8	35.9

人口増減率(2022年)(%)	世帯数(2023年1月1日)	産業別就業者割合(2020年10月1日)				民営事業所数(2021年6月1日)	農業産出額(推計)(2021年)(千万円)	
		総数(人)	第1次産業(%)	第2次産業(%)	第3次産業(%)			
0.07	38 046	47 191	1.0	30.4	68.6	3 322	39	北名古屋
-0.45	18 578	23 345	3.9	29.4	66.6	2 006	250	弥富
0.39	25 388	32 815	1.6	40.1	58.3	1 948	158	みよし
-0.11	38 303	46 133	1.3	33.4	65.3	2 854	120	あま
0.77	25 406	30 177	0.8	22.6	76.6	2 190	22	長久手
								三重県
-0.52	127 902	140 353	2.6	25.7	71.7	11 497	1 063	津
-0.03	144 504	167 622	1.3	34.9	63.9	13 298	581	四日市
-1.15	56 062	63 393	2.5	25.6	71.9	6 668	430	伊勢
-1.01	74 310	83 746	3.5	29.9	66.6	7 620	819	松阪
-0.41	60 896	74 059	1.6	33.7	64.6	6 093	286	桑名
-0.53	88 364	96 242	2.6	36.2	61.2	6 936	2 010	鈴鹿
-0.93	34 854	38 136	2.2	33.7	64.1	2 844	182	名張
-2.87	8 990	7 382	5.4	20.4	74.2	1 125	7	尾鷲
0.13	22 176	24 464	2.7	39.4	57.9	1 604	239	亀山
-2.45	8 235	9 357	13.3	16.7	70.0	1 168	90	鳥羽
-2.32	8 538	7 077	7.8	17.7	74.6	1 036	124	熊野
-0.27	18 922	25 367	2.5	47.9	49.6	1 881	317	いなべ
-2.35	22 547	22 741	8.1	17.8	74.1	2 516	230	志摩
-1.31	40 451	47 902	5.6	40.4	54.1	4 041	1 600	伊賀
								滋賀県
0.09	155 913	171 975	1.1	22.4	76.5	12 357	163	大津
-0.14	50 067	60 225	1.6	34.7	63.7	4 929	258	彦根
-0.73	47 320	59 049	3.1	37.5	59.4	5 574	632	長浜
-0.09	35 163	42 530	3.5	34.5	62.0	3 221	854	近江八幡
0.78	62 624	72 347	1.4	30.7	67.9	5 378	231	草津
0.75	34 469	43 047	2.1	32.7	65.2	2 902	233	守山
0.30	29 467	37 255	1.5	32.9	65.5	3 003	87	栗東
-0.53	37 296	47 469	3.7	39.6	56.7	4 110	517	甲賀
0.10	21 126	26 449	3.2	36.6	60.2	1 855	201	野洲
-0.05	24 720	29 870	1.4	43.9	54.7	1 959	84	湖南
-1.13	20 772	23 563	6.1	29.3	64.6	2 516	606	高島
-0.38	46 474	59 648	3.9	41.6	54.5	4 583	1 026	東近江
-0.98	14 848	19 590	3.4	35.1	61.5	1 470	188	米原
								京都府
-0.26	730 333	741 098	0.8	20.0	79.2	84 524	889	京都
-0.64	36 725	41 060	4.6	29.6	65.8	3 997	622	福知山
-1.64	39 899	39 968	3.6	22.9	73.5	3 588	252	舞鶴
-1.31	15 669	15 916	7.6	32.3	60.0	1 545	434	綾部
-0.74	85 224	88 850	0.8	24.9	74.3	5 728	87	宇治
-1.79	8 324	8 162	6.8	18.5	74.7	1 175	79	宮津
-0.49	40 003	44 479	4.4	25.4	70.2	3 335	626	亀岡
-0.91	35 188	35 784	1.8	25.8	72.3	2 481	99	城陽
-0.56	25 575	28 226	1.0	25.2	73.8	1 770	47	向日
0.96	37 318	39 710	1.0	26.5	72.5	2 759	86	長岡京
-0.69	33 707	34 657	2.1	24.4	73.5	2 174	161	八幡
0.73	31 124	34 519	2.0	23.2	74.8	2 177	96	京田辺
-1.63	22 937	27 168	7.7	29.6	62.7	3 687	774	京丹後
-0.92	14 359	15 315	9.1	25.6	65.3	1 496	437	南丹

市町村統計

市の統計Ⅰ（愛知／三重／滋賀／京都）

市の統計 I (12)

	面積(2022年10月1日)(km²)	人口(2023年1月1日)(人)			人口密度(1km²あたり 人)	年齢階級別人口構成(2023年1月1日)(%)		
		計	男	女		0～14歳	15～64歳	65歳以上
木津川	85.13	80 109	38 702	41 407	941.0	15.9	59.2	24.9
大阪府								
大阪	225.33	2 741 587	1 327 341	1 414 246	12 167.0	10.7	64.6	24.8
堺	149.83	821 428	393 390	428 038	5 482.4	12.1	59.6	28.3
岸和田	72.72	189 396	90 856	98 540	2 604.5	12.2	59.7	28.1
豊中	36.39	407 695	193 629	214 066	11 203.5	13.5	60.8	25.7
池田	22.14	103 074	49 151	53 923	4 655.6	12.5	60.3	27.2
吹田	36.09	381 316	182 078	199 238	10 565.7	13.7	62.6	23.7
泉大津	14.33	73 282	34 957	38 325	5 113.9	11.6	62.3	26.1
高槻	105.29	348 530	166 243	182 287	3 310.2	12.1	58.6	29.3
貝塚	43.93	83 156	40 119	43 037	1 892.9	12.0	60.5	27.4
守口	12.71	142 014	68 876	73 138	11 173.4	11.2	60.3	28.5
枚方	65.12	396 252	189 745	206 507	6 085.0	12.0	59.1	28.8
茨木	76.49	284 921	137 469	147 452	3 724.9	13.6	62.2	24.2
八尾	41.72	261 998	125 005	136 993	6 279.9	12.0	59.7	28.3
泉佐野	56.51	98 545	47 336	51 209	1 743.9	11.4	62.1	26.5
富田林	39.72	108 105	50 971	57 134	2 721.7	11.0	58.0	31.0
寝屋川	24.70	227 544	109 741	117 803	9 212.3	11.1	58.8	30.1
河内長野	109.63	100 484	47 361	53 123	916.6	9.9	53.8	36.3
松原	16.66	116 966	56 226	60 740	7 020.8	10.8	59.1	30.1
大東	18.27	117 294	57 114	60 180	6 420.0	11.3	61.2	27.5
和泉	84.98	183 761	88 732	95 029	2 162.4	13.1	61.1	25.7
箕面	47.90	139 128	66 600	72 528	2 904.6	14.8	59.7	25.4
柏原	25.33	67 226	32 256	34 970	2 654.0	10.9	59.1	30.0
羽曳野	26.45	108 961	51 788	57 173	4 119.5	11.1	58.7	30.2
門真	12.30	117 937	58 034	59 903	9 588.4	9.4	61.0	29.7
摂津	14.87	86 457	42 702	43 755	5 814.2	12.5	61.8	25.7
高石	11.30	56 992	27 135	29 857	5 043.5	12.5	59.9	27.6
藤井寺	8.89	63 336	30 142	33 194	7 124.4	11.7	59.7	28.6
東大阪	61.78	480 137	233 408	246 729	7 771.7	10.7	61.1	28.1
泉南	48.98	59 635	28 801	30 834	1 217.5	12.0	58.5	29.5
四條畷	18.69	54 765	26 682	28 083	2 930.2	11.8	61.3	26.9
交野	25.55	77 363	37 222	40 141	3 027.9	12.7	59.1	28.2
大阪狭山	11.92	58 292	27 404	30 888	4 890.3	13.7	58.3	28.0
阪南	36.17	51 579	24 572	27 007	1 426.0	10.2	55.8	34.0
兵庫県								
神戸	557.03	1 510 917	715 350	795 567	2 712.5	11.6	59.7	28.7
姫路	534.56	528 459	256 556	271 903	988.6	12.8	60.0	27.2
尼崎	50.71	458 895	222 786	236 109	9 049.4	11.3	61.2	27.5
明石	49.42	305 404	147 235	158 169	6 179.8	14.0	59.8	26.2
西宮	99.96	482 796	227 551	255 245	4 829.9	13.1	62.4	24.5
洲本	182.38	41 826	19 988	21 838	229.3	10.1	53.4	36.5
芦屋	18.47	95 378	43 122	52 256	5 163.9	11.9	58.4	29.7
伊丹	25.00	202 539	98 153	104 386	8 101.6	13.4	61.0	25.6
相生	90.40	27 974	13 501	14 473	309.4	11.1	52.6	36.3
豊岡	697.55	77 758	37 435	40 323	111.5	11.5	54.2	34.3
加古川	138.48	259 884	127 270	132 614	1 876.7	12.2	59.3	28.4
赤穂	126.85	45 440	21 959	23 481	358.2	10.7	55.6	33.7
西脇	132.44	38 716	18 627	20 089	292.3	11.1	54.8	34.1
宝塚	101.80	230 788	106 971	123 817	2 267.1	12.5	59.0	28.5

人口増減率 (2022年) (%)	世帯数 2023年 1月1日	産業別就業者割合 (2020年10月1日)				民営事業所数 2021年 6月1日	農業産出額 (推計) (2021年) (千万円)	
		総数 (人)	第1次産業 (%)	第2次産業 (%)	第3次産業 (%)			
0.50	33 016	37 273	*3.3*	*19.9*	*76.8*	2 221	241	木津川
								大阪府
0.34	1 563 594	1 493 810	*0.1*	*20.6*	*79.3*	227 520	51	大阪
-0.57	399 860	404 073	*0.5*	*23.4*	*76.1*	31 989	319	堺
-0.76	89 301	93 914	*1.5*	*24.3*	*74.2*	8 338	227	岸和田
-0.27	196 465	204 274	*0.3*	*19.2*	*80.5*	15 973	12	豊中
-0.30	49 506	51 710	*0.9*	*19.9*	*79.2*	4 279	19	池田
0.65	181 823	192 751	*0.2*	*18.5*	*81.3*	13 679	12	吹田
-0.71	35 123	38 530	*0.3*	*23.0*	*76.7*	3 506	8	泉大津
-0.40	163 964	169 519	*0.5*	*21.4*	*78.1*	10 877	67	高槻
-1.00	38 151	41 737	*1.5*	*25.2*	*73.3*	3 478	206	貝塚
-0.45	74 170	73 889	*0.2*	*25.8*	*74.0*	6 838	3	守口
-0.36	184 691	179 501	*0.5*	*22.1*	*77.4*	11 389	69	枚方
0.50	131 554	142 883	*0.6*	*20.6*	*78.9*	10 421	73	茨木
-0.64	127 240	131 409	*0.8*	*28.7*	*70.5*	12 935	122	八尾
-0.30	48 262	52 369	*1.9*	*21.9*	*76.2*	5 350	212	泉佐野
-0.81	52 074	52 567	*1.5*	*23.6*	*74.9*	3 891	154	富田林
-0.71	112 186	111 498	*0.4*	*24.3*	*75.4*	7 617	22	寝屋川
-1.33	47 519	46 703	*1.2*	*20.2*	*78.6*	3 210	56	河内長野
-0.71	57 891	57 705	*0.5*	*37.3*	*72.2*	4 910	35	松原
-0.87	57 689	60 955	*0.2*	*29.5*	*70.3*	4 806	4	大東
-0.46	81 489	91 927	*0.9*	*22.3*	*76.7*	6 672	209	和泉
0.00	62 996	66 811	*0.7*	*15.8*	*83.5*	4 887	35	箕面
-0.79	32 237	34 689	*1.0*	*29.9*	*69.0*	2 423	121	柏原
-0.55	51 388	52 812	*1.1*	*24.9*	*74.0*	3 856	200	羽曳野
-1.03	63 269	62 943	*0.3*	*29.5*	*70.2*	5 990	6	門真
-0.27	42 472	46 607	*0.3*	*26.5*	*73.2*	4 510	4	摂津
-0.41	26 293	27 407	*0.4*	*24.3*	*75.3*	2 145	3	高石
-0.31	29 956	31 543	*0.5*	*25.6*	*73.9*	2 842	11	藤井寺
-0.41	245 861	249 260	*0.3*	*29.1*	*70.6*	29 427	43	東大阪
-1.13	26 510	27 530	*2.7*	*24.9*	*72.4*	2 225	172	泉南
-0.45	24 914	27 944	*0.5*	*26.2*	*73.3*	2 074	10	四條畷
-0.09	33 751	36 335	*0.8*	*23.5*	*75.7*	2 111	29	交野
-0.35	26 306	27 577	*0.9*	*19.9*	*79.2*	2 130	25	大阪狭山
-1.38	24 158	24 210	*1.5*	*22.9*	*75.7*	1 665	44	阪南
								兵庫県
-0.44	772 275	727 194	*0.7*	*19.4*	*79.9*	73 841	1 267	神戸
-0.46	245 657	264 954	*1.0*	*32.0*	*67.0*	24 865	618	姫路
-0.27	240 071	216 387	*0.3*	*25.1*	*74.6*	20 053	34	尼崎
0.16	142 145	149 797	*1.0*	*26.1*	*72.9*	9 862	128	明石
-0.12	227 117	243 672	*0.4*	*18.3*	*81.4*	16 155	68	西宮
-1.14	20 257	21 185	*10.5*	*21.3*	*68.2*	2 517	546	洲本
-0.05	45 500	45 474	*0.2*	*15.8*	*83.9*	4 294	0	芦屋
-0.22	93 330	100 624	*0.7*	*24.6*	*74.7*	6 794	61	伊丹
-1.53	13 081	12 465	*2.4*	*32.0*	*65.6*	1 203	39	相生
-1.41	33 671	40 213	*5.7*	*27.0*	*67.4*	4 911	1 081	豊岡
-0.68	117 763	129 550	*0.8*	*32.3*	*66.8*	9 038	219	加古川
-1.30	20 553	21 602	*2.3*	*32.3*	*65.4*	1 827	625	赤穂
-1.24	17 218	20 621	*2.1*	*37.3*	*60.6*	2 155	136	西脇
-0.60	106 572	108 134	*0.9*	*18.5*	*80.6*	6 493	162	宝塚

市町村統計　市の統計Ⅰ（京都／大阪／兵庫）

市の統計 I （13）

	面積 （2022年 10月1日） （km²）	人口 （2023年1月1日）（人）			人口 密度 （1km²あ たり人）	年齢階級別人口構成 （2023年1月1日）（%）		
		計	男	女		0～14 歳	15～64 歳	65歳 以上
三木	176.51	74 872	36 183	38 689	424.2	10.5	54.5	35.0
高砂	34.38	88 166	42 852	45 314	2 564.5	12.2	58.1	29.7
川西	53.44	155 098	73 164	81 934	2 902.3	11.7	56.9	31.4
小野	92.94	47 451	23 259	24 192	510.6	12.6	58.1	29.3
三田	210.32	108 387	52 474	55 913	515.3	12.4	59.7	27.9
加西	150.98	42 265	20 718	21 547	279.9	10.3	55.4	34.3
丹波篠山	377.59	39 923	19 122	20 801	105.7	11.1	53.5	35.4
養父	422.91	21 969	10 570	11 399	51.9	10.7	49.9	39.4
丹波	493.21	61 717	29 727	31 990	125.1	11.6	53.4	35.0
南あわじ	229.01	45 193	21 798	23 395	197.3	11.1	53.2	35.7
朝来	403.06	28 676	13 759	14 917	71.1	11.2	52.8	36.0
淡路	184.24	42 437	20 309	22 128	230.3	10.6	51.4	38.0
宍粟	658.54	35 309	16 962	18 347	53.6	10.5	52.7	36.8
加東	157.55	39 719	19 623	20 096	252.1	12.9	60.0	27.2
たつの	210.87	74 081	35 831	38 250	351.3	12.0	56.5	31.5
奈良県 奈良	276.94	351 418	164 383	187 035	1 268.9	11.1	57.1	31.8
大和高田	16.48	62 845	29 596	33 249	3 813.4	9.3	58.5	32.2
大和郡山	42.69	83 891	39 743	44 148	1 965.1	10.6	56.1	33.3
天理	86.42	62 081	30 366	31 715	718.4	11.9	60.5	27.6
橿原	39.56	119 985	56 995	62 990	3 033.0	11.6	59.2	29.2
桜井	98.91	55 508	26 319	29 189	561.2	11.0	56.9	32.1
五條	292.02	28 039	13 411	14 628	96.0	8.2	52.7	39.2
御所	60.58	24 070	11 286	12 784	397.3	7.4	50.9	41.7
生駒	53.15	117 946	56 041	61 905	2 219.1	13.1	57.8	29.1
香芝	24.26	78 782	37 614	41 168	3 247.4	14.5	61.6	23.9
葛城	33.72	37 805	18 186	19 619	1 121.1	14.9	57.3	27.8
宇陀	247.50	27 941	13 380	14 561	112.9	8.2	48.7	43.1
和歌山県 和歌山	208.85	359 654	170 376	189 278	1 722.1	11.6	57.5	30.9
海南	101.06	47 910	22 382	25 528	474.1	9.7	53.0	37.3
橋本	130.55	60 295	28 475	31 820	461.9	10.8	55.0	34.2
有田	36.83	26 214	12 470	13 744	711.8	9.7	54.6	35.6
御坊	43.91	22 049	10 540	11 509	502.1	10.5	56.8	32.7
田辺	1 026.91	69 716	32 783	36 933	67.9	10.9	55.1	34.0
新宮	255.23	26 924	12 527	14 397	105.5	10.4	51.4	38.2
紀の川	228.21	59 981	28 572	31 409	262.8	10.9	55.6	33.5
岩出	38.51	54 215	26 159	28 056	1 407.8	13.2	62.5	24.3
鳥取県 鳥取	765.31	183 269	88 407	94 862	239.5	12.6	57.1	30.3
米子	132.42	146 139	69 643	76 496	1 103.6	13.1	57.5	29.4
倉吉	272.06	44 969	21 347	23 622	165.3	12.0	53.3	34.7
境港	29.11	32 985	15 963	17 022	1 133.1	11.6	55.4	33.0
島根県 松江	572.99	197 843	95 200	102 643	345.3	12.9	56.9	30.3
浜田	690.68	50 681	24 369	26 312	73.4	11.0	51.4	37.6
出雲	624.32	173 835	84 526	89 309	278.4	13.5	56.4	30.1
益田	733.19	44 355	20 996	23 359	60.5	11.5	49.5	38.9
大田	435.34	32 773	15 759	17 014	75.3	10.6	48.7	40.8
安来	420.93	36 391	17 518	18 873	86.5	11.0	51.6	37.5

人口増減率(2022年)(%)	世帯数(2023年1月1日)	産業別就業者割合(2020年10月1日)				民営事業所数(2021年6月1日)	農業産出額(推計)(2021年)(千万円)	
		総数(人)	第1次産業(%)	第2次産業(%)	第3次産業(%)			
-0.92	34 456	35 615	4.3	31.0	64.6	3 421	643	三木
-0.90	40 211	42 338	0.6	35.6	63.7	3 172	40	高砂
-0.47	71 361	70 758	0.8	19.7	79.5	4 342	44	川西
-0.80	20 517	24 884	2.8	37.5	59.7	2 112	372	小野
-1.19	47 014	56 138	2.3	23.6	74.0	2 991	365	三田
-1.07	18 319	22 089	3.9	42.9	53.2	1 979	475	加西
-0.97	17 722	21 083	11.4	27.4	61.2	2 026	492	丹波篠山
-1.88	9 219	10 717	8.2	25.8	66.0	1 238	281	養父
-1.11	26 240	32 460	7.6	34.5	57.9	3 163	1 160	丹波
-1.42	19 881	24 678	23.0	21.4	55.6	2 549	2 107	南あわじ
-1.68	12 294	14 331	5.6	29.2	65.2	1 707	382	朝来
-0.66	20 337	20 805	15.4	20.4	64.1	2 166	534	淡路
-1.95	14 716	18 074	4.5	38.9	56.7	2 194	207	宍粟
-0.31	17 347	22 500	4.5	38.2	57.3	1 775	271	加東
-0.89	31 267	35 548	3.3	36.2	60.5	3 305	356	たつの
								奈良県
-0.49	166 772	167 989	1.3	17.3	81.4	14 063	338	奈良
-0.72	30 892	30 915	1.0	27.7	71.4	2 603	86	大和高田
-0.89	38 966	39 521	2.2	24.2	73.6	3 300	148	大和郡山
-1.73	29 347	32 279	4.1	20.6	75.3	2 547	292	天理
-0.40	55 273	59 660	1.3	22.3	76.4	4 895	87	橿原
-0.45	25 432	27 026	2.5	25.1	72.4	2 485	96	桜井
-2.45	13 313	12 534	15.4	24.8	59.8	1 415	1 168	五條
-1.82	12 018	10 935	4.5	29.5	65.9	1 067	128	御所
-0.45	51 416	54 667	0.9	19.1	80.0	3 358	28	生駒
-0.25	32 563	37 763	0.6	24.6	74.7	2 382	24	香芝
0.13	15 501	17 732	3.1	29.1	67.8	1 295	179	葛城
-2.27	12 830	12 781	7.6	22.2	70.2	1 172	349	宇陀
								和歌山県
-0.83	176 508	177 072	1.7	23.6	74.6	17 913	571	和歌山
-1.66	22 049	23 536	8.8	26.0	65.1	2 569	723	海南
-1.19	27 481	29 954	6.0	22.7	71.4	2 477	367	橋本
-1.87	11 721	13 822	14.9	28.7	56.3	1 529	555	有田
-1.51	10 851	11 569	11.6	22.9	65.5	1 839	388	御坊
-1.64	34 958	35 538	11.8	18.8	69.3	4 730	1 473	田辺
-1.81	14 540	12 788	2.2	15.9	82.0	2 289	22	新宮
-0.95	26 846	31 907	17.4	22.3	60.3	2 346	1 801	紀の川
0.10	24 287	27 851	3.2	23.7	73.1	1 857	89	岩出
								鳥取県
-0.70	81 756	97 250	5.0	21.0	74.0	9 074	1 391	鳥取
-0.52	68 534	76 154	3.3	20.2	76.4	6 917	402	米子
-1.33	20 609	23 440	9.6	23.0	67.4	2 812	892	倉吉
-0.89	15 413	16 981	3.6	25.5	70.9	1 453	94	境港
								島根県
-0.80	91 570	105 140	3.3	18.4	78.2	10 236	455	松江
-1.68	25 567	27 909	6.0	21.7	72.3	3 037	333	浜田
-0.49	69 078	93 315	5.4	28.5	66.1	8 071	1 215	出雲
-1.38	21 212	22 134	7.7	20.9	71.5	2 441	866	益田
-1.41	15 527	16 136	8.9	26.7	64.4	1 802	836	大田
-1.95	14 268	19 657	10.3	30.1	59.6	1 566	399	安来

市町村統計

市の統計Ⅰ（兵庫／奈良／和歌山／鳥取／島根）

市の統計Ⅰ　(14)

	面積 (2022年 10月1日) (km²)	人口 (2023年1月1日)(人)			人口 密度 (1 km²あ たり 人)	年齢階級別人口構成 (2023年1月1日)(%)		
		計	男	女		0～14 歳	15～64 歳	65歳 以上
江津	268.24	22 134	10 410	11 724	82.5	10.0	50.1	39.9
雲南	553.18	35 738	17 231	18 507	64.6	10.6	49.1	40.3
岡山県								
岡山	6) 789.95	702 020	337 955	364 065	888.7	12.8	60.4	26.8
倉敷	356.07	477 799	232 961	244 838	1 341.9	13.3	58.9	27.8
津山	506.33	97 645	46 999	50 646	192.8	12.3	56.2	31.4
玉野	6) 103.58	55 721	27 181	28 540	538.0	9.6	51.4	38.9
笠岡	136.24	45 534	21 940	23 594	334.2	9.5	52.7	37.8
井原	243.54	38 064	18 279	19 785	156.3	9.9	52.6	37.6
総社	211.90	69 678	33 920	35 758	328.8	14.0	57.5	28.6
高梁	546.99	27 650	13 444	14 206	50.5	8.4	49.4	42.2
新見	793.29	27 244	13 005	14 239	34.3	8.8	48.3	42.9
備前	258.14	32 068	15 429	16 639	124.2	8.7	51.5	39.7
瀬戸内	125.46	36 525	17 666	18 859	291.1	11.3	54.6	34.1
赤磐	209.36	43 392	20 845	22 547	207.3	13.0	53.2	33.8
真庭	828.53	42 586	20 453	22 133	51.4	10.8	49.5	39.7
美作	429.29	26 035	12 550	13 485	60.6	9.5	49.4	41.2
浅口	66.46	33 382	16 244	17 138	502.3	10.7	52.7	36.6
広島県								
広島	906.69	1 184 731	573 353	611 378	1 306.7	13.0	61.0	26.0
呉	352.83	209 241	101 118	108 123	593.0	10.2	53.7	36.1
竹原	118.23	23 586	11 259	12 327	199.5	8.3	49.2	42.5
三原	471.51	89 154	42 836	46 318	189.1	11.0	53.2	35.8
尾道	284.88	130 007	62 958	67 049	456.4	10.4	52.7	36.9
福山	517.72	460 684	224 718	235 966	889.8	12.9	58.0	29.1
府中	195.75	36 563	17 659	18 904	186.8	9.4	52.1	38.5
三次	778.18	49 557	23 837	25 720	63.7	11.5	52.1	36.4
庄原	1 246.49	32 629	15 607	17 022	26.2	9.8	46.1	44.1
大竹	78.66	26 064	12 764	13 300	331.4	10.7	53.3	36.0
東広島	635.15	190 353	95 745	94 608	299.7	14.0	61.4	24.6
廿日市	489.49	116 219	55 939	60 280	237.4	12.9	55.9	31.2
安芸高田	537.71	26 979	13 053	13 926	50.2	9.5	50.1	40.4
江田島	100.72	21 393	10 516	10 877	212.4	7.4	47.6	45.0
山口県								
下関	716.18	250 645	116 909	133 736	350.0	10.8	53.1	36.2
宇部	286.65	160 353	76 645	83 708	559.4	11.5	54.9	33.6
山口	1 023.23	188 598	90 074	98 524	184.3	12.6	57.4	30.1
萩	698.31	43 685	20 286	23 399	62.6	8.2	47.2	44.6
防府	189.37	113 927	55 414	58 513	601.6	12.7	56.3	31.0
下松	89.34	57 120	28 107	29 013	639.4	13.7	57.1	29.2
岩国	873.67	128 609	61 343	67 266	147.2	11.0	52.9	36.0
光	92.13	49 461	23 647	25 814	536.9	10.9	53.1	36.0
長門	357.31	31 664	14 697	16 967	88.6	8.8	46.8	44.4
柳井	140.05	30 201	14 093	16 108	215.6	9.9	50.9	39.2
美祢	472.64	22 166	10 464	11 702	46.9	7.7	48.0	44.3
周南	656.29	138 104	67 200	70 904	210.4	11.3	55.3	33.4
山陽小野田	133.09	60 209	28 727	31 482	452.4	11.5	53.8	34.7
徳島県								
徳島	191.52	249 040	118 369	130 671	1 300.3	12.0	58.1	29.9

人口増減率（2022年）（%）	世帯数 2023年 1月1日	産業別就業者割合（2020年10月1日） 総数（人）	第1次産業（%）	第2次産業（%）	第3次産業（%）	民営事業所数 2021年6月1日	農業産出額（推計）（2021年）（千万円）	
-1.60	11 174	11 045	4.2	25.5	70.3	1 222	140	江津
-1.75	13 589	19 553	9.9	27.8	62.3	1 811	361	雲南
								岡山県
-0.35	337 895	368 960	2.3	21.5	76.2	37 120	2 039	岡山
-0.43	217 984	222 059	1.8	30.5	67.7	19 390	1 218	倉敷
-1.18	45 710	52 180	5.7	28.1	66.2	5 074	533	津山
-1.90	27 043	27 171	2.7	32.2	65.1	2 236	138	玉野
-1.59	21 991	20 746	5.0	32.0	63.1	1 975	942	笠岡
-1.94	16 657	19 409	6.6	38.0	55.4	1 638	1 043	井原
-0.23	29 275	35 521	4.3	30.8	65.0	2 415	265	総社
-2.87	13 718	14 544	11.0	30.6	58.4	1 526	1 017	高梁
-2.12	12 679	13 917	14.4	26.8	58.8	1 471	1 573	新見
-1.83	15 468	15 614	4.4	34.4	61.2	1 773	219	備前
-0.39	15 922	17 844	9.1	30.0	60.8	1 301	356	瀬戸内
-0.48	18 794	21 398	8.2	29.5	62.4	1 355	462	赤磐
-1.93	17 640	22 405	13.3	27.1	59.6	2 372	1 193	真庭
-1.87	12 316	12 873	11.2	32.1	56.7	1 284	331	美作
-0.67	14 425	15 625	4.3	32.5	63.2	977	89	浅口
								広島県
-0.37	578 364	622 068	0.9	21.6	77.5	59 627	591	広島
-1.77	106 427	103 939	2.5	28.3	69.2	9 202	396	呉
-2.01	12 047	11 162	4.9	30.2	64.9	1 236	135	竹原
-1.29	43 180	44 447	5.4	30.8	63.8	4 336	897	三原
-1.43	64 033	64 093	4.9	32.4	62.7	7 134	1 076	尾道
-0.57	213 860	235 885	1.5	31.7	66.8	22 326	730	福山
-1.78	16 994	18 491	3.2	38.6	58.2	2 182	124	府中
-1.67	23 234	27 224	11.4	21.9	66.7	2 875	1 303	三次
-2.21	15 043	17 321	19.3	19.8	60.9	1 908	2 186	庄原
-1.04	12 835	12 457	2.6	35.3	62.1	1 100	9	大竹
0.70	89 941	102 829	3.8	30.8	65.4	7 522	844	東広島
-0.37	53 014	58 781	2.2	23.9	73.8	4 518	132	廿日市
-2.01	13 312	14 151	12.0	28.9	59.2	1 296	1 007	安芸高田
-1.73	11 944	10 662	12.4	18.6	69.0	1 062	86	江田島
								山口県
-1.32	128 933	125 762	4.0	24.0	72.0	12 042	1 281	下関
-0.87	79 968	78 964	2.0	27.7	70.3	6 707	298	宇部
-0.52	90 699	97 501	4.3	17.3	78.3	8 505	1 242	山口
-2.00	22 858	22 525	12.3	18.3	69.4	2 737	602	萩
-0.44	56 408	58 392	2.5	32.2	65.3	4 398	199	防府
-0.30	26 738	27 447	1.5	34.9	63.6	2 170	50	下松
-1.33	65 232	62 897	3.0	28.2	68.8	5 694	485	岩国
-0.82	23 542	23 338	2.5	33.1	64.3	1 800	84	光
-2.08	15 613	15 966	11.6	22.3	66.1	1 603	704	長門
-1.14	15 387	14 065	5.7	23.4	70.9	1 871	137	柳井
-2.59	10 705	11 572	11.3	27.0	61.7	1 107	326	美祢
-0.99	68 078	66 741	2.6	32.2	65.2	6 725	351	周南
-1.05	28 979	28 952	3.0	32.5	64.6	2 298	184	山陽小野田
								徳島県
-0.67	122 044	116 419	3.6	18.9	77.5	15 207	1 270	徳島

市町村統計 市の統計Ⅰ（島根／岡山／広島／山口／徳島）

市の統計 I （15）

	面積 2022年 10月1日 (km²)	人口 (2023年1月1日)（人）			人口 密度 (1 km²あ たり 人)	年齢階級別人口構成 (2023年1月1日)（%）		
		計	男	女		0〜14 歳	15〜64 歳	65歳 以上
鳴門	135.66	54 746	26 275	28 471	403.6	9.8	54.6	35.5
小松島	45.37	35 894	17 439	18 455	791.1	9.4	54.8	35.8
阿南	279.25	69 954	34 027	35 927	250.5	11.4	54.7	33.9
吉野川	144.14	38 872	18 422	20 450	269.7	9.9	52.0	38.1
阿波	191.11	35 315	17 007	18 308	184.8	9.6	52.4	38.0
美馬	367.14	27 354	13 125	14 229	74.5	9.5	50.8	39.7
三好	721.42	23 530	11 160	12 370	32.6	7.9	45.5	46.6
香川県								
高松	375.54	422 424	204 031	218 393	1 124.8	12.7	59.0	28.4
丸亀	111.83	111 575	54 454	57 121	997.7	13.1	58.2	28.7
坂出	92.49	50 931	24 525	26 406	550.7	10.7	54.2	35.1
善通寺	39.93	30 682	15 309	15 373	768.4	11.8	56.1	32.1
観音寺	117.83	57 738	27 853	29 885	490.0	11.3	55.0	33.7
さぬき	158.63	45 822	22 102	23 720	288.9	9.2	52.8	38.0
東かがわ	152.86	28 498	13 561	14 937	186.4	8.0	48.8	43.1
三豊	222.70	62 258	30 067	32 191	279.6	10.8	52.8	36.4
愛媛県								
松山	429.35	503 865	236 789	267 076	1 173.6	12.3	59.0	28.7
今治	419.21	151 608	72 214	79 394	361.7	10.6	53.7	35.7
宇和島	468.15	70 019	32 978	37 041	149.6	9.5	50.2	40.3
八幡浜	132.65	31 293	14 686	16 607	235.9	9.1	49.6	41.3
新居浜	234.47	115 314	55 623	59 691	491.8	11.9	55.6	32.5
西条	510.04	105 616	51 155	54 461	207.1	11.9	55.2	32.9
大洲	432.12	40 580	19 535	21 045	93.9	10.9	51.6	37.4
伊予	194.45	35 805	16 935	18 870	184.1	11.7	53.9	34.4
四国中央	421.24	83 426	40 904	42 522	198.0	11.1	55.4	33.4
西予	514.34	35 232	16 718	18 514	68.5	9.6	46.6	43.9
東温	211.30	33 250	15 712	17 538	157.4	12.2	56.1	31.7
高知県								
高知	309.00	319 724	149 401	170 323	1 034.7	11.6	58.0	30.4
室戸	248.22	12 015	5 792	6 223	48.4	6.4	41.9	51.7
安芸	317.16	16 235	7 718	8 517	51.2	8.4	50.0	41.6
南国	125.30	46 328	22 099	24 229	369.7	12.1	56.2	31.7
土佐	91.50	26 334	12 759	13 575	287.8	11.0	52.1	36.9
須崎	135.20	20 268	10 000	10 268	149.9	8.9	50.4	40.6
宿毛	286.17	19 178	9 007	10 171	67.0	9.8	50.4	39.8
土佐清水	266.01	12 271	5 804	6 467	46.1	6.5	42.7	50.8
四万十	632.32	32 460	15 354	17 106	51.3	11.0	52.0	37.0
香南	126.46	33 009	16 043	16 966	261.0	12.1	55.6	32.2
香美	537.86	25 381	12 065	13 316	47.2	10.1	50.3	39.6
福岡県								
北九州	492.50	929 396	440 838	488 558	1 887.1	11.9	56.9	31.2
福岡	343.47	1 581 398	749 019	832 379	4 604.2	13.1	64.7	22.2
大牟田	81.45	108 421	50 390	58 031	1 331.1	10.9	51.5	37.6
久留米	229.96	302 383	143 647	158 736	1 314.9	13.7	58.5	27.8
直方	61.76	55 655	26 320	29 335	901.1	12.9	53.9	33.3
飯塚	213.96	125 753	59 906	65 847	587.7	12.8	55.1	32.1
田川	54.55	45 704	21 256	24 448	837.8	12.4	53.2	34.3
柳川	77.15	63 182	30 022	33 160	819.0	11.6	54.1	34.3
八女	482.44	60 943	28 831	32 112	126.3	11.6	52.1	36.3

人口増減率(2022年)(％)	世帯数2023年1月1日	産業別就業者割合(2020年10月1日)				民営事業所数2021年6月1日	農業産出額(推計)(2021年)(千万円)	
		総数(人)	第1次産業(％)	第2次産業(％)	第3次産業(％)			
-1.30	26 216	26 330	9.8	24.2	66.0	2 660	1 184	鳴門
-1.37	17 219	17 963	8.1	24.0	67.9	1 702	235	小松島
-1.17	31 339	33 457	8.8	30.1	61.1	3 013	594	阿南
-1.70	17 953	18 276	6.4	24.5	69.0	1 849	431	吉野川
-1.57	15 405	17 209	18.3	25.2	56.4	1 370	1 385	阿波
-1.50	12 558	13 710	8.8	28.9	62.4	1 309	451	美馬
-2.43	12 033	10 722	6.1	25.6	68.3	1 440	222	三好
								香川県
-0.47	202 715	209 548	2.4	19.4	78.2	23 520	1 168	高松
-0.65	51 225	55 931	3.8	29.9	66.2	4 486	336	丸亀
-0.85	24 848	24 511	5.1	27.5	67.4	2 817	516	坂出
-1.14	14 916	15 808	5.2	23.8	71.0	1 461	220	善通寺
-1.28	25 484	30 592	9.9	32.8	57.2	2 907	983	観音寺
-1.59	20 827	22 403	7.1	26.9	66.0	1 914	527	さぬき
-1.86	13 649	13 786	8.8	34.4	56.7	1 362	208	東かがわ
-1.48	26 202	31 163	10.5	32.6	56.9	2 825	2 110	三豊
								愛媛県
-0.66	254 249	248 564	2.8	17.6	79.5	23 570	1 300	松山
-1.25	75 955	74 145	5.3	32.0	62.7	8 198	1 145	今治
-2.00	35 339	34 432	18.0	14.8	67.2	4 260	1 431	宇和島
-1.90	15 613	16 075	21.6	18.5	59.9	1 885	1 412	八幡浜
-1.12	57 569	57 059	1.3	33.1	65.7	5 342	92	新居浜
-1.15	50 664	52 322	6.9	33.1	60.0	4 751	1 084	西条
-1.74	19 673	20 114	11.4	22.3	66.3	2 186	1 100	大洲
-0.84	16 200	18 241	12.3	25.8	61.9	1 508	446	伊予
-1.16	38 862	40 805	3.7	39.2	57.1	4 064	444	四国中央
-1.80	17 542	17 414	19.6	17.3	63.0	1 973	1 631	西予
-0.15	15 581	16 669	6.9	17.9	75.2	1 292	285	東温
								高知県
-0.87	164 452	165 897	2.9	15.6	81.5	17 129	1 536	高知
-2.47	7 027	4 879	21.4	17.0	61.6	643	210	室戸
-2.15	8 036	8 493	28.2	13.3	58.4	849	875	安芸
-0.69	22 472	23 205	10.7	18.3	71.0	2 093	639	南国
-0.62	12 638	12 484	16.9	19.9	63.2	1 011	675	土佐
-1.63	10 652	9 929	19.6	17.8	62.6	1 027	430	須崎
-1.85	9 943	9 047	14.1	18.7	67.2	1 223	288	宿毛
-2.63	6 950	5 231	14.9	17.9	67.3	769	110	土佐清水
-1.35	16 583	16 335	9.6	15.4	75.0	2 127	325	四万十
-0.54	15 386	16 988	16.3	16.3	67.4	1 159	1 041	香南
-1.15	13 128	12 667	16.6	17.5	66.0	1 027	890	香美
								福岡県
-0.77	488 404	444 060	0.7	24.1	75.2	44 857	461	北九州
0.84	841 762	844 542	0.5	13.4	86.1	90 716	605	福岡
-1.67	55 730	49 556	1.8	25.8	72.4	5 365	141	大牟田
-0.22	140 229	143 699	5.4	19.8	74.8	14 705	2 896	久留米
-0.51	27 479	26 508	1.7	28.5	69.8	2 686	151	直方
-0.63	63 394	60 516	1.9	22.6	75.5	5 775	403	飯塚
-1.08	24 095	20 495	1.6	23.6	74.7	2 409	103	田川
-1.23	26 272	31 807	9.7	25.0	65.3	2 928	591	柳川
-0.75	25 747	32 014	18.3	22.5	59.3	3 099	2 504	八女

市町村統計

市の統計Ⅰ（徳島／香川／愛媛／高知／福岡）

市の統計 I (16)

	面積 (2022年 10月1日) (km²)	人口 (2023年1月1日)(人)			人口 密度 (1km²あ たり 人)	年齢階級別人口構成 (2023年1月1日)(%)		
		計	男	女		0〜14 歳	15〜64 歳	65歳 以上
筑後	41.78	49 403	23 827	25 576	1 182.5	14.3	58.0	27.7
大川	33.62	32 359	15 379	16 980	962.5	10.3	53.4	36.3
行橋	70.06	72 635	35 068	37 567	1 036.8	13.1	56.8	30.1
豊前	111.01	24 195	11 460	12 735	218.0	11.2	51.7	37.2
中間	15.96	39 912	18 789	21 123	2 500.8	10.8	51.1	38.2
小郡	45.51	59 760	28 307	31 453	1 313.1	13.5	58.4	28.1
筑紫野	87.73	106 442	50 868	55 574	1 213.3	14.4	59.6	26.1
春日	14.15	112 765	54 589	58 176	7 969.3	14.9	62.0	23.0
大野城	26.89	102 809	49 568	53 241	3 823.3	15.4	62.5	22.1
宗像	119.94	97 319	46 599	50 720	811.4	13.9	55.9	30.2
太宰府	29.60	71 542	34 290	37 252	2 417.0	14.0	57.9	28.1
古賀	42.07	59 234	28 432	30 802	1 408.0	14.0	58.1	27.8
福津	52.76	68 481	32 373	36 108	1 298.0	16.8	55.5	27.6
うきは	117.46	28 213	13 431	14 782	240.2	12.0	52.6	35.4
宮若	139.99	26 746	12 926	13 820	191.1	11.8	52.8	35.5
嘉麻	135.11	35 532	16 650	18 882	263.0	10.8	48.8	40.5
朝倉	246.71	50 903	24 090	26 813	206.3	11.7	52.7	35.6
みやま	105.21	35 481	16 599	18 882	337.2	10.7	50.2	39.0
糸島	215.69	103 702	49 751	53 951	480.8	13.9	56.2	29.9
那珂川	74.95	49 994	24 148	25 846	667.0	15.4	60.4	24.3
佐賀県								
佐賀	431.82	229 427	108 392	121 035	531.3	13.3	57.8	28.9
唐津	487.60	116 972	55 228	61 744	239.9	13.1	53.8	33.2
鳥栖	71.72	74 537	36 191	38 346	1 039.3	14.6	61.5	23.9
多久	96.56	18 285	8 699	9 586	189.4	11.1	51.6	37.3
伊万里	255.25	52 721	25 610	27 111	206.5	13.3	53.8	33.0
武雄	195.40	47 705	22 733	24 972	244.1	13.5	54.6	31.9
鹿島	112.12	27 914	13 177	14 737	249.0	13.0	53.4	33.7
小城	95.81	44 365	21 204	23 161	463.1	13.7	56.8	29.5
嬉野	126.41	25 090	11 818	13 272	198.5	12.4	52.4	35.3
神埼	125.13	30 624	14 824	15 800	244.7	12.3	55.3	32.4
長崎県								
長崎	405.86	401 195	185 560	215 635	988.5	11.3	55.0	33.7
佐世保	426.01	240 473	114 006	126 467	564.5	12.8	54.7	32.5
島原	82.96	43 169	20 149	23 020	520.4	12.2	51.6	36.1
諫早	341.79	134 691	64 053	70 638	394.1	13.1	56.0	30.9
大村	126.73	98 305	47 090	51 215	775.7	15.6	58.8	25.6
平戸	235.12	29 162	13 840	15 322	124.0	11.1	47.4	41.5
松浦	130.55	21 369	10 305	11 064	163.7	11.7	49.7	38.6
対馬	707.42	28 452	14 061	14 391	40.2	10.8	49.8	39.5
壱岐	139.42	24 956	11 984	12 972	179.0	11.9	49.4	38.8
五島	420.12	35 025	16 641	18 384	83.4	9.8	48.7	41.5
西海	241.60	25 747	12 669	13 078	106.6	10.8	49.1	40.1
雲仙	214.31	41 829	19 972	21 857	195.2	11.6	52.4	36.0
南島原	170.13	42 556	19 884	22 672	250.1	10.4	48.5	41.1
熊本県								
熊本	390.32	731 476	345 789	385 687	1 874.0	13.6	59.4	27.0
八代	681.29	122 625	57 165	65 460	180.0	11.7	53.5	34.8
人吉	210.55	30 734	14 286	16 448	146.0	11.8	50.6	37.6
荒尾	57.37	50 415	23 893	26 522	878.8	12.2	51.6	36.2

人口増減率 (2022年) (%)	世帯数 2023年 1月1日	産業別就業者割合 (2020年10月1日)				民営事業所数 2021年 6月1日	農業産出額 (推計) (2021年) (千万円)	
		総数 (人)	第1次産業 (%)	第2次産業 (%)	第3次産業 (%)			
0.24	20 594	25 987	*6.2*	*25.5*	*68.4*	2 052	610	筑後
-1.50	13 995	16 685	*6.8*	*29.1*	*64.1*	2 306	329	大川
-0.20	33 883	34 696	*2.3*	*31.5*	*66.1*	2 893	202	行橋
-1.22	11 765	11 298	*5.4*	*31.9*	*62.7*	1 101	148	豊前
-1.08	20 452	17 856	*0.9*	*30.8*	*68.3*	1 542	29	中間
0.55	25 757	28 936	*3.7*	*16.8*	*79.6*	1 656	348	小郡
0.71	47 530	51 230	*1.5*	*16.6*	*81.9*	3 597	136	筑紫野
-0.35	50 598	56 681	*0.3*	*15.8*	*83.9*	3 636	2	春日
0.87	46 407	52 032	*0.3*	*17.2*	*82.5*	4 338	5	大野城
0.11	44 551	46 442	*3.1*	*21.8*	*75.1*	2 775	436	宗像
-0.41	32 678	34 552	*0.8*	*16.6*	*82.7*	2 300	11	太宰府
-0.45	26 527	30 207	*1.9*	*25.4*	*72.7*	2 136	121	古賀
0.93	29 769	31 561	*2.5*	*19.1*	*78.4*	2 080	219	福津
-1.23	11 390	14 231	*15.7*	*27.2*	*57.1*	1 227	737	うきは
-1.23	13 196	12 625	*5.2*	*31.1*	*63.7*	1 062	238	宮若
-2.04	18 146	15 402	*5.1*	*26.5*	*68.5*	1 272	371	嘉麻
-1.10	21 840	26 555	*13.5*	*24.9*	*61.6*	2 509	1 387	朝倉
-1.53	14 597	18 025	*14.7*	*24.6*	*60.7*	1 584	1 006	みやま
0.50	45 409	49 626	*8.0*	*17.9*	*74.2*	3 338	1 774	糸島
-0.47	21 486	26 064	*1.5*	*21.5*	*77.0*	1 984	50	那珂川
								佐賀県
-0.39	103 285	117 480	*5.4*	*18.8*	*75.8*	12 398	1 686	佐賀
-1.21	51 113	59 137	*10.6*	*23.2*	*66.1*	5 486	2 352	唐津
0.68	32 964	38 087	*1.6*	*24.8*	*73.6*	3 194	154	鳥栖
-1.53	7 938	9 223	*8.1*	*27.4*	*64.5*	785	347	多久
-1.15	23 603	27 422	*7.9*	*32.0*	*60.1*	2 591	959	伊万里
-0.93	18 860	25 172	*5.6*	*27.7*	*66.7*	2 454	544	武雄
-1.22	10 913	15 184	*12.9*	*25.6*	*61.5*	1 488	808	鹿島
-0.61	17 134	22 838	*6.8*	*24.5*	*68.7*	1 480	535	小城
-0.92	9 999	13 578	*7.9*	*24.1*	*68.0*	1 214	426	嬉野
-0.86	12 256	16 376	*8.2*	*27.7*	*64.1*	1 074	391	神埼
								長崎県
-1.21	205 758	196 240	*1.7*	*17.3*	*81.0*	19 516	847	長崎
-1.07	121 158	119 595	*3.8*	*19.0*	*77.2*	10 862	1 108	佐世保
-1.15	19 812	21 484	*14.4*	*18.6*	*67.0*	2 501	1 789	島原
-0.49	61 931	68 266	*5.7*	*22.8*	*71.5*	6 428	1 634	諫早
0.49	45 493	48 004	*3.8*	*19.7*	*76.4*	3 337	462	大村
-2.07	13 737	14 569	*18.0*	*19.2*	*62.9*	1 660	432	平戸
-1.53	10 038	11 113	*13.1*	*28.4*	*58.6*	1 056	424	松浦
-1.95	14 752	14 288	*18.8*	*13.5*	*67.7*	1 853	58	対馬
-2.11	11 556	12 035	*16.9*	*15.2*	*67.9*	1 505	629	壱岐
-1.55	19 614	15 948	*14.9*	*12.9*	*72.2*	2 235	701	五島
-2.19	12 213	13 565	*15.1*	*30.9*	*54.0*	997	1 078	西海
-0.94	17 660	22 182	*22.7*	*19.6*	*57.7*	1 948	2 986	雲仙
-2.06	18 444	21 168	*22.5*	*18.1*	*59.4*	2 302	2 540	南島原
								熊本県
-0.03	354 338	379 927	*3.3*	*16.9*	*79.8*	35 480	4 607	熊本
-1.09	57 395	60 353	*13.7*	*21.8*	*64.6*	6 019	3 260	八代
-1.29	15 187	14 755	*7.3*	*18.9*	*73.8*	1 960	315	人吉
-1.10	24 066	23 011	*3.9*	*27.9*	*68.2*	1 684	235	荒尾

市町村統計　市の統計Ⅰ（福岡／佐賀／長崎／熊本）

市の統計 I （17）

	面積 2022年 10月1日 (km²)	人口 (2023年1月1日)（人）			人口 密度 (1km²あ たり人)	年齢階級別人口構成 (2023年1月1日)（%）		
		計	男	女		0～14 歳	15～64 歳	65歳 以上
水俣	163.29	22 709	10 600	12 109	139.1	10.8	47.7	41.5
玉名	152.60	64 066	30 854	33 212	419.8	12.2	52.9	34.9
山鹿	299.69	49 397	23 355	26 042	164.8	11.5	50.1	38.4
菊池	276.85	47 103	22 665	24 438	170.1	12.5	53.2	34.3
宇土	74.30	36 483	17 549	18 934	491.0	13.3	56.3	30.4
上天草	126.67	25 015	11 892	13 123	197.5	9.6	47.7	42.7
宇城	188.67	57 562	27 552	30 010	305.1	12.4	53.0	34.6
阿蘇	376.30	24 751	11 695	13 056	65.8	10.7	49.7	39.6
天草	683.82	75 101	35 460	39 641	109.8	10.4	47.8	41.7
合志	53.19	64 474	31 253	33 221	1 212.1	18.4	57.5	24.1
大分県								
大分	502.39	476 556	229 029	247 527	948.6	13.2	58.7	28.1
別府	125.34	113 735	52 259	61 476	907.4	10.5	55.2	34.3
中津	491.44	83 101	40 650	42 451	169.1	13.0	56.5	30.6
日田	666.03	62 080	29 553	32 527	93.2	11.8	52.2	36.1
佐伯	903.14	67 126	31 352	35 774	74.3	9.8	49.0	41.3
臼杵	291.20	36 137	17 235	18 902	124.1	9.7	48.7	41.7
津久見	79.48	15 868	7 453	8 415	199.6	*8.0	*45.9	*46.0
竹田	477.53	19 890	9 355	10 535	41.7	8.3	43.0	48.6
豊後高田	206.24	22 177	10 594	11 583	107.5	11.1	50.9	37.9
杵築	280.08	27 295	13 291	14 004	97.5	10.3	51.3	38.4
宇佐	439.05	53 395	25 360	28 035	121.6	11.1	51.7	37.1
豊後大野	603.14	33 415	15 634	17 781	55.4	9.2	46.1	44.7
由布	319.32	33 531	16 063	17 468	105.0	12.7	53.3	34.0
国東	318.10	26 179	12 649	13 530	82.3	8.6	48.4	43.0
宮崎県								
宮崎	643.57	399 576	188 577	210 999	620.9	13.5	57.7	28.8
都城	653.36	161 605	76 448	85 157	247.3	13.6	54.4	32.0
延岡	868.02	117 563	55 901	61 662	135.4	12.1	52.9	35.0
日南	535.59	49 989	23 744	26 245	93.3	11.2	49.6	39.3
小林	562.95	43 554	20 388	23 166	77.4	12.0	50.5	37.5
日向	336.89	59 390	28 461	30 929	176.3	12.9	53.9	33.2
串間	294.92	16 990	8 043	8 947	57.6	11.3	45.2	43.6
西都	438.79	28 867	13 738	15 129	65.8	11.4	50.5	38.1
えびの	282.93	18 050	8 535	9 515	63.8	9.9	46.4	43.6
鹿児島県								
鹿児島	547.61	597 834	278 571	319 263	1 091.7	13.5	58.1	28.4
鹿屋	448.15	100 767	48 278	52 489	224.9	14.9	54.8	30.3
枕崎	74.78	19 715	9 074	10 641	263.6	9.7	48.3	42.0
阿久根	134.28	18 914	8 967	9 947	140.9	10.0	47.4	42.7
出水	329.98	52 191	24 732	27 459	158.2	13.0	53.1	34.0
指宿	148.82	38 487	17 924	20 563	258.6	11.1	48.1	40.8
西之表	205.57	14 417	6 893	7 524	70.1	11.8	49.0	39.2
垂水	162.12	13 624	6 397	7 227	84.0	8.5	46.5	45.0
薩摩川内	682.92	92 248	44 721	47 527	135.1	13.4	53.6	32.9
日置	253.01	46 992	22 322	24 670	185.7	12.7	51.5	35.8
曽於	390.14	33 600	15 780	17 820	86.1	10.5	47.0	42.5
霧島	603.17	124 751	60 376	64 375	206.8	14.1	57.6	28.4
いちき串木野	112.30	26 468	12 475	13 993	235.7	10.9	50.1	39.0
南さつま	283.59	32 279	14 995	17 284	113.8	11.0	47.9	41.1

人口増減率(2022年)(%)	世帯数(2023年1月1日)	産業別就業者割合(2020年10月1日)				民営事業所数(2021年6月1日)	農業産出額(推計)(2021年)(千万円)	
		総数(人)	第1次産業(%)	第2次産業(%)	第3次産業(%)			
-2.31	11 255	10 615	5.9	22.7	71.4	1 157	172	水俣
-1.06	28 367	31 822	16.9	25.0	58.1	2 471	2 546	玉名
-1.31	21 933	25 047	15.5	26.2	58.3	2 200	2 040	山鹿
-0.66	19 960	23 932	16.1	28.5	55.3	2 118	4 084	菊池
-0.28	15 769	18 053	8.2	23.2	68.7	1 418	337	宇土
-2.48	11 299	11 444	12.0	20.8	67.3	1 459	239	上天草
-0.72	25 111	28 445	15.2	22.2	62.6	2 340	2 331	宇城
-1.83	11 553	12 908	18.8	22.6	58.6	1 354	1 529	阿蘇
-2.06	36 314	35 563	12.3	16.7	71.0	4 398	1 063	天草
1.21	26 074	29 855	4.3	27.2	68.5	1 755	964	合志
								大分県
-0.22	229 105	235 330	1.8	22.1	76.1	21 428	653	大分
0.25	62 470	53 159	1.3	13.2	85.5	5 883	68	別府
-0.01	41 142	41 775	4.3	35.1	60.7	4 080	561	中津
-1.43	27 524	32 578	10.0	24.5	65.5	3 976	1 354	日田
-1.81	33 053	30 686	8.1	26.5	65.3	3 615	447	佐伯
-1.88	16 879	16 930	9.2	27.1	63.8	1 638	560	臼杵
-2.69	7 765	7 160	7.5	28.7	63.8	874	58	津久見
-2.56	9 937	10 659	31.2	12.6	56.2	1 233	2 186	竹田
-0.52	10 934	11 072	14.5	29.5	56.0	1 176	1 008	豊後高田
-1.24	13 283	13 411	14.4	27.6	58.0	1 188	732	杵築
-1.12	25 998	25 431	9.5	30.8	59.7	2 549	961	宇佐
-1.96	15 760	15 982	18.5	19.0	62.6	1 558	1 000	豊後大野
-0.83	15 686	16 584	8.9	14.9	76.2	1 555	342	由布
-1.37	13 088	12 831	16.6	29.6	53.8	1 320	710	国東
								宮崎県
-0.33	201 306	201 398	4.8	15.7	79.5	19 255	3 095	宮崎
-0.59	80 352	79 851	8.6	23.8	67.6	8 021	9 015	都城
-1.50	59 796	56 864	5.1	28.4	66.5	6 049	693	延岡
-1.90	26 142	23 634	11.7	20.3	68.0	2 523	1 230	日南
-1.12	22 195	21 997	19.1	19.7	61.1	2 238	3 238	小林
-0.94	29 161	30 163	6.7	29.0	64.3	3 370	2 751	日向
-2.32	8 765	8 074	25.9	15.5	58.6	773	825	串間
-1.11	13 971	14 938	23.2	21.2	55.7	1 295	1 750	西都
-1.19	9 513	8 641	22.1	20.0	57.9	905	1 931	えびの
								鹿児島県
-0.41	302 529	281 777	1.3	14.8	84.0	29 111	2 041	鹿児島
-0.74	51 239	50 680	10.8	18.1	71.1	4 619	4 583	鹿屋
-1.52	10 471	9 610	12.1	22.2	65.7	1 110	806	枕崎
-2.07	9 831	9 133	13.1	25.5	61.4	950	502	阿久根
-0.86	25 671	25 129	11.7	26.2	62.1	2 394	3 356	出水
-1.66	19 826	19 186	21.1	13.4	65.5	2 040	2 309	指宿
-2.09	7 800	7 960	22.8	10.8	66.3	807	563	西之表
-1.88	7 296	6 467	17.3	23.4	59.2	680	1 759	垂水
-1.00	46 292	44 938	5.5	29.2	65.3	4 067	788	薩摩川内
-0.97	22 637	22 318	6.1	24.6	69.3	1 922	835	日置
-1.39	17 437	16 334	20.5	21.8	57.7	1 410	4 420	曽於
-0.06	62 557	61 469	5.0	27.6	67.4	4 863	2 266	霧島
-1.24	13 098	12 885	5.8	28.1	66.2	1 285	356	いちき串木野
-1.91	16 913	14 328	10.5	21.0	68.5	1 396	1 100	南さつま

市町村統計　市の統計Ⅰ（熊本／大分／宮崎／鹿児島）

市の統計Ⅰ（18）

	面積 (2022年 10月1日) (km²)	人口 (2023年1月1日)（人）			人口 密度 (1km²あ たり 人)	年齢階級別人口構成 (2023年1月1日)（%）		
		計	男	女		0～14 歳	15～64 歳	65歳 以上
志布志	290.27	29 808	14 281	15 527	102.7	*12.9*	*50.7*	*36.3*
奄美	308.33	41 670	20 088	21 582	135.1	*13.3*	*53.4*	*33.3*
南九州	357.91	32 745	15 346	17 399	91.5	*10.6*	*48.1*	*41.3*
伊佐	392.56	23 967	11 234	12 733	61.1	*10.8*	*46.7*	*42.5*
姶良	231.25	78 077	36 684	41 393	337.6	*14.5*	*54.1*	*31.3*
沖縄県 那覇	41.42	317 030	153 666	163 364	7 654.0	*14.2*	*61.5*	*24.3*
宜野湾	19.80	100 269	48 740	51 529	5 064.1	*17.0*	*62.6*	*20.4*
石垣	229.15	49 530	24 880	24 650	216.1	*16.7*	*59.9*	*23.4*
浦添	19.44	115 702	56 164	59 538	5 951.7	*16.5*	*62.7*	*20.8*
名護	210.94	64 290	32 071	32 219	304.8	*16.8*	*59.7*	*23.5*
糸満	46.60	62 569	31 709	30 860	1 342.7	*17.6*	*59.8*	*22.6*
沖縄	49.72	142 679	69 213	73 466	2 869.7	*16.7*	*61.8*	*21.5*
豊見城	19.34	65 954	32 297	33 657	3 410.2	*19.2*	*60.7*	*20.1*
うるま	7) 87.02	125 973	63 134	62 839	1 447.6	*16.8*	*60.0*	*23.2*
宮古島	203.90	55 562	28 108	27 454	272.5	*14.9*	*57.7*	*27.4*
南城	49.94	45 928	23 169	22 759	919.7	*17.5*	*56.5*	*26.0*

面積　国土地理院「全国都道府県市区町村別面積調」（2022年10月1日時点）より作成。境界未定部を有する市区町村の面積値については、参考値（便宜上の概算数値）として発表されている。

人口　総務省「住民基本台帳に基づく人口、人口動態及び世帯数」（2023年1月1日現在）より作成。外国人を含む。

人口密度　本表の面積および人口を用いて編者算出。

年齢階級別人口構成　資料および注記は上記「人口」に同じ。年齢不詳を除いて編者算出。外国人住民の数が「男性総数が1～9人」、「女性総数が1～9人」、「男女計総数が49人以下」のいずれかに該当する市は、外国人の年齢階級別人口が公表されていない。それらの市については*印をつけ、日本人のみの年齢階級別人口構成を算出した。

人口増減率　資料および注記は上記「人口」に同じ。2022年1月1日から12月31日までの1年間における人口増減率。

世帯数　資料および注記は上記「人口」に同じ。

産業別就業者割合　総務省「国勢調査（就業状態等基本集計）」（2020年）より作成。15歳以上人口が対象。調査期間は、調査年9月24日から30日までの1週間。就業者とは、収入（現物収入を含む）を伴う仕事を少しでもした者で、収入を伴う仕事を持っていて、何らかの理由で休んでいる者を含む。家族の人が自家営業（個人経営の農業や工場・店の仕事など）の手伝いをした場合は、無給であっても、収入を伴う仕事をしたこととして、就業者に含まれる。産業別は、日本標準産業分類（2013年10月改定）により、第1次産業は農業、林業、漁業、第2次産業は鉱業、採石業、砂利採取業、建設業、製造業、第3次産業はそれ以外のもの。本表の統計値は不詳補完値（集計結果における「分類不能の産業」をあ↗

人口増減率(2022年)(%)	世帯数(2023年1月1日)	産業別就業者割合(2020年10月1日)				民営事業所数(2021年6月1日)	農業産出額(推計)(2021年)(千万円)	
		総数(人)	第1次産業(%)	第2次産業(%)	第3次産業(%)			
-1.23	15 306	14 713	22.0	19.7	58.3	1 461	2 473	志布志
-1.16	23 605	20 578	3.7	13.6	82.6	2 546	234	奄美
-2.19	16 351	16 502	22.6	21.1	56.4	1 760	3 501	南九州
-2.21	12 845	11 788	17.1	24.3	58.5	1 094	1 730	伊佐
0.22	37 968	36 325	2.6	19.8	77.7	2 865	269	姶良
								沖縄県
-0.41	158 212	157 500	0.7	10.2	89.1	20 447	29	那覇
-0.05	46 828	49 635	0.8	14.3	85.0	4 283	63	宜野湾
-0.43	25 545	26 359	8.0	13.1	78.9	3 444	895	石垣
-0.04	52 950	59 325	0.4	13.7	85.9	6 045	7	浦添
0.40	31 733	31 501	6.0	14.5	79.6	3 067	591	名護
0.31	28 078	30 096	6.6	17.3	76.2	2 571	524	糸満
-0.31	65 902	69 508	1.2	16.3	82.5	6 088	70	沖縄
0.02	28 033	32 983	3.0	12.8	84.2	2 558	203	豊見城
0.22	56 140	62 102	3.4	19.4	77.2	4 922	311	うるま
0.17	29 395	28 047	15.8	14.8	69.4	3 454	1 718	宮古島
0.77	19 471	20 946	8.0	17.6	74.4	1 621	799	南城

市町村統計　市の統計Ⅰ（鹿児島／沖縄）

ぅん分等によって補完した値）による。

民営事業所数　総務省・経済産業省「経済センサス－活動調査（産業横断的集計）」（事業所に関する集計）（2021年）より作成。確報。調査日は2021年6月1日。調査対象は国内すべての民営事業所（農林漁家に属する個人経営の事業所、家事サービス業に属する事業所、外国公務に属する事業所を除く）。本表のデータは事業内容等不詳の事業所を含む。2021年調査は、調査票の欠測値や回答内容の矛盾などを精査して補足訂正を行っている。

農業産出額　農林水産省「市町村別農業産出額（推計）」（2021年）より作成。作物統計および農林業センサス結果等を活用した市町村別農業産出額の推計結果。原則、都道府県別農業産出額（品目別）を市町村別にあん分して作成した加工統計で、推計値には各市町村における農業産出額が十分に反映されない場合がある。また、農林業センサスは属人統計（作物を生産した人が所在する場所別に集計される統計）であるため、属地統計（作物が生産された場所別に集計される統計）とは異なる作物を含むことに留意。

市は2023年3月末現在。

1）歯舞群島（94.84㎢）を含む。風蓮湖を除く。2）八郎潟調整池の一部を除く。3）市川市・船橋市境界地先の土地を除く。4）所属未定地域分を含む。5）荒川河口部を除く。6）児島湖を除く。7）うるま市・金武町境界部地先の埋立地を除く。

＊外国人の年齢階級別人口が非公表（詳細は「年齢階級別人口構成」の注記を参照）のため、日本人のみの年齢階級別人口構成。

市の統計Ⅱ（1）

	製造業 （2022年6月1日）			卸売業、小売業 （2021年6月1日）			歳入決算額 （普通会計） （2021年度）	
	事業所数	従業者数 （人）	製造品 出荷額等 （2021年） （億円）	事業所数	従業者数 （人）	年間商品 販売額 （2020年） （億円）	総額 （百万円）	うち地方税 （百万円）
北海道								
札幌	1 283	27 670	5 675	13 595	153 215	94 614	1 295 698	334 596
函館	290	7 175	1 877	2 448	18 866	6 334	146 535	31 268
小樽	255	7 399	2 012	1 199	8 386	2 515	68 157	13 937
旭川	430	8 925	2 229	2 895	27 298	11 542	193 121	39 773
室蘭	132	6 868	4 459	720	5 945	2 002	50 412	13 114
釧路	206	4 200	2 018	1 558	12 320	5 038	107 647	21 028
帯広	187	5 075	1 528	1 793	15 785	7 064	95 603	22 544
北見	129	2 587	775	1 075	9 462	3 424	76 824	14 208
夕張	11	366	63	74	311	60	11 727	901
岩見沢	70	2 478	867	608	5 391	1 462	56 693	8 492
網走	60	1 480	587	327	2 413	619	32 676	4 676
留萌	22	698	106	239	1 432	380	16 335	2 220
苫小牧	232	11 729	12 619	1 365	13 023	5 017	89 921	27 968
稚内	82	1 592	625	366	2 766	1 006	31 478	4 471
美唄	47	723	129	158	971	214	19 134	2 041
芦別	25	1 106	159	108	572	105	12 333	1 367
江別	108	3 549	891	608	6 481	1 372	56 611	12 671
赤平	26	1 056	214	86	418	114	13 262	819
紋別	64	1 552	914	264	1 721	476	42 581	2 982
士別	33	421	149	191	1 237	322	17 964	2 176
名寄	32	410	183	288	2 261	596	24 203	3 098
三笠	23	507	126	86	709	173	11 436	837
根室	91	1 706	561	298	1 950	600	46 025	2 867
千歳	108	7 615	2 436	652	6 520	1 678	61 210	16 659
滝川	31	600	98	367	3 054	946	26 092	4 280
砂川	26	668	249	164	1 583	505	15 387	1 976
歌志内	1	23	x	22	74	48	4 743	186
深川	20	256	53	219	1 410	381	18 373	2 146
富良野	25	283	65	246	1 686	423	20 978	2 521
登別	49	860	185	302	2 550	643	25 122	4 897
恵庭	87	4 738	1 491	355	3 975	1 048	37 634	8 312
伊達	32	660	205	273	2 054	447	21 423	3 848
北広島	79	3 306	938	394	4 417	2 081	32 397	7 942
石狩	158	4 446	1 293	346	3 698	1 686	35 366	8 967
北斗	71	2 653	750	343	3 165	1 064	24 901	5 229
青森県								
青森	203	5 832	1 304	2 800	22 363	9 714	142 061	34 065
弘前	172	7 840	2 262	1 774	15 351	4 683	89 469	19 699
八戸	363	13 035	5 349	2 354	18 990	7 348	118 386	30 292
黒石	42	2 487	534	291	1 988	420	20 559	2 937
五所川原	66	1 557	288	642	4 312	1 036	36 460	5 222
十和田	95	3 212	611	663	5 157	1 533	38 115	7 044
三沢	35	2 316	874	326	2 379	624	25 666	4 802
むつ	45	741	85	586	3 924	1 025	40 763	5 740
つがる	31	643	52	307	2 141	459	26 556	2 897
平川	40	2 818	873	222	1 613	421	21 623	2 606
岩手県								
盛岡	190	5 244	1 160	3 068	27 733	11 779	139 109	41 867

財政力指数(2019~21年度平均)	実質公債費比率(%)(2019~21年度平均)	地方債現在高(2021年度)(百万円)	市(区)職員数(2022年4月1日)(人)	着工新設住宅戸数(2022年度)(戸)	医療施設調査(病院のみ)(2022年10月1日) 施設数(施設)	病床数(床)	汚水処理人口普及率(2022年度末)(%)	
								北海道
0.72	2.7	1 100 638	1) 22 908	15 600	199	36 552	99.9	札幌
0.48	5.1	131 636	3 350	936	27	6 032	93.2	函館
0.46	5.7	46 975	1 694	380	15	2 847	99.3	小樽
0.53	8.3	171 798	3 002	1 583	36	6 886	98.6	旭川
0.63	9.6	52 089	1 108	252	7	2 092	99.5	室蘭
0.45	10.7	111 610	2 494	486	17	3 421	98.9	釧路
0.60	8.4	78 330	1 328	892	18	3 255	98.9	帯広
0.45	10.3	118 540	1 055	586	14	1 737	97.8	北見
0.20	68.3	24 643	153	1	—	—	54.6	夕張
0.38	9.4	63 964	1 126	231	8	1 611	95.5	岩見沢
0.44	16.9	33 678	347	125	4	623	99.3	網走
0.32	10.9	12 404	496	27	3	516	91.2	留萌
0.77	6.6	90 918	1 913	929	13	2 430	99.6	苫小牧
0.39	10.6	24 148	646	48	3	487	95.8	稚内
0.27	12.4	14 147	394	29	3	311	82.9	美唄
0.25	5.3	10 707	313	37	3	391	90.9	芦別
0.55	5.6	37 542	1 141	658	6	1 173	99.1	江別
0.19	11.4	13 062	240	9	2	486	90.1	赤平
0.32	9.7	22 691	282	37	3	200	94.8	紋別
0.25	14.2	26 248	451	39	1	133	95.1	士別
0.27	10.2	26 102	932	105	4	678	97.7	名寄
0.20	9.2	10 499	298	5	2	292	89.1	三笠
0.34	8.5	16 611	550	46	3	350	80.9	根室
0.75	7.7	32 842	1 064	605	7	1 034	99.6	千歳
0.40	8.5	17 650	705	213	5	1 127	98.5	滝川
0.31	5.1	15 888	1 037	74	2	622	97.1	砂川
0.11	9.5	3 172	133	1	1	60	98.2	歌志内
0.27	14.3	22 182	494	100	5	1 039	94.7	深川
0.35	7.2	15 106	258	48	3	524	91.7	富良野
0.46	11.4	21 716	426	99	6	1 228	97.3	登別
0.60	5.2	27 123	530	395	7	1 098	99.1	恵庭
0.39	4.6	17 397	284	104	3	824	92.7	伊達
0.64	7.4	31 624	487	573	5	544	98.3	北広島
0.53	6.8	30 756	452	275	5	560	95.6	石狩
0.48	4.3	14 408	245	148	—	—	94.0	北斗
								青森県
0.55	13.2	128 986	2 465	1 026	19	4 317	87.4	青森
0.49	6.4	82 554	1 231	764	14	3 160	98.5	弘前
0.66	8.8	124 772	2 483	1 026	21	3 900	82.2	八戸
0.36	14.1	12 299	522	86	3	638	66.4	黒石
0.33	10.0	50 730	467	197	6	877	63.3	五所川原
0.43	7.8	35 801	806	323	5	978	90.7	十和田
0.51	10.1	14 707	730	402	3	444	91.0	三沢
0.37	15.0	37 287	478	220	2	574	50.2	むつ
0.24	12.3	39 567	379	56	1	43	75.9	つがる
0.29	8.1	15 864	306	115	—	—	98.7	平川
								岩手県
0.74	9.9	138 714	2 239	1 869	27	4 772	96.7	盛岡

市町村統計

市の統計II (北海道／青森／岩手)

市の統計 II (2)

	製造業 (2022年6月1日)			卸売業、小売業 (2021年6月1日)			歳入決算額 (普通会計) (2021年度)	
	事業所数	従業者数 (人)	製造品 出荷額等 (2021年) (億円)	事業所数	従業者数 (人)	年間商品 販売額 (2020年) (億円)	総額 (百万円)	うち地方税 (百万円)
宮古	101	2 464	801	588	3 580	1 143	40 336	5 787
大船渡	96	2 406	612	494	2 985	735	24 150	4 115
花巻	215	8 069	2 335	855	6 835	2 328	58 733	11 188
北上	236	15 908	3 970	848	7 069	2 902	49 359	14 359
久慈	73	2 438	532	404	2 446	613	25 829	4 147
遠野	55	2 353	803	277	1 401	289	23 871	2 858
一関	251	10 500	2 032	1 108	7 297	1 814	78 405	12 522
陸前高田	33	778	194	144	881	213	31 334	1 753
釜石	67	2 905	1 329	372	2 415	614	23 847	4 477
二戸	40	1 981	227	323	2 121	1 165	21 386	3 178
八幡平	58	2 078	318	215	1 331	277	24 053	3 040
奥州	261	9 922	3 395	1 160	8 053	2 094	65 032	13 337
滝沢	48	1 824	419	252	2 491	794	22 745	5 514
宮城県								
仙台	712	15 608	10 128	10 674	111 015	86 834	636 972	218 125
石巻	345	9 218	3 542	1 324	10 744	3 033	194 183	18 800
塩竈	135	3 067	951	614	3 291	980	28 779	5 831
気仙沼	157	3 926	894	723	5 016	1 386	78 009	7 004
白石	59	4 207	1 535	280	2 033	467	19 430	4 169
名取	100	3 644	990	649	6 938	2 598	43 951	11 863
角田	66	5 799	3 039	238	1 593	295	19 083	3 344
多賀城	43	2 569	662	355	3 540	982	28 862	8 187
岩沼	92	4 596	1 558	327	3 070	1 494	22 395	6 702
登米	161	5 583	1 223	799	4 783	1 116	48 574	7 656
栗原	161	5 940	1 254	677	4 068	845	46 598	7 377
東松島	44	1 170	205	244	2 029	523	26 475	3 816
大崎	197	9 739	5 159	1 264	9 250	2 653	79 566	15 875
富谷	28	1 013	227	260	3 076	1 194	19 317	6 253
秋田県								
秋田	299	10 126	2 851	3 068	26 560	11 050	164 291	42 810
能代	125	2 587	375	625	3 932	972	32 981	7 251
横手	194	6 962	1 287	1 031	7 155	1 940	60 635	8 359
大館	149	6 921	1 515	750	5 289	1 750	46 966	7 880
男鹿	35	681	151	261	1 606	274	18 421	3 183
湯沢	125	3 956	700	503	2 805	550	31 710	4 099
鹿角	63	1 581	268	300	1 751	385	20 216	3 032
由利本荘	146	8 363	2 616	767	4 848	1 028	54 944	8 219
潟上	40	1 422	437	219	1 731	301	18 711	2 921
大仙	182	4 838	785	916	5 905	1 295	52 456	7 947
北秋田	86	2 008	303	336	1 852	432	27 539	2 977
にかほ	84	3 943	1 402	226	1 199	277	17 851	2 726
仙北	48	1 249	174	299	1 676	283	22 425	2 644
山形県								
山形	395	11 309	3 234	2 693	23 148	10 109	123 467	35 615
米沢	275	11 457	5 351	865	6 755	1 583	50 407	10 590
鶴岡	291	12 154	4 559	1 420	8 383	1 975	79 466	15 305
酒田	204	7 936	2 315	1 274	8 101	2 298	67 138	13 164
新庄	108	3 631	731	444	3 011	786	24 624	4 597
寒河江	120	4 879	1 235	400	3 060	699	27 367	5 033
上山	99	3 184	786	271	1 560	294	18 597	3 560

財政力指数（2019～21年度平均）	実質公債費比率（%）（2019～21年度平均）	地方債現在高（2021年度）（百万円）	市（区）職員数（2022年4月1日）（人）	着工新設住宅戸数（2022年度）（戸）	医療施設調査（病院のみ）（2022年10月1日）施設数（施設）	病床数（床）	汚水処理人口普及率（2022年度末）（%）	
0.38	8.3	45 367	610	88	4	1 054	81.6	宮古
0.46	11.6	23 485	404	65	1	489	76.6	大船渡
0.47	8.3	55 971	898	639	6	871	91.1	花巻
0.79	7.0	43 084	659	1 553	3	782	90.8	北上
0.41	12.5	21 939	345	80	3	625	67.4	久慈
0.31	10.8	19 118	327	65	2	238	72.8	遠野
0.37	10.1	72 243	1 251	442	10	1 517	71.8	一関
0.33	14.5	13 455	249	50	2	213	72.9	陸前高田
0.51	14.4	20 080	375	84	5	929	90.2	釜石
0.36	10.9	18 319	300	86	1	253	67.2	二戸
0.30	16.9	17 229	365	69	2	210	83.8	八幡平
0.43	15.0	61 169	1 048	653	9	1 559	82.8	奥州
0.59	6.1	18 318	338	234	2	230	89.2	滝沢
								宮城県
0.90	6.9	765 548	1) 15 027	10 892	56	12 460	99.8	仙台
0.54	9.5	71 655	1 678	645	8	1 685	85.0	石巻
0.51	4.6	18 161	620	314	4	888	100.0	塩竈
0.45	8.9	30 854	1 266	150	4	838	54.0	気仙沼
0.49	3.0	10 832	330	106	3	603	91.0	白石
0.83	4.3	29 636	624	664	3	753	99.0	名取
0.50	9.7	16 370	287	180	3	230	80.6	角田
0.71	3.9	22 681	433	488	1	143	99.9	多賀城
0.81	-1.8	12 518	329	270	5	737	99.3	岩沼
0.36	7.1	50 284	1 340	268	2	683	85.2	登米
0.31	7.9	45 528	1 409	301	4	558	76.0	栗原
0.46	9.5	15 212	369	182	2	272	94.5	東松島
0.49	6.9	77 269	2 180	658	15	1 966	74.9	大崎
0.81	-2.3	6 252	348	390	3	369	99.5	富谷
								秋田県
0.66	8.8	145 835	2 606	1 471	22	5 332	98.8	秋田
0.46	7.7	31 024	443	177	5	1 023	77.1	能代
0.33	7.2	66 781	1 453	308	4	1 216	81.2	横手
0.42	8.2	32 122	1 324	248	6	1 103	80.9	大館
0.35	9.4	13 605	434	34	1	145	83.1	男鹿
0.31	12.4	30 852	456	99	2	536	77.5	湯沢
0.32	8.4	18 032	268	96	3	352	66.5	鹿角
0.34	10.7	66 720	922	613	6	1 575	93.2	由利本荘
0.33	6.8	18 759	288	193	2	404	97.9	潟上
0.34	10.6	50 002	826	264	6	1 190	85.5	大仙
0.26	9.2	26 075	461	67	2	464	84.9	北秋田
0.35	8.2	14 069	289	51	1	136	99.3	にかほ
0.26	9.3	23 222	667	42	2	266	78.0	仙北
								山形県
0.76	7.4	107 955	2 479	1 368	17	5 040	99.7	山形
0.58	7.8	40 150	990	335	6	1 141	88.4	米沢
0.42	6.1	79 799	1 900	494	6	1 251	96.3	鶴岡
0.49	10.1	56 533	882	473	5	1 242	98.6	酒田
0.52	7.1	17 207	273	134	3	904	81.0	新庄
0.54	7.8	15 928	440	174	2	228	90.1	寒河江
0.48	6.8	14 922	316	110	3	597	94.6	上山

市町村統計

市の統計II（岩手／宮城／秋田／山形）

市の統計Ⅱ (3)

	製造業 (2022年6月1日)			卸売業、小売業 (2021年6月1日)			歳入決算額 (普通会計) (2021年度)	
	事業所数	従業者数 (人)	製造品 出荷額等 (2021年) (億円)	事業所数	従業者数 (人)	年間商品 販売額 (2020年) (億円)	総額 (百万円)	うち地方税 (百万円)
村山	90	2 564	498	245	1 178	237	19 269	2 360
長井	117	3 124	528	331	2 062	478	20 508	3 084
天童	155	6 709	2 103	668	5 360	1 840	33 418	8 458
東根	118	8 817	4 624	418	2 880	773	26 682	6 859
尾花沢	42	1 564	324	214	1 078	232	14 516	1 622
南陽	109	3 057	555	378	2 169	439	19 419	3 452
福島県								
福島	370	16 535	4 643	2 519	21 501	7 852	143 828	39 434
会津若松	192	8 804	2 661	1 350	10 606	2 873	56 966	15 095
郡山	451	18 425	7 011	3 092	28 994	14 014	164 205	50 069
いわき	664	24 935	9 350	2 961	23 705	8 102	173 401	50 576
白河	156	7 379	3 712	576	4 210	1 141	36 728	9 165
須賀川	182	6 974	1 740	656	4 715	1 316	42 044	9 433
喜多方	128	3 770	746	489	2 556	552	31 257	4 801
相馬	82	3 801	2 082	359	2 468	690	23 788	5 128
二本松	179	7 394	1 973	506	3 115	800	37 901	6 345
田村	98	4 035	997	375	2 130	470	29 980	3 824
南相馬	140	3 746	951	556	3 951	1 135	61 672	9 739
伊達	139	3 749	1 199	522	3 307	605	37 699	5 492
本宮	101	5 917	2 650	284	2 483	1 208	20 242	4 470
茨城県								
水戸	239	5 789	1 510	2 717	25 745	15 687	140 504	41 214
日立	319	24 521	13 563	1 256	10 400	3 176	88 685	27 142
土浦	171	14 349	7 797	1 257	11 595	5 087	60 613	22 420
古河	431	18 419	11 030	1 184	8 972	2 445	61 315	20 560
石岡	147	5 044	2 752	589	4 398	1 569	34 793	9 719
結城	179	6 945	2 399	436	3 368	920	20 993	6 852
龍ケ崎	118	7 185	3 006	489	4 637	1 087	31 342	10 080
下妻	139	5 377	1 898	447	3 335	1 108	22 869	5 865
常総	272	12 423	4 985	499	3 518	1 162	28 005	9 337
常陸太田	102	2 080	408	350	2 443	431	27 890	5 226
高萩	56	3 231	1 153	237	1 785	290	15 073	3 840
北茨城	136	6 981	2 869	323	2 552	458	24 088	6 035
笠間	170	6 206	1 689	650	4 203	1 012	39 372	9 448
取手	62	7 864	3 148	595	5 364	1 302	46 823	13 625
牛久	68	3 774	1 578	498	4 515	1 058	33 532	12 192
つくば	247	11 406	4 390	1 794	17 010	5 907	105 563	47 807
ひたちなか	215	22 444	10 111	1 136	10 531	3 072	62 868	23 984
鹿嶋	64	5 473	8 516	487	4 252	1 207	28 965	10 799
潮来	53	1 567	580	252	1 952	497	16 578	3 163
守谷	79	3 528	2 367	377	3 652	1 028	34 528	11 892
常陸大宮	109	4 404	1 165	373	2 592	515	25 565	4 892
那珂	78	2 277	545	384	2 871	772	25 084	7 316
筑西	325	14 532	5 447	907	6 373	1 876	50 865	15 204
坂東	252	7 695	4 514	461	2 991	766	24 208	7 994
稲敷	147	4 169	1 464	362	2 439	536	25 492	5 173
かすみがうら	77	4 741	2 036	254	2 149	663	21 728	5 693
桜川	206	4 135	1 050	394	2 153	416	23 008	4 684
神栖	213	14 577	17 177	706	6 373	2 446	53 039	21 039
行方	86	2 727	534	320	1 830	413	19 072	4 099

財政力指数 2019〜21年度平均	実質公債費比率(%) 2019〜21年度平均	地方債現在高 2021年度(百万円)	市(区)職員数 2022年4月1日(人)	着工新設住宅戸数 2022年度(戸)	医療施設調査(病院のみ)(2022年10月1日) 施設数(施設)	病床数(床)	汚水処理人口普及率 2022年度末(%)	
0.36	8.6	13 770	259	64	—	—	91.7	村山
0.44	10.9	23 112	288	93	2	250	86.4	長井
0.69	4.1	21 645	516	287	4	560	99.6	天童
0.65	7.5	20 539	384	368	2	622	96.3	東根
0.29	7.1	12 221	257	31	1	152	85.7	尾花沢
0.48	12.0	15 465	282	97	2	164	88.5	南陽
								福島県
0.78	1.4	100 097	2 175	1 528	21	4 170	89.4	福島
0.62	4.8	44 692	977	503	7	2 417	87.8	会津若松
0.84	2.7	89 055	2 051	1 799	22	5 495	93.2	郡山
0.79	7.8	132 419	3 758	1 733	26	4 550	90.5	いわき
0.63	9.5	37 476	544	203	2	621	99.6	白河
0.57	8.3	42 601	593	430	6	1 113	84.6	須賀川
0.37	6.8	26 664	509	167	6	854	64.0	喜多方
0.69	11.5	17 746	316	159	2	295	71.2	相馬
0.45	8.9	33 331	502	233	3	485	87.1	二本松
0.34	8.3	20 082	352	67	1	32	72.1	田村
0.67	9.1	26 852	918	238	5	911	86.7	南相馬
0.40	7.8	41 518	509	289	3	452	67.6	伊達
0.66	5.7	19 106	266	237	2	376	82.3	本宮
								茨城県
0.83	9.3	140 205	2 062	2 518	25	3 314	93.6	水戸
0.81	-0.4	65 246	1 453	854	14	2 752	99.4	日立
0.86	4.4	69 307	998	982	8	1 849	96.5	土浦
0.75	6.3	52 234	866	786	9	1 680	83.0	古河
0.60	7.1	29 789	654	286	9	1 235	88.2	石岡
0.73	6.9	16 934	384	184	2	455	83.3	結城
0.75	5.2	22 624	431	272	3	493	94.6	龍ケ崎
0.67	7.6	23 578	336	278	3	236	68.4	下妻
0.71	9.2	30 129	507	219	4	556	83.2	常総
0.41	2.8	18 182	564	133	4	365	84.7	常陸太田
0.59	7.4	13 478	307	93	4	591	93.9	高萩
0.68	11.0	23 847	535	156	3	440	67.8	北茨城
0.59	6.8	32 261	703	419	5	1 215	80.0	笠間
0.64	6.3	49 298	797	589	8	1 063	90.0	取手
0.85	2.4	26 480	362	439	2	802	94.5	牛久
1.05	5.3	54 005	1 987	2 568	12	3 237	93.9	つくば
0.95	9.8	64 697	934	863	5	500	92.1	ひたちなか
0.99	6.3	17 262	435	357	4	691	83.0	鹿嶋
0.49	9.8	11 172	222	109	—	—	87.7	潮来
0.98	4.2	13 327	424	636	3	559	100.0	守谷
0.42	8.7	24 491	487	170	2	338	76.5	常陸大宮
0.63	3.9	18 044	486	343	4	552	88.6	那珂
0.67	7.7	46 551	743	459	6	1 181	77.3	筑西
0.64	6.7	30 124	450	221	2	538	75.0	坂東
0.48	8.6	24 686	390	74	3	874	79.5	稲敷
0.59	9.7	20 123	397	173	—	—	93.9	かすみがうら
0.48	7.8	19 981	368	100	2	364	70.8	桜川
1.38	3.5	15 576	702	865	4	697	73.5	神栖
0.43	8.3	16 877	311	76	1	199	65.1	行方

市町村統計 市の統計Ⅱ (山形／福島／茨城)

市の統計 Ⅱ （4）

	製造業 （2022年6月1日）			卸売業、小売業 （2021年6月1日）			歳入決算額 （普通会計） （2021年度）	
	事業所数	従業者数 （人）	製造品 出荷額等 （2021年） （億円）	事業所数	従業者数 （人）	年間商品 販売額 （2020年） （億円）	総額 （百万円）	うち地方税 （百万円）
鉾田	58	1 371	565	382	2 606	652	26 842	5 176
つくばみらい	84	5 474	4 063	251	2 057	732	26 094	8 849
小美玉	141	7 065	2 428	357	3 084	1 162	28 644	6 711
栃木県								
宇都宮	627	31 760	20 809	4 355	44 500	24 240	262 191	91 042
足利	680	15 072	3 585	1 289	9 537	2 513	59 924	19 059
栃木	478	19 324	8 964	1 374	10 113	2 870	76 665	21 908
佐野	484	14 623	4 561	1 329	9 322	3 194	59 812	17 803
鹿沼	486	14 109	4 800	865	6 317	1 920	50 254	14 304
日光	211	6 933	2 305	792	4 758	937	47 307	12 622
小山	329	18 609	10 096	1 366	12 996	4 852	74 235	28 258
真岡	178	12 532	6 331	569	4 253	1 217	38 958	13 913
大田原	171	13 435	6 041	608	4 361	1 091	36 992	10 810
矢板	62	2 073	478	285	1 888	551	16 048	4 491
那須塩原	235	9 783	3 556	1 122	8 796	2 467	57 458	18 573
さくら	119	5 268	2 939	335	2 732	642	23 440	6 827
那須烏山	110	2 895	1 005	233	1 276	233	13 662	3 214
下野	102	4 457	1 633	385	3 389	1 610	33 052	9 776
群馬県								
前橋	556	19 365	5 236	2 932	26 246	11 076	166 462	53 480
高崎	774	29 026	9 175	3 504	33 447	16 383	185 153	61 982
桐生	468	8 769	2 627	1 044	6 251	1 381	51 218	12 945
伊勢崎	726	28 002	11 018	1 618	14 614	5 066	88 370	30 906
太田	863	47 994	23 033	1 809	16 221	8 655	92 127	37 265
沼田	106	2 527	939	559	3 675	779	27 149	6 251
館林	219	7 856	3 012	706	5 347	1 634	33 810	12 408
渋川	148	4 967	2 176	657	5 028	1 521	38 971	11 057
藤岡	266	9 396	2 495	521	3 586	769	31 413	9 053
富岡	228	8 530	3 711	456	3 058	676	23 532	6 843
安中	171	7 385	3 663	397	2 720	583	27 702	10 134
みどり	181	3 426	937	469	3 532	976	25 260	6 265
埼玉県								
さいたま	1 167	28 968	8 821	7 394	95 697	52 218	654 914	273 787
川越	573	21 603	10 615	2 081	22 750	7 363	133 592	56 975
熊谷	351	13 553	8 224	1 694	14 841	6 792	78 999	30 053
川口	1 705	22 647	5 202	2 924	29 511	10 157	247 468	97 533
行田	194	8 262	3 401	570	4 776	1 365	31 810	10 376
秩父	170	5 235	1 215	606	4 175	770	34 664	8 808
所沢	312	7 423	1 730	1 753	17 958	5 230	127 660	53 460
飯能	159	5 981	1 824	528	3 978	744	36 617	11 978
加須	295	12 283	4 953	700	5 314	1 901	51 942	15 717
本庄	165	7 503	3 558	659	6 683	1 376	34 805	11 505
東松山	152	9 199	3 053	699	6 290	1 488	37 404	13 298
春日部	269	6 925	2 305	1 327	12 083	3 457	89 934	28 483
狭山	225	13 084	11 105	859	8 189	2 310	56 681	21 277
羽生	175	7 212	2 487	490	4 637	1 030	23 602	7 782
鴻巣	172	6 322	2 250	642	5 531	1 434	47 404	14 810
深谷	276	15 105	4 835	1 038	9 933	2 943	62 641	19 246
上尾	264	10 023	4 849	1 076	13 115	6 677	79 894	31 639
草加	528	12 663	5 688	1 194	12 594	4 588	99 449	37 554

財政力指数（2019～21年度平均）	実質公債費比率（%）（2019～21年度平均）	地方債現在高（2021年度）（百万円）	市（区）職員数 2022年4月1日（人）	着工新設住宅戸数（2022年度）（戸）	医療施設調査（病院のみ）（2022年10月1日）施設数（施設）	病床数（床）	汚水処理人口普及率（2022年度末）（%）	
0.46	8.6	23 333	383	189	2	117	66.7	鉾田
0.77	6.8	22 053	418	599	—	—	91.6	つくばみらい
0.60	6.7	28 622	522	199	5	625	85.1	小美玉
								栃木県
0.98	4.1	128 920	3 304	3 524	33	6 395	99.3	宇都宮
0.76	5.6	39 637	1 099	627	12	1 822	90.5	足利
0.72	8.5	60 129	1 281	882	6	909	81.9	栃木
0.72	1.8	40 587	1 000	631	4	1 091	81.9	佐野
0.70	1.9	28 504	863	453	3	822	90.1	鹿沼
0.57	8.1	56 506	934	263	8	915	84.5	日光
0.97	6.0	59 506	1 178	1 112	9	1 129	91.3	小山
0.84	4.6	31 123	489	388	3	670	85.6	真岡
0.64	6.0	30 861	564	313	4	888	84.5	大田原
0.67	8.8	12 418	252	93	3	666	76.4	矢板
0.79	3.1	33 357	827	678	6	1 160	79.0	那須塩原
0.73	7.9	15 119	335	211	2	361	83.5	さくら
0.45	6.4	9 814	242	64	2	272	65.4	那須烏山
0.72	2.1	28 896	403	391	4	1 649	98.7	下野
								群馬県
0.80	8.0	155 705	2 574	2 002	20	4 355	95.0	前橋
0.83	4.5	150 421	2 363	3 161	25	4 039	87.3	高崎
0.57	4.5	35 460	1 045	310	8	1 162	93.7	桐生
0.84	5.2	67 158	2 409	1 392	10	2 524	69.5	伊勢崎
0.97	5.6	58 967	1 431	1 398	11	2 456	88.4	太田
0.51	6.6	28 478	418	167	4	615	83.2	沼田
0.84	5.3	27 382	618	415	5	876	83.3	館林
0.58	4.4	34 512	719	333	9	1 689	91.7	渋川
0.66	7.0	23 227	585	287	5	866	72.7	藤岡
0.64	7.6	16 636	402	190	3	904	65.8	富岡
0.77	8.1	20 629	630	243	5	451	63.5	安中
0.62	3.8	18 916	392	185	4	903	67.3	みどり
								埼玉県
0.97	6.5	454 349 1)	15 649	12 234	39	7 986	97.4	さいたま
0.95	6.2	96 524	2 335	2 551	24	4 318	96.6	川越
0.87	-0.8	30 419	1 328	1 244	12	2 358	78.3	熊谷
0.95	3.4	174 414	4 775	5 041	20	3 560	96.3	川口
0.69	3.2	23 278	539	478	2	664	86.6	行田
0.56	3.4	28 576	707	269	5	445	87.8	秩父
0.96	3.9	65 961	2 127	2 274	24	4 289	96.5	所沢
0.75	4.2	33 596	600	634	7	1 456	90.4	飯能
0.74	4.5	31 166	703	820	6	838	81.2	加須
0.74	3.7	26 810	575	467	11	1 388	91.0	本庄
0.85	3.2	28 196	759	652	7	1 112	98.1	東松山
0.74	3.1	68 288	1 970	1 402	13	2 403	94.8	春日部
0.89	5.3	36 915	886	792	11	2 077	98.1	狭山
0.79	9.1	17 778	411	357	3	500	89.1	羽生
0.69	4.1	44 942	693	860	4	841	89.7	鴻巣
0.75	-1.7	47 583	1 058	712	9	1 329	93.2	深谷
0.89	4.8	54 582	1 416	1 474	5	1 317	90.5	上尾
0.91	3.9	66 978	1 944	1 594	6	656	98.4	草加

市の統計 II （5）

	製造業 （2022年6月1日）			卸売業、小売業 （2021年6月1日）			歳入決算額 （普通会計） （2021年度）	
	事業所数	従業者数 （人）	製造品 出荷額等 （2021年） （億円）	事業所数	従業者数 （人）	年間商品 販売額 （2020年） （億円）	総額 （百万円）	うち地方税 （百万円）
越谷	462	9 307	2 347	2 180	22 383	7 789	134 372	49 558
蕨	75	2 928	1 379	381	3 698	870	33 337	11 898
戸田	497	10 978	2 305	755	10 109	5 927	66 301	28 932
入間	290	12 043	5 194	944	9 153	2 422	51 158	20 854
朝霞	176	4 405	943	508	6 273	2 402	53 668	23 094
志木	105	1 160	217	344	3 288	637	33 464	11 216
和光	88	1 283	326	287	5 263	2 788	35 715	15 903
新座	244	5 148	1 306	663	8 217	3 233	65 665	25 008
桶川	100	3 903	1 148	423	4 073	1 305	27 930	10 142
久喜	254	12 657	5 158	992	9 666	3 487	60 659	22 916
北本	81	2 516	653	387	4 142	1 230	25 723	8 858
八潮	737	12 863	3 967	574	5 610	3 043	39 734	17 228
富士見	75	820	193	591	5 976	1 150	40 410	15 584
三郷	472	6 580	1 251	808	9 241	3 653	63 277	22 356
蓮田	84	3 781	1 546	301	2 865	748	24 158	8 078
坂戸	113	6 146	1 816	460	4 444	1 078	37 478	13 919
幸手	102	3 337	1 148	337	2 798	705	19 722	6 615
鶴ヶ島	47	3 047	616	407	5 061	1 262	27 289	10 000
日高	176	6 022	2 016	282	3 204	903	23 431	8 141
吉川	210	4 417	873	300	3 749	882	28 356	9 729
ふじみ野	118	4 730	1 295	494	5 303	1 038	50 945	16 600
白岡	66	2 115	612	237	2 073	645	18 235	7 230
千葉県								
千葉	571	22 308	12 835	5 302	71 311	38 018	514 381	199 877
銚子	178	4 396	1 693	833	4 774	1 557	27 057	7 841
市川	301	7 330	4 368	1 885	20 332	7 391	184 240	86 506
船橋	357	15 228	7 354	2 784	33 124	11 552	253 141	101 822
館山	53	574	82	533	3 840	747	24 025	5 799
木更津	96	3 328	1 504	1 141	10 797	3 814	52 771	20 475
松戸	395	9 853	3 541	2 285	24 190	11 449	194 271	69 941
野田	352	10 889	6 002	813	7 565	1 986	64 129	22 595
茂原	101	5 115	1 954	713	6 704	1 795	36 726	13 286
成田	142	6 725	2 150	1 101	10 906	2 679	73 434	33 475
佐倉	155	8 830	3 235	842	8 549	2 185	59 014	23 861
東金	112	2 942	1 012	453	4 298	1 000	23 629	7 426
旭	125	3 686	1 504	644	4 887	1 724	37 907	7 605
習志野	91	7 459	2 024	678	9 566	2 808	68 577	29 115
柏	290	9 596	2 835	2 259	27 215	8 939	161 481	69 058
勝浦	17	349	104	215	1 080	261	13 713	2 281
市原	308	20 998	42 501	1 533	15 374	4 186	118 355	50 189
流山	109	2 152	570	771	8 993	2 774	86 775	31 007
八千代	173	9 010	2 711	874	10 115	2 622	70 507	29 565
我孫子	34	709	466	519	4 772	920	53 881	17 083
鴨川	43	580	144	392	2 753	602	19 299	4 155
鎌ケ谷	113	1 988	316	445	5 027	1 001	45 168	13 917
君津	101	7 053	9 035	537	5 053	1 429	42 403	17 612
富津	86	2 197	975	326	2 375	425	22 030	8 937
浦安	121	2 074	1 206	748	11 620	4 250	75 670	42 818
四街道	61	1 290	589	486	5 130	1 374	36 596	11 630
袖ケ浦	107	6 785	9 722	289	2 544	652	31 489	14 353

財政力指数 2019～ 21年度 平均	実質 公債費 比率（%） 2019～ 21年度 平均	地方債 現在高 （2021） 年度 （百万円）	市（区） 職員数 2022年 4月1日 （人）	着工新設 住宅戸数 （2022年度） （戸）	医療施設調査 （病院のみ） （2022年10月1日）		汚水処理 人口 普及率 （2022年 度末） （%）	
					施設数 （施設）	病床数 （床）		
0.91	*6.7*	85 276	2 920	1 998	15	3 108	*91.1*	越谷
0.86	*5.0*	19 376	645	1 233	3	236	*97.6*	蕨
1.21	*8.1*	23 347	955	959	6	1 508	*99.3*	戸田
0.91	*3.1*	31 836	916	674	9	846	*97.9*	入間
0.98	*4.9*	26 036	776	1 278	4	692	*98.6*	朝霞
0.84	*1.4*	21 176	388	398	2	198	*99.6*	志木
1.05	*4.0*	18 280	442	674	5	1 365	*99.0*	和光
0.90	*5.1*	51 986	868	1 202	6	1 041	*98.4*	新座
0.78	*5.5*	25 717	483	400	2	260	*96.6*	桶川
0.84	*5.1*	45 593	958	1 239	6	1 212	*91.1*	久喜
0.77	*7.3*	20 947	428	310	2	568	*80.7*	北本
1.01	*6.0*	19 655	615	852	4	1 075	*92.4*	八潮
0.82	*2.5*	24 320	612	888	5	656	*99.6*	富士見
0.94	*8.0*	41 515	963	810	7	1 308	*92.0*	三郷
0.75	*4.3*	14 512	491	426	4	1 055	*86.5*	蓮田
0.81	*6.8*	28 605	585	606	5	432	*91.8*	坂戸
0.72	*2.7*	14 038	351	258	6	802	*78.4*	幸手
0.85	*6.5*	17 429	379	441	2	319	*94.6*	鶴ヶ島
0.86	*3.4*	16 632	379	200	3	963	*83.9*	日高
0.84	*7.1*	23 968	424	329	2	452	*90.5*	吉川
0.79	*1.8*	41 321	654	743	3	590	*96.4*	ふじみ野
0.83	*5.5*	11 320	378	372	4	506	*82.1*	白岡
								千葉県
0.91	*11.2*	696 843	1) 12 050	9 010	48	9 230	*98.8*	千葉
0.61	*12.0*	26 608	616	112	5	678	*60.2*	銚子
1.08	*1.6*	60 061	3 126	4 323	12	2 953	*87.1*	市川
0.94	*2.9*	186 179	5 034	5 967	22	4 487	*97.5*	船橋
0.56	*5.5*	18 314	424	383	5	756	*49.4*	館山
0.86	*3.8*	32 328	1 016	1 570	11	1 978	*84.4*	木更津
0.88	*1.4*	126 312	4 261	3 591	19	3 699	*97.6*	松戸
0.84	*4.8*	44 291	1 066	1 384	8	1 495	*82.8*	野田
0.80	*10.6*	39 084	620	640	8	1 116	*81.2*	茂原
1.29	*8.6*	48 762	1 330	989	6	2 924	*95.0*	成田
0.91	*1.4*	31 615	1 021	707	6	1 165	*97.1*	佐倉
0.69	*3.1*	21 087	500	307	2	736	*76.5*	東金
0.49	*8.9*	33 643	649	265	5	1 467	*61.5*	旭
0.92	*7.7*	52 265	1 446	1 195	6	1 445	*99.5*	習志野
0.94	*2.3*	86 226	2 809	3 384	18	5 166	*95.1*	柏
0.47	*7.0*	8 524	238	37	1	290	*57.1*	勝浦
1.05	*5.3*	44 130	2 047	1 546	13	2 402	*81.4*	市原
0.94	*1.1*	60 940	1 162	1 705	6	1 129	*97.7*	流山
0.94	*5.9*	44 951	1 321	2 330	10	2 838	*98.0*	八千代
0.79	*1.6*	31 634	861	892	8	833	*94.9*	我孫子
0.51	*9.4*	18 652	467	175	7	1 462	*49.3*	鴨川
0.76	*4.7*	38 147	745	697	5	1 283	*86.9*	鎌ケ谷
1.03	*3.3*	16 819	934	459	4	552	*77.1*	君津
0.91	*8.2*	15 542	457	227	3	113	*66.6*	富津
1.46	*8.2*	30 916	1 374	1 045	6	1 520	*99.9*	浦安
0.79	*1.8*	21 162	647	627	4	847	*98.3*	四街道
1.09	*2.5*	15 840	621	526	1	409	*91.4*	袖ケ浦

市町村統計 市の統計Ⅱ（埼玉／千葉）

市の統計Ⅱ（6）

	製造業 （2022年6月1日）			卸売業、小売業 （2021年6月1日）			歳入決算額 （普通会計） （2021年度）	
	事業所数	従業者数 （人）	製造品 出荷額等 （2021年） （億円）	事業所数	従業者数 （人）	年間商品 販売額 （2020年） （億円）	総額 （百万円）	うち地方税 （百万円）
八街	171	2 889	542	441	4 665	1 243	26 319	7 213
印西	52	1 462	316	491	6 616	1 786	47 522	22 023
白井	171	4 054	1 284	264	3 276	918	24 977	9 300
富里	42	1 257	440	280	3 313	1 131	20 640	6 430
南房総	61	939	129	384	1 850	248	27 826	3 905
匝瑳	83	2 123	600	340	2 165	589	17 869	3 841
香取	127	3 116	801	769	4 919	1 101	39 647	8 924
山武	101	2 631	1 430	316	2 728	1 117	27 703	5 584
いすみ	57	1 146	293	316	2 245	449	19 887	3 799
大網白里	30	340	119	220	1 998	369	17 887	5 052
東京都 （23区）	12 313	153 147	34 118 2)	82 756 2)	1 332 336 2)	1 685 636	4 713 565	1 150 488
千代田区	241	3 150	737	5 736	164 686	449 939	65 665	20 726
中央区	270	3 395	834	6 585	156 286	290 671	132 631	33 513
港区	220	2 928	988	5 475	168 399	350 804	193 829	86 664
新宿区	334	4 838	1 088	4 111	75 448	64 872	173 063	50 506
文京区	355	5 259	856	2 163	30 935	42 079	134 394	36 512
台東区	734	5 299	1 159	5 477	57 994	40 761	125 054	23 895
墨田区	1 036	12 418	2 814	2 852	32 420	19 600	144 319	26 849
江東区	717	11 732	3 353	3 788	69 195	60 428	234 470	56 217
品川区	560	6 952	1 392	3 305	79 601	101 362	193 464	53 898
目黒区	185	2 110	469	2 060	22 714	15 860	130 994	47 593
大田区	2 102	22 593	4 921	5 048	66 806	43 741	309 879	78 355
世田谷区	228	2 212	469	4 458	44 673	17 833	377 662	128 773
渋谷区	169	1 940	448	4 533	78 381	65 926	128 300	57 915
中野区	111	874	140	1 800	19 928	11 353	160 825	36 084
杉並区	149	1 311	438	2 987	26 229	9 976	249 337	67 412
豊島区	235	3 128	712	3 206	41 470	20 440	148 944	34 531
北区	306	7 064	1 481	1 943	20 038	17 013	173 804	31 140
荒川区	531	5 187	835	1 506	12 819	5 718	112 984	18 563
板橋区	776	16 198	3 613	2 816	32 746	13 343	260 710	48 172
練馬区	252	2 930	673	3 005	32 250	9 366	315 338	69 804
足立区	999	12 491	2 626	4 111	40 590	13 978	350 933	51 670
葛飾区	905	8 714	1 741	2 535	23 661	6 899	238 375	35 201
江戸川区	898	10 424	2 331	3 156	33 458	11 185	358 591	56 493
八王子	658	16 819	4 532	3 044	36 379	12 526	246 004	89 777
立川	107	4 115	775	1 475	18 569	8 100	96 591	39 938
武蔵野	40	696	93	1 379	14 644	3 428	80 799	39 928
三鷹	83	1 523	315	689	7 554	2 165	80 516	38 399
青梅	250	7 046	1 747	764	7 799	3 477	62 081	19 400
府中	133	13 064	7 036	1 149	14 598	5 636	140 931	52 300
昭島	132	8 900	4 517	617	7 935	2 693	52 893	20 670
調布	95	2 081	475	1 082	13 837	4 182	108 072	46 881
町田	195	6 114	1 121	2 141	24 343	6 532	200 808	68 786
小金井	24	531	104	467	5 058	1 036	53 583	21 986
小平	78	3 008	1 014	758	7 945	2 066	83 019	30 977
日野	72	13 141	1 332	636	7 104	1 757	83 681	30 480
東村山	96	2 745	607	578	5 892	1 395	70 827	20 857
国分寺	26	888	188	569	5 793	1 214	59 366	23 566
国立	25	315	39	452	4 944	2 401	35 253	15 034

財政力指数 2019～21年度平均	実質公債費比率(%) 2019～21年度平均	地方債現在高 2021年度(百万円)	市(区)職員数 2022年4月1日(人)	着工新設住宅戸数 2022年度(戸)	医療施設調査(病院のみ)(2022年10月1日)		汚水処理人口普及率 2022年度末(%)	
					施設数(施設)	病床数(床)		
0.65	6.5	18 027	558	357	4	516	76.2	八街
1.04	0.2	12 862	674	799	3	1 089	97.4	印西
0.87	4.4	21 487	401	149	3	451	96.7	白井
0.79	7.4	14 034	447	246	2	473	97.9	富里
0.31	8.8	24 053	498	132	3	452	50.4	南房総
0.48	6.4	15 386	447	117	3	308	55.1	匝瑳
0.52	8.5	39 381	559	340	6	927	63.5	香取
0.49	6.6	21 762	444	144	1	199	67.1	山武
0.41	7.0	16 933	347	122	2	342	66.8	いすみ
0.61	8.9	15 616	524	229	2	219	91.0	大網白里
								東京都
0.55	-2.9	460 973	63 443	107 176	416	78 953	3) 99.9	(23区)
0.87	-0.6	15	1 197	760	15	2 203	3) 100.0	千代田区
0.68	0.0	29 842	1 654	5 028	4	1 186	3) 100.0	中央区
1.22	-1.4	174	2 209	2 153	12	3 838	3) 99.9	港区
0.67	-3.2	18 620	2 826	4 946	13	5 547	3) 100.0	新宿区
0.64	-4.4	4 832	2 009	1 833	9	5 192	3) 100.0	文京区
0.48	-2.7	12 190	1 935	4 370	8	1 061	3) 100.0	台東区
0.42	-1.2	28 185	1 876	4 700	13	2 381	3) 100.0	墨田区
0.50	-3.5	24 262	2 632	4 682	20	3 434	3) 99.7	江東区
0.56	-4.4	11 121	2 713	5 723	15	2 952	3) 99.9	品川区
0.74	-4.0	9 940	2 061	2 889	9	2 172	3) 100.0	目黒区
0.55	-2.6	14 895	4 235	7 647	25	4 810	3) 99.9	大田区
0.71	-3.6	60 860	5 499	8 471	27	5 688	3) 99.9	世田谷区
0.96	-3.8	4 717	2 037	2 459	15	2 868	3) 100.0	渋谷区
0.51	-4.0	23 800	2 104	4 192	8	1 694	3) 100.0	中野区
0.62	-5.2	33 020	3 513	5 604	20	2 717	3) 99.9	杉並区
0.54	-1.5	20 139	2 022	4 561	14	1 633	3) 100.0	豊島区
0.40	-2.9	26 836	2 788	4 253	19	2 648	3) 100.0	北区
0.35	-1.4	18 311	1 793	2 271	11	990	3) 100.0	荒川区
0.44	-4.4	29 820	3 718	5 672	41	9 677	3) 100.0	板橋区
0.47	-2.5	50 750	4 418	5 560	19	3 239	3) 100.0	練馬区
0.37	-3.8	25 265	3 462	8 093	56	7 202	3) 99.5	足立区
0.35	-1.8	13 212	3 012	5 018	22	2 784	3) 99.7	葛飾区
0.41	-5.7	168	3 730	6 291	21	3 037	3) 99.8	江戸川区
0.93	-0.6	140 185	2 913	2 815	35	7 830	99.8	八王子
1.14	1.8	25 721	1 072	1 961	8	1 587	100.0	立川
1.48	-1.1	12 048	950	992	8	1 121	100.0	武蔵野
1.14	0.8	31 051	1 029	1 117	7	2 774	100.0	三鷹
0.82	2.4	32 451	1 520	848	14	4 122	99.2	青梅
1.18	3.2	37 542	1 331	1 777	14	3 608	100.0	府中
0.97	0.4	18 031	647	873	8	1 793	99.9	昭島
1.17	0.7	39 719	1 318	2 322	8	1 551	100.0	調布
0.95	0.9	93 792	2 921	2 033	20	3 976	99.7	町田
1.01	1.6	17 986	658	930	5	1 140	100.0	小金井
0.95	2.0	25 419	963	1 058	9	2 295	100.0	小平
0.94	-2.4	36 172	1 449	1 438	7	1 210	99.7	日野
0.78	2.4	39 941	795	856	12	2 283	100.0	東村山
1.04	-0.6	20 963	663	1 320	2	251	100.0	国分寺
0.99	0.7	11 532	504	525	2	66	100.0	国立

市町村統計

市の統計Ⅱ（千葉／東京）

市の統計 II（7）

	製造業 （2022年 6 月 1 日）			卸売業、小売業 （2021年 6 月 1 日）			歳入決算額 （普通会計） （2021年度）	
	事業所数	従業者数 （人）	製造品 出荷額等 （2021年） （億円）	事業所数	従業者数 （人）	年間商品 販売額 （2020年） （億円）	総額 （百万円）	うち地方税 （百万円）
福生	42	1 200	195	305	2 774	862	29 803	7 993
狛江	33	410	152	305	2 813	690	35 786	12 870
東大和	53	1 626	806	408	4 228	1 065	39 429	12 542
清瀬	23	826	180	305	2 503	421	38 106	9 683
東久留米	79	3 890	1 495	577	6 899	1 887	50 471	17 105
武蔵村山	152	4 840	1 043	479	5 170	1 213	33 522	10 211
多摩	41	928	326	691	10 751	4 867	71 642	29 291
稲城	76	1 341	265	350	4 288	847	39 607	15 963
羽村	81	7 824	7 167	296	2 916	1 012	26 794	10 024
あきる野	96	1 937	412	418	3 385	572	37 758	10 652
西東京	45	968	345	829	9 608	2 602	85 174	32 868
神奈川県								
横浜	3 325	93 032	41 533	19 245	237 013	107 220	2 230 291	838 902
川崎	1 507	49 831	39 571	6 353	82 987	31 947	795 374	364 606
相模原	1 038	35 208	11 617	3 453	38 487	11 593	343 241	129 575
横須賀	269	13 735	7 083	2 160	19 864	5 022	183 682	57 302
平塚	420	19 432	10 249	1 706	17 103	5 982	106 291	42 693
鎌倉	99	6 588	2 447	1 407	11 035	2 042	69 869	36 524
藤沢	369	23 771	16 128	2 378	25 866	7 795	184 237	81 339
小田原	258	10 199	5 658	1 520	13 444	3 385	83 995	31 935
茅ヶ崎	133	5 990	3 006	1 049	10 263	2 216	91 061	36 779
逗子	23	138	17	312	2 457	435	26 886	9 550
三浦	46	580	230	339	2 956	831	20 118	5 422
秦野	268	12 413	4 006	806	8 084	1 646	60 428	22 064
厚木	428	21 435	7 056	1 685	18 237	10 817	104 597	44 196
大和	255	9 280	2 871	1 135	14 177	4 241	93 073	36 639
伊勢原	165	6 240	2 405	581	6 602	2 143	38 593	16 556
海老名	158	6 677	2 450	833	10 616	3 505	57 747	23 750
座間	154	7 232	2 267	565	7 024	3 401	51 589	18 971
南足柄	55	4 223	2 328	186	1 595	282	20 864	6 745
綾瀬	384	10 050	3 545	361	4 065	1 546	36 535	12 908
新潟県								
新潟	1 068	35 970	11 851	7 370	68 053	31 127	450 148	132 094
長岡	854	25 045	6 571	2 715	21 705	9 676	143 584	36 256
三条	590	13 241	2 963	1 343	11 137	3 788	52 036	12 901
柏崎	225	7 573	2 015	745	5 843	1 354	53 235	14 837
新発田	161	6 724	1 642	915	7 246	1 847	52 410	11 238
小千谷	139	6 042	1 150	367	2 273	465	20 362	4 666
加茂	98	2 633	624	296	1 446	251	13 699	2 600
十日町	149	3 170	392	583	3 538	853	42 012	5 766
見附	127	4 108	1 645	344	2 679	797	19 147	4 526
村上	154	4 571	763	704	4 193	723	38 047	6 352
燕	798	15 945	4 457	1 028	8 321	2 684	44 017	10 457
糸魚川	86	3 928	1 469	461	2 702	521	30 036	7 126
妙高	57	3 506	1 358	289	1 751	341	25 063	4 593
五泉	117	5 162	1 306	476	2 844	620	24 196	5 123
上越	373	16 008	5 901	1 926	14 546	4 063	110 213	30 081
阿賀野	114	4 714	1 412	380	2 051	361	24 647	4 507
佐渡	83	1 098	139	768	3 759	741	49 999	4 970
魚沼	113	2 866	598	409	2 473	511	33 956	3 945

財政力指数 2019～21年度平均	実質公債費比率（％）2019～21年度平均	地方債現在高（2021年度）（百万円）	市（区）職員数 2022年4月1日（人）	着工新設住宅戸数（2022年度）（戸）	医療施設調査（病院のみ）（2022年10月1日）		汚水処理人口普及率（2022年度末）（％）	
					施設数（施設）	病床数（床）		
0.74	-3.0	6 598	395	487	4	688	100.0	福生
0.86	1.4	18 427	438	337	1	581	100.0	狛江
0.82	-1.5	19 950	460	522	2	412	100.0	東大和
0.67	3.9	21 463	453	510	11	2 051	100.0	清瀬
0.82	-0.1	25 275	593	587	4	384	100.0	東久留米
0.81	0.8	14 710	393	259	4	839	100.0	武蔵村山
1.12	2.9	15 561	855	1 437	7	1 978	100.0	多摩
0.94	3.1	22 532	884	473	4	1 015	98.8	稲城
0.96	0.6	10 641	377	284	2	246	99.7	羽村
0.70	6.0	26 137	470	582	4	578	97.2	あきる野
0.89	2.3	53 052	1 012	1 472	6	1 342	100.0	西東京
								神奈川県
0.96	10.6	2 384 425 1)	46 130	27 714	132	27 949	100.0	横浜
1.02	8.5	804 739 1)	19 498	12 738	39	10 951	99.7	川崎
0.86	2.7	274 386 1)	7 948	5 225	35	6 981	98.6	相模原
0.79	5.9	191 829	3 268	1 919	12	3 163	99.0	横須賀
0.96	3.7	58 495	2 538	1 612	9	2 323	99.5	平塚
1.07	1.1	31 933	1 331	1 494	12	2 096	98.2	鎌倉
1.06	4.0	81 815	3 859	3 159	16	3 198	96.8	藤沢
0.95	2.1	59 585	2 226	1 434	13	2 159	88.5	小田原
0.94	1.9	64 405	2 257	2 056	7	1 554	97.7	茅ヶ崎
0.83	6.3	17 375	449	366	2	133	100.0	逗子
0.59	12.4	22 869	479	155	2	546	66.5	三浦
0.85	1.3	35 887	1 086	882	8	2 148	97.6	秦野
1.20	2.7	60 349	2 022	1 470	12	2 746	94.6	厚木
0.96	2.8	58 300	1 920	2 112	9	1 607	97.7	大和
0.95	7.5	22 403	670	660	3	1 356	91.4	伊勢原
1.04	3.7	28 000	858	1 120	4	970	99.3	海老名
0.88	0.5	27 912	820	681	4	905	98.4	座間
0.85	3.3	15 812	312	184	2	398	88.4	南足柄
0.90	4.7	15 721	634	530	1	168	96.0	綾瀬
								新潟県
0.67	11.0	638 320 1)	11 322	4 371	42	10 234	90.5	新潟
0.61	5.9	153 679	2 343	1 269	11	3 723	98.5	長岡
0.56	15.4	69 277	736	399	7	1 128	49.3	三条
0.68	9.3	46 073	894	273	5	1 204	98.7	柏崎
0.48	6.7	48 619	847	372	6	1 123	83.4	新発田
0.55	10.0	15 957	427	96	1	470	99.3	小千谷
0.41	9.1	9 077	227	69	1	168	77.4	加茂
0.33	12.2	46 458	507	95	2	330	95.4	十日町
0.57	10.5	20 882	481	210	1	94	98.0	見附
0.34	12.3	32 615	759	120	6	858	99.3	村上
0.62	12.9	44 975	604	365	2	499	68.3	燕
0.47	11.1	40 810	492	100	2	321	96.5	糸魚川
0.42	6.5	18 039	321	88	2	176	89.8	妙高
0.43	8.1	27 600	531	143	2	319	80.5	五泉
0.60	10.6	120 083	1 772	797	10	2 559	90.4	上越
0.41	8.5	20 729	458	125	2	333	97.8	阿賀野
0.23	12.0	49 910	1 089	69	3	611	81.3	佐渡
0.28	8.3	31 080	471	54	2	234	99.8	魚沼

市町村統計

市の統計Ⅱ（東京／神奈川／新潟）

市の統計 II（8）

	製造業 （2022年 6 月 1 日）			卸売業、小売業 （2021年 6 月 1 日）			歳入決算額 （普通会計） （2021年度）	
	事業所数	従業者数 （人）	製造品 出荷額等 （2021年） （億円）	事業所数	従業者数 （人）	年間商品 販売額 （2020年） （億円）	総額 （百万円）	うち地方税 （百万円）
南魚沼	141	3 662	815	621	3 969	1 000	40 440	7 012
胎内	80	3 605	1 313	268	1 447	268	20 291	3 751
富山県								
富山	880	43 063	14 483	4 206	34 603	16 333	198 981	74 025
高岡	571	15 248	4 425	2 082	15 488	5 215	76 306	25 676
魚津	106	4 181	1 233	485	3 056	743	21 395	6 613
氷見	117	3 638	1 192	436	2 260	368	27 203	5 067
滑川	111	7 482	2 438	260	1 781	366	16 622	5 087
黒部	120	9 682	2 132	343	2 064	469	26 503	7 798
砺波	162	5 483	1 861	490	4 020	1 030	25 851	6 844
小矢部	134	4 474	746	391	2 340	702	16 542	4 582
南砺	227	7 397	1 866	601	2 641	383	38 888	6 537
射水	295	12 923	5 605	851	6 752	2 790	47 933	15 293
石川県								
金沢	883	19 627	4 514	5 293	46 454	24 445	221 365	81 008
七尾	133	3 461	750	694	3 893	1 072	38 277	7 474
小松	393	14 511	6 004	1 143	8 596	2 250	55 454	15 312
輪島	74	606	82	377	1 566	183	25 261	2 448
珠洲	43	761	117	237	835	109	13 748	1 410
加賀	263	8 501	2 777	620	3 855	743	38 583	8 835
羽咋	67	2 104	455	219	1 324	257	14 001	2 579
かほく	244	4 431	949	324	3 062	557	19 713	4 130
白山	426	20 482	5 838	807	7 520	2 846	63 764	19 491
能美	212	10 789	3 221	385	2 609	784	25 160	8 652
野々市	53	1 592	242	521	6 671	1 938	21 796	7 922
福井県								
福井	768	18 026	4 841	3 374	27 581	11 321	125 728	45 559
敦賀	91	3 349	1 447	652	4 633	1 782	47 312	13 187
小浜	84	1 765	434	386	2 753	641	19 863	3 695
大野	104	2 579	601	347	1 819	320	20 367	3 892
勝山	73	2 383	623	227	1 126	201	14 397	2 681
鯖江	403	9 219	2 286	650	5 058	1 257	30 360	9 244
あわら	101	4 035	1 513	247	1 412	322	18 847	4 536
越前	316	16 675	6 930	952	5 968	1 494	41 698	13 489
坂井	382	10 520	3 420	771	5 504	1 314	49 339	12 385
山梨県								
甲府	356	8 974	2 729	2 288	17 760	6 719	88 111	28 397
富士吉田	172	4 070	1 083	601	3 582	879	33 756	6 422
都留	141	2 867	538	313	2 353	443	19 441	3 712
山梨	72	1 512	477	292	1 886	293	24 751	4 065
大月	88	1 713	482	196	943	128	14 463	4 358
韮崎	116	6 396	2 791	269	1 797	471	16 618	5 402
南アルプス	186	8 858	2 644	493	3 739	1 002	37 333	8 833
北杜	124	4 970	2 788	432	2 574	371	32 637	7 486
甲斐	110	2 468	427	557	5 151	1 367	36 498	9 208
笛吹	128	4 881	1 303	519	3 997	946	42 158	8 507
上野原	131	3 142	843	176	1 438	282	12 711	3 130
甲州	88	1 661	357	265	1 791	386	21 980	4 044
中央	57	3 718	1 506	276	3 372	1 510	17 987	4 775

財政力指数（2019～21年度平均）	実質公債費比率（%）（2019～21年度平均）	地方債現在高（2021年度）（百万円）	市（区）職員数（2022年4月1日）（人）	着工新設住宅戸数（2022年度）（戸）	医療施設調査（病院のみ）（2022年10月1日）施設数（施設）	病床数（床）	汚水処理人口普及率（2022年度末）（%）	
0.41	11.7	33 073	975	166	5	920	99.1	南魚沼
0.46	12.5	19 553	342	119	2	359	99.7	胎内
								富山県
0.81	7.5	239 107	4 044	2 482	46	6 805	99.3	富山
0.74	12.2	100 677	1 767	1 012	16	2 506	96.5	高岡
0.68	10.7	16 778	326	143	6	862	98.0	魚津
0.47	11.5	24 580	397	83	4	407	93.3	氷見
0.74	5.0	10 000	211	217	2	329	97.3	滑川
0.65	10.9	31 343	947	289	4	655	96.5	黒部
0.58	13.1	22 350	1 052	220	6	819	92.4	砺波
0.59	14.1	18 279	263	89	6	543	89.3	小矢部
0.34	5.4	41 004	1 003	136	4	696	99.7	南砺
0.67	8.8	62 846	914	454	0	725	99.9	射水
								石川県
0.88	4.4	215 147	3 188	2 813	43	8 960	99.8	金沢
0.43	11.7	37 861	1 113	144	6	1 299	80.0	七尾
0.69	11.9	65 040	1 098	464	9	1 143	92.0	小松
0.23	12.0	29 837	528	49	1	199	83.3	輪島
0.22	13.6	14 016	410	25	1	163	73.7	珠洲
0.57	9.1	39 112	1 131	146	6	1 089	72.2	加賀
0.42	7.1	12 239	164	79	1	174	85.1	羽咋
0.42	10.8	22 739	348	362	3	573	99.9	かほく
0.67	11.0	84 315	720	641	4	539	99.8	白山
0.67	3.7	32 156	713	276	3	338	100.0	能美
0.83	7.0	20 047	347	462	4	649	99.6	野々市
								福井県
0.81	10.5	137 811	2 285	1 622	27	4 839	98.5	福井
0.90	5.3	27 730	1 038	331	5	902	95.1	敦賀
0.42	11.7	15 826	290	224	2	516	99.2	小浜
0.41	8.0	12 749	361	123	4	176	87.6	大野
0.42	8.4	12 553	248	48	2	334	98.8	勝山
0.67	6.0	25 170	398	651	7	963	96.0	鯖江
0.59	6.7	17 493	292	75	3	345	97.1	あわら
0.75	10.2	46 195	563	732	7	782	94.9	越前
0.63	7.0	56 318	840	393	4	342	99.8	坂井
								山梨県
0.74	7.6	76 640	1 765	866	14	3 374	99.0	甲府
0.69	8.3	18 054	825	237	1	310	75.0	富士吉田
0.48	10.6	12 031	511	181	3	453	53.6	都留
0.42	11.5	23 304	350	147	4	969	72.1	山梨
0.63	14.5	15 429	293	78	1	197	49.0	大月
0.75	9.0	18 940	356	208	5	668	88.6	韮崎
0.50	3.7	27 583	629	472	5	643	78.3	南アルプス
0.42	5.5	20 471	753	338	2	230	97.7	北杜
0.61	6.1	22 554	466	516	4	426	90.3	甲斐
0.51	8.2	39 948	576	416	8	1 252	87.9	笛吹
0.49	11.2	12 588	241	67	2	395	67.6	上野原
0.43	15.9	20 284	344	93	2	200	73.7	甲州
0.67	7.6	17 146	238	139	1	618	97.1	中央

市町村統計 市の統計Ⅱ（新潟／富山／石川／福井／山梨）

市の統計 II （9）

	製造業 （2022年6月1日）			卸売業、小売業 （2021年6月1日）			歳入決算額 （普通会計） （2021年度）	
	事業所数	従業者数 （人）	製造品 出荷額等 （2021年） （億円）	事業所数	従業者数 （人）	年間商品 販売額 （2020年） （億円）	総額 （百万円）	うち地方税 （百万円）
長野県								
長野	573	20 129	6 121	3 452	30 516	15 891	175 991	58 263
松本	414	13 409	5 610	2 699	22 479	10 137	114 029	36 299
上田	468	17 793	5 062	1 388	11 767	4 062	80 286	21 159
岡谷	367	8 598	1 877	503	3 642	1 117	23 961	6 457
飯田	358	9 299	2 064	1 115	8 001	2 410	54 199	12 916
諏訪	213	5 235	1 058	543	4 139	1 881	24 178	7 483
須坂	192	6 196	1 523	439	3 025	786	31 550	6 233
小諸	115	4 279	1 604	375	3 554	934	21 871	5 406
伊那	201	6 353	1 873	629	4 847	1 334	45 398	8 743
駒ヶ根	121	5 299	1 995	327	2 378	569	17 067	4 538
中野	127	5 111	1 370	481	3 486	921	24 778	6 644
大町	51	2 427	980	223	1 358	329	18 943	4 119
飯山	37	1 220	945	252	1 549	336	17 359	2 517
茅野	261	9 018	2 448	440	3 137	753	30 035	8 357
塩尻	207	12 184	7 188	576	4 422	1 739	35 327	9 938
佐久	290	8 853	2 564	960	6 947	1 981	61 847	12 867
千曲	250	6 996	2 035	492	3 672	1 081	30 794	7 355
東御	123	3 275	1 098	262	2 058	588	18 891	4 028
安曇野	248	11 697	4 695	733	6 599	2 250	50 024	11 818
岐阜県								
岐阜	659	11 372	2 706	4 107	36 107	13 920	202 888	64 964
大垣	396	17 576	6 408	1 442	12 069	4 390	70 104	27 756
高山	233	5 083	1 343	1 375	7 962	1 988	59 386	12 981
多治見	320	6 049	1 350	1 036	8 395	2 684	49 955	14 904
関	605	16 556	3 871	886	6 110	1 612	49 979	12 836
中津川	290	12 474	4 042	730	5 346	1 221	50 622	10 734
美濃	176	5 234	1 354	229	1 279	283	11 641	2 861
瑞浪	146	3 767	1 616	360	2 582	621	18 795	5 174
羽島	193	3 900	761	493	3 751	1 063	29 162	8 925
恵那	188	7 642	2 093	516	3 685	735	32 903	6 979
美濃加茂	159	6 585	2 107	467	3 589	1 009	28 935	8 419
土岐	356	8 110	1 895	774	5 400	1 345	25 925	7 912
各務原	478	19 842	7 723	1 121	9 841	2 614	66 224	22 120
可児	203	14 040	5 713	593	5 671	1 402	37 449	14 339
山県	156	3 190	724	212	1 357	246	15 459	2 905
瑞穂	127	3 756	926	319	3 198	839	22 811	7 115
飛騨	80	3 035	1 060	276	1 133	241	23 663	3 574
本巣	93	4 688	1 016	314	3 229	654	20 754	5 130
郡上	175	3 973	877	536	2 704	469	30 561	4 904
下呂	105	2 066	403	427	2 088	409	29 437	4 212
海津	166	4 100	1 309	344	1 710	447	17 459	3 995
静岡県								
静岡	1 673	49 760	22 376	7 467	62 488	28 976	363 053	137 875
浜松	2 319	71 143	20 034	6 886	61 255	27 917	394 602	145 001
沼津	545	17 606	6 592	1 978	16 606	7 688	85 613	33 795
熱海	23	197	23	421	2 411	444	22 596	8 967
三島	196	6 844	2 261	889	6 187	1 975	43 319	17 147
富士宮	378	19 426	7 410	1 038	7 602	1 699	56 749	20 708
伊東	66	589	83	793	4 784	956	32 317	10 306

財政力指数 (2019～21年度平均)	実質公債費比率(%) (2019～21年度平均)	地方債現在高 (2021年度)(百万円)	市(区)職員数 2022年4月1日(人)	着工新設住宅戸数 (2022年度)(戸)	医療施設調査(病院のみ)(2022年10月1日) 施設数(施設)	病床数(床)	汚水処理人口普及率 (2022年度末)(%)	
								長野県
0.72	4.3	150 562	2 822	2 176	25	4 962	98.0	長野
0.72	3.5	73 032	2 119	1 698	16	3 606	99.9	松本
0.59	5.3	66 624	1 281	1 114	13	2 213	98.1	上田
0.63	8.0	22 871	864	191	3	589	100.0	岡谷
0.54	7.5	40 288	1 590	451	6	1 340	97.4	飯田
0.72	5.9	20 439	471	271	3	580	99.8	諏訪
0.57	8.8	20 834	477	225	2	419	100.0	須坂
0.58	7.2	20 015	322	348	2	586	99.2	小諸
0.48	6.9	30 306	582	376	4	749	96.2	伊那
0.58	11.3	19 262	274	143	3	475	98.0	駒ヶ根
0.53	6.8	19 014	418	197	2	539	97.8	中野
0.44	8.1	14 114	606	114	1	199	94.7	大町
0.35	11.8	12 905	227	38	1	284	99.4	飯山
0.56	6.9	26 031	513	317	1	360	99.6	茅野
0.64	6.4	28 894	543	334	5	415	99.8	塩尻
0.51	0.2	46 435	1 179	562	7	1 340	99.2	佐久
0.52	9.1	32 251	472	423	4	611	100.0	千曲
0.49	8.4	19 095	365	166	2	161	98.7	東御
0.53	9.1	39 299	729	539	5	983	97.0	安曇野
								岐阜県
0.85	3.5	147 589	4 182	3 122	32	6 430	97.5	岐阜
0.86	1.7	68 492	2 732	1 027	8	1 986	96.2	大垣
0.52	5.0	20 347	838	298	4	1 055	98.6	高山
0.71	-4.0	34 024	767	418	4	920	98.2	多治見
0.61	1.5	28 921	711	347	2	645	99.2	関
0.50	6.6	34 000	1 298	375	2	440	88.0	中津川
0.54	9.3	7 045	319	83	1	122	98.6	美濃
0.64	2.6	13 377	410	130	3	626	88.7	瑞浪
0.77	4.9	21 807	740	540	1	281	83.8	羽島
0.45	0.3	25 773	624	197	2	255	88.2	恵那
0.81	5.0	15 654	359	416	4	1 051	99.5	美濃加茂
0.67	5.8	18 693	580	201	3	636	94.4	土岐
0.88	3.8	24 317	915	843	4	665	96.4	各務原
0.87	0.6	21 989	538	499	4	506	99.8	可児
0.40	9.7	13 101	245	74	1	284	86.3	山県
0.76	0.4	12 060	348	503	—	—	61.4	瑞穂
0.32	13.7	13 287	475	49	2	136	97.5	飛騨
0.56	6.9	18 069	307	190	—	—	91.7	本巣
0.32	11.8	29 813	853	113	5	811	97.8	郡上
0.33	11.7	22 168	630	101	3	448	97.2	下呂
0.48	8.8	16 504	407	62	2	275	93.8	海津
								静岡県
0.87	6.2	442 133	1) 9 037	4 389	27	7 237	93.8	静岡
0.85	4.8	249 446	1) 9 136	5 082	32	8 315	90.9	浜松
0.94	5.0	67 116	1 715	1 095	10	1 723	89.3	沼津
0.90	3.4	17 257	500	81	5	724	76.3	熱海
0.91	5.8	39 909	720	538	6	868	93.9	三島
0.90	2.5	33 790	1 466	598	5	1 060	72.8	富士宮
0.70	5.7	24 767	600	211	1	250	62.0	伊東

市町村統計 市の統計Ⅱ（長野／岐阜／静岡）

市の統計Ⅱ（10）

	製造業 （2022年6月1日）			卸売業、小売業 （2021年6月1日）			歳入決算額 （普通会計） （2021年度）	
	事業所数	従業者数 （人）	製造品 出荷額等 （2021年） （億円）	事業所数	従業者数 （人）	年間商品 販売額 （2020年） （億円）	総額 （百万円）	うち地方税 （百万円）
島田	350	11 094	3 584	866	6 204	1 917	44 506	14 326
富士	885	34 522	14 641	2 264	17 195	6 402	101 564	47 391
磐田	621	37 358	14 982	1 196	10 184	3 061	75 330	26 679
焼津	578	16 366	6 199	1 295	9 552	3 130	67 216	20 347
掛川	391	19 909	13 309	913	7 124	2 114	55 686	20 558
藤枝	360	12 507	4 966	1 166	9 932	3 308	63 232	21 208
御殿場	184	8 389	4 583	773	6 834	1 806	43 239	15 903
袋井	244	13 760	6 231	613	5 649	2 737	41 539	14 933
下田	13	121	14	385	1 864	417	13 692	2 771
裾野	116	5 080	2 743	280	3 435	5 102	24 682	9 530
湖西	227	23 742	15 708	395	2 953	723	26 857	10 965
伊豆	66	894	140	287	1 738	291	24 162	4 055
御前崎	117	3 788	1 438	240	1 724	309	18 477	6 980
菊川	178	8 416	2 863	345	2 590	595	22 010	7 293
伊豆の国	104	3 973	1 546	389	2 524	587	26 415	6 480
牧之原	227	11 664	9 081	489	3 530	832	23 348	7 296
愛知県								
名古屋	4 942	97 925	33 553	23 103	269 684	258 374	1 396 138	583 542
豊橋	864	36 552	14 632	2 907	27 788	12 378	149 342	64 061
岡崎	732	45 557	25 825	2 689	24 919	9 190	149 479	68 964
一宮	893	21 029	5 416	2 646	22 513	8 239	118 580	50 585
瀬戸	457	15 001	4 477	826	6 764	1 699	49 027	18 491
半田	274	20 081	8 957	908	8 384	2 396	50 558	23 239
春日井	740	22 814	7 605	1 726	18 346	6 278	118 770	51 100
豊川	597	26 450	8 195	1 358	11 746	2 850	77 681	28 765
津島	160	4 616	1 133	549	4 580	1 398	25 992	8 508
碧南	341	16 295	8 692	563	4 061	923	36 137	16 410
刈谷	396	47 012	14 433	960	12 029	7 350	72 043	34 552
豊田	926	114 410	149 758	2 269	25 699	20 523	209 036	96 143
安城	517	48 364	25 921	1 205	12 096	6 418	79 558	38 411
西尾	562	33 850	17 666	1 392	10 486	2 793	70 781	30 397
蒲郡	298	8 261	3 250	704	5 365	1 177	41 711	13 173
犬山	235	12 100	5 387	422	3 211	1 517	30 556	11 516
常滑	160	6 181	1 492	531	4 242	956	29 927	13 146
江南	220	4 654	1 311	573	4 897	1 395	36 540	12 666
小牧	686	36 260	16 703	1 125	13 101	6 920	65 066	31 869
稲沢	333	18 336	6 812	801	8 560	4 290	53 702	21 234
新城	159	8 207	3 230	382	2 397	540	26 545	7 216
東海	249	16 867	16 000	655	7 165	4 793	55 888	28 477
大府	350	22 235	13 075	509	4 904	1 870	39 506	18 006
知多	85	4 150	8 878	329	2 740	753	32 825	15 131
知立	135	4 827	1 218	432	4 258	1 708	26 586	12 407
尾張旭	119	4 740	1 480	434	4 175	1 155	30 381	12 459
高浜	176	12 701	5 422	259	2 107	480	18 213	8 571
岩倉	89	2 233	650	262	2 285	709	19 677	6 906
豊明	189	6 573	1 995	362	3 437	1 057	28 752	10 742
日進	107	4 284	969	492	5 554	1 823	31 907	15 777
田原	76	13 200	17 911	536	3 492	1 027	29 447	12 627
愛西	157	4 380	967	307	2 315	503	27 263	7 663
清須	252	7 953	3 109	498	5 373	3 117	33 212	12 240

財政力指数 2019～21年度平均	実質公債費比率（％）2019～21年度平均	地方債現在高（2021年度）（百万円）	市（区）職員数 2022年4月1日（人）	着工新設住宅戸数（2022年度）（戸）	医療施設調査（病院のみ）（2022年10月1日）施設数（施設）	病床数（床）	汚水処理人口普及率（2022年度末）（％）	
0.72	6.2	41 681	1 476	463	1	536	70.7	島田
1.00	3.2	85 909	2 774	1 437	12	2 323	91.7	富士
0.82	2.5	56 769	2 059	909	9	1 469	92.3	磐田
0.86	6.5	54 403	1 613	769	5	1 405	74.3	焼津
0.87	7.7	45 387	772	604	5	1 180	78.3	掛川
0.86	6.5	41 333	1 712	595	5	1 281	78.6	藤枝
1.03	10.0	23 186	664	437	7	988	67.0	御殿場
0.86	5.8	31 096	539	398	2	309	82.9	袋井
0.47	5.9	11 073	247	40	2	238	59.0	下田
1.00	11.2	18 664	352	287	2	198	81.5	裾野
1.03	5.0	17 390	692	222	2	329	74.3	湖西
0.48	6.8	21 830	344	59	5	646	73.6	伊豆
0.97	0.0	9 186	713	118	1	199	87.9	御前崎
0.75	9.6	18 079	686	189	1	260	75.2	菊川
0.68	6.8	26 874	390	162	6	981	83.5	伊豆の国
0.77	5.6	21 829	358	121	1	450	55.5	牧之原
								愛知県
0.98	7.2	1 386 368 1)	35 767	24 384	121	23 862	99.7	名古屋
0.99	3.8	102 127	3 828	2 326	21	4 933	92.1	豊橋
1.02	0.0	59 648	4 015	2 975	15	2 706	96.5	岡崎
0.81	3.4	107 123	3 960	2 312	16	3 641	85.4	一宮
0.86	1.9	25 762	754	691	8	1 471	85.4	瀬戸
0.97	0.1	7 995	1 465	684	4	919	92.2	半田
0.96	4.9	79 959	2 949	1 565	13	2 671	88.6	春日井
0.84	-1.3	39 048	2 081	1 320	12	1 363	99.6	豊川
0.75	4.0	17 328	955	280	4	711	79.7	津島
1.21	2.1	8 878	901	443	4	608	93.0	碧南
1.31	-2.2	9 648	1 187	1 219	7	1 485	97.7	刈谷
1.42	1.6	51 038	3 427	2 422	18	3 222	91.2	豊田
1.26	0.4	17 830	1 251	1 371	3	1 377	92.7	安城
0.98	1.1	31 256	1 691	1 302	5	892	92.5	西尾
0.85	-0.3	24 958	1 249	497	3	698	86.8	蒲郡
0.89	4.4	20 334	569	458	5	915	89.9	犬山
0.96	11.6	27 098	958	495	1	266	83.1	常滑
0.79	3.2	25 472	664	676	3	1 048	82.3	江南
1.22	0.8	9 451	2 013	782	3	810	84.0	小牧
0.88	2.6	47 984	1 331	662	4	969	87.1	稲沢
0.55	7.1	29 140	899	123	3	299	70.2	新城
1.27	-0.3	22 623	936	746	2	708	94.8	東海
1.15	-0.8	8 755	684	449	3	849	98.1	大府
0.96	1.4	16 240	713	448	2	284	97.8	知多
0.98	1.9	16 619	490	519	2	280	89.2	知立
0.89	3.3	20 557	638	553	1	250	96.0	尾張旭
1.02	0.4	9 210	280	273	1	142	85.3	高浜
0.79	4.0	11 404	392	252	1	141	86.8	岩倉
0.88	-0.2	14 830	420	330	3	1 987	88.0	豊明
1.03	1.0	7 380	509	688	3	387	91.9	日進
0.99	4.0	20 871	640	206	1	316	97.4	田原
0.61	4.2	17 803	479	346	—	—	87.6	愛西
0.84	1.7	19 259	452	516	2	280	70.1	清須

市の統計 II （11）

	製造業 （2022年 6 月 1 日）			卸売業、小売業 （2021年 6 月 1 日）			歳入決算額 （普通会計） （2021年度）	
	事業所数	従業者数 （人）	製造品 出荷額等 （2021年） （億円）	事業所数	従業者数 （人）	年間商品 販売額 （2020年） （億円）	総額 （百万円）	うち地方税 （百万円）
北名古屋	233	6 651	2 020	516	4 988	2 096	33 539	13 387
弥富	159	4 819	1 671	293	3 458	1 236	18 565	8 388
みよし	200	15 254	9 097	310	4 459	2 582	33 871	14 479
あま	257	6 262	1 603	402	3 248	825	36 955	10 930
長久手	35	1 801	317	451	6 273	2 001	23 583	11 652
三重県								
津	399	22 659	8 610	2 101	20 025	6 877	123 653	41 613
四日市	616	37 273	31 810	2 421	22 959	9 214	143 739	72 289
伊勢	269	8 903	2 521	1 427	10 178	2 381	59 407	16 093
松阪	349	14 074	4 087	1 446	11 325	3 134	80 239	21 900
桑名	334	12 446	3 853	1 257	10 415	2 587	63 231	21 812
鈴鹿	314	23 336	13 647	1 383	12 218	3 494	73 599	29 324
名張	114	6 733	2 530	542	4 269	804	33 761	9 843
尾鷲	20	467	159	292	1 558	339	11 759	1 976
亀山	120	12 331	10 469	293	2 427	719	25 167	9 993
鳥羽	46	636	119	223	1 099	141	13 701	2 560
熊野	15	406	58	242	1 171	211	14 654	1 510
いなべ	205	17 448	15 364	324	2 107	406	25 689	9 225
志摩	56	1 047	165	540	2 729	467	28 422	5 508
伊賀	349	18 923	7 937	771	6 080	1 374	49 203	14 045
滋賀県								
大津	282	12 325	4 530	1 902	18 211	4 860	148 846	51 352
彦根	212	11 349	6 708	1 013	9 153	2 605	57 097	17 655
長浜	318	15 584	5 649	1 110	8 207	1 904	60 763	16 744
近江八幡	112	6 179	2 446	681	5 961	1 418	43 922	11 455
草津	239	15 725	7 693	922	10 726	3 422	60 158	23 647
守山	132	7 197	2 912	548	4 981	1 331	37 183	12 995
栗東	160	9 250	3 698	571	6 088	3 143	29 592	13 523
甲賀	385	17 399	10 065	816	6 218	1 590	46 896	13 860
野洲	124	12 230	3 863	305	3 223	888	25 734	8 844
湖南	204	11 805	5 238	337	3 052	961	24 241	8 519
高島	188	4 179	1 025	522	3 224	573	32 150	5 703
東近江	314	17 279	7 260	842	6 134	1 631	55 856	17 062
米原	123	5 774	5 831	244	1 839	339	23 914	6 514
京都府								
京都	2 932	65 449	26 207	13 620	129 058	61 438	1 056 769	301 943
福知山	154	7 469	3 057	803	6 443	2 299	46 507	11 608
舞鶴	111	3 602	1 431	744	5 039	1 308	42 512	11 736
綾部	101	5 225	1 534	272	1 846	465	18 690	4 451
宇治	356	10 430	8 337	948	8 852	1 978	72 380	24 154
宮津	25	393	x	279	1 260	180	12 420	2 430
亀岡	185	4 841	1 219	599	4 690	954	45 118	10 082
城陽	124	3 586	882	427	3 473	770	34 275	9 025
向日	71	1 704	376	295	2 511	637	25 315	8 558
長岡京	99	6 462	2 908	408	3 502	1 245	38 238	12 513
八幡	152	4 950	2 115	408	4 065	1 737	31 032	9 465
京田辺	98	4 713	1 737	339	3 556	1 148	29 882	11 382
京丹後	163	4 060	736	628	3 086	644	38 613	4 986
南丹	82	2 629	1 281	242	1 359	258	26 711	4 269

財政力指数（2019～21年度平均）	実質公債費比率（%）（2019～21年度平均）	地方債現在高（2021年度）（百万円）	市（区）職員数（2022年4月1日）（人）	着工新設住宅戸数（2022年度）（戸）	医療施設調査（病院のみ）（2022年10月1日） 施設数（施設）	病床数（床）	汚水処理人口普及率（2022年度末）（%）	
0.88	5.8	30 921	518	577	2	431	81.6	北名古屋
0.96	5.1	15 165	348	264	2	660	81.4	弥富
1.41	2.3	6 509	570	410	2	295	99.1	みよし
0.72	6.4	24 137	547	625	3	660	66.6	あま
1.06	-0.7	10 705	443	476	2	958	97.9	長久手
								三重県
0.70	4.7	108 467	2 595	1 689	22	4 213	93.1	津
1.21	1.9	43 632	3 236	2 590	13	3 028	92.9	四日市
0.59	4.2	59 665	1 538	516	4	1 243	86.7	伊勢
0.57	3.6	45 606	1 857	653	7	2 390	91.8	松阪
0.82	7.7	67 895	1 104	1 032	8	1 223	92.5	桑名
0.89	0.7	46 791	1 442	1 182	10	2 076	93.7	鈴鹿
0.67	15.8	34 417	834	266	2	295	99.1	名張
0.35	10.8	9 215	387	25	1	255	47.0	尾鷲
0.87	2.5	16 086	574	227	3	245	89.1	亀山
0.43	8.5	12 144	340	23	—	—	43.2	鳥羽
0.25	4.6	11 504	276	27	1	320	43.9	熊野
0.83	8.1	28 788	354	381	4	582	99.5	いなべ
0.38	10.5	20 871	774	82	3	473	57.2	志摩
0.62	9.4	51 806	1 247	210	4	1 078	83.8	伊賀
								滋賀県
0.80	1.4	127 627	2 425	2 230	15	3 862	99.0	大津
0.79	6.0	51 504	1 591	901	3	881	97.1	彦根
0.53	1.2	44 817	1 980	612	4	1 411	100.0	長浜
0.67	1.1	25 162	1 251	697	3	925	99.5	近江八幡
0.94	6.4	44 516	825	1 371	7	1 228	100.0	草津
0.84	4.7	33 174	542	649	3	834	99.8	守山
0.98	12.3	38 757	468	446	1	393	100.0	栗東
0.66	6.5	48 603	794	354	5	1 239	97.4	甲賀
0.80	8.3	27 937	674	458	3	458	99.4	野洲
0.77	8.3	25 492	444	327	2	299	99.3	湖南
0.37	9.6	24 408	882	172	3	410	99.3	高島
0.61	8.6	52 116	1 002	793	7	1 435	98.8	東近江
0.53	4.9	26 532	408	138	—	—	100.0	米原
								京都府
0.81	11.8	1 358 075	1) 20 653	10 010	95	19 886	99.8	京都
0.53	9.9	47 301	1 425	732	6	1 129	98.6	福知山
0.66	12.8	37 084	769	408	7	1 337	97.8	舞鶴
0.49	9.8	14 105	395	130	3	391	86.0	綾部
0.74	0.0	41 353	1 422	657	9	2 148	98.1	宇治
0.41	16.1	16 775	205	58	1	65	82.1	宮津
0.59	12.9	40 388	753	582	4	537	97.4	亀岡
0.66	9.7	40 880	516	376	5	789	99.7	城陽
0.71	2.3	17 515	399	412	1	158	100.0	向日
0.79	2.6	34 274	565	519	6	1 272	99.9	長岡京
0.70	3.6	26 293	615	222	4	555	99.9	八幡
0.78	0.5	18 274	684	455	4	628	99.5	京田辺
0.29	12.5	36 695	1 041	203	4	835	82.1	京丹後
0.31	11.6	23 547	360	162	3	638	97.4	南丹

市町村統計　市の統計Ⅱ（愛知／三重／滋賀／京都）

市の統計Ⅱ （12）

	製造業 （2022年 6 月 1 日）			卸売業、小売業 （2021年 6 月 1 日）			歳入決算額 （普通会計） （2021年度）	
	事業所数	従業者数 （人）	製造品 出荷額等 （2021年） （億円）	事業所数	従業者数 （人）	年間商品 販売額 （2020年） （億円）	総額 （百万円）	うち地方税 （百万円）
木津川	65	1 367	467	441	4 661	801	35 002	10 250
大阪府								
大阪	6 741	122 673	40 818	34 597	415 955	397 274	2 003 681	750 030
堺	1 461	53 062	42 306	4 796	48 814	17 711	469 487	151 639
岸和田	336	8 653	2 696	1 261	10 271	3 016	87 758	24 602
豊中	579	9 997	3 190	2 048	20 273	12 165	182 549	70 522
池田	53	7 044	14 904	639	5 479	1 661	43 631	17 090
吹田	224	5 955	2 732	2 487	29 212	18 154	154 367	69 668
泉大津	145	3 743	1 470	526	5 309	3 146	35 384	11 622
高槻	230	11 225	4 183	1 674	17 880	5 894	150 326	50 950
貝塚	221	6 823	2 337	545	4 425	1 191	43 137	11 321
守口	368	5 814	1 401	1 035	8 838	2 672	73 641	21 740
枚方	320	18 252	9 287	1 863	18 448	5 054	166 805	55 731
茨木	234	9 042	3 185	1 601	19 546	9 796	112 300	49 126
八尾	1 268	27 095	8 430	1 655	17 301	6 215	122 734	38 652
泉佐野	220	6 197	2 680	979	8 415	2 516	70 521	19 950
富田林	253	6 152	1 489	575	4 814	1 145	48 566	13 480
寝屋川	267	7 626	1 825	1 212	12 035	3 604	104 492	28 659
河内長野	97	3 049	1 066	523	4 516	897	40 510	11 631
松原	333	5 904	1 315	792	6 805	2 116	50 925	14 020
人束	426	10 140	2 710	652	6 398	1 985	54 005	16 745
和泉	337	7 511	2 047	1 109	10 823	3 420	76 180	23 795
箕面	46	1 262	383	850	9 800	3 444	83 659	24 046
柏原	221	8 746	2 936	389	3 038	1 118	30 750	8 798
羽曳野	213	4 522	1 264	596	5 179	1 290	45 885	12 322
門真	352	13 177	4 660	795	7 506	3 245	63 129	17 589
摂津	343	12 778	4 598	574	6 058	3 439	45 402	18 095
高石	83	3 497	4 165	323	2 449	459	28 542	10 180
藤井寺	83	1 900	389	456	3 088	950	26 436	8 300
東大阪	2 497	46 901	12 225	4 205	43 048	18 714	233 182	77 467
泉南	122	4 081	941	420	3 561	751	27 297	8 870
四條畷	65	1 294	300	371	3 566	624	23 368	6 886
交野	98	2 740	878	343	2 963	622	31 703	9 555
大阪狭山	44	1 839	591	297	2 578	572	23 200	7 454
阪南	48	1 270	290	270	2 109	274	21 547	5 391
兵庫県								
神戸	1 694	67 381	34 209	11 940	122 605	61 634	977 469	305 625
姫路	1 005	47 550	24 632	4 701	41 688	16 519	242 696	95 959
尼崎	802	34 219	14 595	2 794	26 082	10 721	230 541	80 111
明石	316	23 608	13 482	1 668	15 684	5 463	130 968	43 661
西宮	213	9 266	2 797	2 572	28 473	10 896	210 264	86 579
洲本	58	2 567	422	479	2 843	724	39 553	5 679
芦屋	17	202	34	505	3 904	956	48 164	23 643
伊丹	272	16 209	6 966	1 051	11 559	5 218	96 045	31 540
相生	67	2 373	1 642	215	1 741	653	14 776	4 215
豊岡	210	5 827	1 144	1 057	6 252	1 530	54 720	9 522
加古川	352	16 060	10 241	1 575	15 504	4 742	106 413	39 404
赤穂	96	4 362	2 838	388	2 645	499	23 379	8 115
西脇	167	3 196	875	448	2 873	655	22 631	4 844
宝塚	62	3 113	748	955	8 807	1 733	93 912	35 622

財政力指数（2019〜21年度平均）	実質公債費比率（%）（2019〜21年度平均）	地方債現在高（2021年度）（百万円）	市（区）職員数2022年4月1日（人）	着工新設住宅戸数（2022年度）（戸）	医療施設調査（病院のみ）（2022年10月1日）施設数（施設）	病床数（床）	汚水処理人口普及率（2022年度末）（%）	
0.63	*9.3*	31 796	483	358	1	321	*99.2*	木津川
								大阪府
0.92	*1.8*	1 702 596	1) 35 827	36 686	174	31 513	*100.0*	大阪
0.79	*6.1*	481 398	1) 10 327	5 115	43	11 878	*98.9*	堺
0.62	*6.0*	58 262	2 034	1 053	17	3 279	*97.7*	岸和田
0.89	*2.8*	89 407	3 559	2 619	19	3 940	*100.0*	豊中
0.86	*1.1*	35 687	1 258	782	3	536	*100.0*	池田
0.97	*-1.2*	55 714	2 888	3 709	15	4 605	*99.9*	吹田
0.72	*8.5*	27 336	815	488	4	429	*97.3*	泉大津
0.79	*-0.8*	45 481	2 458	1 786	17	4 236	*99.7*	高槻
0.66	*4.7*	31 785	991	297	8	2 372	*87.5*	貝塚
0.72	*6.7*	59 034	673	1 065	7	1 708	*100.0*	守口
0.78	*0.0*	113 685	2 879	2 124	24	5 383	*99.4*	枚方
0.96	*-1.7*	46 779	1 780	1 453	14	3 832	*99.7*	茨木
0.72	*3.7*	95 029	2 413	1 463	11	2 282	*95.7*	八尾
0.93	*9.9*	61 867	586	636	11	1 575	*84.2*	泉佐野
0.63	*-1.1*	30 356	930	274	7	1 374	*97.2*	富田林
0.64	*-0.9*	59 574	1 235	1 241	14	1 869	*99.7*	寝屋川
0.61	*2.1*	29 063	614	320	8	1 316	*97.4*	河内長野
0.59	*3.9*	39 427	810	880	6	958	*98.8*	松原
0.73	*6.5*	33 738	634	455	5	1 167	*99.5*	大東
0.73	*7.0*	44 052	1 149	968	13	3 101	*91.9*	和泉
0.93	*2.7*	57 576	1 647	735	10	1 772	*100.0*	箕面
0.61	*3.3*	23 389	742	242	3	481	*95.6*	柏原
0.56	*3.6*	35 548	715	486	1	1 628	*87.5*	羽曳野
0.69	*3.7*	52 126	830	710	5	749	*98.3*	門真
0.97	*-1.3*	19 791	643	437	4	399	*99.4*	摂津
0.81	*13.1*	35 358	322	251	5	1 012	*92.7*	高石
0.61	*1.9*	18 736	598	265	4	300	*96.4*	藤井寺
0.75	*6.5*	174 460	3 051	4 538	21	4 198	*99.0*	東大阪
0.71	*9.6*	27 170	411	142	7	1 165	*86.4*	泉南
0.60	*5.5*	14 291	337	310	3	576	*99.8*	四條畷
0.69	*8.9*	28 366	531	887	2	268	*98.4*	交野
0.68	*3.0*	16 511	347	258	7	2 415	*100.0*	大阪狭山
0.53	*7.4*	15 693	363	129	3	386	*71.2*	阪南
								兵庫県
0.77	*4.4*	1 146 568	1) 21 719	8 494	110	18 779	*99.8*	神戸
0.87	*3.0*	204 959	4 002	3 910	34	6 031	*98.5*	姫路
0.83	*9.7*	210 479	3 227	3 307	24	4 138	*100.0*	尼崎
0.76	*3.6*	118 008	2 064	2 090	21	3 657	*99.9*	明石
0.94	*4.5*	137 491	3 856	3 150	25	5 177	*99.9*	西宮
0.48	*14.0*	28 694	422	205	3	844	*70.4*	洲本
1.02	*6.3*	52 013	1 077	333	3	353	*100.0*	芦屋
0.81	*4.5*	64 467	2 190	1 536	10	1 898	*100.0*	伊丹
0.55	*14.0*	12 107	274	129	4	739	*100.0*	相生
0.38	*14.1*	46 256	883	323	3	672	*99.9*	豊岡
0.89	*1.8*	83 777	1 780	1 627	13	2 767	*96.1*	加古川
0.68	*9.7*	29 414	947	176	5	1 014	*99.5*	赤穂
0.45	*8.7*	23 810	719	198	2	519	*100.0*	西脇
0.86	*4.1*	71 899	2 266	1 629	7	1 356	*99.7*	宝塚

市の統計Ⅱ （13）

	製造業 （2022年6月1日）			卸売業、小売業 （2021年6月1日）			歳入決算額 （普通会計） （2021年度）	
	事業所数	従業者数 （人）	製造品 出荷額等 （2021年） （億円）	事業所数	従業者数 （人）	年間商品 販売額 （2020年） （億円）	総額 （百万円）	うち地方税 （百万円）
三木	274	7 950	2 447	693	6 292	1 938	37 044	11 251
高砂	156	15 992	8 738	539	4 796	940	52 442	16 168
川西	113	2 251	667	726	7 237	1 476	63 636	19 440
小野	193	9 393	3 205	396	2 902	636	23 283	7 239
三田	111	10 011	5 342	553	6 298	1 472	43 480	17 677
加西	286	8 812	3 134	361	2 678	714	28 929	6 768
丹波篠山	109	3 925	2 873	435	3 009	677	24 028	4 969
養父	64	1 506	486	240	1 388	395	21 398	2 375
丹波	240	8 062	2 445	629	3 725	1 005	39 003	7 882
南あわじ	128	2 875	608	642	3 463	755	31 803	5 515
朝来	93	3 368	944	328	2 186	501	22 608	4 402
淡路	119	2 773	560	500	2 959	525	34 039	5 363
宍粟	180	2 872	644	391	2 136	417	26 053	4 316
加東	175	6 872	3 857	328	2 552	714	26 432	6 759
たつの	249	10 352	4 006	659	4 675	1 274	41 789	10 726
奈良県								
奈良	238	5 580	2 311	2 273	19 983	5 417	158 144	51 671
大和高田	130	2 927	550	499	3 882	1 010	32 392	6 704
大和郡山	154	11 490	4 705	688	7 299	2 256	42 263	11 910
天理	94	3 560	1 093	531	4 063	1 020	31 977	7 824
橿原	119	5 194	2 128	967	9 178	2 301	49 372	15 769
桜井	89	2 317	469	492	3 623	675	26 874	6 235
五條	96	3 545	1 002	279	1 568	326	24 480	3 329
御所	89	2 034	456	230	1 564	300	17 407	2 825
生駒	114	3 009	720	556	5 499	1 012	46 540	17 043
香芝	95	1 767	296	341	3 434	624	30 883	9 178
葛城	118	3 582	948	225	1 668	423	17 873	4 266
宇陀	43	467	96	256	1 303	147	19 756	2 559
和歌山県								
和歌山	631	22 032	12 559	3 305	27 001	11 209	175 562	58 715
海南	153	4 712	2 158	559	3 696	1 059	26 962	6 767
橋本	127	2 617	501	513	3 552	744	30 581	6 946
有田	53	2 046	3 760	361	1 814	331	22 315	3 530
御坊	47	1 030	426	437	2 387	470	16 033	3 337
田辺	132	2 325	487	1 052	6 158	1 519	50 424	8 244
新宮	36	472	75	549	2 977	727	23 846	3 204
紀の川	143	4 674	1 196	488	3 261	877	32 986	6 710
岩出	51	1 789	309	337	3 142	653	21 291	6 081
鳥取県								
鳥取	274	10 668	2 971	1 743	14 276	4 527	124 172	23 829
米子	172	5 602	1 731	1 464	11 854	4 153	82 701	18 559
倉吉	88	3 242	1 023	641	4 242	1 047	32 470	5 526
境港	80	3 167	890	385	2 992	1 113	21 785	3 967
島根県								
松江	273	7 317	1 392	1 937	16 526	6 480	111 125	28 452
浜田	108	2 504	659	626	4 149	1 119	42 372	7 328
出雲	298	14 775	5 866	1 792	12 681	3 248	101 139	22 931
益田	87	2 409	484	501	3 430	747	30 970	5 384
大田	66	2 208	656	397	2 228	451	28 932	3 757
安来	81	5 617	1 789	333	1 765	391	27 896	5 044

財政力指数 (2019~21年度平均)	実質公債費比率(%) (2019~21年度平均)	地方債現在高 (2021年度) (百万円)	市(区)職員数 (2022年4月1日) (人)	着工新設住宅戸数 (2022年度) (戸)	医療施設調査(病院のみ) (2022年10月1日) 施設数(施設)	病床数(床)	汚水処理人口普及率 (2022年度末)(%)	
0.69	4.6	37 707	570	268	6	1 491	97.8	三木
0.86	4.4	45 557	982	429	2	418	98.5	高砂
0.69	8.3	72 765	1 105	928	7	1 816	99.8	川西
0.71	6.2	21 516	347	216	5	1 124	99.6	小野
0.86	6.1	32 360	1 230	418	10	2 892	99.4	三田
0.65	8.5	19 693	580	155	4	447	99.9	加西
0.42	14.9	18 763	495	210	4	399	99.7	丹波篠山
0.24	7.4	15 694	287	51	2	635	99.6	養父
0.43	6.1	33 179	628	225	3	971	99.5	丹波
0.40	13.1	31 215	465	151	5	635	87.7	南あわじ
0.39	11.6	17 927	325	107	2	400	100.0	朝来
0.35	14.2	37 531	412	198	3	547	84.7	淡路
0.34	6.9	29 015	672	68	1	199	100.0	宍粟
0.67	5.4	23 701	477	236	3	640	100.0	加東
0.55	8.7	41 698	537	249	9	1 069	99.9	たつの
0.75	9.9	199 817	2 660	1 732	22	4 264	97.3	**奈良県** 奈良
0.48	7.5	22 590	1 149	260	3	599	77.4	大和高田
0.69	9.6	40 740	621	382	6	961	99.0	大和郡山
0.58	10.4	24 432	550	297	5	1 436	99.7	天理
0.71	3.0	35 194	908	829	8	2 153	88.7	橿原
0.53	6.7	21 934	465	224	3	482	88.5	桜井
0.34	10.8	29 960	371	52	1	82	79.2	五條
0.40	11.3	20 107	328	31	2	711	59.1	御所
0.79	3.9	15 920	819	435	6	1 259	85.1	生駒
0.68	12.3	29 035	600	395	3	690	83.8	香芝
0.51	9.0	19 970	330	266	2	279	99.6	葛城
0.28	12.7	23 423	608	16	2	242	75.5	宇陀
0.81	9.6	193 035	2 814	2 343	37	5 540	68.3	**和歌山県** 和歌山
0.53	7.3	33 989	740	191	5	343	46.5	海南
0.46	13.1	27 815	849	272	3	683	96.6	橋本
0.52	7.4	10 518	480	71	2	256	38.0	有田
0.52	12.4	13 504	306	61	3	649	50.8	御坊
0.38	8.6	49 902	903	210	5	1 075	65.9	田辺
0.36	13.3	23 470	611	95	3	545	55.0	新宮
0.40	5.0	24 299	534	314	4	600	76.7	紀の川
0.63	4.0	5 560	311	263	4	514	79.7	岩出
0.51	8.9	116 095	1 846	828	12	3 140	98.1	**鳥取県** 鳥取
0.67	8.0	62 003	1 013	884	12	2 626	92.5	米子
0.43	10.0	28 686	411	204	9	1 312	96.0	倉吉
0.55	10.8	12 383	251	196	2	273	90.8	境港
0.57	10.4	102 642	2 509	1 500	11	2 969	98.0	**島根県** 松江
0.39	10.9	47 158	608	186	4	882	49.6	浜田
0.56	12.6	99 529	1 553	1 160	11	2 645	89.8	出雲
0.39	11.5	31 029	439	127	3	752	48.5	益田
0.28	12.1	32 053	755	163	2	397	54.1	大田
0.36	14.7	32 068	667	81	2	529	90.5	安来

市の統計 II （14）

	製造業 （2022年6月1日）			卸売業、小売業 （2021年6月1日）			歳入決算額 （普通会計） （2021年度）	
	事業所数	従業者数 （人）	製造品 出荷額等 （2021年） （億円）	事業所数	従業者数 （人）	年間商品 販売額 （2020年） （億円）	総額 （百万円）	うち地方税 （百万円）
江津	59	1 554	491	261	1 458	269	18 638	2 837
雲南	95	3 243	912	382	2 011	382	32 830	3 922
岡山県								
岡山	1 068	32 133	10 691	6 673	62 783	30 357	402 822	130 421
倉敷	908	38 139	46 185	3 597	31 309	10 207	226 104	83 141
津山	232	6 601	2 061	1 068	8 171	2 257	53 435	13 387
玉野	146	6 795	3 000	430	2 668	765	27 927	7 385
笠岡	119	5 212	1 932	372	2 317	695	27 275	7 167
井原	149	5 533	1 444	335	1 936	381	25 063	4 465
総社	154	9 625	2 472	444	3 519	829	32 566	8 559
高梁	61	3 680	1 246	351	1 884	372	27 947	3 854
新見	78	2 027	843	297	1 568	331	28 878	3 698
備前	152	5 345	2 751	387	1 936	534	21 405	5 024
瀬戸内	108	5 517	1 921	255	1 974	397	24 390	5 897
赤磐	96	4 226	1 157	262	2 230	366	23 038	4 854
真庭	135	3 973	1 426	548	2 959	571	36 137	5 190
美作	91	2 501	551	233	1 385	224	23 847	3 407
浅口	72	2 565	601	235	1 697	359	17 091	3 661
広島県								
広島	1 456	53 886	27 762	10 653	109 897	74 282	726 458	236 738
呉	517	19 531	10 313	1 967	13 509	3 432	113 276	30 304
竹原	49	1 691	800	286	1 843	504	15 477	5 416
三原	227	8 193	3 731	850	5 850	1 621	56 353	13 742
尾道	498	15 382	5 621	1 577	10 281	3 149	69 486	17 634
福山	1 388	38 358	19 329	4 180	36 744	14 815	211 360	75 777
府中	258	6 678	1 878	454	2 680	516	25 624	4 970
三次	104	3 667	1 088	632	3 954	1 204	41 368	6 800
庄原	85	1 793	477	408	2 341	430	35 693	3 796
大竹	49	3 707	2 430	233	1 777	405	18 213	5 262
東広島	505	23 865	12 090	1 352	13 541	4 103	101 442	36 065
廿日市	191	7 474	2 147	918	8 077	2 490	61 291	16 127
安芸高田	96	3 515	1 307	244	1 590	321	23 027	3 439
江田島	45	963	199	242	1 146	204	16 565	2 401
山口県								
下関	428	16 139	6 804	2 609	19 276	5 360	134 444	32 425
宇部	214	9 682	4 384	1 444	11 757	3 777	84 528	24 007
山口	183	7 422	3 424	1 857	19 688	8 200	95 233	26 974
萩	101	1 535	207	629	3 181	629	33 557	5 088
防府	144	13 499	8 068	975	7 554	1 760	49 827	16 353
下松	118	7 764	3 535	524	4 840	1 783	25 734	9 563
岩国	180	8 091	3 504	1 096	8 046	2 275	74 506	18 130
光	61	4 932	6 879	383	2 634	774	24 130	7 639
長門	64	1 870	564	390	2 109	462	23 048	3 577
柳井	38	1 178	243	424	2 947	637	18 840	4 874
美祢	60	2 493	774	251	1 380	227	17 552	3 434
周南	181	11 784	14 050	1 332	9 957	3 457	77 407	26 260
山陽小野田	120	7 367	8 070	495	3 805	925	33 409	9 993
徳島県								
徳島	372	10 037	4 458	2 746	21 670	8 224	116 536	40 658

財政力指数 (2019〜21年度平均)	実質公債費比率(%) (2019〜21年度平均)	地方債現在高 (2021)(年度)(百万円)	市(区)職員数 (2022年)(4月1日)(人)	着工新設住宅戸数 (2022年度)(戸)	医療施設調査(病院のみ)(2022年10月1日) 施設数(施設)	病床数(床)	汚水処理人口普及率 (2022年度末)(%)	
0.34	12.0	19 483	258	113	2	392	55.6	江津
0.25	11.1	37 522	754	122	3	496	91.3	雲南
								岡山県
0.77	5.1	337 676	1) 8 966	5 426	55	10 933	85.6	岡山
0.86	2.9	196 551	3 506	3 490	36	7 241	93.4	倉敷
0.53	12.4	68 271	841	379	9	1 616	77.5	津山
0.56	4.0	20 108	632	153	7	751	99.0	玉野
0.57	6.5	27 449	508	103	5	827	81.2	笠岡
0.41	9.0	21 227	555	171	3	272	77.7	井原
0.59	7.2	30 586	579	542	3	214	96.4	総社
0.31	11.9	32 310	610	52	4	549	82.1	高梁
0.25	8.8	29 087	528	109	4	323	89.1	新見
0.43	9.9	19 762	674	64	4	316	93.1	備前
0.57	8.6	18 244	601	279	4	1 235	77.6	瀬戸内
0.45	7.2	19 400	481	191	1	245	91.8	赤磐
0.29	10.3	35 432	747	106	7	717	90.9	真庭
0.27	11.3	23 151	527	44	3	223	99.3	美作
0.44	8.8	12 835	273	180	2	207	91.2	浅口
								広島県
0.81	10.9	1 105 394	1) 15 657	9 573	81	13 192	98.4	広島
0.59	6.9	115 331	1 804	1 222	26	4 093	92.2	呉
0.64	8.3	13 771	249	46	4	469	49.9	竹原
0.54	7.7	65 268	924	402	10	2 003	80.5	三原
0.54	6.7	75 570	1 948	546	11	1 844	59.7	尾道
0.80	1.5	137 538	4 073	3 033	40	5 553	87.1	福山
0.45	9.7	24 059	465	87	4	563	67.2	府中
0.34	6.7	45 799	960	220	5	1 109	81.3	三次
0.26	11.0	38 569	570	69	5	577	74.1	庄原
0.78	13.8	23 171	296	135	3	834	99.2	大竹
0.85	1.6	75 621	1 557	1 609	16	2 764	88.8	東広島
0.61	5.0	70 710	1 105	644	10	1 542	80.9	廿日市
0.32	12.3	22 993	373	157	1	311	82.0	安芸高田
0.30	7.0	17 759	345	76	4	321	84.1	江田島
								山口県
0.54	10.1	136 333	2 519	1 207	24	5 047	88.1	下関
0.72	2.7	69 050	1 226	1 008	19	4 142	93.2	宇部
0.63	5.6	113 182	1 711	1 069	17	2 758	94.7	山口
0.32	5.6	23 935	824	153	7	949	89.4	萩
0.80	3.2	42 559	883	567	10	1 661	91.3	防府
0.87	4.1	23 376	460	436	3	438	93.7	下松
0.56	4.2	62 590	1 322	718	17	2 216	80.2	岩国
0.65	6.0	22 792	845	255	6	819	89.2	光
0.33	6.1	21 898	469	67	5	834	91.6	長門
0.51	9.2	16 375	313	166	4	1 038	75.0	柳井
0.38	8.1	15 727	618	25	3	528	87.0	美祢
0.78	9.0	82 788	1 379	782	14	2 346	95.8	周南
0.59	7.8	40 152	762	385	6	908	84.4	山陽小野田
								徳島県
0.80	5.9	103 365	2 728	1 272	46	5 837	84.5	徳島

市町村統計

市の統計II（島根／岡山／広島／山口／徳島）

市の統計 II （15）

	製造業 （2022年 6 月 1 日）			卸売業、小売業 （2021年 6 月 1 日）			歳入決算額 （普通会計） （2021年度）	
	事業所数	従業者数 （人）	製造品 出荷額等 （2021年） （億円）	事業所数	従業者数 （人）	年間商品 販売額 （2020年） （億円）	総額 （百万円）	うち地方税 （百万円）
鳴門	122	5 281	2 610	521	3 179	667	35 733	7 195
小松島	76	1 908	618	368	2 532	477	18 889	4 447
阿南	129	10 818	4 380	616	3 719	781	37 732	13 532
吉野川	63	1 588	412	378	2 227	424	23 159	4 041
阿波	84	2 582	582	244	1 505	267	22 493	3 591
美馬	50	1 214	417	298	1 834	439	21 667	3 031
三好	52	1 217	285	319	1 230	224	26 097	2 573
香川県								
高松	806	17 375	4 359	4 632	41 375	21 683	187 319	64 052
丸亀	201	7 168	2 758	938	7 614	2 266	59 478	14 028
坂出	181	7 057	3 775	526	3 815	1 513	26 311	9 582
善通寺	49	1 555	364	294	2 344	613	18 607	3 583
観音寺	205	6 718	1 926	679	4 405	1 583	33 755	8 713
さぬき	135	4 648	1 629	401	2 441	599	28 553	5 112
東かがわ	113	4 023	1 472	265	1 762	407	19 840	3 437
三豊	222	9 151	2 784	610	3 679	992	39 335	7 734
愛媛県								
松山	478	14 999	4 691	4 146	38 106	16 333	231 638	69 329
今治	476	11 850	10 452	1 661	10 713	5 139	85 822	20 883
宇和島	106	1 962	495	1 046	6 126	2 917	54 169	7 768
八幡浜	58	1 495	377	477	2 333	651	26 354	3 423
新居浜	228	11 859	10 553	1 027	8 264	2 703	58 144	19 504
西条	304	9 444	10 343	922	6 213	1 687	57 662	15 834
大洲	77	2 273	387	542	3 422	870	35 545	4 426
伊予	75	2 357	775	348	2 388	763	20 543	3 942
四国中央	361	13 291	6 428	789	5 395	3 059	46 740	15 767
西予	74	1 136	238	478	2 512	747	34 289	3 219
東温	69	3 011	900	263	2 354	1 224	19 098	4 150
高知県								
高知	369	7 099	2 002	3 450	27 739	8 090	168 629	44 799
室戸	24	439	162	179	698	121	16 541	1 129
安芸	23	272	94	224	1 117	205	18 779	1 782
南国	138	4 535	1 015	493	4 857	2 060	28 749	6 063
土佐	47	1 342	251	271	1 814	315	17 154	2 672
須崎	36	902	539	284	1 627	471	18 945	2 676
宿毛	46	1 158	171	285	1 309	347	18 919	2 130
土佐清水	17	314	38	167	663	71	11 539	1 115
四万十	42	612	129	517	2 931	594	26 035	3 598
香南	44	861	297	286	1 801	544	20 863	3 137
香美	40	1 460	346	236	1 445	247	19 473	2 671
福岡県								
北九州	1 155	51 191	26 289	8 560	69 207	27 180	651 473	174 939
福岡	884	22 472	6 245	15 973	162 452	135 580	1 177 938	343 164
大牟田	150	7 469	3 119	1 192	8 128	2 022	65 646	14 025
久留米	389	12 560	3 363	2 826	21 986	7 604	158 053	41 234
直方	174	6 210	1 776	619	5 073	1 082	31 665	6 806
飯塚	190	6 555	1 988	1 175	9 783	2 541	86 200	14 253
田川	61	2 144	603	493	3 297	678	35 857	5 189
柳川	141	2 948	527	678	4 191	993	38 304	6 497
八女	179	3 457	1 017	691	4 445	1 008	46 757	6 875

財政力指数(2019〜21年度平均)	実質公債費比率（％）(2019〜21年度平均)	地方債現在高(2021年度)(百万円)	市（区）職員数(2022年4月1日)(人)	着工新設住宅戸数(2022年度)(戸)	医療施設調査（病院のみ）(2022年10月1日) 施設数(施設)	病床数(床)	汚水処理人口普及率(2022年度末)(％)	
0.62	12.5	27 627	567	140	7	1 169	51.4	鳴門
0.57	13.2	16 341	408	112	7	886	41.9	小松島
0.79	5.0	38 280	842	349	6	715	47.7	阿南
0.37	7.4	24 165	389	91	4	865	75.2	吉野川
0.35	7.8	20 259	367	73	3	198	62.3	阿波
0.30	9.4	27 737	401	113	6	590	53.4	美馬
0.22	6.7	32 190	425	40	5	559	65.0	三好
								香川県
0.80	7.2	180 197	3 750	2 816	33	5 643	89.3	高松
0.63	9.6	58 057	955	653	12	1 885	73.6	丸亀
0.81	8.5	24 473	830	301	6	1 302	67.6	坂出
0.52	5.8	11 824	288	191	3	776	90.7	善通寺
0.61	9.6	35 287	478	300	5	1 219	65.5	観音寺
0.39	12.4	21 229	695	138	2	407	90.6	さぬき
0.36	3.1	18 965	296	125	3	260	73.2	東かがわ
0.43	7.2	34 167	745	194	7	655	65.9	三豊
								愛媛県
0.76	7.9	169 801	3 394	3 261	41	7 228	90.4	松山
0.52	11.2	67 269	1 339	640	28	2 164	88.1	今治
0.34	4.1	32 980	1 408	223	7	1 436	61.9	宇和島
0.33	9.5	24 898	574	80	5	812	89.0	八幡浜
0.76	1.6	53 519	920	784	11	2 155	83.9	新居浜
0.64	6.5	61 639	963	543	10	1 456	79.6	西条
0.35	7.1	33 029	649	121	6	904	61.1	大洲
0.41	6.2	23 222	350	174	1	290	80.6	伊予
0.72	8.2	58 557	877	229	8	1 185	85.7	四国中央
0.24	11.4	39 626	835	125	3	289	64.3	西予
0.49	11.3	13 212	362	208	4	1 221	91.3	東温
								高知県
0.63	13.0	210 491	2 872	1 236	61	8 577	80.9	高知
0.22	9.4	14 285	260	30	2	246	38.1	室戸
0.31	5.9	14 117	275	86	2	342	75.8	安芸
0.61	7.8	23 736	448	330	9	1 694	86.5	南国
0.38	12.1	18 572	520	88	3	387	79.3	土佐
0.42	13.6	17 574	268	27	4	559	50.6	須崎
0.36	11.4	18 573	295	54	5	692	71.7	宿毛
0.26	17.4	15 228	273	12	3	190	70.9	土佐清水
0.35	9.7	26 192	561	108	6	598	87.8	四万十
0.33	4.6	16 130	443	248	1	171	94.2	香南
0.31	9.8	14 694	394	117	3	479	71.5	香美
								福岡県
0.70	10.3	1 023 779	1) 12 395	6 573	90	18 350	99.9	北九州
0.88	8.8	1 162 081	1) 17 719	17 046	115	21 194	99.9	福岡
0.52	6.7	46 175	881	406	23	4 202	84.1	大牟田
0.66	3.4	137 909	1 869	2 334	32	6 499	96.8	久留米
0.56	5.8	24 206	450	343	6	946	75.3	直方
0.50	6.4	72 271	872	910	12	2 684	83.9	飯塚
0.44	7.9	28 696	744	524	7	1 942	66.5	田川
0.46	5.5	38 630	466	380	6	893	81.3	柳川
0.39	9.1	31 395	548	451	8	1 374	70.9	八女

市の統計 II (16)

	製造業 (2022年6月1日)			卸売業、小売業 (2021年6月1日)			歳入決算額 (普通会計) (2021年度)	
	事業所数	従業者数 (人)	製造品 出荷額等 (2021年) (億円)	事業所数	従業者数 (人)	年間商品 販売額 (2020年) (億円)	総額 (百万円)	うち地方税 (百万円)
筑後	96	5 226	2 016	470	3 517	1 053	24 095	6 397
大川	183	2 440	495	530	3 854	1 200	19 884	3 801
行橋	92	4 494	1 233	570	4 645	1 167	34 781	8 063
豊前	58	3 857	1 237	226	1 413	265	13 703	3 269
中間	41	1 183	555	291	1 920	341	22 109	4 101
小郡	20	1 114	474	313	2 936	1 467	24 952	6 628
筑紫野	63	1 669	302	745	7 621	2 301	40 104	13 713
春日	28	321	47	651	5 627	1 561	44 000	13 485
大野城	142	3 182	799	863	8 371	3 639	43 729	13 993
宗像	44	1 876	395	532	4 531	960	43 060	10 458
太宰府	46	821	250	450	3 838	1 423	30 651	8 317
古賀	125	8 586	2 327	421	3 852	1 645	27 390	7 201
福津	28	1 657	289	456	3 863	806	30 439	6 875
うきは	60	2 441	665	275	1 657	290	18 721	2 917
宮若	68	12 787	11 770	179	1 244	305	22 621	5 165
嘉麻	55	2 013	488	253	1 360	178	28 329	2 959
朝倉	118	5 568	3 394	585	3 857	1 063	42 420	6 959
みやま	69	1 662	376	327	1 678	336	25 841	3 776
糸島	80	3 104	596	675	5 238	965	46 968	9 912
那珂川	70	1 102	182	309	2 487	527	22 961	6 328
佐賀県								
佐賀	283	10 024	2 878	2 495	20 159	5 968	118 726	31 073
唐津	157	6 114	1 706	1 211	7 875	1 764	88 111	12 740
鳥栖	117	9 089	4 024	798	6 739	3 935	35 171	13 131
多久	46	1 986	606	163	984	443	15 583	1 894
伊万里	145	8 151	3 623	556	3 514	954	34 703	7 133
武雄	97	3 148	734	525	3 511	816	33 568	5 764
鹿島	55	2 295	421	333	2 153	507	17 976	3 104
小城	51	1 527	390	322	2 445	734	25 282	4 403
嬉野	70	1 221	210	267	1 361	144	21 254	2 598
神埼	73	3 337	1 651	220	1 508	395	19 554	3 449
長崎県								
長崎	365	11 357	2 914	3 871	30 215	10 160	262 302	53 148
佐世保	299	7 444	1 909	2 234	17 203	4 790	144 680	29 239
島原	70	1 799	294	619	3 539	895	25 783	4 626
諫早	166	10 516	4 193	1 359	10 505	3 579	76 130	17 323
大村	101	4 697	1 266	778	6 644	2 047	62 691	11 854
平戸	38	755	104	400	1 839	288	28 711	2 704
松浦	40	2 210	432	256	1 252	321	20 461	5 030
対馬	40	360	57	432	1 935	402	34 747	2 976
壱岐	42	444	51	440	1 878	368	24 629	2 232
五島	47	499	64	574	2 513	553	36 114	3 542
西海	44	2 648	1 509	203	1 105	182	26 141	3 094
雲仙	46	1 454	259	487	2 658	524	36 886	3 871
南島原	76	1 200	115	557	2 858	456	38 180	3 607
熊本県								
熊本	539	17 247	4 533	6 179	57 021	23 263	430 551	120 680
八代	158	6 732	2 853	1 280	8 943	3 051	84 025	15 425
人吉	53	1 109	167	412	2 807	675	32 445	3 564
荒尾	54	1 753	460	377	2 742	574	28 998	5 200

財政力指数 2019～21年度平均	実質公債費比率（%） 2019～21年度平均	地方債現在高 (2021)年度末(百万円)	市（区）職員数 (2022年4月1日)(人)	着工新設住宅戸数 (2022年度)(戸)	医療施設調査(病院のみ)(2022年10月1日) 施設数(施設)	病床数(床)	汚水処理人口普及率 (2022年度末)(%)	
0.67	8.4	15 757	355	521	2	454	78.9	筑後
0.52	9.1	16 107	252	234	2	619	79.8	大川
0.66	6.3	21 750	496	686	6	1 178	65.4	行橋
0.53	9.1	9 422	218	67	2	472	72.9	豊前
0.45	5.6	11 390	351	246	1	145	93.0	中間
0.66	8.0	18 199	347	414	8	1 039	96.9	小郡
0.78	4.0	24 860	473	963	9	1 391	99.8	筑紫野
0.76	2.9	27 286	402	777	5	973	100.0	春日
0.81	3.0	20 162	472	868	7	1 548	100.0	大野城
0.59	-2.3	22 863	512	629	9	1 252	99.8	宗像
0.66	2.9	20 694	391	363	4	582	99.9	太宰府
0.69	4.5	14 429	371	446	5	1 401	98.4	古賀
0.58	5.7	18 832	345	597	5	1 011	99.8	福津
0.39	7.0	12 206	236	112	3	350	97.4	うきは
0.63	6.5	22 395	241	79	4	618	56.5	宮若
0.28	5.5	24 220	425	70	7	745	51.4	嘉麻
0.52	9.2	30 794	532	394	5	782	90.1	朝倉
0.42	4.6	25 543	376	123	2	477	69.1	みやま
0.57	6.6	28 981	552	913	8	924	91.5	糸島
0.71	7.4	14 005	270	248	2	159	99.5	那珂川
								佐賀県
0.64	1.7	94 303	1 812	1 639	27	4 137	94.2	佐賀
0.42	11.7	88 655	1 347	645	16	1 951	92.7	唐津
0.94	0.4	19 444	479	588	8	1 403	99.9	鳥栖
0.37	11.7	14 220	282	37	3	304	61.6	多久
0.57	9.6	21 730	474	439	8	926	75.8	伊万里
0.49	9.5	29 386	348	242	5	656	72.6	武雄
0.48	8.6	12 340	233	157	4	287	68.0	鹿島
0.41	7.4	18 236	457	403	3	397	82.4	小城
0.37	9.8	10 777	222	113	4	1 274	70.8	嬉野
0.44	8.8	19 663	271	266	3	199	84.2	神埼
								長崎県
0.58	8.8	274 874	3 213	2 266	43	9 542	97.9	長崎
0.53	4.5	107 145	2 461	1 446	24	4 513	79.5	佐世保
0.44	3.3	23 746	342	175	9	1 039	53.3	島原
0.56	6.5	50 751	879	1 384	20	3 011	92.2	諫早
0.63	9.0	42 403	682	821	8	1 633	99.6	大村
0.24	1.5	26 723	556	92	7	659	42.1	平戸
0.54	10.8	19 184	367	41	3	198	53.3	松浦
0.19	6.6	42 843	520	48	2	335	41.2	対馬
0.22	6.6	26 296	411	49	5	483	54.4	壱岐
0.24	7.5	37 962	558	94	4	508	48.1	五島
0.29	-1.8	19 802	364	38	2	371	82.1	西海
0.28	3.8	23 666	397	179	4	663	71.0	雲仙
0.25	-4.8	22 193	436	73	4	423	54.4	南島原
								熊本県
0.70	5.4	499 991	1) 10 321	6 539	91	14 791	97.7	熊本
0.50	9.2	85 751	1 098	782	10	2 236	74.6	八代
0.44	5.6	24 173	337	289	9	1 168	87.4	人吉
0.48	9.4	17 514	827	250	5	1 160	81.8	荒尾

市の統計 II（17）

	製造業 (2022年 6 月 1 日)			卸売業、小売業 (2021年 6 月 1 日)			歳入決算額 (普通会計) (2021年度)	
	事業所数	従業者数 (人)	製造品 出荷額等 (2021年) (億円)	事業所数	従業者数 (人)	年間商品 販売額 (2020年) (億円)	総額 (百万円)	うち地方税 (百万円)
水俣	37	1 413	440	258	1 559	326	21 126	2 924
玉名	75	2 518	549	600	3 839	924	36 272	7 110
山鹿	95	3 015	716	487	2 918	650	33 108	5 009
菊池	125	10 217	2 042	407	2 657	1 029	32 106	5 667
宇土	60	2 351	1 305	306	2 612	838	22 281	4 084
上天草	49	987	128	313	1 396	215	22 640	2 245
宇城	95	4 630	1 436	544	3 591	837	37 609	6 110
阿蘇	38	2 006	1 148	280	1 540	397	20 351	2 932
天草	108	1 914	317	1 155	5 583	1 132	63 372	7 473
合志	55	5 688	5 409	290	2 494	853	28 525	7 177
大分県								
大分	452	22 674	31 757	4 006	36 781	14 133	211 871	79 168
別府	76	879	101	1 056	7 672	1 825	62 358	13 597
中津	156	12 075	6 678	925	6 217	1 658	48 078	11 321
日田	177	3 759	1 223	852	4 580	914	44 381	7 787
佐伯	170	4 348	1 067	787	4 365	992	48 513	7 539
臼杵	85	2 341	648	346	2 106	487	24 418	3 865
津久見	32	997	650	193	977	258	11 406	2 147
竹田	34	205	27	286	1 360	392	21 417	1 930
豊後高田	58	2 908	705	229	1 234	227	17 466	2 269
杵築	55	1 516	351	254	1 372	335	21 674	3 079
宇佐	119	4 409	1 483	521	2 921	634	35 096	6 082
豊後大野	60	1 455	306	353	2 078	469	29 511	3 420
由布	37	1 611	276	346	2 154	388	23 092	3 933
国東	73	4 042	1 184	291	1 264	203	26 794	3 049
宮崎県								
宮崎	363	11 477	2 306	3 794	33 439	14 441	209 007	54 327
都城	280	11 853	4 438	1 773	13 557	4 898	125 234	20 025
延岡	194	8 227	3 659	1 262	8 517	1 941	75 934	14 679
日南	106	2 793	740	549	3 035	692	38 286	5 484
小林	70	1 767	471	481	3 107	685	32 492	4 836
日向	106	4 867	1 690	749	4 724	1 198	35 740	8 232
串間	27	336	31	152	758	133	14 895	1 960
西都	42	1 480	235	274	1 550	330	25 745	3 220
えびの	30	1 235	288	191	922	230	15 846	1 957
鹿児島県								
鹿児島	609	12 590	3 726	5 885	52 452	22 210	305 428	88 084
鹿屋	114	3 802	760	1 043	7 451	2 502	65 661	11 726
枕崎	109	1 410	448	264	1 353	277	17 192	2 168
阿久根	62	1 646	552	239	1 312	287	14 794	2 004
出水	125	4 378	1 000	533	3 349	1 213	31 649	5 924
指宿	72	1 047	278	491	2 985	473	30 307	4 026
西之表	23	235	25	200	879	206	12 118	1 410
垂水	36	1 071	423	189	907	241	13 249	1 394
薩摩川内	152	8 352	2 773	871	5 536	1 535	65 616	15 830
日置	106	2 879	499	427	2 799	533	32 425	4 971
曽於	53	2 172	923	320	1 756	452	31 235	3 365
霧島	156	11 437	3 644	1 015	7 592	2 152	75 878	16 375
いちき串木野	68	2 284	823	284	1 371	236	18 796	3 031
南さつま	60	1 737	473	342	1 959	406	31 908	3 211

財政力指数 (2019~21年度平均)	実質公債費比率（%）(2019~21年度平均)	地方債現在高 (2021年度)(百万円)	市（区）職員数 2022年4月1日(人)	着工新設住宅戸数 (2022年度)(戸)	医療施設調査（病院のみ）(2022年10月1日) 施設数(施設)	病床数(床)	汚水処理人口普及率 (2022年度末)(%)	
0.38	9.8	19 602	692	50	7	1 069	79.2	水俣
0.44	8.9	33 000	526	328	4	900	83.1	玉名
0.33	9.4	32 403	746	255	6	826	93.2	山鹿
0.43	10.4	32 135	461	567	5	513	88.8	菊池
0.53	10.6	20 940	265	239	1	282	84.6	宇土
0.25	11.5	18 038	577	62	1	195	59.3	上天草
0.41	9.1	42 782	452	289	8	1 224	83.8	宇城
0.35	8.1	21 381	452	128	4	803	67.4	阿蘇
0.27	9.5	50 380	946	276	14	2 097	70.6	天草
0.66	6.7	22 061	339	640	5	1 379	99.5	合志
								大分県
0.89	5.2	164 277	3 380	3 524	53	7 512	86.7	大分
0.57	2.9	38 319	979	945	24	3 542	84.8	別府
0.51	5.9	39 743	1 225	699	11	1 305	81.9	中津
0.41	4.1	35 447	621	223	17	1 423	88.0	日田
0.33	8.7	48 971	866	294	8	1 167	81.3	佐伯
0.38	7.4	27 595	391	132	4	508	71.5	臼杵
0.41	9.5	10 130	217	20	1	120	71.4	津久見
0.25	4.6	18 071	328	33	3	458	56.5	竹田
0.30	4.4	15 828	317	112	3	361	78.7	豊後高田
0.34	8.5	21 509	530	42	3	324	62.7	杵築
0.42	6.7	29 074	670	281	8	772	71.9	宇佐
0.28	5.0	25 233	711	107	3	369	70.0	豊後大野
0.42	6.9	22 799	410	216	4	922	83.3	由布
0.30	4.5	20 340	717	44	3	292	76.2	国東
								宮崎県
0.69	6.6	176 601	2 469	2 629	36	5 950	99.3	宮崎
0.54	4.8	69 348	1 397	1 217	27	3 312	90.3	都城
0.50	7.7	56 173	1 135	599	16	2 151	93.5	延岡
0.40	9.3	27 612	641	153	8	1 213	68.0	日南
0.38	11.5	28 675	599	180	11	1 169	77.0	小林
0.54	10.7	33 053	600	341	6	1 062	86.1	日向
0.30	6.5	11 500	374	35	2	554	70.3	串間
0.39	2.9	12 665	374	137	5	514	84.5	西都
0.35	3.1	9 078	302	29	3	117	71.7	えびの
								鹿児島県
0.71	3.8	260 498	5 728	4 603	85	12 330	94.8	鹿児島
0.48	5.8	40 044	770	575	13	2 356	78.3	鹿屋
0.41	8.4	11 212	317	52	8	653	79.2	枕崎
0.36	6.7	12 201	213	69	3	506	64.2	阿久根
0.42	7.7	23 897	923	309	5	721	92.8	出水
0.36	9.3	31 487	439	147	9	1 196	73.7	指宿
0.27	9.7	9 455	206	107	2	334	68.2	西之表
0.30	8.3	9 410	233	15	1	126	66.3	垂水
0.55	7.7	37 269	991	769	11	1 365	78.9	薩摩川内
0.39	7.2	31 554	480	211	9	755	82.1	日置
0.30	7.7	25 069	354	83	6	607	71.7	曽於
0.54	6.6	51 601	1 072	1 022	15	2 203	85.9	霧島
0.39	11.7	19 567	306	128	6	421	82.4	いちき串木野
0.29	7.3	29 210	511	172	7	896	73.6	南さつま

市町村統計

市の統計Ⅱ（熊本／大分／宮崎／鹿児島）

市の統計 II （18）

	製造業 （2022年 6 月 1 日）			卸売業、小売業 （2021年 6 月 1 日）			歳入決算額 （普通会計） （2021年度）	
	事業所数	従業者数 （人）	製造品 出荷額等 （2021年） （億円）	事業所数	従業者数 （人）	年間商品 販売額 （2020年） （億円）	総額 （百万円）	うち地方税 （百万円）
志布志	77	2 169	2 504	308	1 637	667	34 099	3 730
奄美	59	382	47	586	3 097	707	41 937	4 133
南九州	164	3 270	459	388	2 006	499	27 157	3 708
伊佐	49	1 634	746	283	1 501	316	20 751	3 351
姶良	88	3 240	466	646	4 466	1 328	38 547	7 656
沖縄県 那覇	89	1 955	292	3 167	23 347	8 269	182 556	50 776
宜野湾	25	748	85	738	6 295	1 872	54 387	11 936
石垣	45	658	79	592	3 196	709	41 520	6 077
浦添	66	2 548	590	1 058	14 266	5 637	61 451	16 604
名護	38	939	322	591	4 146	921	46 692	6 903
糸満	106	2 877	454	479	3 468	892	32 880	5 883
沖縄	59	1 399	470	987	7 150	1 337	86 022	15 831
豊見城	36	647	130	458	4 086	1 147	31 620	7 004
うるま	107	3 027	588	821	7 099	1 572	75 608	12 512
宮古島	51	765	157	579	2 991	765	46 482	6 302
南城	48	1 098	241	299	1 722	277	28 921	3 915

製造業　総務省・経済産業省「経済構造実態調査（製造業事業所調査）」（2022年）より作成。事業所数と従業者数は2022年 6 月 1 日現在。製造品出荷額等は2021年の 1 年間。調査対象は、日本標準産業分類（2013年10月改定）「大分類E　製造業」に属する事業所で、個人経営事業所を除く（前年版まで使用していた「工業統計調査」は従業者 4 人以上の事業所が対象であり、本表データとは集計範囲が異なる）。また、管理、補助的経済活動のみを行う事業所を除き、製造品目別に出荷額が得られた事業所であること。従業者は、他の会社など別経営の事業所から出向している人（受入者）を含み、臨時雇用者（日雇いなど）は含まない。製造品出荷額等は、製造品出荷額、加工賃収入額、くず廃物の出荷額およびその他収入額の合計で、消費税および酒税、たばこ税、揮発油税および地方揮発税を含む。

卸売業、小売業　総務省・経済産業省「経済センサス - 活動調査（産業別集計）」（卸売業、小売業に関する集計）（2021年）より作成。事業所数と従業員数は2021年 6 月 1 日現在。年間商品販売額は2020年の 1 年間における有体商品の販売額。調査対象は、日本標準産業分類（2013年10月改定）「大分類 I - 卸売業、小売業」に属する事業所で、管理、補助的経済活動のみを行う事業所、産業細分類が格付不能の法人組織の事業所または産業小分類が格付不能の個人経営（法人でない団体を含む）の事業所、卸売の商品販売額（仲立手数料を除く）、小売の商品販売額および仲立手数料のいずれの金額も無い法人組織の事業所を含まない。従業者は、他の会社など別経営の事業所から出向している人（受入者）を含み、臨時雇用者（日雇いなど）は含まない。年間商品販売額は、個人経営の事業所を含まず。表4-48（ I ）とは異なり、本表での事業所数は全国計で102万2230事業所、従業者数は960万2670人。年間商品販売額は表4-48（ II ）と同じで、全国計522兆6458億円。東京23区には境界未定地域（事業所数100、従業者数1609人、年間商品販売額2490億円）を含んでおり、各区の合計と一致しない。

歳入決算額　総務省「市町村別決算状況調」（2021年度）より作成。地方税の主な内訳は、市町村民税（個人分、法人分）、固定資産税、市町村たばこ税、都市計画税など。市の区分は2022年 3 月31日現在。

財政力指数　総務省「市町村別決算状況調」（2021年度）および東京都総務局行政部資料より作成。財政力指数は地方公共団体の財政の強さを示す指標で、 1 に近い、または 1 を超えるほど財政に余裕がある。基準財政収入額を基準財政需要額で割った数値で、2019〜21年度の 3 年間の平均値。ただし、市の区分は2022年 3 月31日現在。なお、東京都特別区は、基準財政収入額と基準財政需要額を都と特別区／

財政力指数 2019～21年度平均	実質公債費比率（%）2019～21年度平均	地方債現在高（2021）年度（百万円）	市（区）職員数 2022年4月1日（人）	着工新設住宅戸数（2022年度）（戸）	医療施設調査（病院のみ）（2022年10月1日）		汚水処理人口普及率（2022年度末）（%）	
					施設数（施設）	病床数（床）		
0.38	*10.1*	21 676	318	159	2	224	*78.2*	志布志
0.27	*9.6*	44 027	610	138	7	1 430	*92.8*	奄美
0.35	*6.9*	19 084	378	65	6	748	*72.6*	南九州
0.37	*8.3*	14 970	269	31	6	600	*67.1*	伊佐
0.51	*11.2*	31 271	568	513	11	1 893	*83.4*	姶良
								沖縄県
0.83	*8.5*	136 672	2 412	1 717	17	3 186	*98.6*	那覇
0.67	*7.0*	30 379	746	638	3	575	*98.1*	宜野湾
0.46	*7.0*	28 319	551	373	3	474	*61.6*	石垣
0.81	*5.4*	36 897	812	542	7	1 351	*97.8*	浦添
0.45	*5.7*	28 986	626	487	6	1 455	*79.6*	名護
0.53	*8.2*	19 076	457	389	5	1 172	*95.5*	糸満
0.58	*5.9*	44 236	1 021	670	9	1 905	*97.5*	沖縄
0.64	*9.2*	29 636	462	267	4	908	*86.0*	豊見城
0.48	*6.5*	47 779	911	931	6	1 438	*83.2*	うるま
0.36	*7.9*	43 401	696	303	4	758	*50.7*	宮古島
0.37	*6.1*	20 367	336	540	1	199	*86.9*	南城

╲で合算するため、各特別区個別の基準財政収入額と基準財政需要額が存在しない。本表では特別区財政調整交付金の算出に用いた基準財政収入額と基準財政需要額で計算した数値を掲載したが、特別区以外とは比較できないためカッコ付けとした。

実質公債費比率　資料および市の区分は歳入決算額に同じ。地方公共団体の財政の健全度を示す指標。地方税や普通交付税など地方公共団体での使途が特定されない財源のうち、実質的な公債費相当額に充当されたものの占める割合で、2019～21年度の3年間の平均。

地方債現在高　資料および市の区分は歳入決算額に同じ。

市（区）職員数　総務省「地方公共団体定員管理調査結果」（2022年）より作成。一般業務を行うもののほか、教育、消防、公益企業等会計部門を含む当該自治体のすべての職員数。市（区）の職員のみで、一部事業組合等の職員を含まない。

着工新設住宅戸数　国土交通省「建築着工統計調査」（2022年度分）より作成。2022年4月1日から2023年3月31日の間に、新築あるいは増改築によって新たに建てられた住宅の戸数（部分的な増改築のように新たに戸数が増えないものは除く）。

医療施設調査　厚生労働省「医療施設（動態）調査・病院報告の概況」（2022年）より作成。病院は患者20人以上の入院施設を有するもの。病床数は病院のみの病床数で、診療所および歯科診療所（患者の入院施設が19人以下）の病床数を含んでいない。

汚水処理人口普及率　国土交通省ウェブサイトおよび東京都下水道局「東京都下水道局事業概要」（2023年版）より作成。下水道のほか、農業集落排水施設等や浄化槽、コミュニティプラントでの処理を含めた総人口に対する普及率。福島県内の数値は、調査不能市以外でも東日本大震災に伴う避難の影響により人口が流動していることに留意する必要がある。

市は2023年3月末現在。*x*は秘匿。
1）2017年度より県費負担教職員に関する権限が指定都市に移譲された。これに伴い、従来は都道府県で計上されていた教職員数が指定都市において計上されている。2）境界未定地域を含む。3）下水道のみの普及率。

図2　製造品出荷額等の多い市町村 （個人経営事業所を除く）（2021年）

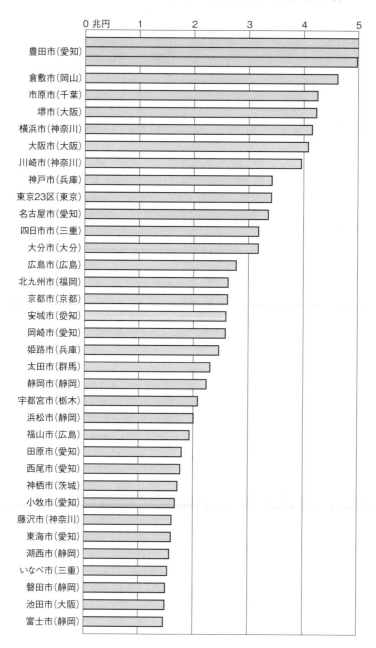

総務省・経済産業省「経済構造実態調査（製造業事業所調査）」（2022年）より作成。市町村単位で、製造品出荷額等を多い順に並べたもの。町村で最も多いのは福岡県苅田町（1兆1980億円）。

図3 歳入決算額の多い市町村 （2021年度）

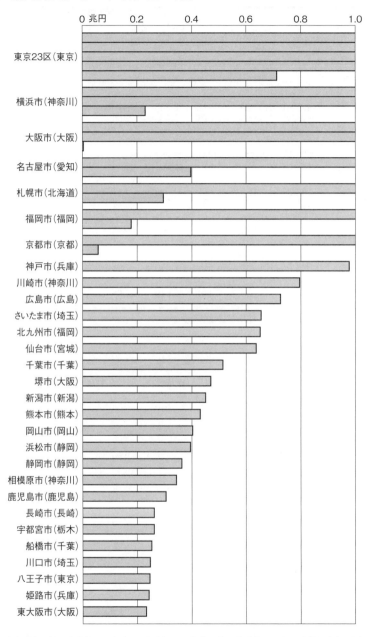

市町村統計

総務省「市町村別決算状況調」（2021年度）より作成。市町村単位で、歳入決算額を多い順に並べたもの。町村で最も歳入決算額が多いのは、福島県大熊町の431億円。

表3　町村の統計（1）

	面積 （2022年 10月1日） (km²)	人口 （2023年1月1日）（人）			人口 増減率 （2022年） （%）	年齢階級別人口構成 （2023年1月1日）（%）		
		計	男	女		0～14 歳	15～64 歳	65歳 以上
北海道								
（石狩）								
石狩郡								
当別町	422.86	15 329	7 484	7 845	-0.75	7.9	55.5	36.6
新篠津村	78.04	2 853	1 370	1 483	-2.06	*9.8	*50.4	*39.8
（渡島）								
松前郡								
松前町	293.25	6 231	2 944	3 287	-3.32	*5.3	*42.2	*52.5
福島町	187.25	3 571	1 663	1 908	-3.54	*5.9	*42.3	*51.8
上磯郡								
知内町	196.76	3 983	1 945	2 038	-1.51	*7.8	*50.2	*42.0
木古内町	221.86	3 728	1 736	1 992	-3.24	*5.6	*44.0	*50.4
亀田郡								
七飯町	216.75	27 934	12 930	15 004	-0.46	11.5	53.9	34.6
茅部郡								
鹿部町	110.63	3 649	1 733	1 916	-1.93	8.7	51.3	40.0
森町	368.79	14 155	6 615	7 540	-2.08	8.2	52.1	39.6
二海郡								
八雲町	956.08	15 050	7 440	7 610	-1.88	9.4	54.4	36.3
山越郡								
長万部町	310.76	4 880	2 281	2 599	1.47	7.9	18.4	13.7
（檜山）								
檜山郡								
江差町	109.48	6 971	3 355	3 616	-2.59	*7.1	*52.8	*40.1
上ノ国町	547.72	4 362	2 042	2 320	-2.35	*7.6	*47.8	*44.6
厚沢部町	460.58	3 500	1 679	1 821	-2.75	*9.4	*46.4	*44.2
爾志郡								
乙部町	162.59	3 331	1 516	1 815	-2.83	*7.4	*45.3	*47.3
奥尻郡								
奥尻町	142.99	2 346	1 251	1 095	-3.26	*6.3	*52.0	*41.7
瀬棚郡								
今金町	568.25	4 775	2 296	2 479	-3.79	*8.9	*49.2	*41.9
久遠郡								
せたな町	638.68	7 147	3 383	3 764	-3.00	7.3	45.5	47.2
（後志）								
島牧郡								
島牧村	437.18	1 312	650	662	-2.96	*7.6	*48.0	*44.4
寿都郡								
寿都町	95.25	2 738	1 357	1 381	-2.18	*9.5	*49.0	*41.5
黒松内町	345.65	2 612	1 245	1 367	-2.90	*11.0	*50.4	*38.7
磯谷郡								
蘭越町	449.78	4 493	2 172	2 321	-1.19	10.3	50.2	39.6
虻田郡								
ニセコ町	197.13	5 088	2 560	2 528	2.87	13.1	61.4	25.5
真狩村	114.25	1 937	969	968	-0.72	*11.4	*51.2	*37.4
留寿都村	119.84	1 886	964	922	-0.47	10.9	62.8	26.3
喜茂別町	189.41	1 988	1 003	985	-4.33	8.0	53.2	38.8
京極町	231.49	2 844	1 390	1 454	-0.32	10.2	54.7	35.1

世帯数 （2023年 1月1日）	民営 事業所数 （2021年 6月1日）	農業産出額 （推計） （2021年） （千万円）	製造品 出荷額等 （2021年） （百万円）	卸売・小売 業の年間 商品販売額 （2020年） （百万円）	歳入決算額 （普通会計） （2021年度） （百万円）	地方債 現在高 （2021年度） （百万円）	
							北海道 （石狩） 石狩郡
7 733	590	546	26 297	23 725	20 129	11 678	当別町
1 360	109	474	18	3 212	3 781	4 154	新篠津村
							（渡島） 松前郡
3 706	296	14	4 873	5 429	6 535	6 980	松前町
1 948	228	42	2 414	2 655	4 770	4 712	福島町
							上磯郡
2 025	182	73	5 394	3 932	5 564	4 994	知内町
2 060	219	62	2 236	4 848	5 229	5 751	木古内町
							亀田郡
14 140	850	782	22 389	19 681	13 955	13 711	七飯町
							茅部郡
1 852	153	59	9 729	4 288	3 986	3 348	鹿部町
7 407	787	996	54 570	32 495	14 232	9 286	森町
							二海郡
8 038	848	973	32 004	24 921	17 686	13 673	八雲町
							山越郡
2 784	295	337	5 049	4 803	6 499	4 674	長万部町
							（檜山） 檜山郡
4 137	459	62	1 160	13 106	6 404	5 564	江差町
2 398	196	68	2 584	2 826	7 111	8 583	上ノ国町
1 815	194	299	1 874	3 663	5 520	3 489	厚沢部町
							爾志郡
1 791	178	36	2 783	3 428	4 625	3 902	乙部町
							奥尻郡
1 477	196	17	420	2 299	4 559	4 790	奥尻町
							瀬棚郡
2 424	245	427	484	7 690	6 998	6 431	今金町
							久遠郡
3 944	425	449	2 818	8 233	9 304	8 325	せたな町
							（後志） 島牧郡
763	76	9	x	513	3 074	2 941	島牧村
							寿都郡
1 632	176	5	3 873	3 143	6 275	6 715	寿都町
1 446	155	304	x	1 646	5 159	5 679	黒松内町
							磯谷郡
2 345	223	263	x	6 387	7 484	8 613	蘭越町
							虻田郡
2 717	353	260	2 237	6 784	5 886	7 096	ニセコ町
953	118	460	x	6 210	3 190	2 626	真狩村
1 027	104	353	1 442	1 774	4 308	3 502	留寿都村
1 175	119	185	x	1 753	3 217	3 124	喜茂別町
1 448	159	259	6 154	1 623	4 353	4 111	京極町

市町村統計　町村（北海道）

町村の統計 (2)

	面積 (2022年 10月1日) (km²)	人口 (2023年1月1日)(人)			人口 増減率 (2022年) (%)	年齢階級別人口構成 (2023年1月1日)(%)		
		計	男	女		0〜14 歳	15〜64 歳	65歳 以上
倶知安町	261.34	15 636	8 083	7 553	5.73	12.1	64.4	23.6
岩内郡								
共和町	304.92	5 508	2 791	2 717	-2.67	*11.3	*54.7	*34.0
岩内町	70.60	11 343	5 356	5 987	-2.70	8.8	52.9	38.4
古宇郡								
泊村	82.27	1 498	726	772	-1.83	*8.8	*50.6	*40.6
神恵内村	147.79	782	386	396	-1.88	*7.4	*48.0	*44.6
積丹郡								
積丹町	238.13	1 824	851	973	-3.13	*7.1	*44.6	*48.3
古平郡								
古平町	188.36	2 720	1 275	1 445	-2.79	6.9	48.5	44.6
余市郡								
仁木町	167.96	3 128	1 514	1 614	-1.17	10.9	48.8	40.3
余市町	140.59	17 561	8 176	9 385	-2.00	8.8	50.3	40.9
赤井川村	280.09	1 106	571	535	-0.81	10.8	58.4	30.8
(空知)								
空知郡								
南幌町	81.36	7 546	3 607	3 939	2.28	10.0	55.2	34.8
奈井江町	88.19	4 966	2 356	2 610	-2.44	*8.4	*49.8	*41.8
上砂川町	39.98	2 578	1 192	1 386	-4.45	*6.8	*42.5	*50.7
夕張郡								
由仁町	133.74	4 783	2 292	2 491	-1.81	*8.3	*48.9	*42.8
長沼町	168.52	10 158	4 882	5 276	-1.72	9.3	52.0	38.7
栗山町	203.93	11 107	5 173	5 934	-1.78	8.9	50.1	41.0
樺戸郡								
月形町	150.40	2 864	1 469	1 395	-3.08	*6.8	*50.4	*42.9
浦臼町	101.83	1 651	792	859	-2.42	*10.2	*43.8	*46.0
新十津川町	495.47	6 389	2 979	3 410	-1.81	*11.4	*49.2	*39.4
雨竜郡								
妹背牛町	48.64	2 691	1 277	1 414	-2.39	*6.7	*43.7	*49.6
秩父別町	47.18	2 297	1 079	1 218	-1.46	*10.1	*47.9	*42.0
雨竜町	191.15	2 154	1 048	1 106	-2.71	*8.7	*48.7	*42.6
北竜町	158.70	1 674	799	875	-2.28	*9.4	*45.4	*45.2
沼田町	283.35	2 900	1 388	1 512	-1.73	*8.3	*47.4	*44.3
(上川)								
上川郡								
鷹栖町	139.42	6 666	3 176	3 490	-0.52	*10.9	*54.0	*35.1
東神楽町	68.50	9 945	4 707	5 238	-1.63	14.4	57.1	28.5
当麻町	204.90	6 174	2 864	3 310	-1.48	*10.2	*47.9	*41.8
比布町	86.90	3 505	1 656	1 849	-0.76	*9.8	*47.2	*43.0
愛別町	250.13	2 569	1 219	1 350	-1.65	*7.9	*44.9	*47.2
上川町	1 049.47	3 202	1 503	1 699	-3.20	*7.0	*46.1	*46.9
東川町	247.30	8 601	4 000	4 601	2.51	13.0	55.5	31.6
美瑛町	676.78	9 573	4 491	5 082	-0.65	9.4	52.0	38.6
空知郡								
上富良野町	237.10	10 110	5 144	4 966	-2.24	10.8	55.7	33.6
中富良野町	108.65	4 686	2 222	2 464	-2.29	11.4	52.1	36.5
南富良野町	665.54	2 341	1 197	1 144	-0.93	10.3	57.2	32.5

世帯数 2023年 1月1日	民営事業所数 2021年 6月1日	農業産出額（推計）2021年（千万円）	製造品出荷額等 2021年（百万円）	卸売・小売業の年間商品販売額 2020年（百万円）	歳入決算額（普通会計）2021年度（百万円）	地方債現在高 2021年度（百万円）	
8 961	1 038	370	6 518	47 007	11 813	10 931	倶知安町
							岩内郡
2 750	224	591	6 200	10 347	7 616	6 925	共和町
6 451	712	18	6 750	12 590	9 066	9 338	岩内町
							古宇郡
872	103	0	*x*	1 243	5 204	227	泊村
458	60	0	—	183	3 338	3 160	神恵内村
							積丹郡
1 033	134	35	*x*	2 170	3 569	3 514	積丹町
							古平郡
1 656	159	24	4 157	819	6 540	5 224	古平町
							余市郡
1 678	171	438	11 015	2 003	4 651	3 192	仁木町
9 584	859	541	7 703	29 993	12 234	6 035	余市町
632	59	112	*x*	427	3 239	2 351	赤井川村
							（空知）
							空知郡
3 570	291	423	5 667	6 444	7 283	7 051	南幌町
2 670	246	185	29 937	3 680	5 444	4 769	奈井江町
1 572	99	—	2 767	765	3 691	4 145	上砂川町
							夕張郡
2 347	283	546	11 265	7 755	5 806	5 735	由仁町
4 914	528	1 096	3 396	17 176	9 204	9 038	長沼町
5 783	607	672	11 329	23 603	10 882	10 559	栗山町
							樺戸郡
1 563	155	340	779	3 855	4 289	3 764	月形町
799	94	285	147	1 927	4 183	3 945	浦臼町
2 976	193	433	372	8 513	8 127	6 567	新十津川町
							雨竜郡
1 359	144	305	6 835	4 378	4 455	3 998	妹背牛町
1 097	125	274	703	2 916	4 252	4 121	秩父別町
1 053	111	272	—	1 627	4 523	3 821	雨竜町
789	90	242	231	1 324	3 950	4 885	北竜町
1 458	158	352	563	4 927	5 671	3 062	沼田町
							（上川）
							上川郡
3 117	270	328	3 432	14 121	6 356	6 279	鷹栖町
4 362	329	285	4 141	12 621	9 622	6 237	東神楽町
3 017	278	404	6 597	10 753	7 129	8 748	当麻町
1 768	162	266	1 088	2 580	4 296	4 580	比布町
1 317	146	239	1 800	3 154	3 754	3 217	愛別町
1 891	216	198	1 095	3 024	6 176	7 473	上川町
4 247	322	403	13 728	9 041	12 884	11 702	東川町
4 804	465	1 332	8 474	17 809	12 317	12 475	美瑛町
							空知郡
5 262	442	920	6 533	6 700	9 228	7 428	上富良野町
2 178	190	734	819	8 500	7 898	5 816	中富良野町
1 336	134	220	1 265	1 187	5 923	5 797	南富良野町

市町村統計

町村（北海道）

町村の統計 (3)

	面積 (2022年 10月1日) (km²)	人口 (2023年1月1日)(人)			人口 増減率 (2022年) (%)	年齢階級別人口構成 (2023年1月1日)(%)		
		計	男	女		0～14 歳	15～64 歳	65歳 以上
勇払郡 占冠村	571.41	1 394	703	691	13.43	7.4	69.2	23.4
上川郡 和寒町	225.11	3 006	1 432	1 574	-2.94	*8.9	*45.0	*46.1
剣淵町	130.99	2 888	1 410	1 478	-2.10	*8.3	*49.7	*42.0
下川町	644.20	3 027	1 451	1 576	-2.29	*9.6	*50.1	*40.3
中川郡 美深町	672.09	3 890	1 891	1 999	-2.53	*8.8	*48.7	*42.6
音威子府村	275.63	668	355	313	-2.05	*6.0	*61.8	*32.2
中川町	594.74	1 336	675	661	-5.45	*9.6	*50.4	*40.0
雨竜郡 幌加内町	767.04	1 308	647	661	-1.80	*8.1	*51.0	*41.0
(留萌) 増毛郡 増毛町	369.72	3 853	1 755	2 098	-2.80	7.7	46.7	45.6
留萌郡 小平町	627.22	2 838	1 348	1 490	-2.87	9.0	50.1	40.9
苫前郡 苫前町	454.60	2 839	1 381	1 458	-1.70	*9.6	*48.7	*41.7
羽幌町	472.65	6 361	3 070	3 291	-2.60	*9.0	*47.2	*43.8
初山別村	279.52	1 081	524	557	-2.88	*8.3	*52.6	*39.1
天塩郡 遠別町	590.80	2 423	1 179	1 244	-1.74	9.0	49.5	41.6
天塩町	353.56	2 814	1 424	1 390	-2.66	*9.7	*52.1	*38.2
(宗谷) 宗谷郡 猿払村	589.99	2 637	1 286	1 351	0.38	13.7	61.3	25.0
枝幸郡 浜頓別町	401.59	3 351	1 633	1 718	-2.64	8.2	54.4	37.4
中頓別町	398.51	1 570	783	787	-4.09	*9.1	*50.9	*40.1
枝幸町	1 115.65	7 467	3 599	3 868	-2.26	9.4	54.6	36.0
天塩郡 豊富町	520.69	3 702	1 893	1 809	-1.44	10.1	53.4	36.4
礼文郡 礼文町	81.64	2 314	1 171	1 143	-1.95	*9.8	*51.6	*38.7
利尻郡 利尻町	76.50	1 894	940	954	-1.92	*8.9	*50.0	*41.1
利尻富士町	105.62	2 259	1 109	1 150	-3.17	*9.5	*50.9	*39.6
天塩郡 幌延町	574.10	2 196	1 147	1 049	-1.96	*12.1	*57.5	*30.4
(オホーツク) 網走郡 美幌町	438.41	18 171	8 863	9 308	-2.11	9.4	53.9	36.7
津別町	716.80	4 211	2 065	2 146	-2.77	*8.6	*45.9	*45.5
斜里郡 斜里町	737.12	10 888	5 372	5 516	-1.03	11.3	54.2	34.5
清里町	402.76	3 803	1 879	1 924	-1.96	*11.4	*49.9	*38.7
小清水町	286.89	4 501	2 148	2 353	-1.70	*11.5	*50.2	*38.3

世帯数 (2023年 1月1日)	民営 事業所数 (2021年 6月1日)	農業産出額 (推計) (2021年) (千万円)	製造品 出荷額等 (2021年) (百万円)	卸売・小売 業の年間 商品販売額 (2020年) (百万円)	歳入決算額 (普通会計) (2021年度) (百万円)	地方債 現在高 (2021年度) (百万円)	
938	90	45	128	583	3 085	3 000	勇払郡 占冠村
1 530	167	387	1 496	3 702	5 162	3 616	上川郡 和寒町
1 432	131	299	514	4 063	4 527	3 498	剣淵町
1 650	204	239	3 807	3 300	6 177	5 921	下川町
2 073	250	401	1 202	4 725	5 883	5 075	中川郡 美深町
454	47	28	328	632	2 106	2 774	音威子府村
729	112	136	949	1 272	4 109	5 039	中川町
710	90	101	1 020	1 510	4 662	5 073	雨竜郡 幌加内町
							(留萌)
2 146	219	66	9 008	3 989	6 232	4 390	増毛郡 増毛町
1 531	147	142	443	1 140	5 351	4 890	留萌郡 小平町
1 472	183	298	1 552	931	4 811	5 195	苫前郡 苫前町
3 431	464	142	5 722	10 611	7 328	6 349	羽幌町
526	66	100	x	x	2 579	2 207	初山別村
1 288	167	242	1 358	3 268	4 467	4 978	天塩郡 遠別町
1 470	180	673	x	3 812	5 128	3 973	天塩町
							(宗谷)
1 249	101	482	12 092	3 896	5 532	5 646	宗谷郡 猿払村
1 846	191	444	10 950	7 694	5 309	6 125	枝幸郡 浜頓別町
855	103	216	202	3 104	4 325	4 874	中頓別町
3 852	414	741	22 925	12 629	11 670	9 996	枝幸町
1 949	241	949	9 110	15 543	6 756	5 136	天塩郡 豊富町
1 223	158	—	2 183	2 864	6 210	7 323	礼文郡 礼文町
1 029	142	—	1 357	3 232	4 579	4 709	利尻郡 利尻町
1 217	168	—	1 722	2 738	5 440	5 956	利尻富士町
1 230	143	527	15 689	2 132	5 023	3 190	天塩郡 幌延町
							(オホーツク)
9 396	801	1 375	21 639	31 131	12 821	10 974	網走郡 美幌町
2 189	234	1 227	22 368	6 195	7 431	9 393	津別町
5 456	690	1 260	38 454	23 256	10 186	11 813	斜里郡 斜里町
1 737	145	854	x	4 692	7 392	5 515	清里町
2 027	298	1 422	3 601	12 099	8 185	6 684	小清水町

市町村統計

町村（北海道）

町村の統計 (4)

	面積 (2022年 10月1日) (km²)	人口 (2023年1月1日)(人)			人口 増減率 (2022年) (%)	年齢階級別人口構成 (2023年1月1日)(%)		
		計	男	女		0〜14 歳	15〜64 歳	65歳 以上
常呂郡								
訓子府町	190.95	4 636	2 240	2 396	-2.15	*11.2	*49.1	*39.7
置戸町	527.27	2 671	1 230	1 441	-1.62	*10.2	*45.7	*44.1
佐呂間町	404.94	4 767	2 241	2 526	-1.55	9.6	51.1	39.4
紋別郡								
遠軽町	1 332.45	18 511	9 023	9 488	-2.35	9.8	52.2	38.0
湧別町	505.79	8 096	3 897	4 199	-2.65	9.0	51.8	39.2
滝上町	766.89	2 363	1 149	1 214	-2.03	*8.4	*46.8	*44.8
興部町	362.55	3 595	1 781	1 814	-2.50	12.0	54.2	33.8
西興部村	308.08	1 030	533	497	-0.29	*9.6	*55.9	*34.5
雄武町	636.88	4 130	2 023	2 107	-2.20	9.7	55.9	34.4
網走郡								
大空町	343.66	6 771	3 295	3 476	-1.05	*11.3	*51.8	*36.9
(胆振)								
虻田郡								
豊浦町	233.57	3 627	1 718	1 909	-2.79	9.9	52.2	37.9
有珠郡								
壮瞥町	205.01	2 362	1 128	1 234	-1.25	*9.9	*48.8	*41.3
白老郡								
白老町	425.64	15 721	7 471	8 250	-2.06	6.4	47.0	46.6
勇払郡								
厚真町	404.61	4 381	2 204	2 177	-0.27	*12.7	*49.1	*38.3
虻田郡								
洞爺湖町	180.87	8 147	3 778	4 369	-1.07	8.1	48.9	43.0
勇払郡								
安平町	237.16	7 314	3 632	3 682	-1.08	9.8	52.5	37.7
むかわ町	711.36	7 488	3 683	3 805	-1.20	8.9	49.5	41.5
(日高)								
沙流郡								
日高町	992.07	11 315	5 781	5 534	-1.14	9.6	54.7	35.7
平取町	743.09	4 594	2 259	2 335	-1.40	10.5	52.7	36.8
新冠郡								
新冠町	585.71	5 187	2 578	2 609	-1.18	10.8	56.1	33.1
浦河郡								
浦河町	694.30	11 694	5 852	5 842	-0.22	10.0	55.9	34.1
様似郡								
様似町	364.30	3 983	1 916	2 067	-2.54	*8.5	*48.7	*42.8
幌泉郡								
えりも町	284.00	4 320	2 196	2 124	-2.44	*11.0	*53.7	*35.3
日高郡								
新ひだか町	1 147.55	21 040	10 321	10 719	-1.63	10.7	54.2	35.2
(十勝)								
河東郡								
音更町	466.02	43 268	20 499	22 769	-0.49	12.2	58.2	29.6
士幌町	259.19	5 883	2 888	2 995	-1.06	11.1	54.4	34.4
上士幌町	1) 694.23	4 890	2 408	2 482	-0.91	11.1	54.6	34.4
鹿追町	1) 402.88	5 144	2 524	2 620	-1.61	13.0	56.2	30.8

世帯数 (2023年 1月1日)	民営 事業所数 (2021年 6月1日)	農業産出額 (推計) (2021年) (千万円)	製造品 出荷額等 (2021年) (百万円)	卸売・小売 業の年間 商品販売額 (2020年) (百万円)	歳入決算額 (普通会計) (2021年度) (百万円)	地方債 現在高 (2021年度) (百万円)	
							常呂郡
2 076	179	1 345	6 204	12 838	6 336	5 395	訓子府町
1 384	162	462	809	6 570	4 918	4 864	置戸町
2 393	247	1 126	45 591	5 005	6 858	6 560	佐呂間町
							紋別郡
9 919	828	545	8 305	32 463	21 593	28 104	遠軽町
4 021	455	1 733	24 680	13 718	10 566	11 135	湧別町
1 337	130	328	1 253	2 252	4 713	4 883	滝上町
1 772	194	686	11 182	6 049	5 954	5 164	興部町
659	57	217	1 438	x	2 390	3 784	西興部村
2 172	216	464	17 558	3 243	7 316	5 299	雄武町
							網走郡
3 035	370	1 468	2 926	13 051	9 691	15 467	大空町
							(胆振)
							虻田郡
2 039	219	497	236	2 893	5 524	7 253	豊浦町
							有珠郡
1 287	144	171	206	1 227	4 307	3 188	壮瞥町
							白老郡
9 308	759	1 017	60 275	20 982	13 007	9 014	白老町
							勇払郡
2 129	227	796	16 272	6 740	13 584	12 396	厚真町
							虻田郡
4 728	496	509	7 986	11 792	8 539	8 759	洞爺湖町
							勇払郡
3 968	351	1 014	32 108	7 495	9 530	8 182	安平町
4 024	402	742	4 848	8 826	10 658	9 673	むかわ町
							(日高)
							沙流郡
6 287	640	1 675	11 137	16 604	12 959	13 366	日高町
2 411	246	570	924	5 107	7 252	7 849	平取町
							新冠郡
2 776	324	1 228	2 360	6 574	6 350	5 708	新冠町
							浦河郡
6 688	798	1 167	3 456	19 108	11 892	10 395	浦河町
							様似郡
2 088	223	232	6 031	5 183	5 174	6 749	様似町
							幌泉郡
2 083	243	26	3 032	9 891	6 189	4 987	えりも町
							日高郡
11 434	1 259	1 725	3 435	38 638	18 968	19 400	新ひだか町
							(十勝)
							河東郡
20 699	1 412	2 519	84 224	84 697	25 333	23 891	音更町
2 754	267	2 835	36 508	7 629	8 506	6 465	士幌町
2 590	287	2 239	3 822	11 299	9 275	10 242	上士幌町
2 492	231	2 050	733	4 673	8 451	7 040	鹿追町

町村の統計 (5)

	面積 2022年 10月1日 (km²)	人口 (2023年1月1日)(人)			人口 増減率 (2022年) (%)	年齢階級別人口構成 (2023年1月1日)(%)		
		計	男	女		0〜14 歳	15〜64 歳	65歳 以上
上川郡 新得町	1 063.83	5 581	2 792	2 789	-1.53	9.0	52.7	38.3
清水町	402.25	9 047	4 483	4 564	-1.20	9.8	52.9	37.2
河西郡 芽室町	513.76	18 029	8 616	9 413	-0.84	12.7	56.9	30.4
中札内村	292.58	3 902	1 891	2 011	-0.28	12.8	57.8	29.4
更別村	176.90	3 158	1 542	1 616	-0.60	*12.6	*56.1	*31.3
広尾郡 大樹町	815.67	5 439	2 731	2 708	0.30	10.9	53.9	35.2
広尾町	596.41	6 229	3 000	3 229	-2.04	8.8	50.7	40.5
中川郡 幕別町	477.64	25 897	12 353	13 544	-1.43	11.7	54.5	33.8
池田町	371.79	6 159	2 904	3 255	-2.05	*7.6	*48.2	*44.2
豊頃町	536.71	2 977	1 448	1 529	-1.78	8.7	51.1	40.2
本別町	391.91	6 375	3 139	3 236	-2.60	8.2	50.0	41.8
足寄郡 足寄町	1 408.04	6 350	3 135	3 215	-2.98	*10.1	*49.4	*40.5
陸別町	608.90	2 217	1 110	1 107	-2.72	9.1	52.7	38.2
十勝郡 浦幌町	729.85	4 302	2 098	2 204	-2.58	9.2	47.8	43.0
〔釧路〕 釧路郡 釧路町	252.66	18 879	9 003	9 876	-1.43	10.9	58.3	30.8
厚岸郡 厚岸町	739.27	8 589	4 085	4 504	-2.49	8.9	54.2	37.0
浜中町	423.63	5 411	2 674	2 737	-1.60	10.5	56.3	33.1
川上郡 標茶町	1 099.37	7 179	3 474	3 705	-1.48	10.6	53.8	35.6
弟子屈町	774.33	6 699	3 241	3 458	-2.06	8.4	50.8	40.8
阿寒郡 鶴居村	571.80	2 485	1 235	1 250	0.16	*11.0	*54.7	*34.3
白糠郡 白糠町	773.13	7 234	3 408	3 826	-2.12	7.4	49.3	43.2
〔根室〕 野付郡 別海町	2) 1 319.63	14 372	7 295	7 077	-1.28	12.5	58.0	29.5
標津郡 中標津町	684.87	22 729	11 203	11 526	-1.08	12.1	60.5	27.4
標津町	624.69	4 952	2 414	2 538	-2.06	12.3	56.2	31.5
目梨郡 羅臼町	397.72	4 488	2 226	2 262	-2.33	*9.9	*57.2	*32.9
青森県 東津軽郡 平内町	217.09	10 187	4 869	5 318	-2.25	*8.5	*48.7	*42.9
今別町	125.27	2 311	1 104	1 207	-4.74	*3.8	*39.1	*57.1
蓬田村	80.84	2 581	1 249	1 332	-2.53	*9.7	*48.0	*42.3
外ヶ浜町	230.30	5 358	2 556	2 802	-2.95	*4.5	*43.7	*51.8

世帯数 (2023年1月1日)	民営事業所数 (2021年6月1日)	農業産出額 (推計)(2021年)(千万円)	製造品出荷額等 (2021年)(百万円)	卸売・小売業の年間商品販売額 (2020年)(百万円)	歳入決算額 (普通会計)(2021年度)(百万円)	地方債現在高 (2021年度)(百万円)	
							上川郡
3 230	342	1 075	4 876	3 261	9 760	6 409	新得町
4 685	484	2 859	25 524	11 150	10 368	11 354	清水町
							河西郡
8 021	780	2 566	81 395	80 662	15 722	13 361	芽室町
1 932	241	1 272	21 942	8 151	6 963	4 677	中札内村
1 365	139	1 193	865	4 353	5 514	3 439	更別村
							広尾郡
2 794	341	1 744	15 231	15 830	11 836	9 508	大樹町
3 231	418	784	13 965	11 327	8 046	10 804	広尾町
							中川郡
12 601	993	2 955	24 542	54 309	19 125	17 972	幕別町
3 272	344	793	12 007	8 378	9 072	7 866	池田町
1 464	156	1 400	674	7 488	5 695	5 036	豊頃町
3 464	386	1 116	29 325	14 479	7 965	7 123	本別町
							足寄郡
3 359	341	1 031	4 129	9 109	10 533	11 866	足寄町
1 283	135	528	1 138	3 795	5 711	5 082	陸別町
							十勝郡
2 199	255	1 116	17 436	3 567	7 728	8 766	浦幌町
							（釧路）
							釧路郡
9 663	1 025	112	10 863	64 094	11 038	8 994	釧路町
							厚岸郡
4 266	488	864	18 643	18 787	12 368	12 530	厚岸町
2 490	272	1 617	43 531	10 520	9 307	12 985	浜中町
							川上郡
3 672	402	2 906	22 434	18 532	13 947	14 094	標茶町
3 784	441	897	3 087	8 988	15 952	9 689	弟子屈町
							阿寒郡
1 206	123	1 031	970	5 377	5 700	5 463	鶴居村
							白糠郡
3 957	381	460	43 056	9 875	24 699	13 977	白糠町
							（根室）
							野付郡
6 817	729	6 664	84 903	33 079	23 860	17 295	別海町
							標津郡
11 456	1 611	2 608	19 114	87 434	17 878	18 949	中標津町
2 359	284	1 472	11 387	5 849	8 453	8 088	標津町
							目梨郡
2 023	335	49	15 901	6 631	6 344	5 573	羅臼町
							青森県
							東津軽郡
4 803	362	67	10 618	4 361	8 326	7 477	平内町
1 335	129	15	*x*	1 038	3 697	3 342	今別町
1 131	78	225	*x*	2 912	2 594	1 749	蓬田村
2 716	290	20	3 169	3 312	6 449	5 815	外ヶ浜町

市町村統計　町村（北海道／青森）

町村の統計 (6)

	面積 2022年 10月1日 (km²)	人口 (2023年1月1日)(人)			人口 増減率 (2022年) (%)	年齢階級別人口構成 (2023年1月1日)(%)		
		計	男	女		0〜14 歳	15〜64 歳	65歳 以上
西津軽郡								
鰺ヶ沢町	343.08	8 981	4 203	4 778	-2.75	*6.8	*48.1	*45.1
深浦町	488.91	7 280	3 449	3 831	-3.42	*5.7	*43.1	*51.2
中津軽郡								
西目屋村	246.02	1 272	590	682	-2.23	11.2	48.4	40.4
南津軽郡								
藤崎町	37.29	14 578	6 856	7 722	-0.86	*11.5	*55.3	*33.3
大鰐町	163.43	8 688	4 001	4 687	-2.89	*6.9	*48.7	*44.5
田舎館村	22.35	7 419	3 528	3 891	-2.10	*11.0	*52.4	*36.6
北津軽郡								
板柳町	41.88	12 714	5 866	6 848	-2.10	*9.1	*52.3	*38.6
鶴田町	46.43	11 988	5 616	6 372	-2.04	*9.5	*52.6	*37.9
中泊町	216.34	10 000	4 701	5 299	-2.70	7.2	46.9	45.9
上北郡								
野辺地町	81.68	12 341	5 771	6 570	-2.41	8.0	52.3	39.8
七戸町	337.23	14 631	7 006	7 625	-1.88	8.8	49.2	42.0
六戸町	83.89	10 836	5 322	5 514	-0.71	12.6	53.7	33.6
横浜町	126.38	4 286	2 144	2 142	-0.76	7.7	52.4	39.9
東北町	326.50	16 625	8 063	8 562	-1.82	10.1	51.6	38.3
六ヶ所村	252.94	9 886	5 394	4 492	-1.13	10.4	61.6	28.0
おいらせ町	71.96	25 284	12 209	13 075	-0.16	13.7	58.5	27.8
下北郡								
大間町	52.09	4 870	2 498	2 372	-2.05	*9.8	*53.7	*36.5
東通村	295.32	5 923	3 066	2 857	-1.89	*9.6	*52.5	*37.9
風間浦村	69.46	1 690	824	866	-2.87	*6.5	*47.1	*46.4
佐井村	135.05	1 734	873	861	-4.99	*6.1	*46.2	*47.7
三戸郡								
三戸町	151.79	9 172	4 410	4 762	-3.00	7.9	49.2	42.8
五戸町	177.67	16 088	7 762	8 326	-1.83	8.2	50.1	41.7
田子町	241.98	4 986	2 410	2 576	-3.09	*7.7	*47.3	*45.1
南部町	153.12	16 965	8 035	8 930	-1.94	8.8	51.6	39.6
階上町	94.00	12 909	6 503	6 406	-1.19	9.6	55.7	34.8
新郷村	150.77	2 211	1 093	1 118	-3.87	*6.9	*43.1	*50.0
岩手県								
岩手郡								
雫石町	608.82	15 559	7 514	8 045	-1.49	9.5	51.2	39.3
葛巻町	434.96	5 607	2 753	2 854	-2.40	*6.9	*43.7	*49.5
岩手町	360.46	12 133	5 949	6 184	-2.35	8.1	50.7	41.1
紫波郡								
紫波町	238.98	33 049	15 903	17 146	-0.42	12.0	56.4	31.6
矢巾町	67.32	26 570	12 724	13 846	-1.37	12.0	60.0	28.1
和賀郡								
西和賀町	590.74	5 022	2 354	2 668	-3.77	*6.4	*41.8	*51.8
胆沢郡								
金ケ崎町	179.76	15 239	7 830	7 409	-1.17	11.5	57.6	30.8
西磐井郡								
平泉町	63.39	7 010	3 389	3 621	-3.07	*10.0	*49.4	*40.6

世帯数 (2023年1月1日)	民営事業所数 (2021年6月1日)	農業産出額 (推計) (2021年) (千万円)	製造品出荷額等 (2021年) (百万円)	卸売・小売業の年間商品販売額 (2020年) (百万円)	歳入決算額 (普通会計) (2021年度) (百万円)	地方債現在高 (2021年度) (百万円)	
							西津軽郡
4 398	458	399	2 249	7 612	8 168	10 603	鰺ヶ沢町
3 552	380	179	1 230	5 194	7 591	8 036	深浦町
							中津軽郡
550	70	48	x	130	2 616	2 088	西目屋村
							南津軽郡
6 160	513	703	5 976	19 874	8 855	9 767	藤崎町
4 115	322	319	3 824	5 165	6 635	7 850	大鰐町
2 835	234	230	13 390	2 777	4 702	4 679	田舎館村
							北津軽郡
5 455	521	903	5 065	27 532	7 591	6 513	板柳町
5 365	412	925	9 957	8 557	7 486	7 904	鶴田町
4 967	470	242	1 163	11 290	11 734	13 619	中泊町
							上北郡
6 372	652	212	7 508	18 730	7 820	5 830	野辺地町
6 843	639	1 023	8 258	23 020	11 914	9 945	七戸町
4 644	370	706	15 449	11 466	6 558	3 957	六戸町
2 145	202	1 216	22 743	2 417	4 110	3 547	横浜町
7 251	683	1 481	6 942	21 056	13 198	11 618	東北町
4 996	557	675	221 106	18 511	16 237	2 640	六ヶ所村
10 815	877	665	40 802	39 680	12 069	9 047	おいらせ町
							下北郡
2 500	302	6	1 788	8 565	5 308	3 373	大間町
2 828	268	74	4 251	2 912	9 701	6 475	東通村
866	88	0	447	149	3 307	3 101	風間浦村
878	101	2	232	282	2 640	1 591	佐井村
							三戸郡
4 147	466	760	18 704	13 194	7 468	6 084	三戸町
7 041	578	1 331	22 010	13 825	10 354	10 171	五戸町
2 103	236	693	12 398	4 305	5 181	5 370	田子町
7 490	578	1 050	17 147	15 406	12 029	12 930	南部町
6 022	520	611	14 439	7 604	6 636	5 366	階上町
901	93	219	x	913	3 030	2 691	新郷村
							岩手県 岩手郡
6 374	701	620	45 373	30 490	11 176	9 172	雫石町
2 678	276	494	8 071	3 647	9 250	9 459	葛巻町
5 374	480	1 326	21 885	14 345	9 689	8 796	岩手町
							紫波郡
12 814	1 114	676	47 030	65 989	16 978	13 096	紫波町
10 985	1 396	343	33 088	298 397	13 487	12 204	矢巾町
							和賀郡
2 225	327	155	3 359	4 855	9 601	8 551	西和賀町
							胆沢郡
6 268	572	845	619 675	38 239	11 138	6 825	金ケ崎町
							西磐井郡
2 605	407	101	17 747	14 404	6 225	5 243	平泉町

市町村統計　町村（青森／岩手）

町村の統計 (7)

	面積 （2022年 10月1日） (km²)	人口 （2023年1月1日）(人)			人口 増減率 （2022年） (%)	年齢階級別人口構成 （2023年1月1日）(%)		
		計	男	女		0〜14 歳	15〜64 歳	65歳 以上
気仙郡 住田町	334.84	4 906	2 421	2 485	-2.85	7.1	45.7	47.3
上閉伊郡 大槌町	200.42	10 928	5 236	5 692	-2.06	9.8	51.2	39.0
下閉伊郡 山田町	262.81	14 486	7 093	7 393	-2.17	9.0	50.6	40.4
岩泉町	992.36	8 310	4 071	4 239	-3.27	7.7	46.4	45.9
田野畑村	156.19	3 061	1 537	1 524	-1.80	*8.8	*47.2	*44.0
普代村	69.66	2 441	1 218	1 223	-1.69	*8.4	*47.0	*44.6
九戸郡 軽米町	245.82	8 312	4 081	4 231	-2.84	*8.0	*49.0	*43.0
野田村	80.80	4 027	1 963	2 064	-1.90	*10.7	*50.4	*38.9
九戸村	134.02	5 365	2 558	2 807	-1.88	*8.5	*46.2	*45.3
洋野町	302.92	15 421	7 488	7 933	-1.88	8.0	49.8	42.2
二戸郡 一戸町	300.03	11 233	5 451	5 782	-2.83	7.9	47.9	44.3
宮城県 　刈田郡 蔵王町	152.83	11 264	5 529	5 735	-1.97	9.7	51.0	39.2
七ヶ宿町	263.09	1 258	628	630	-2.10	*8.0	*46.2	*45.9
柴田郡 大河原町	24.99	23 578	11 587	11 991	-0.35	12.3	59.4	28.4
村田町	78.38	10 241	5 124	5 117	-1.57	9.5	53.0	37.5
柴田町	54.03	36 972	18 405	18 567	-0.79	11.1	58.0	30.9
川崎町	270.77	8 286	4 108	4 178	-1.71	8.4	52.2	39.4
伊具郡 丸森町	273.30	12 192	6 140	6 052	-2.73	8.3	47.9	43.8
亘理郡 亘理町	73.60	33 270	16 346	16 924	-0.45	11.1	56.3	32.6
山元町	64.58	11 726	5 812	5 914	-1.83	8.9	49.1	41.9
宮城郡 松島町	53.56	13 321	6 466	6 855	-1.34	8.7	51.5	39.8
七ヶ浜町	13.19	18 014	8 977	9 037	-1.28	10.2	56.9	32.9
利府町	44.89	35 960	17 726	18 234	-0.32	13.8	61.0	25.2
黒川郡 大和町	225.49	28 179	14 532	13 647	0.17	13.9	62.7	23.4
大郷町	82.01	7 728	3 858	3 870	-1.32	10.6	50.4	39.1
大衡村	60.32	5 650	2 849	2 801	-2.08	14.6	54.4	31.0
加美郡 色麻町	109.28	6 401	3 086	3 315	-1.87	*11.0	*52.2	*36.8
加美町	460.67	21 774	10 747	11 027	-1.54	9.7	51.9	38.4
遠田郡 涌谷町	82.16	14 930	7 353	7 577	-1.66	8.9	52.2	38.9
美里町	74.99	23 483	11 444	12 039	-1.52	10.4	52.9	36.7
牡鹿郡 女川町	65.35	5 982	2 956	3 026	-1.90	9.1	51.3	39.6
本吉郡 南三陸町	163.40	11 979	5 913	6 066	-1.96	8.7	52.3	39.0

世帯数 (2023年 1月1日)	民営 事業所数 (2021年 6月1日)	農業産出額 (推計) (2021年) (千万円)	製造品 出荷額等 (2021年) (百万円)	卸売・小売 業の年間 商品販売額 (2020年) (百万円)	歳入決算額 (普通会計) (2021年度) (百万円)	地方債 現在高 (2021年度) (百万円)	
							気仙郡
2 073	196	539	15 700	2 124	5 745	5 604	住田町
							上閉伊郡
5 279	443	30	13 915	8 668	13 438	7 478	大槌町
							下閉伊郡
6 475	590	77	15 772	12 022	13 884	10 804	山田町
4 204	489	211	10 011	6 768	11 494	13 780	岩泉町
1 359	126	159	2 470	1 499	5 785	5 461	田野畑村
1 102	125	27	3 043	1 844	4 634	4 207	普代村
							九戸郡
3 687	350	781	8 043	12 816	7 783	8 452	軽米町
1 661	177	186	412	2 315	4 460	3 654	野田村
2 183	197	834	14 123	3 065	5 593	4 845	九戸村
6 787	572	1 303	5 557	8 694	12 431	12 248	洋野町
							二戸郡
5 482	502	1 743	15 268	9 973	10 241	7 273	一戸町
							宮城県
							刈田郡
4 550	604	530	63 237	20 502	7 659	4 501	蔵王町
619	94	90	1 478	435	2 678	1 952	七ヶ宿町
							柴田郡
10 297	1 157	91	21 824	53 113	12 778	8 749	大河原町
4 085	466	118	45 940	14 577	6 661	6 169	村田町
16 244	1 124	80	147 618	53 593	18 613	17 392	柴田町
3 397	409	307	14 363	3 179	6 133	2 555	川崎町
							伊具郡
4 923	512	486	34 835	6 668	16 115	11 081	丸森町
							亘理郡
13 187	1 040	469	60 376	34 945	16 348	10 306	亘理町
4 814	428	341	15 632	9 009	14 549	8 222	山元町
							宮城郡
5 720	547	71	3 996	7 661	8 701	5 217	松島町
6 835	481	11	2 545	8 640	8 675	5 075	七ヶ浜町
14 035	1 252	56	36 256	55 227	14 455	14 543	利府町
							黒川郡
12 297	1 220	182	801 766	98 101	14 836	5 153	大和町
2 892	378	227	29 738	7 677	7 533	5 534	大郷町
2 098	308	106	336 911	49 185	5 701	3 781	大衡村
							加美郡
2 083	239	1 064	22 358	4 632	5 092	3 530	色麻町
8 246	1 121	682	63 249	25 463	15 473	12 672	加美町
							遠田郡
5 985	575	444	71 507	29 362	8 468	6 357	涌谷町
9 299	871	492	55 739	30 008	12 396	10 531	美里町
							牡鹿郡
3 019	360	—	14 882	11 931	17 081	6 903	女川町
							本吉郡
4 452	579	122	22 532	15 083	22 996	12 639	南三陸町

市町村統計 町村 (岩手／宮城)

町村の統計 (8)

	面積 (2022年 10月1日) (km²)	人口 (2023年1月1日)(人)			人口 増減率 (2022年) (％)	年齢階級別人口構成 (2023年1月1日)(％)		
		計	男	女		0〜14 歳	15〜64 歳	65歳 以上
秋田県								
鹿角郡								
小坂町	201.70	4 688	2 181	2 507	*-2.21*	*7.3*	*46.8*	*45.9*
北秋田郡								
上小阿仁村	256.72	2 029	969	1 060	*-3.98*	*5.2*	*39.7*	*55.1*
山本郡								
藤里町	282.13	2 899	1 382	1 517	*-3.43*	*6.5*	*43.8*	*49.8*
三種町	247.98	15 020	6 962	8 058	*-2.17*	6.9	46.6	46.5
八峰町	234.14	6 473	3 050	3 423	*-3.29*	*6.0*	*45.6*	*48.4*
南秋田郡								
五城目町	3) 214.92	8 369	3 920	4 449	*-2.88*	*6.7*	*44.5*	*48.8*
八郎潟町	17.00	5 376	2 456	2 920	*-2.09*	*7.3*	*47.4*	*45.3*
井川町	3) 47.95	4 386	2 073	2 313	*-2.62*	*6.9*	*49.7*	*43.4*
大潟村	170.11	3 010	1 496	1 514	*-1.95*	*10.6*	*56.2*	*33.2*
仙北郡								
美郷町	168.32	18 189	8 627	9 562	*-1.94*	*8.9*	*50.5*	*40.6*
雄勝郡								
羽後町	230.78	13 642	6 624	7 018	*-2.30*	*8.9*	*49.9*	*41.2*
東成瀬村	203.69	2 392	1 216	1 176	*-0.99*	*8.4*	*48.8*	*42.9*
山形県								
東村山郡								
山辺町	61.45	13 685	6 676	7 009	*-1.51*	*11.3*	*54.1*	*34.6*
中山町	31.15	10 722	5 239	5 483	*-1.61*	10.0	52.9	37.1
西村山郡								
河北町	52.45	17 322	8 472	8 850	*-1.78*	10.1	51.7	38.3
西川町	393.19	4 775	2 304	2 471	*-2.81*	*7.4*	*45.2*	*47.3*
朝日町	196.81	6 199	3 084	3 115	*-2.55*	7.9	46.7	45.5
大江町	154.08	7 429	3 723	3 706	*-2.47*	9.2	50.5	40.3
北村山郡								
大石田町	79.54	6 322	3 140	3 182	*-3.01*	*8.4*	*48.9*	*42.7*
最上郡								
金山町	161.67	4 981	2 456	2 525	*-2.30*	*9.8*	*51.4*	*38.8*
最上町	330.37	7 797	3 810	3 987	*-2.90*	*9.4*	*48.1*	*42.5*
舟形町	119.04	4 887	2 389	2 498	*-2.57*	*8.8*	*48.2*	*43.0*
真室川町	374.22	6 884	3 296	3 588	*-3.19*	*9.0*	*48.9*	*42.1*
大蔵村	211.63	2 939	1 467	1 472	*-3.00*	*10.4*	*47.8*	*41.8*
鮭川村	122.14	3 871	1 872	1 999	*-2.71*	*9.4*	*47.7*	*42.9*
戸沢村	261.31	4 071	1 951	2 120	*-2.75*	*8.3*	*49.0*	*42.7*
東置賜郡								
高畠町	180.26	22 094	10 814	11 280	*-1.60*	11.3	54.3	34.4
川西町	166.60	13 971	6 877	7 094	*-2.71*	9.9	50.5	39.7
西置賜郡								
小国町	737.56	6 938	3 468	3 470	*-2.07*	8.9	49.5	41.6
白鷹町	157.71	12 758	6 317	6 441	*-1.90*	10.0	50.3	39.7
飯豊町	329.41	6 530	3 221	3 309	*-1.82*	10.5	50.4	39.1
東田川郡								
三川町	33.22	7 195	3 534	3 661	*-1.59*	*13.4*	*53.2*	*33.4*
庄内町	249.17	19 897	9 573	10 324	*-2.02*	10.2	51.7	38.1

世帯数 (2023年1月1日)	民営事業所数 (2021年6月1日)	農業産出額 (推計) (2021年) (千万円)	製造品出荷額等 (2021年) (百万円)	卸売・小売業の年間商品販売額 (2020年) (百万円)	歳入決算額 (普通会計) (2021年度) (百万円)	地方債現在高 (2021年度) (百万円)	
							秋田県
							鹿角郡
2 294	256	394	44 103	2 262	5 377	4 333	小坂町
							北秋田郡
1 043	105	39	886	773	2 967	2 322	上小阿仁村
							山本郡
1 316	141	56	323	1 163	4 283	3 247	藤里町
6 757	603	583	7 693	8 567	11 030	9 266	三種町
2 981	300	154	4 158	2 920	6 609	6 585	八峰町
							南秋田郡
3 883	413	147	9 536	8 457	6 604	6 248	五城目町
2 427	231	85	2 048	3 438	4 494	3 329	八郎潟町
1 719	179	118	8 443	5 450	3 999	2 218	井川町
1 133	133	1 143	8 129	10 606	5 172	3 261	大潟村
							仙北郡
6 614	822	604	16 099	15 088	13 884	8 961	美郷町
							雄勝郡
5 142	558	606	15 778	9 992	9 386	7 508	羽後町
964	126	47	2 272	1 130	4 523	3 964	東成瀬村
							山形県
							東村山郡
4 842	464	378	4 638	6 230	6 914	5 136	山辺町
3 743	323	217	5 592	20 626	5 977	5 234	中山町
							西村山郡
6 288	897	539	40 081	15 493	13 460	8 319	河北町
1 789	260	61	2 908	2 201	6 125	5 601	西川町
2 353	299	376	6 068	2 751	6 603	6 206	朝日町
2 800	350	239	20 949	3 000	6 395	5 585	大江町
							北村山郡
2 245	328	274	6 897	3 944	6 334	6 129	大石田町
							最上郡
1 710	233	218	2 835	2 232	4 812	3 913	金山町
2 790	375	414	6 284	4 743	7 399	6 366	最上町
1 845	185	151	1 091	2 078	6 183	5 509	舟形町
2 571	297	266	5 064	5 252	6 578	4 698	真室川町
1 034	164	156	369	1 333	4 808	4 553	大蔵村
1 334	150	337	4 982	1 381	4 725	3 085	鮭川村
1 545	197	140	1 426	1 844	5 345	5 839	戸沢村
							東置賜郡
7 796	1 056	846	54 366	22 817	13 255	13 183	高畠町
4 988	590	601	29 259	11 150	12 406	14 250	川西町
							西置賜郡
3 013	360	110	40 761	3 595	7 981	7 880	小国町
4 706	625	422	23 925	6 438	10 692	11 917	白鷹町
2 310	285	360	33 662	3 193	7 674	10 586	飯豊町
							東田川郡
2 475	460	282	19 114	46 509	6 126	6 096	三川町
7 115	834	831	15 219	22 981	13 756	15 668	庄内町

市町村統計

町村（秋田／山形）

町村の統計 (9)

	面積 2022年 10月1日 (km²)	人口 (2023年1月1日)(人)			人口 増減率 (2022年) (%)	年齢階級別人口構成 (2023年1月1日)(%)		
		計	男	女		0～14 歳	15～64 歳	65歳 以上
飽海郡 　遊佐町	208.39	12 796	6 124	6 672	-2.01	8.7	48.3	43.0
福島県 　伊達郡								
桑折町	42.97	11 229	5 465	5 764	-1.69	*10.0	*52.3	*37.7
国見町	37.95	8 400	4 046	4 354	-2.34	7.8	49.5	42.7
川俣町	127.70	11 958	5 960	5 998	-3.15	6.9	50.0	43.0
安達郡								
大玉村	79.44	8 762	4 354	4 408	0.31	*15.0	*57.4	*27.6
岩瀬郡								
鏡石町	31.30	12 531	6 195	6 336	-0.67	13.1	58.4	28.5
天栄村	225.52	5 304	2 672	2 632	-1.83	9.5	53.4	37.2
南会津郡								
下郷町	317.04	5 123	2 550	2 573	-3.14	*7.9	*46.4	*45.8
檜枝岐村	390.46	521	273	248	-1.70	*12.3	*49.5	*38.2
只見町	747.56	3 961	1 962	1 999	-2.27	8.2	44.3	47.5
南会津町	886.47	14 176	7 001	7 175	-2.35	8.4	48.7	43.0
耶麻郡								
北塩原村	234.08	2 478	1 254	1 224	-4.36	*8.6	*50.3	*41.0
西会津町	298.18	5 694	2 783	2 911	-2.67	*7.9	*43.6	*48.5
磐梯町	59.77	3 289	1 623	1 666	-1.79	*12.1	*50.2	*37.8
猪苗代町	394.85	13 145	6 425	6 720	-1.81	9.8	50.2	40.0
河沼郡								
会津坂下町	91.59	14 777	7 167	7 610	-2.24	10.2	52.1	37.7
湯川村	16.37	3 073	1 497	1 576	-2.10	*12.9	*51.9	*35.2
柳津町	175.82	3 042	1 508	1 534	-2.97	*9.4	*43.8	*46.8
大沼郡								
三島町	90.81	1 414	715	699	-3.87	*6.0	*39.4	*54.6
金山町	293.92	1 801	883	918	-3.95	*4.1	*34.1	*61.8
昭和村	209.46	1 142	555	587	-2.56	*5.5	*37.5	*57.0
会津美里町	276.33	18 944	9 195	9 749	-1.99	9.7	50.1	40.2
西白河郡								
西郷村	192.06	20 317	10 305	10 012	0.57	13.6	60.9	25.5
泉崎村	35.43	6 205	3 109	3 096	-1.88	11.9	54.7	33.3
中島村	18.92	4 860	2 381	2 479	-0.72	*12.4	*55.9	*31.6
矢吹町	60.40	16 960	8 455	8 505	-0.77	12.2	56.6	31.3
東白川郡								
棚倉町	159.93	13 277	6 557	6 720	-1.58	11.4	55.5	33.1
矢祭町	118.27	5 352	2 630	2 722	-2.35	*10.4	*48.4	*41.2
塙町	211.41	8 195	4 056	4 139	-1.70	9.8	51.1	39.0
鮫川村	131.34	3 033	1 535	1 498	-2.82	*9.2	*49.1	*41.7
石川郡								
石川町	115.71	14 122	7 050	7 072	-1.86	9.3	51.8	38.8
玉川村	46.67	6 312	3 158	3 154	-1.70	*11.3	*55.1	*33.5
平田村	93.42	5 625	2 854	2 771	-2.24	9.6	54.8	35.7
浅川町	37.43	5 984	3 005	2 979	-2.73	*10.5	*53.8	*35.7
古殿町	163.29	4 774	2 360	2 414	-1.95	*9.0	*49.1	*41.9
田村郡								
三春町	72.76	16 489	8 224	8 265	-1.04	10.7	53.8	35.5
小野町	125.18	9 313	4 625	4 688	-2.43	9.4	53.1	37.5

世帯数 (2023年 1月1日)	民営 事業所数 (2021年 6月1日)	農業産出額 (推計) (2021年) (千万円)	製造品 出荷額等 (2021年) (百万円)	卸売・小売 業の年間 商品販売額 (2020年) (百万円)	歳入決算額 (普通会計) (2021年度) (百万円)	地方債 現在高 (2021年度) (百万円)	
4 934	570	503	14 112	9 586	11 514	9 807	飽海郡 遊佐町
							福島県 伊達郡
4 604	457	324	65 499	9 968	7 042	4 846	桑折町
3 388	311	373	9 691	9 276	8 085	5 848	国見町
5 349	612	197	29 849	14 009	9 990	8 261	川俣町
							安達郡
3 067	271	272	11 295	12 164	6 134	4 024	大玉村
							岩瀬郡
4 929	523	199	63 328	18 787	7 603	6 266	鏡石町
1 982	207	127	10 055	1 791	5 405	3 480	天栄村
							南会津郡
2 166	348	132	4 846	2 447	5 521	3 898	下郷町
202	82	0	x	x	2 242	3 200	檜枝岐村
1 833	292	82	4 592	1 599	6 195	6 431	只見町
6 445	974	268	20 894	15 820	14 285	16 976	南会津町
							耶麻郡
1 071	232	129	1 185	850	3 427	4 266	北塩原村
2 528	317	97	7 337	4 131	7 258	7 239	西会津町
1 197	122	71	49 298	1 804	5 385	5 191	磐梯町
5 333	791	310	7 304	15 583	10 633	8 820	猪苗代町
							河沼郡
5 820	801	369	17 487	24 241	9 980	7 788	会津坂下町
1 024	98	109	7 655	5 561	3 015	3 069	湯川村
1 249	179	137	4 275	3 166	4 419	4 136	柳津町
							大沼郡
695	88	8	86	161	2 748	3 778	三島町
992	154	23	x	526	3 749	2 572	金山町
631	73	61	x	433	2 292	1 997	昭和村
7 297	683	522	14 436	13 845	13 610	12 038	会津美里町
							西白河郡
8 562	775	212	253 067	28 155	12 489	5 923	西郷村
2 382	256	241	95 426	11 729	4 552	3 929	泉崎村
1 713	170	162	27 357	2 605	3 770	3 095	中島村
6 864	765	420	77 163	34 306	9 102	8 007	矢吹町
							東白川郡
5 110	709	180	86 546	23 538	8 233	5 403	棚倉町
2 084	270	66	83 211	3 534	5 852	4 820	矢祭町
3 296	487	285	25 161	7 457	7 580	6 885	塙町
1 070	141	118	3 841	184	4 036	2 346	鮫川村
							石川郡
5 693	792	220	23 103	16 132	8 670	7 608	石川町
2 205	302	185	43 668	4 982	5 050	3 363	玉川村
2 181	252	170	13 934	3 330	5 463	7 234	平田村
2 167	269	150	23 995	2 669	4 100	3 179	浅川町
1 730	256	80	10 672	1 924	5 466	6 046	古殿町
							田村郡
6 520	650	131	39 624	14 735	9 837	7 736	三春町
3 726	473	208	12 857	9 444	6 819	5 666	小野町

市町村統計　町村（山形／福島）

町村の統計 (10)

	面積 2022年 10月1日 (km²)	人口 (2023年1月1日) (人)			人口増減率 (2022年) (%)	年齢階級別人口構成 (2023年1月1日) (%)		
		計	男	女		0〜14歳	15〜64歳	65歳以上
双葉郡								
広野町	58.69	4 672	2 471	2 201	-0.64	10.2	56.6	33.2
楢葉町	103.64	6 648	3 472	3 176	-0.51	8.8	56.0	35.2
富岡町	68.39	11 736	6 066	5 670	-2.55	8.9	57.4	33.7
川内村	197.35	2 366	1 194	1 172	-2.71	*6.4	*47.0	*46.6
大熊町	78.71	10 002	4 992	5 010	-1.56	*12.5	*58.8	*28.6
双葉町	51.42	5 539	2 680	2 859	-1.81	*9.1	*53.0	*37.8
浪江町	223.14	15 590	7 696	7 894	-3.81	8.0	52.4	39.6
葛尾村	84.37	1 307	675	632	-2.10	*8.5	*51.6	*40.0
相馬郡								
新地町	46.70	7 716	3 883	3 833	-1.23	*12.2	*53.3	*34.5
飯舘村	230.13	4 824	2 420	2 404	-3.44	*7.5	*49.5	*42.9
茨城県								
東茨城郡								
茨城町	121.58	31 098	15 605	15 493	-1.33	10.0	55.1	34.9
大洗町	23.89	15 932	7 958	7 974	-1.01	8.8	56.8	34.4
城里町	161.80	18 379	9 169	9 210	-1.28	8.2	53.0	38.8
那珂郡								
東海村	38.00	38 424	19 493	18 931	0.25	13.6	61.4	25.0
久慈郡								
大子町	325.76	15 444	7 659	7 785	-2.46	6.8	45.7	47.5
稲敷郡								
美浦村	66.61	14 605	7 523	7 082	-0.95	9.0	59.0	32.0
阿見町	71.40	49 161	24 584	24 577	1.58	12.5	59.5	28.0
河内町	44.30	8 140	4 030	4 110	-2.72	7.0	52.6	40.4
結城郡								
八千代町	58.99	21 224	11 133	10 091	-0.27	10.5	58.2	31.3
猿島郡								
五霞町	23.11	8 112	4 125	3 987	-1.76	8.3	55.6	36.1
境町	46.59	24 785	12 712	12 073	-0.57	11.8	58.9	29.4
北相馬郡								
利根町	24.86	15 409	7 613	7 796	-0.94	6.9	47.7	45.4
栃木県								
河内郡								
上三川町	54.39	30 886	15 847	15 039	-0.93	12.5	62.6	24.8
芳賀郡								
益子町	89.40	21 876	10 926	10 950	-1.44	10.5	56.5	33.0
茂木町	172.69	11 977	5 953	6 024	-1.65	7.4	49.0	43.6
市貝町	64.25	11 397	5 829	5 568	-0.88	10.5	58.4	31.0
芳賀町	70.16	15 549	7 899	7 650	-0.65	12.4	55.3	32.3
下都賀郡								
壬生町	61.06	38 600	19 126	19 474	-0.59	11.5	57.9	30.6
野木町	30.27	25 164	12 577	12 587	-0.56	11.0	55.2	33.7
塩谷郡								
塩谷町	176.06	10 322	5 145	5 177	-2.23	7.9	50.9	41.2
高根沢町	70.87	29 074	15 212	13 862	-0.94	11.6	62.3	26.2
那須郡								
那須町	372.34	24 281	12 099	12 182	-1.05	7.9	50.1	42.0
那珂川町	192.78	14 865	7 519	7 346	-2.75	7.8	50.7	41.5

世帯数 (2023年 1月1日)	民営 事業所数 (2021年 6月1日)	農業産出額 (推計) (2021年) (千万円)	製造品 出荷額等 (2021年) (百万円)	卸売・小売 業の年間 商品販売額 (2020年) (百万円)	歳入決算額 (普通会計) (2021年度) (百万円)	地方債 現在高 (2021年度) (百万円)	
							双葉郡
2 272	293	16	20 432	3 885	6 315	1 566	広野町
3 153	271	40	2 680	7 813	12 983	598	楢葉町
5 645	186	4	x	4 248	21 053	539	富岡町
1 179	108	46	273	1 174	6 447	2 510	川内村
3 914	29	0	—	—	43 108	—	大熊町
2 197	5	—	x	—	33 069	1 442	双葉町
6 666	115	12	561	2 397	41 641	2 087	浪江町
489	35	3	—	x	5 216	1 430	葛尾村
							相馬郡
2 937	314	142	14 726	6 909	8 837	5 955	新地町
1 808	92	16	2 688	443	16 673	3 141	飯舘村
							茨城県
							東茨城郡
13 382	1 286	1 829	52 761	269 230	15 020	10 341	茨城町
7 635	880	197	32 947	15 990	9 894	9 676	大洗町
7 918	628	681	31 672	8 869	11 867	11 762	城里町
							那珂郡
16 808	1 187	181	25 888	54 186	20 865	1 591	東海村
							久慈郡
7 151	909	421	16 069	13 447	12 958	10 849	大子町
							稲敷郡
7 143	638	132	61 561	10 379	7 526	7 610	美浦村
22 254	1 664	273	336 526	57 134	20 131	14 995	阿見町
3 398	321	303	17 634	5 322	5 793	3 737	河内町
							結城郡
7 909	921	2 169	108 687	35 708	9 808	7 417	八千代町
							猿島郡
3 370	446	80	220 664	24 241	5 865	3 697	五霞町
10 095	1 348	486	104 100	44 481	22 558	10 270	境町
							北相馬郡
7 103	386	77	4 814	5 043	7 030	5 398	利根町
							栃木県
							河内郡
12 334	1 121	497	231 220	89 265	13 327	6 656	上三川町
							芳賀郡
8 820	1 038	280	17 080	16 134	9 489	5 934	益子町
4 969	533	740	7 578	8 378	8 754	7 137	茂木町
4 538	414	402	116 472	6 904	6 493	3 446	市貝町
5 852	586	756	77 633	63 037	11 651	3 631	芳賀町
							下都賀郡
16 347	1 564	529	108 401	61 676	20 639	12 220	壬生町
10 959	772	143	159 697	16 793	9 120	7 147	野木町
							塩谷郡
4 032	427	327	36 862	5 402	7 415	4 318	塩谷町
12 723	880	543	20 474	30 463	12 719	8 266	高根沢町
							那須郡
10 640	1 530	2 275	40 235	23 769	15 822	11 848	那須町
5 943	715	403	50 186	11 062	10 940	8 457	那珂川町

市町村統計

町村（福島／茨城／栃木）

町村の統計 (11)

	面積 2022年 10月1日 (km²)	人口 (2023年1月1日)(人)			人口 増減率 (2022年) (%)	年齢階級別人口構成 (2023年1月1日)(%)		
		計	男	女		0〜14 歳	15〜64 歳	65歳 以上
群馬県								
北群馬郡								
榛東村	27.92	14 610	7 490	7 120	0.23	12.6	60.6	26.9
吉岡町	20.46	22 371	11 012	11 359	1.18	15.9	61.6	22.5
多野郡								
上野村	181.85	1 075	548	527	-5.54	*10.7	*43.5	*45.7
神流町	114.60	1 641	788	853	-3.41	*3.4	*33.7	*62.9
甘楽郡								
下仁田町	188.38	6 549	3 208	3 341	-3.44	*4.5	*43.1	*52.4
南牧村	118.83	1 578	749	829	-3.55	*2.4	*30.1	*67.5
甘楽町	58.61	12 601	6 229	6 372	-1.30	10.0	54.4	35.6
吾妻郡								
中之条町	439.28	14 938	7 323	7 615	-1.87	8.4	51.1	40.5
長野原町	133.85	5 326	2 687	2 639	-1.06	7.9	53.2	38.9
嬬恋村	337.58	9 174	4 654	4 520	-1.22	9.4	52.6	38.1
草津町	49.75	6 082	3 080	3 002	-1.14	7.1	53.3	39.7
高山村	64.18	3 331	1 645	1 686	-4.86	*9.7	*51.5	*38.8
東吾妻町	253.91	12 661	6 252	6 409	-2.28	7.7	49.2	43.0
利根郡								
片品村	391.76	4 088	2 014	2 074	-2.32	7.4	51.4	41.1
川場村	85.25	3 105	1 489	1 616	-2.39	*11.1	*50.3	*38.6
昭和村	64.14	7 007	3 536	3 471	0.37	10.8	55.4	33.8
みなかみ町	781.08	17 602	8 628	8 974	-1.89	8.1	50.3	41.6
佐波郡								
玉村町	25.78	35 980	17 842	18 138	-0.33	11.0	62.0	27.0
邑楽郡								
板倉町	41.86	13 880	6 967	6 913	-1.31	8.8	55.7	35.5
明和町	19.64	10 875	5 478	5 397	-0.71	11.2	56.9	31.9
千代田町	21.73	11 021	5 624	5 397	-0.68	10.8	57.9	31.3
大泉町	18.03	41 729	21 779	19 950	0.17	12.2	64.5	23.3
邑楽町	31.11	25 810	13 075	12 735	-0.75	10.3	57.2	32.5
埼玉県								
北足立郡								
伊奈町	14.79	45 221	22 845	22 376	0.42	12.8	63.1	24.1
入間郡								
三芳町	15.33	37 738	18 702	19 036	-0.54	11.6	59.8	28.7
毛呂山町	34.07	32 616	16 233	16 383	-0.86	8.2	56.4	35.4
越生町	40.39	11 074	5 516	5 558	-1.55	7.8	54.2	38.0
比企郡								
滑川町	29.68	19 711	10 059	9 652	0.21	15.3	61.8	22.9
嵐山町	29.92	17 596	8 757	8 839	-0.19	9.0	56.7	34.3
小川町	60.36	28 244	14 096	14 148	-1.41	7.5	51.5	41.0
川島町	41.63	19 188	9 802	9 386	-0.81	8.6	54.4	37.0
吉見町	38.64	18 117	9 151	8 966	-1.48	8.1	55.9	36.0
鳩山町	25.73	13 158	6 446	6 712	-0.99	7.0	47.0	46.0
ときがわ町	55.90	10 589	5 364	5 225	-1.58	7.9	51.5	40.6
秩父郡								
横瀬町	49.36	7 835	3 876	3 959	-1.77	10.1	55.1	34.8
皆野町	63.74	9 236	4 610	4 626	-1.44	9.7	51.5	38.8
長瀞町	30.43	6 660	3 266	3 394	-1.30	*8.6	*51.5	*39.8

世帯数 2023年 1月1日	民営 事業所数 2021年 6月1日	農業産出額 （推計） （2021年） （千万円）	製造品 出荷額等 （2021年） （百万円）	卸売・小売 業の年間 商品販売額 （2020年） （百万円）	歳入決算額 （普通会計） （2021年度） （百万円）	地方債 現在高 （2021年度） （百万円）	
							群馬県 北群馬郡
6 163	469	166	19 419	6 844	7 607	2 148	榛東村
8 766	693	353	28 627	46 363	9 665	5 426	吉岡町
							多野郡
557	92	13	350	145	4 064	3 634	上野村
910	163	4	103	349	3 637	2 290	神流町
							甘楽郡
3 195	446	80	17 949	4 236	5 835	5 102	下仁田町
917	105	13	2 354	11	2 528	1 819	南牧村
5 081	644	186	49 066	10 578	7 038	5 349	甘楽町
							吾妻郡
6 688	831	188	8 396	14 768	11 519	7 401	中之条町
2 545	444	478	1 940	9 966	5 898	4 453	長野原町
3 925	596	1 556	2 728	11 244	9 241	6 143	嬬恋村
3 429	660	13	88	4 709	6 174	3 362	草津町
1 360	135	206	9 417	925	3 805	1 846	高山村
5 489	613	1 202	46 431	23 552	9 237	11 293	東吾妻町
							利根郡
1 700	349	142	2 938	2 226	4 438	4 784	片品村
1 120	139	170	2 823	1 448	4 136	2 627	川場村
2 833	243	1 880	51 332	13 348	6 935	2 884	昭和村
7 935	1 022	296	80 560	12 865	17 032	9 693	みなかみ町
							佐波郡
16 080	1 263	129	154 440	125 693	14 108	9 989	玉村町
							邑楽郡
5 875	602	441	49 935	17 030	6 864	4 293	板倉町
4 315	393	172	79 593	8 275	6 489	4 309	明和町
4 617	538	110	193 817	22 816	8 114	3 787	千代田町
20 137	1 486	19	531 724	54 965	15 225	6 497	大泉町
10 663	1 004	242	246 995	48 439	11 636	7 592	邑楽町
							埼玉県 北足立郡
19 439	1 371	50	101 697	120 534	15 452	11 245	伊奈町
							入間郡
16 890	1 722	244	309 698	139 070	15 880	11 751	三芳町
16 100	1 141	33	32 512	36 488	11 676	8 985	毛呂山町
5 096	448	23	8 706	7 637	5 278	3 494	越生町
							比企郡
8 235	587	103	110 668	38 996	8 359	5 403	滑川町
8 283	732	80	169 768	19 903	7 655	6 484	嵐山町
13 042	1 083	66	111 716	18 459	10 319	8 673	小川町
8 193	902	180	114 435	55 829	8 557	6 126	川島町
7 874	635	119	122 292	8 332	9 175	6 162	吉見町
6 074	440	55	3 981	9 792	6 271	7 052	鳩山町
4 739	596	21	54 146	7 160	6 563	7 091	ときがわ町
							秩父郡
3 336	326	22	32 212	3 972	5 425	4 012	横瀬町
3 995	495	16	7 326	9 429	5 143	2 922	皆野町
2 897	425	8	9 455	3 986	4 130	2 813	長瀞町

市町村統計

町村（群馬／埼玉）

町村の統計（12）

	面積 （2022年 10月1日） (km²)	人口 （2023年1月1日）（人）			人口 増減率 （2022年） (%)	年齢階級別人口構成 （2023年1月1日）（%）		
		計	男	女		0～14 歳	15～64 歳	65歳 以上
小鹿野町	171.26	10 622	5 287	5 335	-2.49	8.3	51.0	40.8
東秩父村	37.06	2 548	1 299	1 249	-3.30	*5.7	*47.9	*46.5
児玉郡								
美里町	33.41	10 916	5 527	5 389	-0.71	10.5	56.0	33.5
神川町	47.40	13 122	6 754	6 368	-0.39	9.5	57.8	32.7
上里町	29.18	30 554	15 248	15 306	-0.48	11.1	60.3	28.6
大里郡								
寄居町	64.25	32 237	16 072	16 165	-1.07	9.4	56.0	34.6
南埼玉郡								
宮代町	15.95	33 514	16 825	16 689	-0.45	10.8	56.3	32.8
北葛飾郡								
杉戸町	30.03	44 168	22 142	22 026	-0.12	10.0	56.4	33.6
松伏町	16.20	28 398	14 322	14 076	-0.53	10.0	60.0	30.0
千葉県								
印旛郡								
酒々井町	19.01	20 339	10 104	10 235	-0.59	9.1	57.8	33.1
栄町	32.51	19 933	9 804	10 129	-0.76	8.0	50.7	41.3
香取郡								
神崎町	19.90	5 761	2 918	2 843	-0.78	8.6	55.9	35.5
多古町	72.80	13 813	7 044	6 769	-1.58	8.8	52.5	38.7
東庄町	46.25	13 125	6 599	6 526	-1.87	8.9	51.4	39.7
山武郡								
九十九里町	24.44	14 625	7 280	7 345	-2.19	6.9	51.3	41.9
芝山町	43.24	6 905	3 505	3 400	-1.33	8.5	55.6	36.0
横芝光町	67.01	22 697	11 189	11 508	-1.49	9.7	52.8	37.5
長生郡								
一宮町	22.99	12 304	6 085	6 219	-0.32	11.8	55.6	32.6
睦沢町	35.59	6 746	3 307	3 439	-1.80	9.8	48.9	41.3
長生村	28.25	13 738	6 780	6 958	-0.98	8.9	56.2	35.0
白子町	27.50	10 721	5 383	5 338	-1.16	8.4	50.1	41.5
長柄町	47.11	6 444	3 271	3 173	-2.19	7.1	50.0	42.8
長南町	65.51	7 433	3 701	3 732	-2.12	7.2	47.5	45.3
夷隅郡								
大多喜町	129.87	8 365	4 117	4 248	-2.10	8.6	48.2	43.2
御宿町	24.85	7 114	3 407	3 707	-1.21	6.1	42.0	51.9
安房郡								
鋸南町	45.17	6 990	3 383	3 607	-2.69	6.3	44.4	49.3
東京都								
西多摩郡								
瑞穂町	16.85	32 161	16 301	15 860	-0.52	10.5	59.7	29.8
日の出町	28.07	16 409	8 084	8 325	-0.85	13.2	50.5	36.3
檜原村	105.41	2 038	1 010	1 028	-1.50	*7.4	*39.8	*52.8
奥多摩町	225.53	4 746	2 363	2 383	-3.08	7.1	41.4	51.5
大島支庁								
大島町	90.76	7 150	3 692	3 458	-1.54	9.7	52.0	38.3
利島村	4.12	317	174	143	-4.52	*15.1	*61.5	*23.4
新島村	27.54	2 495	1 207	1 288	-2.04	*9.4	*49.1	*41.5
神津島村	18.58	1 813	937	876	-3.41	*14.2	*52.4	*33.5

世帯数 (2023年 1月1日)	民営事業所数 (2021年 6月1日)	農業産出額 (推計) (2021年) (千万円)	製造品出荷額等 (2021年) (百万円)	卸売・小売業の年間商品販売額 (2020年) (百万円)	歳入決算額 (普通会計) (2021年度) (百万円)	地方債現在高 (2021年度) (百万円)	
4 553	585	53	24 766	7 075	8 159	7 832	小鹿野町
1 053	132	11	1 271	738	2 870	1 341	東秩父村
							児玉郡
4 590	431	120	113 078	15 517	6 192	4 502	美里町
5 881	484	153	62 202	14 618	7 332	6 080	神川町
13 282	1 034	436	139 356	45 718	11 993	8 132	上里町
							大里郡
14 886	1 266	397	391 543	27 048	13 311	10 434	寄居町
							南埼玉郡
15 438	1 013	65	8 010	13 865	12 766	7 770	宮代町
							北葛飾郡
19 896	1 521	143	50 116	94 160	16 128	8 765	杉戸町
12 263	1 030	45	32 294	39 915	11 483	7 603	松伏町
							千葉県
							印旛郡
9 915	834	93	13 075	57 890	7 721	5 870	酒々井町
9 230	503	128	32 215	64 725	8 506	7 139	栄町
							香取郡
2 488	225	88	24 925	4 284	3 363	1 853	神崎町
6 006	801	1 024	52 429	31 928	8 507	3 843	多古町
5 287	506	1 255	32 316	12 030	7 060	4 774	東庄町
							山武郡
6 995	664	158	28 155	8 612	7 654	7 227	九十九里町
3 020	534	410	51 251	36 275	6 763	2 425	芝山町
9 895	938	674	46 092	29 378	13 511	10 540	横芝光町
							長生郡
5 631	563	117	15 048	7 563	6 123	3 539	一宮町
2 820	243	61	5 008	4 895	4 277	3 022	睦沢町
6 133	442	100	44 061	12 187	7 528	4 892	長生村
4 999	403	199	11 764	5 034	5 808	4 390	白子町
2 947	287	60	42 644	2 316	5 538	3 793	長柄町
3 203	335	94	33 894	2 666	6 104	4 011	長南町
							夷隅郡
3 787	544	130	22 239	12 343	6 687	4 277	大多喜町
3 678	339	32	1 504	3 017	4 682	3 354	御宿町
							安房郡
3 463	358	138	1 306	7 385	5 216	4 794	鋸南町
							東京都
							西多摩郡
15 199	1 842	47	534 222	107 289	17 456	8 205	瑞穂町
7 507	767	11	54 103	36 892	10 950	5 647	日の出町
1 127	173	0	987	113	4 108	865	檜原村
2 559	259	0	1 213	907	7 529	1 826	奥多摩町
							大島支庁
4 402	547	63	587	4 963	9 024	9 831	大島町
187	30	9	—	x	1 575	487	利島村
1 328	214	6	165	1 406	4 259	2 733	新島村
924	171	2	x	1 426	3 491	1 024	神津島村

市町村統計　町村（埼玉／千葉／東京）

町村の統計 (13)

	面積 (2022年 10月1日) (km²)	人口 (2023年1月1日)(人)			人口 増減率 (2022年) (%)	年齢階級別人口構成 (2023年1月1日)(%)		
		計	男	女		0～14 歳	15～64 歳	65歳 以上
三宅支庁								
三宅村	55.26	2 301	1 273	1 028	-2.58	*10.6	*49.5	*39.9
御蔵島村	20.55	292	155	137	-2.34	*17.9	*62.2	*19.9
八丈支庁								
八丈町	72.24	7 053	3 519	3 534	-1.05	10.6	49.4	40.0
青ヶ島村	5.96	168	97	71	-1.18	10.7	67.3	22.0
小笠原支庁								
小笠原村	4) 106.88	2 581	1 428	1 153	0.23	*15.3	*67.6	*17.1
神奈川県								
三浦郡								
葉山町	17.04	32 623	15 439	17 184	-0.73	12.4	56.4	31.3
高座郡								
寒川町	13.34	49 063	24 966	24 097	0.00	12.6	60.0	27.4
中郡								
大磯町	17.18	32 265	15 777	16 488	-0.61	10.8	54.8	34.5
二宮町	9.08	27 925	13 571	14 354	-0.92	9.7	55.0	35.3
足柄上郡								
中井町	19.99	9 068	4 569	4 499	-0.34	9.0	55.2	35.8
大井町	14.38	17 363	8 618	8 745	0.07	11.3	60.0	28.7
松田町	37.75	10 616	5 241	5 375	-1.30	9.3	55.6	35.1
山北町	224.61	9 577	4 702	4 875	2.11	8.1	50.0	11.9
開成町	6.55	18 566	9 074	9 492	0.98	14.6	60.2	25.2
足柄下郡								
箱根町	92.86	10 845	5 184	5 661	-1.70	5.9	55.9	38.2
真鶴町	7.05	6 880	3 215	3 665	-1.49	6.3	49.7	44.0
湯河原町	40.97	23 899	11 268	12 631	-1.04	6.9	50.8	42.3
愛甲郡								
愛川町	34.28	39 601	20 674	18 927	-0.22	10.0	58.8	31.1
清川村	71.24	2 812	1 431	1 381	-1.68	9.6	52.7	37.8
新潟県								
北蒲原郡								
聖籠町	37.58	14 129	7 072	7 057	0.10	14.7	59.6	25.7
西蒲原郡								
弥彦村	25.17	7 694	3 728	3 966	-1.38	*10.6	*56.1	*33.3
南蒲原郡								
田上町	31.71	11 023	5 325	5 698	-1.55	8.7	53.2	38.2
東蒲原郡								
阿賀町	952.89	9 779	4 760	5 019	-3.08	*6.1	*44.2	*49.7
三島郡								
出雲崎町	44.38	4 119	1 978	2 141	-1.76	*8.4	*47.8	*43.9
南魚沼郡								
湯沢町	357.29	7 971	4 104	3 867	-0.39	8.1	52.5	39.5
中魚沼郡								
津南町	170.21	8 865	4 309	4 556	-2.12	9.3	48.0	42.7
刈羽郡								
刈羽村	26.27	4 351	2 207	2 144	-0.53	*12.4	*53.7	*33.9

世帯数 （2023年 1月1日）	民営 事業所数 （2021年 6月1日）	農業産出額 （推計） （2021年） （千万円）	製造品 出荷額等 （2021年） （百万円）	卸売・小売 業の年間 商品販売額 （2020年） （百万円）	歳入決算額 （普通会計） （2021年度） （百万円）	地方債 現在高 （2021年度） （百万円）	
							三宅支庁
1 496	243	6	x	1 708	4 750	3 509	三宅村
164	29	2	—	x	1 717	558	御蔵島村
							八丈支庁
4 201	540	239	830	5 907	8 846	6 266	八丈町
117	16	3	x	—	1 224	75	青ヶ島村
							小笠原支庁
1 514	298	9	x	1 163	6 174	2 491	小笠原村
							神奈川県
							三浦郡
14 681	1 154	15	1 598	22 446	13 003	5 917	葉山町
							高座郡
22 350	1 868	63	431 258	75 542	19 626	6 989	寒川町
							中郡
14 603	1 071	57	10 052	27 193	13 368	8 534	大磯町
12 855	951	20	5 560	15 187	10 212	7 350	二宮町
							足柄上郡
3 815	507	90	67 631	26 717	4 646	417	中井町
7 425	721	53	19 042	33 649	6 813	3 342	大井町
4 872	564	11	11 077	2 793	7 143	5 631	松田町
4 212	448	25	49 967	5 028	6 940	4 122	山北町
7 655	714	22	29 437	19 156	8 331	7 137	開成町
							足柄下郡
6 718	1 468	0	639	13 564	11 803	7 726	箱根町
3 435	309	9	866	3 449	4 417	3 464	真鶴町
12 902	1 234	45	12 128	26 214	10 910	10 425	湯河原町
							愛甲郡
18 901	1 698	229	273 577	92 694	15 513	6 689	愛川町
1 260	132	75	6 411	541	2 691	1 052	清川村
							新潟県
							北蒲原郡
5 007	630	188	193 046	61 098	9 423	2 433	聖籠町
							西蒲原郡
2 781	371	145	33 768	10 648	6 002	3 159	弥彦村
							南蒲原郡
4 241	405	101	16 022	12 674	5 512	4 469	田上町
							東蒲原郡
4 352	550	210	4 585	6 901	13 886	13 684	阿賀町
							三島郡
1 681	225	45	6 694	1 828	3 941	3 027	出雲崎町
							南魚沼郡
4 030	783	23	1 897	12 239	9 207	4 481	湯沢町
							中魚沼郡
3 453	468	606	12 749	9 007	8 320	6 532	津南町
							刈羽郡
1 595	211	57	4 392	5 435	7 106	—	刈羽村

市町村統計

町村（東京／神奈川／新潟）

町村の統計 (14)

	面積 (2022年 10月1日) (km²)	人口 (2023年1月1日)(人)			人口 増減率 (2022年) (％)	年齢階級別人口構成 (2023年1月1日)(％)		
		計	男	女		0〜14 歳	15〜64 歳	65歳 以上
岩船郡 関川村	299.61	4 996	2 421	2 575	-3.22	*8.4	*48.0	*43.6
粟島浦村	9.78	329	160	169	-2.66	*12.8	*42.1	*45.1
富山県 中新川郡								
舟橋村	3.47	3 271	1 633	1 638	-0.09	16.5	65.3	18.3
上市町	236.71	19 228	9 241	9 987	-2.09	8.9	53.6	37.5
立山町	307.29	24 920	12 042	12 878	-1.01	10.8	55.5	33.8
下新川郡								
入善町	71.25	23 136	11 135	12 001	-1.87	9.0	53.5	37.5
朝日町	226.30	10 974	5 188	5 786	-2.82	7.5	47.6	44.9
石川県 能美郡								
川北町	14.64	6 157	3 074	3 083	-0.06	15.4	61.3	23.2
河北郡								
津幡町	110.59	37 508	18 347	19 161	-0.16	13.2	61.8	25.0
内灘町	20.33	26 154	12 668	13 486	-0.46	12.6	59.1	28.3
羽咋郡								
志賀町	246.76	18 747	8 951	9 796	-2.25	7.8	46.9	45.2
宝達志水町	111.51	12 257	5 855	6 402	-2.26	8.3	52.3	39.4
鹿島郡 中能登町	89.45	17 119	8 326	8 793	-1.34	10.9	51.9	37.2
鳳珠郡 穴水町	183.21	7 574	3 634	3 940	-2.32	6.8	44.3	48.9
能登町	273.27	15 636	7 453	8 183	-2.80	6.8	43.7	49.5
福井県 吉田郡								
永平寺町	94.43	18 037	8 781	9 256	-0.62	11.4	57.0	31.5
今立郡 池田町	194.65	2 327	1 117	1 210	-2.92	*7.7	*46.6	*45.8
南条郡 南越前町	343.69	9 825	4 756	5 069	-2.56	10.9	51.4	37.8
丹生郡 越前町	153.15	20 394	9 959	10 435	-0.91	11.0	53.9	35.1
三方郡 美浜町	152.35	9 002	4 417	4 585	-1.40	10.4	51.7	37.9
大飯郡 高浜町	72.40	9 848	4 967	4 881	-2.00	11.8	55.1	33.1
おおい町	212.19	7 906	3 902	4 004	-2.46	*13.6	*53.4	*33.0
三方上中郡 若狭町	178.49	13 870	6 728	7 142	-1.85	12.0	52.5	35.5
山梨県 西八代郡 市川三郷町	75.18	14 976	7 321	7 655	-1.45	9.5	51.8	38.7
南巨摩郡 早川町	369.96	929	468	461	-2.31	*6.6	*45.5	*47.9
身延町	5) 301.98	10 391	5 069	5 322	-3.07	5.7	45.4	48.9
南部町	200.87	7 079	3 507	3 572	-2.22	7.2	48.6	44.2

世帯数 （2023年 1月1日）	民営 事業所数 （2021年 6月1日）	農業産出額 （推計） （2021年） （千万円）	製造品 出荷額等 （2021年） （百万円）	卸売・小売 業の年間 商品販売額 （2020年） （百万円）	歳入決算額 （普通会計） （2021年度） （百万円）	地方債 現在高 （2021年度） （百万円）	
							岩船郡
1 848	265	172	7 653	2 095	5 755	4 887	関川村
169	57	0	—	8	3 216	1 070	粟島浦村
							富山県
							中新川郡
1 174	75	18	5 320	942	2 303	1 980	舟橋村
7 709	785	117	83 842	15 986	11 533	8 001	上市町
9 549	968	296	91 033	22 203	14 867	9 556	立山町
							下新川郡
8 871	980	370	113 460	22 921	14 000	13 559	入善町
4 661	607	152	12 753	7 907	9 421	9 312	朝日町
							石川県
							能美郡
2 019	262	68	42 273	19 939	4 124	4 323	川北町
							河北郡
14 757	1 109	126	50 607	73 725	17 368	16 741	津幡町
11 215	845	154	2 645	13 134	11 262	12 808	内灘町
							羽咋郡
7 939	1 016	299	69 560	17 003	15 279	6 843	志賀町
4 909	469	288	97 710	16 895	9 645	6 969	宝達志水町
							鹿島郡
6 623	697	148	28 942	13 508	11 487	11 883	中能登町
							鳳珠郡
3 635	554	259	7 866	12 067	9 202	9 835	穴水町
7 293	1 003	223	7 271	13 079	16 822	21 009	能登町
							福井県
							吉田郡
6 559	731	79	20 370	14 746	10 334	8 626	永平寺町
							今立郡
898	156	38	1 658	721	4 016	3 089	池田町
							南条郡
3 362	399	105	10 385	5 165	10 351	5 874	南越前町
							丹生郡
7 306	998	103	52 669	14 982	15 030	12 771	越前町
							三方郡
3 653	519	83	5 507	9 171	12 455	7 099	美浜町
							大飯郡
4 269	550	44	6 872	9 624	13 932	3 956	高浜町
3 246	486	57	3 249	3 186	12 109	1 402	おおい町
							三方上中郡
4 953	754	187	85 046	18 417	13 501	10 067	若狭町
							山梨県
							西八代郡
6 643	657	113	31 300	9 265	9 844	13 937	市川三郷町
							南巨摩郡
554	79	7	*x*	*x*	3 784	2 260	早川町
5 150	715	22	29 396	7 008	10 584	6 068	身延町
3 038	392	18	33 667	4 481	6 579	3 504	南部町

市町村統計

町村

（新潟／富山／石川／福井／山梨）

町村の統計 (15)

	面積 (2022年 10月1日) (km²)	人口 (2023年1月1日) (人)			人口 増減率 (2022年) (%)	年齢階級別人口構成 (2023年1月1日) (%)		
		計	男	女		0～14 歳	15～64 歳	65歳 以上
富士川町	112.00	14 340	6 979	7 361	-0.93	9.9	55.3	34.8
中巨摩郡								
昭和町	9.08	21 101	10 558	10 543	1.21	16.1	64.6	19.3
南都留郡								
道志村	79.68	1 557	792	765	-2.81	*7.8	*51.4	*40.8
西桂町	15.22	4 084	1 977	2 107	-1.11	*10.6	*57.7	*31.6
忍野村	25.05	9 799	5 338	4 461	0.49	14.6	65.0	20.3
山中湖村	53.05	5 751	2 916	2 835	-1.03	10.6	56.4	33.0
鳴沢村	89.58	3 121	1 570	1 551	-0.19	*11.1	*54.8	*34.1
富士河口湖町	5) 158.40	26 765	13 196	13 569	0.18	12.9	60.4	26.8
北都留郡								
小菅村	52.78	657	339	318	-3.24	*8.8	*43.8	*47.4
丹波山村	101.30	535	284	251	0.56	*6.4	*48.8	*44.8
長野県								
南佐久郡								
小海町	114.20	4 329	2 131	2 198	-1.93	8.5	49.6	41.8
川上村	209.61	3 806	2 051	1 755	-0.99	11.4	55.5	33.1
南牧村	133.09	3 035	1 574	1 461	-0.98	10.8	55.6	33.6
南相木村	66.05	966	466	500	-0.31	*9.9	*49.3	*40.8
北相木村	56.32	680	341	339	-1.45	*13.2	*47.5	*39.3
佐久穂町	188.15	10 488	5 134	5 354	-1.10	10.5	50.5	38.9
北佐久郡								
軽井沢町	156.03	21 510	10 257	11 253	1.31	11.9	56.2	31.9
御代田町	58.79	16 221	8 055	8 166	1.05	12.4	59.8	27.8
立科町	66.87	6 843	3 416	3 427	-1.82	9.4	53.6	37.0
小県郡								
青木村	57.10	4 244	2 080	2 164	-1.14	11.0	50.5	38.5
長和町	183.86	5 738	2 850	2 888	-1.32	8.4	49.0	42.7
諏訪郡								
下諏訪町	66.87	19 108	9 200	9 908	-1.16	10.1	52.2	37.8
富士見町	144.76	14 226	6 981	7 245	-0.70	11.0	52.9	36.0
原村	43.26	8 063	3 959	4 104	0.27	11.8	53.5	34.7
上伊那郡								
辰野町	169.20	18 611	9 086	9 525	-1.34	10.1	52.0	37.9
箕輪町	85.91	24 662	12 378	12 284	-0.08	12.2	57.8	30.0
飯島町	86.96	9 078	4 469	4 609	-2.05	10.5	52.4	37.1
南箕輪村	40.99	16 010	7 982	8 028	1.12	15.5	60.8	23.7
中川村	77.05	4 712	2 253	2 459	-1.15	12.1	52.1	35.7
宮田村	54.50	8 837	4 350	4 487	-0.80	13.0	58.2	28.8
下伊那郡								
松川町	72.79	12 742	6 219	6 523	-0.79	11.8	54.3	33.9
高森町	45.36	12 918	6 312	6 606	0.02	13.3	54.8	31.8
阿南町	123.07	4 210	2 053	2 157	-2.57	*9.1	*45.0	*46.0
阿智村	214.43	6 055	2 962	3 093	-1.54	12.5	51.0	36.5
平谷村	77.37	386	186	200	-0.77	*10.2	*50.4	*39.4
根羽村	89.97	865	428	437	-2.04	*8.4	*38.8	*52.8
下條村	38.12	3 551	1 717	1 834	-1.53	*12.0	*52.4	*35.6
売木村	43.43	495	229	266	-2.37	*11.1	*43.9	*45.1
天龍村	109.44	1 130	533	597	-3.17	*5.0	*33.2	*61.8

世帯数 (2023年 1月1日)	民営 事業所数 (2021年 6月1日)	農業産出額 (推計) (2021年) (千万円)	製造品 出荷額等 (2021年) (百万円)	卸売・小売 業の年間 商品販売額 (2020年) (百万円)	歳入決算額 (普通会計) (2021年度) (百万円)	地方債 現在高 (2021年度) (百万円)	
6 302	677	64	31 554	16 072	9 607	8 250	富士川町
							中巨摩郡
9 404	1 747	38	190 716	127 731	10 718	3 546	昭和町
							南都留郡
624	129	7	2 560	x	2 544	2 859	道志村
1 560	189	5	5 206	4 613	3 007	1 706	西桂町
4 170	427	35	455 324	4 902	6 469	42	忍野村
2 505	517	3	10 124	4 444	5 392	225	山中湖村
1 339	171	88	32 267	893	2 549	224	鳴沢村
11 396	1 721	256	91 451	38 298	15 262	18 866	富士河口湖町
							北都留郡
335	64	0	x	—	1 696	1 347	小菅村
301	41	2	—	x	2 094	1 541	丹波山村
							長野県 南佐久郡
1 953	278	296	1 708	6 672	5 087	3 954	小海町
1 429	170	1 743	x	4 756	5 882	3 866	川上村
1 314	141	1 061	9 577	3 924	4 667	3 852	南牧村
428	49	76	—	132	1 951	2 276	南相木村
332	33	89	x	—	2 039	1 867	北相木村
4 298	448	307	8 935	8 898	10 560	4 142	佐久穂町
							北佐久郡
10 729	2 092	105	2 275	54 856	17 792	2 124	軽井沢町
7 493	567	361	213 409	20 265	7 866	5 171	御代田町
2 894	355	286	9 977	5 640	6 098	3 031	立科町
							小県郡
1 764	175	35	8 199	1 326	3 470	1 745	青木村
2 626	346	119	6 419	1 823	6 962	6 351	長和町
							諏訪郡
8 732	989	6	25 920	35 449	9 280	9 990	下諏訪町
6 172	634	287	48 340	15 268	9 640	5 731	富士見町
3 491	410	371	4 775	2 590	5 047	1 653	原村
							上伊那郡
7 699	839	68	109 392	23 242	10 788	7 548	辰野町
10 106	990	184	172 435	34 644	12 953	10 297	箕輪町
3 665	414	182	55 384	4 408	7 119	4 331	飯島町
6 672	618	160	109 373	38 018	8 116	5 760	南箕輪村
1 695	183	136	3 988	1 580	4 703	2 788	中川村
3 527	399	81	58 931	13 614	5 489	2 884	宮田村
							下伊那郡
4 769	598	437	40 493	13 127	8 513	4 557	松川町
4 618	535	268	27 466	24 099	8 337	5 807	高森町
1 967	221	32	5 924	4 734	5 636	2 507	阿南町
2 332	419	93	21 687	4 549	6 246	2 948	阿智村
196	40	4	—	4	1 127	543	平谷村
414	64	6	1 009	288	2 509	1 137	根羽村
1 287	152	112	12 977	1 648	3 635	799	下條村
258	41	5	x	16	1 326	770	売木村
645	78	4	x	128	3 228	2 249	天龍村

市町村統計　町村　（山梨／長野）

町村の統計 (16)

	面積 (2022年 10月1日) (km²)	人口 (2023年1月1日)(人)			人口 増減率 (2022年) (%)	年齢階級別人口構成 (2023年1月1日)(%)		
		計	男	女		0〜14 歳	15〜64 歳	65歳 以上
泰阜村	64.59	1 531	723	808	-1.73	*12.0	*46.2	*41.8
喬木村	66.61	6 040	2 977	3 063	-1.10	12.3	51.7	36.1
豊丘村	76.79	6 603	3 294	3 309	-1.26	13.3	53.8	32.9
大鹿村	248.28	926	448	478	-1.59	*11.6	*43.1	*45.4
木曽郡								
上松町	168.42	4 071	1 998	2 073	-2.14	8.1	48.1	43.8
南木曽町	215.93	3 876	1 866	2 010	-2.37	*9.9	*46.4	*43.6
木祖村	140.50	2 637	1 232	1 405	-2.91	*9.1	*46.8	*44.1
王滝村	310.82	682	321	361	-4.35	*5.1	*49.9	*45.0
大桑村	234.47	3 396	1 647	1 749	-2.61	8.2	48.1	43.7
木曽町	476.03	10 219	4 928	5 291	-1.98	8.3	48.5	43.2
東筑摩郡								
麻績村	34.38	2 536	1 229	1 307	-1.74	*8.7	*47.0	*44.3
生坂村	39.05	1 698	854	844	-0.41	*10.3	*46.4	*43.2
山形村	24.98	8 538	4 214	4 324	-0.57	12.5	58.2	29.2
朝日村	70.62	4 359	2 136	2 223	-1.04	11.4	55.8	32.9
筑北村	99.47	4 175	2 074	2 101	-2.22	*7.2	*45.9	*46.8
北安曇郡								
池田町	40.16	9 381	4 529	4 852	-1.84	9.0	50.6	40.4
松川村	47.07	9 605	4 667	4 938	-0.67	10.9	55.6	33.5
白馬村	189.36	8 782	4 412	4 370	3.16	10.3	58.1	31.6
小谷村	267.91	2 725	1 402	1 323	1.04	9.5	53.2	37.3
埴科郡								
坂城町	53.64	14 254	7 050	7 204	-1.06	9.8	54.1	36.1
上高井郡								
小布施町	19.12	10 992	5 301	5 691	-0.25	12.6	53.2	34.1
高山村	98.56	6 649	3 312	3 337	-1.06	9.6	54.2	36.2
下高井郡								
山ノ内町	265.90	11 499	5 621	5 878	-1.55	7.9	50.5	41.6
木島平村	99.32	4 438	2 188	2 250	-1.55	*10.4	*49.9	*39.7
野沢温泉村	57.96	3 441	1 663	1 778	-0.38	9.9	53.7	36.4
上水内郡								
信濃町	149.30	7 828	3 904	3 924	-1.20	8.0	48.2	43.8
小川村	58.11	2 314	1 140	1 174	-1.82	*7.6	*45.8	*46.6
飯綱町	75.00	10 534	5 174	5 360	-1.67	9.6	50.2	40.1
下水内郡								
栄村	271.66	1 642	777	865	-2.96	*6.0	*38.8	*55.2
岐阜県								
羽島郡								
岐南町	7.91	26 243	13 034	13 209	-0.11	14.6	62.9	22.5
笠松町	10.30	21 828	10 513	11 315	-0.71	12.1	60.3	27.6
養老郡								
養老町	72.29	26 858	13 223	13 635	-1.91	9.5	55.5	35.1
不破郡								
垂井町	57.09	26 255	12 979	13 276	-1.10	11.6	57.3	31.1
関ケ原町	49.28	6 466	3 136	3 330	-2.69	8.1	50.4	41.5
安八郡								
神戸町	18.78	18 577	9 072	9 505	-0.68	10.9	56.2	32.8
輪之内町	22.33	9 326	4 647	4 679	-0.82	12.1	60.5	27.4

世帯数 (2023年 1月1日)	民営 事業所数 (2021年 6月1日)	農業産出額 (推計) (2021年) (千万円)	製造品 出荷額等 (2021年) (百万円)	卸売・小売 業の年間 商品販売額 (2020年) (百万円)	歳入決算額 (普通会計) (2021年度) (百万円)	地方債 現在高 (2021年度) (百万円)	
669	86	14	1 811	161	2 704	2 512	泰阜村
2 144	261	123	6 664	4 631	5 266	2 237	喬木村
2 227	241	177	23 611	5 064	6 982	3 703	豊丘村
472	70	26	397	165	2 708	1 781	大鹿村
							木曽郡
2 000	298	15	18 268	4 537	4 528	5 337	上松町
1 701	299	19	7 689	1 794	4 555	4 030	南木曽町
1 093	206	39	803	735	3 214	2 910	木祖村
363	67	5	x	220	2 299	2 496	王滝村
1 500	208	17	29 112	2 186	5 913	6 309	大桑村
4 804	816	83	6 963	12 101	13 343	18 053	木曽町
							東筑摩郡
1 082	135	32	2 008	1 263	3 570	3 124	麻績村
721	77	28	960	65	2 591	2 576	生坂村
3 145	342	345	6 823	29 698	4 393	2 553	山形村
1 544	125	256	10 196	4 770	3 743	2 062	朝日村
1 795	183	74	1 840	1 517	5 092	3 162	筑北村
							北安曇郡
4 057	495	126	16 490	12 444	5 499	4 979	池田町
3 983	418	155	7 415	6 582	4 885	3 359	松川村
4 350	1 118	102	2 628	11 743	7 007	6 757	白馬村
1 248	305	14	879	1 086	5 121	4 938	小谷村
							埴科郡
6 196	649	170	249 086	16 525	8 209	6 394	坂城町
							上高井郡
4 031	488	501	9 135	12 488	7 268	2 772	小布施町
2 492	282	329	24 455	8 699	4 648	3 551	高山村
							下高井郡
4 984	704	474	1 759	5 029	8 530	8 034	山ノ内町
1 790	221	125	2 626	3 115	4 323	3 545	木島平村
1 420	415	36	193	2 190	4 029	4 697	野沢温泉村
							上水内郡
3 351	426	168	30 570	5 168	6 260	4 812	信濃町
1 035	122	23	3 893	665	3 255	1 889	小川村
4 230	359	368	9 079	4 627	9 424	7 472	飯綱町
							下水内郡
796	97	61	399	791	3 372	2 726	栄村
							岐阜県
							羽島郡
11 459	1 679	28	36 054	165 230	10 136	5 141	岐南町
9 257	903	12	30 274	41 277	8 820	6 742	笠松町
							養老郡
10 347	1 091	222	101 596	44 930	14 000	11 252	養老町
							不破郡
10 589	895	70	142 623	19 443	11 045	8 171	垂井町
2 675	297	10	49 051	10 681	4 645	3 664	関ケ原町
							安八郡
7 184	698	232	143 424	23 757	7 957	5 076	神戸町
3 417	389	76	79 340	19 150	4 873	3 273	輪之内町

市町村統計　町村（長野／岐阜）

町村の統計 (17)

	面積 (2022年 10月1日) (km²)	人口 (2023年1月1日)(人)			人口 増減率 (2022年) (%)	年齢階級別人口構成 (2023年1月1日)(%)		
		計	男	女		0〜14 歳	15〜64 歳	65歳 以上
安八町	18.16	14 512	7 143	7 369	-0.76	12.1	59.3	28.7
揖斐郡								
揖斐川町	803.44	19 536	9 450	10 086	-2.09	9.2	51.1	39.7
大野町	34.20	22 056	10 863	11 193	-1.30	11.6	58.5	30.0
池田町	38.80	22 990	11 340	11 650	-0.85	11.7	58.9	29.4
本巣郡								
北方町	5.18	18 695	8 946	9 749	0.78	13.6	61.3	25.1
加茂郡								
坂祝町	12.87	8 084	4 158	3 926	0.76	13.1	58.4	28.5
富加町	16.82	5 760	2 838	2 922	1.12	14.6	54.5	30.9
川辺町	41.16	9 962	4 916	5 046	-0.51	12.1	54.9	33.0
七宗町	90.47	3 373	1 588	1 785	-3.93	*7.5	*44.7	*47.8
八百津町	128.79	10 274	5 000	5 274	-1.65	9.2	50.3	40.5
白川町	237.90	7 421	3 488	3 933	-2.79	6.9	46.8	46.3
東白川村	87.09	2 109	1 001	1 108	-1.49	*8.5	*47.7	*43.7
可児郡								
御嵩町	56.69	17 775	8 959	8 816	-1.07	11.4	55.7	32.9
大野郡								
白川村	356.64	1 513	742	771	-1.82	*13.1	*53.7	*33.2
静岡県								
賀茂郡								
東伊豆町	77.82	11 414	5 464	5 950	-2.08	5.9	47.0	47.1
河津町	100.69	6 728	3 269	3 459	-2.38	8.2	48.7	43.1
南伊豆町	109.94	7 726	3 714	4 012	-1.65	7.8	44.3	48.0
松崎町	85.11	5 971	2 824	3 147	-2.93	*6.3	*43.8	*49.8
西伊豆町	105.41	7 098	3 391	3 707	-2.63	5.3	42.7	52.0
田方郡								
函南町	65.16	37 042	18 230	18 812	-0.64	11.2	56.5	32.3
駿東郡								
清水町	8.81	31 837	15 542	16 295	-0.29	12.2	61.4	26.4
長泉町	26.63	43 553	21 497	22 056	0.21	15.3	62.2	22.5
小山町	135.74	17 611	8 997	8 614	-1.26	11.7	57.1	31.2
榛原郡								
吉田町	20.73	29 286	14 660	14 626	0.19	11.8	62.1	26.1
川根本町	496.88	6 078	2 979	3 099	-2.88	5.9	43.1	51.0
周智郡								
森町	133.91	17 431	8 716	8 715	-1.43	10.6	53.5	35.9
愛知県								
愛知郡								
東郷町	18.03	43 784	22 056	21 728	0.06	14.8	62.5	22.8
西春日井郡								
豊山町	6.18	15 929	8 147	7 782	0.62	14.9	63.2	21.9
丹羽郡								
大口町	13.61	24 234	12 331	11 903	-0.20	14.8	62.1	23.1
扶桑町	11.19	35 026	17 469	17 557	0.08	13.3	60.6	26.1
海部郡								
大治町	6.59	33 356	16 917	16 439	0.57	14.8	64.3	20.8
蟹江町	11.09	37 144	18 403	18 741	-0.19	11.9	62.4	25.7

世帯数 （2023年 1月1日）	民営 事業所数 （2021年 6月1日）	農業産出額 （推計） （2021年） （千万円）	製造品 出荷額等 （2021年） （百万円）	卸売・小売 業の年間 商品販売額 （2020年） （百万円）	歳入決算額 （普通会計） （2021年度） （百万円）	地方債 現在高 （2021年度） （百万円）	
5 565	515	67	55 976	21 703	7 414	6 106	安八町
							揖斐郡
7 943	945	147	56 130	12 947	15 510	13 836	揖斐川町
8 278	809	189	46 246	20 523	9 443	7 567	大野町
8 600	887	97	79 259	15 285	10 728	8 786	池田町
							本巣郡
7 960	760	10	11 038	32 689	9 947	8 660	北方町
							加茂郡
3 350	259	41	45 308	9 332	4 070	2 709	坂祝町
2 104	257	39	48 804	4 589	3 664	1 774	富加町
3 991	418	16	38 283	8 081	5 902	4 002	川辺町
1 422	174	13	6 529	852	3 438	1 172	七宗町
4 302	492	67	56 606	7 135	7 445	3 226	八百津町
3 089	488	135	6 882	4 935	7 286	4 406	白川町
825	169	46	3 639	605	3 191	2 889	東白川村
							可児郡
7 512	661	30	148 260	24 456	8 993	5 575	御嵩町
							大野郡
596	219	6	686	672	4 355	3 825	白川村
							静岡県 賀茂郡
6 241	714	81	506	8 801	6 646	4 886	東伊豆町
3 303	464	44	1 987	6 174	5 064	2 766	河津町
3 884	542	75	3 451	3 586	6 342	5 250	南伊豆町
2 887	454	13	682	5 261	4 200	2 898	松崎町
3 654	510	9	3 940	7 483	8 707	4 008	西伊豆町
							田方郡
16 781	1 359	263	28 677	53 532	14 602	11 171	函南町
							駿東郡
14 339	1 641	16	95 001	160 158	12 106	9 039	清水町
18 715	1 541	133	482 385	104 063	17 887	2 531	長泉町
7 574	715	78	158 226	13 055	14 838	8 783	小山町
							榛原郡
12 030	1 300	108	290 433	64 798	13 438	10 701	吉田町
2 750	445	73	9 272	1 723	6 613	4 847	川根本町
							周智郡
6 684	778	303	135 307	19 249	10 836	8 801	森町
							愛知県 愛知郡
18 104	1 523	48	158 255	44 917	16 421	10 479	東郷町
							西春日井郡
7 077	926	5	148 817	224 089	8 439	3 058	豊山町
							丹羽郡
9 901	917	24	548 443	158 052	10 335	2 410	大口町
14 780	1 087	76	39 394	44 600	12 380	7 588	扶桑町
							海部郡
14 510	1 065	33	74 856	37 566	11 475	7 301	大治町
17 087	1 582	62	81 113	72 739	14 201	10 286	蟹江町

市町村統計

町村（岐阜／静岡／愛知）

町村の統計 (18)

	面積 (2022年 10月1日) (km²)	人口 (2023年1月1日)(人)			人口 増減率 (2022年) (%)	年齢階級別人口構成 (2023年1月1日)(%)		
		計	男	女		0〜14 歳	15〜64 歳	65歳 以上
飛島村	22.43	4 657	2 366	2 291	-1.04	13.0	57.1	30.0
知多郡								
阿久比町	23.80	28 438	14 072	14 366	-0.41	16.7	57.0	26.3
東浦町	31.14	50 283	25 234	25 049	-0.26	13.4	60.9	25.7
南知多町	38.37	16 322	7 979	8 343	-2.03	8.2	52.1	39.8
美浜町	46.20	21 131	10 496	10 635	-1.10	9.8	57.7	32.5
武豊町	26.37	43 363	21 845	21 518	-0.09	13.3	61.5	25.2
額田郡								
幸田町	56.72	42 283	21 438	20 845	-0.59	16.2	62.1	21.8
北設楽郡								
設楽町	273.94	4 342	2 096	2 246	-4.11	*7.1	*41.2	*51.7
東栄町	123.38	2 850	1 379	1 471	-2.90	*8.0	*41.3	*50.7
豊根村	155.88	987	478	509	-4.17	*6.3	*42.5	*51.2
三重県								
桑名郡								
木曽岬町	15.74	5 994	3 082	2 912	-1.43	9.0	57.7	33.4
員弁郡								
東員町	22.68	25 934	12 791	13 143	0.17	13.8	55.3	30.8
三重郡								
菰野町	107.01	41 283	20 426	20 857	-0.47	13.5	60.2	26.3
朝日町	5.99	11 106	5 526	5 580	0.32	17.2	64.4	18.4
川越町	8.72	15 535	8 018	7 517	0.37	14.3	67.0	18.8
多気郡								
多気町	103.06	14 000	6 738	7 262	-1.24	11.7	54.5	33.8
明和町	41.06	22 910	11 027	11 883	-0.35	12.9	56.6	30.5
大台町	362.86	8 595	4 089	4 506	-1.32	8.8	48.2	43.0
度会郡								
玉城町	40.91	15 162	7 352	7 810	-0.71	13.6	58.6	27.9
度会町	134.98	7 806	3 806	4 000	-1.09	*10.6	*53.1	*36.3
大紀町	233.32	7 633	3 641	3 992	-3.07	6.4	43.9	49.8
南伊勢町	241.89	11 221	5 245	5 976	-3.57	5.1	42.1	52.8
北牟婁郡								
紀北町	256.54	14 479	6 791	7 688	-2.33	7.2	47.9	44.9
南牟婁郡								
御浜町	88.13	8 086	3 806	4 280	-1.83	*9.7	*49.8	*40.5
紀宝町	79.62	10 436	4 913	5 523	-1.41	10.8	51.9	37.2
滋賀県								
蒲生郡								
日野町	117.60	20 987	10 541	10 446	-0.82	12.1	56.9	31.0
竜王町	44.55	11 543	5 984	5 559	-1.54	12.6	57.9	29.5
愛知郡								
愛荘町	37.97	21 332	10 712	10 620	-0.27	15.5	61.7	22.8
犬上郡								
豊郷町	7.80	7 208	3 550	3 658	-0.61	14.3	58.1	27.6
甲良町	13.63	6 595	3 202	3 393	-1.29	10.8	55.2	34.0
多賀町	135.77	7 466	3 630	3 836	-0.81	*14.4	*52.0	*33.6
京都府								
乙訓郡								
大山崎町	5.97	16 524	7 977	8 547	0.53	14.8	58.2	27.0

世帯数 (2023年 1月1日)	民営 事業所数 (2021年 6月1日)	農業産出額 (推計) (2021年) (千万円)	製造品 出荷額等 (2021年) (百万円)	卸売・小売 業の年間 商品販売額 (2020年) (百万円)	歳入決算額 (普通会計) (2021年度) (百万円)	地方債 現在高 (2021年度) (百万円)	
1 747	761	111	276 234	89 034	6 463	118	飛島村
							知多郡
10 953	925	255	100 551	35 682	11 323	10 248	阿久比町
21 331	1 504	215	182 634	64 714	18 572	7 874	東浦町
7 051	1 091	415	15 933	13 408	9 268	7 454	南知多町
9 006	896	446	66 326	18 153	9 671	6 789	美浜町
18 735	1 219	299	236 582	29 287	18 254	8 451	武豊町
							額田郡
16 556	1 251	351	877 123	49 414	20 252	3 575	幸田町
							北設楽郡
2 014	265	279	3 610	1 589	6 087	6 730	設楽町
1 356	197	55	1 657	2 570	4 455	4 013	東栄町
472	76	10	29	100	2 710	2 081	豊根村
							三重県 桑名郡
2 520	275	167	46 041	16 077	3 630	3 289	木曽岬町
							員弁郡
10 168	905	35	151 798	37 964	10 989	6 866	東員町
							三重郡
17 075	1 577	197	177 504	65 566	15 909	10 774	菰野町
4 311	308	6	81 275	11 207	5 197	4 495	朝日町
7 119	680	5	66 768	47 653	7 704	287	川越町
							多気郡
5 771	647	314	120 846	13 561	10 176	5 727	多気町
9 456	778	207	29 672	44 102	12 810	11 500	明和町
4 070	534	167	6 179	7 504	8 102	7 495	大台町
							度会郡
5 864	495	302	134 903	15 043	7 543	5 500	玉城町
3 109	334	89	3 651	2 488	5 021	3 016	度会町
3 848	461	156	12 532	3 485	8 453	10 600	大紀町
5 641	636	81	3 369	13 713	11 053	12 629	南伊勢町
							北牟婁郡
7 787	876	172	18 925	15 056	10 970	12 595	紀北町
							南牟婁郡
4 102	431	664	7 850	13 938	6 098	4 209	御浜町
5 203	441	77	40 245	2 951	7 740	8 455	紀宝町
							滋賀県 蒲生郡
8 613	923	211	393 564	26 552	11 090	8 602	日野町
4 480	752	294	693 378	51 360	7 197	4 629	竜王町
							愛知郡
8 491	814	131	128 285	25 988	11 533	12 529	愛荘町
							犬上郡
2 983	309	34	15 235	17 345	6 184	2 197	豊郷町
2 622	276	52	56 594	10 671	4 239	2 021	甲良町
2 913	411	41	208 576	5 481	5 523	5 174	多賀町
							京都府 乙訓郡
7 214	451	7	155 948	10 178	7 933	6 714	大山崎町

市町村統計

町村（愛知／三重／滋賀／京都）

町村の統計 (19)

	面積 (2022年 10月1日) (km²)	人口 (2023年1月1日)(人)			人口 増減率 (2022年) (％)	年齢階級別人口構成 (2023年1月1日)(％)		
		計	男	女		0～14 歳	15～64 歳	65歳 以上
久世郡 久御山町	13.86	15 505	7 680	7 825	-0.31	10.9	58.1	31.0
綴喜郡 井手町	18.04	7 009	3 426	3 583	-2.00	8.9	55.3	35.8
宇治田原町	58.16	8 893	4 485	4 408	-0.60	10.7	57.8	31.5
相楽郡 笠置町	23.52	1 159	557	602	-4.21	*3.9	*42.4	*53.7
和束町	64.93	3 600	1 714	1 886	-2.41	*6.7	*45.1	*48.2
精華町	25.68	36 790	17 660	19 130	-0.49	13.0	61.2	25.8
南山城村	64.11	2 505	1 189	1 316	-2.22	*5.4	*44.1	*50.4
船井郡 京丹波町	303.09	13 005	6 208	6 797	-2.36	7.8	48.1	44.2
与謝郡 伊根町	61.95	1 951	957	994	-1.91	*9.9	*42.6	*47.4
与謝野町	108.38	20 199	9 671	10 528	-2.23	10.1	51.8	38.1
大阪府 三島郡 島本町	16.81	31 646	14 963	16 683	-0.79	14.5	57.5	28.0
豊能郡 豊能町	34.34	18 526	8 850	9 676	-1.58	6.4	45.4	48.2
能勢町	98.75	9 267	4 490	4 777	-2.32	6.4	50.5	43.0
泉北郡 忠岡町	3.97	16 675	8 055	8 620	-0.70	11.3	60.3	28.4
泉南郡 熊取町	17.24	43 013	20 827	22 186	-0.33	13.0	57.7	29.4
田尻町	5.62	8 498	4 207	4 291	0.07	13.1	63.3	23.6
岬町	49.18	14 793	6 974	7 819	-1.61	8.0	52.5	39.6
南河内郡 太子町	14.17	12 959	6 342	6 617	-0.89	11.2	58.6	30.2
河南町	25.26	14 995	7 322	7 673	-1.00	10.8	56.2	33.0
千早赤阪村	37.30	4 893	2 313	2 580	-1.55	*7.8	*45.6	*46.5
兵庫県 川辺郡 猪名川町	90.33	29 570	14 116	15 454	-1.45	11.3	56.4	32.3
多可郡 多可町	185.19	19 463	9 479	9 984	-1.53	9.3	52.9	37.8
加古郡 稲美町	34.92	30 658	15 081	15 577	-0.15	12.3	55.6	32.1
播磨町	9.13	34 811	17 009	17 802	0.05	14.1	58.5	27.3
神崎郡 市川町	82.67	11 119	5 408	5 711	-2.69	9.4	51.9	38.6
福崎町	45.79	18 746	9 040	9 706	-0.59	12.9	57.9	29.2
神河町	202.23	10 661	5 054	5 607	-2.05	10.0	52.0	38.0
揖保郡 太子町	22.61	33 773	16 559	17 214	-0.12	13.6	59.1	27.3
赤穂郡 上郡町	150.26	14 090	6 896	7 194	-1.56	8.4	51.2	40.4

世帯数 (2023年 1月1日)	民営 事業所数 (2021年 6月1日)	農業産出額 (推計) (2021年) (千万円)	製造品 出荷額等 (2021年) (百万円)	卸売・小売 業の年間 商品販売額 (2020年) (百万円)	歳入決算額 (普通会計) (2021年度) (百万円)	地方債 現在高 (2021年度) (百万円)	
7 297	1 687	189	272 969	200 783	8 596	3 656	久世郡 久御山町
3 409	352	18	26 314	8 965	6 225	2 597	綴喜郡 井手町
3 821	473	133	91 778	16 642	5 739	6 816	宇治田原町
595	70	2	1 099	118	1 751	1 584	相楽郡 笠置町
1 690	168	273	951	1 189	3 839	3 564	和束町
15 413	1 003	118	44 158	36 434	15 804	14 875	精華町
1 206	101	129	599	373	2 873	2 753	南山城村
6 160	743	633	50 979	7 671	14 018	15 785	船井郡 京丹波町
890	152	22	284	149	3 731	4 095	与謝郡 伊根町
8 928	1 329	111	x	18 820	13 434	14 223	与謝野町
13 912	674	5	70 792	15 755	14 045	12 657	**大阪府** 三島郡 島本町
8 701	446	21	1 807	4 085	8 485	5 777	豊能郡 豊能町
4 544	432	130	7 812	7 364	6 246	6 972	能勢町
7 942	687	3	66 766	34 785	8 063	7 462	泉北郡 忠岡町
18 615	1 284	26	37 722	22 679	18 232	9 574	泉南郡 熊取町
4 096	382	6	8 034	11 664	6 694	231	田尻町
7 456	422	5	5 057	8 362	7 944	7 871	岬町
5 612	388	69	11 192	8 998	6 481	4 417	南河内郡 太子町
6 685	554	82	12 747	10 677	6 949	6 138	河南町
2 270	214	28	11 902	6 442	3 463	3 342	千早赤阪村
12 571	693	61	11 309	29 033	12 927	8 804	**兵庫県** 川辺郡 猪名川町
7 710	1 034	198	58 782	15 600	13 123	13 127	多可郡 多可町
12 975	1 248	188	136 468	260 539	14 651	10 885	加古郡 稲美町
15 512	1 077	5	306 583	20 865	16 211	11 636	播磨町
4 882	495	95	35 853	8 994	7 257	6 603	神崎郡 市川町
7 897	964	59	210 314	53 627	9 713	11 349	福崎町
4 209	543	63	29 029	9 641	9 116	13 251	神河町
14 035	1 315	27	156 372	78 002	13 893	12 501	揖保郡 太子町
6 428	580	745	45 259	9 244	9 044	9 707	赤穂郡 上郡町

市町村統計

町村（京都／大阪／兵庫）

町村の統計 (20)

	面積 (2022年 10月1日) (km²)	人口 (2023年1月1日)(人)			人口 増減率 (2022年) (%)	年齢階級別人口構成 (2023年1月1日)(%)		
		計	男	女		0～14 歳	15～64 歳	65歳 以上
佐用郡 　佐用町	307.44	15 499	7 478	8 021	-2.33	8.5	48.8	42.7
美方郡 　香美町	368.77	16 024	7 623	8 401	-2.60	9.2	49.8	41.0
新温泉町	241.01	13 416	6 430	6 986	-1.60	9.2	49.6	41.2
奈良県 　山辺郡 　山添村	66.52	3 228	1 552	1 676	-2.39	*7.0	*42.2	*50.8
生駒郡 　平群町	23.90	18 434	8 715	9 719	-0.80	9.8	51.5	38.7
三郷町	8.79	22 540	10 748	11 792	-0.92	11.8	56.9	31.3
斑鳩町	14.27	28 160	13 359	14 801	-0.32	13.4	55.9	30.7
安堵町	4.31	7 100	3 378	3 722	-0.74	8.6	56.0	35.4
磯城郡 　川西町	5.93	8 217	3 994	4 223	-1.83	11.0	53.6	35.5
三宅町	4.06	6 601	3 134	3 467	-0.80	9.6	53.8	36.6
田原本町	21.09	31 695	15 198	16 497	-0.24	11.8	56.5	31.8
宇陀郡 　曽爾村	47.76	1 321	606	715	-2.94	*7.4	*39.9	*52.7
御杖村	79.58	1 458	689	769	-3.19	*3.9	*37.3	*58.9
高市郡 　高取町	25.79	6 306	2 991	3 315	-1.70	*8.8	*50.3	*40.9
明日香村	24.10	5 288	2 548	2 740	-1.73	*10.3	*48.9	*40.8
北葛城郡 　上牧町	6.14	21 612	10 258	11 354	-1.36	9.4	55.8	34.8
王寺町	7.01	24 026	11 370	12 656	-0.65	14.7	56.3	29.0
広陵町	16.30	35 284	16 950	18 334	0.23	14.5	58.8	26.6
河合町	8.23	17 065	7 944	9 121	-1.23	9.1	51.4	39.4
吉野郡 　吉野町	95.65	6 251	2 879	3 372	-3.40	5.6	42.4	52.0
大淀町	38.10	16 438	7 863	8 575	-1.98	8.7	55.4	35.9
下市町	61.99	4 746	2 234	2 512	-3.34	*6.0	*45.7	*48.3
黒滝村	47.70	627	302	325	-4.57	*6.6	*41.8	*51.6
天川村	175.66	1 265	612	653	-2.84	*7.1	*41.6	*51.2
野迫川村	154.90	336	166	170	-3.17	*5.5	*41.2	*53.3
十津川村	672.38	2 960	1 499	1 461	-2.95	*7.6	*45.6	*46.8
下北山村	133.39	815	377	438	-2.04	*6.6	*44.7	*48.7
上北山村	274.22	454	237	217	-3.81	*4.0	*47.2	*48.8
川上村	269.26	1 262	601	661	-1.79	*6.3	*36.1	*57.7
東吉野村	131.65	1 585	741	844	-3.29	*4.6	*36.0	*59.4
和歌山県 　海草郡 　紀美野町	128.34	8 098	3 771	4 327	-2.46	7.2	44.8	48.0
伊都郡 　かつらぎ町	151.69	15 915	7 552	8 363	-1.38	10.0	50.4	39.6
九度山町	44.15	3 840	1 766	2 074	-3.54	*7.2	*46.0	*46.8
高野町	137.03	2 732	1 314	1 418	-2.22	7.7	47.6	44.7
有田郡 　湯浅町	20.80	11 172	5 242	5 930	-1.97	10.2	52.8	37.0

世帯数 (2023年 1月1日)	民営 事業所数 (2021年 6月1日)	農業産出額 (推計) (2021年) (千万円)	製造品 出荷額等 (2021年) (百万円)	卸売・小売 業の年間 商品販売額 (2020年) (百万円)	歳入決算額 (普通会計) (2021年度) (百万円)	地方債 現在高 (2021年度) (百万円)	
							佐用郡 佐用町
6 850	888	234	24 110	13 106	13 163	11 161	
							美方郡
6 384	1 087	183	19 520	12 051	15 832	19 127	香美町
5 610	698	126	10 619	10 434	12 270	14 820	新温泉町
							奈良県 山辺郡
1 335	181	60	18 658	893	3 802	2 393	山添村
							生駒郡
8 177	504	223	5 826	21 820	8 205	13 842	平群町
10 648	494	8	6 523	4 072	10 950	9 896	三郷町
12 139	866	47	19 809	19 176	11 281	7 839	斑鳩町
3 545	192	46	25 925	2 163	3 903	2 823	安堵町
							磯城郡
3 619	299	19	118 526	14 049	5 581	4 849	川西町
3 073	206	16	10 803	1 989	4 394	3 595	三宅町
13 383	1 265	128	50 607	56 752	14 910	13 374	田原本町
							宇陀郡
652	131	25	2 113	281	2 537	2 765	曽爾村
797	103	52	*x*	*x*	2 972	2 572	御杖村
							高市郡
2 829	319	28	10 944	6 415	4 423	3 616	高取町
2 217	281	62	1 521	789	5 236	3 993	明日香村
							北葛城郡
10 067	572	9	9 702	20 236	9 892	10 744	上牧町
10 686	865	2	11 045	19 665	17 033	11 315	王寺町
13 791	1 150	55	27 547	28 848	15 711	11 026	広陵町
7 960	471	16	37 213	13 830	7 535	12 307	河合町
							吉野郡
3 086	605	11	9 846	1 946	7 047	6 347	吉野町
7 394	768	57	15 607	16 695	9 681	6 131	大淀町
2 332	288	91	4 732	2 459	5 437	4 203	下市町
338	53	12	251	360	1 543	1 413	黒滝村
650	221	0	*x*	221	2 672	3 463	天川村
205	36	0	—	—	1 537	1 946	野迫川村
1 688	258	12	1 394	402	6 692	6 624	十津川村
523	84	0	411	*x*	2 100	3 389	下北山村
291	69	—	611	174	1 843	1 942	上北山村
750	140	1	1 714	239	3 516	3 581	川上村
899	153	0	1 751	74	2 789	2 668	東吉野村
							和歌山県 海草郡
4 078	469	161	7 168	5 709	8 683	7 893	紀美野町
							伊都郡
7 171	784	642	56 144	18 635	12 203	13 820	かつらぎ町
1 731	167	146	751	818	4 136	3 882	九度山町
1 554	352	6	910	1 839	5 434	3 840	高野町
							有田郡
5 326	745	296	5 998	21 340	12 695	11 123	湯浅町

市町村統計　町村（兵庫／奈良／和歌山）

町村の統計 (21)

	面積 2022年 (10月1日) (km²)	人口 (2023年1月1日)(人)			人口 増減率 (2022年) (%)	年齢階級別人口構成 (2023年1月1日)(%)		
		計	男	女		0〜14歳	15〜64歳	65歳以上
広川町	65.35	6 661	3 173	3 488	-1.48	*10.9	*53.8	*35.3
有田川町	351.84	25 641	12 142	13 499	-1.03	12.7	55.0	32.4
日高郡								
美浜町	12.77	6 625	3 095	3 530	-1.95	*9.5	*51.9	*38.6
日高町	46.21	7 959	3 827	4 132	0.00	*15.2	*55.6	*29.3
由良町	30.93	5 282	2 591	2 691	-2.73	*8.1	*51.1	*40.8
印南町	113.62	7 915	3 763	4 152	-1.15	11.3	51.7	36.9
みなべ町	120.28	11 988	5 708	6 280	-1.06	11.1	55.5	33.4
日高川町	331.59	9 360	4 529	4 831	-1.57	11.4	52.3	36.2
西牟婁郡								
白浜町	200.98	20 463	9 683	10 780	-1.03	9.2	52.6	38.3
上富田町	57.37	15 709	7 516	8 193	0.15	13.8	58.7	27.5
すさみ町	174.45	3 659	1 754	1 905	-1.45	*7.5	*45.0	*47.6
東牟婁郡								
那智勝浦町	183.31	14 036	6 571	7 465	-2.43	8.8	48.0	43.3
太地町	5.81	2 891	1 291	1 600	-1.63	*7.2	*47.7	*45.1
古座川町	294.23	2 446	1 128	1 318	-3.28	*7.1	*38.5	*54.4
北山村	48.20	404	184	220	-4.04	9.9	46.5	43.6
串本町	135.67	14 715	6 971	7 744	-2.94	7.8	45.1	47.1
鳥取県								
岩美郡								
岩美町	122.32	11 000	5 321	5 679	-1.30	10.5	51.9	37.8
八頭郡								
若桜町	199.18	2 841	1 366	1 475	-3.40	*6.0	*43.5	*50.6
智頭町	224.70	6 420	3 003	3 417	-2.31	8.7	46.8	44.4
八頭町	206.71	16 113	7 713	8 400	-1.82	10.8	52.0	37.1
東伯郡								
三朝町	233.52	6 057	2 892	3 165	-2.13	10.1	48.6	41.3
湯梨浜町	77.93	16 515	7 926	8 589	-0.82	13.8	53.6	32.6
琴浦町	139.97	16 435	7 798	8 637	-1.67	11.6	50.5	37.9
北栄町	56.94	14 508	6 959	7 549	-1.25	12.6	51.6	35.8
西伯郡								
日吉津村	4.20	3 599	1 700	1 899	0.67	*15.1	*56.5	*28.4
大山町	189.83	15 320	7 413	7 907	-1.95	10.6	48.8	40.6
南部町	114.03	10 348	4 971	5 377	-1.48	10.5	51.1	38.5
伯耆町	139.44	10 420	5 009	5 411	-1.92	*11.6	*48.7	*39.7
日野郡								
日南町	340.96	4 144	1 959	2 185	-2.52	*6.5	*40.1	*53.4
日野町	133.98	2 859	1 315	1 544	-1.95	*6.2	*43.6	*50.2
江府町	124.52	2 617	1 226	1 391	-2.53	*7.6	*43.4	*48.9
島根県								
仁多郡								
奥出雲町	368.01	11 630	5 617	6 013	-2.46	9.2	45.8	45.0
飯石郡								
飯南町	242.88	4 560	2 159	2 401	-2.06	*9.6	*44.2	*46.2
邑智郡								
川本町	106.43	3 078	1 462	1 616	-2.66	*9.3	*45.4	*45.4
美郷町	282.92	4 222	2 030	2 192	-3.01	*10.1	*42.4	*47.5
邑南町	419.29	9 961	4 776	5 185	-2.29	10.5	44.4	45.1

世帯数 (2023年 1月1日)	民営 事業所数 (2021年 6月1日)	農業産出額 (推計) (2021年) (千万円)	製造品 出荷額等 (2021年) (百万円)	卸売・小売 業の年間 商品販売額 (2020年) (百万円)	歳入決算額 (普通会計) (2021年度) (百万円)	地方債 現在高 (2021年度) (百万円)	
2 842	298	249	8 759	3 529	5 972	3 796	広川町
10 684	1 426	1 095	37 441	41 251	18 351	16 359	有田川町
							日高郡
3 062	332	37	3 496	5 477	5 127	3 589	美浜町
3 281	281	82	3 646	5 125	5 685	3 959	日高町
2 652	324	91	13 395	2 076	4 395	4 412	由良町
3 371	400	411	25 118	5 662	7 087	7 229	印南町
4 780	653	1 309	30 852	16 172	10 643	10 793	みなべ町
4 228	456	292	19 813	2 957	10 095	10 147	日高川町
							西牟婁郡
11 099	1 081	153	6 254	16 812	14 383	16 572	白浜町
7 441	637	178	24 963	26 590	7 815	6 058	上富田町
2 031	250	24	4 050	1 274	5 315	5 714	すさみ町
							東牟婁郡
7 513	1 001	38	1 694	18 695	10 464	12 088	那智勝浦町
1 558	157	1	338	811	3 646	4 740	太地町
1 381	152	86	634	731	4 095	2 662	古座川町
254	38	2	—	—	2 288	1 495	北山村
8 192	939	26	3 411	13 833	13 166	15 453	串本町
							鳥取県 岩美郡
4 444	354	81	16 332	7 425	7 918	7 395	岩美町
							八頭郡
1 277	156	56	2 622	930	4 217	4 196	若桜町
2 698	301	62	6 706	4 061	7 374	8 558	智頭町
6 125	533	305	5 223	8 277	13 435	12 901	八頭町
							東伯郡
2 521	198	73	1 970	2 882	5 884	5 298	三朝町
6 452	536	230	5 165	13 830	11 141	13 127	湯梨浜町
6 454	672	1 224	54 843	23 574	12 540	10 507	琴浦町
5 471	543	831	7 052	20 636	11 347	7 464	北栄町
							西伯郡
1 277	268	19	1 552	18 638	3 516	2 691	日吉津村
5 630	496	955	20 923	18 974	13 014	8 933	大山町
3 894	256	130	44 608	4 730	8 652	6 354	南部町
3 871	313	184	8 169	9 528	8 417	5 377	伯耆町
							日野郡
1 903	241	238	2 029	3 369	7 819	8 010	日南町
1 310	161	39	815	2 810	4 391	3 409	日野町
1 004	106	59	4 559	1 246	4 906	4 593	江府町
							島根県 仁多郡
4 719	649	329	26 503	10 285	15 249	18 294	奥出雲町
							飯石郡
2 013	300	242	9 181	3 253	8 815	10 927	飯南町
							邑智郡
1 621	249	27	983	5 026	5 031	5 483	川本町
2 078	282	59	1 146	1 164	8 460	10 504	美郷町
4 725	587	296	8 630	4 836	13 849	13 467	邑南町

市町村統計

町村（和歌山／鳥取／島根）

町村の統計 (22)

	面積 2022年 10月1日 (km²)	人口 (2023年1月1日)(人)			人口 増減率 (2022年) (%)	年齢階級別人口構成 (2023年1月1日)(%)		
		計	男	女		0〜14 歳	15〜64 歳	65歳 以上
鹿足郡								
津和野町	307.03	6 784	3 180	3 604	-2.58	*8.4	*41.2	*50.3
吉賀町	336.50	5 814	2 765	3 049	-2.25	9.5	45.4	45.1
隠岐郡								
海士町	33.44	2 238	1 078	1 160	-0.18	*11.2	*48.6	*40.2
西ノ島町	55.97	2 606	1 320	1 286	-2.32	*9.1	*42.5	*48.3
知夫村	13.70	615	307	308	-1.44	*9.5	*44.2	*46.3
隠岐の島町	6) 242.82	13 551	6 631	6 920	-1.27	11.1	47.4	41.5
岡山県								
和気郡								
和気町	144.21	13 423	6 477	6 946	-1.94	8.9	51.0	40.1
都窪郡								
早島町	7.62	12 648	6 075	6 573	-0.61	16.2	56.2	27.6
浅口郡								
里庄町	12.23	11 040	5 338	5 702	-0.20	13.6	55.2	31.3
小田郡								
矢掛町	90.62	13 438	6 477	6 961	-1.90	10.4	50.2	39.4
真庭郡								
新庄村	67.11	847	400	447	-2.98	*10.9	*45.1	*44.0
苫田郡								
鏡野町	419.68	12 468	6 039	6 429	-1.13	12.3	49.5	38.2
勝田郡								
勝央町	54.05	10 911	5 254	5 657	-0.64	14.2	54.6	31.2
奈義町	69.52	5 765	2 895	2 870	-0.05	13.1	52.1	34.8
英田郡								
西粟倉村	57.97	1 368	651	717	-1.94	*12.3	*50.2	*37.4
久米郡								
久米南町	78.65	4 498	2 153	2 345	-2.32	*8.3	*46.3	*45.4
美咲町	232.17	13 222	6 304	6 918	-2.15	10.2	48.8	41.0
加賀郡								
吉備中央町	268.78	10 507	5 085	5 422	-1.62	8.6	49.0	42.4
広島県								
安芸郡								
府中町	10.41	52 891	26 007	26 884	-0.08	14.6	60.7	24.7
海田町	13.79	30 639	15 181	15 458	0.76	14.9	61.4	23.7
熊野町	33.76	23 485	11 353	12 132	-0.42	12.1	52.7	35.2
坂町	15.69	12 839	6 157	6 682	-0.80	13.7	56.6	29.7
山県郡								
安芸太田町	341.89	5 700	2 653	3 047	-2.40	*7.7	*40.2	*52.2
北広島町	646.20	17 471	8 545	8 926	-1.83	9.9	50.7	39.4
豊田郡								
大崎上島町	43.11	7 022	3 493	3 529	-1.83	7.5	46.0	46.5
世羅郡								
世羅町	278.14	15 167	7 195	7 972	-1.84	10.0	47.8	42.3
神石郡								
神石高原町	381.98	8 249	3 988	4 261	-2.91	8.0	42.7	49.3

世帯数 （2023年 1月1日）	民営 事業所数 （2021年 6月1日）	農業産出額 （推計） （2021年） （千万円）	製造品 出荷額等 （2021年） （百万円）	卸売・小売 業の年間 商品販売額 （2020年） （百万円）	歳入決算額 （普通会計） （2021年度） （百万円）	地方債 現在高 （2021年度） （百万円）	
							鹿足郡
3 383	410	80	1 082	3 677	10 852	14 289	津和野町
3 047	330	142	12 171	5 049	8 044	8 737	吉賀町
							隠岐郡
1 247	164	52	276	415	7 119	10 618	海士町
1 486	203	37	440	1 854	6 435	11 526	西ノ島町
368	42	31	—	—	2 458	3 149	知夫村
7 047	934	68	1 199	13 421	18 051	28 354	隠岐の島町
							岡山県 和気郡
6 323	549	265	37 481	10 261	8 999	9 130	和気町
							都窪郡
5 155	536	17	14 531	224 838	6 255	4 643	早島町
							浅口郡
4 619	353	18	97 117	14 084	6 230	3 756	里庄町
							小田郡
5 436	572	221	48 974	10 253	10 113	10 048	矢掛町
							真庭郡
381	49	21	*x*	601	2 009	1 327	新庄村
							苫田郡
5 650	516	210	28 239	43 821	12 889	11 761	鏡野町
							勝田郡
4 717	469	284	169 804	14 522	7 121	6 118	勝央町
2 536	255	309	33 207	2 519	5 588	3 578	奈義町
							英田郡
595	85	14	*x*	442	4 102	4 507	西粟倉村
							久米郡
2 198	169	158	11 868	2 055	4 973	3 392	久米南町
6 023	544	1 077	40 036	3 446	14 426	11 282	美咲町
							加賀郡
5 196	496	394	54 319	5 011	12 155	8 809	吉備中央町
							広島県 安芸郡
23 848	1 688	0	567 433	120 071	21 523	25 880	府中町
14 007	1 200	1	83 843	70 467	13 836	9 384	海田町
10 649	753	20	24 873	16 625	10 975	8 395	熊野町
5 797	476	0	76 543	183 611	8 356	8 094	坂町
							山県郡
3 055	447	48	2 980	5 655	9 006	10 887	安芸太田町
8 325	1 129	695	143 369	22 296	17 694	14 089	北広島町
							豊田郡
4 177	539	119	95 883	6 890	8 036	10 417	大崎上島町
							世羅郡
6 772	902	1 196	14 354	21 403	13 940	10 918	世羅町
							神石郡
3 800	499	440	17 495	5 251	13 693	12 626	神石高原町

市町村統計　町村（島根／岡山／広島）

町村の統計 (23)

	面積 (2022年 10月1日) (km²)	人口 (2023年 1 月 1 日)（人）			人口 増減率 (2022年) (%)	年齢階級別人口構成 (2023年 1 月 1 日)（%）		
		計	男	女		0〜14 歳	15〜64 歳	65歳 以上
山口県								
大島郡								
周防大島町	138.10	14 346	6 665	7 681	-3.12	6.0	39.0	55.0
玖珂郡								
和木町	10.58	5 974	2 931	3 043	-1.68	15.8	55.5	28.7
熊毛郡								
上関町	34.69	2 390	1 135	1 255	-4.59	*5.8	*35.8	*58.4
田布施町	50.42	14 550	6 966	7 584	-1.30	9.8	53.1	37.1
平生町	34.54	11 144	5 291	5 853	-2.12	9.3	50.2	40.6
阿武郡								
阿武町	115.95	3 072	1 388	1 684	-1.48	*7.7	*41.0	*51.3
徳島県								
勝浦郡								
勝浦町	69.83	4 825	2 315	2 510	-2.76	*8.5	*45.1	*46.4
上勝町	109.63	1 427	679	748	-2.06	*7.1	*40.0	*52.8
名東郡								
佐那河内村	42.28	2 170	1 061	1 109	-1.50	*7.7	*44.4	*47.8
名西郡								
石井町	28.85	25 097	11 927	13 170	-0.84	12.0	54.7	33.3
神山町	173.30	4 846	2 314	2 532	-2.65	6.2	41.0	52.9
那賀郡								
那賀町	694.98	7 490	3 570	3 920	-2.93	*7.0	*41.4	*51.7
海部郡								
牟岐町	56.62	3 693	1 749	1 944	-3.63	*5.5	*41.1	*53.4
美波町	140.74	6 071	2 852	3 219	-2.55	7.2	43.8	48.9
海陽町	327.67	8 645	4 120	4 525	-1.40	7.1	46.3	46.6
板野郡								
松茂町	14.34	14 723	7 351	7 372	-0.45	12.0	61.9	26.1
北島町	8.74	23 574	11 472	12 102	0.54	15.0	59.3	25.7
藍住町	16.27	35 579	17 171	18 408	0.11	14.5	60.0	25.5
板野町	36.22	13 039	6 285	6 754	-0.96	10.6	55.6	33.8
上板町	34.58	11 474	5 543	5 931	-1.27	10.4	53.9	35.6
美馬郡								
つるぎ町	194.84	7 893	3 710	4 183	-3.28	*7.0	*45.3	*47.7
三好郡								
東みよし町	122.48	13 628	6 552	7 076	-1.80	10.9	52.5	36.6
香川県								
小豆郡								
土庄町	74.38	13 000	6 163	6 837	-2.00	9.0	47.2	43.8
小豆島町	95.59	13 616	6 507	7 109	-1.91	8.6	47.8	43.5
木田郡								
三木町	75.78	27 310	13 242	14 068	-0.44	12.4	55.3	32.4
香川郡								
直島町	14.22	2 949	1 527	1 422	-1.99	*10.1	*55.2	*34.8
綾歌郡								
宇多津町	8.10	18 446	9 021	9 425	-0.04	13.9	64.6	21.6
綾川町	109.75	23 368	11 384	11 984	-0.83	11.0	52.8	36.2

世帯数 (2023年 1月1日)	民営 事業所数 (2021年 6月1日)	農業産出額 (推計) (2021年) (千万円)	製造品 出荷額等 (2021年) (百万円)	卸売・小売 業の年間 商品販売額 (2020年) (百万円)	歳入決算額 (普通会計) (2021年度) (百万円)	地方債 現在高 (2021年度) (百万円)	
							山口県 大島郡
8 372	745	179	3 230	6 879	15 265	15 494	周防大島町
							玖珂郡
2 637	181	0	517 098	1 360	4 806	5 466	和木町
							熊毛郡
1 403	209	7	55	463	4 419	3 876	上関町
6 964	494	45	45 902	12 032	7 162	5 160	田布施町
5 387	461	22	30 121	11 755	7 578	5 089	平生町
							阿武郡
1 536	145	95	3 165	1 308	4 529	2 019	阿武町
							徳島県 勝浦郡
2 141	279	284	12 271	2 957	4 553	3 418	勝浦町
744	102	48	143	58	3 357	3 525	上勝町
							名東郡
944	91	91	770	319	3 987	2 180	佐那河内村
							名西郡
10 827	1 266	639	34 507	33 978	10 824	5 031	石井町
2 390	273	164	3 037	2 423	7 878	4 584	神山町
							那賀郡
3 735	416	162	96 356	4 228	12 975	13 653	那賀町
							海部郡
1 959	249	10	865	2 199	3 854	3 720	牟岐町
3 113	346	111	2 303	3 391	7 068	8 102	美波町
4 502	498	152	16 608	8 163	8 945	6 378	海陽町
							板野郡
6 903	609	264	161 058	52 058	7 471	3 272	松茂町
10 217	1 003	44	53 049	66 767	9 663	6 455	北島町
15 266	1 405	366	75 551	78 771	14 392	10 071	藍住町
5 791	521	406	171 849	12 811	6 753	5 692	板野町
4 960	409	358	5 717	11 055	5 846	3 518	上板町
							美馬郡
3 941	367	79	39 961	7 631	8 535	9 779	つるぎ町
							三好郡
6 267	644	144	7 530	15 759	10 062	9 676	東みよし町
							香川県 小豆郡
6 548	872	94	31 340	20 611	11 319	12 751	土庄町
6 815	902	68	34 702	11 600	11 985	9 528	小豆島町
							木田郡
11 931	1 026	384	33 141	42 432	14 060	8 047	三木町
							香川郡
1 544	230	0	499 817	4 513	4 202	3 071	直島町
							綾歌郡
8 912	867	9	43 894	81 692	8 692	5 731	宇多津町
10 110	1 009	438	59 010	68 810	11 584	3 879	綾川町

市町村統計　町村（山口／徳島／香川）

町村の統計 (24)

	面積 2022年 10月1日 (km²)	人口 (2023年1月1日)(人)			人口 増減率 (2022年) (%)	年齢階級別人口構成 (2023年1月1日)(%)		
		計	男	女		0〜14 歳	15〜64 歳	65歳 以上
仲多度郡 琴平町	8.47	8 434	3 964	4 470	-2.06	8.4	51.2	40.5
多度津町	24.39	22 126	11 061	11 065	-1.19	10.9	56.1	33.0
まんのう町	194.45	17 610	8 550	9 060	-1.48	11.6	50.7	37.7
愛媛県 　越智郡 上島町	30.38	6 283	3 279	3 004	-2.39	6.3	46.6	47.1
上浮穴郡 久万高原町	583.69	7 420	3 560	3 860	-3.01	*7.3	*42.9	*49.8
伊予郡 松前町	20.41	30 364	14 369	15 995	-0.22	13.0	55.4	31.6
砥部町	101.59	20 510	9 761	10 749	0.08	11.4	54.2	34.4
喜多郡 内子町	299.43	15 406	7 413	7 993	-2.23	9.9	49.0	41.1
西宇和郡 伊方町	93.83	8 395	4 060	4 335	-3.38	6.7	44.7	48.6
北宇和郡 松野町	98.45	3 661	1 728	1 933	-2.30	*8.1	*44.5	*47.4
鬼北町	241.88	9 563	4 472	5 091	-1.83	8.5	45.5	46.0
南宇和郡 愛南町	238.99	19 575	9 293	10 282	-2.38	7.4	46.8	45.9
高知県 　安芸郡 東洋町	74.02	2 183	1 062	1 121	-2.50	*5.5	*41.2	*53.3
奈半利町	28.37	3 003	1 407	1 596	-1.70	*8.7	*45.2	*46.1
田野町	6.53	2 524	1 195	1 329	-1.14	*9.5	*47.9	*42.5
安田町	52.36	2 413	1 189	1 224	-3.75	*8.0	*46.0	*46.0
北川村	196.73	1 213	580	633	-0.74	*7.2	*47.5	*45.3
馬路村	165.48	827	392	435	-0.84	*9.6	*49.9	*40.4
芸西村	39.60	3 621	1 733	1 888	-0.63	10.8	51.8	37.3
長岡郡 本山町	134.22	3 299	1 555	1 744	-1.23	*8.2	*44.8	*47.0
大豊町	315.06	3 223	1 502	1 721	-3.56	*5.7	*34.2	*60.1
土佐郡 土佐町	212.13	3 625	1 770	1 855	-2.13	*10.1	*44.9	*45.0
大川村	95.27	361	183	178	-2.70	*12.0	*45.5	*42.5
吾川郡 いの町	470.97	21 504	10 270	11 234	-1.66	*9.5	*49.9	*40.5
仁淀川町	333.00	4 795	2 328	2 467	-3.52	*6.7	*36.7	*56.5
高岡郡 中土佐町	193.21	6 106	2 855	3 251	-2.82	*7.3	*43.6	*49.1
佐川町	100.80	12 238	5 787	6 451	-1.21	10.2	49.6	40.3
越知町	111.95	5 087	2 402	2 685	-3.27	*7.6	*44.9	*47.5
檮原町	236.45	3 236	1 570	1 666	-3.20	*9.2	*43.1	*47.7
日高村	44.85	4 858	2 294	2 564	-0.67	*9.3	*47.1	*43.5
津野町	197.85	5 456	2 580	2 876	-2.27	*9.7	*44.6	*45.7
四万十町	642.28	15 761	7 546	8 215	-2.15	9.0	45.7	45.3

世帯数 (2023年 1月1日)	民営 事業所数 (2021年 6月1日)	農業産出額 (推計) (2021年) (千万円)	製造品 出荷額等 (2021年) (百万円)	卸売・小売 業の年間 商品販売額 (2020年) (百万円)	歳入決算額 (普通会計) (2021年度) (百万円)	地方債 現在高 (2021年度) (百万円)	
							仲多度郡
4 180	622	34	5 730	7 734	5 116	5 392	琴平町
10 420	881	83	133 512	36 067	14 400	15 176	多度津町
7 449	759	510	53 670	12 399	12 527	12 734	まんのう町
							愛媛県
							越智郡
3 755	332	42	29 525	1 828	7 211	9 777	上島町
							上浮穴郡
4 127	441	140	3 062	5 868	11 474	9 425	久万高原町
							伊予郡
13 738	1 249	358	105 089	81 335	13 576	13 026	松前町
9 489	801	142	18 584	61 282	10 115	9 831	砥部町
							喜多郡
7 021	789	395	20 249	12 246	12 188	8 052	内子町
							西宇和郡
4 451	417	478	4 875	3 545	11 463	8 639	伊方町
							北宇和郡
1 972	148	69	3 450	1 150	5 539	5 521	松野町
4 861	488	198	4 885	13 907	9 082	8 277	鬼北町
							南宇和郡
10 017	1 097	243	4 547	20 180	17 443	16 915	愛南町
							高知県
							安芸郡
1 340	129	25	x	932	3 816	4 480	東洋町
1 659	195	97	3 432	2 952	3 458	3 730	奈半利町
1 312	148	87	903	4 275	4 610	3 969	田野町
1 220	99	204	1 625	716	3 655	4 599	安田町
614	44	80	x	x	2 513	2 450	北川村
422	48	33	3 506	184	2 579	2 665	馬路村
1 763	145	389	x	2 964	6 027	2 248	芸西村
							長岡郡
1 847	176	105	1 344	3 243	5 400	6 528	本山町
1 936	210	67	6 496	1 913	7 467	6 465	大豊町
							土佐郡
1 882	217	120	1 153	3 228	4 969	4 412	土佐町
213	18	22	x	x	1 516	2 311	大川村
							吾川郡
10 360	892	202	29 259	18 657	16 230	17 700	いの町
2 753	293	45	4 950	931	8 419	5 966	仁淀川町
							高岡郡
3 320	285	141	3 171	5 743	8 413	13 737	中土佐町
6 011	478	263	3 064	12 553	9 380	5 867	佐川町
2 640	273	191	2 731	4 486	5 723	6 176	越知町
1 719	207	40	3 825	1 478	7 001	7 983	檮原町
2 458	226	85	11 848	3 295	6 359	4 790	日高村
2 619	242	99	2 738	1 544	8 195	7 102	津野町
8 139	875	854	8 915	16 635	20 726	18 349	四万十町

市町村統計 町村 (香川／愛媛／高知)

町村の統計 (25)

	面積 (2022年 10月1日) (km²)	人口 (2023年1月1日)(人)			人口 増減率 (2022年) (%)	年齢階級別人口構成 (2023年1月1日)(%)		
		計	男	女		0～14 歳	15～64 歳	65歳 以上
幡多郡								
大月町	102.73	4 582	2 242	2 340	-2.76	*6.6	*43.8	*49.6
三原村	85.37	1 435	710	725	-2.25	*6.6	*45.9	*47.5
黒潮町	188.46	10 411	4 977	5 434	-1.73	8.4	45.9	45.7
福岡県								
糟屋郡								
宇美町	30.21	37 119	18 195	18 924	-0.35	14.1	57.2	28.8
篠栗町	38.93	31 020	15 087	15 933	-1.06	14.4	60.7	24.9
志免町	8.69	46 560	22 513	24 047	-0.03	15.6	60.5	23.8
須恵町	16.31	29 270	14 322	14 948	0.77	16.5	57.3	26.2
新宮町	18.93	33 448	16 161	17 287	-0.50	19.2	61.6	19.2
久山町	37.44	9 324	4 445	4 879	1.25	16.8	56.3	26.8
粕屋町	14.13	48 933	24 259	24 674	0.73	17.1	64.9	17.9
遠賀郡								
芦屋町	11.58	13 145	6 388	6 757	-1.19	11.7	55.6	32.7
水巻町	11.01	27 810	13 150	14 660	-0.34	12.3	54.4	33.3
岡垣町	48.64	31 697	15 035	16 662	0.28	12.8	53.8	33.3
遠賀町	22.15	19 109	9 063	10 046	-0.60	12.5	53.0	34.5
鞍手郡								
小竹町	14.28	7 119	3 445	3 674	-2.22	8.2	49.5	42.3
鞍手町	35.60	15 172	7 221	7 951	-1.13	10.5	50.0	39.4
嘉穂郡								
桂川町	20.14	13 043	6 159	6 884	-1.19	11.9	52.5	35.6
朝倉郡								
筑前町	67.10	30 233	14 528	15 705	0.43	14.3	55.4	30.3
東峰村	51.97	1 912	897	1 015	-3.34	*9.6	*43.7	*46.7
三井郡								
大刀洗町	22.84	16 038	7 753	8 285	1.08	14.9	57.1	28.0
三潴郡								
大木町	18.44	13 897	6 660	7 237	-0.70	14.4	56.4	29.2
八女郡								
広川町	37.94	19 366	9 449	9 917	-0.29	13.4	57.1	29.5
田川郡								
香春町	44.50	10 370	4 865	5 505	-1.94	*10.8	*47.1	*42.1
添田町	132.20	8 828	4 169	4 659	-2.42	*9.0	*46.1	*45.0
糸田町	8.04	8 527	4 008	4 519	-2.26	12.6	49.6	37.9
川崎町	36.14	15 606	7 347	8 259	-1.81	10.7	50.7	38.6
大任町	14.26	5 147	2 355	2 792	-1.08	*14.1	*48.4	*37.5
赤村	31.98	2 953	1 381	1 572	-1.30	*11.6	*47.4	*41.0
福智町	42.06	21 513	10 292	11 221	-1.76	12.0	51.7	36.3
京都郡								
苅田町	49.58	37 767	19 506	18 261	0.97	14.0	61.1	24.9
みやこ町	151.34	18 384	8 736	9 648	-2.03	9.9	48.4	41.7
築上郡								
吉富町	5.72	6 649	3 172	3 477	-1.12	13.5	55.2	31.3
上毛町	62.44	7 391	3 524	3 867	-1.37	*12.7	*50.5	*36.7
築上町	119.61	17 309	8 528	8 781	-1.03	10.3	51.7	38.0

世帯数 (2023年 1月1日)	民営 事業所数 (2021年 6月1日)	農業産出額 (推計) (2021年) (千万円)	製造品 出荷額等 (2021年) (百万円)	卸売・小売 業の年間 商品販売額 (2020年) (百万円)	歳入決算額 (普通会計) (2021年度) (百万円)	地方債 現在高 (2021年度) (百万円)	
							幡多郡
2 526	260	198	326	1 098	5 446	5 769	大月町
742	88	79	x	128	2 205	3 200	三原村
5 380	493	233	4 429	3 655	11 674	11 491	黒潮町
							福岡県
							糟屋郡
16 464	1 398	9	52 646	66 696	15 348	9 836	宇美町
13 735	833	16	30 988	170 761	13 185	8 077	篠栗町
20 648	1 811	6	32 850	151 263	18 839	10 297	志免町
12 651	1 146	22	56 558	83 797	11 865	7 382	須恵町
13 635	1 206	49	97 062	187 112	19 012	13 983	新宮町
3 753	521	76	58 754	67 943	6 614	4 645	久山町
21 634	2 036	24	50 076	254 402	20 354	10 821	粕屋町
							遠賀郡
6 456	499	34	5 850	9 002	9 808	12 395	芦屋町
13 619	883	11	24 255	40 304	12 638	7 842	水巻町
14 283	971	182	12 572	27 942	12 829	8 291	岡垣町
8 651	892	65	28 028	25 376	9 919	6 675	遠賀町
							鞍手郡
3 805	267	36	29 235	9 813	5 654	5 831	小竹町
7 421	645	151	110 059	14 620	14 126	14 155	鞍手町
							嘉穂郡
6 263	365	66	15 899	9 466	7 122	5 114	桂川町
							朝倉郡
12 032	922	595	38 031	42 289	14 366	13 166	筑前町
824	162	16	1 949	324	4 580	4 322	東峰村
							三井郡
6 141	515	340	25 216	17 665	9 252	4 659	大刀洗町
							三潴郡
5 243	581	219	18 362	19 758	7 522	4 785	大木町
							八女郡
8 092	783	500	79 286	42 208	9 673	8 104	広川町
							田川郡
5 425	359	36	9 721	7 051	7 646	6 912	香春町
4 534	366	66	1 019	4 595	8 388	6 329	添田町
4 545	174	14	1 134	1 908	7 734	6 220	糸田町
8 593	588	61	5 961	17 275	11 993	13 756	川崎町
2 626	193	21	2 478	4 460	8 144	20 128	大任町
1 486	118	82	105	225	3 717	2 818	赤村
11 072	715	72	18 768	17 137	21 503	19 990	福智町
							京都郡
18 634	1 597	35	1 197 994	101 003	17 451	8 738	苅田町
8 396	675	265	76 335	9 966	13 847	10 132	みやこ町
							築上郡
3 049	214	16	35 366	6 001	4 373	3 499	吉富町
3 233	209	99	33 456	1 603	7 213	2 981	上毛町
8 817	631	200	13 222	10 495	13 552	12 733	築上町

市町村統計　町村（高知／福岡）

町村の統計 (26)

	面積 (2022年 10月1日) (km²)	人口 (2023年1月1日)(人) 計	男	女	人口 増減率 (2022年) (%)	年齢階級別人口構成 (2023年1月1日)(%) 0〜14 歳	15〜64 歳	65歳 以上
佐賀県								
神埼郡								
吉野ヶ里町	43.99	16 228	7 945	8 283	-0.04	14.9	59.7	25.5
三養基郡								
基山町	22.15	17 545	8 361	9 184	0.31	13.1	54.8	32.1
上峰町	12.80	9 789	4 714	5 075	0.78	15.3	58.7	26.0
みやき町	51.92	25 752	12 384	13 368	-0.27	13.3	52.7	34.0
東松浦郡								
玄海町	35.92	5 130	2 630	2 500	-3.06	*11.3	*52.9	*35.8
西松浦郡								
有田町	65.85	19 051	8 908	10 143	-1.11	12.3	52.1	35.5
杵島郡								
大町町	11.50	6 136	2 846	3 290	-1.75	*10.4	*49.4	*40.2
江北町	24.88	9 609	4 553	5 056	-0.60	15.1	56.2	28.7
白石町	99.56	21 741	10 290	11 451	-1.76	11.1	52.8	36.1
藤津郡								
太良町	74.30	8 256	3 959	4 297	-1.87	10.1	50.8	39.1
長崎県								
西彼杵郡								
長与町	28.73	40 395	19 245	21 150	-1.29	14.2	57.7	28.1
時津町	20.94	29 544	14 212	15 332	0.24	14.8	58.4	26.9
東彼杵郡								
東彼杵町	74.29	7 556	3 625	3 931	-1.24	10.3	50.7	39.0
川棚町	37.25	13 400	6 329	7 071	-1.25	11.9	53.6	34.5
波佐見町	56.00	14 283	6 764	7 519	-1.37	*13.6	*53.6	*32.9
北松浦郡								
小値賀町	25.50	2 239	1 041	1 198	-1.97	*8.9	*38.9	*52.2
佐々町	32.26	14 103	6 729	7 374	0.46	16.4	55.3	28.3
南松浦郡								
新上五島町	213.99	17 611	8 438	9 173	-2.35	8.3	48.2	43.6
熊本県								
下益城郡								
美里町	144.00	9 062	4 303	4 759	-3.45	7.3	45.6	47.2
玉名郡								
玉東町	24.33	5 241	2 492	2 749	0.67	13.6	49.6	36.7
南関町	68.92	9 001	4 311	4 690	-2.17	10.0	49.2	40.8
長洲町	19.44	15 506	7 769	7 737	-0.61	11.6	51.8	36.6
和水町	98.78	9 303	4 460	4 843	-2.49	10.1	47.2	42.7
菊池郡								
大津町	99.10	36 030	17 870	18 160	0.62	16.6	60.6	22.8
菊陽町	37.46	43 714	21 467	22 247	0.87	17.2	61.8	21.1
阿蘇郡								
南小国町	115.90	3 850	1 848	2 002	-0.70	10.7	48.8	40.5
小国町	136.94	6 634	3 181	3 453	-1.43	9.8	47.1	43.2
産山村	60.81	1 411	737	674	-0.35	*10.8	*45.6	*43.6
高森町	175.06	6 057	2 935	3 122	-1.05	9.8	47.4	42.8
西原村	77.22	6 926	3 407	3 519	2.93	13.4	54.5	32.1
南阿蘇村	137.32	10 155	4 956	5 199	-1.26	9.9	47.0	43.1

世帯数 （2023年 1月1日）	民営 事業所数 （2021年 6月1日）	農業産出額 （推計） （2021年） （千万円）	製造品 出荷額等 （2021年） （百万円）	卸売・小売 業の年間 商品販売額 （2020年） （百万円）	歳入決算額 （普通会計） （2021年度） （百万円）	地方債 現在高 （2021年度） （百万円）	
							佐賀県 　神埼郡
6 698	523	90	127 080	13 964	10 740	8 399	吉野ヶ里町
							三養基郡
7 331	553	32	126 140	51 825	9 560	6 736	基山町
3 881	330	60	78 732	15 007	14 737	2 978	上峰町
10 407	846	197	40 730	40 887	23 072	16 471	みやき町
							東松浦郡
1 941	244	477	*x*	2 322	9 570	8	玄海町
							西松浦郡
7 809	1 211	268	27 726	21 218	13 533	11 256	有田町
							杵島郡
2 697	251	31	42 943	3 525	6 967	4 794	大町町
3 613	400	273	29 704	11 798	7 443	5 189	江北町
7 744	927	1 433	5 300	32 916	16 787	14 045	白石町
							藤津郡
3 189	360	983	*x*	4 401	8 670	4 671	太良町
							長崎県 　西彼杵郡
17 133	1 118	200	4 835	41 299	17 277	13 474	長与町
13 399	1 384	58	63 799	113 941	14 772	11 913	時津町
							東彼杵郡
3 190	284	191	14 259	9 076	6 761	3 819	東彼杵町
5 746	512	103	29 835	8 206	8 271	6 204	川棚町
5 352	914	91	40 439	16 462	10 315	6 358	波佐見町
							北松浦郡
1 215	141	69	*x*	910	4 305	3 533	小値賀町
6 208	632	86	*x*	26 010	8 236	4 256	佐々町
							南松浦郡
8 511	1 034	13	2 233	19 233	18 525	18 583	新上五島町
							熊本県 　下益城郡
4 118	377	133	3 863	5 425	8 660	8 064	美里町
							玉名郡
2 105	171	266	3 001	3 116	5 825	2 768	玉東町
4 067	401	204	137 447	8 877	8 470	8 261	南関町
7 284	500	73	154 401	11 662	8 920	6 303	長洲町
3 794	433	726	34 040	7 137	10 046	7 880	和水町
							菊池郡
15 717	1 306	876	244 501	108 841	20 910	18 671	大津町
18 921	1 754	362	209 614	149 973	20 906	17 038	菊陽町
							阿蘇郡
1 793	279	160	983	3 089	6 430	3 177	南小国町
3 029	470	225	3 223	10 937	8 825	6 198	小国町
631	73	211	—	551	2 763	2 303	産山村
2 932	345	532	8 237	7 957	9 605	5 258	高森町
2 901	302	358	41 056	7 639	8 192	10 641	西原村
4 703	531	402	6 920	13 113	14 496	22 850	南阿蘇村

市町村統計

町村（佐賀／長崎／熊本）

町村の統計 (27)

	面積 2022年 10月1日 (km²)	人口 (2023年1月1日)(人)			人口 増減率 (2022年) (%)	年齢階級別人口構成 (2023年1月1日)(%)		
		計	男	女		0～14 歳	15～64 歳	65歳 以上
上益城郡								
御船町	99.03	17 051	8 189	8 862	0.02	13.6	51.5	34.9
嘉島町	16.65	10 072	4 897	5 175	1.83	18.4	55.8	25.8
益城町	65.68	33 718	16 269	17 449	0.69	15.8	54.3	29.9
甲佐町	57.93	10 273	4 930	5 343	-0.51	12.4	47.9	39.7
山都町	544.67	13 623	6 585	7 038	-2.46	8.5	41.0	50.5
八代郡								
氷川町	33.36	11 179	5 137	6 042	-1.37	10.4	50.0	39.6
葦北郡								
芦北町	234.01	15 724	7 474	8 250	-2.58	9.4	44.5	46.1
津奈木町	34.08	4 324	2 053	2 271	-1.91	*9.8	*46.4	*43.8
球磨郡								
錦町	85.04	10 282	4 875	5 407	-1.05	14.2	51.8	34.0
多良木町	165.86	8 828	4 156	4 672	-2.66	10.6	46.2	43.1
湯前町	48.37	3 608	1 696	1 912	-2.57	*10.0	*44.7	*45.3
水上村	190.96	2 035	958	1 077	-2.54	*11.2	*44.4	*44.4
相良村	94.54	4 095	1 952	2 143	-2.01	*10.4	*46.7	*42.9
五木村	252.92	974	469	505	-4.13	*6.6	*43.6	*49.8
山江村	121.19	3 276	1 526	1 750	-2.03	14.6	49.3	36.1
球磨村	207.58	2 958	1 418	1 540	-8.11	*8.3	*43.4	*48.4
あさぎり町	159.56	14 554	6 809	7 745	-1.76	12.3	48.9	38.8
天草郡								
苓北町	67.58	6 571	3 111	3 460	-2.77	*10.0	*45.9	*44.1
大分県								
東国東郡								
姫島村	6.99	1 812	867	945	-3.51	*6.6	*39.3	*54.1
速見郡								
日出町	73.26	28 115	13 526	14 589	-0.44	13.1	56.2	30.7
玖珠郡								
九重町	271.37	8 729	4 206	4 523	-2.10	9.7	46.1	44.2
玖珠町	286.60	14 384	6 966	7 418	-2.11	10.4	50.2	39.4
宮崎県								
北諸県郡								
三股町	110.02	25 992	12 309	13 683	-0.41	17.3	54.8	27.9
西諸県郡								
高原町	85.39	8 838	4 240	4 598	-1.90	*10.7	*47.1	*42.2
東諸県郡								
国富町	130.63	18 695	8 844	9 851	-1.20	11.4	50.8	37.8
綾町	95.19	7 043	3 341	3 702	-0.97	*13.2	*48.9	*37.9
児湯郡								
高鍋町	43.80	19 729	9 378	10 351	-1.25	12.7	53.4	33.9
新富町	61.48	16 888	8 308	8 580	-0.94	12.8	55.3	31.8
西米良村	271.51	1 073	552	521	-1.20	*13.4	*45.2	*41.3
木城町	145.96	4 908	2 289	2 619	-1.58	*14.7	*47.7	*37.6
川南町	90.12	15 095	7 178	7 917	-1.24	12.1	51.8	36.1
都農町	102.11	10 262	4 884	5 378	-0.69	12.2	48.5	39.2
東臼杵郡								
門川町	120.40	17 385	8 338	9 047	-1.47	12.9	52.7	34.3
諸塚村	187.56	1 499	749	750	-2.79	*9.4	*44.4	*46.3

世帯数 (2023年1月1日)	民営事業所数 (2021年6月1日)	農業産出額 (推計)(2021年)(千万円)	製造品出荷額等 (2021年)(百万円)	卸売・小売業の年間商品販売額 (2020年)(百万円)	歳入決算額 (普通会計)(2021年度)(百万円)	地方債現在高 (2021年度)(百万円)	
							上益城郡
7 426	709	448	14 262	30 995	14 582	15 707	御船町
4 039	717	86	32 950	115 029	8 382	8 327	嘉島町
14 152	1 093	551	70 749	59 076	25 100	45 938	益城町
4 437	463	222	11 748	7 087	9 620	11 413	甲佐町
6 342	699	1 103	7 995	13 967	17 378	8 417	山都町
							八代郡
4 553	456	779	603	11 526	8 047	6 745	氷川町
							葦北郡
6 995	584	334	15 639	11 922	18 221	12 708	芦北町
1 894	141	94	2 654	2 860	4 719	2 610	津奈木町
							球磨郡
3 954	424	616	27 860	45 136	9 419	5 518	錦町
3 686	450	426	5 738	11 424	8 883	5 751	多良木町
1 537	180	112	2 103	1 539	4 503	2 878	湯前町
856	90	63	2 181	234	5 125	3 616	水上村
1 580	192	278	9 943	5 695	5 601	3 399	相良村
472	50	2	372	288	3 326	3 400	五木村
1 200	84	54	589	1 879	5 222	5 786	山江村
1 281	73	54	264	477	11 115	5 786	球磨村
5 884	633	851	18 593	19 501	15 213	10 130	あさぎり町
							天草郡
3 062	343	133	1 501	4 656	5 711	6 535	苓北町
							大分県
							東国東郡
874	99	0	152	166	2 942	2 855	姫島村
							速見郡
12 697	1 035	474	49 292	34 037	13 769	10 445	日出町
							玖珠郡
3 884	548	465	7 000	2 675	9 638	5 431	九重町
6 606	806	443	11 367	19 930	11 451	7 979	玖珠町
							宮崎県
							北諸県郡
11 559	854	513	17 840	27 725	13 708	7 403	三股町
							西諸県郡
4 408	350	542	7 012	4 439	7 774	5 163	高原町
							東諸県郡
8 985	732	787	55 898	20 777	11 151	8 822	国富町
3 254	310	438	16 017	5 689	6 176	4 350	綾町
							児湯郡
9 611	1 001	772	106 238	35 917	12 457	7 964	高鍋町
7 972	617	1 016	21 182	17 895	13 623	5 964	新富町
544	78	31	x	153	3 489	2 215	西米良村
2 233	223	504	2 808	1 651	6 145	1 549	木城町
7 060	643	2 267	60 888	38 044	12 949	5 998	川南町
4 778	344	988	16 554	9 641	30 079	6 021	都農町
							東臼杵郡
8 184	663	410	23 500	17 638	11 371	7 613	門川町
679	78	37	1 122	587	3 789	2 857	諸塚村

市町村統計　町村（熊本／大分／宮崎）

町村の統計 (28)

	面積 2022年 10月1日 (km²)	人口 (2023年1月1日)(人)			人口 増減率 (2022年) (%)	年齢階級別人口構成 (2023年1月1日)(%)		
		計	男	女		0～14 歳	15～64 歳	65歳 以上
椎葉村	537.29	2 586	1 319	1 267	-1.93	*10.6	*44.2	*45.1
美郷町	448.84	4 839	2 367	2 472	-3.10	*8.2	*39.8	*52.0
西臼杵郡								
高千穂町	237.54	11 327	5 462	5 865	-2.81	10.8	45.3	43.9
日之影町	277.67	3 592	1 722	1 870	-3.60	*8.9	*43.7	*47.4
五ヶ瀬町	171.73	3 503	1 730	1 773	-2.86	*11.4	*44.2	*44.4
鹿児島県								
鹿児島郡								
三島村	31.39	369	178	191	-4.90	*24.1	*47.6	*28.3
十島村	101.14	657	355	302	-3.52	*19.8	*49.2	*31.0
薩摩郡								
さつま町	303.90	19 534	9 163	10 371	-2.57	10.2	47.8	42.0
出水郡								
長島町	116.19	9 809	4 790	5 019	-2.08	13.7	48.2	38.1
姶良郡								
湧水町	144.29	8 700	4 093	4 607	-1.91	9.9	45.0	45.1
曽於郡								
大崎町	100.64	12 398	5 922	6 476	-0.40	10.7	48.7	40.6
肝属郡								
東串良町	27.85	6 510	3 081	3 429	-0.46	13.5	49.4	37.1
錦江町	163.19	6 640	3 181	3 459	-4.31	9.1	44.0	46.9
南大隅町	213.59	6 364	3 060	3 304	-3.63	*8.5	*40.8	*50.6
肝付町	308.05	14 241	7 023	7 218	-2.11	10.9	46.4	42.7
熊毛郡								
中種子町	136.94	7 489	3 572	3 917	-1.84	*12.1	*47.6	*40.4
南種子町	110.00	5 363	2 691	2 672	-1.22	*13.0	*49.0	*37.9
屋久島町	540.44	11 724	5 774	5 950	-1.79	12.4	50.0	37.6
大島郡								
大和村	88.26	1 414	710	704	-1.12	*10.6	*46.5	*42.9
宇検村	103.07	1 653	806	847	-0.84	*12.1	*43.0	*44.9
瀬戸内町	239.65	8 442	4 164	4 278	-1.97	*11.7	*49.0	*39.3
龍郷町	81.82	6 017	2 904	3 113	-0.61	*15.4	*51.0	*33.6
喜界町	56.82	6 565	3 245	3 320	-2.70	*11.2	*46.4	*42.4
徳之島町	104.92	10 290	5 107	5 183	-1.22	14.9	51.8	33.3
天城町	80.40	5 597	2 874	2 723	-1.70	*13.2	*48.9	*37.8
伊仙町	62.71	6 361	3 240	3 121	-1.88	*14.9	*46.8	*38.3
和泊町	40.39	6 296	3 132	3 164	-0.46	14.1	48.8	37.1
知名町	53.30	5 634	2 830	2 804	-1.62	*14.2	*46.8	*39.1
与論町	20.58	5 078	2 488	2 590	-1.40	*14.0	*48.8	*37.2
沖縄県								
国頭郡								
国頭村	194.80	4 504	2 341	2 163	-2.00	*11.5	*50.9	*37.6
大宜味村	63.55	3 044	1 605	1 439	-0.16	*11.3	*48.7	*40.0
東村	81.88	1 752	957	795	1.80	*12.0	*50.8	*37.2
今帰仁村	39.93	9 364	4 795	4 569	-0.06	14.3	51.4	34.2
本部町	54.37	13 002	6 628	6 374	-0.80	14.1	52.8	33.1
恩納村	50.84	11 298	5 763	5 535	1.95	13.6	61.8	24.6
宜野座村	31.30	6 303	3 182	3 121	0.80	18.8	56.7	24.5
金武町	7) 37.84	11 451	5 731	5 720	-0.31	16.8	56.3	26.9

世帯数 (2023年 1月1日)	民営 事業所数 (2021年 6月1日)	農業産出額 (推計) (2021年) (千万円)	製造品 出荷額等 (2021年) (百万円)	卸売・小売 業の年間 商品販売額 (2020年) (百万円)	歳入決算額 (普通会計) (2021年度) (百万円)	地方債 現在高 (2021年度) (百万円)	
1 188	141	68	x	1 013	6 765	5 886	椎葉村
2 463	251	445	1 030	2 582	9 202	7 500	美郷町
							西臼杵郡
4 927	689	642	1 699	20 131	10 202	6 835	高千穂町
1 613	171	129	1 859	4 071	5 722	7 208	日之影町
1 513	151	126	2 799	1 378	5 041	4 328	五ヶ瀬町
							鹿児島県
							鹿児島郡
202	24	19	x	x	2 754	3 195	三島村
377	46	47	x	—	6 136	5 919	十島村
							薩摩郡
10 034	1 099	1 698	26 873	15 285	17 791	12 877	さつま町
							出水郡
4 397	464	1 507	14 038	9 574	13 120	16 641	長島町
							姶良郡
4 660	461	432	7 036	12 532	10 924	8 052	湧水町
							曽於郡
6 685	617	3 581	32 626	35 642	13 820	5 934	大崎町
							肝属郡
3 290	336	773	8 983	14 272	6 941	5 818	東串良町
3 596	323	1 244	2 591	4 585	7 306	7 428	錦江町
3 645	346	1 201	805	4 773	8 396	10 606	南大隅町
7 652	674	445	19 085	23 534	11 716	12 236	肝付町
							熊毛郡
4 142	419	511	2 085	9 373	8 361	8 401	中種子町
2 918	339	393	1 660	5 152	6 184	5 935	南種子町
6 481	967	261	13 181	10 845	13 699	11 788	屋久島町
							大島郡
850	78	21	x	x	3 731	3 110	大和村
948	91	24	2 188	270	3 998	3 827	宇検村
5 170	526	48	2 003	4 972	11 897	8 728	瀬戸内町
3 151	366	57	3 697	6 636	7 189	7 209	龍郷町
3 697	400	412	1 698	4 460	8 112	7 405	喜界町
5 736	686	367	4 261	14 291	11 301	9 225	徳之島町
3 053	293	431	425	1 983	8 094	6 749	天城町
3 470	257	429	2 088	669	7 499	7 528	伊仙町
3 282	432	881	2 810	6 127	7 581	9 041	和泊町
3 012	380	581	286	3 035	6 876	7 997	知名町
2 620	350	362	847	2 163	5 764	6 211	与論町
							沖縄県
							国頭郡
2 329	243	317	712	1 990	7 123	6 221	国頭村
1 709	156	201	261	1 052	4 724	4 524	大宜味村
946	87	176	x	102	3 425	3 074	東村
4 526	470	376	3 988	1 375	8 709	3 430	今帰仁村
6 533	819	163	7 360	8 069	11 161	8 345	本部町
5 829	440	111	1 795	4 396	11 795	5 078	恩納村
2 738	239	155	x	2 328	10 536	3 368	宜野座村
5 625	475	137	1 416	5 693	12 198	3 714	金武町

市町村統計

町村（宮崎／鹿児島／沖縄）

町村の統計 (29)

	面積 2022年 10月1日 (km²)	人口 (2023年1月1日)(人)			人口 増減率 (2022年) (%)	年齢階級別人口構成 (2023年1月1日)(%)		
		計	男	女		0～14 歳	15～64 歳	65歳 以上
伊江村	22.78	4 366	2 232	2 134	-1.53	*13.7	*49.5	*36.8
中頭郡								
読谷村	35.28	42 041	20 674	21 367	0.59	17.0	60.3	22.7
嘉手納町	15.12	13 154	6 364	6 790	-0.88	16.8	58.0	25.2
北谷町	13.91	29 056	13 879	15 177	0.14	17.7	61.2	21.1
北中城村	11.54	17 936	8 658	9 278	0.25	16.6	60.5	22.9
中城村	15.53	22 409	11 213	11 196	0.84	18.7	61.1	20.3
西原町	15.90	35 728	18 015	17 713	0.41	15.9	61.3	22.7
島尻郡								
与那原町	5.18	20 003	9 787	10 216	-0.34	18.4	60.3	21.3
南風原町	10.76	40 642	19 963	20 679	0.14	20.3	60.0	19.7
渡嘉敷村	19.23	695	380	315	-2.93	*18.6	*56.5	*24.9
座間味村	16.74	895	494	401	-2.72	*16.3	*59.7	*24.0
粟国村	7.65	666	369	297	-2.20	*10.7	*49.5	*39.8
渡名喜村	3.87	317	180	137	-7.04	*6.6	*48.4	*44.9
南大東村	30.52	1 210	702	508	-1.63	*15.4	*58.2	*26.4
北大東村	13.07	542	317	225	-3.39	*16.0	*61.2	*22.9
伊平屋村	21.82	1 213	653	560	0.66	*14.6	*53.0	*32.4
伊是名村	15.43	1 308	707	601	-0.53	*16.1	*48.7	*35.1
久米島町	8) 63.65	7 413	3 962	3 451	-2.27	14.0	54.7	31.3
八重瀬町	26.96	32 630	16 250	16 380	1.51	19.9	57.6	22.5
宮古郡								
多良間村	22.00	1 085	590	495	-0.64	*13.2	*54.7	*32.2
八重山郡								
竹富町	334.40	4 288	2 208	2 080	-0.16	*16.3	*59.7	*24.0
与那国町	28.90	1 725	944	781	1.89	*17.3	*59.8	*22.9

面積　国土地理院「全国都道府県市区町村別面積調」（2022年10月1日時点）より作成。境界未定部を有する市区町村の面積値については、参考値（便宜上の概算数値）として発表されている。

人口、人口増減率、年齢階級別人口構成、世帯数　総務省「住民基本台帳に基づく人口、人口動態及び世帯数」（2023年1月1日現在）より作成。外国人を含む。年齢階級別人口構成は、年齢不詳者および年齢別人口が非公表の外国人を除いて編者算出。なお、外国人住民の数が「男性総数が1～9人」、「女性総数が1～9人」、「男女計総数が49人以下」のいずれかに該当する町村がある場合、その町村の外国人の年齢階級別人口が非公表となっており、それらの町村については＊印をつけ、日本人のみについて年齢階級別人口構成を算出した。

民営事業所数　総務省・経済産業省「経済センサス－活動調査（産業横断的集計）」（事業所に関する集計）（2021年）より作成。確報。調査日は2021年6月1日。調査対象は国内すべての民営事業所（農林漁家に属する個人経営の事業所、家事サービス業に属する事業所、外国公務に属する事業所を除く）。本表のデータは事業内容等不詳の事業所を含む。調査票の欠測値や回答内容の矛盾などを精査して補足訂正が行われている。

農業産出額　農林水産省「市町村別農業産出額（推計）」（2021年）より作成。作物統計および農林業センサス結果等を活用した市町村別農業産出額の推計結果。原則、都道府県別農業産出額（品目別）を市町村別にあん分して作成した加工統計で、推計値には各市町村における農業産出額が十分に反映されない場合がある。また、農林業センサスは属人統計（作物を生産した人が所在する場所別に集計される↗

世帯数 (2023年1月1日)	民営事業所数 (2021年6月1日)	農業産出額 (推計)(2021年)(千万円)	製造品出荷額等 (2021年)(百万円)	卸売・小売業の年間商品販売額 (2020年)(百万円)	歳入決算額 (普通会計)(2021年度)(百万円)	地方債現在高 (2021年度)(百万円)	
2 268	276	393	1 225	2 337	9 394	4 535	伊江村
							中頭郡
17 577	1 213	18	12 247	25 962	20 185	8 507	読谷村
5 626	588	16	1 322	7 688	12 217	2 407	嘉手納町
12 804	1 637	1	1 037	37 760	18 697	6 200	北谷町
7 725	858	9	444	29 588	9 747	5 244	北中城村
9 517	683	53	12 415	21 392	10 640	5 731	中城村
15 577	1 465	23	47 133	91 334	15 615	9 142	西原町
							島尻郡
8 786	734	4	1 596	38 925	10 245	8 631	与那原町
16 444	1 704	245	9 703	114 533	18 062	12 272	南風原町
407	83	0	x	153	1 760	1 322	渡嘉敷村
539	174	0	x	194	2 084	1 211	座間味村
404	45	14	179	—	2 426	1 900	粟国村
209	17	1	—	—	1 344	902	渡名喜村
680	78	240	2 737	1 033	4 003	3 260	南大東村
291	37	83	x	282	2 866	3 071	北大東村
618	72	97	x	838	3 252	3 463	伊平屋村
735	89	64	x	731	3 650	2 249	伊是名村
3 951	576	362	2 217	4 647	9 430	6 231	久米島町
13 053	916	350	6 312	23 818	18 016	12 926	八重瀬町
							宮古郡
529	68	162	1 014	282	4 210	1 878	多良間村
							八重山郡
2 545	496	168	1 280	598	12 912	10 936	竹富町
983	185	66	690	419	4 832	2 432	与那国町

市町村統計　町村（沖縄）

＼統計）であるため、属地統計（作物が生産された場所別に集計される統計）とは異なる作物を含むことに留意。

製造品出荷額等　総務省・経済産業省「経済構造実態調査（製造業事業所調査）」（2022年）より作成。調査対象は、日本標準産業分類（2013年10月改定）「大分類Ｅ－製造業」に属する事業所で、個人経営事業所を除く（前年版まで使用していた「工業統計調査」は従業者４人以上の事業所が対象であり、本表データとは集計範囲が異なる）。製造品出荷額等は、製造品出荷額、加工賃収入額、くず廃物の出荷額およびその他収入額の合計で、消費税および酒税、たばこ税、揮発油税及び地方揮発税を含む。

卸売・小売業の年間商品販売額　総務省・経済産業省「経済センサス‐活動調査（産業別集計）」（卸売業、小売業に関する集計）（2021年）より作成。日本標準産業分類（2013年10月改定）「大分類Ｉ－卸売業、小売業」に属する事業所で、個人経営の事業所を含まない。

歳入決算額、地方債現在高　総務省「市町村別決算状況調」（2021年度）より作成。

町村の配列は2023年３月末現在。北方領土の６村は除く。北海道のカッコ内は総合振興局名。ただし、石狩、檜山、留萌、日高、根室は振興局名。＊日本人のみ。xは秘匿。1）然別湖を除く。2）風蓮湖を除く。3）八郎潟調整池の一部を除く。4）西之島2.89km²、火山列島および沖ノ鳥島33.01km²、南鳥島1.46km²の面積を含む。5）本栖湖を除く。6）竹島の面積（0.20km²）を含む。7）うるま市・金武町境界部地先の埋立地を除く。8）硫黄鳥島の面積2.50km²を含む。

図 4　病床数の多い市町村 （2022年10月 1 日現在）

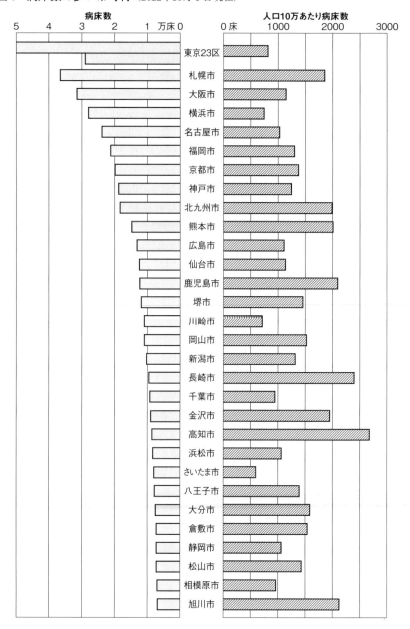

厚生労働省「医療施設（動態）調査・病院報告の概況」（2022年）より作成。病院の病床数で、診療所の病床数を含まない。

索引

索引

本書の内容や、引用転載等に関するご質問は、
編集室までメールにてご連絡ください。
編集室メール：edit@yt-ms.jp

［編集］
　矢野恒太記念会
　編集長　岡田　康弘
　　　　　白崎　あけみ
　　　　　吉田　博一
　　　　　井口　萌奈
　　　　　福地　早希子
　　　　　トゥアー　英里奈ジュリエット
　　　　　細谷　知広
　　　　　大沼　昇一
　　　　　有働　　洋

［装丁］
　クリエイティブ・コンセプト
　　　　　江森　恵子

データでみる県勢　2024

2023年（令和5年）12月1日発行
編集・発行　公益財団法人　矢野恒太記念会
理事長　渡　邉　光一郎
編集長　岡　田　康　弘
〒100-0006　東京都千代田区有楽町1-13-1　第一生命本館
URL: https://yt-ms.jp

ISBN978-4-87549-349-5

定価 3,300円（本体3,000円＋税10%）

乱丁・落丁本はお取りかえいたします。印刷／大日本印刷株式会社

《データでみる県勢の姉妹図書》

日本国勢図会 2023/24
（公財）矢野恒太記念会編（毎年6月刊）
Ａ5判/528頁/電子書籍も好評発売中
定価3,300円（本体3,000円＋税10％）

1927年の初版以来、日本の現状をさまざまな分野の統計データをもとに解明したロングセラー。最新の統計と簡潔、平易な解説で定評がある。

世界国勢図会 2023/24
（公財）矢野恒太記念会編（毎年9月刊）
Ａ5判/480頁/電子書籍も好評発売中
定価3,300円（本体3,000円＋税10％）

日本国勢図会の国際統計版。世界情勢を、人口、GDP、産業、軍事など経済・社会の各局面から最新のデータによって明らかにしている。

日本のすがた 2023
―最新データで学ぶ社会科資料集―
（公財）矢野恒太記念会編（毎年3月刊）
Ａ5判/224頁/電子書籍も好評発売中
定価1,320円（本体1,200円＋税10％）

日本国勢図会のジュニア版。最新のデータによるグラフや分かりやすい解説で、日本の現状を伝える社会科資料集。コンパクトで便利と一般の読者にも好評を得ている。

数字でみる 日本の100年
改訂第7版
（公財）矢野恒太記念会編（2020年2月刊）
Ａ5判/544頁/電子書籍も好評発売中
定価3,190円（本体2,900円＋税10％）

日本国勢図会の長期統計版。分野によっては明治から、ほとんどの統計で戦後から現代までのデータを掲載。解説と年表も加えた。